NO LOGO
*LA TYRANNIE
DES MARQUES*

NAOMI Klein

NO LOGO
LA TYRANNIE DES MARQUES

ESSAI

Traduit de l'anglais par
Michel Saint-Germain

Leméac Éditeur remercie le ministère du Patrimoine canadien, le Conseil des arts du Canada, la Société de développement des entreprises culturelles du Québec (SODEC) et le Programme de crédit d'impôt du gouvernement du Québec du soutien accordé à son programme de publication.

Titre original :
NO LOGO
Éditeur original Alfred A. Knopf Canada, Toronto

En surface, vous ne voyez peut-être encore rien,
mais clandestinement, c'est déjà en feu.

Y. B. Mangunwijaya,
écrivain indonésien, 16 juillet 1998

Pour Avi

Remerciements

Les quatre années de gestation de *No Logo* ont été grisantes. Mais elles ne se sont pas déroulées sans peine, et je me suis largement appuyée sur le soutien, la compréhension et les connaissances pointues de mon entourage.

J'ai le grand honneur d'avoir eu pour éditrice Louise Dennys, dont la rigueur intellectuelle et l'engagement personnel envers la liberté d'expression et les droits humains ont affûté les arguments de cet ouvrage tout en polissant mon écriture. Sa magie a transformé ce livre.

Mon assistante de recherche, Paula Thiessen, a retracé nombre de faits et de sources, certains fort obscurs. Pendant plus de deux ans, elle a réuni sans relâche les statistiques qui ont servi à élaborer les nombreux tableaux originaux de ce livre, contournant la méfiance des chaînes de vente au détail et tirant par la cajolerie des rapports inédits d'agences gouvernementales du monde entier. Elle a également mené la recherche iconographique et m'a procuré calme et soutien tout au long de ce travail souvent solitaire.

Mes agents chez Westwood Creative Artists, Bruce Westwood et Jennifer Barclay, ont entrepris avec un enthousiasme et une détermination sans bornes un projet que plusieurs auraient trouvé risqué. Ils ont ratissé le monde international du livre pour découvrir des esprits semblables, qui ne se contenteraient pas de publier *No Logo*, mais en feraient une cause : Reagan Arthur et Philip Gwyn Jones.

L'équipe exceptionnelle de Knopf Canada a gardé le cœur ouvert et la tête froide en dépit des crises. Je suis reconnaissante envers Michael Mouland, Nikki Barrett, Noelle Zitzer et Susan Burns, et l'équipe de réviseures talentueuses et zélées qui ont renforcé, poli, élagué et vérifié ce texte : Doris Cowan, Allison Reid et Deborah Viets.

Je dois beaucoup à John Honderich, éditeur du *Toronto Star,* qui m'a donné une chronique régulière dans son journal alors que j'étais beaucoup trop jeune ; un espace qui, pendant presque cinq ans, m'a permis de développer les idées et les contacts qui forment les bases de ce livre. Mes éditeurs au *Star* – Carol Goar, Haroon Siddiqui et Mark Richardson – m'ont fourni un appui énorme en me permettant de prendre des congés et m'ont même souhaité bonne chance lorsque j'ai laissé la chronique pour consacrer toute mon attention à ce projet. L'écriture proprement dite de *No Logo* a commencé par un article sur le détournement culturel pour *The Village Voice*, et j'ai une dette envers Miles Seligman pour ses observations éditoriales. Mon rédacteur en chef chez *Saturday Night*, Paul Touch, m'a soutenue en repoussant des dates de tombée, en me fournissant des pistes de recherche et des affectations reliées à *No Logo*, dont un voyage au Roots Lodge, qui m'a aidée à mieux comprendre les aspirations utopistes du *branding*.

J'ai reçu la précieuse assistance de recherche d'Idella Sturino, de Stefan Philipa et de Maya Roy. Mark Johnston m'a « branchée » à Londres, Bern Jugunos a fait de même à Manille et Jeff Ballinger à Djakarta. Des centaines d'individus et d'organismes ont également contribué à la recherche, mais certaines personnes ont vraiment tout fait pour m'alimenter en statistiques et en faits : Andrew Jackson, Janice Newson, Carly Stasko, Leah Rumack, Mark Hosler, Dan Mills, Bob Jeffcott, Lynda Yantz, Trim Bissell, Laird Brown et, par-dessus tout, Gerard Greenfield. Des détails juteux me sont parvenus à l'improviste, par la poste et par courriel, de Doug Saunders, Jesse Hirsh, Joey Slinger, Paul Webster et d'innombrables autres anges électroniques. La Bibliothèque de référence de Toronto, l'Organisation internationale du travail, le site Web Corporate Watch, le réseau Maquila Solidarity, *The Baffler*, *SchNEWS*, *Adbusters* et les listes de diffusion de Tao Collective furent tous d'une aide inappréciable dans ma recherche.

Je suis également reconnaissante envers Leo Panich et Mel Watkins de m'avoir invitée à intervenir au cours de conférences qui m'ont aidée, dès le départ, à travailler ma thèse en atelier, et envers mes collègues du comité de rédaction de *This Magazine* pour leur générosité et leur encouragement.

En lisant le manuscrit, plusieurs amis et membres de ma famille m'ont offert des conseils et de l'information : Michele Landsberg, Stephen Lewis, Hyo Maclear, Cathie James, de même que Bonnie, Michael, Anne et Seth Klein. Mark Kingwell a été un ami cher et un mentor intellectuel. Sara Borins a été ma première et plus enthousiaste lectrice – depuis le projet et le premier jet – et c'est la même fabuleuse Sara qui insista pour que *No Logo* ait une présentation graphique assortie à l'esprit de son contenu. Nancy Friedland, John Monsanto, Anne Baines et Rachel Giese m'ont remplacée lorsque j'étais introuvable. Au début de ma vie, mon regretté grand-père, Philip Klein, jadis animateur chez Walt Disney, m'a donné une leçon inestimable : cherche toujours l'ombre derrière l'éclat.

Ma dette la plus grande, je l'ai envers mon mari, Avi Lewis, qui, pendant des années, m'a accueillie, le matin, avec une tasse de café et une pile de coupures des pages financières. Avi a été mon associé, de toutes les façons possibles : il a passé des nuits blanches pour m'aider à développer les idées de ce livre ; m'a accompagnée au cours de nombreuses escapades de recherche, de centres commerciaux monstres en zones d'usines indonésiennes ; et a plusieurs fois révisé le manuscrit avec une attention de centurion. Pour *No Logo*, il a permis que nos vies soient complètement marquées par cet ouvrage, me donnant la grande liberté et le grand luxe d'être totalement dévorée par ce projet.

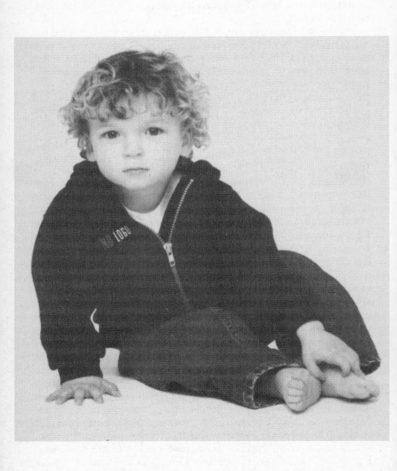

INTRODUCTION

UNE TRAME DE MARQUES

Si je cligne des yeux, en penchant la tête, tout ce que je vois par la fenêtre jusqu'au lac, c'est 1932. Sous les cheminées couleur d'avoine, les réclames blêmissantes, peintes directement sur les murs de briques des entrepôts, annoncent des marques depuis longtemps désuètes : « Lovely », « Gaywear ». C'est le vieux Toronto industriel des manufacturiers de vêtements, des fourreurs et des grossistes en robes de mariée. Jusqu'ici, personne n'a trouvé moyen de rentabiliser la démolition de ces boîtes de briques et, dans ce petit périmètre de huit ou neuf pâtés d'édifices, la ville moderne a été plaquée n'importe comment sur l'ancienne.

J'écris ce livre chez moi, dans le quartier fantôme de l'industrie vestimentaire, du haut d'un entrepôt de dix étages. Beaucoup d'édifices de ce genre sont depuis longtemps désaffectés : entrée barricadée, vitrines fracassées, cheminées qui retiennent leur souffle. Leur rôle dans le système capitaliste est réduit à peu de chose : leurs toits goudronnés ne servent plus qu'à soutenir de grands panneaux d'affichage clignotants qui rappellent l'existence de la bière Molson, des voitures Hyundai et d'EZ Rock FM aux conducteurs piégés dans les bouchons de l'autoroute qui longe le lac.

Dans les années 1920 et 1930, des immigrants russes et polonais filaient le long de ces rues, s'engouffrant au restaurant du coin pour discuter de Trotsky et de la direction du Syndicat international des travailleurs du vêtement. De nos jours, de vieux Portugais poussent encore des portants de robes et de manteaux sur le trottoir et, tout à côté, on peut toujours acheter un diadème de mariée en pierres du Rhin – si on en a besoin, pour l'Halloween ou le théâtre scolaire... En réalité, l'action se déroule plus loin, entre les tas de bijoux comestibles de Sugar Mountain, la Mecque du bonbon rétro, ouverte jusqu'à 2 heures du matin pour assouvir les fringales nocturnes et ironiques des jeunes qui sortent des boîtes. En bas, une boutique perpétue un modeste commerce de mannequins nus et chauves, bien qu'elle soit le plus souvent louée pour servir de plateau surréaliste au tournage de quelque film d'étudiants, ou de décor branché à une entrevue télévisée.

Avec ses décennies en strates, l'avenue Spadina a un charme merveilleux et accidentel, comme nombre de quartiers relégués de la sorte dans les limbes postindustriels. Les lofts et les studios sont remplis de gens qui ont conscience de jouer leur rôle sur la scène d'une performance urbaine, mais la plupart essaient tant bien que mal de ne pas attirer l'attention là-dessus. Si quelqu'un vient à se réclamer de « la vraie Spadina », les autres ont l'impression d'être considérés comme quantité négligeable, et tout le jeu s'écroule.

Voilà pourquoi la mairie a eu tort de commander une série d'installations artistiques pour « célébrer » l'histoire de l'avenue Spadina. On a d'abord installé des personnages d'acier au sommet des lampadaires : des femmes penchées sur des machines à coudre et des foules de grévistes brandissant des pancartes aux slogans indéchiffrables. Puis, le pire est arrivé – exactement au coin de ma rue : le dé à coudre géant, en laiton. Il mesurait quatre mètres de haut et presque autant de large. Deux énormes boutons, de tons pastel, ont été placés à côté, et des arbustes malingres ont poussé par les trous. Dieu merci, Emma Goldman, la célèbre anarchiste et organisatrice syndicale qui habitait cette rue à la fin des années 1930, n'était plus là pour voir la transformation de la lutte des travailleurs du vêtement en kitsch de sweatshop (atelier où les travailleurs sont exploités).

Ce dé à coudre est l'un des signes les plus manifestes, dans le quartier, d'une pénible et nouvelle conscience de soi. Partout autour de moi, les vieilles manufactures sont converties en lofts sous des enseignes comme « The Candy Factory » (l'usine à bonbons). On a déjà exploité ces mines de vieux vêtements industriels pour en tirer d'astucieuses idées de mode : uniformes d'ouvriers de manufacture à l'ancienne, jeans de marque Labor produits par Diesel, et bottes Caterpillar (une marque d'équipement de machinerie lourde). Bien entendu, le marché de la copropriété s'épanouit dans ces vieux sweatshops luxueusement rénovés : baignoires doubles, douches garnies d'ardoise, stationnements souterrains, salles de gym à puits de lumière, et concierges disponibles jour et nuit.

Jusqu'ici, mon propriétaire, qui a fait fortune dans la fabrication et la vente de pardessus London Fog, refuse obstinément de revendre notre édifice sous forme d'appartements en copropriété. Il finira par céder, mais pour le moment, il lui reste une poignée de locataires de l'industrie vestimentaire qui sont trop petits pour déménager en Asie ou en Amérique centrale et qui, pour une raison quelconque, ne veulent pas suivre la tendance de l'industrie, c'est-à-dire payer à la pièce des ouvrières à domicile. Le reste de l'édifice est en location : professeurs de yoga, producteurs de documentaires, concepteurs graphiques, écrivains et artistes, qui habitent ces espaces autant qu'ils y travaillent. Dans le bureau d'à côté, les types de la shmata (l'industrie du vêtement, en yiddish), qui vendent encore des manteaux, semblent affreusement navrés de voir des clones de Marilyn Manson, avec chaînes et cuissardes de cuir, parcourir d'un pas lourd le corridor menant aux toilettes communes, un tube de dentifrice à la main – mais que faire ? Pour l'instant, nous sommes tous coincés ici, laminés entre les dures réalités de la mondialisation économique et l'esthétique persistante du vidéo-clip.

DJAKARTA – « Demandez-lui ce qu'elle fabrique... ce qui est écrit sur l'étiquette. Vous savez... l'étiquette », dis-je en plongeant la main derrière ma tête et en tordant le col de mon chemisier. Ces travailleuses indonésiennes sont désormais habituées aux gens comme moi : des étrangers qui viennent leur parler des conditions de travail affligeantes dans les usines où elles découpent, cousent et collent pour des multinationales comme Nike, Gap et Liz Claiborne. Mais ces couturières ne ressemblent en rien aux ouvrières âgées que je rencontre chez moi dans l'ascenseur. Celles-ci sont toutes jeunes ; certaines d'entre elles ont 21 ans et quelques-unes, 15 ans seulement.

Ce jour d'août 1997, les conditions affligeantes en question avaient entraîné une grève à l'usine de vêtements Kaho Inah Citra, à la périphérie de Djakarta, dans la zone industrielle Kawasan Berikat Nusantar. À l'ordre du jour pour les travailleurs de Kaho, qui gagnent l'équivalent de 2 dollars américains par jour, les longues heures supplémentaires auxquelles on les obligeait sans leur verser la rémunération requise par la loi. Après une grève de trois jours, l'administration avait offert un compromis typique de la région et de sa relation fort désinvolte aux lois du travail : les heures

15

supplémentaires ne seraient plus obligatoires, mais la compensation allait demeurer en deçà des normes. Les 2 000 travailleuses retournèrent à leurs machines à coudre ; toutes sauf 101 jeunes femmes : les trouble-fête qui avaient organisé la grève selon l'administration. « Notre cas n'est pas encore réglé », me dit l'une d'elles, bouillonnant de frustration et d'impuissance.

Bien sûr, je lui fis part de ma sympathie mais, en étrangère occidentale que je suis, je voulais savoir quelle marque de vêtements on produisait à l'usine de Kaho – si je voulais parler d'elles, il me fallait une accroche journalistique. Nous étions dix, entassées dans un bunker de béton à peine plus grand qu'une cabine téléphonique, nous livrant à une ronde enthousiaste de charades sur le travail.

« Cette entreprise produit des vêtements à manches longues pour les saisons froides », proposa une travailleuse.

« Des pulls », hasardai-je.

« Non, je ne pense pas. Si vous voulez sortir et que c'est la saison froide, vous avez un... »

Je l'avais : « Manteau ! »

« Mais pas épais. Léger. »

« Des vestes ! »

« Oui, comme des vestes, mais pas des vestes – c'est long. »

On voit d'ici la confusion : la demande de pardessus n'est pas très forte à l'équateur, ni dans le placard ni dans le vocabulaire. Alors que, de plus en plus, les Canadiens traversent leurs froids hivers non pas dans des vêtements fabriqués par les couturières tenaces encore accrochées à l'avenue Spadina, mais par de jeunes Asiatiques qui travaillent sous des climats chauds comme celui-ci. En 1997, le Canada a importé de l'Indonésie pour 11,7 millions de dollars d'anoraks et de vestes de ski, contre 4,7 millions en 1993[1]. Je connaissais ces chiffres. Mais je ne sais toujours pas quelle marque de manteaux longs cousaient les travailleuses de Kaho avant de perdre leur emploi.

« C'est long, d'accord. Et qu'est-ce qu'il y a sur l'étiquette ? » demandai-je à nouveau.

Elles se consultèrent à voix basse, puis quelqu'un finit par lâcher une réponse : « London Fog. »

Une coïncidence de la mondialisation, je suppose. Je commençai à dire aux travailleuses de Kaho que mon appartement torontois était jadis une usine de pardessus London Fog, mais je m'arrêtai abruptement lorsqu'il devint

16

clair, sur leur visage, que l'idée d'aller habiter, par choix, dans une manufacture de vêtements ne pouvait être qu'alarmante. Chaque année, dans cette partie du monde, des centaines de travailleurs périssent dans les flammes parce que leur dortoir est situé au-dessus de sweatshops, véritables souricières en cas d'incendie.

Assise en tailleur sur le plancher en béton du minuscule dortoir, je songeai à mes voisins de Toronto : l'instructeur d'astanga-yoga au deuxième, les animateurs commerciaux au quatrième, les distributeurs de chandelles d'aromathérapie au huitième. Ces jeunes femmes de la zone franche industrielle semblent être en quelque sorte nos colocataires, reliées, comme c'est souvent le cas, par une trame de tissus, de lacets, de franchises, d'oursons et de marques enveloppant la planète. Nous avions en commun un autre logo : Esprit, l'une des marques fabriquées dans la zone. Adolescente, j'ai eu un petit emploi dans une boutique qui vendait des vêtements Esprit. Et McDonald's, bien sûr : un comptoir venait d'ouvrir près de Kaho, et les travailleuses étaient frustrées de voir que cette nourriture prétendument bon marché était largement hors de leur portée.

En général, on rend compte de cette trame mondiale de logos et de produits dans les termes euphoriques propres à la rhétorique du marketing du village planétaire, cet endroit incroyable où, au fond des forêts tropicales, des membres de tribus pianotent sur des ordinateurs portables, tandis que des grands-mères siciliennes s'adonnent au commerce électronique et que des « ados mondiaux » partagent « une culture de la mode mondiale[2] », pour reprendre l'expression en usage chez Levi's. De Coca-Cola à McDonald's, en passant par Motorola, chacun a adapté sa stratégie de marketing à cette vision postnationale, mais c'est la longue campagne d'IBM, « Solutions pour une petite planète », qui exprime avec le plus d'éloquence la promesse égalisatrice du globe relié par des logos.

Il n'a guère fallu de temps pour que s'use l'enthousiasme inspiré par ces interprétations fanatiques de la mondialisation, et que se révèlent des fissures sous sa façade lustrée. Au cours des cinq dernières années, nous, Occidentaux, avons de plus en plus entrevu une autre sorte de village planétaire où le fossé économique s'élargit et où les choix culturels se réduisent.

C'est le village où des multinationales, loin de niveler le terrain planétaire au moyen de l'emploi et de la technologie pour tous, sont en train d'exploiter l'arrière-pays le plus pauvre de la planète pour en tirer des profits inimaginables. C'est le village où Bill Gates amasse une fortune de 55 milliards de dollars quand un tiers de sa main-d'œuvre est composée d'intérimaires, et où des concurrents se font avaler par le monolithe Microsoft ou dépasser par la dernière prouesse en matière d'intégration de logiciels. C'est le village où nous sommes, en effet, reliés les uns aux autres par une trame de marques, sous laquelle apparaissent des bidonvilles de la mode comme celui que j'ai visité près de Djakarta. IBM prétend que sa technologie s'étend sur toute la planète, et c'est bien le cas, mais sa présence internationale prend souvent la forme d'une main-d'œuvre bon marché qui produit dans un pays du Tiers-Monde les microprocesseurs et blocs d'alimentation de nos machines. En périphérie de Manille, j'ai rencontré une fille de 17 ans qui assemblait des lecteurs de CD-ROM pour IBM. Je lui ai dit que j'étais impressionnée de voir quelqu'un d'aussi jeune accomplir une tâche relevant de la haute technologie. « Nous fabriquons des ordinateurs, m'a-t-elle répondu, mais nous ne savons pas les faire fonctionner. » Notre planète n'est peut-être pas si petite, en fin de compte.

Il serait naïf de croire que les consommateurs occidentaux n'ont pas tiré profit de ces divisions mondiales depuis les premiers jours du colonialisme. Le Tiers-Monde, dit-on, a toujours existé pour le confort du Premier. On peut toutefois noter l'apparition d'un développement relativement nouveau : l'intérêt considérable des journalistes d'enquête pour les lieux d'origine anonymes de marchandises hautement identifiées. On a retracé le parcours des chaussures de sport Nike jusqu'aux sweatshops vietnamiens ; les petits accessoires de Barbie jusqu'à la main-d'œuvre enfantine de Sumatra ; du café au lait Starbucks jusqu'aux champs de café brûlés par le soleil du Guatemala ; et du pétrole Shell jusqu'aux villages pollués et appauvris du delta du Niger.

Le titre *No Logo* n'a pas vocation d'être pris à la lettre, à la manière d'un slogan (comme dans Finis les logos !) ou tel un logo de l'ère postlogo (il existe déjà, me dit-on, une ligne de vêtements No Logo). Il relève plutôt d'un effort en vue de saisir une attitude anticommerciale que je vois émerger chez de nombreux jeunes activistes. Ce livre s'articule autour d'une hypothèse simple : lorsqu'un plus grand nombre de gens découvriront les secrets des marques qui composent la trame mondiale de logos, leur indignation alimentera le prochain grand mouvement politique, une vague ample et déterminée d'opposition aux transnationales, surtout à celles qui jouissent d'une très franche reconnaissance de marque.

Je dois toutefois insister sur le fait qu'il ne s'agit pas là d'un livre prophétique, mais d'un ouvrage reposant sur des observations de première main. C'est l'examen d'un système d'information, de protestation et de planification largement souterrain, système où déjà se bousculent une action et des idées qui traversent bien des frontières nationales et plusieurs générations.

Quand j'ai commencé à écrire ce livre il y a quatre ans, mon hypothèse était d'ordre largement intuitif. Lors d'une tournée de recherche sur des campus universitaires, j'avais rencontré nombre d'étudiants préoccupés par les avancées des entreprises privées dans leurs écoles publiques. Ils étaient furieux de voir la publicité se glisser dans les cafétérias, les salles communes, et même les toilettes ; leurs écoles conclure des contrats d'exclusivité avec des sociétés de boissons gazeuses et d'ordinateurs, et les études universitaires s'assimiler de plus en plus à la recherche en marketing.

Ils s'inquiétaient du fait que leur éducation en souffrait, puisque les institutions accordaient la priorité aux programmes les plus propices au partenariat avec le secteur privé. Ils s'inquiétaient sérieusement, d'un point de vue éthique, des pratiques de certaines entreprises avec lesquelles leurs universités s'étaient étroitement liées – non tant de leurs activités sur le campus que de leurs méthodes à l'étranger, dans des pays tels que la Birmanie, l'Indonésie et le Nigeria.

J'étais moi-même sortie de l'université quelques années auparavant et j'identifiais là un déplacement plutôt soudain de l'attention politique des étudiants ; cinq ans plus tôt, celle-ci était centrée sur des questions de discrimination et d'identité : race, égalité des sexes et sexualité, les « guerres de rectitude politique ». À présent, elle s'étendait au pouvoir commercial, aux droits des travailleurs et à une analyse assez développée de l'économie mondiale. Il est vrai que ces étudiants ne forment pas la majorité de leur groupe démographique – en fait, comme tous les mouvements, celui-ci provient d'une minorité, mais elle est de plus en plus puissante. En termes simples, l'opposition aux grandes entreprises est le genre de politique qui captive l'imagination de cette nouvelle génération de trouble-fête, et il suffit de penser aux étudiants radicaux des années 1960 et aux « guerriers de l'identité » des années 80 et 90 pour deviner l'impact que peuvent avoir ces changements.

Vers la même époque, au fil de mes reportages pour des magazines et des quotidiens, je remarquai des idées similaires portées par une vague de récentes campagnes sociales et écologiques. De même que les activistes de campus, les leaders de ces campagnes visaient les effets sur l'espace public et la vie culturelle, à l'échelle mondiale et locale du sponsoring agressif et de la vente au détail. Ces petites guerres étaient menées dans toutes les villes de l'Amérique du Nord pour évincer les « gros » détaillants comme Wal-Mart. Il y eut le cas McLibel à Londres, lorsque deux écologistes britanniques transformèrent un procès en diffamation que McDonald avait intenté contre eux en une cybertribune mondiale qui mit sur la sellette l'omniprésente franchise alimentaire. Au Nigeria, la pendaison scandaleuse de l'écrivain Ken Saro-Wiwa, activiste anti-Shell, suscita une explosion de protestations et d'activités à l'encontre de la Shell Oil.

Un matin, en m'éveillant, je m'aperçus que tous les panneaux d'affichage de ma rue avaient été « détournés » au moyen de slogans anticommerciaux par des pirates noctambules. Et que les jeunes squeegees qui dormaient dans l'entrée de mon édifice semblaient tous porter sur leurs vêtements des badges faits main, décorés du logo de Nike et du mot « Riot » (révolte).

Toutes ces activités et campagnes disparates avaient un dénominateur commun : dans chacun des cas, la cible de l'attaque était une entreprise affichant un logo – Nike, Shell, Wal-Mart, McDonald (et plusieurs autres, comme Microsoft, Disney, Starbucks, Monsanto). Avant de commencer à écrire ce livre, je ne savais pas si ces foyers de résistance anticommerciale avaient quelque chose en commun, mis à part leur focalisation sur les marques : je voulais le savoir. Cette quête personnelle m'a conduite jusqu'à un tribunal londonien pour l'annonce du verdict dans le procès McLibel ; elle m'a menée auprès des amis et de la famille de Ken Saro-Wiwa ; aux protestations anti-sweatshops devant les Nike Towns de New York et de San Francisco ; et à des réunions syndicales dans les aires de restauration de centres commerciaux aux allures tapageuses. Elle m'a fait accompagner un vendeur de panneaux-réclame « alternatif », et rôder dans les rues la nuit avec des « casseurs de pub » partis détourner vers leurs propres messages le sens de ces panneaux-réclame. Elle m'a également amenée à plusieurs fêtes de rues impromptues destinées à libérer pour un moment l'espace public de la captivité des publicités, des voitures et des policiers. Elle m'a conduite à des rencontres clandestines avec des *hackers* menaçant de paralyser les serveurs d'entreprises américaines qui avaient violé les droits de l'homme en Chine.

Dans mon souvenir le plus fort, elle m'a menée à des usines et à des squats syndicaux du Sud-Est asiatique, et en périphérie de Manille où des travailleuses philippines sont en train de changer le cours de l'histoire du travail, en syndiquant les zones de production des marques les plus connues de toute la planète.

Ce voyage m'a permis de rencontrer un groupe d'étudiants américains qui s'acharne sur des multinationales établies en Birmanie pour les contraindre à se retirer à cause des infractions aux droits de l'homme perpétrées par le régime. Dans leurs communiqués, ces activistes étudiants se présentent sous le nom de « Spiders » (araignées), et l'image me paraît convenir à cet activisme mondial à l'ère de la Toile. De par leur ubiquité, les logos sont devenus notre première approximation d'une langue internationale, car ils sont reconnus et compris en beaucoup plus d'endroits que l'anglais. Les activistes sont maintenant libres de se balancer sur cette toile de logos pareils à des espions-araignées – échangeant de l'information, à l'échelle mondiale, sur les pratiques de travail, les déversements de produits chimiques, la cruauté envers les animaux et le marketing contraire à l'éthique.

J'ai acquis la conviction que c'est dans ces liens planétaires tissés de logos que les citoyens du monde finiront par trouver des solutions durables à cette commercialisation de la planète. Je ne prétends pas exprimer ici l'intégralité du programme d'un mouvement mondial encore balbutiant. J'ai voulu retracer les premières étapes de la résistance et poser quelques questions fondamentales. Quelles sont les conditions à l'origine de cette réaction violente ? Les riches multinationales se trouvent de plus en plus sujettes à des attaques, de l'entartage de Bill Gates à l'incessante parodie du swoosh (logo de Nike), le symbole distinctif de Nike – quelles sont les forces qui poussent de plus en plus de gens à devenir méfiants, voire furieux, à l'endroit des multinationales, les moteurs mêmes de notre croissance mondiale ? Et surtout, de quoi se délivrent tant de gens – particulièrement les jeunes – en agissant à partir de cette rage et de cette suspicion ?

Ces questions peuvent paraître évidentes, et il est certain que quelques réponses évidentes traînent dans l'air. Ainsi : que la taille des entreprises leur permet de remplacer les gouvernements. Qu'à la différence des gouvernements, elles ne rendent de comptes qu'à leurs actionnaires ; que n'existent pas encore les mécanismes qui les feraient répondre de leurs actes à un plus large public. On a publié un grand nombre d'ouvrages fort détaillés sur la montée de ce qu'on a fini par appeler le « règne de l'entreprise », et plusieurs m'ont aidée d'une façon inestimable à comprendre l'économie mondiale (voir Bibliographie, page 557).

Toutefois, ce livre n'est pas un exposé de plus sur le pouvoir de l'élite des sociétés « Goliath » qui se sont rassemblées pour former de facto notre gouvernement mondial. Cet ouvrage vise plutôt à analyser et à décrire les forces qui s'opposent au règne de l'entreprise, et à présenter l'ensemble spécifique des conditions culturelles et économiques qui ont rendu inévitable l'émergence de cette opposition. La première partie, « Zéro espace », expose la reddition de la culture et de l'éducation face au marketing. La deuxième, « Zéro choix », explique de quelles façons la promesse d'un accroissement des choix culturels a été trahie par d'autres forces : fusions, vente hostile de franchises, synergie et censure commerciale. Et la troisième, « Zéro boulot », examine les tendances, sur le marché du travail, qui sont en train d'amenuiser pour bien des travailleurs les relations à l'emploi, notamment par le travail autonome, les McJobs et la sous-traitance, au même titre que le temps partiel et le travail intérimaire. C'est la collision et l'interaction de ces forces, le coup porté à ces trois piliers sociaux – que sont l'emploi, les libertés civiles et l'espace civique –, qui sont en train de donner naissance à l'activisme anticommercial dont l'évolution est retracée dans la quatrième et dernière partie du livre, « Zéro logo », un activisme qui sème les graines d'une véritable solution de rechange au règne de l'entreprise.

Deux visages du confort de marque.
En haut : Aunt Jemima, sur l'un des premiers emballages du gruau Quaker,
humanise la production pour une population qui craint l'industrialisation.
En bas : Martha Stewart, la nouvelle génération d'humains de marque.

ZÉRO ESPACE

1

UN MONDE MARQUÉ

Personnellement, j'ai une passion pour les paysages, et je n'en ai jamais vu un seul amélioré par un panneau d'affichage. C'est lorsqu'il érige une affiche devant d'agréables perspectives que l'homme est à son plus vil. Quand je prendrai ma retraite de Madison Avenue, je lancerai un groupe secret d'autodéfense, formé de cagoulards parcourant le monde sur des motos silencieuses pour abattre des affiches après la tombée de la nuit. Combien de jurés nous condamneront lorsque nous serons pris en flagrant délit de généreux civisme ?

David Ogilvy, fondateur de l'agence de publicité Ogilvy & Mather,
dans *Confessions of an Advertising Man*, 1963

La croissance astronomique de la richesse et de l'influence culturelle des multinationales remonte à une simple idée apparemment inoffensive, développée par les théoriciens du management au milieu des années 1980 : les entreprises prospères doivent d'abord produire des marques plutôt que des marchandises.

Jusqu'alors, même si on s'entendait, dans le monde du commerce, sur l'importance de renforcer sa marque, la première préoccupation de tout fabricant sérieux était la production de marchandises. Cette idée était l'évangile même de l'ère de la machine. Ainsi, en 1938, selon un éditorial du magazine *Fortune*, si l'économie américaine ne s'était pas encore remise de la crise, c'était que le pays avait perdu de vue l'importance de fabriquer des objets : « Nous soumettons la proposition suivante : la fonction fondamentale et irréversible d'une économie industrielle est la *fabrication d'objets* ; plus elle fabriquera d'objets, plus élevés seront ses bénéfices, en dollars ou réels ; et par conséquent, la clé de la relance se trouve... dans l'usine, entre les tours, les foreuses, les feux et les marteaux. C'est de l'usine, du sol et du sous-sol, que *provient* le pouvoir d'achat[1] » [les italiques sont dans le texte].

27

Pendant fort longtemps, la fabrication d'objets demeura, du moins en principe, au cœur de toutes les économies industrialisées. Mais dès le milieu des années 1980, poussés par la récession de cette décennie, certains des fabricants les plus puissants du monde avaient commencé à fléchir. Un consensus émergea : les entreprises étaient surdimensionnées, trop grandes ; elles possédaient trop d'actifs, employaient trop de gens et se trouvaient alourdies de trop d'objets. Le processus de production – le fait de diriger ses propres usines, d'être responsables de dizaines de milliers d'employés permanents et à temps plein – ressemblait davantage à un lourd passif qu'à la route du succès.

Vers la même époque, un nouveau genre d'entreprises commença à ravir des parts de marché aux manufacturiers traditionnels, purement américains ; c'étaient les Nike et les Microsoft et, plus tard, les Tommy Hilfiger et les Intel. Ces pionniers avaient le front de prétendre que la production de marchandises ne représentait qu'une part secondaire de leurs activités et que, grâce à de récentes victoires dans la libéralisation du commerce et la réforme du droit du travail, ils pouvaient faire fabriquer leurs produits par des entrepreneurs, souvent à l'étranger. Ce que ces entreprises produisaient surtout, ce n'étaient pas des objets, selon eux, mais des images de leurs marques. Leur véritable travail n'était pas la fabrication, mais le marketing. Cette formule s'est évidemment avérée des plus rentables, et son succès a incité des entreprises à se faire concurrence dans une course à la légèreté : le vainqueur est celui qui possède le moins, qui utilise le moins grand nombre d'employés et qui produit les images les plus convaincantes, plutôt que des produits.

Ainsi, la récente vague de fusions de grandes entreprises est un phénomène illusoire : les géants, en joignant leurs forces, semblent devenir de plus en plus grands. Pour comprendre ces changements, il faut se rendre compte que sous bien des aspects – sauf celui des profits, bien entendu –, ces entreprises fusionnées sont, en fait, en plein rétrécissement. Leur taille apparente n'est que la façon la plus efficace d'atteindre leur but véritable : se débarrasser de l'univers des objets. Puisque nombre des sociétés les mieux connues ne fabriquent plus de produits et n'en font plus la réclame, mais les achètent et en font le branding, ces entreprises sont à jamais en quête de nouvelles façons créatives de construire et de renforcer leurs images de marque. La fabrication de produits exige peut-être des foreuses, des marteaux et le reste, mais la création d'une marque appelle un ensemble d'outils et de matériaux complètement différents. Elle exige une parade sans fin d'extensions de marques, une imagerie de marketing continuellement renouvelée et, par-dessus tout, des espaces frais et neufs pour propager l'identité officielle de la marque. J'examinerai ici comment, de façon à la fois insidieuse et manifeste, cette obsession de l'identité de la marque chez les grandes sociétés mène la guerre aux citoyens et à l'espace individuel ; aux institutions publiques telles que les écoles ; à l'identité des jeunes ; au concept de nationalité et aux possibilités d'un espace à l'abri du marketing.

LE DÉBUT DE LA MARQUE

Effectuons un bref retour en arrière pour voir où l'idée de marque a pris naissance. Le branding et la publicité sont deux processus différents, bien qu'on utilise souvent ces termes comme s'ils étaient interchangeables. Le fait d'annoncer tel produit n'est qu'une partie du plan grandiose du branding, au même titre que le sponsoring et l'autorisation d'utiliser un logo. On peut considérer la marque comme la principale raison d'être de l'entreprise moderne, et la publicité, comme l'un des véhicules de cette raison d'être dans le monde.

Les premières campagnes de marketing de masse, dans la seconde moitié du XIXᵉ siècle, relevaient davantage de la publicité que du branding tel que nous l'entendons aujourd'hui. Devant une gamme d'inventions récentes – la radio, le phonographe, l'automobile, l'ampoule électrique, etc. –, les publicitaires avaient des tâches plus pressantes que la création d'une identité de marque pour une entreprise donnée ; ils devaient d'abord changer le mode de vie des gens. Les réclames devaient informer les consommateurs de l'existence d'une nouvelle invention, puis les convaincre du fait que leur vie serait meilleure s'ils utilisaient, par exemple, l'automobile et non la voiture à cheval, le téléphone au lieu de la poste, et la lampe électrique plutôt que la lampe à pétrole. Nombre de ces nouveaux produits portaient des noms de marques – certains d'entre eux sont encore présents – mais la chose était presque accidentelle. Ces inventions étaient des nouvelles en soi ; ce fait était presque une publicité suffisante.

Les premiers produits de marque apparurent vers la même époque que les annonces d'inventions, en grande partie en raison d'une autre innovation relativement récente : l'usine. Lorsque débuta la production industrielle de marchandises, non seulement on présentait des produits entièrement nouveaux, mais des produits connus – voire des articles de base – apparaissaient sous des formes remarquablement nouvelles. Ce qui rendait les premiers efforts de branding différents de la vente plus simple et directe, c'est que le marché se trouvait inondé de produits uniformes, de fabrication massive, presque impossibles à distinguer les uns des autres. Le branding concurrentiel devint une nécessité de l'ère industrielle – dans un contexte de monotonie manufacturée, il fallait fabriquer, en même temps que le produit, la différence d'image.

Ainsi, le rôle de la publicité n'était plus d'annoncer l'existence du produit, mais d'élaborer une image autour de la version d'une marque particulière d'un produit. Le premier rôle du branding fut d'accorder des noms propres à des marchandises génériques telles que le sucre, la farine, le savon et les céréales, qui, auparavant, étaient servis à la pelle, à même des barils, par les boutiquiers locaux. Dans les années 1880, on présenta les logos commerciaux de produits de fabrication massive, dont la soupe Campbell, les cornichons H. J. Heinz et les céréales Quaker Oats. Comme le font remarquer Ellen Lupton et J. Abbott Miller, historiens et théoriciens du design, les logos étaient conçus de façon à évoquer la familiarité et la vie rurale (voir Aunt Jemima, page 23), de façon à contrebalancer l'anonymat nouveau et troublant des marchandises emballées. « Les personnalités familières, telles que le Dr Brown, Uncle Ben, Aunt Jemima et Old Grand-Dad, vinrent à remplacer le boutiquier, traditionnellement chargé de recommander les produits et de mesurer les aliments en vrac pour les clients... un vocabulaire de marques à l'échelle nationale remplaça le petit boutiquier local en tant qu'interface entre consommateur et produit[2]. » Une fois établis les noms des produits et les personnages, la publicité leur attribua une tribune pour leur permettre de s'adresser directement aux consommateurs éventuels. La « personnalité » commerciale, nommée, emballée et annoncée d'une façon distinctive, était arrivée.

Au tournant du siècle, la plupart des campagnes publicitaires utilisaient un ensemble de formules rigides, pseudo-scientifiques : nulle mention des rivaux, déclarations sur le mode affirmatif et gros titres entourés d'un grand espace blanc – selon un publicitaire du tournant du siècle, « une annonce doit être assez grande pour laisser une impression, mais pas plus grande que la chose annoncée ».

Toutefois, certains, dans l'industrie, comprenaient que la publicité n'était pas seulement scientifique, mais spirituelle. La marque pouvait évoquer un sentiment – songez à la présence réconfortante d'Aunt Jemima – et attribuer une signification, une raison d'être, à l'entreprise même. Au début des années 1980, le légendaire publicitaire Bruce Barton fit de General Motors une métaphore de la famille américaine, « quelque chose de personnel, de chaleureux et d'humain », tandis que GE ne référait pas tant à l'anonyme General Electric Company qu'« aux initiales d'un ami », selon Barton. En 1923, Barton écrivit que le rôle de la publicité consistait à aider les entreprises à trouver leur âme. Fils d'un prêcheur, il tirait de son éducation religieuse des messages optimistes : « J'aime envisager la publicité dans sa grandeur, dans sa splendeur, plongeant au cœur d'une institution pour en saisir l'âme... Les institutions ont une âme, tout comme les hommes et les nations », dit-il au président de GM, Pierre du Pont[3]. La publicité de General Motors commença à raconter l'histoire de gens qui conduisaient ses voitures – le prédicateur, le pharmacien ou le médecin de campagne qui, grâce à sa fidèle GM, arrivait « au chevet d'un enfant mourant » juste à temps « pour le ramener à la vie ».

Dès la fin des années 1940, on commença à prendre conscience qu'une marque était bien plus qu'une mascotte, une formule ou une image imprimée sur l'étiquette d'un produit ; l'entreprise dans son ensemble pouvait avoir une identité de marque ou une « conscience commerciale », ainsi qu'on désignait à l'époque cette qualité éphémère. À mesure que cette idée évoluait, le publicitaire cessa de se considérer comme un bonimenteur et devint « le roi-philosophe de la culture commerciale[4] », selon l'expression du critique publicitaire Randall Rothberg. À la recherche de la signification véritable des marques – ou de l'« essence de marque », comme on l'appelle souvent –, les agences délaissèrent graduellement les produits et leurs attributs, en faveur de l'examen psychologique et anthropologique du sens des marques dans la culture et la vie des individus. Cela parut avoir une importance cruciale, car, si les entreprises fabriquent des produits, ce sont les marques que les consommateurs achètent.

Il fallut plusieurs décennies au monde de la fabrication pour s'ajuster à ce changement. Il s'accrochait à l'idée que son activité première était tout de même la production, le branding en étant un complément important. Puis, dans les années 1980, la marque acquit une valeur de capital, et cette obsession atteignit un moment décisif en 1988, lorsque Philip Morris acheta Kraft pour 12,6 milliards de dollars – six fois la valeur théorique de la société. La différence de prix, semblait-il, provenait du poids financier du mot « Kraft ». Bien entendu, Wall Street avait conscience du fait que des décennies de marketing et de renforcement de marque ajoutaient de la valeur à une société, bien au-delà de ses actifs et de ses ventes annuelles. Mais avec l'achat de Kraft, une immense valeur financière avait été assignée à une chose jusqu'alors abstraite et non quantifiable – une marque. Nouvelle renversante pour le monde de la publicité, qui pouvait dès lors prétendre que les dépenses publicitaires représentaient davantage qu'une simple stratégie de ventes : c'était un investissement dans la valeur nette des actions. Plus vous dépensez, plus la valeur de votre société augmente : postulat qui entraîne forcément une augmentation considérable des dépenses publicitaires. Surtout, on se remit à faire mousser les identités de marque, un projet qui dépassait largement quelques panneaux-réclame et spots à la télé. Il s'agissait d'élargir l'envergure des ententes de sponsoring, d'imaginer de nouveaux domaines dans lesquels « élargir » la marque, et de perpétuellement sonder l'esprit du temps pour s'assurer que l'« essence » choisie pour sa marque se trouvait en résonance karmique avec son marché cible. Pour des raisons qui seront explorées dans la suite de ce chapitre, cette mutation radicale de la philosophie commerciale frappa de boulimie les fabricants : ils s'emparèrent du moindre coin de paysage vierge de marketing, à la recherche de l'oxygène nécessaire pour gonfler leurs marques. Dans ce processus, pratiquement rien ne fut laissé sans marque. Un tour de force assez impressionnant, étant donné que, même en 1993, Wall Street avait déclaré la mort de la marque, ou presque.

LA MORT DE LA MARQUE (une rumeur exagérée)

Lorsqu'elle sembla affronter l'extinction, l'évolution de la marque connut un épisode effrayant. Pour comprendre comment elle put frôler la mort, nous devons d'abord accepter la loi de la gravitation propre à la publicité, qui soutient que si on ne monte pas en flèche, on s'écrase bientôt.

Le monde du marketing est constamment en train d'atteindre un nouveau zénith, de faire tomber le record mondial de l'année précédente et de se préparer à répéter l'exploit, l'année suivante, avec toujours plus d'annonces et de formules nouvelles destinées à atteindre des consommateurs. Le taux de croissance astronomique de l'industrie publicitaire se reflète nettement dans les chiffres annuels des dépenses publicitaires totales aux États-Unis (voir Tableau 1.1, page 35), qui ont augmenté d'une façon si régulière que, dès 1998, ce montant était censé atteindre 196,5 milliards de dollars, alors que les dépenses publicitaires mondiales étaient estimées à 435 milliards[5]. Selon l'édition 1988 du Rapport des Nations Unies sur le Développement humain, la croissance des dépenses publicitaires dans le monde « dépasse maintenant du tiers la croissance de l'économie mondiale ».

Cette tendance découle de la croyance ferme selon laquelle les marques ont besoin d'une publicité continue et croissante pour garder leur place. Selon cette loi des rendements décroissants, plus il y a de publicité (et il y en a toujours, à cause de cette loi), plus les marques doivent se distinguer par la promotion. Bien sûr, personne n'est plus vivement conscient de l'ubiquité de la publicité que les publicitaires mêmes, qui considèrent l'inondation commerciale comme un argument clair et persuasif en faveur d'une publicité encore plus présente et plus intrusive. Avec autant de concurrence, prétendent les agences, leurs clients doivent dépenser plus que jamais pour s'assurer que leur boniment est si strident qu'on l'entend par-dessus tous les autres. David Lubars, cadre supérieur chez le groupe publicitaire Omnicom, explique avec plus de franchise que d'autres le principe directeur de l'industrie. « Les consommateurs, dit-il, sont comme des cafards – on les asperge, on les asperge et, au bout d'un moment, ils sont immunisés[6]. »

Si les consommateurs ressemblent à des blattes, les spécialistes en marketing doivent donc continuellement inventer de nouvelles formules d'insecticide de force encore plus grande. C'est dans ce seul but qu'au cours des années 1990, parvenus à un stade plus avancé de la spirale du sponsoring, ils ont consciencieusement créé des techniques de vente habiles et intrusives. Parmi les plus récentes et les plus remarquables : le

Tableau 1.1
Total des dépenses publicitaires aux États-Unis, 1915, 1963,
1979-1998

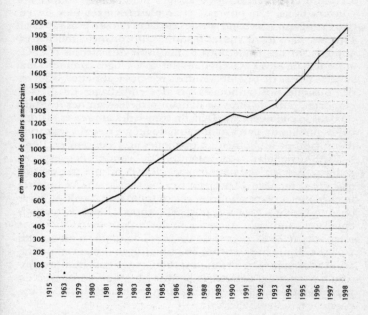

Source : Chiffres extraits de divers articles : *The Economist*, 14 novembre
1981 ; *PR Newswire*, 23 mai 1983 ; *Business Week*, 15 août 1983 ; *Advertising Age*,
23 juillet 1984 ; *Ad Age*, 6 mai 1985 ; *Ad Age*, 16 décembre 1985 ; *The Record*,
25 janvier 1986 ; *Ad Age*, 12 mai 1986 ; *Ad Age*, 30 juin 1986 ; *Ad Age*, 17 août
1987 ; *Ad Age*, 14 décembre 1987 ; *Ad Age*, 15 mai 1989 ; *Marketing*, 30 juin
1997 ; *Ad Age*, 15 décembre 1997 ; les chiffres pour 1979, 1981 et 1982 sont
des estimations ; le chiffre pour 1998 est une projection fondée sur *Ad Age*,
15 décembre 1997 ; toutes les sommes comprennent le total des dépenses
publicitaires, quantifiées ou non, aux États-Unis.

gin Gordon's a essayé, à titre expérimental, de remplir des cinémas britanniques d'un parfum de baies de genièvre ; Calvin Klein a collé des bandes de papier imprégnées de parfum et marquées « cK Be » à l'endos d'enveloppes de billets de concerts Ticketmaster ; et dans certains pays scandinaves, on peut faire des appels interurbains « gratuits » à condition de laisser des messages publicitaires couper les conversations. On pourrait citer d'autres exemples de ce marketing qui se répand sur des surfaces encore plus vastes et s'insinue dans les moindres fissures : autocollants publicitaires apposés sur des fruits pour promouvoir des sitcoms d'ABC, annonces de Levi's placées dans des W.-C., logos commerciaux sur des boîtes de biscuits vendues par des jeannettes, disques de musique pop annoncés sur des emballages de plats à emporter, pubs de films de Batman projetées sur des trottoirs ou dans le ciel nocturne. Déjà on trouve des annonces sur des bancs publics de parcs nationaux, de même que sur les cartes d'emprunt de bibliothèques publiques et, en décembre 1990, la NASA signalait son intention de vendre des espaces publicitaires sur ses stations spatiales. Pepsi n'a pas encore exécuté sa menace de projeter son logo sur la surface lunaire, mais Mattel a peint d'un rose criard toute une rue de Salford, en Angleterre – maisons, porches, arbres, chaussée, trottoir, chiens et voitures, tout devenant décor pour les célébrations télévisées du Mois en rose de Barbie[6]. La poupée n'est qu'une parcelle d'une industrie de 30 milliards de dollars en pleine croissance appelée « communication expérientielle », expression qui englobe désormais la mise en scène de ce type de performance associée à des marques, entre autres « campagnes événementielles[7] ».

Que notre vie soit sponsorisée, c'est maintenant un truisme, et on peut parier sans crainte qu'avec l'augmentation des dépenses publicitaires, on offrira aux cafards que nous sommes encore davantage de ces gadgets ingénieux, ce qui rendra plus difficile et plus inutile, en apparence, le fait de rassembler une once d'indignation.

Mais ainsi que je l'ai déjà mentionné, il y eut une époque où l'industrie de la publicité atteignit de nouvelles frontières qui ne semblaient pas aussi prometteuses. Le 2 avril 1993, la publicité en soi fut mise en question par les marques mêmes que l'industrie avait bâties, dans certains cas, depuis plus de deux siècles. Ce jour-là, dans les cercles du marketing, a été surnommé le « Vendredi Marlboro » : Philip Morris annonça soudainement qu'il réduisait le prix des cigarettes Marlboro de 20 pour cent, afin de concurrencer des marques qui grugeaient son marché. Les pontifes s'indignèrent, prononçant, dans un chœur en délire, la mort, non seulement de Marlboro, mais de toutes les marques. Le raisonnement était le suivant : si une marque aussi « prestigieuse » que Marlboro, dont l'image avait été soigneusement bichonnée, lissée et améliorée au prix de un milliard de dollars en publicité, était désespérée au point de vouloir concurrencer des marques quelconques, il était clair que tout le concept du branding avait perdu sa valeur. Le public avait vu l'annonce et ne s'en souciait guère. Après tout, Marlboro Man n'était pas n'importe quelle campagne ringarde ; lancée en 1954, c'était la campagne publicitaire la plus persistante de l'histoire. C'était une légende. Si Marlboro Man s'était effondré, eh bien, c'est que son capital-marque s'était effondré lui aussi. Cela impliquait qu'une masse d'Américains pensaient soudainement de façon autonome, ce qui eut des répercussions sur Wall Street. Le jour même où Philip Morris annonça sa réduction de prix, le capital de toutes les marques universellement connues piqua du nez : Heinz, Quaker Oats, Coca-Cola, PepsiCo, Procter & Gamble et RJR Nabisco. Quant à l'action de Philip Morris, elle subit la pire baisse.

Bob Stanojec, directeur national du marketing des produits de consommation pour le cabinet Ernst & Young, expliqua ainsi la panique de Wall Street : « Si une ou deux locomotives de la consommation commencent à réduire leurs prix pour de bon, il va y avoir une avalanche. Bonjour la génération qui en veut pour son argent[8] ! »

Oui, ce fut là l'un de ces moments de consensus instantané et excessif, mais pas tout à fait sans cause. La cigarette Marlboro s'était toujours vendue par la force du marketing d'une icône, et non à partir d'un élément aussi prosaïque que le prix. Comme nous le savons maintenant, Marlboro Man survécut sans trop de dégâts aux guerres de prix. En même temps, toutefois, Wall Street vit dans la décision de Philip Morris le symbole d'une transformation radicale. Réduire le prix, c'était avouer que le nom de Marlboro ne suffisait plus à soutenir sa position de vedette, et dans un contexte de capital-image, cela voulait dire que Marlboro avait cillé. Or, lorsque Marlboro – l'une des marques mondiales quintessentielles – cille, l'événement soulève, à propos du branding, des questions qui dépassent Wall Street, et Philip Morris encore plus.

La panique du Vendredi Marlboro n'était pas une réaction à un simple incident. Elle correspondait au point culminant d'une escalade d'anxiété qui durait depuis des années, face à certains changements franchement radicaux des habitudes de consommation qui érodaient la part de marché de marques universellement connues, de Tide à Kraft. Les consommateurs économes, durement frappés par la récession, commençaient à accorder plus d'attention au prix qu'au prestige conféré à leurs produits par les campagnes publicitaires yuppies des années 1980. Le public souffrait d'une crise de ce qu'on appelle dans l'industrie « l'insensibilité aux marques[9] ».

Toutes les études démontraient que les baby-boomers, aveugles aux images séduisantes de la publicité et sourds aux vaines promesses des porte-parole vedettes, rompaient le pacte de loyauté qu'ils avaient respecté toute leur vie envers les marques, et choisissaient des marques maison, celles du super-marché – prétendant, ces hérétiques, qu'ils ne voyaient pas de différence. Depuis le début de la récession jusqu'en 1993, Loblaw avec sa gamme President's Choice, Wal-Mart avec sa marque Great Value, et Marks and Spencer sous l'étiquette des aliments préparés St. Michael, avaient presque doublé leur part de marché en Amérique du Nord et en Europe[10]. Pendant ce temps, le marché de l'ordinateur était inondé par les clones bon marché, ce qui poussa IBM à réduire considérablement ses prix, entre autres formes de masochisme. On semblait revenir au proverbial boutiquier qui sortait ses marchandises génériques du baril, à l'ère d'avant les marques.

La folie des aubaines du début des années 1990 ébranla profondément les marques. Il semblait soudainement plus intelligent d'affecter des ressources aux réductions de prix et autres primes qu'à des campagnes publicitaires aux coûts astronomiques. Cette ambivalence commença à se refléter dans les sommes que les sociétés étaient prêtes à verser pour de la publicité censée améliorer les marques. Puis, en 1991, l'événement se produisit : les dépenses publicitaires mondiales diminuèrent de 5,5 pour cent pour les 100 plus grandes marques. C'était la première interruption de l'augmentation constante des dépenses publicitaires aux États-Unis depuis 1970, avec une légère baisse de 0,6 pour cent, et la plus forte diminution en quatre décennies[11].

Comme de juste, les grandes entreprises mirent leurs produits en cause, néanmoins, pour attirer ces clients soudainement volages ; beaucoup décidèrent surtout d'investir dans des promotions : cadeaux, concours, présentoirs et (comme Marlboro) réductions de prix. En 1983, les marques américaines dépensèrent 80 pour cent de leurs budgets de marketing mondial en publicité, et 30 pour cent en d'autres formes de promotion. Dès 1993, la proportion s'était inversée : seulement 25 pour cent allaient à la publicité, et le reste en promotion.

Comme il fallait s'y attendre, les agences de publicité paniquèrent en voyant leurs clients prestigieux les abandonner pour les étalages d'aubaines, et elles firent ce qu'elles purent pour convaincre de grands acheteurs tels Procter & Gamble ou Phil Morris que la bonne façon de sortir de la crise n'était pas de réduire le marketing des marques, mais de l'augmenter. En 1988, lors de la rencontre annuelle de l'Association américaine de la publicité nationale (U.S. Association of National Advertisers), Graham H. Phillips, président américain d'Ogilvy & Mather, reprocha aux gestionnaires rassemblés de s'être abaissés jusqu'à participer à un « marché d'articles de base » plutôt qu'à un marché fondé sur l'image. « Je doute qu'un grand nombre d'entre vous apprécieraient un marché d'articles de base dans lequel la concurrence ne serait fondée que sur le prix, la promotion et les rabais, qui peuvent tous être aisément reproduits par la concurrence, ce qui entraînerait une baisse constante des profits, un déclin et une faillite éventuelle[12]. » D'autres soulignèrent l'importance de maintenir une « valeur ajoutée conceptuelle », autrement dit, du marketing et rien que du marketing. L'avertissement des agences était menaçant : s'abaisser à entrer en concurrence sur la base de la valeur réelle, c'était provoquer non seulement la mort de la marque, mais aussi celle de l'entreprise.

Vers la même époque que le Vendredi Marlboro, l'industrie publicitaire se trouva dans un tel état de siège que le chercheur en marketing Jack Myers publia *Adbashing : Surviving the Attacks on Advertising* (Antipub : Survivre aux attaques sur la publicité), un appel aux armes circonstancié qui mettait en cause aussi bien les caissières de supermarchés qui offraient des coupons-rabais pour des petits pois en conserve, que les législateurs qui envisageaient une nouvelle taxe sur les annonces publicitaires. « En tant qu'industrie, nous devons reconnaître que l'antipub est une menace qui pèse sur le capitalisme, sur la liberté de presse, sur nos formes de loisir fondamentales, et sur l'avenir de nos enfants », écrivit-il[13].

Malgré ces paroles belliqueuses, la plupart des observateurs du marché demeurèrent convaincus que les beaux jours de la marque à valeur ajoutée étaient révolus. Les années 1980 s'étaient entichées de marques et de griffes prétentieuses, expliqua David Scotland, directeur européen de Hiram Walker. Les années 1990 seraient nettement celles du rapport qualité-prix. « Il y a quelques années, fit-il observer, on aurait trouvé chic de porter une chemise dont la poche était ornée du logo d'un concepteur ; franchement, cela paraît maintenant un peu ringard[14]. »

De l'autre côté de l'Atlantique, la journaliste Shelly Reese, de Cincinnati, envisageait elle aussi un avenir sans marques et écrivait qu'« on ne voit plus d'Américains, le nom de Calvin Klein étalé sur la poche de leurs jeans, pousser, dans les allées des supermarchés, des caddies remplis de Perrier. Ils portent plutôt des fringues Jaclyn Smith de chez Kmart, et manœuvrent des caddies remplis de soda Big K de chez Kroger. Bonjour la décennie de la marque maison[15] ! »

S'ils se rappellent leurs audacieux verdicts, Scotland et Reese se trouvent peut-être un tantinet ridicules, à présent. Selon les normes logomanes actuelles, les logos brodés sur la poche paraissent bien discrets. Quant aux ventes d'eau embouteillée de marques, elles ont grimpé à un taux annuel de 9 pour cent, ce qui en faisait, dès 1997, une industrie pesant 3,4 milliards de dollars. Du bout de notre lorgnette recouverte de logos, il est presque inconcevable que de telles condamnations à mort aient pu paraître, juste il y a six ans, non seulement plausibles, mais évidentes.

Alors, comment sommes-nous passés de la notice nécrologique de Tide aux bataillons actuels de panneaux d'affichage bénévoles pour Tommy Hilfiger, Nike et Calvin Klein ? Qui a glissé des stéroïdes dans le come-back des marques ?

LA MARQUE REBONDIT

Lorsque Wall Street déclara la mort des marques, certaines d'entre elles se contentaient d'observer sans rien dire. Bizarre, durent-elles penser, nous ne sentons pas notre mort venir.

Tout comme les publicitaires l'avaient prédit au début de la récession, les sociétés qui s'en sortirent le plus vite furent celles qui choisirent le marketing plutôt que le rapport qualité-prix : Nike, Apple, The Body Shop, Calvin Klein, Disney, Levi's et Starbucks. Non seulement ces marques se portaient à merveille, merci bien, mais le branding était devenu une considération d'affaires de plus en plus importante. Pour ces sociétés, le produit apparent faisait seulement office de matériau de remplissage dans la production réelle : la marque. Elles intégrèrent l'idée du branding dans leur substance même. Leur culture d'entreprise était si stricte et protégée que, de l'extérieur, elles ressemblaient au croisement d'un club universitaire, d'une secte et d'un sanatorium. Tout annonçait la marque : lexiques bizarres pour décrire les employés (partenaires, baristas, coéquipiers, membres de l'équipage), incantations maison, P.D.G. superstars, attention maniaque à la cohérence du concept, tendance à l'idolâtrie, et mission d'inspiration *New Age*. À la différence des grandes marques classiques, du type Tide et Marlboro, ces logos ne perdaient pas de leur valeur et fracassaient toutes les normes du marketing : ils devenaient accessoires culturels et philosophies du mode de vie. Ces sociétés ne portaient pas leur image comme une chemise bon marché – leur image était à ce point intégrée dans leurs activités que d'autres gens la portaient comme *leur* chemise. Et lorsque les marques s'effondrèrent, ces entreprises ne le remarquèrent même pas – elles étaient marquées jusqu'à la moelle.

Le véritable legs du Vendredi Marlboro est donc d'avoir simultanément mis en lumière deux des développements les plus importants du marketing et de la consommation des années 90 : les magasins d'aubaines, ringards au dernier degré, qui fournissent les articles essentiels de la vie et monopolisent une part disproportionnée du marché (Wal-Mart et autres), et les marques « d'allure », ultra-précieuses, qui fournissent les éléments essentiels d'un mode de vie et monopolisent des étendues d'espace culturel de plus en plus vastes (Nike et autres). La façon dont se développèrent ces deux niveaux de consommation allait avoir un impact profond sur l'économie dans les années ultérieures. En 1991, quand les dépenses publicitaires globales piquèrent du nez, Nike et Reebok étaient en train de jouer à l'équivalent du premier-qui-se-dégonfle, chacune des deux sociétés augmentant son budget afin de mettre l'autre au tapis. (Voir Tableau 1.2, page 45.) Seulement en 1991, Reebok augmenta ses dépenses publicitaires de 71,9 pour cent, tandis que Nike injecta 24,6 pour cent de plus dans son budget publicitaire déjà en montée spectaculaire, portant le total de ses dépenses de marketing au vertigineux montant annuel de 250 millions de dollars. Loin de rivaliser quant aux prix, les entremetteurs des baskets inventèrent des coussins d'air pseudo-scientifiques encore plus élaborés, et firent monter les prix en offrant à des vedettes de l'athlétisme de colossales ententes de sponsoring. La stratégie du fétichisme sembla porter fruit : au cours des six années précédant 1993, la valeur de Nike passa de 750 millions à 4 milliards de dollars, et la société fondée par Phil Knight à Beaverton, en Oregon, émergea de la récession avec des profits de 900 pour cent plus élevés que lorsqu'elle y était entrée.

Entre-temps, Benetton et Calvin Klein augmentèrent également leurs dépenses de marketing « style de vie », associant leurs gammes de produits à l'art audacieux ainsi qu'à des politiques progressistes : publicités hautement conceptuelles où les vêtements apparaissaient à peine, et moins encore les prix. La vodka Absolut accentua son processus d'abstraction : depuis quelques années, la marque développe une stratégie de marketing dans laquelle le produit a disparu cependant qu'elle ne s'inscrit plus que comme un espace vide en forme de bouteille, qu'on peut remplir du contenu auquel tel ou tel public particulier s'attend de la part de ses marques : intellectuel dans *Harper's*, futuriste dans *Wired*, alternatif dans *Spin*, fier et fort dans *Out* et « pin-up Absolut » dans *Playboy*. La marque se réinventa en tant qu'éponge culturelle, absorbant son entourage avant de s'y fondre. (Voir Tableau 1.3, Appendice, page 549 et image Absolut, page 58.)

De même, la Saturn arriva à brûle-pourpoint, en octobre 1990, lorsque GM lança cette voiture faite non d'acier et de caoutchouc, mais de spiritualité *New Age* mâtinée d'un féminisme années 1970. Quelques années après l'avoir mise sur le marché, l'entreprise organisa pour les propriétaires de Saturn un week-end de « retour au foyer » : visite de l'usine et barbecue avec le personnel de la fabrication. Ainsi que les publicités Saturn le proclamèrent à l'époque, « 44 000 personnes ont passé leur congé avec nous, dans une usine de voitures ». C'était comme si Aunt Jemima était revenue à la vie pour vous inviter à dîner chez elle.

En 1993, l'année où les consommateurs « aveugles aux marques » ont marché sur les pieds du Marlboro Man, Microsoft fit une fracassante entrée dans la liste des 200 plus grands annonceurs, publiée par *Advertising Age* – l'année même où l'ordinateur Apple augmenta son budget de marketing de 30 pour cent, après avoir déjà écrit une page capitale de l'histoire du marketing avec sa publicité de lancement aux accents orwelliens durant le Super Bowl de 1984 (voir image à la page 120). Comme Saturn, les deux sociétés d'informatique vendaient une relation à la machine, nouvelle et cool, qui faisait paraître IBM, Big Blue lui-même, aussi minable et menaçant qu'une guerre froide désormais au rancart.

Vinrent ensuite les sociétés qui avaient toujours compris qu'elles vendaient les marques avant les produits. Coke, Pepsi, McDonald's, Burger King et Disney, loin d'être déroutées par la crise des marques, ne manquaient pas de faire le choix de l'escalade dans la guerre des marques, d'autant qu'elles avaient l'œil fermement fixé sur l'expansion planétaire. (Voir Tableau 1.4, Appendice, page 549.) Elles furent rejointes dans cette attitude par une vague de producteurs/détaillants sophistiqués qui battit son plein à la fin des années 1980 et au début des années 1990. Période durant laquelle Gap, IKEA et The Body Shop s'étendirent telles des traînées de poudre, transformant magistralement le produit générique en lui accolant une marque précise, principalement au moyen d'un emballage soigneusement identifié et de la promotion d'un contexte d'achat « expérientiel ». The Body Shop était déjà présent en Grande-Bretagne depuis les années 1970, mais ce ne fut qu'en 1988 qu'il commença à pousser comme du chiendent à chaque coin de rue des États-Unis. Même au cours des années les plus noires de la récession, la société ouvrit entre 140 et 150 boutiques par an aux États-Unis. Cerise sur le gâteau, et au grand étonnement de Wall Street, elle atteignit cette expansion sans dépenser un sou en publicité. Pourquoi acheter panneaux d'affichage et pages publicitaires alors que les boutiques constituaient des annonces tridimensionnelles en faveur d'une approche éthique et écologique des cosmétiques ? The Body Shop était une pure marque.

Au cours de cette période, la chaîne de cafés Starbuck prit également de l'expansion sans dépenser de gros budgets publicitaires ; elle se contenta de convertir son nom en une large gamme de projets portant sa marque : café pour avions Starbucks, café pour bureaux, glaces au café, bière au café. Starbucks semblait comprendre les marques à un niveau encore plus profond que Madison Avenue, car elle incorpora le marketing dans chaque repli de son concept commercial

Tableau 1.2
Dépenses publicitaires de Nike et de Reebok, 1985-1997

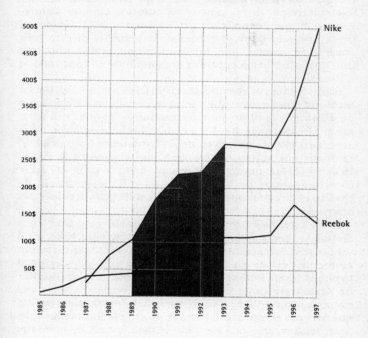

La zone ombrée représente une récession

Source : « 100 Leading National Advertisers », *Advertising Age*, 1985-1998 ; les chiffres de 1985 à 1987 pour Reebok viennent de déclarations à la Security Exchange Commission. Le chiffre de 1988 pour Reebok est une estimation provenant de *Ad Age*, 20 juin 1988, page 3. Le chiffre de 1987 pour Nike vient de « Sneaker Attack », *Ad Age*, 20 juin 1988.

– de l'association stratégique de la chaîne avec le livre, le blues et le jazz, jusqu'à son jargon du *latte*, typiquement européen. Ce que nous montrait le succès de The Body Shop et de Starbucks, c'était à quel point le projet de branding avait progressé au-delà du logo sur un panneau d'affichage. Ces deux sociétés avaient engendré de fortes identités en faisant de leur concept de marque un virus qu'elles avaient transmis à la culture par divers canaux : sponsoring culturel, controverse politique, expérience de consommation et extension de la marque. Dans ce contexte, la publicité directe était considérée comme une intrusion plutôt maladroite dans une approche beaucoup plus organique de la construction d'images.

Scott Bedbury, vice-président marketing de Starbucks, reconnut ouvertement que « les consommateurs ne voient pas de différence énorme entre les produits », et que pour cette raison, les marques doivent « établir des liens émotionnels » avec leurs clients au moyen de « l'Expérience Starbucks[16] ». Les gens qui font la queue chez Starbucks, écrit le P.D.G. Howard Shultz, ne viennent pas que pour le café. « C'est le côté romantique de l'expérience du café, le sentiment de chaleur et de communauté que trouvent les gens dans les cafés Starbucks[17]. »

Il est intéressant de remarquer qu'avant de passer chez Starbucks, Bedbury était chef du marketing chez Nike, où il supervisa le lancement du slogan « Just Do It ! », entre autres moments décisifs du branding. Dans le passage suivant, il explique les techniques couramment utilisées pour insuffler un sens à ces deux marques très différentes : « Nike, par exemple, exerce une influence sur le lien émotionnel profond que les gens entretiennent avec le sport et la forme physique. Avec Starbucks, le café s'est faufilé dans le tissu de la vie des gens, et c'est notre chance d'avoir une influence émotionnelle... La grande marque élève la barre – elle ajoute de la pertinence à l'expérience, que ce soit en vous mettant au défi de donner le meilleur de vous-même au sport et à la forme physique, ou en vous déclarant que la tasse de café que vous buvez compte vraiment[18]. »

C'était là le secret, semblait-il, de toutes les *success stories* de la fin des années 1980 et du début des années 1990. La leçon du Vendredi Marlboro, c'était qu'il n'y avait jamais vraiment eu de crise des marques – en fait, certaines marques avaient subi une crise de confiance. Les marques survivraient, concluait Wall Street, tant qu'elles croiraient avec ferveur, sans ciller, aux principes du branding. « Des marques, pas des produits ! » – du jour au lendemain, ce fut le cri de ralliement d'une renaissance du marketing menée par une nouvelle génération de sociétés qui se considéraient comme des « courtiers en signification » plutôt que comme des « producteurs de produits ». Ce qui changeait, c'était la notion même de ce qu'on vendait – en publicité comme en branding. Selon le vieux paradigme, tout marketing servait à vendre un produit. Mais dans le nouveau modèle, le produit est toujours secondaire par rapport au produit réel – la marque –, dont la vente s'accroît selon une composante spirituelle, il n'y a pas d'autre terme. La publicité consiste à colporter un produit. Le branding, dans ses incarnations les plus véritables et les plus avancées, relève de la transcendance commerciale.

Cela peut sembler farfelu, mais c'est précisément l'essentiel. En ce Vendredi Marlboro, une ligne de démarcation fut tracée entre les réducteurs de prix et les bâtisseurs de marques à fort concept. Les bâtisseurs de marques l'emportèrent et un nouveau consensus naquit : les produits qui fleuriraient à l'avenir seraient présentés non pas comme des articles de base, mais comme des concepts : la marque en tant qu'expérience ou style de vie.

Depuis lors, un groupe sélect de sociétés a tenté de se libérer du monde matériel des articles de base, de la fabrication et des produits, pour exister sur un autre plan. Tout le monde peut fabriquer un produit – tel était leur raisonnement (et tout le monde le fit, comme le succès des marques maison le prouva pendant la récession). Par conséquent, ces tâches subalternes pouvaient et devaient être confiées à des fournisseurs et à des sous-traitants dont le rôle se limitait à remplir la commande à temps et dans les limites budgétaires (idéalement au Tiers-Monde, où la main-d'œuvre coûte trois fois rien, où les lois sont laxistes et les exemptions fiscales monnaie courante). Pendant ce temps, le siège social est libre de se concentrer sur l'essentiel – créer une mythologie commerciale suffisamment forte pour insuffler un sens à ces objets bruts, du simple fait de signer son nom.

Le monde commercial a toujours eu un fort penchant *New Age*, nourri – comme il s'est avéré – par un besoin profond qui ne pouvait être comblé simplement en échangeant des bricoles pour du comptant. Mais lorsque le branding s'empara de l'imagination des entreprises, les quêtes de vision *New Age* devinrent les vedettes. Ainsi l'explique Phil Knight, le P.D.G. de Nike : « Pendant des années, nous nous sommes considérés comme une société orientée production, au sens où nous mettions toute notre énergie dans la conception et la fabrication du produit. Mais à présent, nous comprenons que notre fonction la plus importante est sa mise en marché. Nous disons maintenant que Nike est une société orientée marketing, et que le produit est notre outil de marketing le plus puissant[19]. » Depuis, ce projet a atteint un stade encore plus avancé avec l'émergence de géants commerciaux en ligne, tels qu'Amazon.com. C'est en ligne que se construisent les marques les plus pures : émancipées du prosaïque fardeau que constituent magasins et fabrication des produits, ces marques sont libres de prendre leur envol, moins en tant que pourvoyeurs de biens ou de services que sous forme d'hallucinations collectives.

Tom Peters, qui a longtemps dorloté la folie qui sommeille en tout P.D.G., s'est accroché au train du branding. Proclamant que c'est le secret du succès financier, il distingue deux catégories de sociétés : celles qui adoptent le logo (transcendantal) et celles qui s'en tiennent aux produits (terre-à-terre). « Au sommet – Coca-Cola, Microsoft, Disney et ainsi de suite – sont de purs protagonistes de l'intelligence. En bas [Ford et GM] sont encore des fournisseurs d'objets durs, bien que les automobiles soient beaucoup plus "intelligentes" qu'avant », écrivait Peters dans *The Circle of Innovation* (1997), une ode au pouvoir du marketing sur la production[20].

Lorsque Levi's commença à perdre des parts de marché, à la fin des années 1990, la tendance fut largement attribuée au fait que la société – malgré de généreuses dépenses publicitaires – n'était pas arrivée à transcender ses produits et à se donner un sens bien à elle. « Peut-être que l'un des problèmes de Levi's est de n'avoir aucun soda, spéculait Jennifer Steinhauer dans *The New York Times*. La compagnie Levi's n'a aucune peinture d'intérieur aux tons de denim. Elle fabrique ce qui est essentiellement un article de base : des blue jeans. Ses annonces évoquent peut-être la rude vie en plein air, mais elle n'a fait la promotion d'aucun style de vie particulier pour vendre d'autres produits[21]. »

Dans ce nouveau contexte d'enjeux élevés, les agences de publicité avant-gardistes ne vendaient plus les sociétés au moyen de campagnes ponctuelles mais en faisant valoir leur capacité d'agir en tant que « gardiens de marques » : en identifiant, en articulant et en protégeant l'âme de l'entreprise. Il n'est pas étonnant que cela ait été une bonne nouvelle pour l'industrie américaine de la publicité, qui, en 1994, vit ses dépenses augmenter de 8,6 pour cent par rapport à l'année précédente. En une seule année, l'industrie de la publicité passa d'un quasi-état de crise à une nouvelle « meilleure année jusqu'ici[22] », et l'ère des triomphes ne faisait que commencer. Dès 1997, la publicité sociétale, c'est-à-dire les « annonces qui positionnent une entreprise, ses valeurs, sa personnalité et son caractère », augmenta de 18 pour cent par rapport à l'année antérieure[23].

Avec cette manie de la marque apparut une nouvelle race de gens d'affaires, lesquels vous informaient avec fierté que la marque X n'était pas un produit mais un style de vie, une attitude, un ensemble de valeurs, un look, une idée. Et cela semble formidable – bien plus que de se faire expliquer platement que la marque X est un tournevis, une chaîne de hamburgers ou un jean, voire une gamme très réussie de chaussures de course. Nike, annonça Phil Knight à la fin des années 1980, est « une société de sport » : sa mission n'est pas de vendre des chaussures mais d'« améliorer la vie des gens par le sport et la forme physique » et de garder « vivante la magie du sport[24] ». Tom Clark, président de la société et chamane des baskets, explique que « l'inspiration du sport nous permet de constamment renaître[25] ».

De tous les coins parvinrent les récits de semblables épiphanies liées à une « vision de marque ». « Le problème de Polaroïd, expliqua le président de son agence de publicité, John Hegarty, était de continuer à se considérer comme un appareil photo. Mais le processus de "vision [de marque]" nous a enseigné quelque chose : Polaroïd n'est pas un appareil photo – c'est un lubrifiant social[26]. » IBM ne vend pas des ordinateurs, mais des « solutions » d'affaires. Swatch, ce n'est pas des montres, mais une idée du temps. Renzo Rosso, propriétaire des jeans Diesel, a déclaré au magazine *Paper* : « Nous ne vendons pas un produit, mais un style de vie. Je crois que nous avons créé un mouvement... Le concept Diesel, tout est là. Une façon de vivre, une façon de s'habiller, une façon de faire. » Et comme me l'expliquait Anita Roddick, la fondatrice de The Body Shop, ses magasins ne se limitent pas à des produits, mais servent à transmettre une idée grandiose – une philosophie politique à propos des femmes, de l'environnement et de l'entreprise éthique. « Je me contente d'utiliser la société que j'ai créée, comme un succès-surprise – elle n'était pas censée être comme ça, elle n'y était pas destinée – qui me permet de monter sur les podiums pour haranguer la foule sur ces questions », dit-elle.

Le regretté Tibor Kalman, célèbre concepteur graphique, résumait ainsi le rôle changeant de la marque : « La notion originelle de la marque était la qualité, mais à présent, la marque est un insigne stylistique du courage[27]. »

L'idée de vendre le courageux message d'une marque, plutôt qu'un produit, a enivré ces P.D.G., car elle fournit une occasion d'expansion apparemment illimitée. Après tout, si une marque n'était pas un produit, elle pouvait être n'importe quoi ! Et personne n'a appliqué la théorie du branding avec un plus grand zèle évangélique que Richard Branson, dont le groupe Virgin a donné sa marque à des coentreprises dans tous les domaines, de la musique aux robes de mariées, des lignes aériennes au soda, en passant par les services financiers. Non sans dérision, Branson fait référence à « la vision anglo-saxonne guindée des consommateurs » qui soutient qu'un nom doit être associé à un produit comme des baskets ou des boissons gazeuses, et choisit plutôt « le "truc" asiatique » des *keiretsus* (un terme japonais qui désigne un réseau de corporations reliées). Il s'agit, explique-t-il, de « bâtir des marques, non pas autour de produits, mais autour d'une réputation. Les grands noms asiatiques impliquent la qualité, le prix et l'innovation plutôt qu'un article précis. Ce sont pour moi des marques d'"attributs" : elles ne se rapportent pas directement à un produit – tel qu'une barre Mars ou un Coca-Cola – mais plutôt à un ensemble de valeurs[28]. »

Pendant ce temps, Tommy Hilfiger est moins occupé à fabriquer des vêtements qu'à signer son nom. La société est entièrement dirigée au moyen d'accords d'exploitation sous licence, et Hilfiger commande tous ses produits à un ensemble d'autres sociétés : Jockey International fabrique les sous-vêtements Hilfiger, Pepe Jeans London fabrique les jeans Hilfiger, Oxford Industries fabrique les chemises Tommy, la Stride Rite Corporation fabrique ses chaussures. Que fabrique Tommy Hilfiger ? Rien du tout.

À l'ère du branding du style de vie, les produits sont devenus si désuets qu'à la fin des années 1990, de nouvelles sociétés, tels les cosmétiques Lush et les vêtements Old Navy, ont commencé à jouer avec l'idée de produits de base à l'ancienne en tant que source d'imagerie de marketing rétro.

Au comptoir de la chaîne Lush, masques faciaux et lotions hydratantes sont servis à même des bols d'inox réfrigérés, et versés à la cuiller dans des contenants de plastique portant des étiquettes d'épicerie. Old Navy présente ses t-shirts et sweat-shirts dans des réfrigérateurs chromés, semblables à ceux qu'on voit au restaurant du coin, comme s'ils étaient faits de viande ou de fromage. Pour une marque purement conceptuelle, l'esthétique du produit brut peut s'avérer aussi « authentique » que la vie en loft.

Au cas où vous seriez tenté de réserver le secteur du branding aux objets de consommation à la mode, tels que les tennis, les jeans et les boissons *New Age*, attention ! Caterpillar, mieux connue pour la construction de tracteurs et le démantèlement de syndicats, fonce en trombe dans le secteur du branding, en lançant la gamme d'accessoires Cat : bottes, sacs à dos, casquettes et tout ce qui rappelle un je-ne-sais-quoi de postindustriel. Intel Corp., qui fabrique des pièces d'ordinateurs que personne ne voit et que peu de gens comprennent, a transformé ses processeurs en marque fétiche, au moyen de publicités à la télévision mettant en vedette des travailleurs de la chaîne de fabrication, vêtus d'étranges combinaisons spatiales métalliques et dansant sur *Shake Your Groove Thing*. Les mascottes d'Intel sont devenues si populaires que la société a vendu des centaines de milliers de poupées semblables aux scintillants techniciens dansants. Il n'est guère étonnant, alors, que, lorsqu'on l'interrogea sur la décision de la société de diversifier ses produits, Paul S. Otellini, le vice-président principal, ventes et marketing, ait répondu qu'Intel était « comme Coca-Cola : une marque, un grand nombre de produits différents[29] ».

Et si Caterpillar et Intel peuvent s'adonner au branding, n'importe qui le peut, sans l'ombre d'un doute.

Une nouvelle variété de la théorie du marketing soutient en effet que même les ressources naturelles les plus élémentaires, à peine transformées, peuvent développer des identités de marque, donnant ainsi lieu à de sérieuses marges de profit. Dans un essai pertinemment intitulé *Comment donner une marque au sable*, les cadres publicitaires Sam I. Hill, Jack McGrath et Sandeep Dayal se sont concertés pour informer le monde commercial qu'avec le bon plan de marketing, nul n'était forcé de se cantonner au secteur des objets. « Après une longue recherche, nous affirmons qu'on peut, en effet, donner une marque non seulement au sable, mais aussi au blé, au bœuf, à la brique, aux métaux, au béton, aux produits chimiques, à la semoule de maïs et à une infinie variété de produits de base que l'on a toujours cru immunisés contre le processus[30]. »

Au cours des six dernières années, hantées par l'expérience de mort imminente provoquée par le Vendredi Marlboro, des entreprises planétaires ont pris le train de la marque avec une évidente ferveur religieuse. Jamais plus le monde commercial ne s'abaisserait à prier à l'autel du marché des articles de base. Désormais, on ne vénérerait plus que des idoles médiatiques. Ou, pour citer Tom Peters, Monsieur Marque en personne : « La marque ! La marque !! La marque !!! Voilà le message... pour la fin des années 90 et après[31] ».

2

LA MARQUE SE RÉPAND

COMMENT LE LOGO A PRIS LA VEDETTE

Puisque le crocodile est le symbole de la société Lacoste, nous avons cru qu'elle serait intéressée à sponsoriser nos crocodiles.

Silvino Gomes, directeur commercial du zoo de Lisbonne,
à propos du programme créatif de sponsoring
commercial de l'institution, mars 1998

J'étais à l'école primaire lorsque naquit la folie des jeans griffés et très moulants. Mes amies et moi adorions chercher des logos sur nos fesses respectives. « Il n'y a rien entre mes Calvin et moi », nous assurait Brooke Shields : étendues sur nos lits, façon Ophélie, tirant avec des cintres les fermetures Éclair de nos jeans Jordache, nous savions qu'elle disait la simple vérité. Vers la même époque, Romi, la petite Farrah Fawcett de notre école, faisait ses rondes entre les rangées de pupitres, en retournant les cols de nos pulls et polos. Il ne lui suffisait pas de voir un alligator ou un cavalier – c'était peut-être une copie. Elle voulait vérifier l'étiquette derrière le logo. Nous n'avions que huit ans, mais la terreur du logo avait commencé son règne.

Quelque neuf ans plus tard, à Montréal, je travaillais à plier des pulls dans une boutique de vêtements Esprit. Des mères entraient avec leurs filles de six ans et demandaient à ne voir que les chemises portant le logo « Esprit » en majuscules reconnaissables. « Elle ne porte rien d'anonyme », confiaient les mamans en s'excusant, pendant que nous bavardions près des salles d'essayage. C'est bien connu : le branding est maintenant beaucoup plus omniprésent et intrusif. Des étiquettes comme Baby Gap et Gap Newborn gravent dans l'esprit des poupons une conscience de la marque et transforment des nourrissons en mini-panneaux d'affichage. Chez mon amie Monica, le swoosh (logo de Nike) fait partie de l'ordinaire : son fils de sept ans coche ses devoirs avec de petits swooshes rouges de Nike.

Jusqu'au début des années 1970, les logos des vêtements étaient généralement dissimulés, discrètement placés à l'intérieur du col. Dans la première moitié du siècle, de petits emblèmes de concepteurs apparurent à l'extérieur, mais cette tenue d'allure sportive restait plutôt confinée aux terrains de golf et aux terrains de tennis des riches. À la fin des années 1970, lorsque le monde de la mode se rebella contre la flamboyance des enfants du Verseau, les vêtements country-club des années 1950 représentèrent le style grand public des parents devenus conservateurs et de leurs enfants BCBG. Le cavalier Polo de Ralph Lauren et l'alligator d'Izod Lacoste s'échappèrent du terrain de golf et se répandirent en tous sens dans les rues, déplaçant avec détermination le logo sur le devant de la chemise. Ces logos remplissaient la même fonction sociale que le fait de garder l'étiquette du prix sur le vêtement : tout le monde savait précisément quel supplément on était prêt à payer pour le style. Dès le milieu des années 1980, Lacoste et Ralph Lauren furent rejoints par Calvin Klein, Esprit et, au Canada, par Roots ; après avoir contribué à l'ostentation affectée, le logo devint graduellement un accessoire de mode. Surtout, le logo lui-même augmentait en taille, l'emblème de deux centimètres se dilatant jusqu'à devenir une enseigne pleine poitrine. Ce processus de l'inflation du logo est encore en cours, et aucun n'est plus démesuré que celui de Tommy Hilfiger, dont le style de vêtements transforme ses fidèles adhérents en poupées Tommy grandeur nature, parlantes et ambulantes, momifiées sous forme de personnages du monde de Tommy avec son branding intégral.

Cet élargissement du rôle du logo a été si radical qu'il a engendré des changements de fond. Au cours de la dernière décennie et demie, les logos sont devenus si dominants qu'ils ont essentiellement transformé en supports de marques les vêtements sur lesquels ils apparaissent. Autrement dit, le métaphorique alligator a bondi sur la chemise réelle pour l'avaler.

Cette trajectoire reflète la transformation globale que notre culture a subie depuis le Vendredi Marlboro, transformation déclenchée par une ruée de manufacturiers cherchant à remplacer leur encombrant appareil de fabrication de produits par la transcendance des marques, et à imprégner celles-ci de messages profonds et significatifs. Dès le milieu des années 1990, des compagnies comme Nike, Polo et Tommy Hilfiger étaient prêtes à porter le branding au stade suivant : ne plus se contenter d'apposer leurs marques sur leurs propres produits, mais également sur la culture – en sponsorisant des événements culturels, elles pouvaient envahir le monde et transformer certaines de ses parcelles en avant-postes de marques. Pour ces compagnies, le branding n'était pas une simple valeur ajoutée à un produit, mais une façon d'imprégner les idées et l'iconographie culturelle reflétées par leurs marques, en reprojetant ces images et idées sur la culture en tant qu'« extensions » de leurs marques. Autrement dit, la culture allait ajouter de la valeur aux marques. C'est ainsi qu'Onute Miller, chef de produits de la Tequila Sauza, explique que sa compagnie a sponsorisé une exposition de photographies osées de George Holz parce que « son art était en synergie naturelle avec notre produit[1] ».

Le stade actuel d'expansionnisme culturel du branding dépasse largement le sponsoring commercial traditionnel, modèle classique selon lequel une compagnie finance un événement contre l'affichage d'un logo sur une bannière ou dans un programme. On a plutôt adopté l'approche Tommy Hilfiger du branding intégral, en l'appliquant aux paysages urbains, à la musique, à l'art, aux films, aux événements collectifs, aux magazines, au sport et aux écoles. Cet ambitieux projet fait du logo le point de mire de tout ce qu'il touche – ni complément ni partenaire, il devient le centre d'intérêt.

La publicité et le sponsoring ont toujours utilisé l'image pour associer des produits à des expériences culturelles et sociales positives. La différence avec le branding actuel, c'est que celui-ci cherche de plus en plus à dégager ces associations du domaine de la représentation pour en faire une réalité vécue. Ainsi, il ne s'agit plus seulement de faire boire du Coca-Cola à des enfants acteurs dans une publicité télévisée, mais de demander aux élèves d'une classe d'anglais de travailler sur un concept de campagne Coca-Cola. On délaisse l'idée du vêtement Roots orné de logos, évocateur de souvenirs de colonie de vacances, et on va carrément jusqu'à bâtir, dans la nature, un véritable chalet Roots qui devient une manifestation tridimensionnelle du concept de la marque Roots. Disney transcende son simple réseau des sports ESPN, un canal destiné aux types qui fréquentent les bars sportifs pour hurler en direction de la télé, et lance une gamme de bars sportifs ESPN, équipés d'écrans de télévision géants. Le processus du branding dépasse les montres Swatch et leur vigoureux marketing, et lance « le temps Internet », un rejeton du groupe Swatch qui divise la journée en mille « Swatch beats ». La compagnie suisse tente à présent de convaincre les branchés d'abandonner l'horloge tradition-nelle pour adopter son temps dépourvu de fuseaux horaires mais associé à une marque.

L'effet, sinon l'intention originelle, d'un branding avancé, c'est de reléguer la culture hôte à l'arrière-plan pour donner la vedette à la marque. Il ne s'agit plus de sponsoriser la culture mais d'être la culture. Et pourquoi pas ? Si les marques ne sont pas des produits mais des idées, des attitudes, des valeurs et des expériences, pourquoi ne pourraient-elles pas également constituer une culture ? Comme nous le verrons plus tard dans ce chapitre, ce projet a si bien réussi que les frontières entre sponsors et culture sponsorisée ont été gommées. Mais cet amalgame n'a pas été un processus uni-directionnel ; des artistes ne se sont pas laissé passivement reléguer à l'arrière-plan par d'ambitieuses corporations multinationales. Les choses se sont plutôt passées ainsi : de nombreux artistes, personnalités des médias, réalisateurs de films et vedettes du sport, ont accouru vers les entreprises pour se livrer au jeu du branding. Michael Jordan, Puff Daddy, Martha Stewart, Austin Powers, Brandy et *Star Wars* reflètent à présent la structure commerciale d'entreprises telles que Nike et Gap, et sont tout aussi fascinés que les manufacturiers à la perspective de développer et d'influencer leur propre potentiel de branding. Par conséquent, ce qui était jadis un processus de vente de.la culture à un sponsor pour un certain montant a été remplacé par la logique de l'alliance de marques – un partenariat fluide entre gens célèbres et marques célèbres.

Ce projet de transformer la culture en collection d'« extensions de marques en attente », ou presque, n'aurait pas été possible sans les politiques de déréglementation et de privatisation des trois dernières décennies. Au Canada sous Brian Mulroney, aux États-Unis sous Ronald Reagan et en Grande-Bretagne sous Margaret Thatcher (comme dans bien d'autres pays), les entreprises ont largement bénéficié de dégrèvements d'impôt, ce qui a eu pour effet de gruger la base fiscale et de graduellement affamer le secteur public. (Voir Tableau 2.1, à la page 59.) À mesure que diminuaient les dépenses gouvernementales, les écoles, musées et diffuseurs cherchaient désespérément à combler leurs déficits budgétaires en formant des partenariats avec l'entreprise privée. En outre, dans le climat politique de l'époque, le vocabulaire se faisait rare pour défendre avec passion la valeur d'une sphère publique non commercialisée. Sous le règne du grand gouvernement croque-mitaine et de l'hystérie du déficit, toute décision politique ne visant pas expressément à accroître la liberté des entreprises était dénoncée comme une entorse au remboursement de la dette nationale. Dans ce contexte, le sponsoring, rare occurrence dans les années 1970, devint très rapidement une industrie à la croissance explosive qui prit son élan en 1984, lors des Jeux olympiques de Los Angeles (voir Tableau 2.2, à la page 59).

Au départ, ces ententes semblaient faire l'affaire de tout le monde : l'institution culturelle ou éducative en question recevait les fonds dont elle avait largement besoin, et l'entreprise sponsor compensait par une modeste forme de reconnaissance publique et une exemption fiscale. En fait, un grand nombre de ces nouvelles ententes entre secteurs public et privé gardèrent cette simplicité et cet équilibre entre événement culturel (ou l'indépendance de l'institution) et soif de crédit du sponsor, et favorisèrent, dans bien des cas, une renaissance des arts accessible au grand public. De semblables succès sont souvent négligés par les critiques de la commercialisation, qui ont une fâcheuse tendance à mettre tout le monde dans le même sac, comme si le logo commercial souillait l'intégrité naturelle d'un événement public ou d'une cause par ailleurs immaculés. Dans *The Commercialization of American Culture*, le critique de publicité Matthew McAllister décrit le sponsoring commercial comme une forme de « contrôle derrière une façade philanthropique[2] ». Il écrit : « En valorisant l'aspect commercial, le sponsoring dévalue simultanément ce qu'il sponsorise... L'événement sportif, la pièce, le concert et l'émission de télévision sont subordonnés à la promotion car, dans l'esprit du sponsor et le symbolisme de l'événement, ils n'ont qu'un rôle promotionnel. Ce n'est pas de l'Art pour l'Art, mais de l'Art pour l'Annonce. Dans l'œil du public, l'art est délogé de son domaine distinct, théoriquement autonome, et carrément placé dans le

Tableau 2.1
Impôt des grandes sociétés sous forme de pourcentage du
revenu total aux États-Unis, 1952, 1975 et 1998

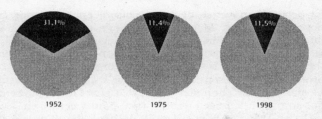

1952   1975   1998

Source : *Time*, 20 mars 1987 ; U.S. Office of Management and Budget ;
Revenue Statistics 1965-1996 (éd. 1997), OCDE ; Budget fédéral 1999. (Pour
les chiffres canadiens, voir Tableau 2.1a, Appendice, page 550.)

Tableau 2.2
Augmentation des dépenses en sponsoring des grandes
sociétés depuis 1985

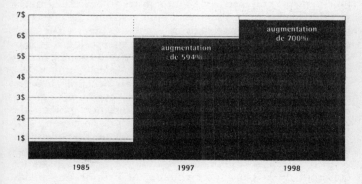

Source : IEG Sponsorship Report, 22 décembre 1997 et 21 décembre 1998

Page précédente : Absolut Vodka/Keith Haring, Absolut Haring (détail), 1986.

domaine commercial... Chaque fois que le commercial s'immisce dans le culturel, l'intégrité de la sphère publique est affaiblie par cet empiètement de la promotion commerciale[3]. »

La perte d'innocence de notre culture est avant tout une fiction romantique. Même s'il y a toujours eu des artistes pour lutter férocement afin de protéger l'intégrité de leur travail, ni les arts, ni les sports, ni les médias n'ont jamais joui, même théoriquement, de la souveraineté qu'imagine McAllister. Les produits culturels sont depuis toujours les jouets préférés des puissants : riches hommes d'État tel Caius Cilnius Mæcenas, qui accorda à Horace une propriété pour y écrire, en 33 av. J.-C. ; ou François Ier et la famille Médicis, dont l'amour des arts soutint le statut des peintres, de la Renaissance au XVIe siècle. Avec des degrés d'ingérence variables, notre culture a été édifiée sur des compromis entre l'idée du bien public et les ambitions personnelles, politiques et financières des riches et des puissants.

Bien sûr, certaines formes de sponsoring commercial sont intrinsèquement insidieuses – on pense tout de suite à la mainmise de l'industrie du tabac sur les arts. Mais il ne faut pas rejeter aussi facilement les ententes de sponsoring. Les jugements à l'emporte-pièce sont injustes à l'égard de projets valables, mais surtout, ils peuvent nous empêcher de percevoir les mutations à l'œuvre dans ce domaine. Juger également compromettantes toutes les ententes de sponsoring commercial, c'est trop facilement oublier que le rôle du sponsor commercial commence à s'étendre et à se modifier – comme c'est arrivé, précisément, au cours de la dernière décennie, lorsque le sponsoring des grandes sociétés est devenu, à l'échelle mondiale, une industrie en pleine croissance, passant de 7 milliards de dollars en 1991 à 9,2 milliards de dollars en 1999.

Lorsque le sponsoring prit son envol en tant que palliatif au manque de fonds publics, au milieu des années 1980, beaucoup d'entreprises qui s'étaient adonnées à cette pratique cessèrent de la considérer comme un hybride de philanthropie et de promotion d'image, pour commencer à la traiter comme un simple outil de marketing, d'ailleurs fort efficace. À mesure que grandissait sa valeur promotionnelle – et qu'augmentait la dépendance des industries culturelles par rapport au revenu de sponsoring –, la délicate dynamique entre sponsors et sponsorisés commença à changer, et maintes sociétés devinrent plus ambitieuses, exigeant plus de contrôle et une plus forte reconnaissance, allant même jusqu'à acheter des événements. Ainsi que nous le verrons plus loin dans ce chapitre, les bières Molson et Miller ne se contentent plus d'afficher des bannières à logos lors des concerts rock. On peut dire qu'elles ont lancé un nouveau genre de concert sponsorisé, dans lequel les stars, des valeurs sûres, sont complètement éclipsées par la marque qui les accueille. Et alors que le sponsoring commercial avait longtemps été un pilier des musées et des galeries, lorsque Altoids, la marque de bonbons à la menthe de Philip Morris, décida d'entrer dans le jeu, en janvier 1999, elle élimina l'intermédiaire. Au lieu de sponsoriser un spectacle existant, la compagnie dépensa 250 000 dollars pour acheter les œuvres de vingt jeunes artistes et lancer sa propre Curiously Strong Collection, une exposition de peintures ambulante qui jouait sur le slogan du marketing d'Altoids, « des menthes curieusement fortes ». Chris Peddy, directeur de la marque Altoids, déclara : « Nous avons décidé de passer à un échelon supérieur[4]. »

Ces compagnies font partie d'un phénomène plus vaste expliqué par Lesa Ukman, directrice exécutive de l'International Events Group Sponsorship Report, la bible de l'industrie : « De MasterCard et Dannon à Phoenix Home Life et LaSalle Bank, des compagnies investissent dans la création de leurs propres événements. Ce n'est pas qu'elles veuillent se lancer dans le domaine, mais les propositions qu'elles reçoivent ne conviennent pas à leurs exigences, ou encore elles ont eu des expériences négatives en achetant la performance de quelqu'un d'autre[5]. » Il y a dans cette progression une certaine logique : d'abord, un groupe sélect de manufacturiers transcende ses liens avec de simples produits, puis, élevant le marketing au pinacle, il tente d'en modifier le statut de pause publicitaire pour l'intégrer en douce à l'événement.

L'effet le plus insidieux de ce changement est qu'après quelques années de concerts Molson, de visites papales Pepsi, de zoos Izod et de programmes de basket-ball parascolaires Nike, tout, des petits événements communautaires aux grands rassemblements religieux, semble avoir « besoin d'un sponsor » pour décoller. En août 1999, par exemple, on a vu le premier mariage privé sponsorisé par une entreprise. C'est ce que Leslie Savan, auteur de *The Sponsored Life*, décrit comme un symptôme numéro 1 de l'esprit sponsorisé : nous devons collectivement convaincus, non pas que les entreprises capitalisent sur nos activités socioculturelles, mais que la créativité et les rassemblements communautaires seraient impossibles sans leur générosité.

LE BRANDING DU PAYSAGE URBAIN

L'expansion du branding apparut aux Londoniens durant les Fêtes de fin d'année. Elle commença lorsque l'association des résidents de Regent Street vint à manquer d'argent pour remplacer les ternes ampoules de Noël qui décoraient normalement les rues en cette saison. Yves Saint Laurent intervint pour offrir généreusement de partager le coût des nouvelles décorations, en échange de quoi s'afficherait son logo lumineux. Mais quand vint le moment d'accrocher les lumières de Noël, les logos YSL semblaient beaucoup plus grands que prévu dans l'accord. Quelques pas suffisaient pour se faire rappeler, au moyen d'affiches de 5,5 mètres de hauteur, qui avait acheté Noël. Ces logos finirent par être remplacés par d'autres plus petits, mais la leçon demeura : le rôle du sponsor, à l'instar de la publicité en général, était en plein essor.

Alors que les sponsors d'autrefois se seraient peut-être contentés de soutenir des événements communautaires, les bâtisseurs de marques en quête de sens n'accepteront jamais longtemps ce rôle. Le branding soutient une industrie profondément concurrentielle dans laquelle des marques se mesurent non seulement à leurs rivales immédiates (Nike contre Reebok, Coca-Cola contre Pepsi, McDonald's contre Burger King, par exemple) mais à toutes les autres marques du paysage médiatique, y compris les événements et les gens qu'elles sponsorisent. Telle est peut-être la plus cruelle ironie du branding : la plupart des manufacturiers et des détaillants commencent par chercher des scènes authentiques, des causes importantes et des événements populaires susceptibles de conférer un sens à leurs marques. Ces gestes sont souvent motivés par une admiration et une générosité sincères. Trop souvent, cependant, à cause de la nature expansive du processus de branding, l'événement finit par être usurpé, et tout le monde y perd. Non seulement les fans commencent à éprouver un sentiment d'éloignement (quand ce n'est pas du pur ressentiment) par rapport à des événements culturels qu'ils chérissaient jadis, mais les sponsors perdent ce dont ils avaient le plus grand besoin : le sentiment d'authenticité auquel associer leurs marques.

C'est certainement ce qui arriva à Michael Chesney, le publicitaire hip-hop qui, avec ses pinceaux, fit entrer dans l'ère du branding les panneaux-réclame canadiens. Il adorait la rue Queen West, à Toronto, avec ses boutiques de vêtements bigarrés, ses artistes à toutes les terrasses et, par-dessus tout, ses tags qui couvraient la plupart des murs du secteur. Pour Chesney, la distance était faible entre l'intérêt croissant du public à l'égard de la valeur culturelle des graffiti, et l'invasion du commerce dans cette zone marginale – un espace artistique utilisé par des générations de démunis, dans toutes les villes du monde, à des fins d'expression politique et culturelle.

Dès le début, Chesney se considéra comme apparenté de loin aux jeunes tagueurs – moins un cousin qu'un oncle fortuné. En tant qu'artiste commercial et vendeur de panneaux-réclame, il se voyait lui-même comme une créature des rues, car même s'il peignait pour des clients commerciaux, il laissait, comme les artistes, sa marque sur les murs. C'est dans ce contexte qu'il lança la pratique publicitaire de l'« invasion d'un édifice ». À la fin des années 1980, Murad, la compagnie de Chesney, commença à peindre directement sur des murs de bâtiments, laissant la taille de chaque structure dicter les dimensions de l'annonce. L'idée remontait aux murales de Coca-Cola peintes sur les petites épiceries, dans les années 20, et aux usines urbaines et grands magasins des débuts de l'ère industrielle, qui ornaient les façades de leurs édifices de leurs noms et logos en majuscules géantes. Les murs que Chesney louait à Coke, Warner Brothers et Calvin Klein étaient toutefois un peu plus grands, le record revenant à un panneau-réclame de 20 000 pieds carrés, surplombant l'une des intersections les plus fréquentées de Toronto. Peu à peu, les annonces enveloppèrent le bâtiment, ne couvrant plus un seul mur mais tous : l'annonce était devenue l'édifice.

À l'été 1996, lorsque Levi Strauss choisit Toronto afin de tâter le marché pour sa nouvelle gamme de jeans SilverTab, Chesney monta son exposition la plus audacieuse : il l'appela « The Queen Street Takeover » (L'invasion de Queen). En 1996 et 1997, les dépenses publicitaires de Levi's en panneaux-réclame augmentèrent incroyablement de 301 % – et une grande part de cette manne tomba sur Toronto[6]. Pendant un an, comme plat de résistance de la campagne de publicité extérieure la plus coûteuse de l'histoire du Canada, Chesney donna à sa chère rue des tons d'argent. Il acheta les façades de presque tous les édifices du secteur le plus fréquenté de

Queen et les transforma en panneaux-réclame pour Levi's, rehaussant ce somptueux spectacle publicitaire d'extensions tridimensionnelles, de miroirs et de néons. Ce fut le plus grand triomphe de Murad, mais l'invasion des lieux posa des problèmes à Michael Chesney. Quand je passai une journée avec lui, à la fin de l'exceptionnel événement SilverTab, il pouvait à peine se promener dans la rue Queen sans rencontrer quelqu'un de furieux. Après avoir esquivé quelques altercations, il me raconta ce que lui avait dit une connaissance : « Elle m'a dit : "Tu as pris le contrôle de la rue Queen." Elle en pleurait presque et ça m'a brisé le cœur, parce qu'elle était vraiment malheureuse. Mais quoi, qu'est-ce qu'on peut y faire ? C'est l'avenir, ce n'est plus Queen. »

Presque toutes les grandes villes ont connu une variante quelconque de la prise de contrôle publicitaire tridimensionnelle, sinon d'édifices entiers, du moins d'autobus, de tramways ou de taxis. Il est parfois malaisé de se plaindre de cette expansion de la marque – après tout, la plupart de ces lieux et véhicules portent une forme quelconque de publicité depuis des décennies. Mais quelque part en cours de route, l'ordre s'est inversé. À présent, à l'aide du traitement numérique de l'image et de larges bandes de vinyle adhésif, les autobus, tramways et taxis sont devenus des pubs sur roues, promenant les passagers dans des barres de chocolat et des emballages de chewing-gum géants, de la même façon qu'Hilfiger et Polo ont changé les vêtements en panneaux d'affichage mettables.

Si cette insidieuse expansion publicitaire semble se limiter à une question de sémantique lorsqu'elle s'applique à des taxis et à des t-shirts, ses implications sont beaucoup plus sérieuses quand on les considère dans le contexte d'une autre tendance en marketing : le branding complet de quartiers et de villes. En mars 1999, le maire de Los Angeles, Richard Riordan, dévoila un plan de revitalisation de quartiers pauvres du centre-ville, dont beaucoup portaient encore les cicatrices des émeutes de 1992, consécutives au verdict dans l'affaire Rodney King : de grandes sociétés allaient adopter une portion décrépite de la ville et donner leur marque à son redéveloppement. Pour l'instant, les sponsors de ce projet nommé Genesis L.A. – entre autres, BankAmerica et Wells Fargo – ne peuvent que donner leurs noms à ces sites, comme à un centre sportif sponsorisé. Mais si l'initiative suit la trajectoire expansive du branding qu'on a constatée ailleurs, les sponsors pourraient bientôt exercer des rôles plus importants, du point de vue politique, dans ces communautés.

L'idée d'une ville ou d'un quartier entièrement privatisé et coiffé d'une marque n'est plus pure fantaisie comme il y a quelques années, ainsi que peuvent en témoigner les résidents de la ville de Celebration, en Floride, qui appartient à Disney – et ainsi que l'ont rapidement compris les citoyens de Cashmere, dans l'État de Washington. Ville tranquille de 2 500 personnes, Cashmere a pour industrie principale l'usine de bonbons Liberty Orchard où l'on fabrique, depuis sa fondation en 1918, les friandises à mâcher Aplets & Cotlets. Petite ville pittoresque jusqu'à ce que Liberty Orchard annonce, en septembre 1997, qu'elle partirait vers des pâturages plus verts à moins que la ville n'accepte de se transformer en attraction touristique tridimensionnelle pour la marque typiquement américaine Aplets & Cotlets, notamment en installant des affiches le long de l'autoroute et en transformant le centre-ville en boutique de cadeaux. The *Wall Street Journal* rapporta les exigences de rançon de la compagnie en ces termes : « Elle veut que tous les panneaux routiers et la correspondance officielle de la ville mentionnent "Cashmere, la ville des Aplets & Cotlets". Elle a demandé que les deux rues principales soient rebaptisées Cotlets Avenue et Aplets Avenue. Le confiseur veut également que le maire et le conseil leur vendent l'hôtel de ville, construisent de nouveaux terrains de stationnement et recourent au marché obligataire pour lancer une campagne touristique au nom du siège social d'une compagnie qui affirme que son histoire est "L'Amérique en un clin d'œil[7]". »

LE BRANDING DES MÉDIAS

Je demande à tous les producteurs de ne pas lancer de films « sponsorisés »... Croyez-moi, si vous les gavez de publicité et que vous leur en mettez plein la vue et les oreilles, vous allez provoquer un ressentiment qui, à la longue, finira par condamner votre industrie.

Carl Laemmle, de la Universal Pictures, 1931

Malgré la trajectoire claire et nette qui se fait voir dans tous ces récits, il n'est pas vraiment important, à ce stade de l'histoire du sponsoring, de se référer à quelque mythique passé sans marques, ou à quelque utopique avenir sans pub. Le branding devient troublant – comme dans les cas que nous venons de voir – lorsque l'équilibre penche radicalement en faveur de la marque sponsor, dépouillant la culture hôte de sa valeur inhérente et la traitant presque comme un outil de promotion. Il est toutefois possible de développer une relation plus équilibrée – dans laquelle le sponsor et le sponsorisé s'attachent à leur pouvoir respectif, posant et protégeant des frontières nettes. En tant que journaliste, je sais que des textes de critique indépendante – et même anticommerciale – paraissent dans des médias appartenant à de grandes sociétés, pris en sandwich, rien de moins, entre les pages de publicité de voitures et de tabac. Ces articles sont-ils entachés par ce contexte impur ? Sans doute. Mais si le but visé est l'équilibre (par opposition à la pureté), les médias imprimés, où sont apparues les premières campagnes publicitaires grand public, peuvent en tirer d'importantes leçons sur la façon de faire face au programme expansionniste du branding.

Tout le monde sait que la controverse répugne à bien des annonceurs, qui retirent leurs publicités à la moindre critique et sont continuellement à la recherche de valeur ajoutée – pubs camouflées dans les guides d'achat et les reportages de mode. C'est ainsi que S. C. Johnson & Co. stipule que ses annonces dans les magazines féminins « ne doivent pas voisiner avec des articles de fond extrêmement controversés ou dont le contenu est contraire à la nature ou au concept publicitaire du produit annoncé », cependant que le diamantaire De Beers exige que ses annonces soient placées loin « de toute nouvelle ou de tout éditorial dont le thème s'oppose à l'amour romantique[8] ». Jusqu'en 1997, lorsqu'elle plaçait une annonce, la compagnie Chrysler demandait d'être « prévenue à l'avance de tout texte traitant de questions sexuelles, politiques, sociales, ou de tout éditorial qui pourrait paraître provocateur ou choquant[9] ». Mais les annonceurs ne parviennent pas toujours à leurs fins : la controverse finit par s'imprimer et par se diffuser, même si elle critique des annonceurs importants. Plus audacieux et plus dégagé des compromis, le média d'information est en mesure de fournir des modèles applicables à la protection de l'intérêt public, même sous une lourde pression commerciale, bien que ces batailles se gagnent souvent derrière des portes closes. D'un autre côté, dans leurs pires moments, les mêmes médias montrent à quel point le branding peut défigurer le discours public – en particulier lorsque le journalisme, comme tout autre élément de notre culture, subit une pression croissante en vue d'une alliance avec les marques.

Ce renforcement de la pression vient en partie de l'explosion des projets médiatiques sponsorisés : des magazines, des sites Web et des émissions de télévision qui invitent des sponsors à s'engager au stade du développement d'une entreprise. C'est le rôle que Heineken a joué dans *Hotel Babylon*, une émission culturelle et musicale destinée aux jeunes Britanniques, et diffusée par ITV. Incident gênant, en janvier 1996, une note de service provenant d'un cadre de Heineken fut publiée dans la presse. On y blâmait les producteurs d'avoir insuffisamment « heinekenisé » une émission encore inédite. Plus précisément : Justus Kos s'opposait à ce que des membres du public masculin boivent du vin plutôt que des « boissons masculines tels la bière ou le whisky ». Il soulignait qu'il était « non seulement souhaitable mais nécessaire de montrer plus de bière » ; en outre, se plaignait-il, le présentateur de l'émission « ne devrait pas se placer devant les colonnes de bière pour présenter les invités ». Dans la partie la plus incendiaire de son message, le cadre s'offusquait de la « trop grande proportion de nègres dans l'auditoire[10] ». Quand la controverse fut rendue publique par la presse, le P.D.G. de Heineken, Karel Vuursteen, présenta ses excuses.

Un autre scandale lié à un sponsor a éclaté durant les Jeux olympiques de 1998 à Nagano, au Japon, lorsque Roberta Baskin, journaliste d'investigation au réseau américain CBS, vit ses collègues de la section sport livrer leurs reportages sur les jeux dans des vestes ornées de voyants logos Nike. Sponsor officiel de la couverture olympique du réseau, Nike fournissait aux reporters sportifs et autres du matériel décoré du swoosh parce que, selon Lee Weinstein, porte-parole de Nike, « cela donne de la visibilité à ses produits ». Roberta Baskin fut « gênée et consternée » que des reporters de CBS donnent l'impression d'être des porte-parole des produits Nike, non seulement parce que cela gommait encore davantage la frontière entre l'éditorial et la publicité, mais parce que deux ans plus tôt, elle avait révélé au journal télévisé des cas d'abus physiques à l'endroit des travailleurs d'une usine de chaussures Nike au Vietnam. Elle accusa la station de lui avoir refusé la permission de poursuivre l'enquête à cause d'une entente de sponsoring avec Nike, et d'avoir annulé la reprise prévue de l'émission. Le président de CBS News, Andrew Heyward, nia vigoureusement avoir cédé aux pressions du sponsor, qualifiant les allégations de Baskin de « vraiment grotesques ». Au milieu des Jeux, il fit enlever les vestes Nike aux reporters de nouvelles, mais les journalistes sportifs gardèrent les leurs.

À certains égards, ces récits ne sont que des versions amplifiées de la même vieille lutte de territoire entre éditorial et publicité, lutte que les journalistes affrontent depuis un siècle et quart. Sauf que les sociétés ne se contentent plus de demander aux éditeurs et aux producteurs de devenir de facto leurs agences publicitaires, en inventant des façons d'annoncer en douce leurs produits dans des articles et des photos : elles demandent aux magazines de devenir de véritables agences de publicité en les aidant à créer leurs annonces. De plus en plus de magazines s'adonnent à cette recherche de marchés et transforment leur lectorat en groupe de discussion, afin de fournir à leurs clients le plus possible de cette chère « valeur ajoutée » : un profil démographique hautement détaillé de leur lectorat, élaboré au moyen de sondages et de questionnaires sophistiqués.

Dans bien des cas, les magazines utilisent ensuite cette information sur leur lectorat pour concevoir des annonces étroitement adaptées à leur clientèle. Le magazine *Details* a, par exemple, publié, en octobre 1997, une bande dessinée publicitaire de 241 pages, où des produits comme l'eau de cologne Hugo Boss et les jeans Lee s'inséraient dans une trame narrant les aventures quotidiennes d'un professionnel du *rollerblade*. L'apparition bien marquée de chaque produit voisine avec l'annonce véritable de la compagnie, publiée sur la page d'à côté.

L'ironie, c'est que ces expériences de branding semblent rendre les compagnies plus amères vis-à-vis des médias qui les accueillent. Les sociétés dont les marques sont associées au style de vie commencent inévitablement à se demander pourquoi elles auraient besoin de s'engager dans les projets médiatiques d'autrui. Pourquoi, même après avoir démontré qu'elles sont capables de s'intégrer dans les magazines les plus stylés et les plus à la mode, devraient-elles être tenues à distance ou, pire, subir l'injure du mot « Publicité » comme elles ont subi les avertissements sur les paquets de cigarettes ? Et donc, tout comme les magazines de style de vie ressemblent de plus en plus à des catalogues de concepteurs, les catalogues de concepteurs se sont mis à ressembler de plus en plus à des magazines : Abercrombie & Fitch, J. Crew, Harry Rosen et Diesel, tous ont adopté un format narratif où des personnages s'ébattent au fil d'intrigues hâtivement conçues.

La fusion entre médias et catalogues monta d'un cran lors du lancement de la série télé pour adolescents *Dawson's Creek*, en janvier 1998. Non seulement les personnages étaient tous habillés J. Crew, non seulement le décor nautique, balayé par le vent, donnait l'impression qu'ils sortaient du catalogue J. Crew, non seulement les personnages débitaient des répliques comme « On dirait qu'il sort d'un catalogue J. Crew », mais la distribution figurait sur la couverture du catalogue J. Crew de janvier. Ce nouveau « magalogue décontracté » présente les jeunes acteurs en chaloupe ou sur des quais – comme s'ils sortaient du décor de *Dawson's Creek*.

Pour assister à la naissance de ce genre d'ambition de marque, il faut aller sur les réseaux informatiques, où personne n'a jamais vraiment prétendu qu'il y avait un mur entre éditorial et publicité. Sur le Web, le langage du marketing atteint son nirvana : la pub sans pub. La plupart des versions en ligne des médias mettent en évidence des bannières publicitaires pures et simples, analogues à leurs versions imprimées, radiophoniques ou télévisuelles, mais de nombreux autres médias ont utilisé le Net pour brouiller la démarcation entre éditorial et publicité d'une façon beaucoup plus ambitieuse que dans le monde non virtuel. C'est ainsi que sur le site Teen People, les lecteurs peuvent, d'un clic, commander les cosmétiques et vêtements mentionnés dans le texte et, sur le site Entertainment Weekly, les visiteurs peuvent, d'un clic de souris, acquérir les livres et CD recensés. Au Canada, *The Globe and Mail* s'est attiré la colère des libraires indépendants pour la version en ligne de sa section critique littéraire, ChaptersGLOBE.com. Après avoir lu les critiques du *Globe*, les visiteurs du site peuvent commander des livres directement à la chaîne Chapters – un partenariat entre critiques et détaillants qui a formé « la plus grande librairie en ligne du Canada ». Le partenariat en ligne du *New York Times* avec Barnes & Noble a provoqué une controverse similaire aux États-Unis.

Ces sites sont toutefois des exemples relativement bénins de l'intégration entre branding et rédaction sur le Net. De plus en plus de sites sont créés par des « développeurs de contenu » dont le rôle est de produire des textes fort accueillants pour les marques de leurs clients. Prenez, par exemple, Parent

Soup, inventé par le développeur de contenu « iVillage » pour Fisher Price, Starbucks, Procter & Gamble et Polaroïd. Cette prétendue « communauté de parents » tente d'imiter un forum d'usagers, mais lorsque les parents ont recours à Parent Soup pour obtenir des conseils de leurs semblables, ils reçoivent des suggestions du style : la meilleure façon d'améliorer l'estime de soi de votre enfant, c'est de prendre des photos Polaroïd de lui . Plus besoin d'intimider ou de soudoyer des éditeurs de magazines – il suffit de publier ses propres textes, publicité comprise.

Lancé en 1997 par Absolut Vodka, le site Absolut Kelly est emblématique de l'orientation du branding des médias. Ce distillateur sollicitait depuis longtemps des créations originales d'artistes visuels, de concepteurs de mode et de romanciers, centrées sur sa marque et destinées à être utilisées dans ses publicités – mais cette fois, c'était différent. Sur Absolut Kelly, seul le nom du site annonçait le produit ; le reste était un extrait illustré du livre *Out of Control* de Kevin Kelly, alors rédacteur en chef du magazine *Wired*. La chose semblait représenter l'éternelle aspiration des gestionnaires de marques : que leurs marques s'intègrent en douce au cœur même de la culture. Bien sûr, certains manufacturiers pousseront les hauts cris si on les parque du mauvais côté du fossé qui sépare commerce et culture, mais ce qu'ils veulent vraiment, c'est que leurs marques gagnent le droit d'être reconnues non seulement en tant qu'art publicitaire, mais en tant qu'art tout court. Hors ligne, Absolut est encore l'un des annonceurs principaux de *Wired*, mais en ligne, c'est Absolut qui est l'hôte, reléguant un rédacteur de *Wired* au second plan.

Plutôt que de se contenter de tirer parti du contenu de quelqu'un d'autre sur tout le Net, les sociétés se livrent à des expériences sur le rôle fort convoité de « fournisseurs de contenu » : le site de Gap offre des conseils de voyage, Volkswagen fournit des échantillons musicaux gratuits, Pepsi incite les visiteurs à télécharger des jeux vidéo, et Starbucks offre une version en ligne de son magazine *Joe*. Chaque marque dotée d'un site Web produit son propre magazine virtuel, centré sur sa marque – tête de pont à partir de laquelle elle s'étend vers les médias non virtuels. Ce qui est devenu clair, c'est que les entreprises ne se contentent pas de vendre leurs produits en ligne, elles vendent un nouveau modèle de relation entre médias, sponsors et pourvoyeurs de fonds. De par sa nature anarchique, l'Internet a ouvert la porte à la réalisation rapide de ce modèle, mais les résultats sont nettement destinés à l'exportation hors ligne. Par exemple, environ un an après le lancement d'Absolut Kelly, la société est parvenue à une pleine intégration avec la rédaction du magazine *Saturday Night* : la dernière de neuf pages extraites d'un roman de Mordecai Richler, *Barney's Version*, enveloppait la silhouette d'une bouteille Absolut. Ce n'était pas une publicité, car cela était intégré au texte, mais au bas de la page figuraient les mots « Absolut Mordecai[11] ».

Bien que magazines et émissions commencent à se convertir au branding, c'est un réseau de télévision, MTV, qui sert de modèle à la pleine intégration entre médias et marques. Au début, MTV était sponsorisé en tant que coentreprise entre Warner Communications et American Express. Depuis le début, MTV est non seulement une machine à marketing pour les produits qu'il annonce 24 heures sur 24 (que ces produits soient des démaquillants ou les disques qu'elle fait vendre par ses vidéoclips), mais il constitue également une publicité maison permanente : c'est le premier réseau imprégné de branding. Bien qu'il ait eu des dizaines d'imitateurs depuis, le génie original de MTV, comme vous le dira tout spécialiste du marketing, consiste à offrir non pas des émissions particulières, mais MTV tout court. « Pour nous, la star, c'était MTV », dit son fondateur, Tom Freston[12]. De même, les annonceurs s'attendaient, de la part de MTV, non seulement à de la publicité, mais à un co-branding encore inimaginable sur la plupart des autres réseaux : cadeaux, concours ; billets de cinéma, de concerts et de cérémonies d'attribution ; vêtements, classements, cartes de crédit, etc.

Depuis, le modèle perfectionné par MTV, celui du médium-marque, a été adopté par presque tous les autres grands médias : magazines, studios cinématographiques, réseaux de télévision ou émissions. Le magazine hip-hop *Vibe* s'est déployé vers la télévision, les défilés de mode et les séminaires sur la musique. Fox Sports a formulé le vœu que sa nouvelle gamme de vêtements pour hommes soit sur le même pied que Nike : « Nous voulons que l'attitude et le mode de vie de Fox Sports passent de la télé à la garde-robe masculine ; nous voulons créer des panneaux-réclame ambulants[13]. »

La course au branding s'est surtout avérée spectaculaire dans l'industrie cinématographique. Au moment même où le placement de produits dans des films est devenu un véhicule de marketing indispensable à des sociétés comme Nike, Macintosh et Starbucks, les films mêmes sont de plus en plus considérés comme des « médias de marque ». Les conglomérats du loisir récemment formés sont toujours à la recherche de fil pour relier leurs avoirs disparates en formant des trames promotionnelles transversales et, pour la plupart, ce fil est la célébrité engendrée par des superproductions hollywoodiennes. Les films créent les stars qui serviront à la promotion transversale dans des livres, des magazines et à la télé, et ils fournissent également aux vedettes du sport, de la télévision et de la musique des véhicules de première importance pour « étendre » leurs propres marques.

Au chapitre 9, j'explorerai le legs culturel de ce genre de production synergique, mais il a aussi un impact plus immédiat par rapport à la disparition d'un « espace » culturel sans marketing, le sujet de cette partie. Lorsque les chefs de produits ont commencé à se considérer comme des agents culturels sensibles, et que les agents culturels ont adopté les tactiques commerciales impitoyables des bâtisseurs de marques, il s'est produit un changement radical de mentalité. Toute volonté de protéger une émission de télévision d'une trop grande interférence de l'annonceur, un nouveau genre musical du mercantilisme crasse, ou un magazine du contrôle manifeste des annonceurs, a été foulée aux pieds au nom de l'impératif obsessionnel de la marque : diffuser le « sens » de sa propre marque par tous les moyens nécessaires, souvent en partenariat avec d'autres marques fortes. Dans ce contexte, la marque Dawson's Creek bénéficie activement de son apparition dans le catalogue de J. Crew ; la marque Kelly tire de la force de son association avec la marque Absolut ; la marque du magazine *People* reçoit un certain lustre de son étroite association avec Tommy Hilfiger ; et les liens commerciaux avec Pizza Hut, Kentucky Fried Chicken et Pepsi constituent une promotion de marque inappréciable pour Star Wars. Lorsque la conscience de la marque est le but partagé par tous, la répétition et la visibilité sont les seules mesures véritables du succès. La route qui a mené à ce stade de pleine intégration entre art et annonce, marque et culture, a exigé presque un siècle, mais le point de non-retour, quand est arrivé, était immanquable : avril 1998 et le lancement de la campagne des pantalons Khakis de Gap.

En 1993, Gap lança son annonce « Qui portait le pantalon Khakis ? », mettant en vedette des photographies anciennes de figures de la contre-culture, telles que James Dean et Jack Kerouac, en pantalons beiges. La campagne obéissait au même modèle de récupération : prenez un artiste cool, associez cette mystique à votre marque, espérez qu'elle déteigne et qu'elle vous rende cool en retour. Elle a déclenché auprès des masses les débats habituels à propos du marketing de la rébellion, tout comme, vers la même époque, la présence de William Burroughs dans une annonce de Nike.

Passage accéléré en 1998. Gap lance son innovatrice campagne *Khakis Swing* : un mini-vidéoclip simple et exubérant, sur la musique de *Jump, Jive 'n' Wail* » – un clip merveilleux, d'ailleurs. Inutile de se demander si ces annonces « récupéraient » l'intégrité artistique de la musique. Les pubs de Gap ne capitalisaient pas sur le retour du swing – et on pourrait soutenir sérieusement qu'elles l'ont *provoqué*. Quelques mois plus tard, lorsque l'auteur-chanteur-compositeur Rufus Wainwright apparut dans une annonce de Gap sur le thème de Noël, ses ventes bondirent en flèche, à tel point que sa compagnie de disques se mit à l'annoncer comme « le type des pubs de Gap ». Mary Gray, la nouvelle « It Girl » du rhythm 'n' blues, connut elle aussi sa percée dans une annonce de Baby Gap. Et plutôt que de faire trop ressembler les annonces de Khakis Gap à des vidéoclips de MTV, la campagne réussit à donner l'impression, du jour au lendemain, que chaque vidéoclip de MTV – de Brandy à Britney Spears et aux Backstreet Boys – ressemblait à une annonce Gap ; la société avait mis au point sa propre esthétique, laquelle déborda dans la musique et dans d'autres publicités, jusqu'à des films tel *The Matrix*. Après cinq ans d'intense branding de style de vie, il est clair que Gap fait autant partie de l'industrie de la création culturelle que les artistes figurant dans ses pubs.

Pour leur part, maints artistes ont souvent tendance à traiter Gap et consorts non pas tant comme des parias aux poches pleines qui essaient de tirer profit de leur prestige, mais comme un autre médium à exploiter pour promouvoir leurs propres marques, au même titre que la radio, la vidéo et les magazines. « Nous devons être partout. Nous ne pouvons nous permettre de faire la fine bouche », explique Ron Shapiro, vice-président exécutif d'Atlantic Records. De plus, une grande campagne publicitaire de Nike ou de Gap pénètre plus de recoins culturels qu'un vidéoclip à forte diffusion sur MTV ou qu'une photo sur la couverture de *Rolling Stone*. Voilà pourquoi ces campagnes – Fat Boy Slim dans les annonces de Nike, Brandy dans celles de Cover Girl, Lil' Kim rappant pour Candies – sont devenues, comme l'annonçait un *Business Week* jubilant, « le hit-parade d'aujourd'hui[14] ».

Bien sûr, le branding de la musique n'a guère à voir avec la perte de l'innocence. Dès les premiers jours de la radio, des musiciens chantaient des jingles et concluaient des ententes de sponsoring, en plus de faire tourner leurs chansons par des stations radiophoniques commerciales et de signer des contrats avec des compagnies de disques multinationales. Au cours des années 1980 – la décennie de la montée des enchères dans le monde musical –, des rock stars comme Eric Clapton se sont produits dans des publicités pour de la bière, et des pop stars ont vanté les mérites d'eaux gazeuses : George Michael, Madonna, Robert Palmer, David Bowie, Tina Turner, Lionel Richie et Ray Charles ont tous enregistré pour Coke ou Pepsi, tandis que des hymnes des années 1960, *Revolution* des Beatles par exemple, ont servi de fond musical à des pubs de Nike.

Durant cette même période, les Rolling Stones sont entrés dans l'histoire en inaugurant l'ère de la tournée sponsorisée – et seize ans plus tard, les Stones mènent encore la charge dans la dernière innovation du rock-business : le groupe en tant qu'extension de la marque. En 1981, Jovan – un fabricant de parfum très loin du rock-and-roll – sponsorisa une tournée du groupe, la première entente du genre, au demeurant modeste selon les normes actuelles. Même si la compagnie avait apposé ses logos sur quelques affiches, une nette distinction était maintenue entre le groupe qui avait choisi de « se vendre » et l'entreprise qui avait versé une somme colossale pour s'associer à l'esprit rebelle inhérent au rock. Ce statut de subordination aurait pu convenir à une société dont le seul but eût été de vendre des produits, mais lorsque le concepteur Tommy Hilfiger décida que l'énergie du rock et du rap deviendrait son « essence de marque », il recherchait une expérience intégrante, mieux harmonisée à sa propre quête d'identité transcendante. Les résultats se manifestèrent lors de la tournée des Stones de 1997, *Bridges to Babylon*, sponsorisée par Tommy. Hilfiger ne se contentait pas d'habiller Mick Jagger, il avait aussi une entente identique avec la vedette de la première partie, Sheryl Crow : les deux artistes portaient sur scène des articles de la nouvelle collection Rock'n'Roll de Tommy.

Ce ne fut toutefois qu'en janvier 1999 – lorsque Hilfiger lança la campagne publicitaire du No Security Tour des Rolling Stones – que fut atteinte la pleine intégration de la culture de marque. Dans les annonces, des jeunes mannequins Tommy, radieux, étaient représentés pleine page en train de « regarder » un concert des Rolling Stones se déroulant sur la page voisine. Les photos des membres du groupe étaient quatre fois plus petites que celles des mannequins. Dans certaines des annonces, on ne voyait nulle part les Stones, et les mannequins Tommy apparaissaient seuls munis de leurs propres guitares. Dans tous les cas, les annonces mettaient en évidence un logo hybride fait du croisement de la célèbre langue rouge des Stones et du drapeau bleu-blanc-rouge, marque déposée de Tommy. Le slogan disait « Tommy Hilfiger présente le No Security Tour des Rolling Stones » – sans donner ni lieux ni dates, uniquement les adresses des principaux magasins Tommy.

Autrement dit, il ne s'agissait pas de sponsoring du rock, mais de « publicité en direct », selon le consultant en publicité Michael J. Wolf[15]. Il est clair, d'après la conception de la campagne, que Hilfiger n'était pas intéressé à vanter les performances d'autrui, fût-ce les Rolling Stones. La performance n'est qu'un décor de fond destiné à mettre impérieusement en vedette la véritable essence rock-and-roll de la marque Tommy, un simple élément de son grand dessein : se tailler une place dans le monde de la musique, non pas en tant que sponsor, mais en tant que protagoniste – à l'instar de Nike dans le monde du sport.

Le branding Hilfiger-Stones n'est que l'exemple le plus visible de la nouvelle relation entre groupes de musiciens et sponsors, qui s'étend actuellement dans l'industrie musicale. C'est ainsi que Volkswagen n'a eu aucune peine – après avoir utilisé la musique électronique d'avant-garde dans ses pubs pour la New Beetle – à lancer DriversFest '99 à Long Island, un festival de musique associé à la marque VW. En termes de ventes de billets, DriversFest est en concurrence avec le Mentos Freshmaker Tour, un festival de musique ambulant appartenant à un fabricant de bonbons mentholés pour purifier l'haleine. Sur le site Web de Mentos, les visiteurs sont invités à voter pour les groupes de musiciens qu'ils veulent entendre jouer lors du concert auquel ils assisteront. Comme pour le site Absolut Kelly et l'exposition de peintures Altoid's Curiously Strong, la marque ne sponsorise pas ces événements, elle en est l'infra-structure, que les artistes remplissent. Pareil renversement de la dynamique du pouvoir fait paraître désespérément naïve toute aspiration à un espace artistique à l'abri du marketing.

Cette dynamique émergente se manifeste au plus haut point dans les festivals associés à une marque et actuellement développés par les grands brasseurs. Au lieu de tout simple-ment intervenir dans des publicités pour de la bière, comme ils l'auraient fait dans les années 1980, des artistes comme Hole, Soundgarden, David Bowie et les Chemical Brothers jouent désormais lors de concerts organisés par les brasseurs. La Brasserie Molson, propriétaire à 50 pour cent du seul producteur national de concerts du Canada, Universal Concerts, promeut son nom presque chaque fois qu'une vedette du rock ou de la pop monte en scène au Canada – que ce soit par l'entremise de sa filiale promotionnelle, Molson Canadian Rocks, ou de ses innombrables emplacements : Molson Stage, Molson Park, Molson Amphitheatre. Durant la première décennie, à peu près, cette entente fonctionnait à merveille, mais dès le milieu des années 1990, Molson se lassa d'être reléguée en fond de scène. Les vedettes du rock avaient une fâcheuse tendance à accaparer les feux de la rampe et, pis, elles insultaient parfois leurs sponsors en cours de spectacle.

Incapable de le supporter, Molson organisa en 1996 son premier Blind Date Concert. Le concept, exporté depuis aux États-Unis par la société-sœur Miller Beer, est simple : il s'agit de lancer un concours dont les gagnants pourront assister à un concert exclusif organisé par Molson et Miller dans une petite salle – beaucoup plus petite que celles où l'on verrait d'ordi-naire ces mégastars. Et voici l'argument décisif : garder secret le nom du groupe jusqu'à ce qu'il entre en scène. La tension monte (soutenue par des campagnes publicitaires nationales qui la font mousser), mais le nom que chacun a sur les lèvres n'est ni celui de David Bowie, des Rolling Stones, de Sound-garden, d'INXS ni d'aucun des autres groupes qui ont joué aux Blind Dates, mais ceux de Molson et Miller. Personne ne sait qui va jouer, mais tout le monde sait qui organise le spectacle. Avec les Blind Dates, Molson et Miller ont inventé une façon de mettre en équation leurs marques avec des musiciens extrêmement populaires, tout en maintenant leur avantage sur les stars. « Aussi étrange que ça puisse paraître, dit Steve Herman de Universal Concerts, la bière est plus populaire que le groupe[16]. »

Les rock stars, devenues les employés grassement rémunérés d'une fête de famille chez Molson, n'en ont pas moins trouvé de tristes petits moyens de se rebeller. Presque tous les musiciens qui ont joué aux Blind Dates se sont exprimés : Courtney Love a dit à un reporter : « Vive la Molson... je m'en sers pour mes douches vaginales[17]. » Johnny Lydon, des Sex Pistols, a hurlé en scène « Merci pour le fric ! », et Chris Cornell, de Soundgarden, a lancé à la foule : « Ouais, on est ici pour une foutue compagnie de bière... Labatt. » Mais ces crises étaient toutes subordonnées à l'événement principal, dont Molson et Miller étaient les vraies stars, en dépit du flamboyant comportement de ces groupes en location.

Jack Rooney, vice-président marketing de Miller, explique que son budget de promotion de 200 millions de dollars sert à créer de nouvelles façons de distinguer la marque Miller des innombrables autres qui occupent le marché. « Nous sommes en concurrence non seulement avec Coors et Corona, dit-il, mais avec Coke, Nike et Microsoft[18]. » Seulement, il ne dit pas tout. Dans la liste annuelle des 100 plus grandes marques de 1997 publiée par la revue *Advertising Age*, on remarquait une nouvelle arrivée, celle des Spice Girls (fort appropriée, puisque Posh Spice avait déjà déclaré à un reporter : « Nous voulons être un nom de produit, comme Ajax[19]. »). Les Spice Girls occupaient la sixième place du premier palmarès de la célébrité du magazine *Forbes*, en mai 1999, une nouvelle liste fondée non sur la renommée ou la fortune, mais sur la « franchise » de marque de stars. Cette liste fut un moment décisif de l'histoire commerciale, illustrant la remarque de Michael J. Wolf : « Les marques et les stars sont devenues une seule et même chose[20]. »

Mais si des marques et des stars s'équivalent, elles rivalisent aussi parfois dans l'empoignade pour les enjeux considérables de la notoriété de marque, un fait que maints fabricants de biens de consommation ont fini par admettre. La société canadienne de vêtements Club Monaco, par exemple, n'a jamais utilisé de célébrités dans ses campagnes. « Nous y avons songé, dit la vice-présidente Christine Ralphs, mais chaque fois que nous faisons ce choix, il est toujours davantage question de la personnalité que de la marque, et nous ne voulons tout simplement pas partager cela[21]. »

Il y a une bonne raison de se protéger : bien qu'un nombre de plus en plus grand de compagnies de vêtements et de friandises semblent vouloir reléguer les musiciens à l'arrière-plan, les groupes et leurs compagnies de disques combattent cette rétrogradation. Après avoir pris la mesure des profits énormes que Gap et Tommy Hilfiger ont récoltés grâce à leur association avec le monde de la musique, les labels de disques se précipitent eux-mêmes en trombe dans l'industrie du branding. Non seulement ils placent des installations de branding croisé hautement sophistiquées derrière des musiciens sur scène, mais ils conçoivent de a à z de plus en plus de groupes en tant que marques : Spice Girls, Backstreet Boys, N' Sync, All Saints, etc. – qu'ils commercialisent à titre expérimental. Les groupes préfabriqués ne sont pas nouveaux dans l'industrie musicale, pas plus que ceux qui ont leur propres gammes de produits, mais le phénomène n'a jamais dominé la pop culture autant qu'à la fin des années quatre-vingt-dix, et les musiciens n'ont jamais livré de concurrence aussi féroce aux marques d'objets de consommation. Sean « Puffy » Combs a utilisé sa célébrité de rappeur et de producteur de disques pour lancer un magazine, plusieurs restaurants, une marque de vêtements et une gamme d'aliments surgelés. Et Raekwon, du groupe rap Wu-Tan Clan, explique que « la musique, les films, les vêtements, tout ça fait partie de l'assortiment qu'on est en train de préparer. En 2005, il y aura peut-être des meubles Wu-Tang en vente chez Nordstrom[22] ». Qu'il s'agisse de Gap ou de Wu-Tang Clan, la seule question pertinente qui subsiste dans le débat sur le sponsoring semble être : Trouverez-vous l'audace de tracer les limites de votre marque ?

NIKE ET LE BRANDING DU SPORT

Inévitablement, toute discussion sur le branding de la célébrité aboutit au même point : Michael Jordan, le numéro un de tous ces palmarès, s'est lui-même constitué en société sous la marque JORDAN, une « supermarque » selon son agent qui a inventé le terme. Mais aucun exposé sur le potentiel de Michael Jordan en tant que marque ne peut commencer sans celle qui l'a d'abord marqué : Nike.

Nike a atteint le statut de vedette sportive à une échelle qui relègue au rang d'amateurisme les aspirations des brasseries quant aux rock stars. Bien entendu, le sport professionnel, de même que la musique qu'éditent les grandes maisons de disques, est une entreprise essentiellement lucrative, et c'est pourquoi l'histoire de Nike nous en apprend moins sur la disparition d'espace vierge de marketing – espace qui, bien entendu, n'a même jamais existé dans ce contexte – que sur la mécanique du branding et sa capacité d'éclipser le reste. Société qui avale l'espace culturel par bouchées immenses, Nike représente le summum de la supermarque transcendante des années 1990 et, plus que n'importe quelle autre, elle démontre à quel point le branding tend à effacer toutes les frontières entre sponsor et sponsorisé. Ce fabricant de chaussures est déterminé à devenir la définition même du sport, quitte à en déloger le sport professionnel, les Jeux olympiques et même les stars de l'athlétisme.

Phil Knight, P.D.G. de Nike, commença par vendre des chaussures de course dans les années 1960, et ne fit fortune que lorsque les chaussures de sport high-tech devinrent l'accessoire obligatoire de la fièvre du jogging en Amérique. Mais lorsque cette fièvre s'apaisa, au milieu des années 1980, et que Reebok s'empara du marché avec ses chaussures d'aérobic à la mode, Nike resta avec, sur les bras, un produit destiné à la grande poubelle des modes yuppies. Plutôt que de développer un autre modèle de baskets, Knight décida que, dans la réincarnation de Nike, les chaussures de course allaient devenir périphériques. Laissant les baskets à Reebok et à Adidas, Nike devint ce que Knight appelle « la meilleure entreprise de sport et de culture physique du monde[23] ».

Selon la mythologie de l'entreprise, Nike est une compagnie de sport et de culture physique, bâtie par une bande d'athlètes qui adoraient le sport et vouaient un culte fanatique aux athlètes d'élite. En réalité, le projet de Nike était un peu plus compliqué et peut se diviser en trois principes fondateurs. D'abord, transformer un groupe sélect d'athlètes en superstars dans le style hollywoodien, et les associer non pas à leurs équipes ni même, parfois, à leurs sports, mais plutôt à certaines idées pures sur l'athlétisme en tant que transcendance et persévérance – des incarnations de l'idéal gréco-romain de la forme masculine parfaite. Deuxièmement, lancer le « Sport pur » de Nike et son équipe d'athlètes superstars contre le monde du sport établi et obsédé par les règlements. Troisièmement, et par-dessus tout, semer la marque à tout vent.

Si ce fut bien l'extraordinaire habileté de Michael Jordan au basket-ball qui catapulta Nike au paradis des marques, ce furent les publicités de Nike qui firent de Jordan une superstar mondiale. Les athlètes doués, tels Babe Ruth et Muhammad Ali, étaient certes des célébrités avant l'ère Nike, mais leur renommée n'a jamais atteint le niveau stratosphérique de celle de Jordan. Cette altitude était l'apanage des stars du cinéma et de la musique populaire, qui étaient métamorphosées par les effets spéciaux, la direction artistique et l'habile mise en scène de films et de vidéoclips. Avant Nike, les étoiles du sport étaient encore collées au sol, quel que fût leur talent ou le culte qu'on leur vouait. Le football, le hockey et le baseball avaient beau être omniprésents à la télévision, le sport télévisé se cantonnait alors à la retransmission de matches isolés, en temps réel, souvent ennuyeux, rarement excitants, qui ne recouraient à la technologie que pour quelques reprises au ralenti. Quant aux produits sanctionnés par des professionnels du sport – que ce soit Wilt Chamberlain souriant bêtement à côté d'une boîte de Wheaties, ou Rocket Richard condamné à « deux minutes pour avoir une aussi belle allure » dans les annonces télévisées de Grecian Formula –, on ne pouvait qualifier ces publicités de création de stars.

En 1985, les spots télé de Nike avec Michael Jordan firent entrer les sports dans le monde des loisirs : l'arrêt sur image, les gros plans et les coupes rapides qui le faisaient paraître suspendu en plein bond, donnaient l'illusion frappante qu'il pouvait s'envoler. L'idée de tirer profit de la technologie de la chaussure de sport pour créer un être supérieur – Michael Jordan en vol plané –, c'était Nike en pleine création de mythe. Ces annonces, les premiers vidéoclips du sport, créèrent quelque chose d'entièrement différent. Comme le dit Michael Jordan : « Ce qu'ont fait Phil [Knight] et Nike, c'est de me changer en rêve[24]. »

Un grand nombre des spots télé les plus célèbres de Nike utilisaient des superstars pour transmettre l'idée du sport, plutôt que la simple représentation du meilleur aspect du sport pratiqué par l'athlète. Les spots mettent souvent en valeur des athlètes célèbres s'adonnant à une discipline différente de celle qui est la leur sur le plan professionnel, ainsi, par exemple, le tennisman professionnel Andre Agassi exhibant sa version du « golf rock-and-roll ». Il y eut aussi l'importante campagne« Bo Knows », qui émancipa le joueur de baseball et de football Bo Jackson de ses deux sports professionnels, le présentant plutôt comme un généraliste s'entraînant dans plusieurs disciplines. Une série d'interviews en montage syncopé avec des stars Nike – McEnroe, Jordan, Gretzky – suggérait ironiquement que Jackson connaissait leurs sports mieux qu'eux. « Bo connaît le tennis », « Bo connaît le basket-ball », etc.

Lors des Jeux d'hiver de 1998, à Nagano, Nike a amplifié cette stratégie de l'environnement contrôlé de ses spots télé pour l'appliquer à une véritable compétition sportive. L'expérience débuta en 1995, lorsque le service du marketing de Nike imagina l'idée de faire de deux coureurs kenyans la première équipe de ski olympique. Comme l'expliqua Mark Bossardet, directeur de l'athlétisme mondial chez Nike : « Un jour, au bureau, nous nous sommes dit : "Si on prenait des coureurs kenyans pour transférer leurs capacités au ski de fond[25] ?" » Les coureurs kenyans, qui dominaient les compétitions d'athlétisme de fond aux J.O. depuis 1968, ont toujours représenté « l'idée du sport » au siège social de Nike. (« Où courent les Kenyans ? » aurait demandé avec insistance Phil Knight après avoir visionné une annonce de Nike jugée insuffisamment inspirante et héroïque. En langage de Nike, cela voulait dire : « Où est l'Esprit du Sport[26] ? ») Ainsi, selon la logique de marketing de Nike, si deux coureurs kenyans – spécimens vivants de l'incarnation du sport – étaient extraits de leur sport, pays et climat, et lâchés au sommet glacé d'une montagne, et s'ils étaient alors capables de transférer leur agilité, leur force et leur endurance au ski de fond, leur succès représenterait un moment de pure transcendance sportive. Il s'agirait là, par rapport à la nature, au lieu de naissance, à la nationalité et aux petits fonctionnaires du sport, d'une transformation spirituelle de l'Homme – présentée au monde entier par Nike, bien sûr. « Nike a toujours eu le sentiment que les sports ne doivent pas avoir de frontières », annonça le communiqué à l'enseigne du swoosh. On allait enfin en avoir la preuve.

De plus, Nike allait associer son nom à toute une série de petits événements inattendus, humainement intéressants – par exemple, à l'équipe de bobsleigh jamaïcaine qui fit les manchettes lors des Jeux d'hiver de 1988 à Calgary. Quel reporter sportif pouvait rester insensible devant la naissance de la première équipe de ski africaine ?

Nike trouva ses cobayes en les personnes de deux coureurs de moyenne envergure, Philip Boit et Henry Bitok. Le Kenya étant dépourvu de neige, de fédération de ski et d'installations, Nike finança la totalité de cette extravagante opération : 250 000 dollars furent versés pour couvrir les frais de l'entraînement en Finlande et le coût des uniformes spécialement conçus pour l'occasion, ainsi que pour le salaire des sportifs éloignés de leurs familles. Lors de l'inauguration de Nagano, Bitok ne parvint pas à se qualifier et Boit termina dernier – 20 bonnes minutes après le médaillé d'or norvégien Bjorn Daehlie. Malgré la ressemblance des noms, course de fond et ski de fond requièrent des capacités tout à fait spécifiques et mobilisent des muscles différents.

Mais c'était sans importance. Avant le début de la course, Nike donna une conférence de presse dans son quartier général olympique, servit des plats et de la bière du Kenya, et montra aux journalistes une vidéo des Kenyans découvrant la neige, skiant dans les buissons et tombant sur les fesses. On expliqua également aux journalistes que, à cause du changement de climat, la peau des Kenyans se craquelait et que leurs ongles des mains et des pieds tombaient – mais « maintenant, disait Boit, j'adore la neige. Sans neige, je ne pourrais pas pratiquer mon sport ». Selon le *Tampa Tribune* du 12 février 1998, « ce ne sont que deux cinglés kenyans qui font leur possible dans la toundra gelée ».

Tel fut le branding Nike à son summum : en assimilant la compagnie, d'une façon aussi primaire, aux athlètes et à l'athlétisme, Nike ne se contentait plus d'habiller le jeu : elle commençait à le jouer. Une fois dans le match au même titre que ses athlètes, Nike allait attirer non des clients mais des fanatiques du sport.

ÉTAPE 2 : ÉRADIQUER LA CONCURRENCE

Comme tout protagoniste d'un sport de compétition, Nike a un but et un seul : gagner. Mais gagner, pour Nike, c'est gagner bien autre chose qu'une guerre de chaussures de tennis. Bien sûr, Nike ne peut supporter Adidas, Fila et Reebok, mais surtout, Phil Knight a affronté des agents de sportifs, dont l'avidité, affirme-t-il, les met « intrinsèquement en conflit, à tout moment, avec les intérêts des athlètes[27] » ; avec l'Association nationale de basket-ball (NBA) qui, croit-il, s'est injustement branchée sur la machine à créer des stars de Nike[28] ; et avec le Comité international olympique, dont Knight a dénoncé l'élitisme et la corruption bien avant les scandales qui ont affecté l'organisation en 1999[29]. Dans le monde Nike, tous les clubs sportifs, associations et comités officiels foulent aux pieds l'esprit du sport – un esprit que Nike est seule à incarner et à apprécier.

Pendant que la machine à mythes de Nike concevait l'Équipe Nike, son équipe commerciale imaginait des façons de jouer un rôle plus central dans le sport professionnel. Nike tenta d'abord de déloger les agents d'athlètes en lançant sa propre agence, afin de représenter les athlètes lors de la négociation des contrats, mais aussi de développer des stratégies de marketing intégrées, susceptibles de compléter – au lieu de diluer – la stratégie de branding de Nike, souvent en imposant ses propres concepts d'annonces à d'autres sociétés.

Puis, la marque tenta, en vain, de créer – et de posséder – une version football universitaire du Super Bowl (le Nike Bowl) et, en 1992, elle acheta le Tournoi de golf Ben Hogan en le rebaptisant le Tournoi Nike. « Nous faisons cela pour assumer notre présence dans le sport. Le sport est notre domaine – c'est ce que nous faisons[30] », explique alors Knight aux reporters. C'est certainement ce que firent Nike et sa rivale Adidas lorsqu'elles inventèrent leur propre événement sportif pour régler un différend : il s'agissait de déterminer qui pouvait prétendre au titre de « l'homme le plus rapide » dans leurs campagnes : Michael Johnson pour Nike ou Donovan Bailey pour Adidas. Parce qu'ils s'étaient classés dans deux catégories différentes (Bailey dans le 100 mètres, Johnson dans le 200), les deux marques acceptèrent de couper la poire en deux en faisant courir les deux hommes dans un 150 mètres inventé pour la circonstance. C'est Adidas qui l'emporta.

Lorsque Phil Knight doit faire face à l'inévitable critique des puristes du sport selon laquelle il a une influence indue sur les jeux qu'il sponsorise, sa réponse habituelle est que « l'athlète demeure notre raison d'être[31] ». Mais ainsi que le démontre l'approche que la marque adopta à l'égard de la vedette du basket-ball Shaquille O'Neal, Nike ne se consacre qu'à un certain type d'athlète. Le biographe de la compagnie, Donald Katz, décrit l'atmosphère tendue de la rencontre entre le manager d'O'Neal, Leonard Armato, et l'équipe de marketing de Nike : « Shaq avait observé l'explosion du marketing sportif

("Il a pris des cours de marketing sportif", dit Armato) et la montée de Michael Jordan, et avait décidé, au lieu de faire partie de diverses stratégies de marketing, qu'il serait préférable de regrouper une poignée de sociétés en une présence de marque, dont il serait la figure, le représentant. Ces fabricants de produits de consommation feraient partie de l'Équipe Shaq, et non l'inverse. "Nous recherchons une cohérence d'image", dit Armato lorsqu'il commença à rassembler l'équipe au nom de Shaq. "Comme pour Mickey". »

Le seul problème, c'est qu'au siège social de Nike, il n'y a pas d'Équipe Shaq, seulement une Équipe Nike. Nike reçut la passe et remit à Reebok le joueur que plusieurs croyaient être le prochain Michael Jordan – ce n'était pas « fait pour Nike », dirent-ils. Selon Katz, la mission de Knight « avait été, dès le départ, d'élever au sport un piédestal tel que le monde n'en avait jamais vu[32] ». Au Nike Town de Manhattan, toutefois, le piédestal ne soutient ni Michael Jordan ni le basket-ball, mais une chaussure Nike pivotante. Telle une prima donna, elle irradie sous les projecteurs, première chaussure vedette.

ÉTAPE 3 : VENDRE DES FRAGMENTS DE MARQUE COMME DES MORCEAUX DU MUR DE BERLIN

Rien n'incarne l'ère de la marque autant que Nike Town, la chaîne de boutiques phares de la compagnie. Chacune est un sanctuaire, un lieu à part pour les fidèles, un mausolée. Cinquante-septième Rue Est, le Nike Town de Manhattan est plus qu'une boutique sophistiquée, équipée de l'obligatoire décor de chrome gratté et bois blond, c'est un temple, où le swoosh est vénéré en tant qu'art et symbole de l'héroïsme. À la moindre occasion, le swoosh est assimilé au Sport : dans des religieuses vitrines d'exposition en verre illustrant « La définition d'un athlète » ; dans les citations inspirantes sur le « Courage », l'« Honneur », la « Victoire » et le « Travail en équipe » incrustées dans le parquet ; et dans la dédicace de l'édifice « à tous les athlètes et à leurs rêves ».

J'ai demandé à un vendeur s'il y avait quelque chose, parmi ces milliers de t-shirts, de maillots de bain, de soutiens-gorges ou de chaussettes de sport, dont la surface extérieure ne portait pas le logo Nike. Il s'est creusé la cervelle. Les t-shirts, non. Les chaussures, non. Les survêtements ? Non.

« Pourquoi ? finit-il par demander, l'air un peu blessé. Est-ce que quelqu'un est allergique au swoosh ? »

Nike, reine des supermarques, ressemble à un Pac-Man gonflé, tellement porté à consommer qu'il ne le fait pas par malice, mais par un réflexe masticatoire. La marque est de nature vorace. Dès lors, il n'est pas anodin que la stratégie de branding de Nike implique une icône semblable au √ au moyen duquel on coche les éléments d'une liste. Nike coche les espaces à mesure qu'il les avale. Superboutiques ? Coché. Hockey ? Base-ball ? Football ? Coché. Coché. Coché. T-shirts ? Coché. Casquettes ? Coché. Sous-vêtements ? Coché. Écoles ? Salles de bain ? Motif taillé dans les cheveux coupés en brosse ? Coché. Coché. Coché. Nike a été le leader du branding vestimentaire : il n'est pas étonnant qu'il ait repoussé une autre frontière de la marque avec le branding de la chair. Non seulement des dizaines d'employés Nike ont un swoosh tatoué sur les mollets, mais partout en Amérique du Nord, des salons de tatouage confirment que ce symbole est devenu leur motif le plus populaire. Branding de l'humain ? Coché.

LE BRANDING DE LA STAR

Il est une autre raison expliquant le renversant succès de Nike dans la diffusion de sa marque. Les superstars du sport qui forment les éléments fondateurs de son image – ces créatures inventées par Nike et clonées par Adidas et Fila – se sont trouvées dans une position unique pour monter en flèche à l'ère de la synergie : elles ont pour vocation de subir une promotion multiple. Les Spice Girls peuvent faire des films, et des stars du cinéma peuvent se montrer dans les défilés de mode, mais ni les unes ni les autres ne peuvent remporter de médaille olympique. Il est plus efficace pour Dennis Rodman d'écrire deux livres, de tenir la vedette dans deux films et d'avoir sa propre émission de télévision, que pour Martin Amis ou Seinfeld d'être défenseurs des Bulls, tout comme il est plus facile pour Shaquille O'Neal de lancer un album rap que pour Sporty Spice de se faire sélectionner par la NBA. Seuls des personnages de dessins animés – un autre succès de synergie – sont plus polyvalents, au jeu de la synergie, que les vedettes du sport.

Mais pour Nike, le pouvoir des vedettes qui l'appuient présente un revers. Même si Phil Knight ne l'avouera jamais,

Nike n'est plus en compétition avec Reebok, Adidas et la NBA ; la marque a également commencé à rivaliser avec une autre : Michael Jordan.

Au cours des trois années qui ont précédé sa retraite, Jordan s'était détaché de son rôle d'incarnation de Nike pour devenir ce que son agent, David Falk, appelle une « supermarque ». Lorsque Nike devint une agence d'athlètes, Jordan refusa de suivre, disant à la société qu'elle devrait lui offrir des millions de dollars pour compenser des pertes de revenus. Au lieu de laisser Nike gérer son portefeuille d'appuis officiels, il tenta d'élaborer des ententes de synergie entre ses divers sponsors, s'efforçant, bizarrement, de persuader Nike de changer de compagnie de téléphone lorsqu'il devint porte-parole de WorldCom[33]. Parmi les autres points saillants de ce que Falk appelle « le programme de partenariat commercial de Michael Jordan », mentionnons cette publicité pour WorldCom dans laquelle les acteurs arborent des lunettes fumées Oakley et de l'équipement sportif Wilson, deux produits auxquels Jordan a accordé son soutien. Ce fut, bien sûr, le film *Space Jam* – dans lequel le basketteur tenait la vedette et dont Falk était producteur exécutif – qui fut le point culminant du dévoilement de la marque Jordan. Le film intégrait des pubs pour chacun des sponsors de Jordan (parmi les répliques emblématiques, mentionnons celle-ci : « Michael, c'est l'heure d'entrer en scène. Mets tes Hanes, lace tes Nikes, attrape tes Wheaties et ta Gatorade et on prendra un Big Mac en route ! »), et McDonald's faisait la promotion de l'événement à coups de jouets et *happy meals Space Jam*.

Nike avait joué sur les ambitions d'affaires de Jordan dans ses campagnes « P.D.G. Jordan », qui montrent l'athlète revêtant un complet et se précipitant au bureau à la mi-temps. Mais en coulisses, la compagnie avait toujours déploré les activités de Jordan en dehors de Nike. Donald Katz écrit que dès 1992, « Knight croyait que Michael Jordan n'était plus "pur", selon les termes du marketing sportif[34] ». Nike d'ailleurs boycotta l'événement exceptionnel qui entoura *Space Jam*. À la différence de McDonald's, elle n'utilisa pas le film dans des publicités, bien que *Space Jam* fût fondé sur une série de publicités de Nike mettant en vedette Jordan et Bugs Bunny. Lorsque Falk déclara à *Advertising Age* que « Nike avait des réserves à propos de l'utilisation du film[35] », il faisait preuve d'une retenue considérable. Jim Riswold, vieux routier de la conception publicitaire pour Nike, qui avait le premier songé à associer Jordan et Bugs Bunny dans les annonces de chaussures, se plaignit au *Wall Street Journal* du fait que *Space Jam* était « d'abord une mine d'or de *merchandising*, ensuite un film. L'idée est de vendre beaucoup de produits[36] ». Ce moment historique du branding de la culture renversait complètement la relation traditionnellement tendue entre l'art et le commerce : un fabricant de chaussures et une agence de publicité s'offusquaient de ce qu'un film hollywoodien allait souiller la pureté de leurs campagnes.

Pour l'instant, du moins, la paix règne entre les super-marques ennemies. Nike a donné à Jordan plus de latitude pour développer sa propre marque de vêtements, toujours au sein de l'empire Nike mais d'une façon plus indépendante. La semaine même où il prit sa retraite du basket-ball, Jordan annonça qu'il allait étendre la gamme de vêtements JORDAN de l'équipement de basket-ball aux collections de style de vie, en concurrence directe avec Polo, Hilfiger et Nautica. S'établissant dans son rôle de P.D.G. – par opposition à celui de célébrité-qui-sanctionne-un-produit –, il embaucha d'autres athlètes professionnels pour cautionner la marque JORDAN : Derek Jeter, l'arrêt-court des Yankees de New York, et le boxeur Roy Jones Jr. Et en mai 1999, il exposa la marque JORDAN au complet dans ses propres *concept stores* – deux à New York et un à Chicago –, et prévoyait en ouvrir une cinquantaine d'autres à court terme. Jordan a fini par concrétiser son vœu : devenir sa propre marque indépendante, soutenue par des célébrités.

L'ÈRE DU « BRANDOSAURE »

En surface, les jeux de pouvoir entre athlètes millionnaires et sociétés milliardaires semblent n'avoir qu'un lointain rapport avec l'objet de ce chapitre : la disparition de l'espace sans marketing. Toutefois, Jordan et Nike n'en sont que les emblèmes les plus visibles : l'impératif du branding modifie notre façon d'imaginer le sponsor autant que le sponsorisé, dans la mesure où un espace sans marque devient presque inconcevable, qu'il s'agisse de musique sans pantalons Khakis, de festivals indépendants des marques de bière, de prouesses athlétiques célébrées pour elles-mêmes. Jordan et Nike sont les symboles d'un nouveau paradigme qui efface toutes les frontières entre branding et culture, ne laissant pas la moindre place à un espace dépourvu de marketing.

Selon une idée qui commence à émerger, concepteurs de mode, fabricants de chaussures de course, médias, personnages de dessins animés et célébrités de toutes sortes, tous appartiennent plus ou moins à la même industrie, celle du marketing de leurs marques. Voilà pourquoi, au début des années 1990, Creative Artists Agency, la plus puissante agence de vedettes d'Hollywood, commença à représenter non seulement des gens, mais aussi des marques célèbres telles Coca-Cola et Apple, ou même à s'allier à Nike. Voilà pourquoi Benetton, Microsoft et Starbucks ont profité de la tendance « magalogue » pour aller à fond dans l'édition de magazines : Benetton avec *Colors*, Microsoft avec l'e-zine *Slate* et Starbucks avec *Joe*, en partenariat avec *Time*. Voilà pourquoi la coqueluche des ados, Britney Spears, et le personnage de sitcom Ally McBeal ont chacune leur propre gamme de vêtements griffés ; pourquoi Tommy Hilfiger a aidé à mettre sur pied une maison de disques ; et pourquoi le rapper Master P a monté sa propre agence de sports. Voilà aussi pourquoi Ralph Lauren offre une gamme de peintures d'intérieur, Brooks Brothers, une gamme de vins. Nike est sur le point de lancer une croisière à l'enseigne du swoosh, et le géant des pièces d'auto Magna ouvre un parc d'attractions. Voilà également pourquoi la consultante en marketing Faith Popcorn présente sa propre marque de fauteuils en cuir Cocooning, d'après la tendance du même nom qu'elle a forgée, et Fashion Licensing of America Inc. met sur le marché les meubles Ernest Hemingway, destinés à saisir la « personnalité de marque » du regretté écrivain[37].

Cependant que fabricants et vedettes échangent leurs rôles et s'allient dans la création de bulles de style de vie, les cadres de Nike prédisent que leur « future concurrence sera Disney, et non Reebok[38] ». Et il n'est pas surprenant qu'au moment même où Nike se lance dans l'industrie du loisir, des géants de cette même industrie décident de tenter leur chance dans celle des chaussures de sport. En octobre 1997, Warner Brothers lança une marque de baskets bas de gamme, dont le porte-parole était Shaquille O'Neal. « C'est le prolongement de nos activités sous forme de vente au détail », expliqua Dan Romanelli, de la division des produits de consommation chez Warner.

Il semble que chaque fois que des marques ont été lancées – chaussures de sport, nourriture, musique ou dessins animés –, les plus prospères aient toutes abouti au même endroit : dans la stratosphère de la supermarque. C'est là où Mick Jagger se pavane en Tommy Hilfiger, où Steven Spielberg et Coca-Cola ont le même agent, où Shaq se voit « comme Mickey » et où chacun a son restaurant de marque – de Jordan à Disney, en passant par Demi Moore, Puffy Combs et les top modèles.

C'est Michael Ovitz, bien sûr, qui a conçu le plus grand temple du branding jusqu'ici avec le projet de faire pour la musique, le sport et la mode ce que Walt Disney fit jadis pour les dessins animés pour enfants : transformer le monde sophistiqué de la télévision en environnement de marque dans la réalité. Après avoir quitté l'agence Creative Artists, en août 1995, et s'être aussitôt fait congédier en tant que président de Disney, Ovitz a utilisé sa prime de départ d'un montant sans précédent, 87 millions de dollars, pour lancer une nouvelle entreprise : des mégacentres commerciaux à thèmes, à base de loisir et de sport, synthèse de sport professionnel, de célébrité hollywoodienne et de shopping. Il envisage un hybride de Nike Town, de Planet Hollywood et de l'aile marketing de la NBA – où tous les chemins mènent directement à la caisse enregistreuse. D'abord, un centre commercial thématique d'un demi-million de mètres carrés à Columbus, dans l'Ohio. En cas de succès, un nouveau centre commercial, dans la région de Los Angeles, devait comprendre un stade de football de la Ligue nationale de football (NFL).

Comme le suggèrent ces édifices du futur, les grandes sociétés sponsors et la culture qu'elles marquent ont fusionné pour en engendrer une troisième : un univers clos de gens de marque, de produits de marque et de médias de marque. Une étude menée en 1995 par le professeur Roy F. Fox, de l'Université du Missouri, montre d'ailleurs que de nombreux enfants saisissent intuitivement les ambiguïtés propres à cette sphère. Selon cette étude, la plupart des élèves de collèges du Missouri qui ont visionné en classe le mélange d'informations et d'annonces de Channel One croyaient que les stars du sport payaient des fabricants de chaussures pour figurer dans leurs publicités. « Je ne sais pas pourquoi des athlètes font cela – donner tout cet argent pour toutes ces stupides annonces en leur faveur. J'imagine que c'est pour que les gens les aiment plus et aiment plus leurs équipes[39]. »

Ainsi parlait Debbie, 14 ans, parmi les 300 élèves ayant répondu à l'enquête. Pour Fox, ce commentaire montre un manque troublant de culture médiatique, preuve indéniable que les enfants ne peuvent évaluer de façon critique la publicité qu'ils voient à la télévision. Mais ces découvertes montrent peut-être que les enfants comprennent quelque chose que la plupart d'entre nous refusent encore de saisir. Peut-être savent-ils que le sponsoring est un processus beaucoup plus complexe que la dichotomie acheteur-vendeur en vigueur au cours des décennies précédentes, et qu'il est devenu incroyablement anachronique de se demander qui s'est vendu et qui a acheté. À une époque où les gens sont des marques et les marques une culture, ce que font Nike et Michael Jordan se rapproche davantage de l'alliance de marques que de la surenchère, et même si les Spice Girls font la pub de Pepsi aujourd'hui, elles pourraient facilement, demain, lancer leur Spice Cola.

Il n'est pas étonnant que des élèves du secondaire aient une conception plus réaliste des absurdités de la vie de marque. Après tout, ils ont grandi vendus à l'idée.

En haut : Richard Branson, de Virgin, le PDG rock and roll.
En bas : Le Che de consommation de la compagnie Revolution Soda.

TOUT EST ALTERNATIF

LE MARCHÉ JEUNESSE ET LE MARKETING DU COOL

C'est terrible à dire, mais très souvent, les costumes les plus emballants sont portés par les gens les plus pauvres.

Le couturier Christian Lacroix au magazine *Vogue*, avril 1994

Ma dernière année de collège, je l'ai passée en grande partie avec ma meilleure amie, Lan Ying, à débattre péremptoirement de l'absurdité de vivre dans un monde où tout a déjà été fait. Le monde s'étendait devant nous, non pas tel un champ, mais comme un labyrinthe de sillons bien tracés, comme les insectes en creusent dans le bois. On pouvait sortir de l'étroit et rectiligne sillon carrière-matérialisme, mais c'était pour aboutir à un autre – le sillon des gens qui sortent du sillon principal. Et ce sillon était bel et bien usé (en partie creusé par nos propres parents). Vous voulez voyager ? Devenir un Kerouac contemporain ? Voyez le sillon *Let's Go Europe*. Vous voulez être rebelle ? Artiste d'avant-garde ? Passez à la librairie d'occasion pour acquérir votre sillon alterno, poussiéreux, mangé par les mites et usé jusqu'à la corde. Tous les lieux où nous pouvions nous imaginer se changeaient sous nos pieds en clichés – comme dans les pubs de Jeep et les comédies à sketches. À la sortie de l'université, il nous semblait que ces archétypes étaient déjà éculés, même celui de l'intellectuel déprimé, tout de noir vêtu, que nous étions justement en train d'essayer. Encombrées d'idées et de styles du passé, nous ne trouvions nulle part d'espace ouvert.

Bien sûr, c'est un symptôme classique du narcissisme adolescent que de croire que la fin de l'histoire coïncide exactement avec votre arrivée sur terre. À 17 ans, presque toute jeune fille rongée par l'angoisse existentielle et la lecture de Camus finit par trouver son propre sillon. Mais depuis le collège, ma claustrophobie planétaire ne m'a jamais tout à fait quittée et, en un sens, elle semble s'intensifier avec le temps. Ce qui me hante, ce n'est pas tant l'absence d'espace au sens littéral qu'un profond désir d'espace métaphorique : libération, évasion, liberté, ouverture.

Tout ce que cherchaient mes parents, c'était la Route et un minibus VW. Comme évasion, cela leur suffisait. L'océan, le ciel nocturne, une guitare acoustique... que demander de plus ? En fait, on pouvait demander à s'envoler du flanc d'une montagne sur un surf des neiges, avec l'impression réelle, un instant, de dévaler du haut des nuages plutôt que sur la poudre blanche. On pouvait parcourir le Sud-Est asiatique, tels les jeunes adultes blasés du roman d'Alex Garland, *The Beach*, à la recherche du seul coin du globe non recensé par le guide *Lonely Planet*, pour y lancer sa propre utopie. D'ailleurs, on pouvait se joindre à une secte du *New Age* et rêver d'être enlevé par des extraterrestres. De l'occultisme aux raves et des émeutes au sport extrême, il semble que l'éternel besoin d'évasion n'ait jamais profité d'une telle spécialisation du marketing.

Cependant, faute de voyage spatial et confinés que nous sommes par les lois de la gravité, la plupart d'entre nous prenons notre espace ouvert où nous le pouvons, à la dérobée comme des cigarettes, à l'extérieur d'énormes espaces clos. Même si les rues sont bordées de panneaux-réclame et d'enseignes, les jeunes se débrouillent, installant quelques filets pour se passer la rondelle ou le ballon de football entre les voitures. Certains constatent également qu'une libération se manifeste dans les festivals de musique gratuits d'Angleterre et dans la conversion en espace collectif de propriétés privées non entretenues : usines désaffectées, squattées par des jeunes des rues, ou rampes d'accès des tours de bureaux transformées en pistes de skate-board le dimanche après-midi.

Mais à mesure que la privatisation s'immisce dans chaque interstice de la vie publique, même ces intervalles de liberté et ces fragments d'espace dépourvu de sponsoring s'évanouissent. Skate-boarders et surfeurs des neiges alternos ont tous des contrats de sponsoring avec les tennis Vans ; le hockey de rue est à la merci des annonces de bière ; les projets de réhabilitation des centres-villes sont sponsorisés par Wells Fargo ; et les festivals gratuits ont été interdits, remplacés par le Tribal

Gathering annuel, un festival de musique électronique qui prétend « riposter à l'establishment et à l'empire des clubs avec sa médiocrité, son mercantilisme et l'insidieux capitalisme de notre contre-culture cosmique[1] » et dont les organisateurs confisquent régulièrement les bouteilles d'eau qui n'ont pas été achetées sur place, même si la cause première des décès lors des raves est la déshydratation.

Je me rappelle le moment de révélation lors duquel j'ai saisi que ma faim d'espace n'était pas un simple résultat de l'inévitable avancée de l'histoire, mais de la progression de la récupération commerciale à une vitesse que les générations précédentes auraient trouvée inimaginable. Je regardais la couverture télévisée de la controverse sur Woodstock '94, le festival du vingt-cinquième anniversaire de l'événement original. Les pontifes baby-boomers et les rock-stars vieillissantes prenaient des poses en soulignant que les canettes de Pepsi, édition souvenir de Woodstock, à 2 dollars, les porte-clés du festival et les guichets bancaires installés sur place trahissaient l'esprit antimercantile de l'événement original et, incroyablement, se plaignaient du fait que les préservatifs souvenirs à 3 dollars marquaient la fin de « l'amour libre » (comme si le sida avait été inventé par malveillance, pour offenser leur nostalgie).

Le plus frappant à mes yeux, c'est que le débat tournait entièrement autour de l'inviolabilité du passé, sans reconnaissance des actuels défis culturels. Bien que la promotion du festival anniversaire eût été dirigée principalement vers les adolescents et les étudiants d'universités, et mît en vedette des groupes populaires comme Green Day, pas un seul observateur ne s'est interrogé sur ce que signifiait cette mercantilisation de la culture jeunesse pour les jeunes assistant à l'événement. Laissons tomber l'offense faite aux hippies des décennies plus tard ; quelle impression cela vous fait-il d'avoir affaire à une culture récupérée, ici et maintenant, au moment où vous la vivez ? La seule fois où l'on mentionna l'existence d'une nouvelle génération, ce fut lorsque les organisateurs expliquèrent aux ex-hippies qui les accusaient d'avoir concocté un Fric-stock ou un Wood-toc, que si l'événement n'était pas pré-emballé et sponsorisé, les jeunes d'aujourd'hui se mutineraient. John Roberts, promoteur de Woodstock, expliqua que la jeunesse actuelle « est habituée au sponsoring. Si un jeune allait à un concert sans qu'il y ait de marchandises à acheter, il perdrait probablement les pédales[2] ».

Roberts n'est pas le seul à entretenir ce point de vue. Jeff Jensen, journaliste à la revue *Advertising Age*, va jusqu'à prétendre que, pour les jeunes d'aujourd'hui, « se laisser récupérer, c'est non seulement accepté, mais in[3] ». S'y opposer, ce serait, comment dire, out. Inutile d'idéaliser davantage le Woodstock originel. Entre (plusieurs) autres choses, ce fut également un festival rock soutenu par de grandes compagnies de disques et conçu pour générer un profit. Toutefois, le mythe de Woodstock en tant qu'État souverain de la culture jeunesse faisait partie d'un vaste projet d'autodéfinition générationnelle – concept complètement étranger à ceux qui assistaient à Woodstock '94, pour lesquels l'identité générationnelle était largement une marchandise pré-emballée, et la quête de soi façonnée par le boniment du marketing, qu'ils y croient ou non, qu'ils se définissent ou non en opposition à lui. C'est là un effet secondaire de l'expansion de la marque, beaucoup plus difficilement retraçable et quantifiable que le branding de la culture et des espaces urbains. Cette perte d'espace a lieu à l'intérieur de l'individu ; c'est une colonisation, non pas de l'espace physique, mais de l'espace mental.

Le climat de frénésie qui règne autour du marketing jeunesse commence à affecter la création culturelle tout entière. Une grande part de la culture jeunesse est suspendue dans ce que les sociologues Robert Goldman et Stephen Papson appellent un « arrêt de croissance », faisant remarquer qu'« après tout, nous ne savons absolument pas à quoi ressembleraient le punk, le grunge ou le hip-hop, en tant que mouvements sociaux et culturels, s'ils n'étaient pas exploités comme des gisements[4]... » Cette « exploitation » n'est pas passée inaperçue et n'a pas manqué de soulever des oppositions. La revue culturelle anticommerciale *The Baffler* et le défunt magazine *Might* ont brillamment parodié le désespoir et la lutte de l'industrie de la culture jeunesse au milieu des années 1990. Des dizaines, sinon des centaines de zines et de sites Web ont été lancés et ont joué un rôle considérable dans l'établissement d'une atmosphère propice aux genres d'attaques menées sur les marques, dont je raconte l'épopée dans la quatrième partie de ce livre. Mais l'insatiable soif culturelle du branding engendre surtout un marketing élargi. Un marketing qui se prend pour de la culture.

Pour comprendre comment la culture jeunesse est devenue un marché aussi recherché au début des années 1990, il est utile de revenir brièvement à la « crise des marques » survenue pendant la récession et qui a pris racine juste avant cette frénésie – une crise qui, vu le grand nombre de consommateurs qui décevaient les attentes des entreprises, a créé le besoin clair et pressant d'une relève, d'une nouvelle classe de consommateurs.

Au cours des deux décennies qui précédèrent la crise des marques, les grandes industries culturelles s'abreuvaient encore goulûment à la rivière du pouvoir d'achat des baby-boomers, et le groupe démographique des jeunes se trouvait en périphérie, relégué à l'arrière-plan par l'immense pouvoir du rock classique et des tournées-souvenirs. Bien sûr aussi, les véritables jeunes consommateurs demeuraient une préoccupation pour les industries ciblant les ados, mais la culture jeunesse même était considérée comme un puits d'inspiration plutôt tiède et peu profond par les industries du loisir et de la publicité. Certes, dans les années 1970 et 1980, une foule de jeunes gens se réclamaient d'une culture « alternative » ou « underground ». Chaque centre urbain entretenait ses zones de bohème, dont les fidèles, vêtus de noir, écoutaient les Grateful Dead ou les punks (ou la New Wave, plus digeste), s'approvisionnant dans des friperies et des boutiques de disquaires froides et humides. S'ils habitaient à l'extérieur des centres urbains, ils pouvaient commander des cassettes et autres accessoires du style de vie cool : ils en trouvaient dans des annonces, aux dernières pages de magazines comme *Maximum Rock 'n' Roll*, en échangeaient dans leurs réseaux d'amis, ou en achetaient lors des concerts.

Même si ce qui précède relève d'une caricature grossière des sous-cultures jeunesse qui se sont manifestées puis éteintes au cours de ces décennies, reste que ces milieux n'étaient qu'à moitié courtisés en tant que marchés. C'était en partie parce que le punk des années 1970 a connu son apogée en même temps que le disco et le heavy metal, infiniment plus faciles à mettre sur le marché de masse. Et même si, du milieu à la fin des années 1970, le rap dominait les classements, déjà nanti d'un style et d'un code tout à fait définis, l'Amérique blanche n'était pas à la veille de déclarer l'arrivée d'une nouvelle culture jeunesse. Ce jour dut attendre quelques années jusqu'à ce que les styles et les musiques de la jeunesse noire des villes soient pleinement récupérés par la banlieue blanche.

Ces sous-cultures n'étaient donc pas soutenues par une machine de marketing de masse : il n'y avait alors ni Internet, ni centres commerciaux ambulants de la culture alternative, comme Lollapalooza ou Lilith Fair, et certainement pas de catalogues sophistiqués comme Delia et Airshop, qui, aussi aisément que des pizzas, livrent à des jeunes coincés en banlieue des paillettes pour la peau, des pantalons de plastique et la pose affectée des grandes villes. Les industries principales de la consommation occidentale pourvoyaient encore aux besoins de la génération Woodstock, maintenant métamorphosée en yuppies avides de consommation. Dans la mesure où la plupart de leurs enfants, eux aussi, pouvaient être considérés comme des yuppies en devenir, il ne valait pas la peine de suivre les tendances et les goûts préférés des jeunes locomotives du style.

LE MARCHÉ JEUNESSE SAUVE LA SITUATION

Tout cela a changé au début des années 1990, lorsque les baby-boomers délaissèrent la chaîne de consommation et que les marques subirent leur crise d'identité. Vers l'époque du Vendredi Marlboro, Wall Street se pencha sur les marques qui avaient prospéré au cours de la récession, et remarqua quelque chose d'intéressant. Parmi les industries qui se maintenaient ou qui décollaient, il y avait la bière, les boissons gazeuses, le fast-food et les chaussures de sport – sans parler du chewing-gum et des poupées Barbie. Il y avait autre chose : 1992 fut la première année, depuis 1975, où le nombre d'adolescents augmenta en Amérique. Graduellement, une idée germa auprès de bien des protagonistes du secteur manufacturier et des industries du loisir : si leurs ventes diminuaient, ce n'était peut-être pas parce que les consommateurs étaient indifférents aux marques, mais parce que ces compagnies avaient les yeux fixés sur la mauvaise cible générationnelle. Ce n'était pas le moment de vendre du Tide et du Snuggle à des femmes au foyer – c'était le moment de faire mousser MTV, Nike, Hilfiger, Microsoft, Netscape et *Wired* aux ados du monde et à leurs aînés qui se conduisaient comme eux. Même si leurs parents couraient les centres de liquidation, les jeunes, eux, étaient encore prêts à payer pour être à la mode. En raison de ce processus, la pression du groupe émergea en tant que puissante force de marché, faisant pâlir, en comparaison, la consommation de leurs parents soucieux de rivaliser avec leurs voisins. Comme le disait la détaillante Elise Decoteau à propos de sa clientèle adolescente : « Ils courent en troupeaux. Si vous vendez quelque chose à l'un d'eux, vous le vendez à tous les étudiants de leur classe et de leur école[5]. »

Il y avait un hic, un seul. Comme l'a montré le succès de superstars du branding comme Nike, il ne suffisait pas aux compagnies de faire le marketing de leurs produits auprès d'un groupe démographique plus jeune ; il leur fallait façonner des identités de marque qui entreraient en résonance avec cette nouvelle culture. Pour métamorphoser leurs ternes produits en transcendantes machines à sens – comme l'exigeaient les diktats du branding –, il leur faudrait devenir elles-mêmes l'image du cool des années 1990 : sa musique, ses styles et sa politique.

LE GOÛT DU COOL : LES MARQUES RETOURNENT À L'ÉCOLE

Galvanisés par la double promesse du branding et du marché jeunesse, le secteur commercial connut une frénésie d'énergie créatrice. Le cool, l'alternatif, le jeune, le in – tout ce que vous voulez – constituait une identité parfaite pour des fabricants de produits espérant devenir des marques transcendantes, fondées sur l'image. Les annonceurs, les gestionnaires d'images, les producteurs de musique, de films et de télévision retournèrent à l'école au pas de course, firent une cour assidue aux étudiants afin d'isoler et de reproduire dans des publicités pour la télévision l'« attitude » précise que les ados et les jeunes adultes étaient portés à consommer en même temps que leurs casse-croûte et leur musique pop. Dans tous les collèges, « Suis-je cool ? » devint la question dévorante et profondément ennuyeuse de tous les instants, dans les salles de cours et les vestiaires, mais également dans les rencontres au sommet et les appels-conférence des puissantes entreprises.

De nature, la quête du cool est minée par le doute de soi (« Est-ce que c'est cool ? » se demandent mutuellement les multitudes d'adolescents en train de faire leurs achats. « Crois-tu que c'est moche ? »). À cette différence qu'aujourd'hui, les doutes déchirants de l'adolescence sont les questions à un milliard de notre époque. Ces inquiétudes font le tour de la table de conférence, changeant en turbo-adolescents les rédacteurs publicitaires, les directeurs artistiques et les P.D.G., s'exerçant à paraître blasés devant la glace de leur chambre. Les jeunes nous trouvent-ils cool ? En faisons-nous trop pour être cool, ou sommes-nous vraiment cool ? Avons-nous assez d'attitude ? L'attitude qu'il faut ?

Le *Wall Street Journal* publie régulièrement des articles sérieux sur la façon dont la tendance aux jeans larges ou aux sacs à dos miniatures affecte le marché boursier. IBM, rendue out dans les années 1980 par Apple, Microsoft et tout le monde ou presque, est obsédée par l'idée d'impressionner les jeunes cool, ou, dans le jargon de la société, le « Monde en noir ». « Nous les appelions la brigade des queues de cheval, la brigade des cols roulés noirs », dit David Gee d'IBM, dont le rôle est d'insuffler du cool chez Big Blue. « Maintenant, on les appelle le MEN – le Monde en noir. Nous devons attirer l'attention du MEN[6]. » Pour Pepe Jeans, le but, tel qu'énoncé par le directeur du marketing Phil Spur, est le suivant : « Ils (les jeunes cool) doivent regarder vos jeans, regarder votre image de marque et dire "c'est cool..." En ce moment, nous nous assurons que Pepe soit vu aux bons endroits et sur les bonnes personnes[7]. »

Les sociétés qui sont écartées du groupe des marques vraiment in – baskets trop plates, jeans trop étroits, pubs crispées dépourvues d'ironie – rôdent maintenant dans les marges de la société : ce sont les nuls des affaires. « Le cool nous échappe encore », dit Bill Benford, président des vêtements d'athlétisme L.A. Gear[8], et on s'attendrait presque à ce qu'il se taillade les poignets comme un gamin de 15 ans incapable d'affronter encore un semestre l'exil de la cour de récréation. Personne n'est à la merci de ce brutal ostracisme, ainsi que l'a appris Levi Strauss en 1998. Le verdict était impitoyable : Levi's n'avait ni superboutiques comme Disney, ni pubs cool comme Gap, ni crédibilité auprès des hip-hop comme Hilfiger, et personne ne voulait se faire tatouer son logo sur le nombril, comme celui de Nike. Bref, la marque n'était pas cool. La compagnie n'avait pas compris, comme le révéla Sean Dee, son nouveau promoteur, que « les jeans amples ne correspondent pas à une mode, mais à un changement de paradigme[9] ».

Dans le branding des années 1990, le style cool semble être la qualité cruciale. C'est le sourire ironique des sitcoms et des *late shows* américains ; c'est ce qui fait vendre des serveurs internet psychédéliques, de l'équipement de sport extrême, des montres ironiques, des jus de fruits époustouflants, des jeans kitsch, des baskets postmodernes et des eaux de Cologne unisexes. Notre « époque aspirationnelle », comme on dit dans les études de marketing, a environ 17 ans. L'expression s'applique autant aux baby-boomers de 47 ans qui craignent d'être nuls, qu'aux enfants de sept ans qui pratiquent le kick-boxing sur la musique des Backstreet Boys.

Maintenant que les cadres d'entreprises ont pour mission d'imprégner leurs sociétés d'un style cool inaltérable, on peut même envisager l'époque où nos élus auront pour mandat de « rendre le pays cool ». À maints égards, cette ère est arrivée. Depuis son élection en 1997, Tony Blair, le jeune premier ministre anglais, s'est engagé à redonner un aspect cool à l'image quelque peu vieillotte de la Grande-Bretagne. Après avoir participé à un sommet avec Blair dans une salle de conférence sous direction artistique, à Canary Wharf, Jacques Chirac déclara : « Je suis impressionné. Cela donne de la Grande-Bretagne l'image d'un pays jeune, dynamique et moderne. » Au sommet du G8, à Birmingham, Blair transforma l'auguste rassemblement en petite fête où les leaders, après avoir regardé des vidéoclips des All Saints, furent amenés à chanter en canon *All You Need Is Love* ; il ne manquait que les jeux Nintendo. Leader mondial, Blair est surtout un styliste national. Sa tentative de rajeunir la marque Grande-Bretagne va-t-elle réussir, ou restera-t-il aux prises avec la vieille marque dépassée ? Si quelqu'un doit y arriver, c'est bien Blair qui, en changeant le nom de son parti, a emprunté une idée aux spécialistes du marketing du soda Revolution : à partir de la principale ligne d'action du parti existant (c'est-à-dire le « labour », la philosophie travailliste), il a conçu l'appellation « New Labour », une marque à valeur ajoutée. Ce n'est plus le Parti travailliste, mais un parti à saveur travailliste.

LES AGENTS DE CHANGEMENT : LES NOUVEAUX COOL BLANCS

À y regarder de près, le parcours qui a mené à l'état actuel du « cool mondial » a failli prendre fin avant d'avoir vraiment commencé. Même si, dès 1993, presque toutes les sociétés de mode, d'alimentation, de boissons ou de loisir aspiraient à la réalisation des promesses du marché jeunesse, beaucoup ne savaient absolument pas comment accéder à ce dernier. Au moment où naquit l'envie du cool, nombre d'entreprises étaient en plein gel de l'embauche, à peine remises d'une ronde de mises à pied dont la plupart avaient été exécutées selon la règle du « dernier embauché, premier congédié » entrée en vigueur pendant la récession. Comme il restait beaucoup moins de jeunes travailleurs dans l'ensemble du personnel et aucune recrue en ascension, beaucoup de cadres d'entreprises se trouvèrent dans une curieuse position : ils connaissaient peu de gens de moins de 30 ans. Cette indigence rendait la jeunesse même étrangement exotique – l'information sur les générations X, Y et la suivante devenait soudain une denrée fort précieuse.

Heureusement, une réserve de jeunes adultes avides se trouvait déjà sur le marché du travail. À la manière de bons capitalistes, beaucoup de ces jeunes travailleurs identifièrent là un créneau : être jeunes sur une base professionnelle. Sans lésiner sur les discours, ils assurèrent leurs patrons potentiels que s'ils étaient embauchés, les contre-cultures jeunes et in leur seraient livrées clés en main, au rythme d'une par semaine ; leurs entreprises deviendraient tellement cool qu'elles gagneraient le respect des milieux qu'ils ciblaient. Ils promettaient la jeunesse démographique, la révolution numérique, le chemin direct vers l'adéquation tant désirée.

Comme nous le savons à présent, lorsqu'ils décrochèrent l'emploi, ces médiums du cool ne virent pas la nécessité de se transformer en clones d'employés. On peut voir à présent un grand nombre d'entre eux parcourir les corridors des plus grandes entreprises, habillés comme des club kids, skate-board sous le bras. Ils discutent de leurs nuits de raves autour du distributeur d'eau (« Note de service au patron : pourquoi ne pas remplir ce truc de tisane glacée au ginseng ? »). Les P.D.G. de demain ne sont pas des employés, mais, pour utiliser un terme à la mode chez IBM, des « agents de changement ». Sont-ce des imposteurs, des cadres déguisés en snowboarders hip-hop ? Pas du tout. Nombre de ces jeunes travailleurs sont vraiment ce qu'ils représentent : à la fois le reflet sincère et engagé des milieux qu'ils livrent, et d'individus passionnés par la transformation de leurs marques. Tel Tom Cruise dans *Jerry Maguire*, ils travaillent jusqu'au petit matin à rédiger des manifestes, des tracts révolutionnaires sur le besoin d'épouser la nouveauté, de se moquer de la bureaucratie, d'être présents sur le Web sous peine d'être déclassés, de refaire telle campagne publicitaire avec une allure plus tendance, plus résolue ; sur la nécessité de changer plus rapidement, d'être plus in.

Et qu'est-ce que les patrons des agents de changement disent de tout cela ? Ils disent « allez-y », bien sûr. Les sociétés qui cherchent des identités de marque à la mode qui s'intégreront sans heurt à l'air du temps comprennent, comme l'a écrit Marshall McLuhan, que « lorsqu'une chose est courante, elle rapporte monnaie courante ». Les agents de changement ont flatté l'ego de leurs patrons d'âge moyen, du simple fait de se présenter devant eux – comment ce patron pourrait-il ne pas être en phase alors qu'il partage son intranet avec un mec aussi radical ? Regardez simplement ce qu'a fait Netscape, qui a remplacé son directeur du personnel par Margie Mader, « chargée de faire appel aux gens cool ». Lorsque le magazine *Fast Company* lui demanda : « Comment recrutez-vous le cool ? », elle répondit : « ... il y a les gens qui exhalent le cool : un type est arrivé en skate-board ; un autre a passé son entrevue sur une patinoire de roller-hockey[10]. » Chez MTV, des assistantes de production de 25 ans, toutes deux prénommées Melissa, ont rédigé un document appelé le « Manifeste des Melissa », enjoignant la chaîne déjà insupportablement pétillante de le devenir encore davantage. (« Nous voulons une MTV plus propre, plus claire, plus le fun », disaient-elles, entre autres intrépides exigences.) En lisant le tract, la présidente de MTV, Judy McGrath, a dit à l'un de ses collègues : « J'ai envie de mettre tout le monde à la porte et de passer les commandes à celles-là[11]. » Le co-rebelle Tom Freston, P.D.G. de MTV, explique que « Judy est intrinsèquement anti-establishment. Tous ceux qui arrivent en disant "Brûlons tout" ont son oreille[12] ».

LA CHASSE AU COOL : LES TRAQUEURS DE LA CULTURE JEUNESSE

Alors que les agents de changement se préparaient à imprégner le monde des affaires d'une inaltérable teinte de cool, une nouvelle industrie de « chasseurs de cool » promettait de les rendre cool en sens inverse. Les grands bureaux de consultation sur le cool commercial – Sputnik,

The L. Report, Bureau de Style – furent tous fondés entre 1994 et 1996, juste à temps pour se présenter comme étant les chasseurs de cool personnel des marques. L'idée était simple : ils allaient faire des recherches dans des zones de style de vie avant-gardistes, pour les saisir sur bande vidéo et retourner chez des clients comme Reebok, Absolut Vodka et Levi's avec des verdicts du genre « Les moines sont cool[13]. » Ils conseillaient à leurs clients de créer des campagnes publicitaires ironiques, de se mettre au surréalisme, d'utiliser la « communication virale ».

Dans leur livre *Street Trends*, les fondatrices de Sputnik, Janine Lopiano-Misdom et Joanne De Luca, avouent que presque tout le monde peut interviewer une bande de jeunes et produire des généralisations, « mais comment savoir si ce sont les "bons" – êtes-vous allés voir dans leurs placards ? Avez-vous suivi leurs routines journalières ? Avez-vous fréquenté leurs groupes ?... Forment-ils un noyau de consommateurs, ou suivent-ils la culture dominante[14] ? » À la différence des spécialistes en recherche de marché qui utilisent des groupes-témoins et une glace sans tain pour observer les jeunes comme si c'étaient des rats de laboratoire géants, Sputnik est « parmi eux » – elle est dans le coup.

Bien sûr, il faut prendre tout cela avec un grain de sel. Les chasseurs de cool et leurs clients sont coincés dans une danse symbiotique légèrement sadomaso : les clients veulent désespérément croire qu'une mine de cool se trouve tout juste hors de leur portée, et les chasseurs, afin d'ajouter de la valeur à leurs conseils, exagèrent la crise de crédibilité qu'affrontent les marques. Cependant, pour connaître les chances de telle marque de devenir la prochaine Nike, bien des entreprises ont payé gros sans hésiter. Ainsi, armées de leurs agents de changement et de leurs chasseurs de cool, les supermarques sont devenues d'éternelles traqueuses d'adolescents, suivant la piste du cool où qu'elle aille.

En 1974, Norman Mailer décrivait les œuvres à la bombe aérosol des tagueurs urbains comme les tirs d'artillerie d'une guerre entre la rue et l'establishment. « Votre nom vous sert à attaquer et vous avez le sentiment qu'une part du système émet un râle d'agonie. Car maintenant, votre nom remplace le leur... votre présence se superpose à leur Présence, votre pseudonyme est accroché au-dessus de leur spectacle[15]. » Vingt-cinq ans plus tard, cette relation s'est complètement inversée. Recueillant des tuyaux auprès des ex-graffiteurs, les supermarques ont tagué tout le monde – y compris les graffiteurs mêmes. Fin des espaces sans marque.

LE HIP-HOP GONFLE LES MARQUES

Comme nous l'avons vu, dans les années 1980, il fallait avoir d'assez gros moyens pour se faire remarquer par les spécialistes en marketing. Dans les années 1980, il suffisait d'être cool. Comme le faisait remarquer le couturier Christian Lacroix dans *Vogue* : « C'est terrible à dire, mais très souvent, les costumes les plus emballants sont portés par les gens les plus pauvres[16]. »

Au cours de la dernière décennie, les jeunes Noirs des quartiers pauvres de l'Amérique ont constitué le marché exploité avec le plus d'ambition par les maîtres des marques, en ce qui concerne l'emprunt de « sens » et d'identité. Ce fut la clé du succès de Nike et de Tommy Hilfiger, promus superstars des marques par des jeunes pauvres qui les incorporaient au style hip-hop au moment même où le rap parvenait au firmament grandissant de la culture jeunesse par MTV et *Vibe* (le premier magazine hip-hop grand public, fondé en 1992). « Le public hip-hop, écrivent Lopiano-Misdom et De Luca dans *Street Trends*, est le premier à épouser un concepteur ou un grand label, à faire de ce label une mode "grand concept". Selon les termes du milieu, il le "gonfle[17]". »

Des concepteurs tels que Stussy, Hilfiger, Polo, DKNY et Nike ont refusé de s'attaquer au piratage de leurs logos sur des t-shirts et des casquettes de baseball dans les quartiers pauvres, et plusieurs d'entre eux ont carrément cessé d'empêcher le vol à l'étalage endémique. À présent, les grandes marques savent que les profits tirés des vêtements à logos ne proviennent pas seulement de l'achat de ces vêtements, mais aussi du fait que l'on voie ces logos sur « les gens qu'il faut », comme le dit si bien Phil Spur, de Pepe Jeans. En vérité, la rhétorique du « cool à tout prix » des marques mondiales est le plus souvent une façon indirecte de dire « black à tout prix ». De même que l'histoire du cool en Amérique est en réalité (comme beaucoup l'ont affirmé) une histoire de la culture afro-américaine – du jazz et du blues au rock-and-roll et au rap –, de même pour nombre des supermarques, la chasse au cool veut tout simplement dire la chasse à la culture black. Voilà pourquoi les chasseurs de cool s'arrêtèrent d'abord aux terrains de basket-ball des quartiers les plus pauvres de l'Amérique.

Un nouveau chapitre de la ruée vers l'or de l'Amérique ordinaire dans les quartiers pauvres commença en 1986, lorsque les rappers Run-DMC insufflèrent une nouvelle vie aux produits Adidas avec leur single « My Adidas », un hommage à leur marque préférée. Déjà, le trio rap incroyablement populaire attirait des hordes de fans qui copiaient leur style bien particulier : énormes pendentifs dorés, survêtements Adidas noir et blanc et baskets Adidas portées sans lacets. « On en a porté toute notre vie », disait à l'époque Darryl McDaniels (alias DMC) de ses Adidas[18]. Cela dura un moment, mais après un certain temps, Russell Simmons, président de Def Jam Records, l'étiquette de Run-DMC, estima qu'il fallait payer ces types pour la promotion qu'ils faisaient pour Adidas. Il approcha le fabricant de chaussures allemand pour lui demander de l'argent à l'occasion de la tournée Together Forever de 1987. Les cadres d'Adidas voyaient d'un œil sceptique une association avec la musique rap qui, à l'époque, était soit exclue en tant que mode éphémère, soit diffamée en tant qu'incitation à l'émeute. Pour les amener à changer d'idée, Simmons invita quelques gros bonnets de chez Adidas à un spectacle de Run-DMC. Christopher Vaughn décrit l'événement dans Black Enterprise : « À un moment crucial, lorsque le groupe rap entonna la chanson [My Adidas], l'un des chanteurs hurla : "O.K., tout le monde, secouez vos Adidas" – et 3000 paires de tennis bondirent. Les cadres d'Adidas brûlèrent de sortir leurs carnets de chèques[19]. » Cette année-là, au moment du Super Show annuel de la chaussure de sport, Adidas dévoila la nouvelle gamme de chaussures Run-DMC : la Super Star et l'Ultra Star – « conçues pour être portées sans lacets[20] ».

Depuis My Adidas, rien n'a été laissé au hasard dans le branding des quartiers pauvres. Les grandes étiquettes de disques comme BMG envoient désormais des « équipes de rues », composées de jeunes blacks urbains, parler d'albums hip-hop dans leurs communautés et poser affiches et autocollants, tels des guérilleros. La Steven Rifkind Company, établie à Los Angeles, se targue d'être une firme de marketing « spécialisée dans l'élaboration du bouche à oreille en zones urbaines et dans les quartiers pauvres[21] ». Rifkind est P.D.G. de l'étiquette rap Loud Records, et des sociétés comme Nike lui versent des centaines de milliers de dollars afin de découvrir la manière de rendre leurs marques cool aux yeux des jeunes blacks créatifs.

Nike est à ce point déterminée à emprunter le style, la pose affectée et l'imagerie de la jeunesse black urbaine, que la société a créé son propre terme pour désigner cette pratique : le *bro-ing*. Cette expression vient du fait que, lorsque les spécialistes du marketing et les concepteurs de Nike apportent leurs prototypes dans les quartiers pauvres de New York, Philadelphie ou Chicago, ils disent « Eh, bro [frère], regarde-moi les baskets », pour jauger la réaction aux nouveaux styles et pour lancer la rumeur. Dans une entrevue avec le journaliste Josh Feit, le concepteur Aaron Cooper, de Nike, décrivait sa conversion au *bro-ing* à Harlem : « On est allés au terrain de jeu et on a largué les chaussures. C'est incroyable. Les jeunes perdent la boule. C'est là qu'on réalise l'importance de Nike. Les jeunes vous disent que Nike occupe la première place dans leur vie – la deuxième va à leur copine[22]. » Nike a même réussi à « brander » les terrains de basket-ball lorsque la marque va en tournée de *bro-ing* par l'intermédiaire de son aile philanthropique, P.L.A.Y. (Participate in the Lives of Youth – participez à la vie des jeunes). P.L.A.Y. sponsorise les programmes sportifs des quartiers pauvres en échange d'une grande visibilité du swoosh, ce qui comprend des swooshes géants au centre des terrains de basket-ball urbains dont la surface vient d'être refaite. Dans des zones plus aisées de la ville, cela s'appellerait une annonce et l'espace coûterait quelque chose, mais dans ces quartiers-là, Nike ne paie rien et comptabilise les frais sous la rubrique charité.

TOMMY HILFIGER : LE GHETTO ALLER-RETOUR

Plus encore que Nike et Adidas, Tommy Hilfiger a transformé l'exploitation du cool ghetto en science du marketing grand public. Hilfiger a inventé une formule imitée par Polo, Nautica, Munsingwear (grâce à l'affection de Puff Daddy pour le pingouin du logo) et plusieurs autres fabricants de vêtements qui cherchent un raccourci vers le succès dans les centres commerciaux de banlieue en s'inspirant de la mode des quartiers pauvres.

Tel un Benetton dépolitisé et hyperpatriote, Hilfiger a créé des publicités qui sont un enchevêtrement de multiculturalisme dans le style de Cape Cod : des visages noirs et propres avec leurs frères et sœurs blancs, nez au vent dans ce grand country club au paradis, toujours sur fond ondoyant de drapeau américain. « En nous respectant les uns les autres, nous pouvons atteindre toutes les cultures et les collectivités, dit la société. Nous faisons la promotion... de l'idée de vivre le rêve américain[23]. » En réalité, le succès financier interracial de Tommy a moins à voir avec le fait d'avoir trouvé le terrain commun entre les cultures qu'avec le pouvoir et la mythologie enchâssés dans la profonde ségrégation raciale de l'Amérique.

Tommy Hilfiger avait commencé par vendre des vêtements dans le style BCBG des Blancs, dans la tradition de Ralph Lauren et de Lacoste. Mais le concepteur réalisa bientôt que ses vêtements avaient également un cachet particulier dans les quartiers pauvres où, selon la philosophie hip-hop de « la grande vie », les jeunes pauvres acquéraient un statut dans le ghetto en adoptant les vêtement et accoutrements d'activités incroyablement coûteuses, telles que le ski, le golf et même la voile. Peut-être afin de mieux positionner sa marque dans cette fiction urbaine, Hilfiger commença à associer plus consciemment ses vêtements à ces sports, mettant en scène ses publicités dans des clubs de yachting, sur des plages et en d'autres lieux nautiques. En même temps, les vêtements étaient redessinés, adaptés plus directement à l'esthétique hip-hop. Le théoricien culturel Paul Smith décrit ainsi le changement : « Couleurs plus foncées, coupes plus grandes et plus amples, ajout de capuchons et de cordons, et visibilité accrue aux logos et au nom Hilfiger[24]. » Il ne cessa de donner des vêtements à des artistes rap comme Snoop Dogg et, marchant sur la corde raide entre le yacht et le ghetto, lança une gamme de téléavertisseurs Tommy Hilfiger.

Lorsque Tommy fut fermement établi dans les ghettos, il se mit à vendre pour de vrai : non seulement au marché relativement restreint des jeunes des quartiers pauvres, mais au marché beaucoup plus grand des Blancs de classe moyenne et des jeunes Asiatiques qui imitent le style black en tout : jargon, sport, musique. En 1998, les ventes de la société atteignirent 847 millions de dollars – par rapport à un maigre 53 millions en 1991 alors que Hilfiger était encore, comme le dit Smith, « le style vestimentaire des jeunes Républicains ». À l'instar d'une grande partie de la chasse au cool, la trajectoire marketing de Hilfiger se nourrit de l'aliénation qui réside au cœur des relations raciales en Amérique : vendre à la jeunesse blanche son fétichisme du style black, et à la jeunesse black son fétichisme de la richesse blanche.

LA MÉGASOCIÉTÉ ALTERNO

Offrant aux lecteurs du magazine *Fortune* des conseils sur la façon d'accéder au marché des adolescentes, la journaliste Nina Munk écrit qu'« il faut leur donner l'impression que ce sont elles qui mènent... Faites comme s'il fallait vous découvrir. Faites comme si les filles étaient aux commandes[25] ». Le fait d'être une immense société peut faire vendre sur Wall Street, mais comme les marques l'apprirent bientôt de leur chasse au cool, « alterno » était le mot d'ordre dans les rues cool. Bien des entreprises restèrent imperturbables devant ce changement, sortant des fausses marques alternos comme les cigarettes Politix de Moonlight Tobacco (avec l'aimable autorisation de Philip Morris), Dave's Cigarettes de Dave's Tobacco Company (encore Philip Morris), faux surplus d'armée Old Navy's (Gap) et OK Cola (Coca-Cola).

Tentant de tirer profit de la folie du marketing alterno, même Coke, la marque la plus reconnaissable du monde, essaya de devenir underground. Craignant d'être trop guindée pour des ados soucieux des marques, la compagnie entreprit dans le Wisconsin une campagne publicitaire qui déclarait Coke « la boisson non officielle de l'État ». La campagne comprenait des spots radio prétendument diffusés à partir d'une radio pirate appelée EKOC : Coke à l'envers. Pour ne pas être en reste, Old Navy's, propriété de Gap, créa sa propre radio pirate pour promouvoir sa marque – un transmetteur à micro-bande de fréquence qu'on pouvait capter uniquement dans les alentours immédiats de l'un de ses panneaux-réclame de Chicago[26]. Et en 1999, lorsque Levi's décida qu'il était grand temps de récupérer son cool perdu, la marque alla elle aussi du côté alterno, lançant les jeans Red Line (sans aucune mention de Levi's) et les pantalons Khakis K-1 (sans mentionner Levi's ni Dockers).

LA CONSOMMATION IRONIQUE : AUCUNE DÉCONSTRUCTION N'EST REQUISE

Mais Levi's rata peut-être, une fois de plus, un « changement de paradigme ». Ses tentatives de promotion du plus générique des produits de fabrication de masse comme un choix de style de vie punk-rock eurent tôt fait de soulever les ricanements de ces jeunes cool innovateurs et continuellement insaisissables, dont plusieurs avaient déjà dépassé l'alterno au moment où les marques rattrapèrent le train. Ils trouvaient à présent des façons d'exprimer leur dédain envers la culture de masse non pas en décidant de ne pas y participer, mais en s'y abandonnant à fond – avec une pointe d'ironie. Ils regardaient *Melrose Place*, choisissaient du surf'n'turf dans des restaurants pivotants, chantaient du Sinatra dans des bars karaoké et sirotaient des boissons de minettes dans des bars tiki, gestes qui étaient devenus in et audacieux du fait que c'étaient eux qui les posaient. Non seulement ils faisaient là une déclaration subversive sur une culture dont ils ne pouvaient s'échapper physiquement, mais ils rejetaient le puritanisme doctrinaire du féminisme des années 1970, le sérieux de la quête d'authenticité des années 1960 et les lectures au premier degré de tant de critiques culturels. Mesdames et messieurs, voici la consommation ironique. Les rédacteurs du zine *Hermenaut* annoncèrent la recette : « Suivant le regretté ethnologue Michel de Certeau, nous préférons concentrer notre attention sur l'usage indépendant des produits de culture de masse, un usage qui, pareil aux ruses mimétiques des poissons et insectes, ne "renversera" probablement pas "le système", mais qui nous garde intacts et indépendants à l'intérieur de ce système, et c'est peut-être le mieux qui puisse nous arriver... Aller à Disney World pour y prendre de l'acide et taquiner Mickey n'est pas révolutionnaire ; aller à Disney World en sachant pleinement à quel point tout cela est ridicule et maléfique et tout de même passer là un moment d'innocence, d'une façon presque inconsciente, voire psychotique, c'est tout autre chose. C'est ce que de Certeau décrit comme "l'art de l'entre-deux", et c'est la seule voie de pleine liberté dans la culture actuelle. Alors, soyons dans l'entre-deux. Délectons-nous d'*Alerte à Malibu*, de Joe Camel, du magazine *Wired*, et même des livres sur papier glacé concernant la société du spectacle, mais ne succombons jamais aux apparences glamour de ces choses[27]. »

Dans ce contexte compliqué, pour être vraiment cool, les marques doivent étaler sur leur boniment cette esthétique « nul-égale-cool » du spectateur ironique : elles doivent se moquer d'elles-mêmes, se répliquer à elles-mêmes en parlant, être à la fois vieilles et neuves. Les marques et leurs chasseurs de cool ayant tagué toute la culture marginale disponible, il n'était que naturel de remplir cette étroite bande d'espace cérébral dépourvu de marketing et occupé par l'ironie, avec de petits sourires satisfaits préprogrammés, des commentaires empruntés et même une simulation continue des schémas de pensée du spectateur. « Les nouvelles marques trash », fait remarquer l'écrivain Nick Compton à propos des sociétés style de vie kitsch comme Diesel, « offrent des guillemets suffisamment gros pour y vivre[28]. »

Pop Up Videos, l'émission de VH1 qui décore des vidéoclips de phylactères absurdes, représente peut-être le fin du fin de ce genre d'ironie commerciale. Elle s'empare de la chute avant tout le monde, rendant le commentaire social – et même le sarcasme oiseux – sinon redondant, du moins à peine digne de gaspiller sa salive.

Le créneau confortable, protégé, autoréférentiel de l'ironie convient bien mieux que les tentatives sérieuses pour faire passer des boissons aux fruits sous le couvert de groupes rock underground, ou des baskets pour des gangsta rappers. En fait, pour des marques à la recherche de nouvelles identités cool, l'ironie et le kitsch sont devenus si génériques qu'ils fonctionnent même après coup. Il s'avère que le discours de marketing « c'est-tellement-mauvais-que-c'en-est-bon » peut être déployé pour ressusciter des marques désespérément nulles et des produits culturels ratés. Par exemple, six mois après l'échec de *Showgirl* dans les cinémas, la MGM eut vent que ce film de « sexploitation » se portait bien en vidéo, et pas seulement en tant que porno quasi respectable. Il semblait que des groupes de jeunes adultes cool organisaient autour de *Showgirl* des parties d'ironie, poussant des rires sardoniques devant l'invraisemblable pauvreté du scénario et hurlant d'horreur devant les aérobies sexuelles. Non seulement MGM empocha les profits de l'édition vidéo, mais elle décida de relancer le film dans les cinémas tel un nouveau *Rocky Horror Picture Show*. Cette fois, les annonces dans les journaux avaient laissé tomber la louange. Elles citaient plutôt les critiques désastreuses dont le film avait fait l'objet, et proclamaient *Showgirl* « classique instantané du kitsch » et « riche festival de kitsch scabreux ». À New York, la MGM embaucha même une troupe de *drag queens* pour hurler dans des mégaphones en direction de la salle pendant les scènes particulièrement emblématiques.

Les tentacules du branding ayant atteint toutes les fissures de la culture jeunesse, ayant lessivé de tout contenu d'image de marque non seulement des styles de rue comme le hip-hop mais des attitudes psychologiques comme le détachement ironique, la chasse au cool dut chercher un espace qui n'avait pas été pillé. Il ne lui en restait qu'un : le passé.

Qu'est-ce que le rétro, après tout, sinon l'histoire consommée à nouveau avec une promotion PepsiCo, des bonbons à la menthe pour parfumer l'haleine et des cartes téléphoniques en guise d'extensions de marque ? Comme l'ont clairement établi la réédition de *Lost in Space*, de la trilogie *Star Wars*, et le lancement de *The Phantom Menace*, le mantra du loisir rétro semble être « De retour, cette fois en synergie ! », cependant qu'Hollywood voyage dans le temps pour profiter d'occasions de marchandisage qui dépasseraient l'imagination des spécialistes du marketing d'autrefois.

VENDRE OU SE LAISSER VENDRE

Après presque une décennie de frénésie de branding, la chasse au cool est devenue une contradiction en soi : les chasseurs doivent faire des « microcultures » jeunesse une denrée rare en prétendant que seuls des chasseurs à temps plein ont développé l'expertise nécessaire pour les dénicher – sinon, pourquoi donc embaucher des chasseurs de cool ? Sputnik avertit ses clients que si la tendance cool « est visible dans votre quartier ou encombre votre centre commercial le plus proche, l'apprentissage est terminé. Il est trop tard... Vous devez descendre dans la rue, aller chaque jour dans les tranchées[29] ». Et pourtant, il est facile de démontrer le contraire ; les prétendues modes de rue – dont un grand nombre ont été implantées dès le départ par des maîtres du branding comme Nike et Hilfiger – atteignent sans le moindre délai l'industrie en pleine croissance des magazines de culture jeunesse sur papier glacé et les chaînes de vidéoclips. Et s'il y a une chose que sait aujourd'hui presque chaque jeune, c'est que le style de la rue et la culture jeunesse sont des marchandises dont on peut faire le marketing à l'infini.

S'il restait, il y a quelques années, quelque tribu perdue du cool, soyez assurés qu'elle n'existe plus. Les grandes formes légalisées de traque de la jeunesse ne sont que la partie émergée de l'iceberg : la vision Sputnik de l'avenir du marketing in est que les sociétés embauchent des armées d'employés de Sputnik – des jeunes « promoteurs », et « distributeurs » qui vanteront leurs marques dans la rue, dans les clubs et sur le Net. « Utilisez la magie de la distribution entre pairs – elle a fonctionné dans les cultures du sport acrobatique, surtout parce que les promoteurs étaient des amis... La promotion des rues sera en définitive le seul moyen véritable de personnellement "répandre la bonne nouvelle"[30]. » Donc, tout laisse envisager une croissance de l'emploi dans l'industrie des « mouchards des rues », représentants certifiés de leur groupe démographique qui seront heureux de devenir des infopubs ambulantes pour Nike, Reebok et Levi's.

Dès l'automne 1998, la chose s'était déjà concrétisée avec l'embauche, par le fabricant de voitures coréen Daewoo, de 2000 étudiants de deux cents campus universitaires, chargés de convaincre leurs collègues d'acheter des voitures de la marque. De même Anheuser-Busch entretient des armées de « types de fraternités » et de « Bud Girls » dans des universités américaines, pour promouvoir la bière Budweiser lors des soirées au campus ou dans les bars[31]. La vision est à la fois horrifiante et hilarante : un monde de profanateurs de journaux intimes et d'espions professionnels, au sein d'une culture jeunesse se chassant elle-même et dont les membres filmeront réciproquement leurs styles de coiffure sur bande vidéo, de même qu'ils vanteront les nouveaux produits cool dans leurs forums d'échange populaires.

LES P.D.G. ROCK-AND-ROLL

Il y a une ironie amusante dans le fait qu'un si grand nombre de nos capitaines d'industrie versent à des chasseurs de cool des sommes considérables pour qu'ils les mènent sur la voie du nirvana de l'image de marque. Les vrais baromètres du in ne sont pas les chasseurs, les annonceurs postmodernes, les agents de changement ni même ces adolescents à la mode qu'ils chassent tous comme des fous. Ce sont les P.D.G. mêmes, la plupart tellement riches qu'ils peuvent se permettre de rester au sommet de toutes les tendances culturelles les plus cool. Un Renzo Rosso, fondateur des Jeans Diesel, qui, selon *Business Week,* « se rend au travail sur une motocyclette Ducati Monster[32] ». Ou un Phil Knight, patron de Nike, qui n'a retiré ses omniprésentes lunettes de soleil Oakley que lorsque le P.D.G. d'Oakley, Jim Jannard, eut refusé de lui vendre sa compagnie. Ou les célèbres publicitaires Dan Wieden et David Kennedy, qui ont fait bâtir un terrain de basket-ball – avec des gradins – au siège social de l'entreprise. Ou Richard Branson, de Virgin, qui, à Londres, a lancé en robe de mariée une boutique de la mariée, qui est descendu du toit de son nouveau mégastore de Vancouver au moyen de câbles d'alpinisme tout en débouchant une bouteille de champagne, et qui plus tard a subi un atterrissage forcé en montgolfière dans le désert algérien – tout cela en décembre 1996. Ces P.D.G. sont les nouvelles rock stars – et pourquoi pas ? Éternellement sur la piste du cool, ce sont des adolescents professionnels à temps plein, mais à la différence des vrais adolescents, ils n'ont rien pour les distraire de la brûlante poursuite de la limite : ni devoirs à faire, ni puberté, ni examens d'entrée à l'université, ni couvre-feu.

DÉPASSER TOUT CELA

Comme nous le verrons plus tard, l'extrême voracité de la chasse au cool des entreprises a été pour beaucoup dans la montée de l'activisme fondé sur la marque : à travers le détournement de marques, le *hacking* et les fêtes de rues illégales et spontanées, des jeunes du monde entier reprennent avec insistance de l'espace au monde commercial, le « démarquant » à la manière de guérilleros. Mais l'efficacité de la chasse au cool a également préparé le terrain à l'activisme anticommercial : par inadvertance, elle a mis à nu l'impuissance de presque toute forme de résistance politique à l'exception de la résistance anticommerciale, en s'attaquant à chaque tendance de marketing avant-gardiste.

Lorsque la boulimie de la culture jeunesse a commencé, au début des années 1990, nombre d'entre nous, les jeunes de l'époque, se sentaient victimes d'une machine de marketing prédatrice qui récupérait nos identités, nos styles et nos idées, pour en alimenter des marques. Rien n'y résistait : ni le punk, ni le hip-hop, ni le fétichisme, ni la techno – pas même, comme je l'évoquerai au chapitre 5, le féminisme ou le multiculturalisme de campus. Peu se demandaient, du moins au début, pourquoi ces milieux et idées s'avéraient les plus propices à l'emballage, si peu menaçants – et si rentables. Nous étions nombreux à avoir la certitude de faire

114

quelque chose de subversif, de rebelle mais... qu'est-ce que c'était, déjà ?

Rétrospectivement, il semble qu'un problème central résidait dans le postulat que, du seul fait qu'un milieu ou un style fût différent (c'est-à-dire nouveau et pas encore avalé par la culture dominante), il s'opposait nécessairement à la culture dominante au lieu de rester tout simplement inoffensif, en marge. Nombre d'entre nous présumaient que « l'alternative » – de la musique difficile à écouter, des styles difficiles à apprécier– était aussi anticommerciale, et même socialiste. Dans *Hype* !, un documentaire racontant comment la découverte du « son de Seattle » a transformé un milieu hardcore autarcique en usine internationale à « contenu de culture jeunesse », Eddie Vedder, de Pearl Jam, prononce une harangue plutôt émouvante à propos de l'inanité de la percée « alternative » dont son groupe était si représentatif : « Toute l'influence de ce coin du pays, de ce milieu musical – si on ne faisait rien avec, ce serait tragique. Si on ne fait rien avec, par exemple produire une sorte de changement ou créer une sorte de différence, ce groupe de gens qui se sentent ainsi, qui croient au genre de choses que croient les opprimés que nous avons tous rencontrés et avec lesquels nous avons vécu – si on finissait par prendre les devants et qu'il n'en sortait rien, ce serait tragique[33]. »

Mais cette tragédie a déjà eu lieu, et si Vedder est incapable de cracher ce qu'il tentait vraiment de dire, c'est un peu beaucoup pour cela. À l'époque où les caméras du monde étaient tournées vers Seattle, tout ce que nous avons vu, ce furent quelques « fuck you » anti-establishment, une poignée de surdoses et le suicide de Kurt Cobain. Nous avons également eu droit au revirement le plus spectaculaire de la décennie – le parcours étonnant de Courtney Love en deux ans, de junkie punk queen à cover-girl de magazines de mode. Il semble que Courtney ait toujours joué à se déguiser. Ce qui était révélateur, c'est le peu d'importance de tout cela. A-t-elle manqué à une obligation karmique qu'elle avait envers les bavures de khôl ? Envers le fait de se shooter en se foutant de tout ? Envers ses relations houleuses avec la presse ? N'est-il pas nécessaire de soutenir quelque chose avec sincérité avant d'effectuer un revirement cynique ?

Si Seattle implosa, c'est précisément parce que personne ne voulait répondre à de pareilles questions, et pourtant, Cobain, et même Vedder et bien d'autres, faisaient montre dans ce milieu d'un dédain authentique, bien que malléable, envers les pièges du mercantilisme. Ce qui a été récupéré, à Seattle et dans toutes les autres sous-cultures qui avaient eu le malheur d'être repérées par les chasseurs de cool, c'est l'idée d'autarcie, de labels indépendants en guerre contre les grandes sociétés, la volonté de ne pas soutenir la machine capitaliste. Mais peu, dans ce milieu, se soucièrent d'exprimer ces idées à haute voix, et Seattle – depuis longtemps morte et oubliée à tous égards sauf en ce qui concerne une mode plutôt dépourvue d'originalité – nous sert maintenant l'avertissement suivant : pourquoi, au début des années 1990, s'est-il manifesté si peu d'opposition au vol de l'espace culturel ? Aveuglé par les phares de l'ironie et alourdi par le bagage de la culture pop, aucun de ses antihéros n'a pu s'engager dans une position politique cohérente et solide.

Un semblable défi est maintenant lancé à tous ces ironiques consommateurs – c'est une armure culturelle dont un grand nombre d'entre nous préfèrent ne pas faire la critique parce qu'elle nous donne un sentiment de suffisance devant l'infinie nullité de l'univers télé. Malheureusement, il est difficile de s'attacher à ce subtil état de « l'entre-deux » que décrit de Certeau, quand l'énorme gorille de l'industrie culturelle veut s'asseoir près de nous sur le divan et nous suivre dans nos promenades ironiques au centre commercial. Cet art de l'entre-deux, ou de l'ironie, ou du *camp*, que Susan Sontag a si brillamment éclairé dans son essai de 1964, *Notes on Camp*, est fondé sur un indispensable esprit de clan, un club de gens capables de saisir les calembours esthétiques. « Par conséquent, parler du *camp*, c'est le trahir[34] », reconnaît-elle d'entrée de jeu, choisissant une présentation en forme d'énumération de notes plutôt qu'en forme de narration, afin de moins s'appesantir sur un sujet qu'elle aurait risqué de piétiner par une approche trop lourde.

Depuis la publication de l'article de Sontag, le *camp* a été quantifié, mesuré, soupesé, et a subi l'épreuve du groupe de discussion et du test de marché. Dire qu'il a été trahi, comme le craignait Sontag, c'est un colossal euphémisme. Il n'en reste pas grand-chose, sinon une façon vaguement sarcastique de manger des Pizza Pops. Le *camp* ne peut exister dans une culture commerciale ironique à laquelle personne ne participe pleinement et où chacun est un étranger dans ses vêtements, car, comme l'écrit Sontag : « Dans le *camp* pur ou naïf, l'élément essentiel est le sérieux, un sérieux qui échoue[35]. »

Une grande part de cette culture *camp* de la première heure décrite par Sontag impliquait l'usage de l'imagination pour rendre le marginal – et même le méprisé – prestigieux et fabuleux. Les *drag queens*, par exemple, ont transformé leur exil forcé en décidant de s'amuser comme des folles, avec tout l'apparat des fêtes hollywoodiennes auxquelles elles ne seraient jamais invitées. On peut dire la même chose d'Andy Warhol. L'homme qui a initié le monde entier au kitsch était un réfugié de la mentalité bornée des petites villes américaines ; la Factory devint son état souverain. Sontag proposait le kitsch comme mécanisme de défense contre la banalité, la laideur et l'excès de sérieux de la culture de masse. « Le *camp*, c'est le dandysme moderne. Le *camp* est la réponse à la question : comment être dandy à l'ère de la culture de masse[36]. » Ce n'est que maintenant, quelque 35 ans plus tard, que nous affrontons une question beaucoup plus vaste : Comment garder son sens critique à l'ère du *camp* de masse ?

Mais ce n'est peut-être pas si difficile. Oui, les chasseurs de cool réduisent de vivantes idées culturelles en pièces archéologiques, et les vident de toute la signification qu'ils avaient pour les gens qui les vivaient – mais il en a toujours été ainsi. Récupérer un style est une sinécure ; et cela s'est fait bien des fois, à une échelle beaucoup plus large que la modeste récupération du *drag* et du *grunge*. Le modernisme du Bauhaus, par exemple, prend racine dans l'idée d'une utopie socialiste dépourvue d'ornements ostentatoires, mais il a été aussitôt récupéré comme un choix d'architecture relativement peu coûteux pour les gratte-ciel de verre et d'acier de l'Amérique capitaliste.

Par ailleurs, bien que les mouvements fondés sur le style soient sans cesse dépouillés de leur signification originale, l'effet de cette prédation culturelle sur les mouvements plus enracinés politiquement est souvent si négligeable que la réaction la plus sensée est d'en rire. La collection Prada du printemps 1998, par exemple, empruntait largement à la lutte du mouvement ouvrier. Comme le rapportait de Milan la « supershopper » Karen von Hahn, « la collection, une sorte de chic maoïste-travailleur soviétique rempli de brillantes références d'époque, était présentée à une assistance huppée dans une pièce bleu Prada du palais de la famille Prada ». Elle ajoute : « Après le défilé, le groupe restreint mais ardent des inconditionnels a siroté des cocktails au champagne et grignoté des canapés, tandis qu'un jazz raffiné jouait en arrière-plan[37]. » Mao et Lénine font également leur apparition sur un sac à main du printemps 1999 de Red or Dead. Mais malgré cette évidente récupération de la lutte des classes, on ne s'attend guère à ce que les mouvements ouvriers du monde passent l'éponge, vexés, et abandonnent leurs exigences de conditions de travail décentes et de normes planétaires du travail parce que Mao est soudainement le « It Boy » à Milan. Ni que les syndiqués de tous pays acceptent des réductions salariales parce que Pizza Hut a lancé une publicité dans laquelle le patron livre les pizzas à un piquet de grève et que l'on abandonne, en remerciement de ce geste, toute animosité envers l'administration.

De même, les Tibétains de l'Occident manifestent quelque perplexité devant leur popularité qui ne se dément pas auprès des Beastie Boys, de Brad Pitt et de la conceptrice Anna Sui, qui a été si émue par leur combat qu'elle a créé toute une gamme de hauts de bikini et de shorts de surf à motif de bananes, inspirée par l'occupation chinoise (le *Women's Wear Daily* a surnommé la gamme tibétaine « *techno beach blanket bingo*[38] »). Une plus grande indifférence a accueilli l'appropriation de Gandhi par Apple pour sa campagne « Think Different », et la réincarnation du Che Guevara dans le logo de la boisson gazeuse Revolution (slogan : « Joignez-vous à la Révolution » ; voir l'image en page 91) et en tant que mascotte d'un *cigar lounge* haut de gamme de Londres, baptisé Che. Pourquoi ? Parce qu'aucun des mouvements « récupérés » ne s'est contenté de s'exprimer par le style ou la pose. Par conséquent, la récupération du style – de fait, aucun brainstorming non conformiste de Madison Avenue – n'a pas non plus le pouvoir de les défaire.

Cela peut passer pour un faux réconfort, mais maintenant que nous savons que la publicité est un sport extrême et que les P.D.G. sont les nouvelles rock stars, il vaut la peine de se rappeler que le sport extrême n'est pas un mouvement politique et que le rock, même s'il a longtemps prétendu le contraire, n'est pas la révolution. En fait, pour déterminer si un mouvement défie de façon authentique les structures du pouvoir économique et politique, il suffit de mesurer à quel point il est affecté par les événements organisés par les industries de la mode et de la publicité. Et si, même après avoir été proclamé dernière mode, il se maintient tel quel, il y a fort à parier que c'est un mouvement véritable. S'il engendre en revanche une activité de spéculation, c'est-à-dire s'il a perdu de sa vigueur, ses adhérents devraient peut-être chercher un outil mieux affûté. Et comme nous le verrons bientôt, c'est exactement ce que sont en train de faire bien des jeunes activistes.

En haut : Image tirée de la campagne télévisée d'Apple en 1984 ; Apple est un grand promoteur de la technologie en classe.
En bas : Channel One diffuse ses émissions dans 12 000 écoles américaines.

4

LE BRANDING DE L'ÉDUCATION

LA PUBLICITÉ DANS LES ÉCOLES ET LES UNIVERSITÉS

Le système d'éducation démocratique… est l'une des façons les plus sûres de créer et d'étendre toutes sortes de marchés, surtout s'ils sont susceptibles d'être influencés par la mode.

L'ex-publicitaire James Rorty, *Our Master's Voice*, 1934

Même si les marques semblent omniprésentes – aux concerts pour les jeunes, auprès d'eux sur le divan, en scène avec leurs héros, dans leurs groupes de *chat* ainsi que sur leurs terrains de jeu et de basket-ball –, les jeunes ont longtemps bénéficié d'un territoire, un seul, dépourvu de marques : un lieu où ils se réunissaient, parlaient, fumaient en douce, se pelotaient, se formaient une opinion et, pire encore, pouvaient rester immobiles pendant des heures, l'air cool. Cet endroit s'appelle l'école. Bien évidemment, les marques se devaient d'y pénétrer.

« Avouez que le marché jeunesse est une source inexploitée de nouveaux profits. Avouez aussi que les jeunes passent le plus clair de la journée à l'école. Le problème, alors, c'est : comment le rejoindre ? » demande d'un ton alléchant un dépliant typique de la Fourth Annual Kid Power Marketing Conference (Quatrième congrès annuel sur le super-marketing auprès des jeunes).

Comme nous venons de le voir, les spécialistes du marketing et les chasseurs de cool se sont empressés, au cours de la dernière décennie, de faire mousser leurs marques à l'école en les coulant dans le modèle de l'adolescent rebelle. Plusieurs des plus grandes marques ont même donné à leur siège social la forme d'écoles privées, appelées « campus ». Au Nike World

Campus, un édifice a été surnommé « le pavillon du syndicat des étudiants ». Même les chasseurs de cool se donnent des airs d'intellectuels ; au terme des années 1990, le fin du fin, dans l'industrie, consistait à endosser non pas le personnage du *night-clubber*, mais celui du bachelier à lunettes. Certains se défendent en effet d'être des chasseurs de cool et se prétendent plutôt « anthropologues urbains ».

Cependant, malgré leurs panoplies vestimentaires et leurs prétentions intellectuelles à la mode, les marques et leurs chefs se sont encore trouvés exclus de l'école, une situation vraiment intolérable mais qui ne devait pas s'éterniser. Jack Myers, consultant américain en marketing, a ainsi décrit cet insupportable affront : « Dans ce pays [les États-Unis], nous pouvons faire entrer notre système d'éducation dans l'ère électronique afin de communiquer avec les étudiants par des façons qu'ils comprennent et apprécient. Si nous ne le faisons pas, nos écoles continueront d'utiliser des formes de communication dépassées et deviendront des prisons de jour pour des millions de jeunes gens, comme c'est le cas dans nos quartiers pauvres[1]. » C'est sur ce raisonnement, qui assimile sans détour l'accès du commerce à l'école à l'accès à la technologie moderne et, par extension, à l'avenir même, que les marques ont failli faire sauter la barrière entre publicité et éducation, en une seule décennie. C'est la technologie qui a donné une nouvelle urgence au sous-financement chronique des années 1990 : alors que les écoles affrontaient des réductions budgétaires toujours plus drastiques, le coût de l'éducation moderne grimpa en flèche, obligeant nombre d'éducateurs à chercher d'autres sources de financement. Pilonnées par la langue de bois sur les technologies de l'information, les écoles qui ne pouvaient se payer les manuels récents étaient soudain obligées de fournir à des étudiants équipement audio-visuel, caméras vidéo, ordinateurs, services d'infographie, logiciels éducatifs dernier cri, accès à Internet – et même, dans certaines cas, vidéoconférence.

Ainsi que l'ont souligné nombre de spécialistes de l'éducation, les avantages pédagogiques que la technologie apporte à l'école sont pour le moins douteux, mais les employeurs exigent des diplômés formés à la technologie, et l'école privée est sans aucun doute équipée de tous les derniers gadgets. Pour plusieurs écoles publiques, surtout dans les régions pauvres, la seule façon possible de sortir du pétrin high-tech, c'était le partenariat commercial et le sponsoring. Si, pour rester moderne, il faut ouvrir les écoles aux publicités, parents et enseignants devront s'y faire tout en gardant le sourire. C'est du moins ce que l'on croit.

Le fait qu'un plus grand nombre d'écoles se tournent vers le secteur public pour financer l'achat de technologies ne veut pas dire que les gouvernements renoncent à leur rôle de fournir des ordinateurs aux écoles publiques. Bien au contraire. « Un ordinateur sur chaque pupitre ! » proclament un nombre croissant de politiciens qui en font un élément clé de leur programme électoral, bien que ce soit en association avec des entreprises locales. Mais pour financer ce rêve high-tech, les comités de gestion des écoles finiront par réduire les budgets de la musique et de l'éducation physique – ouvrant ainsi la voie au sponsoring commercial et à des formes directes de promotion de marques dans les cantines et aux programmes sportifs à court de fonds.

Lorsque les sociétés de fast-food, d'équipements sportifs et d'ordinateurs interviennent pour combler un vide, elles apportent leur propre programme éducatif. Comme pour tous les projets de branding, il ne suffit jamais d'apposer quelques logos dans les écoles. Lorsqu'ils mettent les pieds dans un établissement scolaire, les chefs de produits font maintenant la même chose qu'avec la musique, le sport et le journalisme : ils essaient d'envahir leur hôte, de prendre la vedette. Ils font tout pour que leurs marques deviennent non le supplément mais le sujet même de l'éducation, non pas une option mais une part essentielle du programme.

Bien sûr, les sociétés qui se présentent sans invitation à la porte de l'école n'ont rien contre l'éducation. Les étudiants doivent à tout prix s'instruire, disent-elles, mais pourquoi ne pas lire à propos de notre compagnie, écrire sur elle, travailler sur leurs propres préférences en matière de marques et créer un dessin pour notre prochaine campagne publicitaire ? D'après ces sociétés, l'enseignement et l'élaboration de la notoriété d'une marque peuvent constituer deux aspects du même projet. C'est là qu'interviennent Channel One, propriété de K-III Communications, et son équivalent canadien, le Youth News Network (Réseau des nouvelles jeunesse), qui constituent peut-être l'exemple le plus notoire de branding scolaire.

Au début de la décennie, ces diffuseurs scolaires auto-proclamés approchèrent les comités de gestion des écoles nord-américaines avec une proposition. Ils leur demandèrent d'ouvrir leurs salles de classe à deux minutes de publicité télévisée par jour, insérée dans douze minutes d'émissions d'actualités pour adolescents. Nombre d'écoles consentirent, et les émissions furent bientôt diffusées. Toutefois, il n'était pas question de faire taire le jovial baratin publicitaire. Non seulement le visionnage de la programmation est devenu obligatoire pour les étudiants, mais les enseignants sont incapables de régler le volume de la diffusion, surtout celui des publicités. Les écoles ne perçoivent des stations aucun revenu direct, mais elles peuvent utiliser l'équipement audiovisuel tant convoité pour d'autres cours et, dans certains cas, recevoir des ordinateurs « gratuits ».

Pendant ce temps, Channel One exige des sommes considérables pour pénétrer dans les salles de classe – deux fois le tarif normal des stations de télévision, car avec des spectateurs ne pouvant ni changer de poste ni régler le volume, il peut se vanter d'avoir mieux qu'aucun autre diffuseur : un public captif. La station se targue maintenant d'être présente dans 12 000 écoles, et d'atteindre un auditoire estimé à huit millions d'étudiants (voir image à la page 120).

Lorsque ces étudiants ne sont pas en train de regarder Channel One ou de surfer avec ZapMe !, un logiciel de navigation sur Internet offert gratuitement dans certaines écoles américaines depuis 1998, ils peuvent tourner leur attention vers leurs manuels – qui, eux aussi, peuvent envoyer d'autres messages du genre « Just Do It » ou « CK Be ». La société Cover Concepts vend à 30 000 écoles américaines des publicités sophistiquées pour emballer des manuels. Les enseignants les utilisent à la place des jaquettes de plastique ou du papier d'emballage. Et dans certaines écoles, le menu du déjeuner propose – littéralement – d'autres pubs. En 1997, dans 40 écoles élémentaires américaines, Twentieth Century-Fox obtint que certains plats sur les menus soient baptisés des noms de personnages de son film *Anastasia*. Les étudiants pouvaient savourer des « Côtelettes grillées Raspoutine sur pain Bartok » et du « Fudge au beurre d'arachides Dimitri ». Disney et Kellogg s'engagèrent dans un semblable sponsoring de menus par l'entremise de School Marketing, une société qui se décrit comme une « agence de publicité du déjeuner à l'école[2] ».

Les chaînes de fast-food sont elles-mêmes en concurrence avec les sponsors de menus, et elles rivalisent avec les cafétérias dans 13 pour cent des écoles américaines. Au terme d'un accord inimaginable dans les années 80, des sociétés telles que McDonald's et Burger King s'installent maintenant dans certaines cantines et le font savoir autour des écoles. Subway approvisionne 767 écoles en sandwiches ; Pizza Hut possède un marché d'environ 4 000 écoles ; et, chose inouïe, 20 000 écoles sont liées à la gamme « burritos surgelés » de Taco Bell. Un guide produit par Subway sur la meilleure façon d'accéder au marché scolaire conseille aux franchisés de proposer la marque aux comités de gestion des écoles comme une façon d'empêcher les étudiants de sortir en douce de l'école à l'heure du déjeuner et de causer des problèmes. « Cherchez à savoir si le comité de gestion de l'école a une politique de fermeture des portes à l'heure des repas. Le cas échéant, vous pouvez proposer des arguments convaincants en présentant la marque comme une manière de garder les étudiants sur place[3]. » L'argument a persuadé des administrateurs tels que Bob Honson, directeur des services alimentaires du district scolaire de Portland, en Oregon. « Les jeunes nous arrivent avec des préférences de marques », explique-t-il[4].

Les préférences ne sont cependant pas toutes satisfaites avec le même enthousiasme. Puisque les bastions du fast-food n'acceptent pas de *food stamps* (bons de nourriture) des jeunes bénéficiaires du programme fédéral du déjeuner à l'école, et que leur nourriture est habituellement deux fois plus coûteuse que celle des cafétérias, les jeunes issus de familles pauvres doivent se contenter de viande non identifiée, tandis que leurs confrères plus à l'aise se nourrissent de Pizza Hut et de Big Mac. Et ils ne peuvent même pas espérer voir le jour où la cafétéria servira de la pizza ou des hamburgers au fromage, puisque nombre d'écoles ont signé avec les chaînes des accords leur interdisant de servir des « versions génériques » des produits concernés, comme si les hamburgers « anonymes » constituaient une « concurrence déloyale ».

Dans certaines écoles, le *casus belli* concerne le distributeur automatique de soda à l'entrée du gymnase. Au Canada et aux États-Unis, de nombreux comités de gestion des écoles ont confié des droits de distribution exclusifs à la société Pepsi-Cola, en échange de sommes forfaitaires généralement confidentielles. Ce que Pepsi négocie en retour varie d'une région à une autre. À Toronto, elle obtient d'équiper de ses machines les 560 écoles publiques, de bloquer les ventes de Coca-Cola et autres concurrents, et de distribuer des « Prix d'excellence Pepsi » et autres cadeaux ornés de son logo. Dans des agglomérations comme Cayuga, une ville rurale de l'Ontario dominée par la culture du tabac, Pepsi achète le droit d'estamper de sa marque des écoles entières. « Pepsi, le soda officiel de l'école secondaire de Cayuga », proclame une affiche géante au bord de la route. À l'école secondaire South Fork, en Floride, l'accord est agressif et catégorique : dans son contrat avec Pepsi, une clause oblige l'école à « faire de son mieux pour multiplier toutes les occasions de vendre les produits Pepsi-Cola[5] ».

De telles promotions commerciales, bizarres et réalisées au petit bonheur, il s'en conclut à la hâte sur les campus universitaires du monde entier. Dans presque chaque université nord-américaine, des panneaux d'affichage apparaissent sur les supports à vélos, sur les bancs, dans les couloirs reliant des amphithéâtres, dans les bibliothèques et même dans les cabinets de toilettes. Des sociétés de cartes de crédit et des compagnies de téléphone spécialisées dans les appels interurbains sollicitent les étudiants à partir du jour où ils reçoivent leur dossier d'information lors de la semaine d'orientation, jusqu'à celui de l'obtention de leur diplôme ; dans certaines écoles, ce dernier arrive dans une enveloppe bourrée de coupons, d'offres de crédit et de dépliants publicitaires. Aux États-Unis, la chaîne de librairies Barnes & Noble remplacera bientôt les librairies des campus, et au Canada, Chapters a des projets semblables. Des comptoirs Taco Bell, Kentucky Fried Chicken, Starbucks et Pizza Hut sont déjà couramment implantés sur les campus universitaires, souvent intégrés aux aires d'alimentation de centres commerciaux présents sur les campus mêmes. Il n'est pas étonnant que dans les écoles américaines et canadiennes, les batailles les plus féroces se livrent à propos des cours de gymnastique au secondaire ou des équipes sportives universitaires. Les premières équipes de basket-ball d'écoles secondaires ont des accords avec Nike et Adidas, qui parent les adolescents de chaussures, survêtements et sacs d'équipement ornés de swooshes et de bandes. Nike a conclu des ententes de sponsoring avec les départements des sports de plus de 200 campus américains et de 12 campus canadiens. Comme le sait très bien quiconque connaît le sport universitaire, l'accord habituel donne à la société le droit d'imprimer le swoosh sur les uniformes, l'équipement sportif, les vêtements et accessoires officiels de l'université, les sièges des stades et surtout sur les bannières publicitaires, bien visibles dans le champ des caméras de télévision qui diffusent largement les matches. Les joueurs des ligues universitaires n'étant pas rémunérés, les entraîneurs reçoivent l'argent des entreprises pour orner leurs équipes du bon logo – les sommes en question sont énormes. Dans des universités championnes du sport, comme Duke et North Carolina, Nike verse à certains entraîneurs jusqu'à 1,5 million de dollars en sponsoring : à côté de quoi le salaire des entraîneurs prend des allures d'argent de poche.

À mesure que les institutions éducatives cèdent à la progression frénétique du branding, émerge un nouveau langage. Des écoles secondaires ou des universités Nike affrontent leurs rivales Adidas : les équipes ont parfois leur propre « boisson officielle », soit Coca-Cola ou Pepsi. Dans ses émissions quotidiennes, Channel One fait souvent référence aux activités des « écoles Channel One ». Selon William Hoynes, un sociologue du Vassar College qui a mené une étude sur ce diffuseur, cette pratique « fait partie d'une vaste approche de marketing visant à développer la notoriété du réseau en tant que marque, entre autres par la promotion de l'identité d'« école Channel One[6] ».

Ainsi que l'ont souligné plusieurs critiques, Channel One ne se contente pas de colporter les chaussures de sport et les friandises de ses annonceurs auprès des étudiants : elle vend également l'idée que sa propre programmation est un inappréciable outil d'éducation, propice à la modernisation du matériel démodé que constituent les livres et les enseignants. Dans le modèle proposé, l'apprentissage ne relève plus que de la pure et simple implantation de notions dans le cerveau de l'étudiant. Que cette matière concerne une nouvelle superproduction de Disney ou le théorème de Pythagore, l'effet obtenu est le même : l'étudiant est lesté de toutes sortes de « trucs ». Ainsi, pour faire mousser *Anastasia* dans des écoles, la Fox ne s'est pas contentée de publicités dans les menus du déjeuner ; elle a également fourni aux enseignants un manuel pour l'étude d'*Anastasia*. Jeffrey Godsick, premier vice-président, publicité et promotion, chez Fox, a expliqué que c'était le réseau qui rendait service aux écoles, et non l'inverse. « Les enseignants des écoles publiques cherchent désespérément des contenus accrocheurs pour les jeunes[7]. »

Il est impossible de savoir combien d'enseignants utilisent en classe ces contenus de marque et combien les ignorent, mais un rapport publié en 1995 par la Consumers Union (l'Union américaine des consommateurs) « a révélé que des milliers de sociétés ciblaient des écoliers ou leurs enseignants avec une gamme d'activités de marketing allant de la bande vidéo scolaire au guide imprimé, en passant par des affiches, des concours, des cadeaux et des coupons[8] ».

Ce sont naturellement les responsables du Nike World Campus qui ont conçu l'hybride le plus avancé de la publicité en classe, un exercice de relations publiques déguisé en outil d'enseignement : le kit d'enseignement « Air-to-Earth ». Pendant l'année scolaire 1997-1998, les élèves de plus de 800 classes élémentaires américaines ont découvert que le cours de la journée consistait à confectionner une chaussure de sport Nike, jusqu'au swoosh et à l'autographe d'une star de la National Basketball Association. Qualifié d'« usage méprisable du temps scolaire » par la National Education Association et de « déformation de l'éducation » par la Consumers Union, cet exercice serait censé éveiller l'attention sur les aspects écologiques du processus de production. La prétention écologique de Nike repose largement sur le fait que la compagnie recycle de vieilles chaussures de sport dans le revêtement de terrains de basket-ball de centres communautaires. Dans son escalade de marketing postmoderne, elle les frappe ensuite à l'effigie du swoosh Nike[9].

EH, LES JEUNES ! DEVENEZ VOUS-MÊMES PROMOTEURS !

Aux entreprises obsédées par le cool, l'école offre d'autres ressources. Après tout, s'il est une chose que les chasseurs de cool nous ont enseignée, c'est que les enfants ne sont pas que de modestes consommateurs : ils sont des représentants officiels de leur classe d'âge. Aux yeux des chefs de produits, chaque cafétéria et chaque salle de cours est un groupe de discussion en attente d'un point de vue. Ainsi, avoir accès aux écoles, c'est bien plus que diffuser des produits : c'est une sérieuse occasion de chasser le cool à vil prix.

Telle est la raison pour laquelle le réseau informatique scolaire ZapMe ! ne se contente pas de vendre de l'espace publicitaire à ses sponsors mais surveille également le parcours des étudiants lorsqu'ils naviguent sur le Net, fournissant à ses annonceurs de précieux critères de marché, classés selon le sexe, l'âge et le code postal des étudiants. Lorsqu'ils se connectent ensuite à ZapMe !, les étudiants reçoivent des annonces spécialement « micro-ciblées » pour eux[10]. Ce genre de recherche ciblée de marché est en explosion dans les écoles nord-américaines : groupes de discussion hebdomadaires, tests de goût, questionnaires sur les préférences de marques, sondages d'opinion, forums sur Internet, toutes choses qui se pratiquent actuellement dans les salles de cours. Et, record dans la chasse au cool, certains spécialistes en recherche de marchés ont fait des expériences en fournissant aux jeunes des appareils photo jetables avec lesquels prendre des photos de leurs amis et de leur famille – et rapporter des documents sur « leurs lieux de fréquentation préférés », selon un sujet de devoir proposé par Nike. De tels exercices sont « éducatifs » et « valorisants », prétendent ces experts, qui reçoivent l'assentiment de certains éducateurs. Évoquant les mérites d'un test de goût effectué sur des céréales, le directeur de l'école élémentaire Our Lady of Assumption, à Lynnfield, dans le Massachusetts, s'est exprimé ainsi : « C'est une expérience d'apprentissage. Ils devaient lire, regarder, comparer[11]. »

Channel One pousse encore plus loin en recrutant des enseignants « partenaires » afin de mettre en place des cours où l'on demande aux étudiants de créer une nouvelle campagne publicitaire pour Snapple ou de redessiner les distributeurs automatiques de Pepsi. À New York et à Los Angeles, des étudiants du secondaire ont créé des spots animés de trente secondes pour les bonbons aux fruits Starburst, et des étudiants de Colorado Springs ont conçu des publicités Burger King qui ont été affichées dans leurs cars scolaires[12]. Une fois terminés, les travaux sont envoyés aux sociétés, et les meilleurs candidats remportent des prix et peuvent même être engagés par les compagnies – l'ensemble étant financé par le système scolaire et les impôts des contribuables. À l'école Laurier Annex, à Vancouver, des élèves de troisième et de quatrième ont conçu deux nouvelles gammes de produits pour la chaîne de restaurants britanno-colombienne White Spot. Pendant des mois, en 1997, les enfants ont travaillé à développer le concept et l'emballage des pizzas-burgers « Zippy », un produit qui figure maintenant au menu des écoles de White Spot. L'année suivante, ils ont conçu tout un programme relatif aux anniversaires dans les restaurants de la chaîne. Le concept comprenait des « échantillons de publicités, éléments de menus, jeux inventés par les étudiants et idées de gâteaux », tout en tenant compte des contraintes telles que la sécurité, les allergies alimentaires possibles, les coûts modestes « et la flexibilité[13] ». Selon Jeffrey Ye, âgé de neuf ans, « c'était pas mal de travail[14] ».

Sans doute la plus tristement célèbre de ces expériences eut-elle lieu en 1998, lorsque Coca-Cola lança un concours demandant à plusieurs écoles de fournir une stratégie de distribution de coupons-rabais Coke à des étudiants. L'école qui aurait conçu la meilleure stratégie promotionnelle remporterait 500 dollars. Greenbriar High School, à Evans, en Géorgie, a pris le concours très au sérieux, organisant à la fin mars une Journée officielle Coke lors de laquelle tous les élèves arrivaient à l'école vêtus de t-shirts Coca-Cola, posaient pour une photographie de groupe formant les lettres C, o, k, e, assistaient à des conférences données par des cadres de Coca-Cola et apprenaient tout, en classe, sur la boisson noire et pétillante. Ce fut un petit coin de paradis de marketing jusqu'à ce que vienne aux oreilles de la directrice que, dans un horrible geste de défi, un certain Mike Cameron, 19 ans, était arrivé à l'école vêtu d'un t-shirt au logo de Pepsi. Il fut rapidement suspendu pour cette infraction. « Je sais que ça semble affreux – un enfant suspendu pour avoir porté un t-shirt Pepsi à la journée Coke, a dit la directrice, Gloria Hamilton. Ç'aurait été vraiment acceptable... si ça s'était limité à l'intérieur de l'école, mais nous recevions le président régional [de Coca-Cola], et des gens étaient venus en avion d'Atlanta pour nous faire l'honneur de prononcer des allocutions. Ces étudiants savaient que nous avions des invités[15]. »

Bien que toutes les institutions publiques soient assoiffées de nouvelles sources de revenus, la plupart des écoles et des universités tentent de poser des limites. En 1997, le collège Atkinson de l'Université York [aux États-Unis, certains collèges sont affiliés à des universités], envoya un appel aux donateurs : « contre un don de 10 000 dollars... vous ou votre société pouvez devenir le sponsor officiel du développement et de la conception de l'un de nos nouveaux cours multimédia et high-tech », mais le collège insista pour préciser que seuls les noms des cours étaient à vendre, et non leur contenu. Roger Trull, chargé des ententes commerciales à l'Université McMaster de l'Ontario, explique que cela « ne doit affecter d'aucune manière le contenu des cours ». Il s'agit donc uniquement de sponsoring parascolaire. En outre, des gens soulignent que bien avant les cantines et les sweat-shirts à logos, les écoles n'étaient pas précisément indemnes de tout sponsoring.

L'historien de la publicité Stuart Ewen écrit que, dès les années 1920, enseigner la consommation aux jeunes était une façon comme une autre de promouvoir le patriotisme et le bien-être économique. À l'époque, des fabricants de brosses à dents visitaient des écoles américaines en faisant faire des « exercices avec des dentifrices », et des producteurs de cacao y faisaient de brèves apparitions pour démontrer « les diverses étapes de la production du cacao[16] ».

À une époque plus récente, avant même l'avènement des marques, le mercantilisme était déjà devenu partie prenante de la vie universitaire. Ainsi du sport universitaire américain, une grande industrie en soi, dont les ventes ont généré, en 1997, un chiffre d'affaires de 2,75 milliards de dollars, soit un chiffre plus élevé que les ventes de marchandises de l'Association nationale de basket-ball, la Ligue majeure de Baseball et la Ligue nationale de Hockey. Et, bien avant l'invasion du fast-food, nombre de cafétérias avaient déjà été sous-traitées à des sociétés telles que Marriott et Cara, également fournisseurs de compagnies aériennes et d'hôpitaux proposant une bouillie standard.

Mais la carte de visite de ces traiteurs géants était l'anonymat : antithèse même du branding. Quand les marques vedettes arrivèrent sur les campus, ce fut avec des coquetteries de divas : elles introduisirent dans les écoles des concepts nouveaux, tels que le contrôle de l'image commerciale, la visibilité du logo, les possibilités de pénétration de la marque et la protection féroce de secrets commerciaux. Cette collusion des diktats de l'éducation avec ceux du branding suscite souvent un malaise. À l'Université de la Colombie-Britannique, par exemple, des étudiants n'ont pu découvrir le contenu d'un accord conclu entre leur école et la société Coca-Cola. Bien que l'UCB soit financée par des fonds publics, le producteur de soda a exigé que la somme qu'il a versée pour les droits de distribution demeure secrète, pour des raisons de concurrence commerciale. (Coca-Cola a également refusé de répondre à mes propres demandes d'information pour ce livre, affirmant que toutes ses activités sur les campus – y compris le nombre précis de campus avec lesquels elle entretient des accords – sont confidentielles « pour des questions de concurrence ».)

En mai 1996, des étudiants et des enseignants de l'Université du Wisconsin à Madison ont découvert le contenu d'une entente de sponsoring que leur administration était à la veille de signer avec Reebok – et ils ont moyennement apprécié.

L'entente renfermait une clause de « non-dénigrement » qui interdisait à des membres de l'université de critiquer la société d'équipement sportif. La clause s'énonçait ainsi : « Au cours du trimestre et pour une période subséquente raisonnable, l'Université n'émettra aucune déclaration officielle dénigrant Reebok. En outre, l'Université prendra rapidement toutes les mesures nécessaires concernant toute remarque faite par un employé, un agent ou un représentant de l'Université, y compris les entraîneurs, dénigrant Reebok, ses produits, son agence de publicité ou ses représentants[17]. » Reebok dut renoncer à cette clause après que des étudiants et des membres du personnel enseignant eurent lancé une campagne de sensibilisation sur le fait que Reebok ne respectait pas les droits des travailleurs du Sud-Est asiatique. Ce qu'il y avait d'exceptionnel dans cette clause, c'est que la communauté universitaire l'avait découverte avant la signature de l'entente. Ce qui ne fut pas le cas dans d'autres universités dont les départements sportifs conclurent tranquillement des ententes de plusieurs millions de dollars fondées sur l'acceptation de telles formes de censure. L'accord entre l'Université du Kentucky et Nike, par exemple, inclut une clause permettant à la société de mettre fin au contrat de 25 millions de dollars sur cinq ans si « l'Université dénigre la marque Nike... ou prend toute autre mesure qui ne soutiendrait pas les produits Nike[18] ». Nike nie que sa motivation soit de museler les critiques sur les campus. « Si les gens pouvaient sortir de cette attitude selon laquelle Nike veut contrôler ces universités, ils comprendraient mieux le sens de tout cela », explique Steve Miller, directeur du marketing du sport universitaire chez Nike[19].

Peu importent les intentions au moment de la signature de ces ententes, le fait est que le discours, sur le campus, est souvent censuré lorsqu'il entre en conflit avec les intérêts d'un sponsor commercial. Par exemple, à l'Université Kent State – l'un des campus américains sur lesquels Coca-Cola a des droits de distribution exclusifs – des membres d'Amnesty International ont proposé un boycott du soda parce que Coca-Cola faisait des affaires avec la dictature nigériane, renversée depuis. En avril 1998, les activistes ont fait une demande de fonds en bonne et due forme à leur conseil étudiant afin d'inviter un des membres du Free Nigeria Movement à une conférence sur les droits humains. « Est-ce qu'il va dire des choses négatives sur Coca-Cola ? Parce que Coca-Cola fait un tas de choses positives sur notre campus, comme aider les organisations et le sport », a demandé un membre du conseil. Les représentants d'Amnesty International répondirent qu'en effet, l'orateur ferait des commentaires négatifs sur les activités de la compagnie au Nigeria, et le financement fut refusé[20].

Certaines universités sont même allées jusqu'à faire appel à la police à l'encontre de leur population étudiante pour protéger un contrat particulièrement lucratif. À l'été 1996, l'Université York, de Toronto, accueillit comme chaque année son Open du Maurier. Ce tournoi de tennis télévisé est peut-être, de toute l'année, l'événement de marketing doté de la visibilité maximale pour le fabricant de cigarettes. Dans un geste qui s'attira les critiques de l'Association canadienne des libertés civiles, on empêcha les activistes antitabac – dont nombre d'étudiants de York – de distribuer, au cours de l'événement, des dépliants critiques sur le campus ou dans ses alentours. Lorsqu'ils défièrent les ordres, l'université appela la police, qui saisit les documents antitabac des protestataires, leur donna des contraventions et menaça de les arrêter. En dépit de la controverse publique, l'université ne modifia aucunement sa politique.

Ce sont là des exemples extrêmes de la façon dont les ententes de sponsoring commercial remodèlent certaines des valeurs fondamentales des universités publiques, telles que la transparence financière ainsi que le droit au débat ouvert et à la protestation pacifique sur le campus. Mais ses effets subtils sont tout aussi inquiétants. De nombreux professeurs évoquent une lente avancée de la mentalité de centre commercial, affirmant que plus les campus se conforment et ressemblent à des centres commerciaux, plus les étudiants se comportent comme des consommateurs. Ils mentionnent des étudiants qui ont rempli leurs formulaires d'auto-évaluation avec l'attitude suffisante du touriste répondant à un questionnaire dans un hôtel de grande chaîne. « Ce que je déteste par-dessus tout, c'est l'attitude de calme expertise consumériste qui imprègne les réponses. Je suis troublé par leur conviction sereine que ma fonction – et surtout, celle de Freud, de Shakespeare ou de Blake – est de divertir et d'intéresser », écrit le professeur Mark Edmunston de l'Université de Virginie dans le magazine *Harper's*[21]. Un professeur de l'Université York de Toronto, dont le campus comporte un centre commercial à part entière, me dit que ses étudiants arrivent aux cours en sirotant de grands cafés au lait, bavardent dans le fond de la salle avant de s'esquiver. Ils flânent pareils à des consommateurs désinvoltes.

LE BRANDING DE L'UNIVERSITÉ

Alors que les marques transforment lentement l'expérience de la vie de campus chez les étudiants du premier cycle, une autre sorte d'invasion est en cours sur le plan de la recherche institutionnelle. Partout dans le monde, des campus universitaires mettent leurs centres de recherche, riches de leur inappréciable crédibilité institutionnelle, à la disposition des marques. Et aujourd'hui, en Amérique du Nord, des partenariats de recherche entre universités et entreprises servent tantôt à concevoir de nouveaux patins Nike, tantôt à développer des techniques plus efficaces d'extraction du pétrole pour Shell, quand ce n'est pas à évaluer la stabilité du marché asiatique pour Disney, à tester la demande en Internet haut débit pour Bell ou à mesurer les mérites relatifs d'un médicament breveté comparé à sa contrepartie générique, pour ne donner que quelques exemples.

Le Dr Betty Dong, chercheuse en médecine à l'Université de Californie à San Francisco (UCSF), a eu le malheur d'accepter ce dernier mandat – tester un médicament breveté avec des fonds provenant du fabricant. Le Dr Dong était directrice d'une étude sponsorisée par la compagnie pharmaceutique britannique Boots (qui s'appelle maintenant Knoll) et l'UCSF. Le sort de ce partenariat jette une lumière éclatante sur la façon dont le mandat des universités en tant que lieux de recherche d'intérêt public est souvent en contradiction flagrante avec les intérêts des missions de recherche des marques.

L'étude du Dr Dong avait pour objet de comparer l'efficacité du médicament Boots pour la thyroïde, le Synthroid, avec celle d'un concurrent générique. La compagnie espérait que la recherche démontrerait que son médicament, beaucoup plus coûteux, était meilleur, ou du moins substantiellement différent du médicament générique – une prétention qui, si elle était légitimée par une étude provenant d'une université respectée, augmenterait les ventes de Synthroid. Mais le Dr Dong découvrit plutôt le contraire. Les deux drogues étaient bio-équivalentes, un constat qui représentait une économie potentielle de 365 millions de dollars par année pour les huit millions d'Américains qui prenaient le médicament breveté, et une perte potentielle, pour Boots, de 600 millions (les revenus de vente de Synthroid). Après leur évaluation par des pairs, les découvertes du Dr Dong devaient être publiées le 15 janvier 1995 dans le *Journal of the American Medical Association*. Mais à la dernière minute, Boots réussit à empêcher la publication de l'article, invoquant une clause du contrat de partenariat qui donnait à la compagnie un droit de veto sur la publication des résultats. L'université, craignant d'onéreuses poursuites, se rangea du côté du fabricant, et l'article fut supprimé. Quand toute l'affaire fut relatée dans le *Wall Street Journal*, Boots recula et l'article fut finalement publié en avril 1997, avec deux ans de retard[22]. « La victime est évidemment l'université », écrivit Dorothy S. Zinberg, membre du personnel enseignant au Centre de la Science et des Affaires internationales de Harvard. « Chaque infraction à son engagement tacite envers la société – éviter le secret autant que possible et rester indépendante des pressions gouvernementales ou commerciales – affaiblit son intégrité[23]. »

En 1998, une affaire semblable ébranla l'Université de Toronto et l'Hôpital des Enfants malades, qui y est affilié – mais cette fois, le chercheur découvrit que le médicament soumis à l'étude pouvait véritablement nuire aux patients. Le Dr Nancy Olivieri, scientifique de réputation mondiale et spécialiste d'une maladie du sang appelée thalassémie, avait conclu un contrat de recherche avec le géant pharmaceutique Apotex. La compagnie voulait que le Dr Olivieri teste l'efficacité du médicament appelé défériprone sur ses jeunes patients souffrant de thalassémie majeure. Lorsque le Dr Olivieri obtint des preuves que, dans certains cas, le médicament pouvait avoir des effets secondaires mortels, elle voulut en avertir les malades et alerter d'autres médecins de sa spécialité. Apotex mit fin à l'étude et menaça de poursuivre le Dr Olivieri si elle publiait ses découvertes, en arguant d'une clause mineure du contrat de recherche qui lui donnait le droit de détruire les résultats un an après la fin des expériences. Olivieri fit néanmois paraître une communication dans *The New England Journal of Medicine* et là encore, l'administration de son université et celle de son hôpital renoncèrent à défendre l'inviolabilité de la recherche universitaire menée dans l'intérêt public. Ajoutant l'insulte à l'opprobre, en janvier 1999, elles déchurent le Dr Olivieri de son poste de recherche supérieur et la renvoyèrent à l'hôpital[24]. (Après une longue bataille publique, le médecin finit par récupérer son poste.)

La plus effrayante de ces affaires est peut-être celle qui implique un professeur associé à l'Université Brown, dans le Rhode Island, qui a travaillé en tant que médecin spécialisé en santé au travail à l'Hôpital Memorial du Rhode Island, affilié à l'université et situé à Pawtucket. Une usine de textile locale avait commandé au Dr David Kern une enquête sur deux cas de maladie pulmonaire qu'il avait traités à l'hôpital. Il en trouva six autres dans cette usine de 150 personnes, découverte étonnante puisque l'incidence de pareille maladie dans la population générale est de un cas sur 40 000 habitants. Comme le Dr Dong et le Dr Olivieri, le Dr Kern était sur le point de présenter un article sur ses découvertes lorsque la compagnie de textile le menaça de poursuite, citant une clause dans l'accord qui empêchait la publication de « secrets commerciaux ». Une fois de plus, l'université et l'administration de l'hôpital se rangèrent nettement du côté de la compagnie, interdisant au Dr Kern de publier ses résultats et fermant le laboratoire où il était seul à mener son étude[25].

Ces trois cas de recherches étouffées impliquent des universitaires ayant suffisamment d'intégrité personnelle, de ténacité et d'opiniâtreté pour défier publiquement leurs « partenaires » commerciaux et leurs propres employeurs – facteurs qui ont fini par entraîner la publication de la vérité dans la presse. Mais se fier à la croisade des individus pour protéger l'intégrité de la recherche universitaire est loin de fournir une garantie absolue dans chaque cas. Selon une étude menée en 1994 sur les partenariats de recherche industrielle dans les universités américaines, l'interférence des sociétés se produit le plus souvent en douceur et sans protestation. L'étude révélait que les sociétés maintenaient le droit de bloquer la publication de découvertes dans 35 pour cent des cas, tandis que 53 pour cent des universitaires ayant répondu au sondage étaient d'avis qu'« on peut retarder la publication[26] ».

Il est aussi un niveau plus insidieux d'interférence quotidiennement à l'œuvre dans les universités ; elle se produit avant même le début de la recherche, avant même que des propositions ne soient couchées sur papier. Comme le dit John V. Lombardi, président de l'Université de Floride à Gainesville : « Nous avons effectué le grand bond en avant et nous nous sommes dit : Faisons semblant d'être une entreprise[27]. » Sur le plancher des vaches, ce bond veut dire que les études sont conçues pour correspondre au mandat de chaires de recherche subventionnées par des sociétés et dotées de noms grandiloquents, comme Taco Bell Distinguished Professor of Hotel and Restaurant Administration at Washington State University, Yahoo ! Chair of Information-Systems Technology at Stanford University, et Lego Professorship of Learning Research at Massachusetts Institute of Technology. J. Patrick Kelly, le professeur qui détient la chaire Kmart de Marketing à l'Université Wayne State, estime que sa recherche a « plusieurs fois » amorti la somme de 2 millions de dollars qui a servi à créer son poste[28]. Le professeur qui détient la chaire subventionnée par Kmart à l'Université de Virginie occidentale a une relation si pragmatique avec la société qu'elle exige de lui de consacrer un minimum de trente jours par année à la formation de ses directeurs adjoints.

L'attitude de Kmart a toujours été la suivante : Qu'est-ce que nous avons reçu de vous cette année ?… Bien des gens, chez Kmart, me prenaient pour un employé de Kmart.

J. Patrick Kelly, titulaire de la chaire Kmart de marketing à l'Université Wayne State, *The Chronicle of Higher Education*, avril 1998

OÙ ÉTAIT L'OPPOSITION ?

Nombreux sont ceux qui, en prenant connaissance du stade avancé de l'intrusion des marques dans le système éducatif, veulent savoir où se trouvaient l'administration de l'université, les enseignants, les comités de gestion des écoles et les parents durant ce processus de transformation. Pour ce qui est de l'école élémentaire et du collège, la question est difficile à résoudre – en particulier parce qu'on a du mal à trouver quelqu'un, à l'exception des annonceurs, qui soit en faveur de la publicité dans les écoles. Depuis dix ans, tous les grands syndicats d'enseignement de l'Amérique du Nord ont publiquement dénoncé la menace que le commerce faisait peser sur l'indépendance de l'éducation, et bien des parents inquiets ont constitué des groupes tels que Commercial Alert, fondé par Ralph Nader, pour faire entendre leur opposition. Malgré cela, parents et éducateurs ne se sont jamais fédérés sérieusement pour livrer – et peut-être gagner – la bataille politique majeure que constitue l'ingérence du commerce dans l'enceinte scolaire.

À la différence des affrontements très médiatisés concernant la religion à l'école ou l'éducation sexuelle, le fait d'y autoriser la publicité n'a pas pris la forme d'une décision unique et renversante, mais plutôt de mille petites. La plupart du temps, elles furent adoptées au coup par coup, école par école, souvent sans débat, ni avis, ni consultation publique, parce que les agences de publicité concevaient habilement des campagnes de promotion susceptibles de se glisser entre les failles des réglementations habituelles des comités de gestion des écoles.

En revanche, lorsque Channel One et le Youth News Network voulurent diffuser directement des annonces dans les salles de cours, un certain débat vit vraiment le jour : des discussions authentiques et animées eurent lieu à l'échelon des comités d'école, et la plupart des comités du Canada décidèrent d'interdir YNN. Channel One, malgré son audience très supérieure, surtout dans les districts les plus pauvres, dut également essuyer sa part de refus des comités de gestion.

Un autre facteur culturel, plus enraciné, a permis aux marques de pénétrer dans les écoles, et il a quelque chose à voir avec l'efficacité du branding même. Parents et éducateurs ne pouvaient rien gagner par la résistance ; aujourd'hui, les enfants sont tellement bombardés par les marques qu'il semblait moins important de protéger les espaces éducatifs de la commercialisation que de trouver immédiatement de nouvelles sources de financement. Et les représentants en publicité scolaire n'ont pas hésité un instant à utiliser l'argument de la futilité avec les parents et les éducateurs. Comme le dit Frank Vigil, président des systèmes informatiques ZapMe ! : « La jeunesse américaine est exposée à la publicité dans bien des aspects de sa vie. Nous croyons que les étudiants ont suffisamment de jugeotte pour discerner le contenu éducatif du matériel publicitaire[29]. » Ainsi, il devint possible, pour bien des parents et des enseignants, de justifier leur échec à protéger un espace jusqu'alors public en arguant du fait que les publicités que les étudiants ne voient pas en classe ou sur le campus leur apparaîtraient sûrement dans le métro, sur le Net ou à la télé lorsqu'ils retourneraient chez eux. Qu'était-ce qu'une annonce de plus dans la vie de ces jeunes gens achetés au rabais et vendus avec profit ? D'un autre côté… une de plus, qu'est-ce que ça peut bien faire ?

Même si cette attitude peut expliquer la pénétration des marques dans les écoles secondaires, elle ne donne pas la clé du ferme enracinement du processus sur les campus universitaires. Pourquoi ce silence des professeurs d'université qui ont laissé leurs « partenaires » commerciaux piétiner les principes de la liberté de recherche et d'expression, pièces de résistance avouées de toute vie estudiantine ? Nos campus ne sont-ils pas censés déborder de radicaux rebelles et titularisés ? L'institution de la titularisation, avec sa promesse de sécurité de l'emploi à vie, n'est-elle pas toute désignée pour permettre aux universitaires de prendre des positions controversées sans peur de représailles ? Pour utiliser un terme usité dans les salles d'enseignement, ces gens ne sont-ils pas par définition anti-hégémoniques ?

Ainsi que l'a fait remarquer Janice Newson, professeur de sociologie à l'Université York qui s'est largement exprimée sur cette question : « En surface, il est plus facile d'expliquer la prise de conscience croissante des liens entre l'université et le commerce que d'expliquer le manque de résistance à celle-ci. » Newson, qui sonne l'alarme depuis plus de dix ans quant à la menace que fait peser le commerce sur la liberté à l'université, écrit qu'elle a tenu (à tort) pour acquis que : « Des membres de la communauté universitaire s'inquiétaient sérieusement de ce changement de direction, à défaut d'y résister. Après tout, ce genre de changement institutionnel, important sinon transformateur, s'est produit au cours d'une période de temps relativement courte. Et à maints égards, ces changements contrastent de façon saisissante tant avec l'idée qu'avec les pratiques de l'université qui les a précédés, université dans laquelle la plupart des membres actuels du milieu ont commencé leur carrière[30]. »

On pourrait étendre la critique de Newson aux étudiants activistes, qui, jusqu'au milieu des années 1990, furent, eux aussi, mystérieusement absents de cette absence de débat. Hélas, une partie de l'explication du manque de mobilisation du campus renvoie au simple intérêt personnel. L'influence croissante des sociétés sur l'éducation et la recherche semblait affecter presque exclusivement les départements d'ingénierie, les écoles de gestion et les laboratoires scientifiques. Les radicaux des campus avaient toujours eu tendance à prendre ces facultés pour des bastions de droite définitivement compromis : peu importe ce qui se passait de ce côté-là du campus, pourvu qu'on laissât tranquilles les domaines plus traditionnellement progressistes (littérature, études culturelles, sciences politiques, histoire et beaux-arts). Et, pourvu que les professeurs et les étudiants des arts et humanités restent indifférents à ce changement radical de la culture et des priorités des campus, ils étaient libres de se consacrer à d'autres centres d'intérêt – qu'on leur offrait à profusion. C'est ainsi que plusieurs de ces radicaux titularisés, censés corrompre les jeunes esprits avec des idées socialistes, étaient alors absorbés par leur propre prise de conscience post-moderne du fait que la vérité en soi est une construction. Bien des universitaires s'interdisaient dès lors de participer à une discussion politique qui eût « privilégié » un modèle parti-culier d'apprentissage (le public) sur un autre (le com-mercial). Et donc, à l'ère de la relativité de la vérité, qui pourrait affirmer que les dialogues de Platon ont davantage d'« autorité » que l'*Anastasia* de Fox ?

Toutefois, cette tendance n'était pas la seule. Bien d'autres radicaux de campus étaient tout de même prêts à livrer une bonne vieille bataille politique, mais au cours des années clés de l'invasion commerciale des campus, ils se trouvaient engagés dans une lutte différente : les débats enflammés sur le sexe et la race, ce qu'on a appelé les guerres de la *political correctness*. Comme nous le verrons dans le prochain chapitre, si les étudiants se laissèrent changer en tests de marché, ce fut en partie parce qu'ils avaient autre chose à l'esprit. Ils étaient occupés à s'opposer à leurs professeurs à propos des mérites du canon et du besoin de règles plus sévères quant au harcèlement sexuel sur le campus. Et si leurs professeurs n'arrivaient pas à empêcher que les principes mêmes du discours sans entraves soient cédés pour une poignée de dollars, c'est peut être aussi parce qu'ils étaient trop soucieux de se défendre devant leurs propres étudiants « maccar-thystes ». Ainsi donc, ils étaient tous là à se battre à propos des études féministes et du dernier livre sur la défaite des idéologies, tandis qu'ils se faisaient brader leurs campus mêmes de sous leurs pieds. Il fallut attendre que la politique personnelle soit elle-même récupérée par le branding pour qu'étudiants et professeurs se détournent de leurs querelles et comprennent qu'ils avaient un ennemi bien plus puissant.

Mais ils avaient déjà perdu un terrain considérable. Plus que les notions un peu désuètes d'éducation et de recherche « pures », ce qui est perdu lorsque les écoles « se prennent pour des entreprises » (pour emprunter une expression de l'Université de Floride) est l'idée même d'espace libre de marques. À maints égards, les écoles et les universités demeurent l'incarnation la plus tangible, dans notre culture, de l'espace public et de la responsabilité collective. Les campus universitaires en particulier – avec leurs résidences, bibliothèques, espaces verts et normes communes de discours ouvert et respectueux – jouent un rôle crucial, même s'il est devenu symbolique : c'est le seul espace qui reste où les jeunes peuvent voir se vivre une vie publique authentique. Et malgré toute l'impuissance avec laquelle, dans le passé, nous avons protégé ces institutions, l'opposition actuelle à la transformation de l'éducation en un exercice d'extension de marque procède largement de l'argument en faveur des parcs nationaux et des réserves naturelles : ces lieux quasi sacrés nous rappellent qu'il est encore possible d'entretenir un espace sans marque.

En haut : Scène de « die-in » lors d'un rassemblement d'Act-Up en 1990.
En bas : Campagne presse écrite de Diesel, en 1995, montrant deux marins s'embrassant.

PAPA COOL

LE TRIOMPHE DU MARKETING IDENTITAIRE

Honnêtement, lorsque vous devenez une intrigue de [la sitcom] Friends, vous avez du mal à vous considérer comme un radical.

Jay Blotcher, activiste antisida, magazine *New York*, septembre 1996

Au tournant des années 1990, je faisais partie des étudiants qui mirent du temps à s'éveiller au lent processus de branding de la vie universitaire. D'après mon expérience personnelle, ce n'est pas faute d'avoir remarqué la présence commerciale croissante sur le campus – nous nous en plaignions même parfois. Mais cela ne nous mettait pas vraiment dans tous nos états. Nous savions que les chaînes de fast-food installaient leurs comptoirs à la bibliothèque et que des profs de sciences appliquées fricotaient terriblement avec les sociétés pharmaceutiques, mais il nous aurait fallu pas mal de démarches pour découvrir ce qui se passait exactement dans les salles de conseil et les labos et, franchement, nous étions occupés ailleurs. Nous débattions du droit des femmes juives à participer au groupe de travail sur l'égalité raciale au centre des femmes du campus, et du fait que la réunion à ce sujet tombait en même temps que celle du groupe des gays et lesbiennes – les organisateurs tenaient-ils pour acquis qu'il n'y avait pas de lesbienne juive ? Pas de bisexuelle noire ?

Hors le campus, la politique de la race, du sexe et de la sexualité demeurait liée à des questions plus concrètes et plus pressantes, telles que l'égalité salariale, le mariage de conjoints du même sexe, la violence policière, et ces mouvements sérieux constituaient – et continuent de constituer – une menace authentique pour l'ordre économique et social. Mais sur nombre de campus universitaires, tout cela ne paraissait guère prestigieux aux yeux des étudiants, pour qui la politique identitaire avait suivi, dès la fin des années 1980, une évolution assez différente. Un grand nombre de nos luttes portaient sur les questions de « représentation » – un ensemble plutôt flou de récriminations logées pour la plupart à l'endroit des médias, du programme universitaire et de la langue anglaise. Nous entretenions une politique de miroirs et de métaphores – des féministes de campus discutaient de la « représentation » des femmes dans les bibliographies, des gays désiraient une meilleure « représentation » à la télévision, des vedettes du rap se vantaient de « représenter les ghettos », et dans son film de 1989, *Do The Right Thing*, Spike Lee posait une question qui tournait à l'émeute : « Pourquoi est-ce qu'on ne voit pas de frères sur le mur ? », au patron d'une pizzeria de Brooklyn dont les murs sont couverts de photos de gens célèbres, tous blancs, même si la clientèle est noire.

Ces revendications ont toujours figuré au programme politique du mouvement de défense des droits civils et du mouvement féministe et, plus tard, de la lutte contre le sida. On partait du principe que ce qui contraignait les femmes et les minorités ethniques, c'était l'absence de modèles qu'on pût voir dans des positions de pouvoir dans la société, et que les stéréotypes perpétués par les médias – et intégrés dans le tissu même du langage – servaient à renforcer, sans grande subtilité, la suprématie des Blancs de sexe masculin. Pour que survienne un progrès réel, il fallait décoloniser les imaginations des deux côtés.

Mais au moment où ma génération hérita de ces idées, souvent au deuxième ou troisième degré, la représentation n'était plus un outil parmi tant d'autres, mais la clé de toute chose. Faute d'une stratégie juridique ou politique claire, nous faisions remonter presque tous les problèmes de la société aux médias et au programme universitaire, soit qu'ils perpétuent des stéréotypes négatifs, soit que tout simplement ils pêchent par omission. À cause d'eux, les Asiatiques et les lesbiennes se sentaient « invisibles », les gays étaient assimilés à des déviants, les Noirs à des criminels, et les femmes à des êtres faibles et inférieurs : une prédiction créatrice qui est responsable de presque toutes les inégalités du monde réel. Ainsi, nos champs de bataille étaient des sitcoms mettant en scène des voisins gays qui ne baisaient jamais, des journaux remplis d'images de gens âgés de race blanche et de sexe masculin, des magazines qui proposaient ce que Naomi Wolf appelait le « mythe de la beauté », des listes d'ouvrages que nous aurions voulues conçues comme des annonces de Benetton, des annonces de Benetton qui banalisaient nos exigences littéraires. Nous, enfants des médias, nous étions scandalisés à ce point par les descriptions réductrices des magazines, des livres et de la télévision, que nous étions convaincus que si ces images stéréotypées et ce langage biaisé changeaient, la réalité suivrait. Nous pensions trouver le salut dans la réforme de MTV, de CNN et de Calvin Klein. Et pourquoi pas ? Puisque les médias semblaient être à la source d'un si grand nombre de nos problèmes, si nous pouvions seulement les « subvertir » pour qu'ils nous représentent mieux, peut-être pourraient-ils plutôt nous sauver. Grâce à de meilleurs miroirs collectifs, notre estime de nous-mêmes allait augmenter, et les préjugés s'effondrer par magie, car la société soudain inspirée pourrait vivre à la mesure du beau et noble reflet que nous avions fait surgir en retouchant son image.

Pour une génération qui avait grandi par et avec les médias, transformer le monde par l'intermédiaire de la *pop culture* était une seconde nature. Le problème, c'est que ces idées fixes commencèrent à nous transformer en cours de processus. Avec le temps, la politique identitaire sur le campus se trouva si embrasée par la politique personnelle qu'elle faillit éclipser le reste du monde. Le slogan « le privé est politique » finit par remplacer l'économique en tant que politique et, à la fin, également, le Politique en tant que politique. Plus nous donnions d'importance aux questions de représentation, plus elles semblaient vouloir acquérir un rôle central dans nos vies – peut-être parce que faute d'objectifs politiques plus tangibles, tout mouvement de lutte pour obtenir des miroirs sociaux plus satisfaisants finirait inévitablement par être victime de son propre narcissisme.

Bientôt, l'*outing* n'eut plus rien à voir avec le sida, mais devint une exigence globale en faveur de la « visibilité » gay et lesbienne – tous les gays devaient faire leur *coming out*, des politiciens aux célébrités diverses. Dès 1991, le groupe radical Queer Nation avait élargi sa critique des médias : il ne s'opposait plus seulement à la représentation de tueurs fous atteints du sida, mais aussi à celle de tout tueur non hétéro. Les sections de San Francisco et de L.A. du mouvement organisèrent des manifestations contre *Le Silence des agneaux*, incriminant le personnage de travesti en *serial killer*, et interrompirent le tournage de *Basic Instinct* parce que le film présentait des lesbiennes tueuses armées de pics à glace. La GLAAD, Gay and Lesbian Alliance Against Defamation (Alliance des gays et des lesbiennes contre la diffamation) ne se contentait plus d'exercer des pressions sur les journalistes quant à leur usage d'expressions telles que « peste gay » pour décrire le sida, elle exigeait activement des chaînes de télévision qu'elles présentent un plus vaste quota de gays et de lesbiennes dans les émissions. En 1993, Torie Osborn, importante activiste américaine pour les droits des lesbiennes, déclara que le plus grand problème politique des femmes qu'elle représentait n'était pas les avantages sociaux des conjoints du même sexe, le droit d'entrer dans l'armée ni même le droit de deux femmes de se marier et d'adopter des enfants. C'était, dit-elle à un reporter : « L'invisibilité, un point c'est tout[1]. »

Un peu comme la génération précédente de féministes antiporno qui tenaient leurs rassemblements devant les peepshows, une grande part des manifestations politiques du début des années 1990 passèrent des marches des édifices gouvernementaux et des tribunaux à celles des musées présentant des expositions d'art africain qui, disait-on, célébraient l'esprit colonial. Les manifestants investissaient l'entrée des cinémas montrant des super comédies musicales comme *Showboat* et *Miss Saigon*, et, en 1992, ils débarquèrent même par surprise sur le tapis rouge de la cérémonie de remise des Oscars.

Rétrospectivement, ces luttes peuvent sembler superficielles, mais il est difficile de nous blâmer, nous, si narcissiques face aux médias, de croire que nous étions engagés dans une lutte cruciale au nom des opprimés où qu'ils se trouvent : chacun de nos pas déclenchait une nouvelle vague de panique apocalyptique chez nos ennemis conservateurs. Si nous n'étions pas révolutionnaires, pourquoi donc nos adversaires disaient-ils qu'une révolution était en cours, que nous étions en pleine « guerre culturelle » ? « La transformation des campus américains est si radicale qu'il n'est pas exagéré de la qualifier de révolutionnaire, écrivait Dinesh D'Souza, auteur de *Illiberal Education*. Ses signes distinctifs sont actuellement visibles sur tous les grands campus américains, et dans tous les aspects de la vie universitaire[2]. »

Même s'ils prétendaient vivre sous des régimes staliniens ne tolérant aucune dissidence, nos professeurs et administrateurs montèrent une contre-offensive d'une véhémence impressionnante : ils se battirent becs et ongles pour le droit de nous vexer, nous, les radicaux susceptibles ; ils s'étendirent sur les rails devant chaque nouvelle législation contre le harcèlement, et firent en général comme s'ils luttaient pour l'avenir même de la civilisation occidentale. Des tombereaux d'articles de magazines, tous semblables, apportèrent leur soutien à la cause de la politique identitaire comme urgence internationale. Le rédacteur du magazine *New York*, John Taylor, comparait ma génération d'activistes de campus aux membres d'une secte, aux Jeunesses hitlériennes et aux fondamentalistes chrétiens[3]. Si grande était la menace que nous étions censés représenter, que George Bush prit même la peine d'avertir la planète que la *political correctness* « remplaçait les anciens préjugés par de nouveaux ».

LE MARKETING IDENTITAIRE

Les réactions brutales qu'inspira la politique identitaire réussirent assez bien à nous masquer le fait qu'un grand nombre de nos exigences quant à une meilleure représentation étaient en revanche rapidement satisfaites par les spécialistes en marketing, les médias et les producteurs de *pop culture* – mais peut-être pas pour les raisons que nous avions espérées. Si j'avais à identifier le moment précis de ce changement d'attitude, je dirais août 1992 : au plus fort de la « crise des marques » qui culmina avec le Vendredi Marlboro. Nous découvrîmes alors que nos ennemis jurés du « courant dominant » – pour nous, un monolithe géant aux contours flous, situé à l'extérieur de nos enclaves universitaires –, loin de nous craindre, nous trouvaient au contraire un certain intérêt. À mesure que nous cherchions de nouvelles sources d'images d'avant-garde, l'importance que nous accordions aux identités sexuelles et raciales extrêmes engendrait de magnifiques stratégies de contenu associé à des marques, et de marketing associé à des créneaux. Les marques semblaient nous dire : De la diversité, tu en voulais, en voilà. Sur ce, aérographe à la main, les spécialistes du marketing et les médias fondirent sur les couleurs et les images de notre culture, pour les retoucher.

Les cinq années suivantes virent une avalanche de rubans rouges, de casquettes de baseball Malcolm X et de t-shirts « Le silence, c'est la mort ». Dès 1993, les articles sur l'apocalypse universitaire furent remplacés par d'autres sur la vague des féministes pro-sexe dans *Esquire* et du « chic lesbien » dans *New*

York et *Newsweek*. Ce changement d'attitude ne fut pas le résultat d'une conversion politique massive, mais de froids calculs économiques. Selon *Rocking the Ages*, un livre produit en 1997 par Yankelovich Partners, un grand cabinet américain de recherche sur la consommation, la « diversité » a été le « définisseur idéologique » de la génération X, par opposition à l'« individualité » pour les boomers et au « devoir » pour leurs parents.

« La génération X adopte aujourd'hui les attitudes pluralistes les plus marquées que nous ayons jamais mesurées. Dans nos projections des 25 prochaines années, il est clair que l'acceptation des styles de vie alternatifs s'étendra encore davantage et avec plus de force à mesure que la génération X grandira et prendra les rênes du pouvoir, et deviendra le groupe dominant de consommateurs… *La diversité est le fait dominant de la génération X, le centre de la perspective qu'elle apporte au marché.* La diversité sous toutes ses formes – culturelle, politique, sexuelle, raciale, sociale – est une caractéristique de cette génération[4]… » [les italiques sont dans le texte]

Entre-temps, l'agence de chasseurs de cool Sputnik avançait que « la jeunesse d'aujourd'hui est un vaste et unique échantillonnage de diversité » et encourageait ses clients à plonger dans ces psychédéliques « United Streets of Diversity » sans craindre de goûter aux plats locaux. Dee Dee Gordon, auteur de *The L. Report*, pressait ses clients de s'adonner férocement au Girl Power : « Les adolescentes aiment riposter[5] » ; et, adoptant bizarrement le même langage que mes amis d'université ou moi, Tom Peters, l'homme des marques, se mit à reprocher à son public d'hommes d'affaires d'être des gens âgés de race blanche et de sexe masculin.

Comme nous l'avons vu, cette information talonnait de près deux autres révélations connexes. La première était que pour survivre, les fabricants d'objets de consommation devraient bâtir des empires commerciaux autour des « identités de marque ». La seconde, c'était que le groupe démographique montant, celui des jeunes, détenait la clé du succès sur le marché. Alors, bien sûr, si tous les spécialistes en recherche de marché et les chasseurs de cool déclaraient que la diversité était le trait de caractère essentiel de ce groupe démographique lucratif, il n'y avait qu'une chose à faire : toute entreprise prévoyante devait intégrer, dans son identité de marque, des variations sur le thème de la diversité.

148

Et c'est exactement ce que tentèrent de faire la plupart des sociétés de marques. Pour mieux expliquer comment Starbucks s'est taillé sa place dans la vie quotidienne, en 1996, sans une seule campagne publicitaire nationale, *Advertising Age* évoquait son aura tiers-mondiste et artisanale : « Pour ses fidèles, l'"expérience" Starbucks dépasse l'espresso quotidien ; c'est une immersion dans un refuge cultivé, politiquement correct[6]… » Mais Starbucks n'était qu'un protagoniste mineur dans la frénésie de marketing *politically correct*. Les publicités d'Abercrombie & Fitch montraient des types en sous-vêtements qui se regardaient avec des yeux de merlan frit ; Diesel allait plus loin en présentant deux marins qui s'embrassaient (voir image à la page 142) ; et un spot télévisuel de Virgin Cola décrivait « le tout premier mariage gay dans une pub », comme l'annonça fièrement le communiqué de presse. Naquirent également des marques destinées aux gays, comme la Pride Beer (la bière Fierté) et la Wave Water, dont le slogan était « Nous collons des étiquettes aux bouteilles, pas aux gens », et la communauté gay eut droit à ses propres chasseurs de cool – des spécialistes en recherche de marché qui couraient les bars gays avec des caméras cachées[7].

Entre-temps, Gap remplissait ses pubs de toutes les couleurs de peaux, avec ses mannequins aux allures d'enfants. Diesel tirait parti de la frustration face à un idéal de beauté inaccessible avec des publicités ironiques montrant des femmes auxquelles on servait à dîner devant une tablée de cochons. The Body Shop faisait marche arrière en refusant d'annoncer, et préférait remplir ses vitrines de rubans rouges et d'affiches condamnant la violence faite aux femmes. La course à la diversité cadrait parfaitement avec le succès du style et des héros afro-américains que des compagnies comme Nike et Tommy Hilfiger avaient déjà désignés comme un puissant gisement de marketing. Mais Nike réalisa également que les groupes prétendûment opprimés étaient déjà des créneaux tout désignés : lancez-leur quelques clichés gauchistes et hop ! vous n'êtes plus seulement un produit, mais un allié dans la lutte. Ainsi, les murs de Nike Town furent ornés de citations de Tiger Woods déclarant : « Il y a encore, aux États-Unis, des terrains de golf où on ne me permet pas de jouer à cause de la couleur de ma peau. » Dans les annonces de Nike, des femmes disaient : « Pour moi, *chérie* est un mot grossier » et « Je crois que les talons hauts sont une conspiration à l'encontre des femmes. »

Et chacun, semblait-il, de jouer avec la fluidité des sexes : dans une pub aujourd'hui démodée, le maquillage MAC utilisait la *drag queen* RuPaul comme porte-parole ; des annonces de tequila informaient les téléspectateurs qu'en fait, cette fille en bikini était un homme ; les eaux de Cologne Calvin Klein nous disaient que le sexe d'une personne est un concept ; et le déodorant Sure Ultra Dry priait tous les travestis de se calmer : « Homme ? Femme ? Quelle importance ? »

LA NOSTALGIE DE L'OPPRESSION

Des débats virulents font encore rage à propos de ces campagnes. Indiquent-elles un pur cynisme, ou la volonté des annonceurs d'évoluer et de jouer un rôle social plus positif ? Dans ses publicités du milieu des années 1990, Benetton slalomait follement entre, d'une part, de subtiles et belles contestations des stéréotypes raciaux, et de l'autre, une exploitation commerciale grotesque de la souffrance humaine. Il était toutefois indiscutable que l'entreprise utilisait ses vastes acquis pour envoyer un autre message qu'« Achetez de nouveaux pulls » ; et ces pubs jouèrent un rôle crucial dans l'accueil que fit le monde de la mode à la lutte contre le sida. De même, on ne peut nier que The Body Shop ait fait œuvre de pionnière en démontrant au secteur commercial qu'une chaîne multinationale peut être un protagoniste franc et controversé, même si elle fait des millions avec de la mousse de bain et de la lotion pour le corps. Les motivations complexes et les fortes incohérences de plusieurs de ces entreprises « responsables » seront explorées plus avant dans un prochain chapitre. Mais pour un grand nombre des activistes qui avaient cru un moment, autrefois, qu'une meilleure représentation médiatique engendrerait un monde plus juste, une chose était devenue tout à fait claire : la politique identitaire ne combattait pas le système, elle n'était même pas subversive. Elle alimentait la vaste et nouvelle industrie du branding des grandes entreprises.

Le couronnement de la diversité sexuelle et raciale en tant que nouvelle superstar de la publicité et de la *pop culture* a créé, on le comprend, une sorte de crise d'identité de l'identité. Certains anciens guerriers de l'identité ressentent même de la nostalgie à propos du bon vieux temps : ils étaient opprimés, oui, mais les symboles de leur radicalisme n'étaient pas en vente chez Wal-Mart. Comme le fit remarquer la rédactrice musicale Ann Powers à propos de l'ascension tant vantée du Girl Power, « à ce carrefour entre le féminin conventionnel et la Girl en évolution, ce qui émerge n'est pas une révolution mais un centre commercial... Un mouvement authentique dégénère en une gigantesque course folle dans les magasins, où l'on encourage des filles à acheter l'identité qui leur convient le mieux[8] ». De même, selon Daniel Mendelsohn, l'identité gay s'est réduite à « une palette de produits, en somme... Culturellement parlant, du moins, l'oppression a peut-être été la meilleure chose qui soit arrivée à la culture gay. Sans elle, nous ne sommes rien ».

Bien sûr, cette nostalgie est absurde. Même le plus cynique des guerriers de l'identité admettra, si on insiste, que le *coming out* d'Ellen Degeneres et d'autres personnalités gay à la télé a des avantages concrets. Certainement pour les jeunes, surtout ceux qui vivent à l'écart des grands centres urbains – en milieu rural ou dans de petites villes, où le fait d'être gay les réduit probablement à une vie d'auto-flagellation. (En 1998, en Amérique, le taux de tentatives de suicide parmi les adolescents gay et bisexuels de sexe masculin était de 28,1 pour cent, contre 4,2 pour cent chez les hommes hétéros du même groupe d'âge[9].) De même, la plupart des féministes admettraient que, même si les Spice Girls chantent « If you wanna be my lover, you have to get with my friends » (Si tu veux venir dans mon lit, faut que tu sois branché avec mes amis), le mythe de la beauté n'en est pas bouleversé pour autant, mais qu'on est tout de même un cran plus haut par rapport à l'ode au viol collectif chantée par Snoop Dogg en 1993 : « It ain't no fun if my homies can't have none. » (Pour que ce soit vraiment bien parti, faut qu'il y en ait pour mes amis.)

Et pourtant, même s'il est louable d'élever l'estime de soi des adolescents en leur fournissant des modèles positifs, le progrès est plutôt mince, et l'activiste ne peut s'empêcher de se demander : C'est tout ? Toutes nos protestations et nos théories supposément subversives n'auront-elles servi qu'à fournir un contenu magnifique aux industries culturelles, une imagerie style de vie fraîche et jeune à la nouvelle campagne Levi's, « What's True » (Ce qu'il y a de vrai), et des ventes records alimentées par le Girl Power à l'industrie musicale ? Autrement dit, pourquoi nos idées sur la rébellion politique ont-elles si bien glissé sur le courant lisse du *business as usual* ?

La question, bien entendu, n'est pas pourquoi, mais pourquoi pas ? Tout comme elles avaient accueilli la proposition « des marques, pas des produits », les astucieuses sociétés réalisèrent rapidement qu'une modeste contrainte – embaucher plus de femmes ou soigneusement passer au crible les énoncés d'une campagne publicitaire – était un moindre prix à payer pour l'immense part de marché promise par la diversité. S'il est que des gains réels ont émergé de ce processus, il est tout aussi vrai que Dennis Rodman porte des robes et que Disney World célèbre la Journée Gay, moins pour des raisons politiques que par opportunisme financier. Le marché s'est emparé du multiculturalisme et de l'androgynie aussi bien que de la culture jeunesse en général : non seulement comme d'un créneau, mais comme d'un nouveau gisement d'imagerie carnavalesque. Comme le font remarquer Robert Goldman et Stephen Papson : « La culture au "pain blanc" ne tient plus le coup[10]. » L'industrie culturelle, avec ses 200 milliards de dollars – c'est maintenant la plus grande exportation de l'Amérique –, a besoin d'une réserve ininterrompue et toujours changeante de styles de la rue, de vidéoclips d'avant-garde et de couleurs de peau. Et les critiques radicaux des médias, qui réclamaient à cor et à cri d'être « représentés » au début des années 1990, ont à toutes fins utiles remis leurs identités colorées entre les mains des créateurs de marques pour qu'elles soient livrées toutes emballées.

Non seulement accepté aujourd'hui par les industries culturelles, le besoin d'une plus grande diversité – le cri de ralliement de mes années d'université – est aussi devenu le mantra du capital mondial. La politique identitaire, telle qu'elle était pratiquée dans les années 1990, ne constituait donc pas une menace, c'était une mine d'or. « Cette révolution, écrivit le critique culturel Richard Goldstein dans *The Village Voice*, a sauvé le capitalisme[11]. » Et elle est arrivée juste à temps.

MÉLANGE MARKETING : DIVERSITÉ CULTURELLE ET BONIMENT MONDIAL

Pendant que mes amis et moi luttions en faveur d'une meilleure représentation culturelle, les agences de publicité, les diffuseurs et les marques mondiales se penchaient sur d'autres problèmes importants à leurs yeux. Grâce au progrès du libre-échange et autres formes de déréglementation accélérée, le marché mondial devenait enfin une réalité, mais de nouvelles questions urgentes se posaient : Quelle était la meilleure façon de vendre des produits identiques à travers des frontières multiples ? De quelle manière les annonceurs devaient-ils s'adresser d'un seul coup au monde entier ? Comment une même entreprise pouvait-elle tenir compte des différences culturelles tout en conservant sa cohésion interne ?

Jusqu'à ces dernières années, pour certaines grandes sociétés, la réponse était simple : obligez le monde à parler votre langage et à absorber votre culture. En 1983, alors que l'accession à la dimension mondiale était encore un rêve pour la plupart des sociétés, Theodore Levitt, professeur d'études commerciales à Harvard, publia l'essai *The Globalization of Markets* (La mondialisation des marchés), dans lequel il avançait que toute société désireuse de se plier à une habitude ou à un goût local courait à l'échec. « Les besoins et les désirs du monde ont été irrévocablement homogénéisés », écrivait-il dans ce qui devint instantanément le manifeste du marketing mondial. Levitt établissait une forte distinction entre les sociétés *multinationales*, qui sont fragiles et qui subissent des transformations au gré du pays dans lequel elles opèrent, et les sociétés *mondiales*, arrogantes, qui restent, par définition, toujours les mêmes, peu importe où elles sévissent. « La société multinationale opère dans un certain nombre de pays, et ajuste ses produits et pratiques à chacun – à des coûts relativement élevés. La société mondiale opère avec une constance résolue – à un coût relativement bas – comme si le monde entier (ou ses régions les plus importantes) formait une seule et unique entité ; elle vend les mêmes choses, de la même façon, partout... D'un pays à un autre, les différences d'autrefois entre goûts ou manières de faire des affaires disparaissent[12]. »

Les sociétés « mondiales » de Levitt étaient, bien entendu, des sociétés américaines, et l'image « homogénéisée » qu'elles promouvaient reflétait l'Amérique : de jeunes blonds aux yeux bleus mangeant des céréales Kellogg à la télé japonaise ; le Marlboro Man menant son bétail depuis les plaines américaines jusqu'aux villages africains ; Coca-Cola et McDonald's vendant au monde entier le goût étasunien. Lorsque la mondialisation cessa d'être un rêve un peu délirant pour devenir une réalité, ces pitreries de marketing à la sauce western commencèrent à en déranger certains. Au cours des dernières années, le croque-mitaine familier du XXe siècle – « l'impérialisme culturel américain » – provoqua un tollé contre le « Tchernobyl culturel » en France, engendra la création d'un « mouvement du slow-food » en Italie, et mena à l'incinération de poulets devant le premier comptoir Kentucky Fried Chicken en Inde.

Les Américains n'ont jamais été réputés pour leur sensibilité à la culture ; il n'est donc pas étonnant que le chemin du marketing mondial tracé par Levitt soit pavé de faux pas culturels. Le plus grave d'entre eux survint après l'effondrement du communisme en Europe : c'était le magnat des médias qui s'attribuerait le crédit de la liberté et de la démocratie dans le monde – une prétention qu'il faudrait payer plus tard. « Nous avons installé MTV en Allemagne de l'Est et, le lendemain, le mur de Berlin est tombé », affirma Sumner Redstone, patron de Viacom International[13]. Ted Turner revendiqua la même chose au nom de CNN et des Goodwill Games. « J'ai dit : Essayons de défaire ça. Rassemblons nos jeunes, bouclons la boucle, tentons de donner un peu de paix au monde et mettons fin à la guerre froide. Et, bon sang, on l'a fait[14]. » Pendant ce temps, Rupert Murdoch disait à la planète que « dans bien des sociétés fermées, la diffusion satellitaire permet à des citoyens de recevoir l'information dont ils sont avides, sans passer par la télévision contrôlée par l'État[15] ».

Cette bravade de l'après-guerre froide ne fut pas très bien reçue dans des pays comme la Chine, où le fait de tenir tête aux valeurs dites occidentales demeure une sacro-sainte cause politique. C'est pourquoi plusieurs magnats occidentaux des médias – dorénavant décidés à pénétrer toute l'Asie avec leurs satellites – ont soigneusement pris leurs distances par rapport à leur rhétorique antérieure de combattants de la liberté, et collaborent à présent activement avec des dictatures afin de restreindre la circulation de l'information, une situation que nous examinerons plus avant dans le chapitre 8.

C'est dans ce champ de mines qu'apparut le marketing de la « diversité », qui se présentait comme une panacée à tous les écueils de l'expansion mondiale. Plutôt que de créer des campagnes de publicité différentes pour des marchés différents, ces campagnes vendaient la diversité même à tous les marchés en même temps. La formule maintenait le rapport coûts-bénéfices universels de l'impérialisme culturel à la sauce western d'autrefois, mais risquait beaucoup moins d'offenser des susceptibilités locales. Au lieu d'inciter le monde à goûter à l'Amérique, elle appelait, comme le slogan des Skittles, à « Goûter à l'Arc-en-ciel ». Ce multiculturalisme édulcoré se présentait comme le séduisant emballage de l'effet homogénéisateur de ce que le physicien indien Vandana Shiva appelle « la monoculture » – car c'est bien de monomulticulturalisme qu'il s'agit.

Ces temps-ci, le fin du fin du marketing mondial n'est pas de vendre l'Amérique au monde, mais de fournir à chacun, dans le monde entier, une sorte de mélange d'épices. Au tournant du XXIᵉ siècle, le boniment de vente, c'est moins le Marlboro Man que Ricky Martin : un mélange bilingue de Nord et de Sud, de latino, de rythm & blues, tout cela enrobé dans les paroles de chansons d'une fête mondiale. Cette approche « galerie des restos exotiques » crée un lieu qui n'en est pas un, un centre commercial mondial qui permet à des sociétés de vendre un même produit dans plusieurs pays, sans déclencher la vieille clameur de « Coca-Colonisation ».

À mesure que la culture s'homogénéise à l'échelle mondiale, le rôle du marketing est d'écarter le moment cauchemardesque où les produits cesseront de ressembler à des styles de vie ou à des idées magnifiques, pour apparaître comme les objets omniprésents qu'ils sont en réalité. De par son caractère ethnique fluide, le mélange marketing a été présenté comme l'antidote au spectre affreux de l'homogénéité culturelle. En revêtant des identités commerciales radicalement individualistes et perpétuellement nouvelles, les marques veulent éviter d'être accusées de vendre, en fait, la similitude.

L'ADO MONDIAL

Bien entendu, tout le monde n'est pas uniformément ouvert à l'idée de traiter culture et nationalité comme des accessoires de mode que l'on peut adopter ou rejeter. Ceux qui ont mené des guerres et survécu à des révolutions ont tendance à protéger davantage leurs traditions nationales. Ceux qui sont désespérément pauvres, et qui forment le quart de la population du monde[16], ont aussi quelques difficultés à entrer dans la danse mondiale, d'autant que la télévision câblée et la plupart des marques relèvent encore de la simple rumeur dans ces parties du monde en voie de développement, où un total de 1,3 milliard de personnes vivent avec, au plus, 1 dollar américain par jour[17]. Non, le grand espoir mondial, ce sont les jeunes des pays développés et semi-développés. Plus que quiconque, ces adolescents de classe moyenne, bardés de logos, résolus à se couler dans un moule fabriqué par les médias, sont devenus les puissants symboles de la mondialisation.

Plusieurs raisons l'expliquent. D'abord, tout comme pour le marché américain, le nombre. Le monde fourmille d'adolescents, surtout dans les pays du Sud, où l'ONU estime que 507 millions d'adultes mourront avant l'âge de 40 ans[18]. Les deux tiers de la population asiatique ont moins de trente ans et, en raison des années de guerre sanglante, environ la moitié de la population du Vietnam est née après 1975. En tout, le groupe démographique appelé l'adolescent mondial est estimé à un milliard, et ces ados consomment une part disproportionnée des revenus de leurs familles. En Chine, par exemple, la consommation ostentatoire demeure complètement irréaliste pour chacun des membres de la maisonnée. Mais, affirment les spécialistes en recherche de marchés, les Chinois font d'énormes sacrifices pour les jeunes – en particulier les garçons –, et cette valeur culturelle est de fort bon augure pour les sociétés de téléphones portables et de chaussures de sport. Selon Laurie Klein, de Just Kid Inc., une firme américaine ayant étudié la consommation chez les ados chinois, alors que maman, papa et les deux grands-parents peuvent se passer d'électricité, leur fils unique (grâce à la politique nationale de l'enfant unique) se délecte fréquemment ce qu'on a coutume d'appeler le « syndrome du petit empereur », ou de ce qu'elle nomme le phénomène « 4-2-1 » : quatre aînés et deux parents économisent des bouts de chandelles pour que l'enfant unique devienne un clone de MTV. « Quand les parents et les quatre grands-parents dépensent pour un enfant unique, pas besoin d'un doctorat pour savoir que c'est le bon marché », affirme un fournisseur de capital-risque en Chine[19]. De plus, comme les enfants absorbent plus aisément que leurs parents les valeurs culturelles, ils deviennent souvent les zélés consommateurs de leurs familles, même en ce qui concerne des biens domestiques considérables. Dans l'ensemble, ce que démontre cette étude, c'est que, cependant que les adultes préservent encore des coutumes et des mœurs traditionnelles, l'ado mondial délaisse ces satanés problèmes nationaux au même titre que la mode de l'année précédente. « Il préfère le Coca-Cola au thé, les Nike aux sandales, les Chicken McNuggets au riz, les cartes de crédit à l'argent comptant », déclara au *Wall Street Journal* Joseph Quinlan, économiste principal chez Dean Witter Reynolds Inc.[20] Le message est clair : si vous réussissez à avoir les jeunes, vous avez toute la famille et le marché de l'avenir.

La diversité. Tout ce que vous voulez.

Slogan d'une campagne publicitaire 1998-1999
des magasins Eaton, Canada

Galvanisée par cette rhétorique, l'image de l'ado mondial flotte au-dessus de la planète telle une euphorique hallucination commerciale. Ces jeunes, ne cesse-t-on de nous dire, vivent non seulement dans un lieu géographique mais aussi dans une boucle de consommation mondiale : connectés en temps réel par leurs téléphones portables à des forums de discussion sur l'Internet ; soudés les uns aux autres par la PlayStation de Sony, les vidéoclips de MTV et les jeux de la NBA. L'étude la plus approfondie et la plus souvent citée, à propos du groupe démographique dit de l'ado mondial, a été menée en 1996 par la section BrainWaves de l'agence de publicité new-yorkaise DMB&B. Appuyée sur un sondage mené dans 45 pays auprès de 27 600 personnes de classe moyenne, âgées de 15 à 18 ans, cette « New World Teen Study » (Étude sur le nouvel ado mondial) était de fort bon augure pour les clients de l'agence, dont Coca-Cola, Burger King et Philips. « En dépit des différences culturelles, le jeune de classe moyenne du monde entier semble habiter un univers parallèle. Dès le lever, il met ses Levi's et ses Nike, attrape sa casquette, son sac à dos et son lecteur de CD Sony, et part pour l'école[21]. » Pour Elissa Moses, première vice-présidente de l'agence, l'arrivée du groupe démographique de l'ado mondial représente « l'une des plus grandes possibilités de marketing de tous les temps[22] ».

Mais avant que les marques puissent vendre les mêmes produits de la même façon dans le monde entier, les ados eux-mêmes doivent s'identifier à leur nouveau groupe démographique. Ce que la plupart des campagnes publicitaires mondiales vendent donc encore avec autant de dynamisme, c'est l'idée du marché de l'ado mondial – un kaléidoscope de visages de plusieurs ethnies se fondant les uns dans les autres : tresses rastas, cheveux roses, mains décorées au henné, piercing et tatouage, drapeaux nationaux, visions fugitives de noms de rues de villes étrangères, caractères cantonais et arabes, assaisonnés d'une pincée de mots anglais, tout cela sur de multiples couches d'échantillons de musique électronique. La nationalité, la langue, l'ethnie, la religion et la politique sont réduites à leurs accessoires les plus colorés et les plus exotiques, qui convergent pour nous assurer, comme Renzo Rosso, le président de Diesel, que ce n'est « jamais *eux et nous*, mais juste un *nous* géant[23] ».

Pour atteindre à cette unité, l'ado mondial doit parfois être opposé à des aînés traditionalistes qui n'apprécient guère son goût radical pour le denim. Par exemple, une pub télé des jeans Diesel montre deux ados coréens se changeant en oiseaux après avoir commis un double suicide, ne trouvant la liberté que dans la reddition totale à la marque. Dans ces publicités, en définitive, le produit – plus que les boissons gazeuses, crèmes glacées, chaussures de sport ou jeans –, c'est l'ado mondial, qui doit exister en tant que groupe démographique dans l'esprit des jeunes consommateurs du monde entier, sous peine de voir s'écrouler tout cet exercice de marketing mondial. Voilà pourquoi le marketing auprès de la jeunesse mondiale est une opération si répétitive qu'elle vous laisse hébété, ivre de l'idée de ce qu'elle tente de construire : une troisième définition de la nationalité – qui ne serait ni américaine ni locale, mais unirait les deux par l'intermédiaire de la consommation.

En 1998, triomphant au centre du phénomène de l'ado mondial, MTV pénétrait dans 273,5 millions de foyers du monde entier – dont seulement 70 millions aux États-Unis. Dès 1999, ses huit divisions mondiales atteignaient 83 pays et territoires. C'était moins que CNN et sa portée dans 212 pays, mais c'était tout de même impressionnant. En outre, selon la New World Teen Study, le plus important facteur d'influence sur les goûts partagés par les ados de la classe moyenne, c'était la télé – surtout MTV, que 85 pour cent d'entre eux regardaient tous les jours. Pour Elissa Moses, la station est « un journal télévisé permanent pour la création d'images de marques[24] » et « la sono d'une génération[25] ». Ce genre de portée pour une programmation est sans précédent depuis les années 1950, quand les familles se rassemblaient autour du téléviseur pour regarder l'émission d'Ed Sullivan. Chaque jour, l'ado mondial regarde MTV à un point tel que le seul équivalent, chez les adultes, de ce partage d'une expérience survient lorsqu'une guerre éclate et que tous les regards sont fixés sur les mêmes images de CNN.

Et plus il y a de téléspectateurs pour absorber la vision de tribu d'échange culturel qu'entretient MTV – l'ado mondial nomade –, plus le marché est homogène pour ses annonceurs. Voici ce que dit Chip Walker, directeur de la New World Teen Study : « Les ados qui regardent MTV sont beaucoup plus susceptibles que d'autres de porter l'"uniforme" ado : jeans, chaussures de sport et blouson en denim... Tout comme de posséder des appareils électroniques et de consommer des objets « ados » : friandises, boissons gazeuses, biscuits et fast-food. Ils sont également beaucoup plus susceptibles d'utiliser une vaste gamme de produits de soins personnels[26]. » Autrement dit, MTV International est devenu le plus fascinant catalogue mondial de la vie de marque moderne.

ON SE QUERELLE PENDANT QUE LA MAISON BRÛLE

Si l'on se fie à l'accueil réservé par l'économie mondiale aux revendications liées à la représentation, la politique identitaire que prisait ma génération sur les campus revenait, à la fin, à un ensemble d'objectifs politiques modestes qui étaient souvent (et plus qu'il n'y paraissait) voilés dans une rhétorique et des tactiques présomptueuses. Je ne suis pas en train de faire un mea-culpa du *politically correct* – je suis fière de nos petites victoires : un meilleur éclairage sur le campus, un plus grand nombre de femmes à des postes de direction, et moins d'eurocentrisme dans le programme universitaire (pour déterrer une expression fort décriée à l'époque *politically correct*). Ce que je remets en cause, ce sont les luttes que nous, guerriers nord-américains de la culture, ne sommes pas arrivés à livrer. À l'époque, la question de la pauvreté n'était pas très souvent évoquée ; bien sûr, de temps à autre, dans nos croisades contre le trio des « ismes », quelqu'un soulevait le « classisme » et, dépassés en termes de *politically correct*, nous ajoutions consciencieusement « classisme » à notre liste noire. Mais notre critique se concentrait sur la représentation des femmes et des minorités au sein des structures de pouvoir, et non sur l'économie qui sous-tendait ces structures. « La discrimination contre la pauvreté » (notre conception de l'injustice était généralement interprétée comme de la discrimination à l'encontre de quelque chose) ne pouvait être résolue par un changement de perceptions ni de langage, ni même, au sens strict, de comportement individuel. Les exigences fondamentales de la politique identitaire présupposaient une atmosphère d'abondance. Dans les années 1970 et 1980, cette abondance avait existé, et femmes et non-Blancs avaient pu se battre sur la façon de diviser le gâteau : les hommes de race blanche allaient-ils apprendre à le partager, ou continuer de le monopoliser ? Mais dans la politique de la représentation des années 1990, celles de la Nouvelle Économie, les femmes comme les hommes, et les Blancs autant que les gens de couleur, livraient à présent leurs batailles à propos d'une seule et unique part de gâteau qui allait diminuant – sans jamais demander ce qu'il advenait du reste du gâteau. Pour que nous, étudiants, affrontions le problème sous-jacent au « classisme », il aurait fallu nous mesurer aux questions cruciales de la distribution des richesses – et, à la différence du sexisme, du racisme et de l'homophobie, ce n'était pas ce que nous appelions un « problème de prise de conscience ».

Ainsi, les questions de classe sortirent de notre champ de vision en même temps que toute analyse économique – et à plus forte raison commerciale. Les rangs *politically correct* comptaient sûrement des gens animés par des objectifs révolutionnaires. Pareils aux radicaux de la contre-culture des années 1960 qui croyaient ébranler les fondations de la civilisation occidentale en prenant de l'acide, une poignée de professeurs et d'étudiants engagés dans la politique identitaire croyaient qu'« il se porte de grands coups contre le capitalisme dans les domaines théoriques », comme l'a formulé le critique Gayatri Spivak[27]. Dinesh D'Souza et certains de ses semblables ne purent s'empêcher de traiter les partisans du *politically correct* de « néo-marxistes » – mais en fait, rien n'était plus loin de la vérité. La perspective de devoir changer quelques pronoms et de nommer une poignée de femmes et quelques membres de minorités au conseil d'administration et à la télévision ne faisait peser aucune menace réelle sur les principes de rentabilité qui conduisent Wall Street. « L'erreur véritable du mouvement de la *political correctness*…, écrivait en 1991 Tim Brennan, professeur de littérature à l'Université de l'État de New York, n'est pas l'intolérance ou la rigidité qu'on lui a reprochées, mais le fait qu'elle ne soit pas suffisamment politique – qu'elle soit une contrefaçon du combat politique[28]. »

160

Cet échec a mis au jour un problème insoluble, car les tendances économiques en pleine accélération au cours de la dernière décennie concernaient toute la redistribution et la stratification massives des ressources mondiales : emplois, biens et argent. À l'exception du sommet de l'élite commerciale, tout le monde en recevait moins.

Avec le recul, ce qu'il y a de frappant, c'est qu'au cours des années mêmes où la tendance à l'autoréférence du mouvement *politically correct* atteignait son acmé, le reste du monde s'adonnait à quelque chose de très différent : il se tournait vers l'extérieur et prenait de l'expansion. Alors que le champ de vision des gauchistes les plus radicaux se réduisait à leur environnement immédiat, les horizons du commerce mondial s'élargissaient pour englober toute la planète. Alors que des P.D.G. rêvaient de Big Macs en Russie, de Benetton à Shanghai et de logos projetés sur la lune, le champ de vision politique de trop d'activistes et de théoriciens devenait si radicalement étroit qu'à l'exception de la brève période de la guerre du Golfe, la politique étrangère et économique sortit de leur écran radar. En Amérique du Nord, même l'opposition au traité de libre-échange se limita à la protection des travailleurs et des ressources du Canada et des États-Unis, sans envisager les effets possibles de l'accord sur le Mexique, ni ceux d'autres mesures rapides de libéralisation sur le Tiers-Monde. En perdant le débat sur le libre-échange, la gauche se replia encore davantage sur elle-même, choisissant d'échouer lors de disputes encore plus mineures. Cette retraite reflétait une paralysie politique plus vaste face aux affolantes abstractions du capitalisme mondial – ironiquement, les questions mêmes qui auraient dû être les plus pressantes pour quiconque se préoccupait de l'avenir de la justice sociale.

Dans ce nouveau contexte planétarisé, les victoires de la politique identitaire revenaient à changer la disposition du mobilier pendant que la maison brûlait. Oui, il y avait un plus grand nombre de sitcoms multiethniques et même de cadres noirs – mais l'édification culturelle qui suivit n'avait pas empêché le sous-prolétariat d'exploser ni la population des sans-abri d'atteindre un stade critique dans un grand nombre de villes nord-américaines. Bien sûr, les femmes et les gays avaient de meilleurs modèles de rôle dans les médias et la *pop culture* – mais la propriété des industries culturelles s'était consolidée si rapidement que, selon William Kennard, président de la Federal Communications Commission des

161

États-Unis, « les chances d'accès ont diminué pour les groupes minoritaires, les groupes communautaires, les petites entreprises en général[29] ». Et, même si les filles régnaient enfin en Amérique du Nord, elles en étaient encore réduites, dans les sweatshops (ateliers où les travailleurs sont exploités) d'Asie et d'Amérique latine, à fabriquer les t-shirts portant le slogan « Girls Rule » et les chaussures de sport Nike qui permettront enfin aux filles d'entrer dans le jeu.

Cette erreur n'est pas seulement un échec du féminisme, elle correspond à une trahison des principes fondateurs du mouvement féministe. Même si la politique des sexes dans laquelle j'ai grandi, dans les années 1980, se préoccupait presque exclusivement de la représentation égalitaire des femmes dans les structures du pouvoir, la relation entre sexe et classe sociale n'a pas toujours été négligée avec autant de désinvolture. Bread and Roses (Du pain et des roses), le cri de ralliement du mouvement des femmes, tire son origine d'un slogan inscrit sur une bannière de grève dans une usine textile en 1912. « Ce que veut la travailleuse, expliquait la célèbre organisatrice Rose Schneiderman dans un discours de 1912, c'est le droit de vivre, au lieu de tout simplement exister[30]. » Et le 8 mars, Journée internationale des femmes, marque l'anniversaire d'une manifestation de 1908 : « Des travailleuses du vêtement ont marché dans les rues de New York, pour protester contre les conditions de travail horribles, le labeur des enfants, les journées de 12 heures, les salaires dérisoires[31]. » Or nous, jeunes femmes qui avons grandi en lisant *Le Mythe de la Beauté*, et pour qui troubles alimentaires et faible estime de soi constituaient les sous-produits les plus nocifs de l'industrie de la mode, nous avons eu tendance, dans nos manifestations du 8 mars, à oublier ces femmes, et souvent même à en ignorer l'existence.

Avec le recul, on dirait qu'il s'agissait d'une cécité volontaire. L'abandon des fondements économiques radicaux des mouvements des femmes et des droits civils par le regroupement de causes qu'on a fini par appeler la *political correctness*, a formé une génération d'activistes à la politique de l'image, mais non à celle de l'action. Et si les envahisseurs de l'espace sont entrés sans opposition dans nos écoles et nos communautés, c'est, du moins en partie, parce que les modèles politiques en vogue au moment de cette invasion nous ont mal préparés à affronter des questions de propriété plus que de représentation. Nous étions trop occupés à analyser les images projetées sur le mur pour remarquer que le mur même avait été vendu.

162

Si c'était le cas encore récemment, ce ne l'est toutefois plus. Comme nous le verrons dans la quatrième partie, une nouvelle culture politique radicale est en train d'émerger dans les collèges et les campus universitaires. Plutôt que d'attirer l'attention sur le palais des glaces qui passe pour la vérité empirique (comme l'ont fait les universitaires postmodernes), et plutôt que de revendiquer de meilleurs miroirs (comme l'ont fait les guerriers de l'identité), les activistes des médias actuels visent à ébranler les surfaces lisses et impénétrables de la culture de marque, en en ramassant les éclats pour les utiliser comme des armes tranchantes dans une guerre d'actions, et non d'images.

ZÉRO CHOIX

En haut : L'accueil chez Wal-Mart, une question de contact humain.
En bas : Les citoyens de Warrenton, en Virginie, manifestent pour signifier qu'ils ne marchent pas.

6

LA BOMBE DU BRANDING

LES FRANCHISES À L'ÈRE DE LA SUPERMARQUE

MTV est associée aux forces de la liberté et de la démocratie du monde entier.

Sumner Redstone, président de Viacom,
propriétaire de MTV, octobre 1994

Il n'y a pas beaucoup d'angoisse existentielle, ce n'est qu'une frénésie de consommation.

Tom Freston, président de MTV,
décrivant le contenu de MTV India, juin 1997

Les multinationales détentrices de marques ont beau parler de diversité, le résultat visible de leurs gestes est une armée d'ados tous identiques marchant au pas – en « uniforme », comme le disent les spécialistes du marketing – dans le centre commercial mondial. Malgré un accueil favorable à l'imagerie polyethnique, la mondialisation du marché refuse catégoriquement la diversité. Ses ennemis sont les habitudes nationales, les marques locales et les goûts régionaux distinctifs. Un nombre sans cesse décroissant d'intérêts commerciaux contrôlent une part plus vaste que jamais du paysage.

Aveuglés par la gamme des choix de consommation, nous ne remarquerons peut-être pas, au départ, le processus de consolidation des industries du loisir, des médias et de la vente au détail. La publicité nous inonde d'un kaléidoscope d'images apaisantes, comme les « United Streets of Diversity » et l'attrayante ouverture de la campagne « Où voulez-vous aller aujourd'hui ? » de Microsoft. Mais dans les pages financières des journaux, le monde est monochrome et des portes claquent de toutes parts : un article sur deux – annonce d'un nouveau rachat d'entreprise, d'une faillite malencontreuse, d'une fusion colossale – signifie une réduction importante des choix. La question véritable n'est pas « Où voulez-vous aller aujourd'hui ? » mais « Comment puis-je faire pour mieux vous diriger au cœur du labyrinthe de synergies dans lequel je veux que vous alliez aujourd'hui ? »

Cette atteinte au choix est portée sous plusieurs aspects à la fois. Elle se produit sur le plan structurel, par des fusions, rachats et synergies commerciales. Elle se déploie sur le plan local, lorsqu'une poignée de supermarques utilisent leurs immenses réserves de liquidités pour obliger de petits commerces indépendants à fermer. Et elle a lieu sur le plan juridique, quand des sociétés de loisir et de biens de consommation ont recours à des poursuites pour libelle et usage de marques déposées pour traquer quiconque essaie de faire avancer un produit de la *pop culture* dans une direction non souhaitée. Nous vivons donc dans un monde double : le carnaval en surface, la consolidation en dessous, là où ça compte.

En fait, nous avons tous vécu cet étrange dédoublement de l'image : un vaste choix de consommation associé à des restrictions nouvelles, orwelliennes, imposées à la production culturelle et à l'espace public. Il se manifeste lorsqu'une petite collectivité regarde son centre-ville se vider de sa vie, à mesure que les grandes surfaces de liquidation ou de vente discount s'étendent à sa périphérie en étalant 70 000 articles, et exercent leur force gravitationnelle sur ce que James Howard Kunstler appelle « la géographie de nulle part[1] ». Il est là, dans cette rue branchée du centre-ville, quand le sympathique café, la quincaillerie, la librairie indépendante ou le club de vidéos d'art se font balayer et remplacer par une chaîne à la dévoreuse : Starbucks, Home Depot, Gap, Chapters, Borders, Blockbuster. Il est là, à l'intérieur des grandes surfaces, chaque fois qu'un magazine est retiré de la vente par un directeur soucieux des « valeurs familiales » telles que l'entendent ses patrons. On le voit dans le désordre de la chambre à coucher d'une webmestre de quatorze ans qui vient de fermer sa page personnelle sur les instances de Viacom ou d'EMI, guère impressionnées par ses tentatives de créer sa petite enclave culturelle en empruntant des bribes de paroles de chansons et d'images aux droits réservés. Il est là, encore, lorsque des manifestants se font vider de centres commerciaux pour avoir distribué des tracts politiques, après s'être fait dire par des agents de la sécurité que l'édifice, même s'il a remplacé la place publique de leur ville, est une propriété privée.

Il y a une décennie, toute tentative afin de raccorder ces points épars dans le désordre des tendances aurait paru tout à fait étrange : qu'est-ce que la synergie a à voir avec l'engouement pour les chaînes de magasins ? Qu'est-ce que la loi sur le droit d'auteur et sur le dépôt de marque a à voir avec la culture personnelle des fans ? Ou la consolidation des entreprises avec la liberté de parole ? Mais aujourd'hui, une nette tendance est en train d'émerger : comme un nombre croissant de sociétés cherchent à être la marque suprême sous l'égide de laquelle nous allons consommer, créer et même construire nos maisons, tout le concept d'espace public est en voie de redéfinition. Et à l'intérieur de ces édifices de marques, réels et virtuels, les options hors marques de débat ouvert, de critique et d'art non censuré – de choix réel – affrontent des restrictions nouvelles et inquiétantes. Si l'érosion de l'espace non commercial explorée dans la section précédente alimente une sorte de claustrophobie mondiale et d'aspiration à la libération, alors, ce sont ces restrictions imposées au choix – par les sociétés mêmes qui promettaient une nouvelle ère de liberté et de diversité – qui concentrent lentement cette aspiration potentiellement explosive sur les marques multinationales, créant les conditions d'un activisme anticommercial que nous aborderons plus tard dans ce livre.

UN CONSTANT CLONAGE

Il est une qualité distinctive, dans un grand nombre des chaînes qui ont proliféré au cours des années 1980 et 1990 – IKEA, Blockbuster, Gap, Kinko, The Body Shop, Starbucks –, qui les distingue des fast-food, des centres commerciaux et des spécialistes du pot d'échappement responsables de la prolifé101ration des franchises dans les années 1960 et 1970. Elles n'arborent ni coquillage ni arches jaunes en plastique, dans le style tape-à-l'œil des dessins animés ; elles sont plus enclines à briller du sain éclat du *New Age*. Ces boîtes d'un nouveau genre, qui allient un bleu roi vif et piquant au vert anglais, s'assemblent comme des pièces de Lego (la nouvelle gamme, avec laquelle on ne peut construire qu'une chose : la caserne de pompiers miniature ou le vaisseau spatial illustré sur la boîte). Les commis de chez Kinko, Starbucks et Blockbuster achètent leur uniforme (pantalon kaki, chemise blanche ou bleue) chez Gap ; la préposée qui vous accueille par un exubérant « Bonjour ! Bienvenue chez Gap ! » carbure au double expresso de chez Starbucks ; les CV qui leur ont valu ces emplois ont été conçus chez Kinko sur de chouettes Macs, en Helvetica 12 points, avec Microsoft Word. Les troupes se présentent au travail parfumées au cK One (sauf chez Starbucks, où l'on considère que l'eau de Cologne et les parfums font concurrence au « romantique arôme du café ») ; elles ont purifié leurs visages au moyen du Masque au maïs bleu de chez The Body Shop, avant de quitter des appartements meublés de bibliothèques et de tables basses en kits de chez IKEA.

La transformation culturelle apportée par ces institutions est familière à tout le monde, mais peu de statistiques ont été publiées sur la prolifération des franchises et des chaînes, principalement parce que la plus grosse part de la recherche sur la vente au détail confond franchises et entreprises indépendantes. Théoriquement, une franchise est la propriété du franchisé, même si, dans ses moindres détails – de l'enseigne à la température précise du café –, le commerce est contrôlé par un siège social situé à des centaines ou même à des milliers de kilomètres. Même en l'absence de chiffres à l'échelle de l'industrie, quelque chose a indéniablement changé, au cours de la décennie, dans le paysage de la vente au détail. Prenez Starbucks, par exemple. En 1986, cette compagnie de café était encore un phénomène strictement local, une poignée de cafés autour de Seattle. Dès 1992, Starbucks avait 165 points de vente, dans plusieurs villes américaines et canadiennes. En 1993, ce nombre passait à 275 et, en 1996, il atteignait le millier. Début 1999, Starbucks comprenait 1 900 points de vente dans douze pays, du Royaume-Uni au Koweït.

Durant la même période, Blockbuster, une autre des chaînes typiques des années 1990, connut une expansion encore plus spectaculaire. En 1985, Blockbuster consistait en un seul magasin de vidéos, à Dallas, au Texas. En 1987, il fut acheté par Wayne Huizenga, magnat de la gestion des déchets et, dès 1989, la chaîne comprenait 1 079 magasins. En 1994, l'année où Huizenga vendit Blockbuster à Viacom, il y en avait 3 977. Dès le début de 1999, leur nombre avait atteint 6 000, distribués dans 26 pays, dont 700 uniquement au Royaume-Uni.

On retrouve des tendances similaires chez Gap (avec Banana Republic et Old Navy, qu'elle possède) et The Body

Shop, qui ont connu, en moyenne, de 120 à 150 ouvertures de magasins par année, depuis le milieu des années 1980. Même Wal-Mart ne s'est pas vraiment imposé, en tant que géant de la vente au détail, avant la fin des années 1980. Si le premier établissement Wal-Mart a ouvert ses portes en 1962, le modèle du supermagasin n'a pas décollé avant 1988, et ce n'est qu'en 1991 que Wal-Mart – qui ouvrait alors 150 magasins par année – dépassa Kmart et Sears pour devenir le champion de la vente au détail aux États-Unis.

Cette vague de croissance est née de trois tendances de l'industrie, qui ont favorisé d'une façon spectaculaire les grandes chaînes et leurs grandes réserves de liquidités. La première est la guerre des prix, dans laquelle les plus grandes des mégachaînes vendent systématiquement moins cher que toute leur concurrence ; la deuxième est la pratique consistant à pilonner la concurrence en établissant des « agglomérats » de magasins associés à des chaînes. La troisième tendance, que nous explorerons dans le prochain chapitre, est l'arrivée du supermagasin vedette, qui apparaît dans un emplacement de choix et sert de pub tridimensionnelle à la marque.

LA GUERRE DES PRIX : LE MODÈLE WAL-MART

Au milieu de l'année 1999, Wal-Mart possédait 2 435 immenses magasins dans neuf pays, et vendait de tout, des Maisons de Rêve de Barbie aux jupes Cathie Lee Gifford, en passant par les sacs à main, les perceuses Black & Decker et les CD de Prodigy. Sur ces établissements, 565 étaient des « supercentres », un concept qui combine le modèle original du magasin Wal-Mart avec des épiceries tous services, des salons de coiffure et des banques, de même que 443 établissements Sam's Club, qui offrent des rabais encore plus importants sur les achats en vrac et de gros articles comme des meubles de bureau. (Voir Tableaux 6.1 et 6.2, Appendice, page 550.)

La recette qui a fait de Wal-Mart le plus grand commerce de vente au détail du monde, avec des ventes de 137 milliards de dollars en 1998, est fort simple. Commencez par construire des magasins deux ou trois fois plus vastes que ceux de vos plus proches concurrents. Ensuite, chargez les étagères de produits achetés en si grande quantité que les fournisseurs seront obligés de vous concéder un prix vraiment plus bas que

171

d'ordinaire. Puis, réduisez tellement vos prix de vente qu'aucun petit détaillant ne pourra imaginer concurrencer vos « bas prix tous les jours ».

Parce que tout, chez Wal-Mart, est fondé sur l'économie d'échelle : son magasin mesure en moyenne 9 200 mètres carrés, sans compter le vaste terrain de stationnement obligatoire. Puisque le rabais est sa carte de visite, Wal-Mart doit maintenir ses frais généraux au plus bas ; c'est pourquoi les terrains sur lesquels sont établis ses magasins sans vitrines sont situés en bordure des villes, là où le terrain est bon marché et les taxes moins élevées. Chaque année, à mesure que Wal-Mart prenait de l'expansion, ses nouveaux magasins grandissaient en surface, et un grand nombre de ses premiers points de vente, d'une taille comparativement modeste, ont été convertis et agrandis en supermagasins, certains atteignant la superficie de 20 000 mètres carrés.

Autre élément essentiel au maintien des bas prix : Wal-Mart n'ouvre ses points de vente qu'à proximité de ses centres de distribution. Voilà pourquoi la chaîne s'est étendue comme de la mélasse : avec beaucoup de lenteur et d'épaisseur. Elle n'ira pas dans une nouvelle région avant d'avoir couvert la précédente – établissant jusqu'à 40 magasins dans un rayon de 160 kilomètres. Ainsi, l'entreprise épargne des frais de transport et d'expédition, et développe une présence si concentrée dans une région qu'il lui est à peine nécessaire d'annoncer sa marque[2]. « Nous allions installer un magasin aussi loin que possible d'un entrepôt. Puis, nous remplissions la carte de ce territoire, un État à la fois, un chef-lieu de comté à la fois, jusqu'à ce que nous ayons saturé la zone de marché », expliqua le fondateur, Sam Walton[3]. Puis, la compagnie ouvrait un nouveau centre de distribution dans une nouvelle région et répétait le processus.

Après que Wal-Mart eut été lancé dans le Sud des États-Unis, faisant lentement son chemin à travers l'Arkansas, l'Oklahoma, le Missouri et la Louisiane, il fallut un certain temps pour que Wall Street et les médias de la Côte-Est saisissent l'ampleur du projet de Sam Walton. Voilà pourquoi ce ne fut qu'au début des années 1990, trois décennies après l'ouverture du premier Wal-Mart, que s'éleva l'opposition aux grandes surfaces. L'argument à l'encontre du style de vente au détail de Wal-Mart – dès lors presque aussi familier que le nom même –, c'est que les bas prix attirent les consommateurs dans les banlieues, ce qui aspire la vie communautaire et les petites entreprises des centres-villes. Les petites entreprises ne peuvent s'aligner – en fait, un grand nombre de ses concurrents disent payer un prix de gros supérieur au prix de détail de Wal-Mart.

Bien des livres ont paru sur les effets des super-sociétés, notamment et surtout *In Sam We Trust*, de Bob Ortega, reporter au *Wall Street Journal*. Comme le fait remarquer Ortega, Wal-Mart n'est pas le seul à pratiquer une approche de la vente au détail fondée sur la taille – il n'est que le leader d'une catégorie en pleine explosion, celle de détaillants géants qui utilisent leur poids pour se faire accorder un traitement particulier. Home Depot, Office Depot et Bed, Bath & Beyond, souvent regroupés dans des centres commerciaux démesurés, appelés « power centers », sont tous qualifiés, dans l'industrie de la vente au détail, de « tueurs par catégories » parce qu'ils pénètrent une catégorie avec un tel pouvoir d'achat qu'ils tuent presque instantanément les concurrents plus petits[4].

Ce style de vente au détail a toujours été controversé. Dès les années 1920, il a donné lieu au premier mouvement anti-chaînes. Au moment de la prolifération des solderies comme A&P et Woolworth, de petits marchands tentèrent de rendre illégal l'usage, par les chaînes, de leur taille pour arracher des prix de gros inférieurs et pour faire diminuer les prix de détail. Comme le souligne Ortega, la rhétorique de l'époque comporte une certaine ressemblance avec le langage des groupes d'opposition populaires qui ont jailli par dizaines, dans les villes nord-américaines, à l'annonce de l'arrivée imminente d'un nouveau point de vente Wal-Mart[5].

Sur le front juridique, des poursuites pour pratiques monopolistiques se sont multipliées avec une régularité croissante, et pas seulement à l'encontre de Wal-Mart. En septembre 1997, par exemple, la Federal Trade Commission (Commission fédérale américaine du commerce) inculpa Toys 'R' Us de pressions illégales sur des manufacturiers afin qu'ils ne fournissent pas certains jouets populaires à d'autres chaînes. Parce que Toys 'R' Us est le plus grand établissement du monde de vente au détail de jouets, les fabricants avaient accepté ; et le choix des consommateurs s'en était trouvé radicalement réduit, en même temps que leurs chances de bénéficier des plus bas prix. « Bien des fabricants de jouets n'eurent d'autre choix que de se plier », conclut William Baer, directeur du Bureau de la concurrence de la Federal Trade Commission lorsqu'on statua sur l'affaire[6]. C'était précisément le genre de situation que la FTC espérait éviter en 1997, lorsqu'elle fit obstacle à un projet de fusion entre deux immenses chaînes de fournitures de bureau – Staples et Office Depot – en affirmant que la consolidation nuirait à la concurrence.

En plus d'engendrer le tueur par catégories, l'héritage de Sam Walton a eu d'autres effets d'une vaste portée. À maints égards, c'est l'échelle inhumaine des grandes surfaces et de leur déploiement – rues sans trottoirs, centres commerciaux accessibles uniquement en voiture, magasins de la taille de petits hameaux et conçus avec autant de classe que des hangars – qui a préparé les tendances importantes de la décennie pour ce qui est de la vente au détail. Les magasins discount permettaient de faire des économies, mais n'avaient guère d'autres avantages. En devenant ces mers de béton en bordure des villes, les grandes surfaces renouvelèrent une soif de développement à l'échelle humaine ; un goût pour la place publique à l'ancienne, pour des lieux de rencontres permettant à la fois les grands rassemblements et les conversations intimes ; pour une sorte de vente au détail assortie de plus d'interaction et de stimulations sensorielles. Autrement dit, elles préparèrent le terrain à Starbucks, aux Virgin Megastores et à Nike Town.

Alors que les grandes surfaces utilisaient leur taille pour vendre des quantités jusqu'alors inimaginables de produits, les nouveaux détaillants l'utilisèrent pour fétichiser des marchandises de marque, en les plaçant sur un piédestal inversement proportionnel aux rabais de Wal-Mart. Les grandes surfaces avaient échangé un sentiment de valeurs communautaires contre un rabais : les chaînes de marques allaient le recréer et le revendre – à profit.

L'AGGLOMÉRATION : LE MODÈLE STARBUCKS

« Une confortable troisième place » : voilà l'expression qu'utilise Starbucks pour faire sa promotion dans ses bulletins et ses rapports annuels d'évangélisation. Ce n'est pas un espace anonyme comme Wal-Mart ou McDonald's, mais un recoin intime où des gens sophistiqués peuvent partager « du café... une communauté... de la camaraderie... des liens[7]... » Tout, dans les chaînes du *New Age* comme Starbucks, est destiné à nous assurer qu'il s'agit là d'une race différente des franchises de centres commerciaux de jadis. Ce n'est pas de la camelote pour les masses, c'est du mobilier intelligent, c'est le décor en tant qu'activisme politique, c'est la librairie en tant que « bibliothèque d'autrefois », c'est le café-bistrot qui veut vous regarder au fond des yeux pour « communiquer ».

Mais il y a un piège. Le besoin d'espaces plus intimes conçus pour inciter les gens à s'attarder peut, en effet, fournir un contrepoint important aux grandes surfaces caverneuses, mais ces deux tendances de la vente au détail ne sont pas aussi éloignées qu'elles ne le semblent. La mécanique de l'étourdissante expansion de Starbucks, au cours des 13 dernières années, a davantage en commun avec le plan de Wal-Mart de domination de la planète que ne veulent l'avouer les chefs de produits de la chaîne de cafés rustique. Plutôt que de parachuter une grande surface en bordure de la ville, la politique de Starbucks consiste à implanter des « grappes » de points de vente dans des zones urbaines déjà parsemées de cafés et de bars à expresso. Cette stratégie repose autant sur l'économie d'échelle que celle de Wal-Mart, et son effet sur la concurrence est à peu près le même. Puisque Starbucks affirme explicitement son désir de ne pénétrer que les marchés où elle peut « devenir le chef de file des détaillants et des marques de café[8] », la société a concentré sa croissance, au rythme d'un magasin par jour, dans un nombre relativement restreint de régions. Au lieu d'ouvrir quelques comptoirs dans chaque ville du monde, ou même de l'Amérique du Nord, Starbucks attend de pouvoir bombarder toute une région pour se répandre, comme le dit John Barber, chroniqueur au *Globe and Mail*, « comme des poux dans une garderie[9] ». Cette stratégie hautement agressive comporte un aspect que la compagnie appelle la « cannibalisation ».

Il s'agit de saturer une région de comptoirs jusqu'à ce que la concurrence soit si féroce, dans le domaine, que les ventes baissent même dans les points de vente Starbucks. En 1993, par exemple, alors que Starbucks n'avait que 275 points de vente concentrés dans quelques États américains, ses ventes par comptoir augmentèrent de 19 pour cent par rapport à l'année précédente. Dès 1994, la croissance des ventes par comptoir n'était plus que de 9 pour cent, elle plongea à 7 pour cent en 1996, et en 1997, la croissance des ventes de Starbucks baissa jusqu'à 5 pour cent ; dans les nouveaux comptoirs, elle plafonnait à 3 pour cent. (Voir tableau 6.3, Appendice, page 551.) Bien entendu, plus les points de vente se rapprochent,

plus ils commencent à chasser illégalement ou à « canni-
baliser » la clientèle les uns des autres – même dans des villes
hyper-caféinées, comme Seattle et Vancouver, les gens ne
peuvent pas siroter plus qu'un certain nombre de cafés au lait,
sous peine de se jeter dans le Pacifique. Le rapport annuel
1995 de Starbucks explique : « Dans le cadre de sa stratégie
d'expansion par grappes de comptoirs dans des marchés
existants, Starbucks a connu un certain niveau de cannibalisation des comptoirs existants par de nouveaux, à mesure
que la concentration de comptoirs augmentait, mais selon la
direction, cette cannibalisation a été justifiée par l'augmentation des ventes et le retour sur investissement dans les
nouveaux comptoirs. » En d'autres termes, alors que les ventes
ralentissaient pour les comptoirs pris séparément, le total des
ventes combinées de tous les comptoirs de la chaîne continuait de monter – doublant, en fait, entre 1995 et 1997.
Autrement dit, Starbucks étendait son marché tandis que
chaque comptoir perdait des parts de marché, les cédant en
grande partie à d'autres points de vente Starbucks (voir
Tableau 6.4, Appendice, page 551.)

En outre, Starbucks tira sans doute avantage du fait que sa
stratégie de cannibalisation faisait des victimes non seulement
parmi d'autres points de vente Starbucks mais aussi parmi ses
vrais concurrents, les cafés et les restaurants indépendants. À
la différence de Starbucks, ces commerces ne tirent profit que
d'un magasin à la fois. En définitive, l'agglomération, à l'instar
du phénomène des grandes surfaces, est une stratégie de
détail concurrentielle qui n'est à la portée que des grandes
chaînes qui peuvent se permettre de mordre la poussière sur
des magasins pris séparément afin d'atteindre à long terme un
objectif de branding plus élevé. Elle explique également
pourquoi les critiques prétendent souvent que les sociétés
telles que Starbucks s'en prennent à de petites entreprises,
tandis que les chaînes elles-mêmes le nient, se contentant
d'avouer qu'elles sont en expansion et qu'elles créent de
nouveaux marchés pour leurs produits. Les deux disent vrai,
mais la stratégie agressive d'expansion des chaînes sur le
marché présente l'avantage supplémentaire d'attaquer en
même temps les concurrents.

De manière plus éhontée, Starbucks a utilisé sa taille et ses
abondantes réserves de fonds à son avantage concurrentiel.
Jusqu'à ce que la pratique ne commence à provoquer la
controverse il y a quelques années, la stratégie immobilière de

Starbucks consistait à surveiller un café indépendant populaire, dans un emplacement cool et bien fréquenté, tout simplement pour s'approprier son bail. Plusieurs propriétaires de cafés indépendants, dans des emplacements de choix, ont déclaré que Starbucks était directement allée voir leurs propriétaires en leur offrant un loyer plus élevé pour le même espace ou un espace adjacent. À Chicago, par exemple, le café Scenes Coffee House and Drama a reçu un avis d'éviction après que Starbucks eut loué un espace dans le complexe commercial où il était situé. La chaîne de cafés a tenté une semblable manœuvre avec le café Dooney's, à Toronto, bien que Starbucks prétende que c'est le propriétaire qui a pris l'initiative de l'approche. Starbucks a bien pris le contrôle du bail de Dooney's, mais la protestation de la collectivité a été si forte que Starbucks a fini par rendre l'espace à Dooney's en sous-location.

Ces implacables pratiques immobilières ne sont pas l'apanage de Starbucks, loin de là : en tant que franchiseur, McDonald's a perfectionné la technique de la terre brûlée, ouvrant des franchises proches les unes des autres et des mini-points de vente dans les stations-service jusqu'à ce que toute une région soit couverte. Dans la vente au détail, Gap a également adopté l'approche par l'agglomération, bombardant de sa marque des quartiers clés au moyen de multiples points de vente des magasins Gap, Baby Gap, Gap Kid, Old Navy, Banana Republic et, en 1999, Gap Body. Il s'agit de rendre la famille de marques Gap synonyme de vêtements, de la même façon que McDonald's est synonyme de hamburgers et Coca-Cola, de boissons gazeuses. « Si vous allez au supermarché, vous vous attendez à trouver des articles essentiels. Vous vous attendez à trouver plusieurs sortes de lait : sans gras, à 1 pour cent, 2 pour cent, entier. Vous vous attendez à ce que les aliments soient frais… Je ne vois pas pourquoi il en va autrement des magasins de vêtements », dit Mickey Drexler, P.D.G. de Gap[10]. Il est pertinent que le modèle évoqué par Drexler pour décrire l'ubiquité de Gap soit le supermarché, puisque ce sont les premières chaînes de supermarchés qui ont inauguré le modèle d'expansion par grappes. Après qu'A&P eut lancé ses « magasins économiques » en 1913 (le prototype du supermarché moderne), elle ouvrit rapidement 7 500 points de vente, puis en ferma la moitié après que la saturation eut été atteinte et un grand nombre de concurrents mis en déroute.

Gap se réjouit de ces comparaisons avec Coke, McDonald's et A&P, mais Starbucks, à cause de la nature de son image de marque, les rejette vigoureusement[11]. Après tout, le projet de Gap consiste à prendre un produit distinctif – les vêtements – et à y apposer sa marque à tel point qu'il est aussi facile d'en acheter chez Gap que d'acheter un litre de lait ou une canette de Coke. Le rôle d'entreprise de Starbucks, par contre, consiste à prendre un produit beaucoup plus générique – une tasse de café – et d'y apposer si complètement sa marque qu'il devient un objet spirituel griffé. Donc, Starbucks ne cherche pas la reconnaissance en tant que commerce à succès, mais entend, comme le dit Scott Bedbury, son directeur du marketing, « s'aligner avec l'un des plus grands mouvements de retrouvailles avec l'âme[12] ».

Toutefois, même si le concept original était sophistiqué, l'industrie des chaînes a une logique et un élan propres, car elle a très peu à voir avec ce qu'elle vend. Elle décompose chacun des éléments d'une marque – même progressive et simple – en un kit de morceaux et de pièces faciles à assembler. Tout comme les chaînes s'assemblent tels des Lego, chacun de leurs points de vente est composé de centaines de parties qu'il est possible de cheviller. Dans la logique des chaînes, peu importe si ces parties sont un préposé à la friture chez McDonald's ou un mannequin Hamburglar, ou les « quatre symboles élémentaires » qui forment le concept de chaque établissement Starbucks : « La Terre pour cultiver. Le Feu pour torréfier. L'Eau pour passer le café. L'Air pour l'arôme. » Un clone est un clone ; qu'il soit moulé sous forme d'arche ou de symbole de la paix, son but reste la reproduction.

Ce processus est encore plus apparent lorsque les chaînes prennent de l'expansion à l'échelle planétaire. Quand des détaillants sortent de leur pays d'origine, l'agglomération à la Starbucks fusionne avec les guerres des prix à la Wal-Mart pour créer une sorte de « stratégie d'agglomération en gros ». Afin de maintenir leurs bas prix sur un nouveau marché, les chaînes comme Wal-Mart, Home Depot et McDonald's doivent garder leur atout, l'achat massif ; et afin d'avoir la force nécessaire, sur le marché, pour obtenir de plus bas prix que leurs concurrents, elles ne peuvent s'établir dans un pays un seul magasin à la fois. Leur tactique d'expansion favorite a plutôt consisté à acheter une chaîne existante pour tout simplement emménager dans ses magasins, déboulant ainsi sur le marché de façon spectaculaire, ainsi que Wal-Mart lorsque la société a acheté 120 magasins Woolco au Canada en 1994, et acquis la chaîne d'hypermarchés Wertkauf GmbH en Allemagne en 1997. De même, lorsque Starbucks a pénétré le Royaume-Uni en 1998, la société a acheté une chaîne déjà existante, Seattle Coffee Company, et rééquipé ses 82 magasins pour en faire des points de vente Starbucks.

Pour les sociétés nationales cherchant à éviter de devenir la proie des géants planétaires, il est devenu pratique de plus en plus courante d'initier elles-mêmes des fusions préemptives entre deux ou trois grandes marques nationales. Au nom du nationalisme et de la compétitivité mondiale, elles consolident, mettent du personnel à pied et imitent des formules américaines de vente au détail. Évidemment, elles finissent généralement par se transformer en copies des marques planétaires auxquelles elles tentaient de faire obstacle. C'est ce qui s'est passé au Canada, lorsque la peur de Wal-Mart a poussé la chaîne de grands magasins la plus ancienne du pays, Hudson's Bay Company, à acheter Kmart Canada, à la joindre à Zellers, à mettre à pied 6 000 travailleurs et à ouvrir plusieurs gammes de magasins discount grandes surfaces : une pour les meubles, une pour la maison et la salle de bains, et une pour les vêtements. « Wal-Mart s'y prenait mieux que Kmart ou Zellers. En fusionnant les deux exploitations, nous allons apprendre à faire mieux », a dit George Heller, président de Kmart[13].

LA SÉLECTION N'EST PAS LE CHOIX

La combinaison des approches grande surface et par agglomération est en train de transformer le paysage de la vente au détail. Bien qu'ils représentent des tendances très différentes, la synthèse des modèles Wal-Mart et Starbucks a entraîné une érosion graduelle de la part de marché des petites entreprises, dans l'un des rares domaines où des exploitants indépendants conservaient encore une bonne chance d'affronter la concurrence des multinationales. Comme les chaînes peuvent, par la surenchère, tirer l'espace et les marchandises sous le pied des petits concurrents sans trop se poser de questions, la vente au détail est devenue une guerre de gros dépensiers. Qu'ils utilisent leur force pour faire baisser les prix à des niveaux incroyablement bas, pour les garder artificiellement élevés ou tout simplement pour saisir des parts de marché quasi monopolistiques, l'effet est le même : une zone de vente au détail dans laquelle la taille est obligatoire et où les petits peuvent à peine survivre. Tels des lutteurs de sumo, les concurrents de ce jeu doivent repousser les limites de leur catégorie de poids : la grosseur engendre la grosseur.

Bien sûr, des magasins et des restaurants indépendants continuent d'ouvrir et de prospérer, mais de plus en plus, ce sont des détaillants spécialisés, haut de gamme, dans des quartiers embourgeoisés, tandis que les banlieues, les petites villes et les quartiers ouvriers se font couvrir – et bombarder – par les clones autoreproducteurs. Ce changement affecte non seulement celui qui peut se permettre de rester en affaires mais aussi (comme j'y viendrai au chapitre 8) ce qui se rend jusqu'aux étalages.

Une autre tendance de la vente au détail exerce à maints égards une influence encore plus importante que celles dont nous venons de parler : le supermagasin associé à une marque, mariage du pouvoir d'achat des grandes surfaces avec la force de branding des agglomérats. Comme je le montrerai dans le prochain chapitre, le supermagasin est le résultat logique de l'intérêt des sociétés pour la synergie : en partie marketing, en partie supermarché d'extension de marque, en partie parc de loisirs à thème.

Ces trois phénomènes de la vente au détail, et l'impact qu'ils ont sur le choix des consommateurs, ont des effets qui vont bien au-delà des changements des habitudes d'achat. Ils sont les éléments clés du puzzle du branding qui est en train de tout transformer, de notre façon de nous réunir à notre façon de travailler. En fait, la division entre grandes surfaces grises, en bordure des villes, et châteaux et grappes de marques, dans les centres-villes, remonte au Vendredi Marlboro et à ses retombées. Ces développements parallèles révèlent la fracture entre les vils réducteurs de prix et les constructeurs de marques spirituelles. Pour sa part, Wal-Mart reste le plus puissant symbole du déclin du capital marques, qui a fait chuter Wall Street en ce vendredi d'avril 1993. L'année avant le prétendu krach des marques, Wal-Mart avait connu des ventes records et ouvert 161 nouveaux magasins – une croissance sans précédent pour une fin de récession. Les clients de Wal-Mart, c'était la nouvelle « génération qualité-prix » en marche, fonçant vers les banlieues afin d'éviter de payer le prix fort pour des marques largement distribuées. Tant mieux si Wal-Mart vendait la lessive Tide au rabais, mais ces consommateurs jadis soucieux des marques se contentaient désormais du détergent de la marque maison de Wal-Mart, Great Value.

En même temps, la prolifération de Nike Towns, de Disney Stores et de grappes Starbucks montre sans équivoque l'avènement d'une vénération renouvelée à l'égard d'une élite de marques style de vie. Nombre de leurs loyaux consommateurs voudront acquérir à tout prix ces marchandises de marques et, en fait, le simple achat de produits procure une relation insuffisante. Des consommateurs obsédés par les marques ont adopté une approche presque fétichiste de la consommation, dans laquelle la marque acquiert le pouvoir d'un talisman.

Évidemment, le fait de capitaliser sur pareil besoin de cocooning de marque est devenu la préoccupation centrale des sociétés de mode, d'équipement sportif et de loisirs qui vendent ces marques fétiches. Les supermagasins inspirés des parcs de loisirs à thème font partie de ce processus, mais compte tenu des vagues successives de fusions et de synergies qui les accompagnent, ils n'en sont que le commencement.

En haut : Michael Eisner (PDG, Walt Disney Co.) conclut une entente de fusion avec Thomas Murphy (président, Capital Cities / ABC).
En bas : Ted Turner (président, Turner Broadcasting) fait de même avec Gerald Levin (président et PDG, Time Warner).

FUSIONS ET SYNERGIE

LA CRÉATION D'UTOPIES COMMERCIALES

Je préférerais qu'ABC ne couvre pas Disney.

Michael Eisner, P.D.G. de Disney, 29 septembre 1998,
National Public Radio

Commentant l'avenir de l'art et de la poésie dans une société démocratique, Alexis de Tocqueville disait moins redouter le repli dans un confortable réalisme que l'envolée dans une fiction débridée. « Je crains que les œuvres des poètes démocratiques n'offrent souvent des images immenses et incohérentes, des peintures surchargées, des composés bizarres, et que les êtres fantastiques sortis de leur esprit ne fassent quelquefois regretter le monde réel[1]. »

Autour de nous, les prédictions de Tocqueville se sont à présent réalisées : des arches dorées, bulbeuses et luisantes ; des panneaux d'affichage rétro-éclairés, incroyablement lisses ; d'élastiques personnages de bandes dessinées parcourant fabuleusement de faux parcs de loisirs à thème. Durant mon enfance, ces étranges créatures éveillaient en moi ce que j'en suis venue, depuis, à considérer comme une profonde aspiration aux attraits du simulacre ; je voulais disparaître à l'intérieur d'objets brillants, parfaits, irréels.

Cet état me venait peut-être de la télévision, d'un voyage prématuré à Disneyland ou de la fréquentation des centres commerciaux, mais tout comme Tocqueville l'avait prédit en 1835, la réalité paraissait, en comparaison, plutôt décevante. Je ne pouvais tout simplement pas supporter le spectacle humiliant de ma véritable famille, qui faisait tellement années 1960, détonnant sous la cascade de l'aguichante plasticité que furent les années 1970 et 1980. « Arrêtez, vous me gênez ! »

– c'était le cri du cœur quasi hystérique de la jeunesse. Même lorsqu'il n'y avait personne d'autre que ma famille, je sentais le regard courroucé du monde plastique.

Mes parents, deux hippies américains venus s'établir au Canada comme tant d'autres objecteurs de conscience pendant la guerre du Vietnam, se sentaient terriblement perturbés par mes tendances. Dans ce pays d'adoption, ils comptaient engendrer une nouvelle race d'enfants post-révolutionnaire, dotée d'avantages humanitaires qui prévalent au Canada : services sociaux, système public de soins de santé et fortes subventions aux artistes. N'avaient-ils pas préparé eux-mêmes, avec zèle, la nourriture pour bébé ? Étudié les méthodes progressistes d'éducation des enfants ? Banni les jouets guerriers et autres jeux sexistes ?

Voulant me sauver de la corruption, mes parents me traînaient régulièrement hors de la ville pour me faire apprécier les étendues sauvages canadiennes et ressentir les joies de l'interaction familiale en temps réel. Je manquais nettement d'enthousiasme. Ce qui me permit d'échapper à ces excursions dans la réalité, ce furent mes rêves de simulacres se déployant sur la banquette arrière de notre voiture familiale filant le long des fermes verdoyantes et des montagnes majestueuses. A cinq ou six ans, j'attendais avec impatience le plastique moulé qui annonçait les franchises au bord des routes, tendant le cou lorsque nous dépassions McDonald's, Texaco, Burger King. Mon enseigne préférée était celle de Shell, tellement brillante : j'étais convaincue qu'en y grimpant, je pourrais toucher quelque chose d'une autre dimension – du monde de la télé. Lors de ces excursions familiales, mon frère et moi demandions à nous arrêter pour nous jeter sur du fast-food servi dans de luisantes boîtes laminées et, parfois, mes parents cédaient, s'ils se sentaient vaincus ce jour-là. Mais en règle générale, le repas consistait en un pique-nique en ponchos dans quelque parc national, avec cheddar sec, fruits d'automne et autres denrées alimentaires affreusement dépourvues d'emballage.

Dès mes huit ou neuf ans, mes rêveries de banquette arrière devinrent plus complexes. Durant tout un voyage dans les Rocheuses, je me livrai secrètement à la transformation de tous les occupants de la voiture. Mon père perdait ses sandales et portait un complet digne et bien taillé ; ma mère, soudainement coiffée au bol, disposait d'une garde-robe de fins blazers pastel, avec jupes et souliers assortis. Quant à moi, les possibilités étaient infinies : armoires de cuisine remplies d'aliments factices, placards débordant de griffes, accès illimité au crayon à paupières et aux permanentes. Je n'avais pas droit à Barbie (« Un racket », avaient décidé mes parents, « d'abord, c'est une poupée, puis un minibus, puis toute la maison »), mais j'avais Barbie en tête.

L'expérience avant-gardiste d'éducation féministe-socialiste des enfants semblait vouée à l'échec. Non seulement j'étais folle des enseignes de Shell, mais dès l'âge de six ans, mon frère aîné, qui avait acquis un talent troublant pour la mémorisation des refrains publicitaires de la télé, traversait la maison en trombe dans son t-shirt d'Incroyable Hulk en se déclarant « dingue des Cocoa Puffs ». À l'époque, je ne comprenais pas pourquoi mes parents étaient si excédés par ces stupides rengaines, mais aujourd'hui, je compatis : malgré tous leurs efforts, ils avaient en quelque sorte donné naissance à une publicité de la General Mills – autrement dit, à des enfants ordinaires.

Les dessins animés et les franchises de fast-food parlent aux enfants d'une voix trop séduisante pour que des parents, simples mortels, puissent y faire concurrence. Tout enfant veut tenir entre ses doigts un morceau du monde des dessins animés – voilà pourquoi les licences d'exploitation des personnages de la télévision et du cinéma, pour la promotion des jouets, des céréales et des boîtes à sandwiches, ont engendré une industrie annuelle pesant 16,1 millions[2]. Voilà également pourquoi les soi-disant entreprises de loisirs familiaux s'efforcent de plus en plus de développer leurs fictions télévisuelles et cinématographiques sous forme de somptueux spectacles expérimentaux : des expositions de musées reliées à des marques, des supermagasins high-tech, et le bon vieux parc de loisirs à thème. Dès les années 1930, Walt Disney, grand-père de la synergie moderne, avait compris le désir de se glisser à l'intérieur de l'écran, lorsqu'il eut l'idée de construire toute une ville Disney, remarquant que chaque produit ou jouet Mickey se doublait d'une publicité pour ses dessins animés. Mattel aussi a depuis longtemps saisi cela ; mais si le projet de Disney consistait à imprégner des jouets de la fantaisie de ses films, celui de Mattel a été de développer, avec ses jouets, des mondes de fantaisie de plus en plus élaborés. On pourrait appeler cette vision le « zen de Barbie » : Barbie est Une en toutes choses, et toutes choses en Une.

Autrement dit, la manie de la synergie commerciale, grande consommatrice de *pop culture*, n'est pas tout à fait nouvelle.

Barbie et Mickey sont des pionniers miniatures du branding – ils ont toujours cherché à étendre leur marque, à contrôler de nouveaux monopoles latéraux. Mais depuis la dernière décennie, presque tout le milieu des affaires reconnaît que le besoin de disparaître dans les objets de consommation associés à des personnages (jouets, émissions de télé ou chaussures de sport) ne disparaît pas comme par magie lorsque les enfants ont passé l'âge de manger des céréales sucrées. Bien des enfants ayant grandi devant les dessins animés du samedi matin sont devenus des *club kids* du samedi soir, et ont réalisé leur rêve d'une fiction de plastique en portant des sacs à dos ironiques de Hello Kitty et en se teignant les cheveux en bleu selon la mode de la japanimation. On en voit dans les Sega Playdiums, remplis de joueurs adultes les soirs de week-ends ; d'ailleurs, pour entrer dans ces rugissants carnavals de réalité virtuelle, il faut avoir dix-huit ans, surtout lors des soirées thématiques *South Park.*

C'est ce désir insistant, celui de ne plus faire qu'un avec vos produits préférés de la *pop culture,* que tente de dompter et de développer chacune des supermarques – de Nike à Viacom, de Gap à Martha Stewart – en adaptant les principes de la synergie disneyenne de la culture enfantine à chaque aspect de la culture de masse des adolescents et des adultes. Michael J. Wolf, consultant en gestion pour des protagonistes majeurs comme Viacom, Time Warner, MTV et Citigroup, peut en témoigner. « Je ne compte plus le nombre de fois, écrit-il[3], où des dirigeants de sociétés d'objets de consommation m'ont confié qu'ils tentaient de provoquer le succès généralisé que Disney semble conférer à chaque projet et à chaque industrie qu'il touche. »

Cet objectif n'est pas apparu ex nihilo. Il remonte plutôt, une fois de plus, à l'épiphanie « Des marques, et non des produits » déclenchée par le Vendredi Marlboro : si les marques sont une affaire de « sens », et non d'attributs de produits, le succès du branding atteint son apogée lorsque les sociétés fournissent aux consommateurs des occasions non seulement d'acheter, mais aussi de faire l'expérience intégrale du sens de leur marque. Comme on l'a vu au chapitre 2, le sponsoring est un bon départ, mais la synergie et le branding style de vie en sont les conclusions logiques. De la même façon que des sociétés comme Molson et Nike ont cherché à établir des marques vedettes en éclipsant les concerts et les matches sportifs qu'elles sponsorisaient, un grand nombre de ces mêmes supermagasins, en aval, ont implanté des hôtels et des villages miniatures associés à des marques. Comme si c'étaient deux aspects du même projet, la synergie et le branding créent, à partir des marques, des expériences de promotions croisées qui combinent le shopping avec des éléments des médias, des loisirs et des sports professionnels, de façon à créer une boucle de marque intégrée. Disney et Mattel l'ont toujours su – à présent, tous les autres sont en train de l'apprendre.

Une véritable boucle de branding, cela ne se crée pas du jour au lendemain : voilà pourquoi le processus débute habituellement par la forme la plus simple d'extension de la marque, une fusion géante : Bell Atlantic et Nynex ; Digital Equipment et Compaq ; WorldCom Inc. et MCI ; Time Warner et Turner ; Disney et ABC ; Cineplex et Loews ; Citicorp et Travelers ; Bertelsmann et Random House ; Seagram et Poly-Gram ; America Online et Netscape ; Viacom et CBS... la liste s'allonge tous les jours. Ces sociétés citent habituellement le principe de Wal-Mart : comme des fusions s'opèrent dans tout le reste du secteur, seuls les plus gros et les plus forts survivront. Mais la taille pour la taille n'est que le commencement de l'affaire. Lorsque s'étend le périmètre de la marque, les sociétés cherchent inévitablement des façons de la rendre plus autosuffisante, par diverses promotions croisées, coordonnées en interne. En un mot, par la synergie.

Quelque part au début des années 1990, écrit Michael J. Wolf, l'attitude de ses clients de l'industrie des médias fut marquée par un changement de philosophie. « Des sociétés ne se contentaient plus d'être le plus grand studio ou le réseau de télévision le plus étendu. Il leur en fallait davantage. Les parcs de loisirs à thème, le câble, la radio, les produits de consommation, les livres et la musique devinrent des éléments de leurs empires potentiels. Le paysage médiatique fut dévoré par la manie des fusions. Si vous n'étiez pas partout... vous n'étiez nulle part[4]. »

Ce genre de raisonnement sous-tend presque toutes les grandes fusions de la seconde moitié des années 1990. Disney achète ABC, qui diffuse ensuite ses films et dessins animés. Time Warner achète Turner Broadcasting, qui fait ensuite la promotion croisée de ses magazines et de ses films sur CNN. George Lucas achète des paquets d'actions de Hasbro et de Galoob avant de vendre à ces compagnies de jouets les droits d'exploitation de produits dérivés des nouveaux films

Star Wars, et voilà qu'Hasbro achète rapidement Galoob pour consolider son emprise sur le marché des jouets. Time Warner ouvre une section destinée à changer ses films et ses dessins animés en comédies musicales sur Broadway. Nelvana, producteur canadien de films d'animation pour enfants, achète Kids Can Press, éditeur de livres pour enfants dont on tire des films de Nelvana comme *Franklin the Turtle*. La fusion transforme Nelvana en « société intégrée » : à l'avenir, les films proviendront peut-être du marketing de dessins animés pour la télé et de lucratives gammes de jouets[5].

Dans le domaine du livre en général, après avoir acheté Random House (éditeur original de ce livre), Bertelsmann AG achète 50 pour cent de barnesandnoble.com, ce qui donne à la plus grande maison d'édition de langue anglaise une part importante du marché explosif de la vente de livres en ligne. Entre-temps, Barnes & Noble offrit d'acheter Ingram, un important distributeur de livres américain, qui sert également les concurrents de la chaîne. Si l'entente avec Ingram avait été conclue (elle fut abandonnée face au tollé général), la synergie potentielle de ces trois sociétés aurait intégré tout le processus d'édition de livres, de la rédaction à la distribution, de la publicité à la vente au détail.

L'expression la plus pure des objectifs de marché de la synergie fut peut-être l'achat par Viacom, en 1994, de Blockbuster Video et de Paramount Pictures. L'entente permettait à Viacom non seulement d'exploiter des films de Paramount dans ses cinémas Paramount, mais aussi à leur sortie en vidéo. « Selon moi, la combinaison de Viacom et de Paramount, c'est toute l'essence de la révolution du multimédia », déclara Sumner Redstone, le magnat milliardaire de Viacom[6]. Pour ces magnats, cette capacité de garder le cash-flow au sein d'une famille de sociétés est particulièrement valorisante. Par exemple, Richard Branson, de Virgin, se rit des accusations selon lesquelles ses vastes incursions dans le branding répandent le nom de Virgin dans trop de directions. « Il est peut-être juste que Mars s'en tienne au chocolat et que Nike garde les pieds au sol. Mais si leurs cadres traversent l'Atlantique dans un avion Virgin, écoutent des disques Virgin et gardent leur argent dans une banque Virgin, au moins la Grande-Bretagne aura-t-elle une nouvelle marque mondiale au prochain siècle. »

Ce que démontre clairement le cas de Virgin, c'est que, dans le sillage de la révolution synergique, les extensions de marques ne sont plus des annexes au produit central ou au numéro principal ; ces extensions forment plutôt la fondation sur laquelle de vastes structures commerciales sont en voie d'établissement. La synergie, comme le suggère Branson, c'est bien plus que la promotion croisée à l'ancienne ; c'est l'usage de vastes réseaux d'extension de marques en vue de tisser une trame autosuffisante applicable au style de vie. Branson et les autres étalent le tissu de leurs marques dans tant de directions qu'ils en font des chapiteaux assez grands pour loger un nombre indéfini d'activités de base, de l'achat au loisir, en passant par les vacances. Annonçant qu'elle commencerait à vendre des meubles sur Internet, Starbucks appelle cela une « voûte de marque ». Voilà la signification véritable d'une marque style de vie : on peut y passer toute sa vie.

Le concept est essentiel pour comprendre non seulement la synergie, mais aussi le brouillage concomitant des frontières entre secteurs et industries. La vente au détail se fond avec le loisir, le loisir avec la vente au détail. Les sociétés de contenu (comme les studios de cinéma et les éditeurs de livres) se lancent dans la distribution ; les réseaux de distribution (comme les sociétés de téléphone et d'Internet) se jettent dans la production de contenu. Et pendant ce temps, les gens auparavant classés pur contenu – les vedettes mêmes – foncent dans la production, la distribution et, bien entendu, la vente au détail. Ainsi, le sentiment décrit par Wolf – « si vous n'êtes pas partout, vous n'êtes nulle part » – dépasse largement les conglomérats des médias. Tous semblent vouloir être partout – qu'ils débutent comme décorateurs d'intérieurs, fabricants de chaussures de sport, compagnies de disques ou stars du basket-ball, ils finissent tous, ainsi que l'ont si bien dit Shaquille O'Neal et ses associés, « comme Mickey ».

Dans ce contexte fluide, le plus grand des chapiteaux de marques pourrait être Disney ou Viacom, mais aussi Tommy Hilfiger, America Online, Martha Stewart ou Microsoft. Chaque société détentrice d'une marque forte tente tout simplement de développer avec les consommateurs une relation qui résonne d'une façon si complète avec leur sentiment d'identité qu'ils aspireront, ou du moins consentiront, à devenir serfs de ces suzerains des marques. Voilà pourquoi le langage du marketing, celui du boniment et du produit, a été entièrement déclassé par le discours plus intime sur le « sens » et le « développement de relation ». Les sociétés de marques ne sont plus intéressées par une aventure d'un soir avec le consommateur – elles veulent habiter avec lui.

Ainsi, les luttes de marché les plus féroces se déroulent non pas entre produits rivaux, mais entre camps de marques rivaux qui repoussent constamment les frontières de leurs enclaves, de façon à inclure des ensembles complets de style de vie : si on fait dans la musique, pourquoi pas dans la nourriture ? demande Puff Daddy. Si on fait dans les vêtements, pourquoi pas dans la vente au détail ? demande Tommy Hilfiger. Si on fait dans la vente au détail, pourquoi pas dans la musique ? demande Gap. Si on fait dans les cafés, pourquoi pas dans l'édition ? demande Starbucks. Si on fait dans les parcs de loisirs à thème, pourquoi pas dans les villes ? demande Disney.

LES SUPERMAGASINS, C'EST COMME ENTRER DANS LA MARQUE

C'est évidemment la Walt Disney Company, l'inventeur du branding moderne, qui lança le prototype du supermagasin de marque en ouvrant le premier Disney Store, en 1984. On en compte aujourd'hui près de 730 dans le monde. Coca-Cola suivit de près avec un magasin entièrement consacré à un attirail d'objets portant sa marque, des porte-clés aux planches à découper. Mais si Disney et Coke ouvrirent la voie, c'est Barnes & Noble qui créa le modèle qui allait à jamais changer le visage de la vente au détail, en 1990, en présentant le premier supermagasin de sa chaîne de librairies. D'après des documents fournis par la société, le prototype du nouveau concept était « l'ambiance d'une bibliothèque d'autrefois, en une palette de couleurs boisées et de verts », complétée par « des fauteuils confortables, des toilettes et des heures d'ouverture étendues » – assortie, bien sûr, d'une alliance de marques : l'installation sur place de cafés Starbucks. La formule eut un effet non seulement sur les ventes de livres, mais aussi sur le rôle que la chaîne occupait dans la *pop culture* ; elle devint une célébrité, une source infinie de controverse médiatique et, finalement, l'inspiration à peine déguisée d'un film hollywoodien, *You've Got Mail* (*Vous avez un message*). En moins d'une décennie, Barnes & Noble devint une super-marque à part entière, une première pour une librairie.

Il n'est pas étonnant, alors, que presque toutes les sociétés d'objets de consommation et de loisir ayant monté leur image de marque par le biais du marketing, de la synergie et du sponsoring, veuillent maintenant lancer leurs propres temples de la vente au détail. Nike, Diesel, Warner Brothers, Tommy

Hilfiger, Sony, Virgin, Microsoft, Hustler et le Discovery Channel se sont tous lancés à pieds joints dans la vente au détail associée à leur marque. Pour ces sociétés, les magasins qui vendent plusieurs marques s'opposent aux principes mêmes de la bonne gestion de marque. Elles n'ont rien à faire avec des lieux où leurs produits sont offerts à côté de ceux de leurs concurrents. « Le magasin multimarque est en voie de disparition, et les sociétés comme la nôtre ont besoin de magasins qui reflètent leur personnalité », explique Maurizio Marchiori, directeur de la publicité chez Diesel, qui a ouvert depuis 1996 vingt magasins associés à cette marque[7].

Je suis vraiment très, très déçu de ne pas être passé à la vente au détail il y a des années, car je ne réalisais pas le pouvoir de marketing du nom et du logo de Hustler.

Larry Flynt, propriétaire de *Hustler*,
au *New York Times*, 21 mars 1999

Les supermagasins construits pour refléter ces personnalités commerciales sont en train d'explorer les frontières de ce que Nike appelle la « vente au détail inspirée ». Comme l'explique Thomas Clarke, président de Nike, les magasins « événementiels » à grande échelle « fournissent aux détaillants l'occasion de mieux idéaliser les produits[8] ». Les modalités de cette séduction varient d'une marque à une autre, mais, en général, il s'agit de créer un lieu qui soit à la fois un centre commercial, un parc d'attractions, un somptueux spectacle multimédia – une publicité plus puissante et plus évocatrice que cent panneaux d'affichage. Parmi les attractions les plus populaires des supermagasins, mentionnons les D.J. qui font tourner leurs tables sur place, en direct de leurs propres cabines de diffusion, les écrans géants et les fêtes de lancement assorties de nombreuses vedettes. Un cran au-dessus des cabines d'écoute des Virgin Megastores, les cascades et les murs d'escalade de la Recreational Equipment Inc., de Seattle, les stations interactives de mesure numérique des pieds à Nike Town, les massages de pieds et les soins de réflexologie gratuits aux magasins Rockport, et les arcades de jeux informatiques au Microsoft Store de San Francisco. Ensuite, bien sûr, il y a cet élément incontournable de la vente au détail, le comptoir à café – même le supermagasin Hustler en a un. Décrivant sa vision du grand magasin du sexe de 900 mètres carrés qui porte sa marque à West Hollywood, le propriétaire de *Hustler*,

Larry Flint, expliquait qu'il voulait créer un espace de vente au détail « plus confortable pour les femmes, genre Barnes & Noble[9] ».

« Créer une destination » : voilà l'expression à la mode pour le concepteur de supermagasins. Ce sont des lieux d'achat mais aussi de visite, des endroits où les touristes se rendent en pèlerinages rituels. Voilà pourquoi les emplacements choisis sont beaucoup plus huppés que ceux auxquels sont habitués les colporteurs de porte-clés Disney, de chaussures de sport Nike et de jeans Tommy. En fait, un si grand nombre de ces mecques des marques grand public se sont établies sur Fifth Avenue à New York et sur Rodeo Drive à L.A. que leurs voisins – les marques exclusives Gucci, Cartier et Armani – ont commencé à se plaindre de la présence vulgarisatrice de Daffy Duck et de Air Jordan.

Vendre des gadgets et des objets de consommation de masse sur les emplacements les plus chers du monde, dans les décors de vente au détail les plus coûteux jamais conçus à coups de haute technologie et de direction artistique, cela ne tient pas toujours debout du point de vue financier. Mais considérer le supermagasin comme une entreprise commerciale basée sur la rentabilité, c'est n'y rien comprendre. Si on n'épargne aucune dépense dans la construction des magasins, c'est parce que, même déficitaires en soi, le Disney Store de Times Square ou le magasin Warner Brothers de Fifth Avenue servent un objectif beaucoup plus élevé dans le cadre général du branding. Comme le dit Dan Romanelli, président de la division produits de consommation chez Warner Brothers, à propos du magasin vedette de la société, « Fifth et 57e, c'est probablement le meilleur emplacement de vente au détail du monde. Il a immensément aidé à établir notre commerce international et à affirmer notre marque[10] ». Discovery Communication adopte une attitude similaire. Débordant de ses quatre canaux de télévision, la société de médias a lancé, depuis 1996, 35 boutiques Discovery : des hybrides de grands magasins, de parcs d'attractions et de musées. Le joyau de la couronne est un magasin vedette de 20 millions de dollars, à Washington, D.C., qui présente une réplique grandeur nature d'un squelette de dinosaure T. Rex et un avion de chasse de la Seconde Guerre mondiale. Selon Michela English, présidente de Discovery Enterprises Worldwide, on ne s'attend pas à ce que ces points de vente soient rentables avant 2001. Cela n'empêche pas la société de créer des dizaines de nouveaux magasins. « Le fait de placer le nom Discovery sur des magasins a l'impact d'un panneau d'affichage », explique-t-elle[11].

En général, cet « impact de panneau d'affichage » est recherché par des sociétés dont la source de ventes principale est encore les endroits multimarques : grands magasins, cinémas Cineplex, magasins de disques HMV, boutiques Foot Locker, et ainsi de suite. Même sans pouvoir contrôler tous leurs réseaux de distribution, les supermagasins associés à une marque fournissent à celle-ci une sorte de pays d'origine spirituel, si reconnaissable et si grandiose que, où qu'ils aillent, ils conserveront cette magnificence tel un halo. C'est comme si un appareil d'autoguidage avait été implanté dans la marque, afin, par exemple, que le stand des produits Virgin dans un cinéma Virgin ne soit pas un simple stand de produits dans un cinéma – mais un « mini-mégastore Virgin », un satellite de quelque chose de beaucoup plus profond et de plus important qu'il n'y paraît. Et lorsqu'au magasin Foot Locker de leur localité, les consommateurs se retrouveront devant des paires de Nike alignées sans cérémonie à côté des Reebok, Fila et Adidas, ils se rappelleront la surcharge sensorielle qu'ils ont ressentie lors de leur pèlerinage à Nike Town. Comme l'écrit Michael Wolf, la vente au détail associée à une marque consiste à « vous imprégner d'une expérience aussi sûrement que l'épouse du fermier imprègne de bons sentiments une couvée de petites oies lorsqu'elle leur donne une poignée de grains à chaque jour[12] ».

LE VILLAGE ASSOCIÉ À UNE MARQUE, C'EST COMME HABITER DANS LA MARQUE

Les magasins ne sont que le commencement – la première phase de l'évolution menant du shopping expérimental à la pleine expérience de la marque. Dans un supermagasin, écrit Wolf, « l'éclairage, la musique, le décor, le casting d'employés provoquent en vous le sentiment diffus d'une pièce dans laquelle vous, le consommateur, tenez un rôle principal[13] ». Mais sur le plan des événements, cette pièce est plutôt courte : une heure ou deux, tout au plus. Voilà pourquoi la phase suivante, après la « vente au détail en tant que destination touristique », a été la création de vacances associées à une marque : oubliez Disney World – Disney a lancé le paquebot de croisière Disney Magic et, parmi ses destinations, se trouve l'île de Castaway Cay, dans les Bahamas, propriété privée de Disney. Nike élabore son propre paquebot de croisière à thème sportif et Roots Canada, peu après avoir présenté une gamme de linge de maison et ouvert un magasin vedette à Manhattan, a lancé le Roots Lodge, hôtel de marque en Colombie-Britannique.

J'ai visité le domaine de Roots, alors en construction, à Ucluelet, petite ville de la Côte-Ouest, sur l'île de Vancouver. L'endroit s'appelle Reef Point Resort et c'est là que le branding est en train de passer à une autre échelle. En avril 1999, le Roots Lodge n'était pas encore ouvert, mais la construction était suffisamment avancée pour rendre le concept parfaitement clair : une colonie de vacances pour adultes, haut de gamme, complètement associée à la marque. Au lieu de canoës, une « station d'aventure » loue des kayaks d'océan et des planches de surf ; au lieu de toilettes extérieures, chaque cabane a son propre *hot tub* ; au lieu du feu de camp communautaire, on a droit à des cheminées au gaz individuelles. Le pavillon du restaurant est conçu dans le style d'un réfectoire, mais la nourriture est pure gastronomie de la côte Pacifique. Et surtout, les cabanes de bois équarri sont équipées de toute la gamme d'ameublement domestique Roots.

« C'est comme habiter un panneau d'affichage », fait observer sans exagérer un visiteur de notre tournée officielle. Croisement de show-room et de living-room véritable, le lieu de villégiature présente un logo Roots dans chaque cabane, sur les oreillers, les serviettes, les couverts, la vaisselle et les verres. Les fauteuils, sofas, tapis, stores et rideaux de douche sont tous de Roots. Sur la table basse Roots, en bois, un sous-main de cuir brun Roots accueille délicatement un livre hagiographique sur l'histoire de Roots – tout cela s'achète au magasin Roots d'en face. Au pavillon, la « pièce » à laquelle Wolf fait référence ne dure pas seulement quelques heures mais un week-end, peut-être même une ou deux semaines. Et le cadre à la disposition de la société comporte, outre l'architecture et la conception des édifices (comme dans le cas des supermagasins), toute la nature sauvage canadienne qui entoure le pavillon : l'aigle dans le cèdre devant la fenêtre, la forêt ancienne qui accueille la promenade jusqu'aux cabanes, le tumulte des vagues du Pacifique.

Une forte symétrie est à l'œuvre dans cet exercice de branding. La gamme des vêtements Roots est née dans un lieu semblable à celui-ci. Don Green et Michael Budman, les fondateurs, en visite à la colonie de vacances d'Algonquin Park, en Ontario, ont été si impressionnés par leur expérience de vie active dans la nature canadienne qu'ils ont conçu une gamme de vêtements destinés à capter au mieux cette sensation : des chaussures de marche confortables, de chauds sweat-shirts, des bas de travail canadiens et, bien sûr, le castor du logo. « Les majestueuses montagnes d'Algonquin, les lacs cristallins et la forêt ancienne ont inspiré Roots », affirme l'une des premières annonces imprimées. « Ses journées d'été dorées, ses nuits froides et étoilées, la flamme de ses automnes et la blancheur calme de ses hivers sont maintenant recréées dans les couleurs et l'esprit de Roots Algonquin[14]. »

Ce boniment n'était pas tellement subtil, comme le fit remarquer en 1993 le journaliste Michael Posner lorsqu'il écrivait : « En vérité, Roots est moins une compagnie qu'une colonie de vacances[15]. » Dès le début, le fabricant de vêtements développa cette image habilement façonnée. Il commença par concevoir des boutiques qui, grâce aux pagaies de canoës accrochées aux murs sous les poutres apparentes, évoquent non pas une chaîne de magasins mais, comme l'écrit le journaliste Geoff Pevere, « les réfectoires de colonies de vacances et les chalets construits par des mains calleuses et affectueuses[16] ». Puis vint la gamme de linge de maison, des couvertures et des taies d'oreillers conçues pour ressembler à des bas de travail trop grands. Et maintenant, la boucle se boucle : voici le Roots Lodge, où l'« inspiration » originale d'une gamme de vêtements devient la pleine extension, dans la réalité, de la marque Roots : de la colonie de vacances à la colonie de marque ; du marketing du style de vie au style de vie même.

Habillé de flanelle, Mark Consiglio, le volubile promoteur du lieu de villégiature, a d'autres plans, plus ambitieux, pour Reef Point dont le Roots Lodge ne représente qu'une fraction de la propriété disponible. Tout en me montrant la maquette d'un complexe de 250 cabanes, il m'explique sa vision : un centre-ville consacré à la vente au détail, grâce à des magasins et services associés à des marques. Le magasin Roots, bien sûr, mais peut-être aussi un club de remise en forme Aveda, et peut-être des magasins comme Club Monaco et The Body Shop. Chacun sera relié par un chemin de planches au pavillon de sa propre marque, qui, comme le Roots Lodge, sera équipé de tous les accessoires à logos que la compagnie pourra

fournir. Sans donner aucun nom – « C'est encore en négociation » –, Consiglio me dit ostensiblement : « Vous savez,
Roots n'est pas la seule compagnie de vêtements à se lancer
dans le linge de maison. Tout le monde le fait. »

Le problème, avec les destinations de vacances associées à une
marque, c'est qu'elles ne fournissent que des occasions temporaires de convergence de marque, une oasis dont les familles, à
la fin du voyage, sont abruptement arrachées pour être larguées
à nouveau dans leur vie ancienne, sans doute quelque méli-
mélo mal géré de logos et d'identités de marques concurrentes.
Voici donc Celebration, en Floride : la toute première ville
Disney. Méticuleusement planifié, le lotissement arrive tout
équipé : clôtures de piquets, association des propriétaires
nommée par Disney, et château d'eau bidon. Pour les familles
qui y résident toute l'année, Disney a atteint le but ultime du
branding du style de vie : que la marque devienne la vie même.
   Sauf que la vie offerte n'est peut-être pas celle à laquelle
nous nous attendions de la part de Mickey. Lorsque Walt
Disney eut l'idée d'une ville de marque, elle était destinée à
être un riche filon de l'artifice, un temple des divinités
futuristes du milieu des années 50 : la technologie et l'auto-
matisation. La ville ne fut jamais conçue du vivant de Walt,
bien qu'une partie des idées eussent été canalisées dans Epcot
Center, 16 ans après sa mort. Lorsque Michael Eisner, P.D.G.
de Disney, décida de donner suite au vieux rêve de Walt en
édifiant une ville associée à une marque, il se détourna du
monde de fantaisie, inspiré de la série *The Jetsons*, imaginé par
son prédécesseur. Bien que dotée de toute la technologie et
du confort modernes, Celebration est moins futuriste que
rétro : c'est une recréation de l'Amérique vivable qui existait
avant les centres commerciaux, l'étalement des grandes
surfaces, les autoroutes, les parcs d'attraction et le mercantilisme de masse. Bizarrement, Celebration n'est même pas un
véhicule de vente de produits Mickey ; la ville est presque
dépourvue de Disney – et c'est sans doute la seule qui reste en
Amérique. Autrement dit, lorsque Disney finit par atteindre
son espace clos, synergisé, autosuffisant, il choisit de créer un
monde d'avant la disnéification – son esthétique calme et
discrète est aux antipodes de l'univers de dessins animés qu'on
vend à Disney World, à quelques bornes d'autoroute de là.
   Comme dans les collectivités qui ont jailli derrière des
portails à travers les États-Unis, les résidents qui parcourent les

rues tranquilles de Celebration, bordées d'arbres et dépourvues de panneaux-réclame, ne sont sujets à aucune des stimulations ou des dévastations de la vie contemporaine. Aucun Levi Strauss n'a acheté toutes les devantures de la rue principale pour vendre un nouveau style de pantalon à jambe large, et aucun graffiteur n'en a défiguré les publicités ; aucun Wal-Mart n'a laissé le centre-ville tordu et barricadé, et aucun groupe communautaire ne s'est formé pour lutter contre les grandes surfaces ; aucune fermeture d'usine n'a érodé l'assiette fiscale ni gonflé les listes d'assistés sociaux, et aucun critique querelleur n'intervient l'index judicateur. Toutefois, ce qu'il y a de plus frappant, à Celebration, surtout lorsqu'on la compare à la plupart des banlieues nord-américaines, c'est la quantité d'espace public qu'elle offre – parcs, édifices communautaires et places publiques. En quelque sorte, l'innovation de Disney dans le branding est une célébration de l'absence de branding, des espaces publics mêmes sur lesquels la compagnie a toujours eu tendance à imprimer sa marque dans le reste de ses entreprises.

Bien sûr, c'est une illusion. Les familles qui ont élu domicile à Celebration sont les premières à mener une vie associée à une marque. Comme l'a fait remarquer l'historien social Dieter Hassenpflug, « même les rues sont contrôlées par Disney – c'est un espace privé qui se prétend public[17] ». Ainsi, Celebration est une complexe inversion de la prédiction de de Tocqueville : un bunker d'« authenticité », spécialement rééquipé par le fondateur du faux.

Tout cela me rappelle un endroit de l'île de Vancouver, appelé Cathedral Grove, à environ une heure et demie du Roots Lodge et de l'embouchure du détroit de Clayoquot, la plus appréciée des forêts du Canada. Le simple fait de parcourir en voiture cette partie du monde a converti d'innocents touristes en militants écologistes, et on comprend aisément pourquoi. Après une montée qui s'étend sur des kilomètres, vous atteignez un majestueux paysage de montagnes couvertes de cèdres luxuriants, de lacs scintillants et d'aigles volant à la dérive – l'étendue sauvage qui soulage et rassure l'âme. La planète nous paraît plus forte et plus riche que jamais – et, pour se le faire confirmer, il suffit de continuer à rouler vers le nord. Mais cette sérénité est éphémère. Le chemin plonge et grimpe encore, mais présente une vue radicalement différente : deux immenses montagnes grises et chauves, tellement brûlées et couvertes de cicatrices qu'elles ressemblent davantage à la surface lunaire qu'à la terre. Rien que la mort et de l'asphalte, sur des kilomètres.

Nichée dans les replis de ces montagnes russes de l'âme se trouve l'entrée de Cathedral Grove. Chaque jour, des centaines de voitures se rangent sur le côté de la route, et leurs passagers montent à pied, dépliants couleur en main, pour voir les seuls arbres anciens qui restent dans la région. L'arbre le plus grand est cerné d'une corde et orné d'une plaque montée sur un piquet. L'ironie, que saisissent bien la plupart des résidents de la région, est que ce parc miniature est la propriété et l'exploitation de MacMillan Bloedel, compagnie forestière responsable du déboisement sur l'île de Vancouver et dans une grande partie du détroit de Clayoquot. Cathedral Grove n'est pas une forêt mais un musée de l'arbre – tout comme Celebration est un musée de la ville.

Il est tentant de réduire Celebration, voire l'idée de la ville associée à une marque, à l'obsession particulière et névrotique de la société Disney : il ne s'agit là que d'un signe annonciateur de la future privatisation de l'espace public, ce n'est que Walt qui continue de jouer à Dieu dans sa tombe. Mais étant donné que presque chaque supermarque se modèle sur Disney, il ne faut pas trop vite faire l'impasse sur Celebration. Bien sûr, Disney a de l'avance sur le jeu – c'est lui qui l'a inventé – mais comme c'est toujours le cas avec Mickey, il traîne derrière lui de nombreux imitateurs potentiels qui prennent des notes. De sa position élevée de conseiller des plus grands conglomérats des médias, Michael J. Wolf observe que les lieux d'achats dans le style du parc de loisirs à thème, tel le Mall of America, à Minneapolis, sont peut-être les prototypes des centres commerciaux habitables de l'avenir. « La prochaine étape de cette évolution sera peut-être d'installer des habitations et des mégaplexes à côté des magasins et de qualifier l'ensemble de petite ville. Des gens qui habitent, travaillent, achètent et consomment des loisirs au même endroit. Quel concept ![18] » conclut-il, enthousiaste.

Si l'on oublie un instant *Le Meilleur des mondes* qu'évoque inévitablement pareille vision, ces univers de marques ont quelque chose de séduisant. La chose a, selon moi, à voir avec la griserie utopiste, ou l'illusion d'avoir une utopie à tout prix. Il vaut la peine de se rappeler que le processus du branding commence lorsqu'un groupe d'individus assis autour d'une table tentent d'évoquer une image idéale ; ils jouent avec des mots comme « libre », « indépendant », « beauté sauvage », « confortable », « intelligent », « in ». Ils essaient ensuite de trouver des façons concrètes de matérialiser ces idées et attributs, d'abord au moyen du marketing, puis de cadres de vente au détail tels que des supermagasins et des chaînes de cafés, puis – s'ils sont vraiment à l'avant-garde – au moyen d'expériences de style de vie totales : parcs de loisirs à thème, pavillons en forêt, paquebots de croisière et villes.

Pourquoi ces créations n'exerceraient-elles pas de séduction ? Nous vivons à une époque où les attentes relatives à la construction d'espaces publics et de monuments dans la vie réelle grâce à des budgets collectifs – des écoles, par exemple, des bibliothèques, des parcs – se voient constamment réduites, voire complètement refusées. Dès lors, ces mondes privés deviennent captivants, du point de vue esthétique et créatif, et cela, d'une façon déroutante pour quiconque n'a pas connu le boom de l'après-guerre. Pour la première fois depuis des décennies, des groupes humains élaborent leurs propres communautés idéales et élèvent de véritables monuments, qu'ils en passent par le mariage du travail et du jeu sur le Nike World Campus, par l'intellectualisme luxuriant des supermagasins Barnes & Noble ou par la fiction sauvage du Roots Lodge. Le pouvoir émotionnel de ces enclaves réside dans leur capacité de captiver un désir nostalgique avant d'en augmenter l'intensité : salle de gymnase scolaire avec un équipement du niveau de la NBA ; colonie de vacances garnie de *hot tubs* et proposant un menu gastronomique ; librairie à l'ancienne avec meubles griffés et café au lait ; ville dépourvues d'erreurs architecturales et d'activités criminelles ; musée au budget hollywoodien. Oui, ces créations revêtent peut-être quelque caractère fantastique qui donne vaguement froid dans le dos ; il importe cependant de ne pas les écarter comme de simples manifestations de mercantilisme crasse visant les masses irréfléchies : pour le meilleur ou pour le pire, ce sont bien des utopies publiques privatisées.

LA RÉDUCTION DES CHOIX SUR LA PLACE PUBLIQUE PRIVATISÉE

La terrible ironie de ces substituts, bien sûr, c'est la destruction du réel qu'ils engendrent : ainsi des vrais centres-villes, des entreprises indépendantes, de la version non Disney des espaces publics, de l'art par opposition aux produits culturels en synergie et de l'expression libre et désordonnée des idées. Les climats commerciaux sont radicalement modifiés par la taille et les ambitions grandissantes de ces importants protagonistes, plus que dans les autres secteurs de la vente au détail où, comme nous l'avons vu, des sociétés telles que Discovery et Warner Brothers recherchent l'« effet de panneau d'affichage » autant que les ventes. Les boutiquiers indépendants, eux, n'ont généralement pas les ressources nécessaires pour transformer le shopping en performance artistique, encore moins pour monter une colonie de vacances.

À mesure que les supermagasins adoptent les valeurs et les effets spéciaux d'Hollywood, les petites entreprises se font prendre en tenaille entre, d'une part, les forts rabais des Wal-Mart et des détaillants en ligne tels qu'Amazon.com, et de l'autre, par la force d'attraction de décors de vente transformés en parcs de loisirs à thème. L'effet combiné de ces tendances du marché mine radicalement les concepts traditionnels de valeur et de service individuels que les petites entreprises sont réputées offrir. Le personnel des détaillants indépendants a peut-être plus d'expérience et de connaissances que les assistants des supermagasins (l'importance de l'achalandage ne permet pas aux commis d'acquérir de l'expérience ; nous y reviendrons dans la prochaine section, « Zéro boulot »), mais même cet avantage relatif peut souvent être battu en brèche par le caractère de pur loisir propre aux supermagasins.

Comme on l'a remarqué à plusieurs reprises, ce phénomène a été particulièrement prononcé dans l'industrie du livre : le nombre des membres de l'Association américaine des libraires est tombé en chute libre de 5 132 en 1992 à 3 400 en 1999[19]. Le phénomène, en partie, relève sans doute de l'effet Wal-Mart : les chaînes de supermagasins ont négocié des rabais sur les prix de gros avec un grand nombre d'éditeurs, ce qui empêche complètement ou presque les indépendants d'offrir des prix concurrentiels. L'autre difficulté touche la norme de vente au détail établie par les supermagasins. On s'attend maintenant à ce que les libraires jouent à la fois le rôle de la bibliothèque universitaire, du parc de loisirs à thème, du terrain de jeu, du bar convivial, du centre communautaire, du salon littéraire et du café – entreprise coûteuse, même pour les protagonistes qui en ont les moyens, qui entraîne souvent des pertes financières au nom du développement du capital marques et de la part de marché escompté. C'est le cas au Canada, où l'équivalent canadien de Barnes & Noble, la chaîne de librairies Chapters, a pu en 1997 ouvrir 10 supermagasins dans des emplacements de choix, tout en inscrivant une perte de 2,1 millions de dollars[20].

C'est ici, une fois de plus, que l'économie d'échelle entre en jeu. Bien entendu, certains libraires indépendants ont tenu bon contre les chaînes en offrant du café, de confortables fauteuils de lecture et des démonstrations culinaires, mais la plupart des indépendants imposent des limites au shopping expérimental pour éviter des difficultés financières. Si, d'autre part, ils ne font rien pour être compétitifs, les magasins isolés et indépendants feront bientôt figure de parents pauvres à côté de la grand-messe des marques qui se déroule en face. En définitive, il se vend autant de livres, mais il devient aussi difficile pour les petits détaillants d'être compétitifs que pour les producteurs de films indépendants de s'attaquer aux grands studios sur le circuit des complexes multisalles. Dans la vente au détail, les chances sont considérablement inégales ; comme le cinéma, la télévision ou le logiciel, c'est une industrie qui contraint au gigantisme quiconque veut rester dans la partie. Voici l'étrange cohabitation d'un océan de produits avec la perte de choix réel : tel est le signe distinctif de l'ère des marques.

Les critiques ont largement débattu des effets des supermagasins sur l'industrie du livre – en partie parce que la fusion des librairies a de nettes implications sur la liberté d'expression, et en partie parce que les journalistes ont tendance à s'intéresser davantage aux endroits où ils achètent leurs livres qu'à ceux où ils achètent leurs chaussettes. À maints égards, cependant, les librairies constituent une anomalie dans l'univers du supermagasin : elles demeurent des magasins multi-marques, offrant des livres provenant de milliers d'éditeurs, et ce sont des entreprises principales, par opposition aux extensions, plans de synergie ou panneaux d'affichage tridimensionnels de marques dont l'épicentre est ailleurs. Pour avoir une idée plus juste de l'animosité qui prévaut envers la diversité du marché, il faut se tourner non pas vers les librairies mais vers les purs supermagasins de marques tels ceux de Virgin, de Sony et de Nike. C'est là que la quête de la marque totale se dévoile de la façon la plus saisissante en tant qu'antithétique à la diversité du marché : à l'instar de la synergie même, ces magasins cherchent la cohésion de la marque, le cocon sécuritaire d'un logo préservé des messages conflictuels des autres marques.

Les Virgin Megastores fournissent peut-être les manifestations les plus claires de ce type de cohésion dans leur usage de diverses synergies intra-marques pour jouer à saute-mouton dans la gamme de choix du consommateur. Dans le passé, les labels de disques, même s'ils investissaient beaucoup d'argent dans la promotion de nouveaux artistes, étaient encore à la merci des propriétaires de magasins de disques et des programmateurs de stations de radio et de vidéoclips (ce pour quoi les labels ont fait face à un si grand nombre de problèmes juridiques, dans les années 1950, pour avoir soudoyé des D.J.). Ce n'est plus le cas. Les 122 Virgin Megastores ont été conçus comme des machines à synergie, équipées d'affiches murales grandes comme des immeubles, de postes d'écoute où les clients peuvent tester les nouveaux CD, d'immenses écrans vidéo, de cabines de D.J. et d'antennes paraboliques pour la diffusion de concerts en direct dans les magasins. Toutes choses classiques à l'ère du supermagasin, mais puisque Virgin est aussi un label de disques, cette technologie peut susciter toute l'exaltation requise à l'égard d'un nouvel artiste Virgin. « Chaque mois, nous allons présenter certains artistes. Nous les faisons entendre dans le magasin, nous pouvons produire à distance des concerts en direct, par satellite, et nous pouvons leur donner de la présence en magasin », dit Christos Garkinos, vice-président marketing du Virgin Entertainment Group. « Pensez à ce que nous pouvons faire pour un artiste émergent[21]. » Alors pourquoi attendre quelque chose d'aussi instable que la demande de l'auditoire ou un passage à la radio, alors qu'en contrôlant toutes les variables, on peut créer en amont l'illusion d'un succès fracassant ?

C'est cela, la synergie. Microsoft emploie le terme « intégration » pour décrire l'ensemble croissant de biens et de services principaux offerts par son système Windows, mais celle-ci n'est que l'équivalent, dans le jargon informatique, de ce que Virgin qualifie de synergie et Nike, d'extension de marque. En intégrant le logiciel Internet Explorer à Windows, une société, grâce à son quasi-monopole sur les systèmes d'opération, a tenté de devenir le portail exclusif de l'Internet. Ce que l'affaire Microsoft montre clairement, c'est que dès que les roues de la synergie tournent harmonieusement et que tout est pour le mieux dans l'univers commercial, c'est justement à ce moment que le choix du consommateur est contrôlé avec le plus de vigueur et que le pouvoir du consommateur est réduit au minimum. Dans les industries du loisir et des médias, le nirvana de la synergie a été atteint lorsque tous les éléments d'un conglomérat ont été coordonnés avec succès pour produire différentes versions du même produit, à la manière dont la pâte à modeler prend différentes formes : jouets, livres, parcs de loisirs à thème, magazines, émissions spéciales de télévision, films, bonbons, CD, CD-ROM, supermagasins, bandes dessinées et mégacomédies musicales.

Parce que l'efficacité de la synergie ne se mesure au succès d'aucun « produit » en particulier, que ce soit un film ou un livre, mais plutôt à la façon dont l'un de ces produits circule à travers les canaux multimédias du conglomérat, les projets de synergie ont tendance à émerger de discussions à bâtons rompus dans lesquelles agents, clients, gestionnaires de marques et producteurs se livrent à un remue-méninges sur la façon de tirer parti de l'effet de levier de leurs marques vedettes. C'est ainsi que le marché se voit inondé de la progéniture mutante de ces séances de brainstorming : des restaurants Planet Hollywood aux livres publiés par Disney et écrits par des vedettes de sitcoms du réseau ABC ; de la bière au goût de café Starbucks aux menthes pour l'haleine *Perdus dans l'espace* ; de la chaîne de bars d'aéroports modelés sur le défunt plateau de la sitcom *Cheers* aux Doritos au goût de Taco Bell…

Pas étonnant que Sumner Redstone emploie le terme de « logiciel » pour qualifier ses produits de loisir Viacom, dès lors que ces plans de synergie comportent si peu d'objets matériels. Par logiciel, Redstone entend les produits de loisir de marque imaginés sur clavier et malaxés jusqu'à ce qu'ils s'insèrent dans les divers territoires qu'il possède dans les médias. « Nous avons créé une locomotive planétaire des médias propulsée par le logiciel, dit-il. Notre mission consiste à intégrer ce logiciel à chaque application, ici aux États-Unis et partout sur la Terre. Nous allons y arriver. » Redstone se targue d'une « communication absolument ouverte » entre ses diverses branches. « Nous coordonnons différents aspects de l'entreprise de telle façon que chacun bénéficie des avantages fournis par l'autre[22]. »

LES NOUVEAUX TRUSTS : À L'ASSAUT DU CHOIX

À des époques moins zélées que la nôtre, on utilisait d'autres mots que « synergie » pour décrire les tentatives de déformation radicale des offres aux consommateurs au bénéfice de patrons de société qui étaient de connivence ; aux États-Unis, les trusts illégaux étaient des combinaisons de compagnies qui s'entendaient secrètement pour fixer les prix tout en stimulant la concurrence. Et qu'est-ce qu'un monopole, après tout, sinon une synergie poussée à l'extrême ? Les marchés qui obéissent à la tyrannie de la taille ont toujours eu une tendance au monopole. Une grande part de ce qui s'est passé dans l'industrie du loisir, au cours de la dernière décennie, celle de la prolifération des fusions, aurait été illégale en 1982, avant l'assaut en règle du président Ronald Reagan contre les lois antitrusts américaines.

Même si un grand nombre d'empires des médias ont longtemps pu coordonner leurs intérêts de façon à promouvoir leurs diverses offres, des lois destinées à élever des barrières entre production et médias empêchaient beaucoup d'entre eux de s'y adonner de manière abusive. Les réglementations adoptées aux États-Unis entre 1948 et 1952 limitaient notamment la capacité des studios cinématographiques de posséder des cinémas d'exclusivité, parce que les législateurs redoutaient l'établissement d'un monopole vertical. Bien que les réglementations aient été abandonnées en 1974, le gouvernement américain était alors en train de mettre en œuvre une série d'actions antitrusts conçue pour empêcher les trois grands réseaux de télévision américains (CBS, ABC et NBC) de produire pour leurs propres stations des émissions de loisir et des films. Le ministère de la Justice accusa les trois réseaux d'entretenir un monopole illégal faisant obstacle au travail des producteurs extérieurs. Selon le Ministère, les réseaux doivent agir en tant que « vecteurs » de la programmation, et non comme des programmeurs eux-mêmes. Au cours de cette campagne gouvernementale antitrust, CBS fut obligée de vendre sa filiale de programmation – qui, ironie de l'histoire, devint Viacom, parangon de la synergie. Autre ironie, le groupe d'intérêt qui fit pression avec le plus d'ardeur en faveur de l'enquête de la Federal Trade Commission fut la Westinghouse Broadcasting, la compagnie même qui devait fusionner avec CBS en 1995 et qui profite désormais de toutes les synergies concomitantes entre production et distribution. Le cercle se referma en septembre 1999 lorsque Viacom et CBS annoncèrent leur fusion, d'une valeur estimée à 80 milliards de dollars. À nouveau réunies après toutes ces années, les sociétés forment dorénavant une entité beaucoup plus puissante qu'avant le divorce.

Toutefois, au cours des années 1970 et au début des années 1980, les majors étaient à ce point passées au crible que, selon Jack Myers, alors administrateur au service des ventes chez

CBS-TV, son réseau renonça à l'idée de coordonner le service des ventes de ses divisions télévision, radio, musique et édition à des fins de promotion croisée. « C'est une idée, écrit Myers, que plusieurs grandes sociétés de médias tentent aujourd'hui d'appliquer, mais en 1981, l'inquiétude à l'égard des réglementations antitrusts empêchait l'interaction directe entre les divisions[23]. »

Ces préoccupations s'atténuèrent lorsqu'en 1983, Reagan entreprit le démantèlement assez allègre des lois antitrusts, ouvrant d'abord la porte à la recherche conjointe entre concurrents avant d'écarter les obstacles aux fusions géantes. Il coupa l'herbe sous le pied de la Federal Trade Commission en limitant radicalement sa capacité d'imposer des amendes pour des actions contraires à la concurrence, en réduisant ses effectifs de 345 à 134 personnes, et en nommant à sa tête un président qui se targuait de réduire le « rôle excessivement accusatoire[24] » de l'agence. Carlton Eastlake, ex-directeur régional de la FTC, observa en 1983 que « si on laisse les décisions politiques du président actuel prévaloir pendant une période de temps suffisante, certaines de nos libertés les plus fondamentales seront mises en péril[25] ». Non seulement cette orientation fut maintenue, mais en outre, en 1986, on adopta une législation encore plus axée sur le démantèlement, en arguant que les sociétés américaines avaient besoin d'une plus grande flexibilité pour concurrencer les Japonais. Le mandat de Reagan vit se réaliser les dix plus grandes fusions de l'histoire américaine – et pas une ne fut contestée par la FTC. Le nombre d'affaires antitrusts suivies par la FTC diminua de moitié au cours des années 1980, et celles qui donnèrent lieu à des poursuites eurent généralement pour cible des forces ultra-puissantes, telles que l'Oklahoma Optometric Association, au moment même où Reagan intervenait personnellement pour protéger les 10 plus grandes compagnies aériennes du monde d'une demande d'enquête antitrust émanant de son propre gouvernement[26]. Pour les industries culturelles, la pièce finale du nouveau puzzle mondial fut placée en 1993, lorsque le juge fédéral Manuel Real leva les restrictions antitrusts imposées aux trois grands réseaux de télévision dans les années 1970. La décision donnait aux majors la possibilité de reprendre la production de leurs émissions de loisir et de leurs films pour diffusion aux heures de grande écoute, et traçait nettement la voie menant à la fusion de Disney et d'ABC[27].

Cependant, même aujourd'hui, alors que les lois antitrusts ont beaucoup perdu de leur vigueur, certains des rêves de synergie les plus audacieux ont commencé à réveiller la FTC de son long sommeil. Outre les poursuites fort médiatisées engagées contre Microsoft, l'offre de Barnes & Noble d'acheter le distributeur de livres Ingram provoqua un tel tumulte, dans l'industrie du livre, que la FTC fut obligée d'ouvrir aux plaintes une ligne téléphonique spéciale, et Barnes & Noble dut renoncer. Ce n'est pas un hasard si ces controverses sont plus virulentes dans l'industrie du livre et du logiciel : ce qui est en cause, ce n'est pas la mise à disposition d'agrafeuses bon marché, de jouets ou de serviettes dégriffées, mais la libre publication d'une saine diversité d'idées, et la possibilité d'y accéder. Comme pour aggraver les choses, la concentration de la propriété parmi les sociétés d'Internet, les maisons d'édition et les vendeurs de livres, a suivi de près un imprudent battage médiatique autour de la transparence et du pouvoir personnel que favoriserait la prétendue Révolution de l'Information.

Dans un *e-mail* ouvert à Bill Gates, Andrew Shapiro, membre du Center for Internet and Society du Harvard Law School (Faculté de droit de Harvard), émet une opinion qui est sûrement venue à l'esprit des observateurs les plus réfléchis au sujet des fusions et des plans de synergie modernes. « Si toute cette révolution vise à donner du pouvoir aux gens, Bill, pourquoi es-tu en train de fermer le marché et de restreindre les choix ? Chaque mois, tu synergises d'un secteur à un autre[28] ? »

Cette contradiction représente une trahison beaucoup plus grave que celle que recèle l'habituelle langue de bois à laquelle la publicité nous a habitués. Ce qui est trahi, ce sont, ni plus ni moins, les promesses de l'ère de l'information : choix, interactivité et accroissement de la liberté.

LA CENSURE COMMERCIALE

BARRICADES AUTOUR DU VILLAGE DE MARQUES

Toutes les deux semaines, je retire des étalages quelque chose qui n'est pas, selon moi, de qualité Wal-Mart.

Teresa Stanton, directrice d'un magasin Wal-Mart à Cheraw,
en Caroline du Sud, à propos de la pratique adoptée par la chaîne
de censurer les magazines aux couvertures provocantes,
dans *The Wall Street Journal*, 22 octobre 1997

Dans certains cas, l'atteinte au choix dépasse la simple préda- tion commerciale et les plans de synergie monopolistiques, pour devenir censure pure et simple en forme d'élimination active de contenu. La plupart d'entre nous définirions la censure comme une restriction de contenu imposée par des gouvernements ou des institutions d'État, ou – surtout dans les sociétés nord-américaines – à l'instigation de groupes de pression politiques ou religieux. Mais il devient vite évident que cette définition est radicalement caduque. Même s'il y a toujours un Jesse Helms et une Church Lady pour interdire un concert de Marilyn Manson, ces petits drames deviennent rapidement des attractions secondaires dans un contexte de menaces bien plus graves qui pèsent sur la liberté d'expression.

La censure commerciale est complètement reliée aux thèmes analysés dans les deux derniers chapitres : des sociétés de médias et de vente au détail ont atteint de telles proportions que de simples décisions quant au choix des articles à stocker dans un magasin, ou sur le genre de produits culturels à commander – décisions qu'il convient de laisser à la discrétion des propriétaires d'entreprises et des créateurs culturels –, ont maintenant des conséquences énormes : ceux qui effectuent ces choix ont le pouvoir de remodeler le paysage culturel. Lorsque des directeurs de succursales retirent certains magazines des étagères de Wal-Mart, lorsqu'on change l'illustration de la pochette d'un CD pour l'adapter à Kmart, ou quand Blockbuster Video refuse des films parce qu'ils ne sont pas conformes à l'image de « loisir familial » de la chaîne, ces décisions privées envoient des ondes à travers les industries culturelles, affectant non seulement le stock déjà disponible à la grande surface locale, mais le processus de production.

Wal-Mart et Blockbuster Video sont originaires des régions rurales et chrétiennes du Sud-Est des États-Unis – Blockbuster du Texas, Wal-Mart de l'Arkansas. Pour ces deux établissements de vente au détail, la nature « familiale » de leurs magasins est essentielle à leur succès financier, la clé même de leur attrait auprès des masses. Le modèle (également adopté par Kmart) consiste à créer un centre de loisirs familial universel, où papa et maman peuvent louer le dernier succès en salle et le nouveau disque de Garth Brooks à quelques pas du comptoir où le petit Johnny trouve *Tomb Raider 2* et où Melissa partage l'angoisse existentielle d'Alanis Morissette.

Pour protéger cette formule, Blockbuster, Wal-Mart, Kmart et toutes les grandes chaînes de supermarchés refusent de proposer tout contenu susceptible de menacer leur image familiale. La recette du « tout en un magasin » est simplement trop lucrative pour qu'on prenne des risques. Ainsi, certains magazines sont refusés chez Wal-Mart et dans des chaînes de supermarchés – qui totalisent 55 pour cent des ventes en kiosques aux États-Unis – parce que les mannequins en couverture sont trop dénudés ou à cause d'articles tels que « L'orgasme masculin et féminin », ou « Pourquoi j'ai quitté mon mari pour une autre femme[1] ». Wal-Mart et Kmart ont pour politique de ne pas stocker de CD dont la pochette ou les paroles sont considérées comme excessivement sexuelles, ou qui touchent d'une façon trop explicite des sujets qui scandalisent le cœur des États-Unis : l'avortement, l'homosexualité et le satanisme. Entre-temps, Blockbuster Video, qui contrôle 25 pour cent du marché américain de la vidéo à domicile, a en rayon quantité de films violents et sexuellement explicites, mais récuse les films ayant obtenu la cote NC-17, désignation américaine interdisant le film aux moins de 17 ans, même accompagnés d'un adulte.

À entendre les chaînes, la censure artistique n'est qu'un des nombreux services qu'elles fournissent à leur clientèle familiale, au même titre que le sourire et les prix compétitifs. « Nos clients comprennent que nos décisions quant au marchandisage des vidéos ont pour but de leur fournir le type de contenu qu'ils pourraient vouloir acheter », dit Dale Ingram, directeur des relations commerciales chez Wal-Mart ; quant à la politique de Blockbuster, elle s'énonce ainsi : « Nous respectons les besoins des familles autant que ceux des individus[2]. »

Wal-Mart peut se permettre de faire preuve d'un zèle particulier, les produits de loisir ne représentant qu'une fraction de ses ventes. Aucun disque ni aucun film à succès ne peuvent entamer les profits de Wal-Mart, ce qui lui donne la bravoure nécessaire pour résister aux artistes qui atteignent les meilleures ventes de l'industrie du loisir, et pour défendre sa vision d'un cadre d'achat où cohabitent outils électriques et albums hip-hop. L'affaire la plus célèbre concerne le refus de la chaîne d'avoir en rayon le deuxième album à succès de Nirvana, *In Utero*, même si le précédent était quadruple platine, en raison de l'illustration du dos de la pochette, qui représentait des fœtus. « Des artistes de la musique country comme Vince Gill et Garth Brooks feront de bien meilleures ventes chez Wal-Mart que Nirvana », déclara d'un ton insouciant, à l'époque, Trey Baker, porte-parole de Wal-Mart[3]. Devant une prévision de perte évaluée à 10 pour cent (soit la part des ventes de disques que détenait alors Wal-Mart aux États-Unis), Warner et Nirvana reculèrent et changèrent d'illustration. Ils modifièrent également le titre de la chanson *Rape Me* (Viole-moi) pour *Waif Me* (Enfant abandonné). En 1997, lors de la parution de *Fat of the Land*, de Prodigy, Kmart-Canada adopta une attitude similaire, disant que l'illustration de la couverture et les paroles des chansons *Smack My Bitch Up* et *Funky Shit* ne convenaient tout simplement pas à la chaîne. « Notre client type est une mère au travail, mariée, et nous estimons que cela ne convient pas à un magasin familial », déclara le directeur Allen Letch[4]. De même que Nirvana, les enfants terribles de la musique britannique se plièrent à la demande subséquente de leur compagnie de disques de lancer une version édulcorée.

De fait, cette censure est désormais incrustée dans le processus de production au point qu'on la traite souvent comme une étape du montage. À cause de la politique de Blockbuster, certains grands studios de cinéma américain ont tout à fait cessé de produire des films susceptibles d'obtenir la cote NC-17. Quelquefois, les studios monteront deux versions – l'une pour les salles, l'autre taillée pour Blockbuster. Après tout, quel producteur voudrait renoncer à 25 pour cent des revenus de la version vidéo avant même la sortie en salle de son projet ? Ainsi que le déclarait le réalisateur David Cronenberg au magazine *The New Yorker* : « On semble maintenant tenir pour acquis que tous les films doivent pouvoir être vus par un enfant… La pression est donc énorme sur quiconque veut faire un film destiné à des adultes[5]. »

Un grand nombre de magazines, dont *Cosmopolitan* et *Vibe*, ont entrepris d'envoyer aux grandes surfaces et aux super-marchés des justificatifs préalables des nouveaux numéros avant d'en expédier les quantités habituelles. Pourquoi risquer des retours si le contenu est jugé trop osé ? « Si vous ne le leur présentez pas à l'avance, ils enlèveront le titre de leurs listes et ne l'auront plus jamais en rayon, explique Dana Sacher, directeur du tirage chez *Vibe*. De cette façon, même s'il y a un numéro qu'ils ne prennent pas, ils prendront peut-être le suivant[6]. »

Les groupes mettant quelques années – plutôt qu'un mois pour les magazines – à produire un disque, ils ne peuvent se payer le luxe de prévenir Wal-Mart que leur pochette sera éventuellement sujette à controverse, dans l'espoir d'avoir plus de chances avec leur prochain album. À l'instar des producteurs de films, les labels de disques agissent plutôt d'une façon préventive, en publiant deux versions du même album – l'une pour les grandes surfaces, garnie de bips et retouchée à l'aérographe, voire dégarnie de certaines chansons. Bien que cette stratégie ait été adoptée par des groupes dont les disques se sont vendus par centaines de milliers, tels Prodigy et Nirvana, d'autres moins prestigieux manquent souvent leur chance d'enregistrer leurs chansons comme ils l'entendaient, pour prévenir les objections des détaillants adeptes des valeurs familiales, et ne sortent que des œuvres préalablement débarrassées de toute scorie.

Dans une large mesure, la complaisance entourant la censure à la Wal-Mart et à la Blockbuster se manifeste parce que la plupart d'entre nous avons tendance à croire que les décisions des entreprises sont dépourvues d'idéologie. Elles prennent des décisions commerciales, nous disons-nous – même lorsque les conséquences de ces décisions sont clairement politiques. Et lorsque des détaillants dominent le marché, comme le font les chaînes actuelles, leurs gestes soulèvent immanquablement des questions quant à leurs effets sur les libertés civiles et la vie publique. Bob Merlis, porte-parole de Warner Brothers Records, l'explique ainsi : « Si vous ne pouvez pas acheter le disque, alors nous ne pouvons pas le vendre. » Et dans certaines villes, ces *merchandisers* de masse constituent la seule possibilité[7]. Tout comme Wal-Mart se sert de sa taille pour obtenir de meilleurs prix des fournisseurs, la chaîne utilise son poids pour faire modifier le genre d'illustrations que lui envoient ses « fournisseurs » (autrement dit, les compagnies de disques et les éditeurs de livres ou de magazines).

LA CENSURE SYNERGIQUE

Même si les cas de censure commerciale exposés jusqu'ici découlent directement du phénomène de concentration, ils ne représentent que la forme la plus maladroite de censure commerciale. D'une façon plus subtile – et peut-être plus intéressante –, la vague de fusions dans l'industrie de la culture bloque la libre expression, établissant une sorte de censure synergique.

L'une des raisons pour lesquelles les producteurs ne résistent pas aux détaillants puritains, c'est que ces détaillants, distributeurs et producteurs sont souvent la propriété, en tout ou en partie, de ces mêmes sociétés. Ce conflit d'intérêts atteint un sommet dans la relation qui existe entre Paramount Films et Blockbuster Video. Paramount est mal placée pour mener la charge contre la politique conservatrice des ventes de Blockbuster, car si cette politique constitue la façon la plus rentable d'attirer toute la famille au comptoir de vidéos, de quel droit Paramount pourrait-elle soutirer de l'argent à Viacom, leur propriétaire mutuel ? De tels conflits se sont produits en 1993, quand Disney acheta Miramax, société de cinéma autrefois indépendante. Miramax dispose maintenant d'abondantes ressources qu'elle peut mettre derrière des films étrangers commercialement risqués, comme *La Vie est belle* de Roberto Benigni ; mais lorsqu'elle décide de distribuer ou non une œuvre politiquement controversée et sexuellement explicite, comme *Kids* de Larry Clarke, elle ne peut éviter de soupeser la manière dont cette décision se reflétera sur la réputation de Disney et d'ABC en tant que programmateurs pour les familles, avec toutes les concessions vis-à-vis des groupes de pression que cela implique.

Ces conflits potentiels deviennent encore plus troublants lorsque les médias impliqués ne font pas seulement dans le loisir mais aussi dans l'information et l'actualité. Lorsque des journaux, des magazines, des livres et des chaînes de télévision ne sont qu'une branche d'un conglomérat enclin à « la communication absolument ouverte » (selon l'expression de Sumner Redstone), les nombreux intérêts financiers du conglomérat ont évidemment la possibilité d'influencer le type de journalisme qu'on y produit. Bien entendu, les éditeurs de journaux qui se mêlent du contenu éditorial pour faire avancer leurs propres intérêts financiers, c'est une histoire aussi ancienne que celle du propriétaire d'un journal de petite ville qui utilise la gazette locale pour faire élire son copain à la mairie. Mais lorsque l'éditeur est un conglomérat, il a des pions en plusieurs endroits à la fois. Lorsque les conglomérats multinationaux établissent des mondes fermés qui se chargent de leur propre promotion, ils créent des possibilités nouvelles et variées de conflits d'intérêts et de censure. De telles pressions peuvent prendre plusieurs formes : obliger la branche magazine du conglomérat à faire une critique favorable d'une sitcom ou d'un film produit par une autre branche du conglomérat ; inciter un rédacteur en chef à supprimer un article qui pourrait nuire à une fusion en cours ; demander à des journaux d'être prudents avec les organismes judiciaires ou législatifs qui accordent des licences d'exploitation de télévision ou statuent sur des plaintes antitrusts. Tendance émergente : même des rédacteurs en chef et des producteurs coriaces qui résistent avec intégrité à des appels extérieurs à la censure – que ceux-ci viennent des lobbies politiques, des directeurs de Wal-Mart ou de leurs propres annonceurs – trouvent beaucoup plus difficile de résister à ces pressions quand elles proviennent de l'intérieur de la compagnie.

Le cas le plus célèbre de censure synergique s'est produit en septembre 1998, quand l'émission d'information du réseau américain ABC supprima un reportage sur Disney préparé par sa prestigieuse équipe d'enquête, le correspondant Brian Ross et la productrice Rhonda Schwartz. L'émission commençait par exposer des allégations de relâchement dans la sécurité de parcs de loisirs à thème et autres lieux de villégiature, relâchement ayant entraîné l'embauche involontaire, par ces mêmes parcs, de délinquants sexuels, notamment de pédophiles.

Parce que Disney n'était censé être que l'un des nombreux propriétaires de parcs examinés à la loupe pour leur enquête, Ross et Schwartz reçurent le feu vert. Après tout, ce n'était pas la première fois que l'équipe affrontait la perspective de faire un reportage sur sa propre compagnie mère. En mars 1998, l'émission d'information d'ABC *20/20* avait diffusé leur émission sur les conditions de travail dans les sweatshops du territoire américain de Saipan. Même s'il concentrait sa critique sur Ralph Lauren et Gap, le reportage mentionnait en passant que Disney faisait partie des autres sociétés américaines sous-traitant avec les usines en cause.

Mais le reportage a sa vie propre et, à mesure que Ross et Schwartz avançaient dans l'enquête sur les parcs de loisirs, ils découvrirent que Disney n'était pas à la périphérie, mais au centre de l'affaire. Lorsqu'ils apportèrent deux avant-projets de ce qui était devenu la révélation d'un scandale sexuel à Disney World, David Westin, le patron d'ABC News, les refusa. « Ça ne collait pas », dit la porte-parole du réseau, Eileen Murphy[8]. Même si Disney avait nié les allégations d'insuffisance dans la sécurité, présentées pour la première fois dans le livre *Disney : The Mouse Betrayed*, et même si le P.D.G. Michael Eisner avait déclaré : « Je préférerais qu'ABC ne couvre pas Disney[9] », ABC nia que le reportage ait été supprimé en raison de pressions de sa compagnie mère. Murphy déclara néanmoins : « En général, nous ne nous engagerions pas dans une enquête portant exclusivement sur Disney, pour toute une série de raisons, l'une d'elles étant que tout ce qu'on soulèvera de positif ou de négatif paraîtra suspect[10]. »

La critique la plus bruyante de l'affaire vint de *Brill's Content*, le magazine de couverture des médias fondé en 1998 par Steven Brill. La publication blâmait les cadres et les journalistes d'ABC pour leur silence face à la censure, les accusant de céder à leur propre peur de la Souris. Dans sa vie antérieure de fondateur de Court TV, réseau de câble diffusant des procès, et du magazine *American Lawyer*, Steven Brill avait acquis une expérience de première main quant à la censure synergique. Après avoir vendu son mini-empire médiatique à Time Warner, en 1997, Brill aurait affronté des pressions à l'occasion de plusieurs reportages différents qui traitaient des tentacules de l'empire Time Warner/Turner. Dans une note de service dont un extrait fut publié dans *Vanity Fair*, Brill écrit que des avocats de la compagnie avaient tenté de faire sauter un reportage d'*American Lawyer* sur une action judiciaire de l'Église de scientologie engagée contre le magazine *Time* (propriété de Time Warner) et demandé à Court TV de ne pas couvrir un procès impliquant Warner Music. Il affirmait aussi avoir reçu une demande du responsable financier de Time Warner, Richard Bressler, de « supprimer un reportage » sur William Baer, directeur du Bureau de la concurrence de la Federal Trade Commission – ironie du sort, cet organisme était chargé d'examiner la fusion Time Warner-Turner dans le cadre de la loi antitrust[11].

En dépit de ces allégations d'ingérence, tous ces reportages furent publiés et diffusés, mais l'expérience de Brill jette une ombre sur l'avenir de la liberté de presse au sein des géants fusionnés. Individuellement, rédacteurs en chef et producteurs combatifs ont toujours porté l'étendard du droit des journalistes de faire leur travail, mais dans le climat actuel, pour chaque combattant, ils seront beaucoup plus nombreux à marcher sur des œufs, de peur de perdre leur poste. Et il n'est pas étonnant que certains aient commencé à voir des problèmes partout, allant au-devant des souhaits des cadres supérieurs de façon plus créative et paranoïde que ces cadres n'oseraient même l'imaginer. C'est la nature véritablement insidieuse de l'autocensure : elle effectue le travail de bâillonnement d'une manière plus efficace que le ferait toute une armée de magnats des médias intimidateurs et intrusifs.

LE COUP DE FROID CHINOIS

Comme nous l'avons vu ces dernières années, les journalistes, producteurs et éditeurs qui acceptent de marcher sur des œufs ne le font pas uniquement lorsqu'ils ont affaire à des organismes judiciaires et législatifs (ou même à des parcs de loisirs), mais aussi à tout un pays : la Chine. Une vague de coups de froid chinois a balayé les médias et l'industrie du divertissement de l'Occident depuis que Deng Xiaoping a prudemment levé le monopole du Parti communiste sur l'information et lentement commencé à ouvrir les frontières de son pays à des médias et divertissements étrangers approuvés par la censure.

À présent, l'industrie culturelle mondiale affronte l'hypothèse d'un Occident ayant à se soumettre aux règles du jeu de la Chine – à l'extérieur comme à l'intérieur de ses frontières. Ces règles furent clairement résumées en 1992, dans un article du *South China Morning Post* : « Pourvu qu'ils ne dérogent pas à la loi ou à la ligne du parti, les journalistes et le personnel culturel sont assurés de garder leur liberté vis-à-vis des commissaires et des censeurs[12]. » Avec 100 millions d'abonnés au câble en l'an 2000, plusieurs bâtisseurs d'empires culturels ont déjà commencé à exercer leur liberté d'être d'accord avec le gouvernement chinois.

Dès le début, un incident conduisit à la fameuse décision de Rupert Murdoch de retirer le service d'information BBC World News de la version asiatique de Star TV. En s'opposant à la diffusion d'une émission de la BBC sur Mao, les autorités chinoises avaient envoyé un avertissement clair sur les types de reportages qui seraient favorablement accueillis et rentables une fois la Chine branchée. Plus récemment, HarperCollins Publishers (l'éditeur de ce livre au Royaume-Uni), également propriété de la société News Corp, de Murdoch, décida de retirer *East and West : China, Power, and the Future of Asia*, livre écrit par le dernier gouverneur britannique de Hong Kong, Chris Patten. L'enjeu : la possibilité que les opinions exprimées par Patten – qui avait réclamé plus de démocratie à Hong Kong et critiqué les abus de la Chine à l'égard des droits de l'homme – provoqueraient la colère du gouvernement chinois dont dépendent les entreprises satellitaires de Murdoch. Dans la tempête de polémiques qui suivit, d'autres allégations de censure au nom de la synergie mondiale vinrent d'un peu partout, entre autres de Jonathan Mirsky, ex-rédacteur en chef du *Times* de Londres, propriété de Murdoch. Il déclara que le journal « a tout simplement décidé, à cause des intérêts de Murdoch, de ne pas couvrir la Chine en profondeur[13] ».

Les craintes d'une riposte des Chinois n'étaient pas dépourvues de fondement. Réputé pour punir les organisations de médias qui ne suivent pas précisément sa ligne et pour récompenser celles qui le font, le gouvernement chinois interdit, en octobre 1993, la vente et la propriété d'antennes paraboliques privées : celles-ci captaient au moins une dizaine de stations étrangères, dont CNN, la BBC et MTV. Liu Xilian, vice-ministre de la Radio, du Cinéma et de la Télévision, se contenta de déclarer : « Certaines des émissions satellitaires conviennent et d'autres ne conviennent pas au public normal[14]. » Le gouvernement chinois lança une nouvelle salve en décembre 1996, après avoir appris que Disney avait l'intention de sortir *Kundun,* film de Martin Scorsese sur le dalaï-lama du Tibet. « Nous sommes résolument opposés à la réalisation de ce film. Comme il est destiné à glorifier le dalaï-lama, il constitue une ingérence dans les affaires intérieures de la Chine », affirma Kong Min, fonctionnaire au ministère de la Radio, du Cinéma et de la Télévision[15]. Lorsque le studio décida de mettre le projet en route, Pékin institua une interdiction de sortie de tous les films de Disney en Chine, interdiction qui persista pendant deux ans.

La Chine ne laissant entrer que dix films étrangers par année et en contrôlant la distribution, l'affaire *Kundun* déclencha un coup de froid dans toute l'industrie cinématographique, qui entretenait plusieurs autres projets reliés à la Chine, dont *Red Corner* chez MGM et *Seven Years in Tibet* chez Sony. Il faut reconnaître qu'aucun de ces studios ne retira son soutien à ces films en cours de production, et qu'en fait, bien des membres de la communauté cinématographique offrirent leur appui à Scorsese et à *Kundun.* MGM et Sony émirent néanmoins des déclarations officielles destinées à dépolitiser leurs films reliés à la Chine, même si ce discours entrait en contradiction avec leurs réalisateurs et acteurs principaux. MGM décida de mettre en route le projet *Red Corner,* film sur la corruption du système de justice criminelle en Chine, dont Richard Gere était la vedette alors que celui-ci soutenait que le film est « une autre façon de traiter la question du Tibet[16] ». Gerry Rich, président du marketing de MGM à l'échelle mondiale, fit entendre un autre son de cloche : « Nous n'avons aucun programme politique. Nous vendons du divertissement. » C'est de la même façon que Sony présenta *Seven Years in Tibet* : « Nous ne voulons pas donner l'impression que ce film porte sur une cause politique », dit un cadre du studio[17]. Entre-temps, Disney finit par obtenir du gouvernement chinois une levée d'interdiction sur ses films, avec la sortie de *Mulan,* conte d'animation faussement rassurant, tiré d'une légende de la dynastie Sui, datant de 1 300 ans. *The South China Morning Post* compara cette peinture de l'héroïsme et du patriotisme chinois à « une branche d'olivier » et le déclara « le film le plus sympathique à la Chine qu'Hollywood ait produit depuis des années ». Le film servit également un autre objectif : *Mulan* fit un bide, mais permit à Disney d'engager des discussions avec Pékin à propos d'un projet de parc de loisirs à thème de 2 milliards de dollars à Hong Kong.

Au cours des dernières années, le désir de l'Occident d'accéder au marché chinois du divertissement s'est intensifié, en dépit d'une aggravation des relations entre les gouvernements américain et chinois sur des questions telles que l'accès aux secteurs chinois des titres financiers et des télécommunications, de nouvelles révélations d'espionnage et, par-dessus tout, le bombardement accidentel de l'ambassade chinoise à Belgrade durant la guerre du Kosovo. La raison de ce tropisme réside en partie dans le fait que, par le passé, le désir de pénétrer la Chine était fondé sur des gains escomptés, et en 1998, ces prévisions sont devenues réalité. Le film *Titanic* de James Cameron fit tomber tous les records des films étrangers, et la vente des billets rapporta 40 millions de dollars en Chine, même en pleine récession économique.

Surtout, le coup de froid chinois nous en dit long sur les priorités des multinationales et sur le pouvoir qu'elles détiennent. L'intérêt financier en affaires n'est ni nouveau ni destructeur en soi. Ce qui est vraiment neuf, c'est l'envergure et la portée des intérêts financiers de ces mégasociétés, et leurs conséquences mondiales potentielles sur les plans international et local. Ces conséquences se feront sentir non pas dans de bruyants duels mettant aux prises des protagonistes célèbres, à la Rupert Murdoch, Michael Eisner, Martin Scorsese et Chris Patten, qui ont les ressources et le poids nécessaires pour améliorer leur situation malgré des revers mineurs. Disney et News Corp effectuent une lente avancée en Chine, mais le Tibet demeure une cause célèbre chez les vedettes du cinéma et les musiciens, cependant que le livre de Patten, après avoir rapidement trouvé un autre éditeur, se vendit certainement mieux à la suite de la polémique. Non ; une fois de plus, les effets durables seront l'autocensure dont les conglomérats des médias ont maintenant la possibilité de semer les germes dans les rangs de leurs organisations. Si les journalistes, les rédacteurs en chef et les producteurs doivent tenir compte des programmes d'expansion de leurs magnats dans leurs reportages traitant d'affaires étrangères, pourquoi s'arrêter à la Chine ? La couverture du génocide entrepris par le gouvernement indonésien au Timor oriental laisserait-elle indifférente la succursale de toute multinationale faisant, ou espérant faire, des affaires dans la populeuse Indonésie ? Et si un conglomérat a des ententes en cours au Nigeria, en Colombie ou au Soudan ? On est loin de la rhétorique qui a suivi la chute du mur de Berlin, quand des magnats des médias prétendaient que leurs produits culturels allaient porter le flambeau de la liberté dans les régimes autoritaires. Non seulement cette mission paraît avoir été rapidement abandonnée en faveur de l'intérêt économique, mais c'est plutôt le flambeau de l'autoritarisme que semblent porter ceux qui sont les plus déterminés à faire des affaires à l'échelle mondiale.

LA TYRANNIE DES DROITS D'AUTEUR

Depuis que les frappes aériennes de l'OTAN, en 1999, ont provoqué en Serbie les « rassemblements rock » au cours desquels des ados portant la casquette des Bulls de Chicago ont brûlé le drapeau américain, peu de gens auraient la naïveté de reprendre la vieille rengaine selon laquelle MTV et McDonald's apportent la paix et la démocratie dans le monde. Ce qui s'est toutefois cristallisé, dans ces instants où la *pop culture* reliait deux mondes séparés par la guerre, même en l'absence de tout autre terrain commun culturel, politique ou linguistique, c'est la promesse que les médias occidentaux ont tenue de mettre au point le premier lexique mondial d'imagerie, de musique et d'icônes. Peu importent nos sujets de mésentente, presque tout le monde sait que Michael Jordan est le meilleur joueur de basket-ball de l'histoire.

Cet accomplissement peut paraître mineur en comparaison des grandioses déclarations sur le « village planétaire » prononcées après l'effondrement du communisme, mais il est suffisamment important pour avoir révolutionné à la fois la création artistique et la pratique de la politique. Les références verbales ou visuelles à des sitcoms, des personnages de films, des slogans publicitaires ou des logos commerciaux sont devenues l'outil de communication le plus efficace entre les cultures – un « déclic » facile et instantané. L'envergure de cette forme de branding social se manifesta en mars 1999, lorsque éclata un scandale à propos d'un manuel très utilisé dans les écoles publiques américaines. Ce livre de mathématiques de sixième année regorgeait de mentions et de photographies de produits de marque bien connus : les chaussures Nike, McDonald's, Gatorade. On y invitait, par exemple, l'étudiant à calculer le diamètre d'un biscuit Oreo. Comme il fallait s'y attendre, les parents d'élèves s'insurgèrent contre pareille percée de la mercantilisation dans l'éducation ; ce manuel semblait pétri de publi-reportages. Mais l'éditeur

McGraw monta au créneau pour déjouer les critiques. « Il s'agit d'aborder ce qui est familier aux utilisateurs, afin qu'ils puissent voir que, bien sûr, les mathématiques, c'est vraiment la vraie vie », expliqua Patricia S. Wilson, l'un des auteurs du livre. Les références aux marques commerciales n'étaient pas des annonces payées, dit-elle, mais une façon de parler aux élèves en employant leurs propres références et leur propre langage – de leur parler, autrement dit, par marques[18].

Personne ne sait mieux que les chefs de marques que langage et marques sont désormais entremêlés. Les tendances de pointe de la théorie du marketing encouragent les sociétés à ne pas considérer leurs marques comme une série d'attributs, mais à envisager le rôle psychosocial qu'elles jouent dans la *pop culture* et dans la vie des consommateurs. L'anthropologue Grant McCracken enseigne aux grandes sociétés que, pour comprendre leurs propres marques, elles doivent les libérer en s'affranchissant du magasin. Des produits comme Kraft Dinner, affirme McCracken, ont leur vie propre – ils deviennent des icônes de la *pop culture*, des véhicules de formation des liens familiaux, et des expressions créatives de l'individualité[19]. Le chapitre le plus récent produit par cette école de la théorie des marques vient de Susan Fournier, professeur à Harvard, dont l'exposé « The Consumer and the Brand : An Understanding within the Framework of Personal Relationships » (Le Consommateur et la Marque dans le cadre de relations personnelles) encourage les spécialistes du marketing à utiliser le modèle des relations humaines pour conceptualiser la place de la marque dans la société. Est-ce une épouse dans un mariage arrangé ? Une meilleure amie ou une maîtresse ? Les consommateurs « trompent »-ils leur marque ou y sont-ils fidèles ? La relation est-elle une « amitié occasionnelle » ou un « engagement maître-esclave » ? Comme l'écrit Fournier, « cette relation n'est pas soumise à l'image que porte la marque dans la culture, mais aux significations psychologiques et socioculturelles profondes et durables que le consommateur confère à la marque dans le processus de création du sens[20] ».

Nous voilà donc, pour le meilleur ou pour le pire, en relation profonde et durable avec notre dentifrice et en codépendance avec notre après-shampooing. Nous avons à notre actif presque deux siècles d'histoire des marques, qui, ensemble, forment une sorte de code morse de la *pop culture* mondiale. Mais il y a un piège : nous avons peut-être tout le code implanté dans notre cerveau, mais on ne nous permet pas vraiment de l'utiliser. Afin, dit-on, de protéger la marque de la dilution, on traîne régulièrement en cour les artistes et les activistes qui tentent de s'engager dans une « relation » de partenariat à égalité avec la marque, en les accusant d'infraction au droit des marques et à la loi sur le droit d'auteur, de libelle ou de « dénigrement de marque » – lois dont il est facile d'abuser, qui scellent la marque, lui permettent de nous marquer, mais nous empêchent ne serait-ce que de l'égratigner.

Cela ressemble en grande partie au principe de la synergie. Selon le droit américain, la marque déposée désigne « tout mot, nom, symbole ou appareil, ou combinaison de ceux-ci, utilisés [...] pour identifier et distinguer certains biens de ceux qui sont fabriqués ou vendus par d'autres ». Plusieurs supposés violateurs du droit d'auteur ne songent nullement à vendre une marchandise comparable ni à se faire passer pour l'original. Mais puisque le branding devient expansionniste, le concurrent devient quiconque fait quelque chose d'un tant soit peu relié, car tout ce qui est relié peut, à un moment donné de l'avenir synergique, devenir un produit dérivé.

Ainsi, en tentant de communiquer les uns avec les autres par le langage des marques et des logos, nous courons le risque bien réel de poursuites judiciaires. Aux États-Unis, les lois sur le droit d'auteur et le droit des marques – renforcées par Ronald Reagan à l'occasion de la réglementation qui adoucissait la loi antitrust – sont beaucoup plus invoquées en rapport avec le contrôle de marque qu'avec la concurrence du marché. Bien entendu, dans de nombreux cas, l'usage de ces lois est absolument essentiel pour que des artistes puissent espérer gagner leur vie, surtout étant donné la facilité croissante de la distribution numérique et électronique. Les artistes ont besoin d'être protégés du vol pur et simple de leurs œuvres par des concurrents, et de leur usage dans un but de profit commercial sans autorisation. Je connais quelques adversaires radicaux des droits d'auteur qui arborent des t-shirts disant « All Copyright Is Theft » (Le droit d'auteur, c'est du vol) et « Information Wants to Be Free » (L'information a besoin d'être gratuite), mais il me semble que ces positions relèvent davantage de la provocation que de la pratique. Ce qu'elles servent à souligner, toutefois, ne serait-ce que d'un point de vue rhétorique, c'est le climat de privatisation culturelle et linguistique que l'on instaure à travers le harcèlement dont font l'objet le droit d'auteur et le droit des marques.

Cette forme de harcèlement constitue une industrie massive et en expansion ; même si ses effets sont trop profonds pour être exposés intégralement, en voici quelques exemples pris au hasard. Les pâtissiers Dairy Queen ne veulent pas dessiner Bart Simpson sur des gâteaux d'anniversaire surgelés, de crainte d'être poursuis par la Fox ; en 1991, Disney a obligé un groupe de parents d'un village éloigné, en Nouvelle-Zélande, à retirer Donald et Pluto d'une peinture murale sur un terrain de jeu ; et aux États-Unis, Barney a refroidi l'ambiance de fêtes d'anniversaire d'enfants, en affirmant que tout parent surpris en costume de dinosaure commettait une infraction au droit des marques. Le groupe Lyons, propriétaire du personnage de Barney, « a envoyé 1 000 lettres à des propriétaires de boutiques » qui louent ou vendent les costumes en question. « Ils peuvent bien porter un costume de dinosaure. C'est lorsque le dinosaure est pourpre qu'il est illégal, peu importe la nuance de pourpre, d'ailleurs », dit Susan Elsner Furman, porte-parole de Lyons[21].

McDonald's, entre-temps, continue de harceler avec zèle de petits boutiquiers et des restaurateurs d'ascendance écossaise pour la prédisposition non concurrentielle de cette nationalité à apposer le préfixe Mc à ses noms de famille. La compagnie a poursuivi le kiosque à saucisses McAllan au Danemark ; le comptoir de sandwiches à thématique écossaise McMunchies de Buckinghamshire ; le café McCoffee d'Elizabeth McCaughey dans la région de San Francisco ; et mené une guerre de 26 ans contre un homme appelé Ronald McDonald, dont le « McDonald's Family Restaurant » est implanté depuis 1956 dans une minuscule ville de l'Illinois.

Ce genre de choses peut sembler anecdotique, mais les mêmes règles de propriété agressives s'appliquent aux artistes et aux producteurs culturels qui tentent d'émettre un commentaire sur le monde de marques où nous vivons. De plus en plus, on poursuit des musiciens, non seulement pour avoir échantillonné, mais pour avoir tenté de chanter un rêve commun breveté. C'est ce qui arriva au groupe de « collage audio » Negativland, de San Francisco, lorsqu'il baptisa l'un de ses albums *U2* et y fit figurer des extraits de l'émission de radio de Casey Kasem, *American Top 40*. Même chose pour John Oswald, musicien d'avant-garde de Toronto, quand il utilisa sa méthode dite « plunderphonics » (pillaphonie) pour remixer la chanson de Michael Jackson *Bad* sur un album de 1989 qu'il distribua gratuitement. Negativland fut poursuivi avec succès par le label de U2, Island Records, et celui de Jackson, CBS Records attaqua Oswald pour infraction au droit d'auteur. L'accord conclu prévoyait qu'Oswald restitue tous les CD pour qu'ils soient détruits.

Les artistes feront toujours de l'art en reconfigurant les langages et les références culturelles que nous partageons, mais à mesure que ces expériences partagées passent du stade de première main à celui de la médiation, et que les forces politiques les plus influentes de notre société peuvent tout aussi bien être des sociétés multinationales que des politiciens, émerge un nouvel ensemble de problèmes qui soulèvent des questions sérieuses sur les définitions de la liberté d'expression périmées dans une culture de marque. Dans ce contexte, dire à des vidéastes de ne pas utiliser de vieilles publicités de voitures, ou à des musiciens de ne pas échantillonner ni détourner des paroles de chansons, c'est comme interdire la guitare ou ordonner à un peintre de ne pas utiliser de rouge. Le message sous-jacent, c'est que la culture est une chose qui vous arrive. Vous pouvez en acheter au Virgin Megastore ou chez Toys 'R' Us et en louer chez Blockbuster Video. Mais ce n'est pas une chose à laquelle vous participez, ni à laquelle vous pouvez répondre.

Longtemps, les règles de ce dialogue à sens unique ne furent pas récusées, principalement parce que, jusqu'aux années 1980, les poursuites judiciaires au sujet du droit d'auteur et le droit des marques concernaient essentiellement des sociétés concurrentes qui s'attaquaient mutuellement pour empiètement sur leur part du marché. Des artistes comme REM, the Clash, Dire Straits et k.d. lang étaient libres de chanter des produits de marque déposée, tels qu'Orange Crush, la Cadillac, MTV et le magazine *Châtelaine*, respectivement. De plus, le consommateur n'avait pas les moyens, en général, de faire du copier-coller à partir de la culture de masse pour y incorporer quelque chose de son cru – un zine, une vidéo High-8 ou un enregistrement électronique. Ce ne fut qu'à l'apparition des numériseurs, des photocopieurs bon marché, des appareils de montage numérique et des logiciels comme Photoshop en tant qu'objets de consommation courante que la loi sur le droit d'auteur et le droit des marques vint à préoccuper les créateurs culturels indépendants qui assemblaient dans des sous-sols leurs propres publications, sites Web et enregistrements. « Je crois que la culture s'est toujours reproduite d'une façon cyclique [...]. La technologie permet de trouver, de manipuler et de conserver l'information, même lointaine ou ancienne, dit Steev Hise, pirate de l'audio. On fait vraiment tout ce qu'on peut[22]. »

Faire tout ce qu'on peut, c'est le postulat qui a engendré la méthode de John Oswald, « plunderphonics ». Comme il l'explique, tout est venu de ce qu'il avait accès à une technologie lui permettant d'écouter des disques à des vitesses différentes. « Je me livrais à une sorte d'écoute manipulatoire assez complexe et, à mesure que mes habitudes d'écoute interactive se complexifiaient, je me suis mis à songer à des façons de les conserver pour les faire entendre à d'autres[23]. »

Ce qui irrite Oswald et certains de ses semblables, ce n'est pas que leur travail soit illégal – c'est qu'il ne soit illégal que pour certains artistes. Lorsque Beck, musicien associé à une grande maison de disques, produit un album bourré de centaines d'échantillons, Warner Music s'acquitte des droits de chacun d'entre eux, et on s'extasie sur chaque segment du collage audio en tant qu'œuvre capable d'avoir saisi les sons de notre époque chargée de saturation médiatique et de multiples références. Mais lorsque des artistes indépendants tentent à leur tour de copier-coller des œuvres artistiques et de se mettre au rythme de la culture-bricolage, cette activité est considérée comme un délit, définie comme du vol et non de l'art. C'est l'opinion que défendaient les musiciens qui ont produit le CD underground *Deconstructing Beck*, en 1998, entièrement produit par recontextualisation électronique de sons déjà recontextualisés par Beck. Leur point de vue était simple : si Beck avait pu le faire, pourquoi pas eux ? Comme par hasard, la maison de disques de Beck fit envoyer par ses avocats des lettres menaçantes qui cessèrent brusquement lorsque les musiciens signifièrent qu'ils cherchaient à la une que le débat fût médiatisé. Ils avaient en tout cas fait valoir leur avis : la formule d'application du droit d'auteur et du droit des marques qui est en vigueur relève d'une guerre territoriale dont le but est de déterminer qui arrivera à créer de l'art au moyen des nouvelles technologies. Et il semble que, si l'on n'est pas appuyé par un label suffisamment puissant pour contrôler une part importante du jeu, et qu'on n'a pas les moyens d'entretenir sa propre équipe d'avocats, on n'arrive pas à jouer.

Autre leçon, semble-t-il, celle des poursuites engagées par Mattel contre le groupe pop danois Aqua et son étiquette MCA. Mattel prétendit que *Barbie Girl*, le succès du groupe – qui contient des paroles comme « Kiss me here, touch there, hanky panky » (Embrasse-moi ici, touche-moi là, polisson) – sexualisait à tort son innocente blonde. En septembre 1997, Mattel se présenta devant les tribunaux en accusant Aqua d'infraction au droit des marques et de concurrence déloyale. Le fabricant de jouets demanda des dommages et intérêts assortis du retrait et de la destruction de l'album. Aqua l'emporta : pas parce que sa défense était meilleure que celle de Negativland ou de John Oswald (elle était peut-être même plus faible), mais plutôt parce qu'à la différence de ces musiciens indépendants, Aqua était soutenu par l'équipe d'avocats de MCA, déterminés à se battre bec et ongles pour permettre à la chanson à succès de rester dans les classements et sur les étagères. Comme pour Jordan contre Nike, il s'agissait d'une guerre des marques.

Bien que la musique d'Aqua ressemble à du bonbon acidulé, le cas vaut la peine d'être examiné parce qu'il a établi de nouvelles normes d'intimidation quant au droit d'auteur, en mettant de l'avant l'idée que les musiciens doivent maintenant prendre garde non seulement à l'échantillonnage direct, mais même à la mention de produits de marque déposée. Il a également mis en évidence l'inconfortable tension entre la logique expansive du branding – le désir des sociétés d'obtenir une pleine intégration culturelle – et la logique mesquine de pareilles croisades juridiques. Qui d'autre que Barbie est un symbole culturel tout autant qu'un produit ? Barbie, après tout, est le prototype de l'envahisseur de l'espace, une impérialiste culturelle en rose. C'est elle qui peint en fuchsia des villes entières pour célébrer le « Mois de Barbie ». C'est elle, la maîtresse zen, qui, pendant les quatre dernières décennies, a voulu être tout pour les jeunes filles – médecin, minette, adolescente, jeune fille qui travaille, ambassadrice de l'Unicef…

Mais Mattel ne voulait pas entendre parler de Barbie en icône culturelle lorsqu'elle attaqua Aqua. « C'est une affaire commerciale, ça ne concerne pas la liberté d'expression », déclara à *Billboard* un porte-parole du fabricant. « Nous sommes une société de 2 milliards de dollars, et nous ne voulons pas qu'on y touche, et des situations comme celle-ci engendrent une érosion de la marque[24]. » Barbie est une entreprise à but lucratif, c'est vrai. Et pour des marques telles que Barbie, Aspirin, Kleenex, Coca-Cola et Hoover, il n'y a qu'un pas à franchir entre le fait d'avoir le don d'ubiquité et celui de se retrouver associé de trop près à une catégorie de produits qui transforme la marque déposée en nom générique – nom qui sert également à vendre les produits d'un concurrent.

Mais tandis que la lutte contre l'érosion semble raisonnable dans le contexte de la concurrence mutuelle, c'est une autre paire de manches lorsqu'on la considère du point de vue du branding agressif du style de vie – et, de ce point de vue, il paraît urgent d'examiner à nouveau le droit du public de répondre à ces images « privées ». Mattel, par exemple, a récolté des profits immenses en encourageant des jeunes filles à élaborer des vies de rêve autour d'une poupée, mais la société tient encore à ce que cette relation demeure un monologue. La compagnie de jouets, qui se vante de mener simultanément « jusqu'à 100 enquêtes [sur le droit des marques] à travers le monde[25] », devient presque comique à force d'agressivité. Entre autres prouesses, ses avocats ont fait fermer un zine d'agitation intitulé *Hey There, Barbie Girl!*, et réussi à bloquer la distribution du documentaire *Superstar : The Karen Carpenter Story*, de Todd Haynes, biographie d'une pop star anorexique qui utilisait des Barbies comme marionnettes (des pressions juridiques vinrent également de la famille Carpenter).

Rien d'étonnant, semble-t-il, à ce que Sven Rasted, membre d'Aqua, ait eu l'idée de la chanson *Barbie Girl* après avoir visité « une exposition sur Barbie destinée aux enfants, dans un musée d'art[26] ». Pour obtenir la consécration de sa poupée vedette en tant qu'artefact culturel, Mattel a récemment organisé des expositions itinérantes de vieilles Barbies, censées raconter l'histoire de l'Amérique à travers « la poupée préférée de l'Amérique ». Certaines de ces expositions sont montées directement par Mattel, d'autres par des collectionneurs travaillant en relation étroite avec la compagnie, relation qui a pour but d'assurer que les chapitres désagréables de l'histoire de Barbie – le recul de la poupée devant le féminisme, disons, ou Barbie-la-fumeuse – soient mystérieusement absents. Il va sans dire que Barbie, comme une poignée d'autres marques classiques, est une icône et un artefact et pas seulement un jouet. Mais Mattel – de même que Coca-Cola, Disney, Levi's et les autres marques qui ont entièrement assumé le développement de projets semblables – veut être traitée comme un artefact important de la *pop culture*, tout en cherchant à garder une mainmise intégrale sur son héritage historique et culturel. Ce processus finit par bâillonner la critique culturelle ; en utilisant efficacement les lois sur le droit d'auteur et le droit des marques, il sait faire taire toute forme d'attention indésirable. Les éditeurs de *Miller's*, magazine destiné aux collectionneurs de Barbies, estiment que Mattel leur a intenté un procès parce que, à la différence des collectionneurs sans point de vue critique qui montent des expositions sur Barbie, la publication dénonçait les prix élevés pratiqués par Mattel et publiait de vieilles photographies de Barbie posant avec des paquets de cigarettes Virginia Slims. Mattel n'est certes pas la seule société à employer cette stratégie : Kmart, par exemple, a fait fermer le site Web Kmart Sucks (Kmart, c'est nul !) monté par un employé mécontent, non pas en utilisant la loi sur le libelle ou la diffamation, qui aurait exigé que la chaîne prouve la fausseté des allégations, mais en attaquant pour usage non autorisé de son K de marque déposée.

Faute de pouvoir invoquer la loi sur le droit d'auteur ou le droit des marques pour empêcher une description indésirable de la marque, plusieurs compagnies ont recours à la loi sur le libelle et la diffamation afin d'éviter que leurs pratiques ne soient débattues en public. En Angleterre, l'affaire « McLibel », fort médiatisée, dans laquelle la chaîne de fast-food a poursuivi deux écologistes pour libelle, constituait une tentative de ce genre. (La question sera exposée en détail au chapitre 16.) Peu importe leur choix de tactique juridique, les fabricants de ces produits symboliques envoient tous le même message incroyablement contradictoire : nous voulons que nos marques soient l'air que vous respirez – mais ne songez même pas à l'expirer.

Plus les grandes sociétés, telles Mattel et McDonald's, réussiront à élaborer, avec leurs marques, des univers clos, plus cette exigence peut devenir culturellement asphyxiante. Les lois sur le droit d'auteur et le droit des marques sont parfaitement justifiables si la marque en question n'est qu'une marque, mais de plus en plus, cela revient à dire que Wal-Mart n'est qu'un magasin. Comme la marque représente une grande société dont le budget dépasse celui de nombreux pays, un logo qui figure parmi les symboles les plus transcendants du monde, elle veut agressivement tenir le rôle dévolu à l'art et aux médias. Lorsque nous ne pouvons plus répliquer aux entités culturellement et politiquement puissantes, les fondations mêmes de la liberté d'expression et de la société démocratique sont remises en question.

PRIVATISER L'AGORA

On peut évidemment tracer un parallèle entre la privatisation du langage et du discours culturel par l'intimidation relative au droit d'auteur et au droit des marques, et la privatisation de l'espace public à travers la prolifération de supermagasins, de centres commerciaux se doublant de parcs de loisirs et de villages de marque comme Celebration, en Floride. De même que les mots et les icônes de la propriété privée sont adoptés comme une sténographie internationale de facto, les enclaves de marque privées deviennent elles aussi de facto des places publiques – avec de troublantes conséquences sur les libertés civiles.

Le regroupement des emplettes et du loisir, que l'on trouve dans les supermagasins et les centres commerciaux en forme de parcs de loisirs, a créé une vaste zone floue d'espace privé pseudo-public. Les politiciens, la police, les travailleurs sociaux et même les leaders religieux reconnaissent tous que les centres commerciaux sont devenus l'agora moderne. Mais à la différence des anciennes places publiques, qui étaient et sont encore des lieux de discussion communautaire, ou de manifestations politiques, le seul type de discours agréé en ces lieux est celui du marketing et autres langues de bois communistes. Les manifestants pacifiques se font régulièrement expulser par les agents de sécurité des centres commerciaux pour avoir paralysé les activités, et les piquets de grève sont illégaux à l'intérieur de ces enceintes. Le concept d'agora a récemment été récupéré par les supermagasins, dont plusieurs prétendent à présent qu'ils fournissent eux aussi un espace public. « Notre but existentiel est que les gens utilisent le magasin comme un lieu de rencontres. C'est un endroit où ils peuvent recevoir leur dose de *pop culture* et flâner un peu. Ce n'est pas seulement un lieu où l'on fait ses courses, mais un lieu convivial », affirma Christos Garkinos, vice-président marketing de Virgin Entertainment Group, à l'occasion de l'ouverture à Vancouver d'un Virgin Megastore de 4000 mètres carrés[27].

L'édifice dans lequel Virgin a ouvert boutique abritait auparavant la bibliothèque publique : c'est une métamorphose qui décrit bien comment une marque change notre façon de nous réunir, non seulement en tant que consommateurs mais en tant que citoyens. Barnes & Noble décrit ses supermagasins comme « un centre d'événements culturels et de rassemblements », et certains de ces établissements, surtout aux États-Unis, jouent en effet ce rôle, en accueillant une série d'événements allant des concerts pop aux lectures de poésie[28]. Les superlibrairies, avec leurs moelleux fauteuils, leurs fausses cheminées, leurs clubs de livres et leurs comptoirs à café, en sont graduellement venues à remplacer bibliothèques et salles de conférences des universités en tant que lieux porteurs pour les lectures d'auteurs sur le circuit des tournées littéraires. Mais, de même que les manifestations sont interdites dans les centres commerciaux, un ensemble de règles s'applique à ces espaces quasi publics. C'est ainsi que, lors de la tournée de promotion de son livre, *Downsize This !* (Restructure-moi ça !), le cinéaste Michael Moore dut affronter un piquet de grève devant une librairie de la chaîne Borders, à Philadelphie, où il était venu faire une lecture. Il menaça la direction de n'entrer que si les grévistes pouvaient pénétrer à l'intérieur du magasin et prendre la parole au micro. Le directeur accepta, mais les lectures suivantes de Moore prévues chez Borders furent annulées. « Je n'aurais jamais cru pouvoir être censuré dans une librairie », écrivit-il à propos de l'incident[29].

Bien que les supermagasins aient un certain talent pour se déguiser en hôtels de ville, aucun n'imite l'espace public aussi bien qu'America Online, la communauté virtuelle de *chat rooms*, de boîtes aux lettres et de groupes de discussion où l'on n'est pas client, mais *netizen* (contraction de Net et de *citizen*, citoyen). Mais au cours des deux dernières années, les abonnés d'AOL ont tiré de dures leçons sur leur communauté virtuelle et les limites des droits de ses citoyens. AOL, bien que la compagnie fasse partie de l'Internet public, est une sorte de mini-Net privatisé à l'intérieur du grand Web. La société perçoit des frais d'accès et, à la manière des agents de la sécurité des centres commerciaux, elle se donne le droit de fixer les règles pendant que ses clients sont sur ses terres. C'est le message qui est passé dans le public lorsque AOL et sa prétendue équipe d'action communautaire (Community Action Team) ont commencé à effacer des groupes de discussion des messages prétendument vulgaires, gênants ou tout simplement « indésirables ». Ne se contentant pas de filtrer les messages, l'équipe pouvait également séparer des adversaires virtuels et interdire aux récidivistes le service et l'accès à leurs propres factures *e-mail*. Certains groupes – comme celui, particulièrement animé, qui discutait de la politique irlandaise – furent interdits de séjour pour de longues périodes d'« accalmie ».

Le raisonnement de la compagnie se rapproche de la politique de Wal-Mart sur les étalages (ainsi que de la politique de location de vidéos de Blockbuster). Katherine Boursecnik, vice-présidente à la programmation du réseau d'AOL, a déclaré au *New York Times* : « Notre service se targue d'être très attentif à une large catégorie d'individus. Par ailleurs, c'est aussi un service familial[30]. » Même s'il en est peu pour contester que la discussion en ligne est un terrain propice à toutes sortes de comportements antisociaux (de l'envoi excessif de messages au harcèlement sexuel), le simple fait que l'entreprise puisse réglementer le ton et le contenu du discours en ligne a fait surgir le spectre de la « police des opinions d'AOL[31] ». Le problème, comme pour Wal-Mart, réside dans la part de marché imposante que représente l'AOL : au milieu de 1999, la société comptait 15 millions d'abonnés – soit 43 pour cent du marché américain de l'accès à Internet. Son plus proche concurrent, Microsoft, n'en avait que 6,4 pour cent[32].

Ce qui complique encore les choses, c'est que la discussion par Internet constitue un médium hybride, situé quelque part entre l'appel téléphonique personnel et la télévision par câble. Mais tandis que les abonnés d'AOL peuvent considérer la société comme une compagnie de téléphone n'ayant pas plus le droit d'intercepter leurs communications qu'AT&T n'a celui de couper des conversations téléphoniques discutables, la compagnie a un tout autre point de vue. Quoi qu'il en soit du bavardage propre à la « communauté virtuelle », AOL est, avant tout, un empire médiatique de marque sur lequel la société exerce autant de contrôle que Disney sur la couleur des clôtures de Celebration, en Floride.

Il semble que, même si la sphère privée imite ou même améliore l'apparence de l'espace public, les tendances restrictives de la privatisation pointent le bout du nez. Le processus touche non seulement l'espace de propriété commerciale, comme AOL ou les Virgin Megastores, mais l'espace public associé à un sponsor ou à une marque. La preuve en a été donnée en 1997, à Toronto, quand des activistes antitabac furent expulsés de force du Festival de jazz du Maurier, qui se déroulait en plein air, de la même manière que des manifestants étudiants s'étaient fait jeter hors du campus de l'Open de tennis du Maurier. Car, ironie de l'histoire, le festival se déroulait dans la véritable agora de la ville – le Nathan Phillips Square, juste en face de la mairie de Toronto. Les manifestants apprirent que, même si la place est on ne peut plus publique, elle devient, dans la semaine du Festival de jazz, la propriété du sponsor à la nicotine. Aucune rébellion n'avait droit de cité en ces lieux.

Lorsqu'un espace est vendu, même temporairement, il change pour s'adapter à ses sponsors. Et plus les grandes sociétés achètent de l'espace public ou y apposent leur marque, plus nous, citoyens, sommes obligés de nous plier à leurs règles pour accéder à notre propre culture. Cela veut-il dire que la liberté d'expression est morte ? Certes pas : rappelons l'opinion de Noam Chomsky selon laquelle « la liberté sans la possibilité [de s'en servir] est un cadeau du diable[33] ». Dans un contexte de saturation médiatique et de marketing, les occasions importantes d'exprimer notre liberté – à un niveau encore suffisamment élevé pour traverser le barrage des décibels commerciaux et déranger les proprios que sont les grandes sociétés – disparaissent de plus en plus vite. Certes, des voix dissidentes ont bien leurs pages Web, leurs zines, leurs affiches, leurs pancartes de grève et leurs journaux indépendants, et elles disposent d'une quantité suffisante de failles à exploiter dans l'armure des grandes sociétés – et, nous le verrons dans la quatrième partie, elles les exploitent plus que jamais. Mais lorsque le discours commercial se répand de plus en plus au niveau d'une synergie de tribunes multiples, dans des exhibitions de plus en plus spectaculaires du « sens » de marque, le discours populaire fait penser au petit détaillant indépendant à l'ombre du supermagasin. Pour le dire comme Ralph Nader, l'avocat des consommateurs : « Il y a une question de niveau de décibels dans l'exercice de notre liberté d'expression[34]. »

La manifestation sans doute la plus déroutante de censure commerciale, on l'observe quand l'espace vendu n'est pas un lieu, mais une personne. Nous l'avons vu, les gros accords de sponsoring sportif ont d'abord exercé leur influence en déterminant le logo que les athlètes allaient porter et les équipes dans lesquelles ils allaient jouer. Le contrôle à présent s'étend aux opinions politiques qu'ils sont amenés à exprimer en public. Les prises de position audacieuses, telle que l'opposition d'un Muhammad Ali à la guerre du Vietnam, ont depuis longtemps été remplacées par le radicalisme inoffensif d'un Dennis Rodman, le travesti de la NBA, car les sponsors incitent leurs athlètes à se cantonner dans le rôle d'hommes-sandwiches à la pose affectée. Michael Jordan l'a dit un jour : « Les Républicains aussi achètent des chaussures de sport. »

Le sprinteur canadien Donovan Bailey a appris la leçon à ses dépens. Quelques jours avant de remporter la course olympique qui allait faire de lui l'athlète le plus rapide de notre époque, Bailey se fit assassiner pour avoir déclaré à *Sports Illustrated* que la société canadienne « est aussi ouvertement raciste que les États-Unis ». Adidas, horrifié à la perspective de voir sa marque risquer de s'aliéner, par une opinion impopulaire, un grand nombre de consommateurs blancs, s'empressa de faire taire Bailey. Doug Hayes, vice-président d'Adidas, déclara au *Globe and Mail* que ces commentaires « n'ont rien à voir avec Donovan l'athlète ni le Donovan que nous connaissons[35] » – attribuant apparemment les propos à un double de l'athlète qui aurait temporairement pris possession de Bailey.

Un cas semblable de censure impliqua la vedette britannique du football Robbie Fowler, alors âgé de 21 ans. En mars 1997, après avoir marqué un deuxième point contre le Norvégien Brann Beren, Fowler se tourna vers son maillot officiel pour exhiber un t-shirt politique rouge qui disait : « 500 Liverpool dockers sacked since 1995 » (500 dockers de Liverpool congédiés depuis 1995). Les débardeurs étaient en grève depuis des années, luttant contre des centaines de mises à pied et le passage au travail contractuel. Fowler, lui-même type de Liverpool, avait décidé de rendre la cause publique aux yeux du monde entier. Tel fut son commentaire ingénu : « Je me suis dit que c'était une simple déclaration[36]. »

Il se trompait, bien entendu. Le Liverpool Football Club, qui engrange les revenus selon les messages de marque qui apparaissent sur les maillots officiels des joueurs, se précipita pour couper court à tout autre geste de ce genre. « Nous signalerons à tous nos joueurs que les commentaires sur des questions extérieures au football sont inacceptables sur le terrain de jeu », déclara le club dans un communiqué hâtif[37]. Et pour s'assurer que le seul message figurant sur les t-shirts des athlètes serait d'Umbro ou d'Adidas, l'UEFA, organisme qui gouverne le football européen, donna suite à l'incident en imposant à Fowler une amende de 2 000 francs suisses.

Cette histoire connut un autre rebondissement. Le t-shirt de Fowler ne relevait pas de la simple déclaration politique, il correspondait aussi à un sabotage de pub : subversion affichée d'une marque omniprésente, les lettres « c » et « k » du mot « dockers » avaient été agrandies et redessinées de façon à ressembler au logo de Calvin Klein : docKers. Quand des photographies du t-shirt furent étalées dans tous les journaux britanniques, le concepteur menaça d'attaquer en justice pour infraction au droit des marques.

Lorsqu'on les accumule, de tels exemples donnent de l'espace commercial l'image d'un État fasciste, avec son salut au logo et sa répression de toute critique, parce que nos journaux, stations de télévision, serveurs Internet, rues et espaces de vente au détail sont contrôlés par les intérêts des multinationales. Étant donné la rapidité avec laquelle ces tendances se développent, nous avons à l'évidence une bonne raison de nous alarmer. Un bémol néanmoins : même si nous voyons arriver l'avènement du *Meilleur des mondes*, cela ne veut pas dire que nous vivons déjà dans le cauchemar de Huxley.

En dessinant des organigrammes tentaculaires et en citant des P.D.G. tout à leurs rêves de domination mondiale, nous perdons facilement de vue le fait que la censure n'est certainement pas absolue, comme pourrait avoir tendance à le croire maint zélateur néophyte de Noam Chomsky. Ce n'est pas un système étanche, c'est une tendance ferme, intensifiée par la synergie et les enjeux grandissants de la protection des marques, mais où l'exception fait loi. S'il est vrai que Viacom anesthésie le monde entier avec Blockbuster et MTV, Simon & Schuster, autre propriété de Viacom, a publié quelques-unes des meilleures critiques de la mondialisation économique libérale, notamment *Global Dreams*, de Richard J. Barnet et John Cavanagh, et *One World, Ready or Not*, de William Greider. Quant à NBC et Fox, ces compagnies ont diffusé, ne serait-ce que brièvement, la série de Michael Moore, *TV Nation*, qui s'attaquait allègrement aux annonceurs et même à la General Electric, société mère de NBC. Et alors que le rachat de Miramax par Disney inspirait de sombres augures quant à l'avenir du cinéma indépendant, c'est pourtant bien Miramax qui distribua *The Big One*, film documentaire de Moore contre les grandes sociétés tiré de son livre tout aussi critique, publié par Random House, aujourd'hui propriété de Bertelsmann. Comme le livre que vous lisez à présent permettra, j'espère bien, de le montrer, il y a encore de la place pour la critique des grandes sociétés au sein des géants des médias.

En un sens, le changement actuel est à la fois moins totalitaire et plus dangereux. Nous n'avons pas perdu la possibilité de produire un art qui ne soit pas synergique, et, à notre époque, une critique sérieuse a le pouvoir d'atteindre un plus vaste public que jamais auparavant dans l'histoire de l'art et de la culture. Mais nous sommes en train de perdre les espaces dans lesquels peut fleurir l'esprit hors commerce – ces espaces demeurent, mais rétrécissent à mesure que les capitaines de l'industrie culturelle se laissent obnubiler par le rêve des promotions croisées à l'échelle planétaire. Pour l'essentiel, la question est de simple économie : il n'est possible, de façon viable, de produire, publier, diffuser, etc., qu'un nombre limité de films, de livres, d'articles de magazines et d'heures de programmation, et les chances de ceux qui ne s'insèrent pas dans la stratégie commerciale dominante diminuent à chaque fusion et consolidation.

On peut toutefois émettre l'hypothèse que l'obsession actuelle de la synergie court le risque de s'effondrer sous le poids de ses vaines promesses. Déjà, Blockbuster devient un poids pour une Viacom criblée de dettes. Les analystes du marché blâment « la qualité des produits qui proviennent de ses magasins[38] » – et tant pis si chaque magasin Blockbuster a dû mettre en rayon 34 exemplaires du film *In & Out*, ratage intégral de Kevin Kline (ou quelque autre navet de Paramount) parce que Viacom était déterminée à récupérer une partie des millions qu'elle avait perdus en salle. Et quand ses comptoirs d'« eatertainment » (dîne-vertissement) eurent perdu de l'argent pendant deux ans, Planet Hollywood annonça, en août 1999, qu'elle aurait recours à la loi de protection des entreprises en faillite. Autre plan de synergie qui semblait imparable sur papier : la sortie de *Godzilla*, en 1998. Pour Sony, le film était un succès inévitable : une première au Madison Square Garden, une vedette géniale pour Toys 'R' Us, un budget de marketing de 60 millions de dollars orchestrant une campagne à suspense étalée sur un an, et une équipe juridique en béton qui s'abattait sur toute publicité indésirable sur Internet. Et la cerise sur le gâteau : grâce aux nouvelles salles de Sony, le film se donna sur plus d'écrans qu'aucun autre film de l'histoire du cinéma : le jour du lancement, 20 pour cent de tous les écrans de cinéma américains présentaient *Godzilla*. Mais rien ne put compenser le simple fait que presque tous ceux qui virent *Godzilla* conseillèrent à leurs amis de ne pas y aller, et c'est ce qu'ils firent, en masse[39].

Tom Peters lui-même, l'évangéliste du branding, reconnaît qu'on peut abuser du branding et que, même s'il est impossible de prédire à quel moment on atteint ce stade, lorsqu'on le dépasse, cela saute aux yeux. « Jusqu'où peut-on aller trop loin ? demande Peters. Personne ne le sait avec certitude. C'est un art. Il est bon d'exercer une influence. Il est mauvais d'en exercer trop[40]. » Tom Freston, le fondateur de MTV, l'homme qui a changé en marque une station de télévision, avouait, en juin 1998, qu'« on peut écraser une marque à force de la marteler[41] ».

En effet, dès le début de 1998, Wall Street annonçait l'impensable : Nike s'était « déswooshée » ; son ubiquité avait cessé d'être une réussite pour devenir un handicap. « Le plus grand challenge de Nike, c'est Nike. La compagnie a besoin d'acquérir une autre identité pour pouvoir encore dire : "Voici Nike", mais c'est quelque chose qui dépasse le swoosh », déclarait au *New York Times* Josie Esquivel, analyste financière chez Morgan Stanley[42].

Comme nous le verrons, Nike a tenté de relever ce défi. Mais si pareille reculade est possible pour une seule marque, peut-être qu'un phénomène similaire est susceptible également d'affecter toute la stratégie du branding : une fois qu'on aura imposé à la culture une certaine manie du branding, peut-être ceux d'entre nous qui ont accueilli ces marques – Nike, Wal-Mart, Hilfiger, Microsoft, Disney, Starbucks, etc. – commenceront-ils à se retourner non seulement contre ces logos précis, mais contre le contrôle qu'exerce l'ensemble du pouvoir commercial sur nos espaces et nos choix. À un moment donné, l'idée du branding pourrait atteindre un point de saturation, et sa régression affecter non pas tel produit soudainement exclu d'une mode, mais bien les multinationales détentrices des marques.

Ce processus est déjà en cours. Comme nous le verrons dans la quatrième partie, « Zéro logo », des collectivités du monde entier, rassemblant différentes générations, ont cessé d'être aveuglées par les éclatantes promesses des marques : nouveauté et choix infini. Au lieu d'ouvrir grandes leurs portes, elles s'organisent sur le plan communautaire pour lutter contre l'installation des grandes surfaces de vente au détail ; elles participent à des campagnes de rue contre les pratiques de Nike concernant la main-d'œuvre du Tiers-Monde et le passé de la Shell Oil relatif aux droits de l'homme. Elles lancent des mouvements, tels que *Reclaim the Streets* (Récupérons les rues) en Grande-Bretagne, pour reprendre un aléatoire contrôle public sur l'espace public ; enfin, elles soutiennent des actions antitrusts contre des compagnies telles que Microsoft. Étant donné la soudaineté relative du phénomène, cette vague d'hostilité à l'endroit des grandes sociétés prend évidemment ses cibles par surprise. « Il y a quelques mois, tous les gens que je rencontrais semblaient trouver bien de travailler pour Microsoft. Maintenant, des inconnus nous traitent comme si on était chez Philip Morris », écrivait Jacob Weisberg, chroniqueur au webzine *Slate*. Cette perplexité est partagée par des employés de multinationales de plusieurs secteurs. « Je ne sais pas de quelle manière nous heurtons les gens, dit Donna Peterson, directrice régionale du marketing chez Starbucks, en mai 1999. Mais parfois, on en a l'impression[43]. » Et Mark Moody-Stuart, président de la Royal Dutch/Shell, de déclarer au magazine *Fortune* : « Auparavant, au club de golf ou à l'église, lorsque vous disiez travailler pour Shell, on vous réservait un accueil chaleureux. Dans certaines parties du monde, ça a quelque peu changé. » Bel euphémisme, comme nous le verrons en examinant le boycott de Shell, au chapitre 16.

Cependant, la désillusion grandissante quant aux forces décrites ici dans « Zéro espace » et « Zéro choix » n'est ni suffisamment répandue ni assez profonde pour engendrer un véritable recul du pouvoir des marques. Il est fort probable que le ressentiment face à l'invasion publicitaire et commerciale de l'espace public et les pratiques monopolistiques n'aurait guère engendré davantage que le cynisme habituel, si un grand nombre de ces compagnies qui accaparent l'espace et le choix n'avaient simultanément décidé de financer leurs incursions dans le branding par la réduction d'emplois. Cette préoccupation économique et humaine essentielle a été un facteur déterminant de la montée de l'activisme anticommercial : il n'y a plus de bons emplois.

ZÉRO BOULOT

Please...
Be Aware
Application Doors
Close At 4pm

9

L'USINE AU RANCART

LA DÉGRADATION DE LA PRODUCTION
À L'ÈRE DE LA SUPERMARQUE

Pour l'Amérique du Nord, notre stratégie est de concentrer toute notre attention sur la gestion de marque, le marketing et la conception de produits, ce qui nous permettra de faire face à la demande et aux besoins de vêtements décontractés. Le fait de déléguer une part importante de notre production destinée aux marchés américain et canadien à des entrepreneurs du monde entier conférera à notre entreprise une flexibilité accrue, et lui permettra de consacrer ses ressources et son capital à la promotion de ses marques. Cette étape est cruciale si nous voulons demeurer compétitifs.

John Ermatinger, président de la division Amériques de Levi Strauss,
justifiant la décision de la compagnie de fermer 22 usines
et de congédier 12 000 employés nord-américains entre
novembre 1997 et février 1998

Comme nous l'avons vu, un grand nombre de multinationales de marque sont en train de dépasser leur besoin d'identification à des produits matériels et privilégient aujourd'hui la question du sens – l'empire de la marque sur l'essence même de l'individualité, de l'athlétisme, de la nature sauvage ou de la communauté. Dans ce contexte où l'attitude supplante l'objet, les services de marketing chargés de gérer l'identité des marques ont commencé à considérer leur travail non pas en conjonction avec la production en usine mais en opposition directe avec elle. « Les produits se fabriquent à l'usine, déclare Walter Landor, président de l'agence Landor, mais les marques se construisent dans l'esprit[1]. » Peter Schweitzer, président du géant de la publicité J. Walter Thompson, reprend cette idée : « La différence entre produits et marques est fondamentale. Un produit, c'est ce qui se fabrique en usine ;

une marque, c'est ce qu'achète le consommateur[2]. » Les agences publicitaires ont toutes finement abandonné l'idée de vendre le produit d'un autre, pour se considérer comme des usines de production de marques où s'élabore ce qui compte : l'idée, le style de vie, l'attitude. Les bâtisseurs de marques sont les nouveaux producteurs de notre prétendue économie de l'information.

Cette idée nouvelle nous a apporté bien davantage que des campagnes de pub audacieuses, des supermagasins en forme de temples voués au culte de la marque ou d'utopiques campus d'entreprises. À l'échelle mondiale, elle est en train de métamorphoser le visage même de l'emploi. Après avoir établi l'« âme » de leurs entreprises, les sociétés détentrices des supermarques se sont débarrassées de leur encombrante « corporéité », et rien ne leur semble plus répugnant, plus grossier que les usines où se fabriquent leurs produits. La raison de ce changement est simple : la construction d'une supermarque est un projet extraordinairement coûteux, qui exige une gestion, un suivi et un réassort constants. Et surtout, les supermarques ont des besoins énormes en espace où faire figurer leurs logos. Mais si une entreprise veut être rentable, elle doit limiter ses coûts – matériaux, fabrication, frais généraux et branding – pour éviter que les prix au détail de ses produits ne montent en flèche. Lorsque les multinationales ont signé leurs accords de sponsoring de plusieurs millions, versé leurs chèques aux chasseurs de cool et aux experts en marketing, les caisses sont vides. Comme toujours, il s'agit alors d'établir des priorités ; mais celles-ci sont en train de changer. Comme l'expliquait Hector Liang, ex-président de la United Biscuits : « Les machines s'usent. Les voitures rouillent. Les gens meurent. Mais ce qui survit, ce sont les marques[3]. »

Selon cette logique, les grandes sociétés ne doivent pas consacrer leurs ressources limitées à des usines requérant un entretien matériel, à des machines destinées à rouiller ou à des employés voués à vieillir et à mourir. Ces ressources doivent aller à la brique et au mortier virtuels nécessaires à la construction de leurs marques : sponsoring, emballage, expansion et publicité. Aux synergies, également : achat de canaux de distribution et de vente au détail.

Ce lent mais décisif changement des priorités des entreprises a laissé les producteurs non virtuels d'hier – ouvriers d'usines et artisans – dans une position précaire. Les somptuaires dépenses des années 1990, consacrées au marketing, aux fusions et aux extensions de marques, ont été accompagnées par une résistance sans précédent à l'investissement dans des installations de production et dans la main-d'œuvre. Des sociétés qui, traditionnellement, se contentaient d'une marge de 100 % entre le prix de revient et le prix de détail, ont cherché dans le monde entier des usines capables de fabriquer leurs produits à si bon compte que la marge se rapprocherait davantage des 400 %[4]. Et, comme le fait remarquer un rapport des Nations unies de 1997, même dans les pays où les salaires étaient déjà faibles, les frais de main-d'œuvre constituaient une part de moins en moins grande des budgets des grandes entreprises. « Dans quatre pays du Tiers-Monde sur cinq, dans le secteur manufacturier, la part actuelle des salaires est considérablement inférieure à ce qu'elle était dans les années 1970 et au début des années 1980[5]. » L'avènement de pareilles tendances en dit long non seulement sur le statut de panacée économique acquis par le branding, mais sur la dévaluation correspondante du processus de production et des producteurs en général. Autrement dit, le branding a monopolisé toute la « valeur ajoutée ».

Lorsque le véritable processus de production est à ce point dévalué, il va de soi que les individus qui effectuent le travail de production risquent d'être traités comme la dernière roue du carrosse. Une certaine symétrie voit le jour : depuis que la production de masse a initié le besoin du branding, le rôle de ce dernier a lentement acquis de l'importance au point que, plus d'un siècle et demi après la révolution industrielle, ces sociétés sont en mesure de penser que le branding pourrait se substituer complètement à la production. Le tennisman professionnel André Agassi le disait ainsi dans une publicité de 1992 pour Canon : « Tout est dans l'image. »

Même si Agassi faisait la promotion de Canon, à l'époque, il fait avant tout partie de l'Équipe Nike, société qui a lancé l'approche commerciale associant un budget de branding illimité à un désinvestissement quasi total par rapport aux ouvriers sous-contrat qui fabriquent ses chaussures dans de lointaines usines. Phil Knight l'énonce ainsi : « La fabrication d'objets n'a plus de valeur. La valeur est ajoutée par la recherche de pointe, l'innovation et le marketing[6]. » Pour lui, la production, loin d'être la pierre angulaire de son empire de marque, n'est qu'une activité fastidieuse et marginale.

De nombreuses sociétés se délestent dès lors de toute la production. Au lieu de fabriquer les produits dans leurs propres usines, elles « se les procurent », de la même manière que les entreprises des industries des ressources naturelles se procurent l'uranium, le cuivre ou le bois. Elles ferment des usines existantes, et sous-traitent la fabrication, de préférence dans d'autres pays. Et à mesure que les anciens emplois s'envolent vers l'étranger, autre chose s'envole avec eux : l'obsolète idée qu'un fabricant est responsable de sa main-d'œuvre. Le porte-parole de Disney, Ken Green, donna un indice de la profondeur de ce changement le jour où il exprima publiquement sa frustration de voir sa société réprimandée pour les conditions catastrophiques en vigueur dans une usine haïtienne où l'on produisait des vêtements Disney. « Nous n'employons personne en Haïti », dit-il, faisant référence au fait que l'usine est la propriété d'un entrepreneur. Puis, il demanda à Cathy Majtenyi, du Catholic Register : « Prenez le papier sur lequel vous imprimez votre journal. Avez-vous une idée des conditions de travail qu'implique sa fabrication[7] ? »

De El Paso à Pékin, de San Francisco à Djakarta, de Munich à Tijuana, les marques mondiales se débarrassent de la responsabilité de la production en la transmettant à leurs entrepreneurs ; elles se contentent de leur ordonner de fabriquer le machin, et bon marché, surtout, pour qu'il reste des paquets d'argent à consacrer au branding. Et encore une fois, vraiment bon marché.

L'EXPORTATION DU MODÈLE NIKE

La société Nike, qui a débuté sous la forme d'un accord d'import-export de chaussures de course fabriquées au Japon, et qui n'a la propriété d'aucune de ses usines, est devenue le prototype de la marque sans produit. Inspirées par le succès époustouflant du swoosh, beaucoup d'autres sociétés dirigées d'une façon traditionnelle (« par intégration verticale », selon l'expression en vigueur) s'efforcent d'imiter le modèle Nike, non seulement dans son approche du marketing, comme nous l'avons vu, mais dans sa structure de production, la sous-traitance bon marché. C'est ainsi qu'au milieu des années 1990, la société de chaussures de course Vans largua les amarres de la fabrication à l'ancienne et se convertit à la méthode Nike. Un prospectus relatif à son premier appel public à l'épargne affirme que la société s'est « récemment repositionnée du statut de fabricant à celui de société mercatisée » en sponsorisant des centaines d'athlètes ainsi que des événements de sports de haut niveau, tels que le Vans Warped Tour. Ses « importantes dépenses visant à créer la demande chez les consommateurs » ont été financées par la fermeture d'une usine californienne et par le recours à la sous-traitance de la production à des « entrepreneurs[8] » en Corée du Sud.

En 1993, Adidas suivit une trajectoire identique en confiant son exploitation à Robert Louis-Dreyfus, ex-patron du géant publicitaire Saatchi & Saatchi. Annonçant qu'il voulait s'emparer du cœur de l'« ado mondial », Louis-Dreyfus s'empressa de fermer les usines allemandes d'Adidas et sous-traita sa production en Asie[9]. Libéré des chaînes de fabrication, la société dispose de temps et d'argent frais pour se donner une image de marque à la Nike. « Nous avons tout fermé, déclara fièrement Peter Csanadi, porte-parole d'Adidas. Nous n'avons gardé qu'une petite usine, qui est notre centre de technologie mondial et qui compte pour environ 1 pour cent de la production totale[10]. » (Voir Tableau 9.1, Appendice, page 551.)

Bien qu'elles ne fassent pas les manchettes autant qu'autrefois, d'autres fermetures d'usines sont annoncées chaque semaine en Amérique du Nord et en Europe – rien qu'en 1997, 45 000 travailleurs américains du vêtement ont perdu leur emploi[11]. Les statistiques de diminution des emplois dans ce secteur ont été tout aussi spectaculaires dans le monde entier. (Voir Tableau 9.2, Appendice, page 553.) Bien que les fermetures d'usines, comme telles, aient à peine ralenti depuis le creux de la récession au tournant des années 1990, un changement marqué s'est produit quant à la raison invoquée pour justifier ces « restructurations ». Jadis, les mises à pied massives étaient présentées comme un mal nécessaire, lié à quelque performance décevante de l'entreprise. Aujourd'hui, ce ne sont que d'habiles changements de stratégie, une « réorientation stratégique », pour utiliser l'expression de Vans. De plus en plus, on annonce ces mises à pied parallèlement à l'engagement d'augmenter les revenus grâce aux dépenses publicitaires, cependant que les cadres promettent de mieux se concentrer sur les besoins de leurs marques, par opposition à ceux de leurs travailleurs.

Exemplaire à cet égard est le cas de Sara Lee Corp., conglomérat à l'ancienne englobant non seulement une marque de produits surgelés, mais aussi des marques « non intégrées » : sous-vêtements Hanes, Wonderbra, cuir Coach, vêtements de sport Champion, cirage Kiwi et saucisses Ball Park Franks. Bien que Sara Lee ait joui d'une croissance importante, d'une saine rentabilité, d'un bon rendement de son action, sans contracter de dettes, au milieu des années 1990, Wall Street, déçue par la société, sous-évalua son capital. Ses profits, certes, avaient grimpé de 10 pour cent au cours de l'année fiscale 1996-1997, atteignant le milliard de dollars, mais Wall Street, comme nous l'avons vu, obéit à des objectifs spirituels autant qu'économiques[12]. Et la société Sara Lee, plus soucieuse de la substance matérielle de ses produits que de la sophistication de l'identité de marque, se trouva ni plus ni moins qu'économiquement démodée. « Des pourvoyeurs d'objets grossiers », dirait Tom Peters[13].

Pour corriger le tir, la compagnie annonçait, en septembre 1997, un plan de restructuration de 1,6 milliard de dollars afin de se débarrasser du commerce d'« objets » en purgeant sa base manufacturière. Treize de ses usines, à commencer par le textile, allaient être vendues à des entrepreneurs qui deviendraient des entrepreneurs de Sara Lee. La société utiliserait l'argent ainsi économisé au doublement de ses dépenses publicitaires. « Il est passé de mode d'être aussi verticalement intégré que nous l'étions », expliqua le P.D.G. de Sara Lee, John H. Bryan[14]. Wall Street et la presse financière encensèrent la nouvelle Sara Lee mercatisée, et la récompensèrent par un bond de 15 pour cent du cours de ses actions et des portraits flatteurs de son P.D.G. audacieux et imaginatif. « En passant de la fabrication au marketing de marque, Bryan reconnaît que l'avenir appartient aux sociétés – comme Coca-Cola – qui possèdent peu mais vendent beaucoup », estimait un article enthousiaste de *Business Week*[15]. L'analogie choisie par *Crain's Chicago Business* était encore plus révélatrice : « Sara Lee entend se rapprocher davantage de Nike Inc., dans l'Oregon, qui sous-traite sa fabrication pour essentiellement se concentrer sur le développement de ses produits et la gestion de sa marque[16]. »

En novembre 1997, Levi Strauss annonça une restructuration obéissant aux même motifs. De 1996 à 1997, les revenus de la société avaient diminué de 7,1 milliards de dollars. Mais cette baisse de 4 pour cent ne suffit pas à expliquer la décision de la société de fermer 11 usines. Les fermetures entraînèrent la mise à pied de 5 395 travailleurs, le tiers de sa main-d'œuvre nord-américaine déjà restructurée précédemment. Au cours du processus, la société ferma trois de ses quatre usines d'El

Paso, au Texas, une ville où elle constituait le plus grand employeur du secteur privé. L'année suivante, encore insatisfaite des résultats, la compagnie annonça une autre série de fermetures en Europe et en Amérique du Nord. Onze autres de ses usines nord-américaines allaient être fermées : le nombre de travailleurs mis à pied atteignit à 16 310 en seulement deux ans[17].

John Ermatinger, président de la division des Amériques de Levi's, donna une explication familière : « Pour l'Amérique du Nord, notre plan stratégique est de concentrer toute notre attention sur la gestion de marque, le marketing et la conception de produits, ce qui nous permettra de faire face à la demande et aux besoins de vêtements décontractés[18]. » Le président de Levi's, Robert Haas, qui recevait de l'ONU, le jour même, un prix pour l'amélioration des conditions de travail de ses employés, déclara au *Wall Street Journal* que les fermetures reflétaient non seulement « la surcapacité », mais aussi « notre propre désir de recentrer le marketing, d'injecter à la marque plus de qualité et de distinction[19] ». En 1997, cette qualité et cette distinction se manifestèrent sous la forme d'une campagne publicitaire internationale particulièrement bigarrée, qui aurait coûté 90 millions de dollars, la plus coûteuse de l'histoire de Levi's, plus coûteuse que toutes les dépenses publicitaires consacrées à sa marque durant toute l'année 1996.

« CE N'EST PAS UNE AFFAIRE DE FUITE D'EMPLOIS »

En justifiant les fermetures d'usines par une décision de changer Levi's en « société de marketing », Robert Haas prit la peine d'expliquer à la presse que les emplois éliminés ne « partaient » pas, mais qu'ils s'évaporaient, en quelque sorte. « Ce n'est pas une affaire de fuite d'emplois », affirmait-il après la première série de mises à pied. Théoriquement cette déclaration est vraie. Considérer la décision de Levi's comme une affaire de fuite d'emplois, cela reviendrait à négliger le changement plus fondamental – et plus préjudiciable – que représentent les fermetures. Pour l'entreprise, ces 16 310 emplois ont disparu pour de bon et ont été remplacés, selon Ermatinger, par « des entrepreneurs du monde entier ». Ces entrepreneurs accompliront les mêmes tâches que les vieilles usines de Levi's – mais leurs travailleurs ne seront jamais employés par Levi Strauss.

245

Pour certaines sociétés, une fermeture d'usine relève encore de la pure et simple décision de déplacer une installation X vers un lieu meilleur marché. Mais pour d'autres – surtout pour celles qui ont de fortes identités de marque, comme Levi Strauss et Hanes –, les mises à pied ne sont que la manifestation la plus visible d'un changement beaucoup plus radical : la question n'est pas tellement où produire, mais comment. À la différence de celles qui sautillent d'un endroit à un autre, ces usines ne reviendront jamais. En cours de route, elles se métamorphosent en tout autre chose : elles deviennent des « commandes » à envoyer à un entrepreneur, qui peut tout aussi bien les remettre à 10 sous-traitants, qui – surtout dans le secteur vestimentaire – peuvent à leur tour confier une portion de la sous-traitance à un réseau de travailleurs à domicile qui achèveront les finitions dans des sous-sols ou leurs salons. Bien sûr, cinq mois seulement après l'annonce de la première ronde de fermetures d'usines, Levi's fit une autre déclaration publique : elle allait reprendre la fabrication en Chine. La société s'était retirée du pays en 1993, invoquant des inquiétudes concernant la violation des droits de l'homme. Si elle revenait, ce n'était pas pour construire ses propres usines, mais pour placer des commandes auprès de trois entrepreneurs que la société s'engageait à surveiller de près sur le plan des infractions au droit du travail[20].

La profondeur de ce changement d'attitude envers la production est évidente : alors qu'à une époque révolue, des sociétés productrices d'objets de consommation arboraient fièrement leurs logos sur les façades de leurs usines, la plupart des multinationales prétendent aujourd'hui que l'emplacement de leurs installations de production relève du « secret commercial » qu'il faut garder à tout prix. Lorsque des associations de militants des droits de l'homme lui demandèrent, en avril 1999, de révéler le nom et l'adresse des usines de ses entrepreneurs, Peggy Carter, vice-présidente des vêtements Champion, répondit : « Nous n'avons aucun intérêt à ce que nos concurrents apprennent où nous sommes situés et tirent avantage de ce que nous avons passé des années à bâtir[21]. »

De plus en plus, les multinationales – Levi's, Nike, Champion, Wal-Mart, Reebok, Gap, IBM et General Motors – prétendent qu'elles nous ressemblent : ce sont des chasseurs à la recherche de la meilleure affaire du centre commercial mondial. Ces clients très pointilleux ont des instructions précises quant à la conception sur commande, les matériaux, les dates de livraison et, surtout, quant à la nécessité d'obtenir des prix imbattables. Mais ils n'ont qu'indifférence pour l'encombrante logistique destinée à écarter ces prix ; construire des usines, acheter des machines et budgétiser de la main-d'œuvre, tout cela a carrément été remis entre d'autres mains.

En dernière analyse, la véritable affaire de fuite d'emplois, c'est qu'un nombre croissant des sociétés les plus visibles et les plus rentables du monde désertent le marché de l'emploi.

L'INSUPPORTABLE LÉGÈRETÉ DE CAVITE : DANS LES ZONES DE LIBRE-ÉCHANGE

Malgré l'intelligence du concept stratégique « des marques pas des produits », on ne peut jamais complètement faire l'économie de la production : il faut bien que quelqu'un se salisse les mains pour fabriquer les produits auxquels les marques mondiales accrocheront leur sens. C'est à cela que servent les zones de libre-échange. En Indonésie, en Chine, au Mexique, au Vietnam, aux Philippines et ailleurs, les zones franches industrielles (comme on appelle également ces régions) sont les nouveaux grands producteurs de vêtements, de jouets, de chaussures, d'appareils électroniques, de machines, et même de voitures.

Si Nike Town et autres supermagasins sont les nouvelles et scintillantes portes d'entrée du monde merveilleux des marques, la zone franche industrielle de Cavite, située à 150 kilomètres au sud de Manille, dans la ville de Rosario, est le placard à balais du branding. Après avoir visité pendant un mois des zones de ce genre en Indonésie, je suis arrivée à Rosario au début de septembre 1997, dans le sillage de la mousson et au début de la tempête économique asiatique. J'étais venue passer une semaine à Cavite parce que c'est la plus grande zone de libre-échange des Philippines, une zone industrielle de 273 hectares, où 207 usines produisent des marchandises strictement destinées à l'exportation. La population de Rosario, 60 000 habitants, est en effervescence ; les rues achalandées et torrides de la ville sont encombrées de jeeps de l'armée converties en minibus et de taxis-motocyclettes garnis de side-cars précaires, ses trottoirs sont bordés de stands de riz frit, de Coca-Cola et de savon. La plus grande part de l'activité commerciale s'adresse aux 50 000 travailleurs qui traversent Rosario au pas de course, en direction ou en provenance de la zone, dont la barrière d'entrée se dresse au beau milieu de la ville.

Derrière cette barrière, des ouvriers d'usines assemblent les objets qui composent notre monde de marques : chaussures de course Nike, pyjamas Gap, écrans d'ordinateurs IBM, jeans Old Navy. Malgré la présence de ces illustres multinationales, Cavite – tout comme les zones franches industrielles identiques à travers le Tiers-Monde, et dont le nombre est en explosion – est peut-être le dernier endroit de la planète où les supermarques gardent un profil bas. Le phénomène est partout : leurs noms et leurs logos ne s'étalent pas sur les façades des usines de la zone industrielle. Et ici, les marques concurrentes sont souvent produites côte à côte dans les mêmes usines, les pièces sont emballées par les mêmes travailleurs, cousues et soudées sur les mêmes machines. C'est à Cavite que j'ai fini par trouver un bout d'espace dépourvu de swoosh, et, bizarrement, c'était dans une usine Nike.

Je n'ai eu droit qu'à une seule visite de l'autre côté de la barrière de la zone, afin d'interviewer des cadres – les usines mêmes, me dit-on, sont interdites d'accès à qui que ce soit, à l'exception des importateurs ou exportateurs potentiels. Mais quelques jours plus tard, avec l'aide d'un travailleur de 18 ans qui s'était fait renvoyer d'une usine d'appareils électroniques, je suis arrivée à m'y glisser à nouveau pour effectuer une tournée non officielle. Dans les rangées de structures géantes, presque toutes identiques et semblables à des hangars, une usine se détachait : le nom apposé sur l'édifice blanc et rectangulaire était « Philips », mais à travers la clôture qui l'entourait, je voyais des montagnes de chaussures Nike. À Cavite, la production semblait avoir été reléguée au rang le plus vil : impossible d'apposer une marque sur des usines, lesquelles sont indignes du swoosh ; les producteurs sont les intouchables du monde industriel. Est-ce bien ce qu'entendait Phil Knight, me demandais-je, en disant que sa société n'avait rien à voir avec les baskets ?

La fabrication est concentrée et isolée à l'intérieur de la zone comme s'il s'agissait de déchets toxiques : de la production pure, aux prix les plus bas. Cavite, pareille à ses zones rivales, se présente comme un club d'achats en vrac pour multinationales à la recherche de bonnes affaires – prenez un chariot de bonne taille. À l'intérieur, on comprend vite que la rangée d'usines, chacune dotée de sa porte et de son gardien, a été soigneusement conçue pour faire tenir sur cette bande de terre le maximum de production. Des ateliers sans fenêtres,

248

recouverts d'un revêtement bon marché, en plastique et en aluminium, s'entassent à quelques mètres les uns des autres. Des paniers entiers de cartes de pointage mijotent au soleil, attestant que l'on extrait de chaque travailleur la somme de travail maximale, le nombre maximal d'heures de travail de chaque journée. Les rues de la zone sont étrangement vides, et les portes ouvertes – tel est le système de ventilation de la plupart des usines – révèlent des rangées de jeunes femmes silencieuses penchées sur de bruyantes machines.

Dans d'autres parties du monde, les travailleurs habitent à l'intérieur des zones économiques, mais pas à Cavite : c'est un lieu de travail, c'est tout. Toute l'effervescence et la couleur de Rosario cessent abruptement aux portes où, avant d'entrer, les travailleurs doivent montrer leur carte d'identité à des gardes armés. Les visiteurs sont rarement admis à l'intérieur de la zone, et il se fait peu ou pas de commerce intérieur dans ses rues tracées au cordeau, pas même de vente de bonbons ou de boissons. En entrant dans la zone, autobus et taxis doivent ralentir et cesser de klaxonner – un changement marqué par rapport aux rues turbulentes de Rosario. Si l'ensemble donne l'impression que Cavite se trouve dans un autre pays, c'est parce que, d'une certaine façon, c'est bien le cas. La zone constitue une économie exempte d'impôts, à l'abri du gouvernement de la ville et de la province – un mini-État militaire au sein d'une démocratie.

Le concept des zones de libre-échange est vieux comme le commerce, et revêtait la plus grande pertinence aux temps anciens où le transport de marchandises exigeait de multiples délais et haltes. Les cités-États d'avant l'Empire romain, dont Tyr, Carthage et Utica, encourageaient le commerce en se déclarant « villes franches » : les marchandises en transit pouvaient y être stockées sans taxes, et les marchands y étaient protégés. Ces zones exemptes d'impôts prirent une plus grande importance économique à l'époque coloniale, quand des villes entières – y compris Hong Kong, Singapour et Gibraltar – furent désignées « ports francs » à partir desquels le butin du colonialisme pouvait être expédié en toute sécurité vers l'Angleterre, l'Europe ou l'Amérique, au prix de faibles tarifs d'importation[22]. Aujourd'hui, la planète est parsemée de variantes de ces enclaves exemptes d'impôts, des boutiques hors-taxes des aéroports ou des zones bancaires des îles Caïmans, aux entrepôts assujettis à la douane et aux ports où sont détenues, triées et emballées, les marchandises en transit.

Bien qu'elle ait beaucoup à voir avec ces différents abris fiscaux, la zone franche industrielle est, en réalité, une catégorie à part. Moins réservoir de stockage que territoire souverain, la ZFI ne sert pas seulement au transit des marchandises, mais à leur fabrication, exempte de douanes et, souvent, d'impôts sur le revenu ou sur la propriété. L'idée que les ZFI pouvaient aider les économies du Tiers-monde se répandit en 1964, lorsque le Conseil économique et social des Nations unies adopta une résolution en faveur des zones comme moyen de promouvoir le commerce avec les pays en voie de développement. Toutefois, l'idée ne devait gagner du terrain qu'au début des années 1980, quand l'Inde accorda une exemption fiscale de cinq ans aux sociétés s'adonnant à la fabrication dans ses zones à faibles salaires.

Depuis lors, l'industrie des zones de libre-échange a subi une croissance fulgurante. Aux Philippines seulement, 52 zones économiques emploient 459 000 personnes – contre 12 000 en 1986 et 229 000 en 1994. La plus grande économie de zones se trouve en Chine, où 18 millions de gens, au bas mot, travaillent dans 124 zones franches industrielles[23]. Au total, estime le Bureau international du travail, 850 ZFI au moins (mais leur nombre est probablement plus près du millier) se déploient dans 70 pays et emploient 27 millions de travailleurs[24]. Selon l'Organisation mondiale du Commerce, les échanges commerciaux dans ces zones génèrent de 200 à 250 milliards de dollars[25]. Le nombre d'usines abritées par ces parcs industriels va également en augmentant. En fait, les usines de libre-échange situées le long de la frontière entre les États-Unis et le Mexique – en espagnol, les *maquiladoras* – sont probablement les seules structures qui prolifèrent aussi rapidement que les magasins Wal-Mart : il y avait, en 1985, 789 *maquiladoras* ; 2 747 en 1995 ; et dès 1997, 3 508 employant environ 900 000 travailleurs[26].

Quel que soit l'emplacement des ZFI, les récits des travailleurs sont d'une hallucinante gémellité : la journée de travail est longue – 14 heures au Sri Lanka, 12 en Indonésie, 16 dans le sud de la Chine, 12 aux Philippines. La vaste majorité des travailleurs sont des femmes, toujours jeunes, toujours à la recherche d'entrepreneurs ou de sous-traitants de la Corée, de Taiwan ou de Hong Kong. Les entrepreneurs remplissent habituellement des commandes provenant de sociétés établies aux États-Unis, en Grande-Bretagne, au Japon, en Allemagne ou au Canada. La direction fait montre d'un style militaire, les contremaîtres sont souvent grossiers, les salaires au-dessous du seuil de la subsistance, le travail fastidieux et peu spécialisé. En tant que modèle économique, ces zones franches industrielles ont davantage en commun avec les franchises de fast-food qu'avec le développement durable, tant elles se tiennent à distance de leurs pays hôtes. Ces enclaves purement industrielles fonctionnent sur le mode trompeur de l'éphémère : les contrats qui vont et viennent discrètement ; les travailleurs qui sont surtout des itinérants, loin de chez eux et peu reliés à la ville ou à la province où sont situées les zones ; le travail qui, même à court terme, se voit souvent non renouvelé.

En parcourant les rues vides de Cavite, je ressens la précarité menaçante de la zone, son instabilité sous-jacente. Les usines, semblables à des hangars, sont reliées d'une façon si ténue à la campagne qui les entoure, à la ville contiguë, à la terre même sur laquelle elles s'élèvent, qu'on a l'impression que les emplois qui ont fui du Nord pour s'établir ici pourraient repartir tout aussi rapidement. Les usines sont construites à la va-vite et à moindre coût, sur des terrains en location. Lorsque j'ai grimpé jusqu'au sommet du château d'eau situé aux abords de la zone pour observer les centaines d'usines, j'avais l'impression que tout ce complexe de carton pourrait se soulever de terre et s'envoler, comme la maison de Dorothy dans *Le Magicien d'Oz*. Au Guatemala, on appelle les usines de ZFI des « hirondelles ».

La peur imprègne ces zones. Les gouvernements redoutent de perdre les usines étrangères ; les usines, de perdre leurs clients, les marques ; les travailleurs, de perdre leur emploi instable. Ce sont des usines construites non pas sur une aire, mais en l'air.

« ROSARIO AURAIT DÛ ÊTRE DIFFÉRENTE »

L'air sur lequel sont bâties les zones industrielles est la promesse de l'industrialisation. En principe, les ZFI attirent des investisseurs étrangers qui, si tout va bien, décident de rester dans le pays, et les chaînes d'assemblage, une fois séparées des zones, se changent en développement durable : transferts de technologie et industries locales. Pour attirer les hirondelles dans ce piège habile, les gouvernements des pays pauvres proposent des exemptions fiscales, des réglementations laxistes et offrent les services d'une armée à la fois désireuse et capable d'écraser les conflits de travail. Pour couronner le tout, ils vendent aux enchères leur propre population, se bousculant pour proposer le plus faible salaire minimum, garantissant aux ouvriers un salaire inférieur au coût de la vie.

À Cavite, la zone économique ressemble à un fantasme d'investisseurs étrangers. Terrains de golf, clubs de cadres et écoles privées ont été bâtis aux environs de Rosario afin d'atténuer les désagréments du Tiers-Monde. Les cinq premières années de leur séjour, les sociétés bénéficient d'un « congé fiscal », toutes dépenses payées, durant lequel elles ne versent ni impôt sur le revenu ni taxe foncière. Bien sûr, c'est une bonne affaire, mais ce n'est rien à côté du Sri Lanka, où les investisseurs des ZFI peuvent passer 10 ans avant de devoir payer des taxes[27].

L'expression « congé fiscal » est curieusement des plus pertinentes. Pour les investisseurs, les zones de libre-échange représentent en effet une sorte de Club Med des sociétés, où l'hôtel paie tout et où les invités vivent gratuitement, cependant que l'intégration à la culture et à l'économie locales se réduit au strict minimum. Comme l'énonce un rapport du Bureau international du travail, la ZFI « est à l'investisseur étranger sans expérience ce qu'est le voyage organisé au touriste prudent ». La mondialisation sans risques. Les sociétés se contentent d'expédier les pièces de vêtements ou d'ordinateurs – exemptes de taxe à l'importation – et la main-d'œuvre bon marché, non syndiquée, les assemble pour elles. Une fois terminés, les vêtements ou les appareils sont retournés, exempts de taxe à l'exportation.

Le raisonnement est le suivant : les sociétés doivent naturellement payer des taxes et se conformer à la lettre aux lois nationales, mais dans ce seul cas, sur ce territoire précis, et pour quelque temps seulement, on fera une exception – au nom de la prospérité à venir, par rapport au reste de leurs pays. Les ZFI existent donc entre parenthèses juridiques et économiques – la zone Cavite, par exemple, est sous la seule juridiction du ministère fédéral de l'Industrie et du Commerce des Philippines ; la police locale et le gouvernement municipal n'ont même pas le droit d'en franchir le seuil. Ces strates de blocus servent d'une part à tenir à l'écart la horde des marchandises coûteuses que fabrique la zone, et, d'autre part, et peut-être surtout, à protéger le reste du pays de ce qui s'y passe.

Ces beaux accords ayant été établis pour attirer les hirondelles, les clôtures entourant la zone ont pour effet de renforcer l'idée que ce qui s'y passe est non seulement temporaire, mais inexistant. Ce déni collectif est particulièrement manifeste dans les pays d'Europe de l'Est où les zones abritent, hors de Moscou, les formes de capitalisme les plus sauvages : rien de tel en cours, et certainement pas ici où le gouvernement soutient que le capital est diabolique et que les travailleurs sont au pouvoir. Dans son livre *Losing Control ?*, Saskia Sassen écrit que les zones font partie d'un processus qui consiste à fractionner les pays de façon à « dénationaliser un territoire véritable[28]. » Peu importe si les frontières de ces espaces temporaires et fictifs continuent de s'étendre pour englober une superficie de plus en plus grande de leurs pays véritables. De par le monde, 27 millions de personnes vivent et travaillent entre parenthèses, et ces parenthèses, loin d'être progressivement effacées, ne cessent de s'élargir.

L'une des nombreuses et cruelles ironies de ces zones, c'est que chaque prime prodiguée par les gouvernements pour y attirer les multinationales ne fait que renforcer le sentiment que les sociétés sont bien des touristes économiques plutôt que des investisseurs à long terme. Nous sommes dans le cercle vicieux classique : afin de soulager la pauvreté, les gouvernements consentent de plus en plus de primes ; mais ensuite, il faut boucler les ZFI telles des colonies de lépreux, et plus elles sont bouclées, plus les usines semblent exister dans un monde tout à fait désamarré du pays hôte, cependant qu'à l'extérieur de la zone, la pauvreté ne fait que croître d'une façon de plus en plus désespérante. À Cavite, la zone constitue une sorte de banlieue industrielle futuriste où l'ordre règne ; les travailleurs portent des uniformes, la pelouse est soigneusement taillée, et les usines sont soumises à une discipline toute militaire. Sur tous les terrains, de jolis panneaux ordonnent aux travailleurs de « garder notre zone propre » et de « promouvoir la paix et le progrès des Philippines ». Mais sitôt franchie la sortie, la bulle éclate. Ne fût-ce les essaims de travailleurs allant au travail ou en en sortant, on ne saurait jamais que la ville de Rosario est le siège de plus de 200 usines. Les routes sont dans un triste état, l'eau courante est rare et les ordures pullulent.

Un grand nombre de travailleurs habitent dans des bidonvilles et des villages environnants. D'autres, surtout les plus jeunes, vivent dans des dortoirs, un méli-mélo de bunkers de béton séparés de l'enclave de la zone par un mur épais, sans plus. C'est tout, la structure est une ferme reconvertie, et certaines chambres, aux dires des travailleurs, sont en réalité des porcheries auxquelles on a fixé des toits.

L'expérience philippine d'« industrialisation entre parenthèses » n'est certes pas unique. L'engouement actuel pour la ZFI est fondé sur le prétendu succès des économies du tigre asiatique, surtout la Corée du Sud et Taiwan. Quand seuls quelques pays, comme ces derniers, étaient pourvus de zones, les salaires augmentaient régulièrement, des transferts de technologie avaient lieu et la taxation avait été graduellement introduite. Mais, s'empressent de souligner les critiques des ZFI, l'économie mondiale est devenue beaucoup plus concurrentielle depuis que ces pays sont passés à des industries exigeant des compétences plus élevées. Aujourd'hui, puisque 70 pays rivalisent pour les revenus issus des zones franches industrielles, les primes utilisées pour attirer les investisseurs augmentent, et salaires et normes sont maintenus en otage par les menaces de départ. Résultat : des pays entiers se transforment en bidonvilles industriels et en ghettos de main-d'œuvre bon marché. Comme le vociféra le président cubain Fidel Castro à l'attention des chefs d'États rassemblés pour célébrer le 50e anniversaire de l'Organisation mondiale du travail, en mai 1998 : « De quoi allons-nous vivre ? […] Quelle production industrielle nous restera-t-il ? Seulement des emplois de type traditionnel, à base de travail intensif et d'industries polluantes ? Peut-être veulent-ils changer la plus grande part du Tiers-monde en une immense zone de libre-échange, pleine d'usines d'assemblage qui ne paient même pas d'impôt[29] ? »

La situation déplorable de Cavite n'est rien à côté de celle du Sri Lanka, où, en raison des congés fiscaux étendus, certaines villes ne peuvent même pas fournir de transports en commun aux travailleurs de la ZFI. Puisqu'il n'y a pas d'argent pour installer des lampadaires, les routes qu'ils empruntent entre la maison et l'usine sont obscures et dangereuses. Les dortoirs sont tellement bondés qu'on a peint des lignes blanches sur le plancher pour indiquer l'emplacement de chaque travailleur. Remarque d'un journaliste : « on dirait des parcs de stationnement[30] ».

Jose Ricafrente a le douteux honneur d'être le maire de Rosario. Je l'ai rencontré dans son petit bureau, alors qu'une file de nécessiteux attendait dehors. Jadis modeste village de pêcheurs, sa ville actuelle a le taux d'investissement par habitant le plus élevé des Philippines – grâce à la zone de Cavite –, mais elle manque des ressources de base nécessaires au nettoyage des dégâts provoqués dans la collectivité par les usines. Rosario fait face à tous les problèmes liés à l'industrialisation – pollution, explosion démographique de travailleurs itinérants, augmentation du taux de criminalité, et rivières d'eaux usées – et ne bénéfice d'aucun de ses avantages. Le gouvernement fédéral estime que seulement 30 des 207 usines de la zone versent des taxes, mais tout le monde conteste ce chiffre pourtant peu élevé. Selon le maire, de nombreuses compagnies voient leurs congés fiscaux prolongés, à moins qu'elles ne ferment avant de rouvrir sous un autre nom, pour refaire le même parcours gratuit. « Elle ferment avant l'expiration du congé fiscal, puis redémarrent sous un autre nom, juste pour éviter de payer des taxes. Comme elles ne versent rien au gouvernement, nous sommes actuellement dans un dilemme », m'a dit Ricafrente. Ce petit homme à la voix grave et puissante est apprécié de ses administrés pour avoir pris position sans mâcher ses mots sur les droits de l'homme et la démocratie sous le règne brutal de Ferdinand Marcos. Mais le jour où je l'ai rencontré, le maire semblait épuisé, usé par son impuissance à changer la situation dans son propre village[31]. « Nous ne pouvons même pas fournir les services de base auxquels s'attendent nos concitoyens, dit-il avec une sorte de rage détachée. Nous avons besoin d'eau, de routes, de services médicaux, d'éducation. Ils s'attendent à ce qu'on leur livre tout cela en même temps, à ce qu'on reçoive de l'argent des taxes provenant de l'extérieur de la zone. »

Le maire est convaincu qu'il y aura toujours un pays – que ce soit le Vietnam, la Chine, le Sri Lanka ou le Mexique – prêt à courber encore plus bas l'échine. Entre-temps, les villes comme Rosario auront vendu leur population, compromis leur système d'éducation et pollué leurs ressources naturelles. « Ce devrait être une relation symbiotique, dit Ricafrente à propos de l'investissement étranger. Comme ces compagnies tirent des revenus de nous, le gouvernement devrait également tirer des revenus d'elles… Rosario aurait dû être différente. »

255

Alors, s'il est clair, à présent, que les usines ne rapportent pas d'impôt et ne créent pas d'infrastructures locales, et que les marchandises produites sont toutes exportées, pourquoi des pays comme les Philippines se mettent-ils en quatre pour les attirer ? La raison officielle fait appel à une théorie de la capillarité : ces zones constituent des programmes de création d'emploi, et les revenus des travailleurs finiront par alimenter une croissance durable de l'économie locale.

Le problème, avec cette théorie, c'est que les salaires sont si bas, dans les zones, que les travailleurs en consacrent la majeure partie aux dortoirs et aux transports ; le reste sert à payer les nouilles et le riz frit aux vendeurs alignés devant la barrière. Les travailleurs des zones ne peuvent certainement pas rêver de se payer les objets de consommation qu'ils produisent. Leurs faibles salaires résultent en partie de la concurrence féroce entre les usines dans d'autres pays du Tiers-Monde. Mais avant tout, le gouvernement est extrêmement réticent à appliquer ses propres lois sur le travail, de peur d'effrayer les hirondelles. Ces lois sont dès lors soumises à de telles transgressions, à l'intérieur des zones, que les travailleurs ont peu de chances de gagner suffisamment d'argent pour se nourrir correctement, encore moins pour stimuler l'économie locale.

Toutes choses que dément le gouvernement des Philippines, prétendant que les zones sont sujettes aux mêmes normes du travail que le reste de la société philippine : que les travailleurs reçoivent le salaire minimum, des allocations de sécurité sociale, et une certaine garantie de sécurité au travail ; qu'ils ne peuvent être renvoyés sans raison valable et que leurs heures supplémentaires sont rémunérées ; qu'ils ont le droit de former des syndicats indépendants. En réalité, le gouvernement considère que les conditions de travail dans les zones relèvent de la politique du commerce extérieur, et non du droit des travailleurs. Et puisque le gouvernement a attiré les investisseurs étrangers en leur promettant une main-d'œuvre docile et bon marché, il a l'intention de tenir ses engagements. C'est pourquoi les fonctionnaires du ministère du Travail ferment les yeux sur les infractions dans la zone, voire les facilitent.

Un grand nombre des usines de la zone sont dirigées d'une main de fer qui écrase systématiquement la loi philippine du travail. Certains employeurs gardent les toilettes cadenassées, sauf durant deux pauses de 15 minutes, au cours desquelles tous les travailleurs doivent pointer afin que l'administration puisse tenir compte de leur temps d'improductivité. Les couturières d'une usine de vêtements Gap, Guess et Old Navy m'ont dit qu'elles devaient parfois uriner dans des sacs de plastique, sous leurs machines. Certaines règles interdisent de parler et, à l'usine de produits électroniques Ju Young, de sourire. Dans telle usine, on humilie les récalcitrants en affichant une liste des « employés les plus bavards ».

Les usines trompent régulièrement les travailleurs quant à leurs prestations de sécurité sociale, et recueillent illégalement leurs « dons » pour l'acquisition de matériel de nettoyage, les fêtes de Noël et autres occasions. Dans une usine d'écrans d'ordinateurs IBM, la « prime » pour les heures supplémentaires consiste en beignets assortis d'un stylo. Certains propriétaires demandent aux travailleurs d'arracher des mauvaises herbes avant d'entrer dans l'usine ; d'autres doivent nettoyer planchers et toilettes à la fin de leurs périodes de travail. La ventilation est médiocre et l'équipement protecteur, rare.

Reste la question des salaires. Dans la zone de Cavite, le salaire minimum est davantage considéré comme une vague indication que comme une loi. Au cas où 6 dollars par jour, ce serait encore trop cher, les investisseurs ont la possibilité de demander une exonération au gouvernement. Alors que certains travailleurs de zones gagnent le salaire minimum, la plupart – grâce aux exonérations gouvernementales – reçoivent moins[32].

LA COMPRESSION DES SALAIRES EN CHINE

Si la menace de la fuite des usines est si cardinale, à Cavite, c'est qu'en comparaison de la Chine, les salaires philippins sont fort élevés. En fait, comparés à ceux de la Chine, les salaires du monde entier sont élevés. Or, ce qu'il faut remarquer, c'est que l'escroquerie la plus flagrante sur les salaires se commet à l'intérieur même de la Chine.

Les associations syndicales s'accordent pour dire qu'en Chine, un salaire de subsistance, pour un travailleur de chaîne d'assemblage, serait d'environ 87 cents américains par jour. Aux États-Unis et en Allemagne, où les multinationales ont fermé des centaines d'usines textiles pour passer à la production en zone, les travailleurs du vêtement sont respectivement payés, en moyenne, 10 et 18,50 dollars américains l'heure[33]. Mais malgré ces énormes économies sur le plan de la main-d'œuvre, ceux qui fabriquent des marchandises pour les marques les plus connues et les plus riches du monde refusent de verser à des travailleurs chinois les 87 cents qui assureraient leur subsistance, écarteraient la maladie et leur permetraient même d'envoyer un peu d'argent à leurs familles. En 1998, une étude sur la fabrication d'objets de marque dans les zones économiques spéciales de la Chine a révélé que Wal-Mart, Ralph Lauren, Ann Taylor, Esprit, Liz Claiborne, Kmart, Nike, Adidas, J. C. Penney et Limited ne versaient qu'une fraction de ces misérables 87 cents – certaines osant descendre à aussi peu que 13 cents l'heure. (Voir Tableau 9.3, Appendice, page 552.)

La seule façon de comprendre comment des multinationales riches et supposément respectueuses des lois peuvent régresser à des niveaux d'exploitation dignes du 19e siècle (tout en se faisant prendre régulièrement), c'est le mécanisme de la sous-traitance : à chaque niveau de contrat, de sous-traitance et de travail à domicile, les fabricants établissent des devis les uns contre les autres pour faire baisser les prix, et à chaque niveau, l'entrepreneur et le sous-traitant prélèvent leur petit profit. Au bout de cette chaîne de sous-traitance et de devis les plus bas se trouve le travailleur – souvent sans aucun rapport avec la société qui a lancé la commande originale – avec un chèque de paie qui a été réduit à chaque étape. « Lorsque les multinationales pressurent les sous-traitants, ces derniers pressurent les travailleurs », explique un rapport de 1997 sur les usines chinoises de Nike et Reebok[34].

« PAS DE SYNDICAT, PAS DE GRÈVE »

À une intersection centrale de la zone franche industrielle de Cavite, un grand panneau proclame : « N'ÉCOUTEZ PAS LES AGITATEURS ET LES FAUTEURS DE TROUBLES. » Les mots sont en anglais, en capitales peintes d'un rouge vif, et chacun sait ce qu'ils signifient. Bien que les syndicats soient théoriquement légaux aux Philippines, il existe dans les zones une politique qui interdit la syndicalisation et les grèves, une politique tacite mais comprise par tous. Comme le suggère le panneau, les travailleurs qui tentent d'organiser des syndicats dans leurs usines sont considérés comme des fauteurs de troubles, et affrontent souvent menaces et intimidation.

L'une des raisons pour lesquelles je me suis rendue à Cavite, c'est que j'avais entendu dire que cette zone était un foyer de « troubles » né d'une nouvelle organisation appelée le Centre d'assistance aux travailleurs. Rattaché à l'église catholique de Rosario, à quelques rues seulement de l'entrée de la zone, le centre essaie de faire tomber le mur de peur qui entoure les zones de libre-échange aux Philippines. Lentement, on a recueilli de l'information sur les conditions de travail à l'intérieur de la zone. Nida Barcenas, l'une des organisatrices du centre, déclare : « Au début, je devais suivre des travailleurs jusque chez eux et les supplier de me parler. Ils avaient tellement peur – leurs familles me traitaient de fauteuse de troubles. » Mais un an après l'ouverture du centre, les travailleurs de la zone s'y rassemblaient après leurs périodes de travail – pour flâner, dîner et assister à des séminaires. J'en avais entendu parler à Toronto, et plusieurs experts en travail international m'avaient dit que la recherche et l'organisation issues de cette petite structure minimale figuraient, en ce qui concerne les zones de libre-échange, parmi les plus avancées de toute l'Asie.

Le Worker's Assistance Center (Centre d'assistance aux travailleurs), appelé WAC, a été fondé pour soutenir le droit constitutionnel des travailleurs d'usines de lutter pour de meilleures conditions – zone ou pas. Zernan Toledo en est l'organisateur le plus sérieux et le plus radical et, malgré ses 25 ans et ses allures d'étudiant, il dirige les affaires du centre avec toute la discipline d'une cellule révolutionnaire. « À l'extérieur de la zone, les travailleurs sont libres d'organiser un syndicat, mais à l'intérieur, ils ne peuvent organiser ni piquets de grève ni manifestations », m'a dit Toledo au cours de ma « séance d'orientation » de deux heures au centre. « Les groupes de discussion sont interdits dans les usines, et nous ne pouvons pas entrer dans la zone », dit-il en pointant un plan de la zone accroché au mur[35]. Cette situation inextricable perdure dans toutes les zones quasi privées. Selon la Confédération internationale des syndicats du libre-échange : « En réalité, les travailleurs vivent dans un territoire "anarchique" où, pour défendre leurs droits et leurs intérêts, ils sont constamment obligés de poser eux-mêmes un geste "illégal"[36]. »

Dans les zones des Philippines, la culture de primes et d'exceptions, censée être graduellement abandonnée à mesure que les sociétés étrangères se joindraient à l'économie nationale, a eu l'effet contraire. Non seulement de nouvelles hirondelles se sont posées, mais des usines déjà syndiquées ont fermé leurs portes pour les rouvrir dans la zone franche industrielle de Cavite, afin de tirer avantage de toutes les primes. C'est ainsi que les produits Marks & Spencer étaient fabriqués dans une usine syndiquée du nord de Manille. « Il n'a fallu que dix camions pour amener Marks & Spencer à Cavite, m'a dit un organisateur syndical de la région. Le syndicat a été éliminé. »

Cavite n'est nullement une exception. L'organisation syndicale est une source de grande peur dans toutes les zones, où une mission réussie peut avoir des conséquences terribles pour les organisateurs et les travailleurs. C'est la leçon de décembre 1998, quand le chemisier américain Phillips-Van Heusen ferma la seule usine de vêtements d'exportation syndiquée de tout le Guatemala, mettant à pied 500 travailleurs. L'usine Camisas Modernas accepta que ses employés se syndiquent en 1997, après qu'on lui eut imposé un long et amer processus d'organisation sous la pression d'associations américaines de défense des droits de l'homme. Avec le syndicat, les salaires augmentèrent de 56 à 71 dollars américains par semaine, et l'usine auparavant sordide fut remise en état. Jay Mazur, président du Syndicat des employés de la couture, de l'industrie et du textile (UNITE) – le plus grand syndicat du vêtement d'Amérique – qualifia le contrat de « phare d'espoir pour la plupart des 80 000 travailleurs de *maquiladoras* du Guatemala[37] ». Lors de la fermeture de l'usine, toutefois, le phare d'espoir se transforma en clignotant rouge, renforçant l'avertissement familier : pas de syndicat, pas de grève.

Patriotisme et devoir national ont partie liée dans l'exploitation des zones d'exportation : on envoie des jeunes – des femmes, pour la plupart – dans des sweatshops comme une génération précédente de jeunes hommes était envoyée à la guerre. Il n'est ni normal ni permis de mettre en question l'autorité. Dans certaines ZFI d'Amérique centrale et d'Asie, les grèves sont officiellement illégales ; au Sri Lanka, il est illégal de faire quoi que ce soit qui puisse compromettre les revenus d'exportations du pays, y compris la publication et la distribution de documents critiques[38]. En 1993, un travailleur de zone du Sri Lanka, Ranjith Mudiyanselage, fut tué pour avoir semblé défier ces principes. Après s'être plaint qu'une machine défectueuse avait tranché le doigt d'un camarade de travail, Mudiyanselage fut enlevé au terme d'une enquête sur l'incident. On retrouva son corps molesté, brûlant sur une pile de vieux pneus devant une église locale. Son conseiller juridique fut assassiné de la même façon[39].

Malgré la constante menace de répression, le Centre d'assistance aux travailleurs a fait quelques modestes tentatives d'organisation syndicale dans les usines de la zone de Cavite, avec divers degrés de réussite. Ainsi, lorsqu'une tournée fut entreprise à l'usine de vêtements All Asia, les organisateurs firent face à un obstacle considérable : l'épuisement des travailleurs. La plainte la plus répandue chez les couturières d'All Asia qui confectionnent des vêtements pour Ellen Tracy et Sassoon, ce sont les heures supplémentaires obligatoires. Les périodes de travail régulières s'étendent de 7 h à 22 h, mais certains soirs par semaine, les employées doivent travailler « tard » – jusqu'à 2 heures du matin. En période de pointe, il n'est pas rare de poursuivre deux périodes consécutives jusqu'à 2 heures du matin, ce qui ne laisse à de nombreuses femmes que quelques heures de sommeil avant de reprendre le chemin de l'usine. Mais cela veut dire aussi que la plupart des travailleurs d'All Asia consacrent leurs précieuses pauses de 30 minutes à l'usine à faire la sieste, au lieu de parler syndicat. « J'ai eu de la difficulté à rejoindre les travailleurs, parce qu'ils ont toujours sommeil », me dit une mère de quatre enfants, expliquant pourquoi elle n'avait pas réussi à syndiquer l'usine All Asia. Elle y travaille depuis quatre ans, et n'a toujours ni sécurité d'emploi minimale ni assurance santé.

Le travail dans la zone est caractérisé par cette brutale combinaison d'insoutenable intensité et d'absence de sécurité d'emploi. Tout le monde travaille six ou sept jours par semaine, et lorsqu'une commande importante est censée être expédiée, les employés restent jusqu'à la fin. La plupart des travailleurs veulent des heures supplémentaire parce qu'ils ont besoin d'argent, mais tout le monde considère le travail de nuit comme un fardeau. Cependant, il est impensable de le refuser. Selon le manuel officiel de l'usine Philips (entrepreneur qui a rempli des commandes pour Nike et Reebok) : « Le refus d'accomplir du travail en heures supplémentaires, lorsqu'il est requis », est un délit « passible de renvoi ». La même règle s'applique à toutes les usines que j'ai vues, et on rapporte de nombreux cas de travailleurs ayant demandé à partir tôt – avant 2 heures du matin, par exemple – auxquels on a dit de ne pas revenir le lendemain.

Dans les zones franches industrielles, où qu'elles se situent, circule une multitude de récits d'épouvante relatifs aux heures supplémentaires : en Chine, sur des périodes de trois jours, des travailleurs sont obligés de dormir sous leurs machines. Les entrepreneurs sont souvent passibles de lourdes pénalités financières s'ils n'arrivent pas à livrer en temps et en heure, même si les délais sont déraisonnables. Au Honduras, lorsqu'ils remplissent une commande particulièrement importante dans un délai serré, les gestionnaires d'usines injecteraient des amphétamines aux travailleurs pour leur permettre de tenir des marathons de 48 heures[40].

CE QUI EST ARRIVÉ À CARMELITA...

À Cavite, on ne peut parler d'heures supplémentaires sans que la conversation porte sur Carmelita Alonzo, qui en est morte, selon ses camarades de travail. À maintes reprises, des groupes de travailleurs rassemblés au Centre d'assistance aux travailleurs et des personnes rencontrées lors d'entrevues personnelles m'ont dit qu'elle était couturière à l'usine V.T. Fashions, qui confectionnait des vêtements pour Gap, Liz Claiborne et nombreuses autres griffes. Tous les travailleurs auxquels j'ai parlé insistaient pour que je sache comment s'était passée cette tragédie, pour que je puisse l'expliquer aux « gens du Canada qui achètent ces produits ». La mort de Carmelita Alonzo s'est produite après une longue série de périodes de nuit, au paroxysme d'une saison particulièrement intense. « Il y avait un tas de produits à expédier et personne ne pouvait rentrer à la maison », se rappelle Josie, dont l'usine de denim est propriété de la même firme que celle de Carmelita, et qui se trouvait également, à l'époque, aux prises avec de lourdes commandes. « En février, le chef de la chaîne a décrété des périodes de nuit presque chaque soir pendant une semaine. » Non seulement Carmelita avait travaillé durant ces périodes, mais elle devait faire un trajet de deux heures pour retourner dans sa famille. Souffrant de pneumonie – maladie courante dans ces usines suffocantes le jour, mais remplies de vapeurs de condensation la nuit –, elle demanda à son gérant si elle pouvait prendre un congé pour se rétablir. On le lui refusa. Elle finit par être admise à l'hôpital, où elle mourut le 8 mars 1997 – la Journée internationale des femmes.

Tard, un soir, au centre, autour de la longue table, je demandai à un groupe de travailleurs leurs impressions à propos de la mort de Carmelita. Les réponses furent d'abord

confuses. « Des impressions ? Mais Carmelita, c'est nous. »
C'est alors que Salvador, travailleur d'une usine de jouets, avec
son doux visage de 22 ans, dit quelque chose qui suscita chez
tous ses camarades de travail un mouvement d'approbation. «
Carmelita est morte à cause des heures supplémentaires. Ça
pourrait arriver à n'importe lequel d'entre nous », expliqua-t-il,
ses paroles en curieux contraste avec le bleu pâle de son t-shirt
Beverly Hills 90210.

Une bonne part du stress causé par les heures supplémentaires
pourrait être évitée, si seulement les usines embauchaient
plus de travailleurs pour organiser deux périodes de travail
plus courtes. Mais pourquoi le feraient-elles ? Le fonctionnaire
nommé pour superviser la zone n'est pas intéressé à se battre
contre les propriétaires et les gestionnaires d'usines à propos
des infractions aux lois sur les heures supplémentaires.
Raymondo Nagrampa, administrateur de la zone, reconnaît
que les usines devraient embaucher plus de gens pour moins
d'heures, mais, me dit-il, « je préfère ne pas me mêler de ça. Je
crois que c'est une décision qui relève surtout de l'administration ».

Pour leur part, les propriétaires de l'usine ne sont pas
pressés d'augmenter la masse de leur main-d'œuvre, car
lorsqu'une commande importante est remplie, un creux peut
se produire, et ils ne veulent pas se retrouver avec plus d'employés que de travail. Puisque le fait de se plier à la loi philippine du travail est « une décision de l'administration », la
plupart trouvent plus convenable d'avoir un groupe d'employés obligés de travailler un plus grand nombre d'heures
lorsqu'il y a plus de travail, et un moins grand nombre
lorsqu'il y en a moins. Telle est l'autre face de l'équation du
surtemps : lorsqu'une usine subit un ralentissement des commandes ou qu'une expédition de fournitures a été retardée,
les travailleurs sont renvoyés chez eux sans salaire, parfois
pendant une semaine. Les employés rassemblés autour de la
table du Centre d'assistance aux travailleurs ont éclaté de rire
quand je leur ai demandé s'ils avaient une sécurité d'emploi
ou un nombre d'heures de travail. « Pas de travail, pas de
salaire ! » se sont exclamés à l'unisson les jeunes hommes et les
jeunes femmes.

La règle « pas de travail, pas de salaire » s'applique à tous les
travailleurs, contractuels ou « réguliers ». Les contrats, lorsqu'il
y en a, durent cinq mois, tout au plus, après quoi les travailleurs

doivent « signer un nouveau contrat ». En fait, un grand nombre des travailleurs d'usine de Cavite sont embauchés par une agence, dans les limites de la zone, qui recueille leurs chèques et prend sa commission – une agence d'intérim, autrement dit, constituant un niveau de plus dans le système à multiples paliers qui vit des travailleurs. Dans les différentes zones, l'administration utilise une série de subterfuges destinés à empêcher les employés d'acquérir la stabilité de l'emploi et de recevoir les droits et avantages qui l'accompagnent. Dans les *maquiladoras* d'Amérique centrale, il est courant que des usines congédient des travailleurs à la fin de l'année et les réembauchent quelques semaines plus tard, pour ne pas devoir leur accorder un emploi à durée indéterminée ; dans les zones thaïlandaises, cette pratique s'appelle « embauche et débauche[41] ». En Chine, plusieurs travailleurs des zones sont sans contrat, et donc absolument dépourvus de droits ou de recours[42].

C'est dans cette nouvelle relation au travail en usine que le système des ZFI s'effondre complètement. En principe, les zones constituent un ingénieux mécanisme de redistribution de la richesse mondiale. Certes, elles attirent des emplois du Nord, mais peu d'observateurs équitables nieraient la proposition suivante : alors que les pays industrialisés passent à une économie de haute technologie, il n'est que juste, du point de vue planétaire, que les emplois sur lesquels nos classes moyennes ont été fondées soient partagés avec des pays encore asservis par la pauvreté. Or, les travailleurs de Cavite et des zones de l'Asie et de l'Amérique latine sont loin d'hériter de « nos » emplois. Ancien directeur de la recherche au Centre asiatique de ressources et de surveillance, à Hong Kong, Gerard Greenfield déclare : « L'un des mythes de la relocalisation, c'est que ces emplois qui semblaient avoir été transférés du soi-disant Nord au Sud sont perçus comme des emplois identiques à ce qui se faisait déjà auparavant. » Ce n'est pas le cas. Tout comme la fabrication par les sociétés s'est transformée – quelque part au-dessus de l'océan Pacifique – en « commandes » à placer auprès des entrepreneurs, l'emploi à temps plein s'est également transformé, en cours de vol, en « contrats ». « Le plus grand défi de l'Asie, dit Greenfield, c'est que le nouveau type d'emploi créé par les multinationales occidentales et asiatiques qui investissent en Asie est temporaire et à court terme[43]. »

En fait, les travailleurs de zones de nombreuses parties de l'Asie, des Antilles et de l'Amérique centrale ont davantage de points communs avec le personnel temporaire des bureaux de l'Amérique du Nord et de l'Europe, qu'avec les travailleurs d'usines de ces pays septentrionaux. Ce qui advient, dans les ZFI, c'est une modification radicale de la nature même du travail en usine. Telle fut la conclusion d'une étude menée en 1996 par le Bureau international du travail, établissant que la relocalisation spectaculaire de la production dans les industries du vêtement et de la chaussure « a été parallèlement accompagnée, dans de nombreux pays, par un passage de la production du secteur formel au secteur informel, avec des conséquences généralement négatives sur les salaires et les conditions de travail ». Dans ces secteurs, poursuivait l'étude, l'emploi est passé du « temps plein à l'usine, au temps partiel et au travail temporaire et, notamment dans le vêtement et la chaussure, au recours de plus en plus fréquent au travail à domicile et aux petits ateliers[44] ».

Ce n'est pas une simple affaire de fuite d'emplois, en effet.

UNE MAIN-D'ŒUVRE FLOTTANTE

Le dernier soir que j'ai passé à Cavite, j'ai rencontré, dans les dortoirs des travailleurs, un groupe de six adolescentes qui partageaient une chambre de deux mètres sur trois : quatre dormaient sur les lits superposés improvisés (à raison de deux par lit), les deux autres sur des matelas posés sur le sol. Les filles qui fabriquaient des lecteurs de CD-ROM Aztek, Apple et IBM partageaient le lit du haut ; celles qui cousaient les vêtements Gap, celui du bas. C'étaient toutes des filles de fermiers, pour la première fois éloignées de leur famille.

Leur chambrette bondée avait une allure apocalyptique – moitié cellule de prison, moitié comédie pour ados. C'était peut-être une porcherie reconvertie, mais ces filles avaient 16 ans et, comme les adolescentes du monde entier, elles avaient recouvert d'images ces murs gris et tachés : images d'animaux en peluche, de vedettes de films d'action philippins, et annonces de magazines montrant des femmes en dessous de dentelle. Après un moment, notre échange sérieux sur les conditions de travail se transforma en explosion de fous rires et en parties de cache-cache sous les couvertures. Mes questions semblaient rappeler à deux de ces filles leur béguin pour un organisateur syndical qui venait de donner un séminaire, au Centre d'assistance aux travailleurs, sur les risques de stérilité inhérents au fait d'utiliser des produits chimiques dangereux.

La stérilité les rendait-elles inquiètes ?

« Oh, oui. Très inquiètes, maintenant. »

À travers toutes les zones asiatiques, les routes sont bordées d'adolescentes en chemises bleues, tenant des amies par la main et portant des ombrelles pour se protéger du soleil. Elles ressemblent à des étudiantes sortant de l'école. À Cavite, comme ailleurs, la vaste majorité des travailleurs sont des femmes célibataires âgées de 17 à 25 ans. Comme les filles des dortoirs, environ 80 pour cent des travailleurs ont émigré d'autres provinces des Philippines pour travailler dans les usines – seulement 5 pour cent sont natives de la province de Rosario. Comme les usines hirondelles, elles aussi n'ont qu'un lien ténu avec Rosario.

Selon Raymondo Nagrampa, administrateur de la zone, celle-ci recrute des travailleurs itinérants pour compenser quelque chose d'inné dans « le caractère de Cavite », quelque chose qui rend les gens de l'endroit inaptes au travail dans les usines situées près de chez eux. « Je ne veux pas offenser Cavite, explique-t-il dans son spacieux bureau climatisé, mais d'après ce que je comprends, ce tempérament particulier ne convient pas à la vie en usine – ils préfèrent atteindre quelque chose rapidement. Ils n'ont pas la patience nécessaire pour faire partie de la chaîne d'assemblage. » Nagrampa attribue cela au fait que Rosario soit si proche de Manille « que les Caviténiens, si on peut dire, ne se précipitent pas pour obtenir un revenu afin d'assurer leur subsistance quotidienne... Mais ceux qui viennent des provinces, des régions populaires, ne sont pas exposés au style de vie de la grande ville. Ils se sentent plus à l'aise pour travailler à la chaîne d'assemblage, car, après tout, cela représente une amélioration nette par rapport au travail de la ferme auquel ils sont habitués, où ils étaient exposés au soleil. Pour eux, pour le travailleur rural de la province, mieux vaut travailler dans une usine fermée que dehors. »

J'ai interrogé des dizaines de travailleurs de zone – tous des itinérants de régions rurales – sur les propos de Raymondo Nagrampa. Chacun a répondu avec indignation.

« Ce n'est pas humain ! » s'est exclamé Rosalie, adolescente dont le travail consiste à installer des lampes dans les moniteurs d'ordinateurs IBM. « Nos droits sont piétinés et

M. Nagrampa dit ça parce qu'il n'a pas fait l'expérience du travail dans une usine et des conditions qui y règnent. »

Salvador, avec son t-shirt *90210*, était hors de lui : « M. Nagrampa gagne beaucoup d'argent ; il a un bureau climatisé et sa propre voiture. Il peut bien dire qu'il préfère ce travail-ci – qui est avantageux pour lui, mais pas pour nous… Le travail à la ferme est difficile, oui, mais là-bas, nous avons notre famille et nos amis, et au lieu de toujours manger du poisson séché, nous avons des produits frais. »

Ses paroles ne manquèrent pas de trouver un écho chez Rosalie, qui avait le mal du pays : « Je veux être avec ma famille dans la province », dit-elle doucement, et elle paraissait encore plus jeune que ses 19 ans. « C'est mieux, là-bas, parce que quand je tombe malade, mes parents sont là ; ici, personne ne prend soin de moi. »

Beaucoup d'autres travailleurs ruraux m'ont dit qu'ils auraient préféré rester chez eux s'ils avaient pu, mais que le choix avait été fait à leur place : la plupart de leurs familles avaient perdu leurs fermes, expropriées par des terrains de golf, des lois de réforme territoriale bâclées et d'autres zones franches industrielles. D'autres m'ont raconté que la seule raison pour laquelle ils étaient venus à Cavite, c'était qu'en arrivant dans leurs villages, les recruteurs de zone leur avaient promis qu'ils gagneraient suffisamment en travaillant à l'usine pour envoyer de l'argent à leurs familles appauvries. De même, on avait encouragé des filles de leur âge, me dirent-ils, à aller se prostituer à Manille.

Plusieurs autres jeunes femmes voulaient me parler de ces promesses, elles aussi. Le problème, disaient-elles, c'est que, même si elles travaillent longtemps dans la zone, il ne leur reste jamais plus de quelques pesos à envoyer à la maison. « Si nous avions une terre, nous nous contenterions de rester là, en la cultivant pour combler nos besoins, me dit Raquel. Mais comme nous sommes sans terre, nous n'avons pas le choix : nous devons travailler dans la zone économique, même si c'est très dur et que la situation, ici, est très injuste. Les recruteurs nous ont promis un revenu plus élevé, mais pour ma part, en plus de ne pouvoir envoyer de l'argent à mes parents, je ne peux même pas subvenir à mes propres dépenses. »

Ainsi, les travailleurs de Cavite ont perdu sous tous les rapports : ils sont sans argent et sans abri. Un triste mélange. Dans les dortoirs, la privation de sommeil, la malnutrition et le mal du pays se mêlent pour créer une atmosphère de profond désarroi. « Dans les usines, nous sommes des étrangers. Nous sommes aussi des étrangers dans la pension, parce que nous venons tous de provinces éloignées, m'a dit Liza, travailleuse de l'électronique. Nous sommes des étrangers, ici. »

Cecille Tuico, l'une des organisatrices du Centre d'assistance aux travailleurs, écoutait la conversation. Après que les travailleurs furent partis regagner les dortoirs par les rues sombres de Rosario, elle souligna que l'aliénation que les travailleurs décrivent d'une façon si poignante est précisément ce que cherchent à engendrer les employeurs lorsqu'ils vont trouver des itinérants plutôt que des gens du coin pour travailler dans la zone. Avec la colère muette et froide que je suis parvenue à déceler chez tant de Philippins militants des droits de l'homme, Cecille me dit que les gestionnaires d'usines préféraient les jeunes femmes éloignées de chez elles et qui n'ont pas terminé leurs études collégiales, parce qu'« elles ont peur et [qu']elles ne connaissent pas leurs droits ».

L'AUTRE PRODUIT DES ZONES : UN NOUVEAU TYPE DE TRAVAILLEURS D'USINE

Leur naïveté et leur insécurité les rendent sans aucun doute plus faciles à discipliner pour les gestionnaires d'usines, mais d'autres raisons incitent les employeurs à préférer les travailleuses plus jeunes. Les femmes sont souvent congédiées de leurs emplois de zone vers 25 ans, lorsque des contremaîtres leur disent qu'elles sont « trop vieilles » et que leurs doigts ne sont plus assez souples : une pratique hautement efficace pour réduire au minimum le nombre des mères dans les effectifs de la compagnie.

À Cavite, les travailleurs me rapportent des cas de femmes enceintes obligées de travailler jusqu'à 2 h du matin, malgré les supplications adressées à leur supérieur ; de repasseuses donnant naissance à des bébés marqués de brûlures ; de femmes affectées au moulage du plastique de téléphones sans fil engendrant des enfants morts-nés. Les preuves que je recueille à Cavite sont des anecdotes racontées avec calme et détermination par des femmes ayant sur le visage la même expression de terreur que celle que j'ai vue lorsque la conversation a porté sur Carmelita Alonzo. Certains des récits sont sûrement apocryphes – légendes de la zone alimentées par la peur –, mais les abus commis sur les femmes enceintes dans les zones franches industrielles sont bien réels, et le problème s'étend au-delà de Cavite.

Parce que la plupart des employeurs de la zone veulent éviter de verser des allocations, d'assigner aux travailleurs un horaire prévisible ou d'offrir la sécurité de l'emploi, la maternité est devenue le fléau de ces légions de cols roses. Une étude de Human Rights Watch, devenue le fondement d'un grief de l'accord latéral de l'ALENA sur le travail, a révélé que les femmes qui posent leur candidature à des emplois dans les *maquiladoras* mexicaines doivent régulièrement subir des tests de grossesse. Le rapport, qui implique des sociétés ayant investi dans les zones, telles que Zenith, Panasonic, General Electric, General Motors et Fruit of the Loom, a révélé que « les femmes enceintes sont refusées à l'embauche. De plus, il arrive que des employeurs des *maquiladoras* maltraitent et congédient des employées enceintes[45] ». Les chercheurs ont dévoilé les mauvais traitements imaginés pour encourager les travailleuses à démissionner : les femmes enceintes étaient obligées de travailler de nuit, ou de faire des heures supplémentaires exceptionnellement longues sans rémunération et pour des tâches physiquement ardues. On refusait également de leur octroyer du temps libre pour aller voir le médecin, d'où des fausses couches au travail. « Ainsi, rapporte l'étude, une travailleuse enceinte est obligée de choisir entre grossesse saine et menée à terme, et maintien de son emploi[46]. »

Çà et là dans les zones, on rapporte d'autres façons d'éviter les coûts et les responsabilités afférents à l'emploi de mères travailleuses. Au Honduras et au Salvador, les dépotoirs des zones sont jonchés de paquets de contraceptifs vides qui seraient distribués dans les usines. Dans les zones du Honduras, on a rapporté que l'administration obligeait les travailleuses à se faire avorter. Dans certaines *maquiladoras* mexicaines, on exige des femmes qu'elles prouvent qu'elles ont bien leurs règles, au moyen de pratiques humiliantes telles que la vérification mensuelle des serviettes hygiéniques. On accorde aux employés des contrats de 28 jours – la longueur moyenne du cycle menstruel –, ce qui facilite le congédiement de la travailleuse dès l'apparition d'une grossesse[47]. Dans une zone du Sri Lanka, une travailleuse aurait été si terrifiée à l'idée de perdre son emploi après avoir accouché, qu'elle aurait noyé le nouveau-né dans les toilettes[48].

Les atteintes généralisées au droit de procréation des femmes dans les zones est l'expression la plus brutale de l'échec de nombreuses sociétés productrices d'objets de consommation dans leur rôle traditionnel de grands employeurs. L'accord actuel avec les travailleurs est une absence d'accord ; ces fabricants devenus experts en marketing sont si résolus à fuir tout engagement qu'ils sont en train de créer une main-d'œuvre de femmes sans enfants, un système d'usines sans attaches employant des travailleurs déracinés. Dans une lettre à Human Rights Watch expliquant pourquoi elle pratiquait une forme de discrimination à l'égard des femmes enceintes dans les *maquiladoras*, General Motors déclara tout simplement qu'elle « ne voulait pas embaucher de candidates enceintes » afin d'éviter « les charges financières substantielles imposées par le système de sécurité sociale mexicain[49] ». Depuis la publication du rapport critique, GM a changé sa politique, laquelle fait toutefois preuve d'un contraste saisissant avec l'époque où la société proclamait fièrement que les hommes adultes travaillant dans ses usines de voitures devaient gagner suffisamment, non seulement pour entretenir une famille de quatre personnes, mais aussi pour la promener dans une voiture ou une camionnette GM. Depuis 1991, General Motors a supprimé environ 82 000 emplois aux États-Unis, et prévoit d'en abolir 40 000 autres d'ici 2003, en déplaçant la production vers les *maquiladoras* et leurs clones sur toute la planète[50]. Il est loin, le temps où elle proclamait avec fierté : « Ce qui est bon pour General Motors est bon pour le pays. »

DES USINES ITINÉRANTES

Dans ce système remanié, les travailleurs ne sont pas les seuls à fonctionner au jour le jour. Les usines hirondelles qui les emploient ont été construites en vue d'une flexibilité maximale : suivre les congés fiscaux et les primes, se plier aux dévaluations monétaires et tirer profit du règne strict des dictateurs. En Amérique du Nord et en Europe, la fuite d'emplois est une menace qui n'est devenue que trop familière aux ouvriers. Une étude commandée par la commission du travail de l'ALENA a révélé qu'aux États-Unis, entre 1993 et 1995, « dans la moitié de toutes les élections relatives à l'accréditation syndicale, des employeurs ont menacé de fermer l'usine. [...] Des menaces précises et sans équivoque se sont manifestées de diverses façons, comme coller sur l'ensemble de l'équipement des étiquettes d'expédition portant une adresse au Mexique, ou afficher des cartes de l'Amérique du Nord marquées d'une flèche reliant le site actuel de l'usine et le Mexique ». Dans 15 pour cent des cas, révélait l'étude, les employeurs exécutaient leurs menaces, fermant en totalité ou en partie des usines nouvellement syndiquées, multipliant par trois le taux de fermeture des années 1980, avant l'ALENA[51]. En Chine, en Indonésie, en Inde et aux Philippines, la menace encore plus forte. Puisque les industries s'empressent de fuir l'augmentation des salaires, les réglementations sur l'environnement et les taxes, les usines sont conçues pour être mobiles. Certaines de ces usines hirondelles en sont peut-être à leur troisième ou quatrième migration et, comme le souligne clairement l'histoire de la sous-traitance, elles se posent toujours plus légèrement à chaque nouvelle halte.

La première fois que les multinationales ont atterri à Taiwan, en Corée et au Japon, un grand nombre de leurs usines appartenaient à des entrepreneurs locaux qui les exploitaient. C'est ainsi qu'à Pusan, en Corée du Sud – surnommée, dans les années 1980, « la capitale mondiale des baskets » –, des entrepreneurs coréens dirigeaient des usines pour Reebok, L.A. Gear et Nike. Mais lorsque, dans les années 1980, des ouvriers coréens commencèrent à se rebeller contre leurs salaires de un dollar par jour et formèrent des syndicats afin de se battre pour de meilleures conditions, les hirondelles s'envolèrent à nouveau. Entre 1987 et 1992, 30 000 emplois d'usine disparurent dans les zones franches industrielles de la Corée, et en moins de trois jours, un tiers des emplois dans la chaussure. Même histoire à Taiwan. Les schémas d'itinérance des fabricants de Reebok sont clairement identifiés. En 1985, Reebok produisait presque toutes ses baskets en Corée du Sud et à Taiwan, et aucune en Indonésie et en Chine. Dès 1995, presque toutes ces usines s'étaient envolées de la Corée et de Taiwan, et 60 pour cent des contrats de Reebok avaient atterri en Indonésie et en Chine[52].

Mais à cette nouvelle étape du voyage, les usines n'appartenaient pas à des entrepreneurs indonésiens et chinois, mais aux sociétés coréennes et taiwanaises qui les exploitaient avant le déplacement. Lorsque les multinationales retirèrent leurs commandes de Corée et de Taiwan, leurs entrepreneurs suivirent, fermant boutique dans leurs pays et construisant de nouvelles usines dans des pays où la main-d'œuvre demeurait bon marché : la Chine, l'Indonésie, la Thaïlande et les Philippines. L'un de ces entrepreneurs – le plus gros fournisseur de Reebok, d'Adidas et de Nike – est une société taiwanaise, Yue

Yuen. Cette dernière a fermé la plupart de ses usines de Taiwan et cherché de bas salaires en Chine, où elle emploie 54 000 personnes dans un seul complexe d'usines. Pour Chi Neng Tsai, l'un des propriétaires de l'entreprise, aller là où les travailleurs ont faim est une simple question de bon sens commercial de base : « Il y a 30 ans, quand Taiwan avait faim, nous étions plus productifs », a-t-il déclaré[53].

Les patrons taiwanais et coréens sont dans une position inattaquable pour exploiter cette faim : ils peuvent dire aux travailleurs, d'après leur expérience personnelle, ce qui se produit lorsque les syndicats arrivent et que les salaires montent. Et le fait de garder des entrepreneurs qui se sont déjà fait couper l'herbe sous les pieds est, en termes de gestion, un coup de génie de la part des multinationales occidentales. Quelle meilleure façon de maintenir la faiblesse des coûts sinon de faire des victimes d'hier les directeurs d'aujourd'hui ?

C'est un système qui ne fait pas grand-chose pour renforcer le sentiment de stabilité à Cavite et l'économie des Philippines en général, laquelle est déjà exceptionnellement vulnérable aux forces mondiales, puisque la majorité de ses sociétés appartiennent à des investisseurs étrangers. Comme me l'a dit l'économiste philippin Antonio Tujan, « les entrepreneurs ont déplacé l'intermédiaire philippin[54] ». Et Tujan, directeur d'un groupe de réflexion de Manille qui a exprimé de fortes critiques à l'endroit de la politique économique des Philippines, de me corriger lorsque je parle d'« usines » pour désigner les bâtiments que j'ai vus à l'intérieur de la zone franche industrielle de Cavite. Ce ne sont pas des usines, dit-il, « ce sont des entrepôts de main-d'œuvre ».

Puisque tous les matériaux sont importés, m'explique-t-il, ces usines, en réalité, ne fabriquent rien, mais s'en tiennent à l'assemblage. (Les composantes sont manufacturées dans un autre pays, où les travailleurs ont des compétences plus élevées, mais sont néanmoins meilleur marché que les travailleurs américains ou européens.) Il a raison : quand j'ai grimpé au sommet du château d'eau pour regarder la zone d'en haut, l'insupportable légèreté de Cavite venait en partie de l'absence de toute cheminée, hormis celle d'un incinérateur. Un bon point pour la qualité de l'air à Rosario, mais une absence étrange pour un parc industriel de la taille de Cavite. De plus, la production était sans rime ni raison. Quand j'ai parcouru les rues fraîchement pavées de la zone, j'ai été surprise de la variété de la fabrication. Comme la plupart des gens, j'avais cru que les zones d'exportation asiatiques étaient surtout remplies de producteurs de vêtements et d'appareils électroniques, mais pas Cavite : une usine de sièges d'auto voisinait avec une usine de baskets, en face d'une usine devant laquelle s'empilaient des dizaines de hors-bord. Dans une autre rue, les portes ouvertes d'une usine révélaient des portants chargés de robes et de vestes, juste à côté d'une usine où Salvador fabriquait des porte-clés gadgets et autres petits jouets. « Vous comprenez ? dit Antonio Tujan. Nous avons un pays dont l'industrie est si déformée, si confuse, qu'elle ne peut exister pour elle-même. Tout cela est un mythe, vous savez. On parle d'industrialisation dans le contexte de la mondialisation, mais tout cela est un mythe. »

À Cavite, il n'est pas étonnant que la promesse de l'industrialisation tende à confirmer la menace. Ce lieu est un mirage de développement.

LES CONSOMMATEURS DÉCOLLENT

La peur que les multinationales volages ne reprennent une fois de plus leurs commandes et émigrent vers des conditions plus favorables sous-tend tout ce qui se passe dans les zones. D'où une bizarre dissonance : même si ces compagnies n'ont sur les lieux aucune propriété matérielle – elles n'y possèdent ni bâtiments, ni terrains, ni équipement –, des marques telles que Nike, Gap et IBM, omniprésentes et invisibles, tirent toutes les ficelles. Elles sont si puissantes, en tant que clients, que l'engagement pratique afférant à la propriété des usines en est venu à ressembler, de leur point de vue, à une inutile micro-gestion. Et parce que les véritables propriétaires et administrateurs d'usines dépendent entièrement de leurs gros contrats pour faire tourner les machines, les travailleurs sont en bien faible position pour négocier : on ne peut pas s'asseoir à la table des négociations avec un bon de commande. Dans la zone, alors, même la division marxiste classique entre travailleurs et propriétaires n'est pas tout à fait opératoire, puisque les multinationales des marques se sont désinvesties des « moyens de production », selon l'expression de Marx, pour ne pas s'encombrer des responsabilités inhérentes à la propriété et à l'administration véritable des usines, et à l'emploi d'une main-d'œuvre.

Dès lors qu'elles ne possèdent pas les usines, ces multinationales acquièrent un plus grand pouvoir sur la production. Comme la plupart des fervents consommateurs, elles ne se soucient guère de la façon dont leurs objets ont été produits – elles se contentent de se jeter dessus, obligeant les fournisseurs à être vigilants en recueillant les devis d'un tas d'autres entrepreneurs. Un entrepreneur du Guatemala, Young Il Kim, dont l'usine Sam Lucas produit des vêtements pour Wal-Mart et J. C. Penney, dit de ses clients, des grandes marques : « Ce qui les intéresse, ce sont des vêtements de grande qualité, une livraison rapide et des frais de confection peu élevés. Point[55]. » Dans cette mêlée où tous les coups sont permis, chaque entrepreneur jure qu'il pourrait livrer la marchandise à plus bas prix si les marques commençaient à produire en Afrique, au Vietnam ou au Bangladesh, ou faisaient appel à des travailleurs à domicile.

De façon plus évidente, on peut, à l'occasion, invoquer le pouvoir des marques pour affecter la politique gouvernementale dans les pays où sont situées les zones d'exportation. Les sociétés ou leurs émissaires déclarent publiquement que l'augmentation du salaire minimum obligatoire pourrait expulser du marché tel ou tel pays asiatique, comme l'ont rapidement fait savoir au gouvernement indonésien des fournisseurs de Nike et de Reebok chaque fois que des grèves sont devenues incontrôlables[56]. Qualifiant d'« intolérable » une grève dans une usine Nike, Anton Supit, président de l'Association indonésienne de la chaussure, qui représente des entrepreneurs au service de Nike, de Reebok et d'Adidas, a fait appel à l'armée indonésienne. « Si les autorités ne matent pas les grèves, surtout celles qui engendrent la violence et la brutalité, nous allons perdre nos clients étrangers. Le revenu gouvernemental provenant des exportations va diminuer et le chômage empirer[57]. » Les sociétés qui achètent ces produits peuvent également aider à rédiger des accords de commerce international visant à réduire les quotas et les tarifs, ou même exercer des pressions directes sur un gouvernement afin qu'il adoucisse les réglementations. Décrivant les conditions dans lesquelles Nike a décidé de commencer à se « procurer » ses chaussures en Chine, par exemple, le vice-président de la société, David Chang, expliqua que « l'une des premières choses que nous avons dites aux Chinois, c'était que leurs prix devaient être plus concurrentiels par rapport à nos autres sources de l'Extrême-Orient, étant donné le coût énorme du commerce avec la Chine… Nous espérons un avantage de prix de 20 pour cent par rapport à la Corée[58] ». Après tout, quel consommateur soucieux des prix ne les compare pas en plusieurs lieux ? Et si un passage à un pays plus « concurrentiel » provoque des mises à pied massives ailleurs dans le monde, le sang est sur les mains de quelqu'un d'autre. Comme le dit le P.D.G. de Levi's, Robert Haas, « ce n'est pas une affaire de fuite d'emplois ».

Les multinationales se sont défendues avec véhémence de l'accusation selon laquelle elles orchestraient une « course au nivellement par le bas » en proclamant que leur présence a contribué à l'élévation du niveau de vie dans les pays du Tiers-Monde. Phil Knight, P.D.G. de Nike, le disait en 1996 : « Partout où nous avons opéré au cours des 25 dernières années, Nike a fourni de bons emplois, amélioré les pratiques de travail et élevé le niveau de vie[59]. » Confronté aux salaires de misère en Haïti, un porte-parole de Disney a déclaré au *Globe and Mail* : « C'est un processus que traversent tous les pays du Tiers-Monde, comme le Japon et la Corée, qui se trouvaient à ce stade il y a des décennies[60]. » Et il ne manque pas d'économistes pour faire des révélations toujours plus fréquentes d'abus commercial, prétendant que les sweatshops ne sont pas un signe de l'érosion des droits mais un signe de l'avènement prochain de la prospérité. « Ce qui m'intéresse, disait Jeffrey D. Sachs, célèbre économiste de Harvard, ce n'est pas qu'il y ait trop de sweatshops, mais trop peu… Ce sont exactement ces emplois qui ont été des tremplins pour Singapour et Hong Kong et qui doivent arriver en Afrique pour la tirer de l'immense pauvreté de ses régions rurales[61]. » Paul Krugman, un collègue de Sachs, renchérit en affirmant que dans le Tiers-Monde, il ne s'agit pas de choisir entre bons et mauvais emplois, mais entre mauvais emplois et absence d'emplois. « Le point de vue de la majorité des économistes, c'est que l'augmentation de ce genre d'emploi est un immense bénéfice pour les pauvres du monde[62]. »

Cependant, la défense des sweatshops en tant que tremplin en a pris un sérieux coup lorsque les monnaies des pays mêmes qui bénéficiaient le plus de ce modèle de développement ont commencé à éclater comme des assiettes bon marché. Ce fut d'abord au Mexique, puis en Thaïlande, en Corée du Sud, aux Philippines et en Indonésie où les travailleurs obtenaient, et c'est encore le cas de beaucoup, un salaire minimum qui valait moins que lorsque le « miracle économique » avait commencé à se répandre sur leurs pays, des années auparavant. Le directeur des relations publiques de Nike, Vada Manager, avait l'habitude de se vanter que « les ouvertures d'emplois que nous avons fournies à des femmes et à des hommes dans les économies en développement comme le Vietnam et l'Indonésie ont permis à ces individus d'acquérir une bien meilleure qualité de vie[63] », mais, dès l'hiver 1998, Nike, mieux que quiconque, savait que cette transition était illusoire. En 1998, avec la dévaluation de la monnaie et l'inflation galopante, les salaires réels dans les usines indonésiennes de Nike chutèrent de 45 pour cent[64]. En juillet de cette année-là, le président indonésien B. J. Habibie exhorta ses 200 millions de concitoyens à faire de leur mieux pour conserver les réserves de riz en baisse, en jeûnant deux jours par semaine, de l'aube au crépuscule. Le développement fondé sur des salaires de misère, loin de promouvoir une amélioration régulière des conditions, a fonctionné un pas en avant, trois pas en arrière. Et dès le début de 1998, il n'y avait plus de tigres asiatiques vers qui se tourner, et les entreprises et économistes qui avaient vanté les sweatshops furent tout à fait démentis.

La peur de l'envol des hirondelles a récemment occupé une place importante à Cavite. Pendant quelques semaines, la monnaie a entamé sa spirale descendante, et depuis, les conditions n'ont fait qu'empirer. Dès le début de 1999, le prix des produits de base tels que l'huile, le sucre, le poulet et le savon, a subi une augmentation allant jusqu'à 36 pour cent par rapport à l'année précédente. Des salaires qui permettaient de survivre à peine ne sont plus en mesure de le faire. Des travailleurs qui avaient commencé à trouver le courage d'affronter l'administration vivent désormais non seulement sous la menace de mises à pied massives et des envols d'usines, mais face à la réalité. En 1998, 3 072 entreprises des Philippines ont fermé leurs portes ou ralenti leurs opérations – une augmentation de 166 pour cent par rapport à l'année précédente[65]. Pour sa part, Nike a congédié 268 travailleurs de l'usine Philips, où j'avais vu, à travers la clôture, une montagne de chaussures. Quelques mois plus tard, en février 1999, Nike s'est retirée de deux autres usines des Philippines, situées dans la zone d'exportation voisine de Bataan ; 1 505 travailleurs ont été affectés par les fermetures[66]. Mais Phil Knight n'eut pas à se charger lui-même du sale boulot – il se contenta de réduire les commandes, laissant le reste aux entrepreneurs.

Comme les usines mêmes, ces d'emplois furent tout simplement « déswooshées ».

L'itinérance tissée dans la trame même des zones de libre-échange est une manifestation extrême du désengagement des sociétés du monde du travail, lequel se produit à tous les paliers de l'industrie. Cavite, c'est peut-être les vacances de rêve du capitalisme, mais le passage au travail temporaire est un jeu que l'on joue chez soi, alors que la sous-traitance, comme l'a écrit Aaron Bernstein, reporter au *Business Week*, ne profite qu'aux riches. « La sous-traitance a débuté dans la fabrication, au début des années 1980, mais elle s'est répandue dans presque toutes les industries, à mesure que les sociétés se débarrassaient à la hâte de personnel dans tous les domaines, des ressources humaines à l'informatique[67]. » Le même élan qui sous-tend le conflit entre marques et produits et entre contrats et emplois alimente le passage au travail temporaire, à temps partiel, à la pige et à domicile, en Amérique du Nord et en Europe, comme nous le verrons au chapitre suivant.

Ce n'est pas une affaire de fuite d'emplois. C'est une affaire de fuite devant l'emploi.

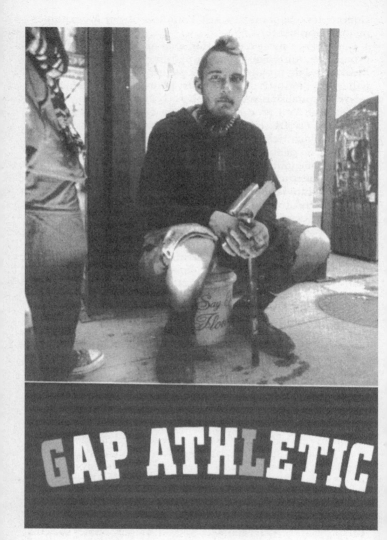

En haut : L'automne par excellence.
En bas : D'après un « détournement culturel » d'Adbusters.

MENACES SUR L'INTÉRIM

DU TRAVAIL TEMPORAIRE AU « PEUPLE D'AUTONOMES »

Un sentiment de précarité déstabilise le monde des travailleurs, des intérimaires de bureau aux entrepreneurs indépendants, jusqu'aux commis de la restauration et de la vente au détail. Les emplois en usine sont sous-traités, ceux du secteur du textile se métamorphosent en travail à domicile et, dans chaque industrie, des contrats à durée déterminée remplacent ceux à durée indéterminée. Même les P.D.G. font de plus en plus souvent de brefs séjours dans une grande société puis dans une autre, entrant et sortant d'un air dégagé, non sans avoir éliminé au passage la moitié des employés.

Ces 10 dernières années, la quasi-totalité des grands conflits de travail ont porté non pas sur des questions salariales, mais sur le passage obligatoire au travail temporaire, tels que les travailleurs d'United Parcel Service manifestant contre « l'Amérique à temps partiel », les dockers australiens syndiqués luttant contre leur remplacement par des contractuels, ou les travailleurs canadiens du secteur de l'automobile, chez Ford et Chrysler, protestant contre la sous-traitance de leurs emplois à des usines non syndiquées. Ces revendications touchent différentes industries qui exécutent des variations autour d'un thème commun : trouver des façons de rompre avec la main-d'œuvre, et alléger la masse salariale. Le côté obscur du concept « des marques plutôt que des produits » se répercute sur chaque lieu de travail du monde. Toute grande société veut puiser dans une réserve fluide d'employés à temps partiel, d'intérimaires et de pigistes pour limiter ses frais généraux et faire face aux aléas du marché. Comme le dit Charles Handy, Britannique consultant en gestion, les sociétés futées préfèrent se considérer comme des « organisateurs » de légions d'entrepreneurs, plutôt que comme des « organismes d'emploi[1] ». Une chose est certaine : offrir un emploi – régulier, avec avantages sociaux, congés payés, sécurité relative et peut-être même représentation syndicale – est passé de mode, du point de vue de l'économie.

LE TRAVAIL DE MARQUE : DES PASSE-TEMPS PLUTÔT QUE DES EMPLOIS

Bien qu'une catégorie de sociétés de biens de consommation ait transcendé le besoin de produire ce qu'elles vendent, les multinationales, même les plus légères, n'ont pu jusqu'à maintenant se libérer complètement du fardeau de la main-d'œuvre. Si la production est déléguée à des entrepreneurs, la vente de ces objets de marque nécessite des commis, surtout en pleine croissance du commerce au détail. Aussi, dans le secteur des services, les grandes marques cultivent l'art de passer outre la plupart des engagements courants dus aux employés, prétendant que, puisque leurs commis, ne sont pas des travailleurs légitimes, ils n'ont pas vraiment besoin de sécurité d'emploi, de salaires décents et d'avantages sociaux, ou ne les méritent pas.

La plupart des grands employeurs du secteur des services administrent leurs employés comme si leurs besoins de base, tels le loyer ou la charge d'un enfant, ne dépendaient pas de leur salaire. Les employeurs de la vente au détail et des services ont plutôt tendance à considérer leurs employés comme des gamins : étudiants à la recherche d'un emploi d'été, d'argent de poche ou d'un moment de répit avant d'entreprendre une carrière plus épanouissante et plus lucrative. Autrement dit, des emplois formidables pour des gens qui n'en ont pas réellement besoin. Ainsi, le centre commercial et le supermagasin ont donné naissance à une sous-catégorie d'emplois bidon en pleine expansion – le crétin qui prépare du yaourt glacé, celui qui presse des fruits chez Orange Julius, le préposé à l'accueil chez Gap, l'« associé aux ventes » chez Wal-Mart, toujours heureux grâce au Prozac – postes qui sont, c'est bien connu, instables, mal rémunérés et à temps incroyablement partiel. (Voir Tableau 10.1, Appendice, page 553.)

Ce qu'il y a d'alarmant dans cette tendance, c'est qu'au cours des deux dernières décennies, l'importance relative du secteur des services en tant que générateur d'emplois a monté en flèche. Le déclin dans le secteur de la fabrication, ainsi que les vagues de licenciement dans le secteur public, ont engendré une croissance spectaculaire du nombre d'emplois de services, à tel point qu'aux États-Unis, les services et la vente au détail représentent maintenant 75 pour cent des emplois[2]. (Voir Tableau 10.2, page 283.) Aujourd'hui, il y a quatre fois plus d'Américains pour vendre des vêtements dans des boutiques spécialisées et des grandes surfaces, que pour les coudre ou les tisser, et Wal-Mart est non seulement le plus grand détaillant au monde, mais aussi le premier employeur du secteur privé aux États-Unis.

Malgré ces changements, la plupart des chaînes de marque de vente au détail, de services et de restauration préfèrent porter des œillères et répètent inlassablement que leurs emplois sont des passe-temps pour les jeunes. Peu importe que le secteur des services soit plein de travailleurs maintes fois diplômés, d'immigrants incapables de trouver des emplois dans le domaine de la fabrication, d'infirmières et d'enseignants mis à pied, et de cadres moyens victimes d'une réduction d'effectifs. Peu importe, également, que les étudiants qui ne travaillent pas dans le secteur de la vente au détail ou dans un fast-food – et il y en a beaucoup – écopent de frais de scolarité plus élevés, reçoivent peu d'aide financière de leurs parents et du gouvernement, et doivent rester scolarisés plus longtemps. Peu importe que, dans l'alimentation, la moyenne d'âge de la main-d'œuvre soit en hausse constante depuis 10 ans, et que la moitié des travailleurs ait plus de 25 ans. (Voir Tableau 10.3, Appendice, page 553.) Ou qu'une étude ait révélé qu'en 1997, au Canada, seulement 25 pour cent des travailleurs de la vente au détail (cadres non compris) étaient au service de la même société depuis 11 ans ou plus, et que 39 pour cent avaient entre 4 et 10 ans d'ancienneté[3]. C'est beaucoup plus long que le séjour d'Al Dunlap, surnommé « la tronçonneuse », à la direction de la société Sunbeam. Mais peu importe tout cela. Chacun sait qu'un emploi dans le secteur des services est un passe-temps, et que la vente au détail est un secteur que les gens choisissent pour acquérir de l'« expérience », et non pour gagner leur vie.

Ce message fait partie intégrante de la vie des caissiers ou des vendeurs de plats à emporter, qui se sentent toujours de passage, même après une décennie de McJobs. Brenda Hilbrich, qui travaille pour la chaîne Borders Books and Music, à Manhattan, explique la difficulté de réconcilier la qualité de son travail avec un sentiment de réussite personnelle : « On est aux prises avec ce dilemme : "Je vaux

Tableau 10.2
Nombre d'emplois dans des secteurs choisis, 1997

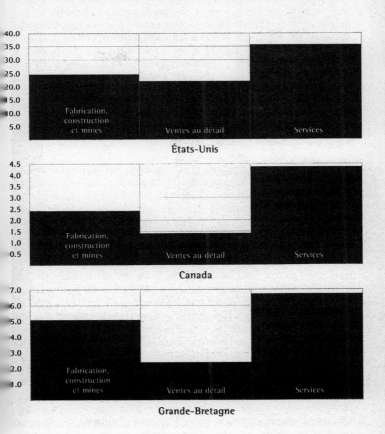

États-Unis

Canada

Grande-Bretagne

Source des chiffres pour les États-Unis : « Employment and Earnings », Bureau of Labor Statistics. Source des chiffres pour le Canada : « Estimations annuelles de l'emploi, des gains et de la durée du travail, 1985-1997 » ; Statistique Canada. Source des chiffres pour la Grande-Bretagne : Office for National Statistics.

mieux que cela même si je ne trouve pas d'autre emploi".
Alors, on se dit : "C'est temporaire ; je vais trouver quelque
chose de mieux[4]." » Cet état intériorisé d'itinérance perpétuelle a fait l'affaire des employeurs du secteur des services,
leur permettant de geler les salaires et d'accorder peu de latitude à la promotion – ce n'est pas la peine d'améliorer les
conditions de travail puisque ces emplois sont, aux yeux de
chacun, temporaires. Jason Chappell, commis chez Borders,
dit que les chaînes de vente au détail font des pieds et des
mains pour renforcer ce sentiment d'itinérance chez leurs travailleurs, afin de protéger cette formule très rentable. « La
compagnie fait tellement de propagande pour nous convaincre qu'on n'est pas des travailleurs, qu'on fait autre chose,
qu'on n'appartient pas à la classe ouvrière [...] Tout le monde
s'imagine appartenir à la classe moyenne, même en gagnant
13 000 dollars par année[5]. »

J'ai rencontré Chappell et Hilbrich tard, un soir, en octobre
1997, dans un restaurant de plats à emporter du district
financier de Manhattan. Nous avons choisi ce lieu en raison de
sa proximité du magasin Borders, au pied du World Trade
Center, où ils travaillent. J'avais entendu parler d'eux parce
qu'ils avaient réussi, au terme de nombreux efforts, à faire
syndiquer, depuis le milieu des années 1990, le personnel des
grandes chaînes : Starbucks, Barnes & Noble, Wal-Mart,
Kentucky Fried Chicken, McDonald's, etc. Il semble qu'un
nombre de plus en plus grand de commis-dans-la-vingtaine-
approchant-la-trentaine à l'emploi des supermarques sont conscients de tout cela – ces comptoirs où ils servent du café de
Sumatra, des best-sellers, et des pulls fabriqués en Chine – et
reconnaissent que, pour le meilleur ou pour le pire, ils ne vont
nulle part, mais qu'ils y vont à toute vitesse. Laurie Bonang,
qui travaille chez Starbucks à Vancouver, en Colombie-
Britannique, m'a dit : « Notre génération réalise enfin qu'après
être sortie de l'université criblée de dettes, elle se retrouve à
travailler chez Starbucks. Ce n'est pas ainsi que nous voulons
terminer notre vie, mais pour l'instant, l'emploi de rêve ne
nous attend plus… J'espérais que Starbucks me serve de tremplin vers un meilleur emploi, mais ce n'est qu'un tremplin vers
un grand trou noir[6]. »
　　En racontant son histoire, Laurie avait péniblement conscience de vivre l'un des clichés les plus éculés de la *culture pop*
de notre époque de marque, comme l'une de ces « barristas »

de Starbucks qui débitent une série d'adjectifs qualificatifs du café – grand-déca-moccacino-allégé – dans des films comme *You've Got Mail*. Mais il y a une raison pour laquelle les travailleurs les plus ouvertement mécontents du secteur des services sont ceux qui travaillent pour les détaillants et restaurants mondiaux les plus connus. Au fil de leur prolifération, depuis le milieu des années 1980, les grandes chaînes comme Wal-Mart, Starbucks et Gap ont revu à la baisse les normes de travail, tout en augmentant leurs budgets marketing, leur expansion impérialiste et leurs « expériences de vente au détail » hautement conceptuelles, et en augmentant la pression sur leurs commis en termes de salaires et d'heures de travail. La plupart des grandes marques du secteur des services accordent le salaire minimum, ou à peine davantage, même si le salaire moyen des employés de la vente au détail est supérieur de quelques dollars[7]. Aux États-Unis, par exemple, les commis chez Wal-Mart gagnent en moyenne 7,50 dollars de l'heure et, puisque Wal-Mart appelle « temps plein » une semaine de 28 heures, le revenu annuel moyen est de 10 920 dollars – bien inférieur à celui du secteur de l'industrie. (Voir Tableau 10.4, Appendice, page 554[8].) Chez Kmart, les salaires sont tout aussi bas et les avantages sociaux si inférieurs aux normes qu'en octobre 1997, lorsqu'un Super Kmart de 17 200 mètres carrés a ouvert ses portes à San Jose, en Californie, le conseil municipal a appuyé un boycott du détaillant. Margie Fernandes, membre du conseil, a déclaré que les petits salaires, les allocations de santé minimales et les horaires à temps partiel étaient de loin inférieurs à ceux des autres détaillants de la région, et que ce n'était pas le genre d'emploi dont la collectivité avait besoin. « Vivre à San Jose coûte très cher, et nous devons faire en sorte que les gens qui y travaillent aient les moyens d'y vivre », a expliqué Fernandes[9].

L'employé de McDonald's et de Starbucks, quant à lui, gagne souvent moins que celui des restaurants et des cafés traditionnels ; voilà pourquoi on attribue fréquemment à McDonald's la paternité du « McJob » jetable que l'industrie du fast-food a, depuis, tenté d'imiter. Au procès McLibel, en Grande-Bretagne, au cours duquel la compagnie contesta les affirmations de deux activistes de Greenpeace à propos de ses pratiques d'emploi, le syndicaliste international Dan Gallin définit un McJob comme « un emploi stressant, épuisant et instable, qui exige des compétences peu élevées et donne lieu à une faible rémunération[10] ». Bien que les militants en procès pour libelle aient été déclarés coupables de plusieurs des accusations, le juge en chef Rodger Bell leur donna raison, dans son verdict, en ce qui concerne les McJobs. « La chaîne a eu un impact négatif sur l'ensemble des salaires de la restauration, écrivit-il, et l'allégation selon laquelle McDonald's verse de faibles salaires à ses travailleurs et contribue à diminuer les salaires des ouvriers dans le secteur de la restauration en Grande-Bretagne a été prouvée. Elle est justifiée[11] ».

Comme nous l'avons vu à Cavite, les multinationales de marque se sont dégagées du fardeau de fournir un salaire décent à leurs employés. Dans les centres commerciaux d'Amérique du Nord et d'Europe, dans les rues principales, les aires de restauration et les supermarchés, elles ont accompli un semblable stratagème. Dans certains cas, surtout dans le secteur du vêtement, ces détaillants sont les compagnies mêmes qui traitent avec les zones franches industrielles, ce qui veut dire que leurs responsabilités d'employeurs ont été radicalement réduites aux deux extrémités du cycle économique : la production et la vente. Wal-Mart et Gap, par exemple, sous-traitent leur production aux ZFI qui parsèment l'hémisphère Sud, où les marchandises sont produites principalement par des adolescentes et des jeunes femmes dans la vingtaine qui gagnent tout au plus le salaire minimum et habitent dans des dortoirs bondés. Ces marchandises – sweatshirts, vêtements pour bébés, jouets et baladeurs – sont ensuite vendues par une main-d'œuvre composée en majorité d'adolescents ou de gens au début de la vingtaine gagnant le salaire minimum ou presque, concentrée, elle, dans l'hémisphère Nord.

Même s'il est indécent, à maints égards, de comparer la situation relativement privilégiée des préposés à la vente au détail avec l'exploitation que subissent les travailleurs des zones franches, il est indéniable qu'une tendance s'amorce. En général, les sociétés ont évité, dans les centres commerciaux ou dans les zones franches, que des adultes qui ont des enfants à charge dépendent des salaires qu'elles versent. Tout comme, dans le Tiers-Monde, les emplois en usine qui ne suffisaient pas à nourrir une famille ont été transformés en emplois pour adolescents, les sociétés de vêtements de marque et les chaînes de restaurants ont bien voulu reconnaître que les secteurs du fast-food et de la vente au détail offrent des emplois jetables qui ne conviennent pas à des parents.

Ainsi que dans les zones franches, la jeunesse des employés est loin d'être accidentelle. Elle reflète une nette préférence des employeurs mise en place par une série de mesures de gestion, manifestes ou non. Les employés plus anciens qui bénéficient de salaires plus élevés et ont plus d'expérience perdent leurs chances d'être mutés avec l'arrivée constante de nouveaux contingents de commis plus jeunes et meilleur marché. Parmi d'autres tactiques anti-adultes, mentionnons le harcèlement de travailleurs plus âgés – question qui catalysa la première grève dans un McDonald's. En avril 1998, après avoir vu un superviseur injurier une collègue de travail plus âgée, au point de la faire pleurer, les travailleurs adolescents du MacDo de Macedonia, en Ohio, protestèrent sous forme de grève-surprise. Ils ne retournèrent au travail que lorsque la direction eut accepté de suivre une formation en « relations humaines ». « Nous subissons un harcèlement verbal et physique. Pas moi, mais la femme âgée de l'équipe », déclara le gréviste adolescent Bryan Drapp à l'émission *Good Morning America*. Deux mois plus tard, il fut congédié[12].

Pour Brenda Hilbrich, qui travaille à la librairie Borders, justifier les faibles salaires en affirmant que les jeunes travailleurs ne sont que de passage, c'est une prédiction qui s'accomplit d'elle-même. « Le roulement de personnel n'est pas obligatoire, dit-elle. Si les conditions sont bonnes et le salaire suffisant, les gens aiment vraiment travailler dans le secteur des services. Ils aiment travailler parmi les livres. Beaucoup de ceux qui sont partis ont déclaré : "C'était mon emploi préféré, mais je dois m'en aller parce que ce salaire ne me permet pas de vivre[13]." »

L'économie, en fait, a besoin d'emplois permanents et décemment vivables pour des adultes. Il est évident que bien des gens resteraient dans le secteur de la vente au détail si on leur offrait des salaires normaux. Lorsqu'un secteur offre des salaires décents, il attire des travailleurs plus âgés, et le taux de rotation du personnel s'aligne sur celui du reste de l'économie. Mais pour les grandes chaînes, qui ont, du moins pour l'instant, des ressources inépuisables pour construire des supermagasins et investir des millions dans l'expansion et la synergisation de leurs marques, l'idée de verser un salaire décent est rarement envisagée. Chez Borders, où la plupart des commis reçoivent des salaires similaires à ceux des autres chaînes de librairies, mais inférieurs à la moyenne dans la vente au détail, le président de la compagnie, Richard L. Flanagan, a répondu par lettre à ses commis qui demandaient que Borders leur verse un « salaire décent », plus élevé que le salaire en vigueur

– entre 6,63 et 9,27 dollars de l'heure : « Même si ce concept présente un certain attrait romantique, il fait abstraction des aspects pratiques et des réalités du contexte économique[14]. »

Ce qui fait paraître si « romantique » le fait de verser un salaire décent, c'est, pour une grande part, la rapide expansion décrite dans la deuxième partie, « Zéro choix ». Ces sociétés, dont les plans d'affaires dépendent de la place dominante qu'elles atteindront dans leur secteur avant que le plus proche concurrent ne les en déloge, ont fait passer les nouveaux magasins avant les travailleurs – même lorsque ces derniers formaient une partie essentielle de l'image de la chaîne. « Ils s'attendent à ce qu'on ait l'air d'une publicité pour Gap, toujours soignés, propres et professionnels, mais je ne peux même pas me payer de lessive, dit Laurie Bonang de chez Starbucks. Avec mon salaire horaire, on peut acheter deux grands cappuccinos. » Comme des millions d'autres personnes appartenant au même groupe démographique et aux effectifs des marques étoiles comme Gap, Nike et Barnes & Noble, Laurie Bonang évolue à l'intérieur d'une incroyable réussite commerciale – mais on ne le devinerait jamais à la résignation et à la colère dans le ton de sa voix. Tous les travailleurs à qui j'ai parlé se disent frustrés d'aider ces magasins à faire des profits, inimaginables pour eux – profits ensuite investis dans l'expansion compulsive. Entre-temps, les salaires des employés stagnent ou même baissent. Chez Starbucks, en Colombie-Britannique, de nouveaux travailleurs ont subi une véritable diminution de salaire – de 7,50 à 7 dollars canadiens de l'heure – au cours d'une période où la chaîne doublait ses profits et ouvrait 350 nouveaux magasins par année. « Je m'occupe des dépôts bancaires. Je sais combien d'argent le magasin encaisse chaque semaine, dit Laurie Bonang. « Tous ces revenus servent juste à ouvrir de nouveaux magasins[15]. »

Chez Borders, les commis affirment que les salaires ont aussi souffert de la rapide croissance. Que leur chaîne était un lieu de travail plus équitable avant que la concurrence acharnée avec Barnes & Noble ne modifie les priorités de l'entreprise ; qu'il y avait un programme de partage des bénéfices, et une augmentation bisannuelle de 5 pour cent pour chaque travailleur. « Puis, il y a eu l'expansion et des réductions en conséquence », apprend-on dans une déclaration d'employés mécontents travaillant au magasin Borders du centre-ville de Philadelphie. « Le partage des bénéfices a été abandonné, les augmentations, supprimées[16]… »

Contrairement à l'époque où les employés étaient fiers de la croissance de leur société, et la considéraient comme le résultat d'un effort commun, de nombreux commis se considérèrent en concurrence directe avec les rêves d'expansion de leurs employeurs. « Si Borders ouvrait 38 nouveaux magasins par année, au lieu de 40 », soutient Jason Chappell, assis à côté de Brenda Hilbrich sur la banquette de vinyle du deli, « nous pourrions recevoir une augmentation de salaire non négligeable. En moyenne, l'ouverture d'un supermagasin coûte 7 millions de dollars. Ce sont des chiffres qui viennent de chez Borders… »

« Mais, fait Brenda en lui coupant la parole, si tu leur exposes ça directement, ils disent : "Mais ça va faire deux marchés qu'on ne pénètre pas." »

« Il faut saturer les marchés », dit Chappell en hochant la tête.

« Ouais, ajoute Brenda. Il faut concurrencer Barnes & Noble. »

Les commis de vente au détail employés par les super-chaînes connaissent trop bien la logique frénétique de l'expansion.

GRILLER LE McSYNDICAT

Empêcher les travailleurs de trop influencer la marge de profit, voilà pourquoi les chaînes de marque ont combattu avec tant de férocité la récente vague de syndicalisation. La compagnie McDonald's a aussi été mêlée à des scandales de pots-de-vin au cours de campagnes de syndicalisation en Allemagne, et, en 1994, lors d'une campagne de syndicalisation en France, 10 cadres de McDonald's furent arrêtés pour infraction aux lois sur le travail et aux droits syndicaux[17]. En juin 1998, la société congédia les deux jeunes employés à l'origine de la grève de Macedonia, en Ohio[18]. En 1997, alors que les employés du Wal-Mart de Windsor, en Ontario, se préparaient à voter pour ou contre la syndicalisation, la direction émit intentionnellement une série de signes incitant de nombreux travailleurs à croire que s'ils votaient pour, le magasin fermerait. Le Conseil des relations de travail de l'Ontario se pencha sur la question et découvrit que le comportement des cadres et des superviseurs de Wal-Mart avant le vote correspondait à « une menace subtile mais extrêmement efficace » qui poussait « l'employé raisonnable moyen à conclure que le magasin fermerait, en cas de formation du syndicat[19] ».

D'autres chaînes ont recouru sans hésiter à des menaces de fermeture. En 1997, Starbucks décida de fermer son usine de distribution de Vancouver après que les travailleurs se furent syndiqués. En février 1998, au moment même où l'accréditation syndicale d'un McDonald's de la région de Montréal était soumise à la Commission du travail du Québec, le propriétaire de la franchise ferma le restaurant. Peu de temps après, la commission accrédita le syndicat – triste consolation, puisque personne n'y travaillait plus. Six mois plus tard, les employés d'un autre McDonald's très fréquenté de Squamish, en Colombie-Britannique, près du centre de ski de Whistler, furent autorisé à se syndiquer. Les organisatrices étaient deux adolescentes, l'une de 16 ans, l'autre de 17 ans. Ce n'était pas une question de salaires, dirent-elles – elles en avaient juste assez de se faire réprimander comme des enfants devant les clients. Le restaurant demeure ouvert, et c'est le seul McDonald's syndiqué de toute l'Amérique du Nord, mais au moment où ces lignes étaient écrites, la société tentait de faire annuler l'accréditation du syndicat. Fourbissant les armes des relations publiques, la chaîne de fast-food lança, au milieu de 1999, une campagne télévisée internationale présentant des travailleurs de chez McDonald's qui servaient des milk-shakes et des frites avec, en légende, la mention « futur avocat », « futur ingénieur », etc. Voilà la véritable main-d'œuvre McDonald's, semblait dire la compagnie : heureuse, contente et seulement de passage.

À la fin des années 1990, en Allemagne, le processus de transformation du secteur des services en ghetto des faibles salaires progressait à bonne allure. En 1998, le taux de chômage atteignait 12,6 pour cent, en grande partie parce que l'économie ne réussissait pas à absorber les mises à pied massives dans le secteur manufacturier, qui avaient suivi la réunification – en Allemagne de l'Est, le secteur manufacturier avait perdu quatre emplois sur cinq. En contrepartie, la presse financière et les partis de droite firent du secteur des services une panacée. Il y avait pourtant un hic : si le centre commercial devait sauver l'économie allemande, il fallait baisser d'une manière substantielle le salaire minimum, et supprimer des avantages sociaux tels que les longs congés payés. Autrement dit, les bons emplois offrant sécurité et salaire décent devaient être changés en mauvais emplois. L'Allemagne, ainsi, allait elle aussi profiter des avantages d'une reprise économique basée sur les services.

L'un des paradoxes de l'emploi dans le secteur privé, c'est que plus son importance est grande dans le paysage professionnel, plus les sociétés de services se détachent de la question de la sécurité d'emploi. Ce n'est nulle part ailleurs plus évident que dans le recours de plus en plus fréquent, dans l'industrie, aux employés à temps partiel. (Voir Tableau 10.5, Appendice, page 554.) Presque tout le personnel de Starbucks travaille à temps partiel, tandis qu'un tiers seulement de la main-d'œuvre de Kmart travaille à temps plein. Pour justifier leur désir de se syndiquer, les malchanceux travailleurs du McDonald's de la région de Montréal ont mentionné le fait que souvent, on ne les autorisait pas à travailler plus de trois heures d'affilée.

Aux États-Unis le nombre d'employés à temps partiel a triplé depuis 1968, tandis qu'au Canada, entre 1975 et 1997, le nombre d'emplois à temps partiel était presque trois fois plus élevé que le nombre d'emplois à temps plein[20]. Mais le problème, ce n'est pas le temps partiel. Au Canada, le tiers seulement des travailleurs à temps partiel cherche, sans en trouver, un emploi à temps plein (contre un cinquième à la fin des années 1980). Aux États-Unis, c'est le quart. Les travailleurs à temps partiel sont, en grande majorité, des étudiants et des femmes qui, souvent, doivent organiser leur vie professionnelle en fonction de l'éducation de leurs enfants. (Voir Tableau 10.6, Appendice, page 554.)

Nombre de travailleurs sont véritablement séduits par des horaires de travail flexibles, mais leur définition de la « flexibilité » diffère de celle que préconisent leurs patrons. Par exemple, même si des études ont montré que, pour les mères, la flexibilité est « la capacité d'avoir un horaire régulier, mais moins prenant qu'à temps plein, contre un salaire et des avantages décents[21] », le secteur des services a une opinion différente du travail à temps partiel. Une poignée de chaînes de marque, dont Starbucks et Borders, compensent les faibles salaires en offrant un régime d'assurance-maladie et d'assurance dentaire à leurs employés à temps partiel. Mais d'autres employeurs utilisent le temps partiel pour maintenir les salaires peu élevés et éviter certains avantages sociaux ainsi que les heures supplémentaires ; « flexibilité » signifiant absence de promesses, il est plus difficile de jongler avec d'autres engagements

– financiers et parentaux. Dans certains magasins sur lesquels j'ai fait des recherches, le planning est si aléatoire que l'affichage de l'horaire de la semaine suivante est devenu un rituel : les employés se rassemblent, anxieux, devant le tableau, certains tendent le cou ou sautillent ; on se croirait revenu au collège quand les élèves découvrent qui tiendra le rôle principal dans la prochaine comédie musicale.

De plus, la dénomination « temps partiel » est souvent davantage une appellation qu'une réalité, car dans le secteur de la vente au détail, les employeurs font travailler leurs employés juste sous la limite de 40 heures que la loi assigne au temps plein – Laurie Bonang, par exemple, passe de 35 à 39 heures par semaine chez Starbucks. À toutes fins utiles, elle a les obligations d'un employé à temps plein, mais en deçà de 40 heures, la compagnie n'a pas à lui payer d'heures supplémentaires ni à lui garantir d'horaire à temps plein. D'autres chaînes sont tout aussi inventives. Borders a institué, à l'échelle de l'entreprise, une semaine de travail de 37,5 heures pour tous les employés, et Wal-Mart limite la sienne à 33, définissant son « temps plein » de base à 28 heures. Pour tous ces employés, cela signifie un horaire cahoteux plus exigeant, à bien des égards, que la traditionnelle semaine de 40 heures. Gap – qui définit son temps plein à 30 heures par semaine – réserve, par exemple, des commis « de garde » : ces employés doivent, durant certaines périodes non rémunérées, se tenir disponibles pour venir au magasin si le gérant les appelle. (Une employée m'a dit à la blague qu'elle avait dû acheter un bipeur au cas où une crise de pliage se déclarerait chez Gap Kids.)

Plus que tout autre commerce, Starbucks est précurseur dans l'art moderne de l'horaire souple. La compagnie a créé un logiciel appelé Star Labor, qui donne au siège social un contrôle maximal, à la minute près, sur les horaires des commis. Avec Star Labor, finis les éléments imprécis comme les périodes de jour ou de nuit. Le logiciel mesure quand et par qui chaque café au lait a été servi, puis taille des périodes de travail sur mesure – souvent de quelques heures – pour optimiser l'efficacité de la vente du café. Comme l'explique Laurie Bonang : « Ils vous donnent un niveau de compétence arbitraire, de un à neuf, ils entrent vos disponibilités, le temps que vous avez déjà passé là, les heures de pointe où ils ont besoin de plus de personnel, et l'ordinateur vous crache votre horaire[22]. » Malgré le progrès dont fait preuve Starbucks dans sa gestion du café sur tableur, pour Steve Emery, cela voulait dire sortir du lit pour travailler de 5 h du matin à 9 h 30, soit jusqu'après la ruée du matin, lorsque, selon Star Labor, son travail n'était plus d'une efficacité maximale. Wal-Mart a adopté un système d'horaires tout aussi centralisé, qui réduit les heures des employés en les faisant concorder précisément avec la fréquentation du magasin. « Exactement de la même façon que nous commandons de la marchandise », dit David Glass, P.D.G. de Wal-Mart[23].

Le vaste écart entre la définition que donnent employés et employeurs de la « flexibilité » fut au cœur, à l'été 1997, de la grève chez United Parcel Service (UPS), la plus importante aux États-Unis en 14 ans. Malgré des profits de un milliard de dollars en 1996, UPS comptait 58 pour cent de travailleurs à temps partiel, et avait rapidement recours à une main-d'œuvre encore plus « flexible ». Des 43 000 emplois qu'UPS avait créés depuis 1992, seulement 8 000 étaient à temps plein. Pour la compagnie de messagerie, ce système fonctionnait à merveille, lui permettant de gérer les pics et les creux de son cycle de travail puisque la collecte et la livraison du courrier se font principalement le matin et le soir. « Entre les deux, il y a trop de temps morts pour qu'on embauche des employés à temps plein », expliqua Susan Rosenberg, porte-parole de UPS[24].

La main-d'œuvre à temps partiel a d'autres avantages économiques. Avant la grève, la compagnie versait à ses employés à temps partiel environ la moitié du taux horaire des employés à temps plein pour accomplir les mêmes tâches[25]. De plus, le syndicat dénonça le fait que 10 000 des prétendus employés à temps partiel de la compagnie travaillaient, comme Laurie Bonang chez Starbucks, de 35 à 39 heures par semaine – juste sous la limite qui justifierait des heures supplémentaires rémunérées, des avantages sociaux complets et une rémunération plus élevée.

Certaines sociétés de services font grand cas du fait qu'elles offrent des options sur actions ou un intéressement aux bénéfices à des employés subalternes : entre autres Wal-Mart, qui appelle ses commis des « associés aux ventes » ; Borders, qui les qualifie de « copropriétaires » ; et Starbucks, qui préfère le terme « partenaires ». Beaucoup apprécient, mais d'autres affirment que les plans démocratiques scintillant sur le site Web de la compagnie se traduisent rarement par quelque chose de substantiel. Chez Starbucks, par exemple, peu d'employés à temps partiel peuvent se permettre de participer au régime d'actionnariat, leurs salaires couvrant à peine leurs dépenses. Et quand l'intéressement aux bénéfices est automatique, comme chez Wal-Mart, les travailleurs disent que leur « part » des 118 milliards de dollars de ventes annuelles que récolte leur compagnie est ridicule. Par exemple, des commis du magasin Wal-Mart de Windsor, en Ontario, estiment n'avoir reçu que 70 dollars de prime depuis trois ans que le magasin a ouvert. « Sans compter que, selon le conseil d'administration, le meilleur point du plan de retraite consistait à donner aux cadres de la compagnie le ferme contrôle de 28 millions d'actions supplémentaires, a écrit Bob Ortega, du *Wall Street Journal*, à propos du plan Wal-Mart. Comme la plupart des travailleurs ont *cru* pouvoir en tirer profit, ce plan de retraite a abondamment rapporté tout en maintenant les syndicats à l'écart et les salaires à leur faible niveau[26]. » (Les italiques sont dans le texte.)

LE TRAVAIL GRATUIT : DES EMPLOIS BIDON, GRÂCE AUX SUPERMARQUES

On peut accorder aux secteurs de la vente au détail et des services qu'au moins, ils versent à leurs travailleurs une petite compensation pour leurs efforts. Ce n'est pas le cas d'autres secteurs qui se sont débarrassés des formulaires de sécurité sociale avec un tel empressement libéral que bien des jeunes travailleurs ne reçoivent aucun salaire. Comme il fallait peut-être s'y attendre, le secteur culturel a pavé la voie à l'essor du travail non rémunéré, fermant les yeux avec insouciance sur le triste fait que des gens de moins de 30 ans ont la triviale responsabilité de leur survie.

À propos de son ancien emploi, qui impliquait l'embauche de stagiaires non rémunérés pour envoyer des fax et faire des courses pour le magazine *Men's Journal*, Jim Frederick fait remarquer qu'un grand nombre de ses candidats avaient déjà travaillé à l'œil pour *Interview*, CBS News, MTV, *The Village Voice*, et ainsi de suite. « Très impressionnant, dis-je. Selon mes calculs rapides, ils avaient rapporté, au bas mot, entre 5000 et 6000 dollars en travail non rémunéré à divers conglomérats de médias[27]. » Bien entendu, ces conglomérats – diffuseurs, ou éditeurs de magazines et de livres – prétendent offrir généreusement à des jeunes une précieuse expérience dans le difficile marché de l'emploi – un pied dans la place, selon le bon vieux modèle de l'« apprentissage ». Et puis, disent-ils, comme en écho aux cadres des McDonald's du monde entier, les stagiaires ne sont que des jeunes – ils n'ont pas vraiment besoin d'argent.

Et puisqu'ils ont deux emplois « irréels » pour le prix d'un, la plupart des stagiaires subventionnent leur emploi de jour non rémunéré en travaillant le soir et les week-ends dans le secteur des services, et en restant plus longtemps chez leurs parents. Aux États-Unis cependant – où, pendant un an ou deux, on saute volontiers d'un emploi culturel non rémunéré à un autre –, un nombre disproportionné de stagiaires, comme le fait observer Frederick, semblent vivre à même un héritage, apparemment dépourvus de tout souci immédiat de gagner leur vie. Mais tout comme les employeurs du secteur des services n'admettront pas que l'âge de leur main-d'œuvre ait un rapport quelconque avec les salaires qu'ils versent et la sécurité qu'ils n'offrent pas, jamais un réseau de télévision ou un éditeur m'avouera que la non-rémunération des stages puisse avoir un rapport avec le statut relativement privilégié des candidats à ces postes. Non seulement ce racket est-il de l'exploitation au sens classique, mais il a des répercussions bien réelles sur l'avenir de la production culturelle : les stagiaires d'aujourd'hui sont les cadres, les producteurs et les rédacteurs en chef de demain et, comme l'écrit Frederick : « Si vous ne pouvez obtenir d'emploi à moins d'avoir fait un stage, ni effectuer de stage à moins d'être soutenu par papa pendant quelques mois, le système garantit une réserve de candidats décidément privilégiée[28]. »

MTV, aux États-Unis, et MuchMusic, au Canada, figurent parmi les compagnies qui abusent outrageusement du système de stages non rémunérés, surtout si l'on considère les énormes bénéfices dont elles se targuent. La chaîne de vidéoclips est un modèle de gestion sans employés : les frais de production sont minimes, puisque les stations diffusent surtout de la publicité et des vidéos produites par d'autres personnes qui soit les leur fournissent gratuitement (les vidéos), soit paient la station pour qu'elle les diffuse (les pubs). Les principales dépenses sont affectées aux présentateurs, soutenus par quelques réalisateurs et techniciens et, bien entendu, par les stagiaires non rémunérés. L'objet de ces stages reste souvent obscur : à coup sûr, des jeunes n'ont aucune chance ou presque de décrocher un emploi dans une station de vidéoclips, puisqu'il y en a très peu. Là interviennent les légendaires réussites – le célèbre présentateur de vidéoclips qui a commencé par répondre au téléphone, ou l'histoire de la plus grande réussite de stagiaire entre toutes : celle de Rick l'intérimaire. En 1996, Rick remporta le concours annuel « Devenez intérimaire à MuchMusic », et fut accueilli à la chaîne par un battage de promotion croisée et un tirage de prix de marque. Un an plus tard, Rick était à l'écran, dans son nouvel emploi de présentateur de vidéoclips, mais il avait quand même gardé le surnom de Rick l'intérimaire. Trois ans plus tard, Rick interviewait pour la télé les Backstreet Boys, Hanson ou All Saints, et faisait la promotion quotidienne de la gloire et du prestige qui attendent ceux qui font don de leur labeur à une importante société médiatique.

LES INTÉRIMAIRES : TRAVAILLEURS À LOUER

Rick n'est pas seulement le grand espoir des stagiaires non rémunérés. Il représente aussi le pinacle d'une autre sous-catégorie de travailleurs de l'ère nouvelle : les intérimaires. Il faut dire qu'ils ont vraiment besoin d'espoir. Aux États-Unis, l'utilisation de ce type de main-d'œuvre a augmenté de 400 pour cent depuis 1982, taux de croissance qui se maintient[29]. Depuis 1992, les revenus des sociétés d'intérim américaines ont augmenté d'environ 20 pour cent par année, pour atteindre 58,7 milliards de dollars en 1998[30]. Manpower Temporary Services, géant international de l'intérim, fait concurrence à Wal-Mart en tant que gros employeur du secteur privé aux États-Unis[31]. Selon une étude publiée en 1997, 83 pour cent des sociétés américaines dont la croissance est la plus rapide sous-traitent maintenant des emplois pour lesquels, auparavant, elles embauchaient des gens – contre seulement 64 pour cent en 1994[32]. Au Canada, l'Association canadienne des Services de recherche, d'emploi et de recrutement (Association of Canadian Search, Employment & Staffing Services) estime que plus de 75 pour cent des entreprises ont recours aux sociétés d'intérim qui totalisent un chiffre d'affaires de 2 milliards de dollars canadiens.

La croissance la plus spectaculaire ne se déroule pas en Amérique du Nord, mais en Europe de l'Ouest, où les agences d'intérimaires figurent parmi les sociétés européennes qui montent en flèche[33]. En France, en Espagne, aux Pays-Bas et en Allemagne, l'embauche de travailleurs par contrats temporaires à long terme est devenue une porte de secours, qui permet aux employeurs de contourner les lois strictes accordant de généreux avantages aux employés et rend beaucoup plus difficile qu'aux États-Unis le licenciement sans raison valable. La France, par exemple, est en deuxième position, après les États-Unis, dans le recours aux intérimaires, et elle représente 20 pour cent des revenus de ce secteur dans le monde. Et, bien que le travail intérimaire en France ne représente que 2 pour cent du total des emplois, « 86 pour cent des nouvelles embauches sont des contrats à durée déterminée[34] », selon Martine Aubry, ministre du Travail. En Espagne, Manpower Europe, avant-poste de la société d'intérim américaine, a vu ses revenus augmenter prodigieusement de 719 pour cent en seulement un an : de 6,1 millions de dollars en 1996 à 50 millions de dollars en 1997. L'Italie n'a légalisé les agences d'intérim qu'en 1997, mais Manpower Europe s'est aussitôt empressée d'ouvrir 35 bureaux en 1998[35].

Ces compagnies ont trouvé la formule. Elles ne veulent pas nous prendre à temps plein. Elles ne versent pas d'avantages sociaux. Et leurs profits battent tous les records.

Laura Pisciotti, gréviste de UPS, août 1997

Chaque jour, les agences d'intérim en Europe et aux États-Unis confient un emploi à 4,5 millions de travailleurs, et comme seulement 12,5 pour cent des intérimaires sont placés en même temps, leur total véritable s'élève à environ 36 millions de personnes[36]. Mais plus importante que cette montée en flèche est la grande mutation en cours dans la nature intrinsèque de l'industrie du travail temporaire. Les agences d'intérim n'ont plus pour fonction, au sens strict, de louer une réceptionniste quand la secrétaire tombe malade. Tout d'abord, les intérimaires ne sont presque plus des employés temporaires : aux États-Unis, 29 pour cent d'entre eux gardent le même poste durant au moins un an[37]. Du coup, leurs agences sont devenues des services de ressources humaines en bonne et due forme, pour tous les besoins en personnel n'exigeant aucune responsabilité : comptabilité, classement de documents, fabrication et informatique. Et selon Bruce Steinberg, directeur de la recherche à l'Association nationale de services de recrutement et d'intérim, établie aux États-Unis, « une métamorphose est en cours dans tout le secteur des services de recrutement » – au lieu de louer des travailleurs, les agences « fournissent une solution complète de services[38] ».

Cela signifie qu'un plus grand nombre de sociétés sous-traitent des fonctions et des divisions entières – travail auparavant accompli à l'interne – à des agences extérieures chargées non seulement du recrutement mais aussi, comme les usines contractuelles des zones franches industrielles, de l'administration et de l'entretien. En 1993, American Airlines a ainsi sous-traité à des agences extérieures ses comptoirs de billets dans 28 aéroports américains. Environ 550 postes de préposés aux billets sont passés à l'intérim ; dans certains cas, on offrait un salaire de16 000 dollars à des employés qui en avaient gagné 40 000 pour le même travail[39]. Un remaniement semblable se produisit lorsque UPS décida de confier à des entrepreneurs ses centres de service à la clientèle – 5 000 employés gagnant de 10 à 12 dollars l'heure furent remplacés par des intérimaires payés entre 6,50 et 8 dollars l'heure[40].

Tom Peters l'a dit : « Il faut être fou pour être propriétaire[41] ! » En amputant des divisions entières et en s'en débarrassant pour des « contrats d'administration de services, l'entreprise peut concentrer son temps, son énergie et ses ressources à l'industrie essentielle, tandis que le service de recrutement applique sa compétence essentielle : administrer les travailleurs[42] », a déclaré Bruce Steinberg. Autrement dit, l'embauche et l'administration des employés, ce n'est pas la base d'une saine entreprise, mais une tâche spécialisée – la « compétence essentielle » de quelqu'un d'autre, qu'il vaut mieux laisser aux experts, tandis qu'un nombre de plus en plus restreint de travailleurs s'occupent des affaires véritables, comme le montrera le chapitre suivant.

OUI, MAIS... BILL GATES VA NOUS SAUVER, NON ?

Tout exposé sur la détresse des intérimaires, des coursiers d'UPS, des travailleurs de GM remplacés par des sous-traitants, des préposés à l'accueil de Gap, des stagiaires de MTV et des « baristas » de Starbucks mène inévitablement à la question : Oui, mais... et tous ces magnifiques nouveaux emplois dans le secteur en développement de la haute technologie ? Pour ma génération, les richesses légendaires qui attendent les travailleurs de la technologie, à Seattle et à Silicon Valley, sont la réponse « oui, mais » aux griefs relatifs à l'exclusion de l'emploi. Contrastant avec toutes les histoires accablantes de mises à pied et de McJobs, il reste cette Mecque du numérique aux couleurs étincelantes où des jeunes de 15 ans conçoivent des jeux vidéo pour Sega, où AT&T recrute des *hackers* pour s'auto surveiller et où des foules de jeunes travailleurs deviennent millionnaires grâce aux somptueux régimes d'actionnariat des salariés. Oui, mais… Bill Gates va tout arranger, non ?

C'est Microsoft, avec sa fameuse option d'achat d'actions pour les employés, qui engendra et nourrit le mythe du Silicon Gold, et c'est Microsoft également qui contribua le plus à le démonter. L'âge d'or des *geeks* est terminé, et les emplois actuels, en haute technologie, sont aussi instables que les autres. À Silicon Valley, les travailleurs à temps partiel, les intérimaires et les entrepreneurs sont endémiques : une récente étude sur la main-d'œuvre estime qu'entre 27 et 40 pour cent des employés de la région sont des « travailleurs prévisionnels », et que le recours aux intérimaires augmente deux fois plus vite que dans le reste du pays. Le pourcentage de travailleurs de Silicon Valley placés par des agences d'intérim est presque trois fois plus élevé que la moyenne nationale[43].

Et Microsoft, la plus grande firme de logiciels, ne s'est pas contentée d'ouvrir la voie à cette terre promise du temps partiel, elle en a écrit le mode d'emploi. Depuis plus d'une décennie, la compagnie a activement serré les rangs des programmeurs arrivés les premiers, et a banni de ce petit groupe sacré le plus grand nombre possible d'autres employés. Par l'usage intensif d'entrepreneurs indépendants, d'intérimaires et de « solutions d'emploi intégrées », Microsoft est en train de construire la parfaite compagnie sans employés, puzzle de divisions en sous-traitance, d'usines à contrat et d'employés à la pige. Gates a déjà converti le tiers de sa main-d'œuvre générale en intérimaires et, à la division des Médias interactifs, où sont conçus les CD-ROM et les produits pour l'Internet, environ la moitié des travailleurs est officiellement employée par des « agences de personnel » externes, qui livrent des travailleurs exempts de taxes comme des cartouches d'imprimantes[44].

La main-d'œuvre à deux paliers de Microsoft est un microcosme du nouveau marché de l'emploi. Au centre se trouve le rêve de la haute technologie : des employés permanents, à temps plein, nantis d'avantages sociaux et de généreuses stock-options, jouant et travaillant sur le jeune « campus » de la compagnie. Ces « Microserfs » vouent un culte à leur compagnie, au cours bondissant de son action et à son incroyable bénéfice d'exploitation de 51 pour cent (« *Show me the money !* » « Montrez-moi l'argent ! » rugirent-ils à l'annuelle réunion du personnel, au Kingdome Stadium de Seattle, à l'automne 1997[45].) Et pourquoi ne seraient-ils pas loyaux ? Ils gagnent en moyenne 220 000 dollars par année, sans compter les cinq premiers administrateurs, qui sont extrêmement riches.

Tournent autour de ce noyau ébloui entre 4 000 et 5 750 travailleurs temporaires[46]. Les intérimaires travaillent aux côtés des membres du groupe central – comme techniciens, concepteurs et programmeurs – et accomplissent un grand nombre de tâches identiques. Mille cinq cents d'entre eux sont dans l'entreprise depuis si longtemps qu'ils ont décidé de s'appeler « permatemps » (temporaires permanents). Ce qui permet de distinguer les intérimaires des « vrais » Microserfs, c'est la couleur de leurs badges : bleue pour les permanents, orange pour les « permatemps ».

De la même manière que la réserve d'employés à temps partiels donne à UPS la « flexibilité » nécessaire pour n'employer des travailleurs qu'aux heures de pointe, les travailleurs contractuels de Cavite fournissent aux propriétaires d'usines la « flexibilité » nécessaire pour les renvoyer chez eux en période creuse, ce que donnent à Microsoft ces milliers d'intérimaires, c'est la liberté de dilater et de contracter à volonté sa main-d'œuvre. « Nous les utilisons, dit Doug McKenna, cadre aux ressources humaines, pour nous donner la flexibilité nécessaire face à l'incertitude[47]. »

Les problèmes ont commencé en 1990, lorsque le fisc américain a contesté la classification que Microsoft attribuait aux badges orange, celle d'entrepreneurs indépendants, estimant que ces gens étaient bel et bien des employés de Microsoft et que la compagnie devrait s'acquitter des charges patronales. S'appuyant en partie sur cette décision, un groupe d'employés classifiés entrepreneurs par Microsoft intentèrent, en 1993, une poursuite judiciaire contre la compagnie, alléguant qu'ils étaient des travailleurs réguliers et qu'ils avaient droit aux mêmes avantages que leurs collègues permanents. En juillet 1997, Microsoft perdit cette cause historique lorsqu'une Cour d'appel de 11 juges estima que les pigistes étaient des employés selon la *common law* et qu'ils avaient droit au programme d'allocations de la compagnie, à son fonds de retraite et à son régime de stock-options[48].

Cependant, la réponse de Microsoft à ce revers ne fut pas d'ajouter des pigistes à son personnel, mais de s'appliquer d'une façon plus soutenue à marginaliser les intérimaires. La compagnie mit fin à l'embauche directe d'« entrepreneurs indépendants ». Microsoft repère ainsi les candidats potentiels, fait passer les entrevues et fait son choix ; puis, les futurs employés doivent s'inscrire dans l'une des cinq agences de personnel qui ont conclu des accords spéciaux avec la compagnie. Les intérimaires sont alors embauchés par l'agence qui joue le rôle d'employeur officiel, réduit les salaires, retient les impôts à la source et accorde le plus souvent des avantages sociaux à leur plus simple expression. Laird Post, administrateur de la firme de consultants en gestion Towers Perrin, à Seattle, explique cette façon de procéder : « D'un point de vue juridique, il est difficile d'établir le fait qu'une personne n'est pas un employé, à moins qu'elle ne soit l'employé de quelqu'un d'autre » – dans le cas de Microsoft, ce quelqu'un d'autre est l'agence de personnel[49]. Pour que les intérimaires ne soient plus jamais confondus avec les véritables travailleurs de Microsoft, ils ne participent plus aux réceptions de la compagnie, et sont privés de soirées pizzas et autres fêtes. En juin 1998, la société mit en place une nouvelle règle obligeant les intérimaires en poste depuis plus d'un an à prendre 31 jours de vacances avant d'assumer un autre poste « temporaire[50] ». Comme l'explique Sharon Decker, directrice du recrutement : « Nous révisons actuellement un grand nombre de politiques, afin que chacun comprenne la façon appropriée de traiter un intérimaire[51]. »

En plus d'intégrer des permatemps à son campus, Microsoft prit en 1997 une série de décisions en vue de se défaire d'autres aspects terre-à-terre et encombrants de la gestion d'une compagnie multimilliardaire. « Il ne faut pas s'alourdir d'effectifs fixes inutiles », dit Bob Herbold, chef de l'exploitation, expliquant sa philosophie du recrutement à un groupe d'actionnaires[52]. Selon lui, mis à part les fonctions essentielles de la programmation et du développement, les autres emplois « fixes » sont « inutiles » – les soixante-trois réceptionnistes de la compagnie ont ainsi été licenciées, ont perdu allocations et stock-options, et ont été invitées à poser leur candidature à l'agence Tascor. « Elles étaient surpayées », a déclaré Herbold[53].

Microsoft a découpé de la sorte son site de Redmond et a expédié les morceaux (avec les employés qui souhaitaient garder leur emploi) à des « fournisseurs » : Pitney Bowes a pris la responsabilité du courrier ; l'impression et la photocopie sont sous-traitées par Xerox ; l'usine de CD-ROM a été vendue à KAO Information Systems ; l'entrepôt, lui, a été confié à

Benussen Deutsch & Associates. Six cent quatre-vingts emplois ont été supprimés par cette dernière ronde de restructurations, et le budget d'exploitation a été allégé de 500 millions de dollars[54]. Avec ces entrepreneurs sur le site, faisait remarquer Herbold, « la seule gestion de la sous-traitance est une tâche à part entière » – et pourquoi Microsoft s'encombrerait-elle de cette corvée ? Coup de génie du désinvestissement, Microsoft a donc sous-traité la gestion des entrepreneurs à Johnson Controls, qui s'occupe également des installations sur le site. « Nos revenus ont grimpé de 91 pour cent et nos effectifs ont diminué de 19 pour cent », dit fièrement Bob Herbold. Et que fait Microsoft de ces économies ? « Nous les investissons dans la recherche et le développement, et nous transformons évidemment le tout en bénéfices[55]. »

« UN PEUPLE D'AUTONOMES »

Les pigistes high-tech de Microsoft ne se posent pas en victimes sans défense des plans de Bill Gates ; pour la plupart, ils sont pigistes par choix. Ainsi que bien des entrepreneurs, les « gitans du logiciel », comme on nomme souvent les freelances *high-tech*, ont sciemment décidé de faire passer l'indépendance et la mobilité avant la loyauté à l'institution et la sécurité d'emploi. Certains d'entre eux sont même ce que Tom Peters aime appeler « la marque Vous ».

Tout comme les sociétés doivent apprendre à délaisser la fabrication et l'emploi pour atteindre le nirvana du branding, les travailleurs doivent, pour se sentir valorisés, oublier l'idée qu'ils sont des employés : voilà la plus récente idée du gourou de la gestion Tom Peters, Réussir dans la nouvelle économie, c'est faire de soi une société commerciale – la marque Vous. Le succès sur le marché du travail ne viendra que lorsque nous nous serons convertis en consultants et en fournisseurs de services, que nous aurons défini notre propre ligne de la marque Vous, et que nous louerons nos services à des projets ciblés qui, en retour, augmenteront notre ego. « J'appelle cette approche la Société Moi, écrit Peters. Vous êtes le patron-P.D.G.-entrepreneur de votre propre firme de services professionnels[56]. » Faith Popcorn, gourou de la gestion, que le best-seller *The Popcorn Report* rendit célèbre en 1991, va jusqu'à nous recommander de changer de nom pour mieux nous associer à notre image de marque soigneusement conçue et mise en marché. Elle l'a fait – son vrai nom est Faith Plotkin.

Encore plus que Popcorn ou Peters, Daniel H. Pink est devenu la nounou de la marque Vous. Après avoir constaté les taux de croissance du travail temporaire et contractuel, de même que la montée du travail autonome, Pink a déclaré l'arrivée du « peuple d'autonomes » (Free Agent Nation). Non seulement en a-t-il fait le titre d'un livre, mais il en est un fier représentant. Après avoir quitté la Maison-Blanche où il rédigeait les discours d'Al Gore, Pink s'est mis à la recherche d'« autonomes » : des gens qui avaient choisi une vie de contrats et de piges plutôt que de patrons et d'avantages. Ce qu'il trouva, comme il l'a raconté dans un article du magazine *Fast Company*, ce furent les années 1960. Les citoyens du peuple de Pink sont des consultants en marketing, des chasseurs de têtes, des rédacteurs et des concepteurs de logiciels qui recherchent un équilibre zen entre travail et vie personnelle. Ils pratiquent le yoga, jouent avec leur chien dans leur bureau branché à domicile, et gagnent plus d'argent – en sautant d'un contrat à un autre – que lorsque, liés à une seule société, ils recevaient un salaire fixe. « C'est le retour du *summer of love, man !* » s'exclame Bo Rinald, agent qui représente un millier de concepteurs de logiciels à la pige à Silicon Valley[57]. Pour les autonomes de Pink, la fin de l'emploi est la réalisation du rêve des baby-boomers : des capitalistes sans cravates de l'économie de marché ; physiquement décrochés du monde de l'entreprise, mais branchés par l'esprit. On ne peut pas être le rouage d'une machine si on travaille dans son living-room...

Une version plus jeune – et, bien sûr, plus in – du peuple d'autonomes fut présentée dans un numéro spécial travail du magazine *Details*. Pour les membres de la génération X nantis d'une maîtrise en gestion, l'avenir du travail paraît rempli d'entreprises étonnamment rentables : surf des neiges, jeux vidéo et chasseurs de cool. « La bonne affaire ! » titrait un article exposant l'avenir du travail comme une fête non-stop d'emplois autonomes extrêmes : « La vie sans boulot, le travail sans patron, l'argent sans salaire, la vie sans limites[58]. » Selon l'auteur, Rob Lieber : « Vous avez fini de vous considérer comme un "employé". À présent, il est temps de commencer à vous voir comme un fournisseur de services, en louant vos compétences et vos services au plus offrant, ou du moins au plus intéressant[59]. »

J'avoue avoir été moi-même attirée par le chant des sirènes du travail autonome. Il y a environ quatre ans, j'ai quitté mon poste de rédactrice en chef de magazine pour travailler à la pige et, comme Pink, je ne l'ai jamais regretté. J'adore, bien entendu, le fait qu'aucun patron ne contrôle chacune de mes heures de travail (ce privilège est maintenant accordé à des dizaines de personnes), ne pas être sujette aux décisions arbitraires de cadres capricieux et, par-dessus tout, pouvoir travailler en pyjama si l'envie m'en prend. Je sais par expérience que la vie de free-lance peut réellement signifier la liberté, tout comme, pour d'autres, le temps partiel peut respecter sa promesse de flexibilité véritable. Pink a raison de dire du travail autonome que « c'est une forme de travail légitime – rien à voir avec le pauvre flemmard congédié qui se débat pour retourner téter le sein de l'entreprise[60] ». Le problème, c'est lorsque des gens comme Pink – ou d'autres rédacteurs à la pige que le travail en pyjama rend euphoriques – se donnent en exemple pour démontrer la panacée universelle du partage de l'emploi dans l'entreprise. À croire que la plupart des articles de fond sur les joies du travail à la pige ont été écrits par de prospères free-lances qui s'imaginent être les dignes représentants des millions d'entrepreneurs, d'intérimaires, de pigistes, d'employés à temps partiel et de travailleurs autonomes. Tout travail faisant appel à l'écriture est, de par sa nature même, compatible avec le travail à domicile, et les études révèlent qu'il est absurde de comparer un journaliste à la pige, ou un publicitaire autonome, avec une secrétaire intérimaire chez Microsoft ou un travailleur d'usine contractuelle à Cavite. En règle générale, passer au travail temporaire, c'est perdre sur les deux tableaux : un travail mal rémunéré, sans avantages sociaux ni sécurité, et un moindre contrôle des horaires.

En définitive, les avantages et les inconvénients du travail contractuel et occasionnel sont en corrélation directe avec les individus qui l'exécutent : mieux ils sont placés sur l'échelle des salaires, plus ils ont de latitude. Moins bien placés, ils sont à la merci des coups et du marchandage. Vingt pour cent des salariés continuent plus ou moins à obtenir un salaire élevé, qu'ils aient un emploi à temps plein ou des contrats à la pige. Mais selon une étude américaine de 1997, 52 pour cent des femmes travaillant dans le cadre d'ententes non standard reçoivent des « salaires sous le seuil de la pauvreté » – tandis que c'est le cas de 27,6 pour cent des femmes qui travaillent à temps plein. Autrement dit, la plupart des travailleurs non standard ne font pas partie du « peuple d'autonomes ». Selon cette même étude, « 58,2 pour cent de ces travailleurs non standard ont des ententes moins avantageuses – des emplois assortis de pénalités salariales et peu d'avantages en comparaison des travailleurs standard à temps plein ». (Voir Tableau 10.7, Appendice, page 555[61].) Sans compter que les salaires des travailleurs intérimaires aux États-Unis ont baissé, en moyenne, de 14,7 pour cent entre 1989 et 1994[62]. Au Canada, un travailleur non permanent reçoit les deux tiers du salaire d'un travailleur permanent, et 30 pour cent des employés non permanents ont des horaires irréguliers[63]. Le travail intérimaire fait courir des risques certains à la main-d'œuvre la plus vulnérable et, quoi qu'en dise *Details*, ce n'est pas la bonne solution.

Il y a également un lien direct de cause à effet entre les autonomes des échelons supérieurs de l'entreprise, et les autonomes accrochés au bas de l'échelle qu'on a « libérés » des satanés fardeaux que sont la sécurité de l'emploi et les avantages sociaux. Car personne n'est plus libéré que les P.D.G., qui, comme les athlètes surhumains de Nike, ont formé leur propre Équipe de rêve dans laquelle les sociétés puisent chaque fois qu'elles ont besoin de la puissance nécessaire pour remonter le moral de Wall Street. Des P.D.G. intérimaires, comme les appelle le rédacteur Clive Thompson, font maintenant la navette entre les multinationales, restant en poste en moyenne cinq ans, et recevant au passage des primes de rendement et des primes de départ de plusieurs millions de dollars[64]. « Les sociétés changent de cadres comme les équipes de baseball changent de gérants, dit John Challenger, vice-président exécutif de la firme de placement de cadres surnuméraires Challenger, Gray & Christmas. En général, ce remplaçant arrive comme une équipe de choc qui balaie le personnel en place et installe ses propres effectifs[65]. » Lorsque « Chainsaw » Al Dunlap fut nommé P.D.G. de Sunbeam en juin 1996, Scott Graham, analyste chez Oppenheimer & Co., fit ce commentaire : « C'est comme si les Lakers embauchaient Shaquille O'Neal[66]. »

Les deux extrêmes de l'itinérance au travail – représentés par l'entrepreneur de Cavite qui craint l'envol des usines, et le P.D.G. intérimaire dévoilant des plans de restructuration à New York – vont de pair au niveau mondial. Puisque les P.D.G. superstars bâtissent à Wall Street leur réputation à coups de missions kamikazes, telles que la mise aux enchères de toute la base manufacturière de leur société, ou le lancement d'une fusion grandiose qui fera épargner des millions de dollars en démultiplication inutile d'emplois, ils deviennent mobiles à mesure que la position de la main-d'œuvre en général devient précaire. Comme le souligne Daniel Pink, l'expression « freelance » vient de l'époque où les mercenaires louaient leurs services – et leurs lances – pour une bataille. « Les free-lances passaient d'une mission à une autre, tuant pour de l'argent[67]. » C'est un peu dramatique, soit, mais ce n'est pas une mauvaise description des cadres autonomes d'aujourd'hui. C'est la même raison pour laquelle les salaires des P.D.G. ont décuplé durant les années d'implacables mises à pied. Ira T. Kay, auteur de *CEO Pay and Shareholder Value* (Salaire des P.D.G. et valeur des actionnaires), souligne dans un article du *Wall Street Journal* que le salaire exorbitant que versent les sociétés américaines à leurs P.D.G. est « un facteur crucial qui rend l'économie américaine plus concurrentielle dans le monde » parce que, sans ces primes appétissantes, les chefs d'entreprises n'auraient « pas la motivation économique nécessaire pour affronter les décisions administratives, telles que les mises à pied ». Autrement dit, comme l'exprimait le satiriste Wayne Grytting en riposte à cet article, « si nous soutenons ces primes aux cadres, c'est pour pouvoir être… congédiés[68] ».

Problème légitime, surtout aux États-Unis où, selon la centrale syndicale AFL-CIO, « les P.D.G. des 30 sociétés ayant annoncé les plus nombreuses mises à pied ont vu leurs salaires, primes et compensations à long terme augmenter de 67,3 pour cent[69] ». Le responsable du plus grand nombre de mises à pied en 1997 – George Fisher, P.D.G. d'Eastman Kodak, qui a supprimé 20 100 emplois – reçut, la même année, un portefeuille d'actions estimé à 60 millions de dollars[70]. Et en 1997, l'homme le mieux payé du monde était Sanford Wiell, qui a gagné 230 millions de dollars à la tête de Travelers Group. Wiell a commencé l'année 1998 par l'annonce de la fusion de Travelers avec Citicorp, décision qui, tout en faisant grimper en flèche le cours de l'action, allait mettre au chômage des milliers de personnes. Dans le même esprit, John Smith, le président de General Motors ayant appliqué la suppression de 82 000 emplois exposée dans le chapitre précédent, reçut en 1997 une prime de 2,54 millions de dollars relative aux gains record de la compagnie[71].

À la différence d'Ira T. Kay, de nombreux autres personnes du milieu des affaires sont horrifiées par les sommes que les cadres se sont octroyées au cours des dernières années. Dans *Business Week*, Jennifer Reingold a écrit avec un certain dégoût : « Bon, mauvais ou médiocre, quiconque a passé un certain temps dans le fauteuil de direction d'une grande société cotée en bourse, en 1997, a vu sa valeur nette s'élever d'au moins plusieurs millions[72]. » Pour Reingold, l'injustice tient au fait que les P.D.G. reçoivent aussi des augmentations et des primes lorsque le cours de l'action de leur compagnie baisse et que les actionnaires en prennent un coup. Par exemple, Ray Irani, P.D.G. d'Occidental Petroleum, a reçu 101 millions de dollars en 1997, année même où la compagnie a perdu 390 millions de dollars.

Ce camp d'observateurs du marché estime que la rémunération des P.D.G. doit être directement liée à la performance de l'action ; autrement dit : « Si vous nous enrichissez, vous avez droit à une bonne part. Mais si nous prenons un coup, vous en prenez un, vous aussi. » Bien que ce système protège les actionnaires de l'avidité des cadres inefficaces, il fait courir un risque encore plus grand aux travailleurs ordinaires, car il favorise les mises à pied rapides, ce qui ne manque jamais de faire remonter le cours de l'action et de rapporter des primes. Par exemple, chez Caterpillar – modèle de l'entreprise fonctionnant avec le système de primes –, les cadres sont payés en actions constamment gonflées par des fermetures d'usines massives et une baisse du salaire des travailleurs. Ce qui ressort de cette tendance croissante, qui consiste à lier le salaire des cadres à la performance des actions, c'est une culture d'entreprise si défraîchie qu'il faut souvent congédier ou escroquer des travailleurs pour payer le patron.

Ce dernier point soulève la question cruciale, selon moi, de l'effet à long terme de l'abandon du secteur de l'emploi par les multinationales des marques. De Starbucks à Microsoft, de Caterpillar à Citibank, on supprime la corrélation entre profit et emploi. Comme le dit Buzz Hargrove, président des Travailleurs de l'automobile du Canada : « Les travailleurs peuvent travailler davantage, leurs employeurs avoir plus de succès, mais – les restructurations et la sous-traitance n'en sont qu'un exemple – le lien est plus ténu que jamais entre réussite économique et partage garanti[73]. » À court terme cela veut dire : des profits record, des actionnaires euphoriques. Mais qu'est-ce que cela signifie à un peu plus long terme ? Si les travailleurs ont été écartés, si leurs nouveaux patrons ne sont que des voix au téléphone dans des agences d'emploi, s'ils ont perdu leur raison d'être fiers du succès de leur compagnie ? Est-il possible que le secteur commercial en fuite devant l'emploi soit involontairement en train de jeter de l'huile sur le feu de son propre mouvement d'opposition ?

En haut : Bill Gates, patron de Microsoft, se fait entarter.
En bas : La Biotic Baking Brigade frappe encore. L'économiste Milton Friedman, architecte de la mondialisation, reçoit sa part du dessert.

11

L'ÉROSION DE LA LOYAUTÉ

ON RÉCOLTE CE QU'ON A SEMÉ

Nos installations de fabrication, d'administration et de distribution répondent à une approche définie : les caméras permettent aux gens honnêtes de rester honnêtes.

Leo Myers, ingénieur en systèmes de sécurité pour Mattel,
expliquant l'enthousiasme de cette société
pour la surveillance vidéo de sa main-d'œuvre, 1990

Lorsque j'ai quitté l'université, en 1993, mes amis qui avaient un emploi se comptaient sur les doigts d'une seule main. « C'est la récession ! » : tel était notre mantra, les années où, n'ayant pas d'emploi estival, nous décidions sans conviction de retourner à l'université, ou lorsque, misère ! nos parents étaient au chômage. De la même manière que, plus tard, El Niño serait responsable de tout, des sécheresses aux inondations, la récession était une tornade qui aspirait tous les emplois aussi facilement que des *mobile homes* du Missouri.

Cette disparition des emplois, nous le savions, était due à une mauvaise économie, qui affectait tout le monde (mais peut-être pas de façon égale), des présidents de sociétés en faillite aux politiciens qui sabraient dans les services – elle affectait hommes et femmes, jeunes et vieux, dans la vie quotidienne ou professionnelle, y compris mes amis et moi qui appartenions à la classe moyenne et pensions décrocher un emploi. Le passage de la récession à une économie mondiale coupe-gorge eut lieu d'une façon si soudaine que j'étais sans doute alitée, ce jour-là, car je n'ai rien vu – et comme pour l'algèbre au collège, je ne cesserai jamais de rattraper mes lacunes. À un moment donné, la récession battait son plein l'instant suivant, une nouvelle race de chefs d'entreprises se relevait de ses cendres comme un phénix – le

311

complet impeccable, l'enthousiasme délirant – et annonçait l'arrivée d'un nouvel âge d'or. Mais comme nous l'avons vu dans les deux chapitres précédents, lorsque les emplois revinrent (*si* les emplois revinrent), ils avaient changé ! Pour les travailleurs des zones franches industrielles, et pour les légions d'intérimaires, d'employés à temps partiel, de contractuels et de préposés aux services des pays industrialisés, l'employeur moderne commence à ressembler à l'amoureux d'un soir qui oserait réclamer la fidélité immédiate. À force, beaucoup d'employeurs y sont arrivés. Effarés, fuyant des années de vache maigre, la majorité d'entre nous a avalé la rhétorique nous enjoignant à accepter le salaire qui se présente. Mais il est de plus en plus prouvé que l'itinérance du lieu de travail finit par éroder notre confiance collective, non seulement dans les entreprises, mais dans le principe même de l'économie de diffusion.

La montée en flèche des profits et des taux de croissance, ainsi que des primes et des salaires faramineux que s'octroient les P.D.G. des grandes sociétés, a radicalement influencé les conditions poussant des travailleurs à accepter de maigres salaires et une faible sécurité d'emploi ; plusieurs se sentent floués. Ce changement d'attitude s'est manifesté dans la sympathie du public vis-à-vis des grévistes d'United Parcel Service en 1997. Bien que les Américains soient reconnus pour leur manque de solidarité à l'égard des grèves ouvrières, la détresse des employés à temps partiel d'UPS a trouvé un écho. D'après les sondages, 55 pour cent des Américains appuyaient les travailleurs contre seulement 27 pour cent en faveur de l'entreprise. Keffo, le rédacteur en chef d'un zine sarcastique destiné aux travailleurs temporaires, résumait ainsi le sentiment du public : « Jour après jour, on nous répète à quel point l'économie va bien, et pas besoin d'être un génie pour s'apercevoir que, bon-sang-mais-c'est-bien-sûr, si UPS se porte à merveille, pourquoi ne paie-t-elle pas mieux ses employés, ou n'embauche-t-elle pas à temps plein ceux qui sont à temps partiel, ou pourquoi n'enlève-t-elle pas ses sales doigts des fonds de retraite de ses travailleurs ? Alors, par un étrange coup du sort, toutes les "bonnes nouvelles" financières jouent en défaveur d'UPS et en faveur des camionneurs[1]. »

Réalisant qu'elle était devenue le paratonnerre d'un malaise plus général, UPS accepta de convertir 10 000 emplois à temps partiel en emplois à temps plein, en doublant le salaire horaire, et augmenta le traitement des employés à temps partiel de 35 pour cent sur cinq ans. En expliquant ces concessions, le vice-président John W. Alden déclara que la compagnie n'avait jamais prévu que ses travailleurs deviendraient le symbole de la rage à l'encontre de la nouvelle économie. « Si j'avais su qu'il ne s'agirait plus de négocier pour UPS seulement, mais pour l'Amérique à temps partiel, nous aurions adopté une attitude différente[2]. »

DES CRÉATEURS D'EMPLOIS AUX CRÉATEURS DE RICHESSE

Comme nous l'avons vu, ce n'est que depuis trois ou quatre ans que les entreprises ont cessé de camoufler les mises à pied et les restructurations derrière la rhétorique de la nécessité, pour se mettre à parler ouvertement, et sans excuses, de leur aversion pour l'embauche de personnel et, dans des cas extrêmes, de leur retrait total du domaine de l'emploi. Les multinationales qui, auparavant, se vantaient de leur rôle de « moteurs de la croissance de l'emploi » – et l'utilisaient pour réclamer maintes subventions gouvernementales – se présentent désormais comme des moteurs de « croissance économique ». La différence est subtile, sauf si vous cherchez un emploi. Si les entreprises assurent réellement la « croissance » de l'économie, c'est par les mises à pied, les fusions, la consolidation et la sous-traitance – autrement dit, par la dépréciation de postes et la perte d'emplois. Plus l'économie croît, plus le nombre de personnes employées directement par les plus grandes entreprises du monde décroît. Les sociétés transnationales, qui détiennent au moins 33 pour cent des actifs de production du monde, ne représentent que 5 pour cent de l'emploi direct à l'échelle mondiale[3]. Et bien que le total des actifs des cent plus grandes sociétés du monde ait augmenté de 288 pour cent entre 1990 et 1997, le taux de croissance de l'embauche est resté inférieur, chez elles, à 9 pour cent au cours de la même période[4].

Le chiffre le plus frappant est aussi le plus récent : en 1998, en dépit d'une économie reluisante et du taux de chômage le plus bas de l'histoire du pays, les sociétés américaines ont éliminé 677 000 postes permanents – année record de la décennie. Une fois sur neuf, ces suppressions suivaient des fusions ; beaucoup d'autres se faisaient dans le secteur manufacturier. Comme le laisse croire le faible taux de chômage aux États-Unis, les deux tiers des sociétés qui avaient supprimé des emplois en ont créé de nouveaux, et les travailleurs licenciés en ont retrouvé assez rapidement[5]. Mais ce qu'indiquent ces radicales suppressions d'emplois, c'est que la relation stable et fiable entre les travailleurs et les grandes sociétés qui les emploient n'a qu'un faible rapport avec le taux de chômage ou la santé relative de l'économie. Même lorsque l'économie est à son meilleur, les gens éprouvent une moins grande stabilité – en fait, les périodes prospères de l'économie découlent peut-être, du moins en partie, de cette perte de stabilité.

Pour la plupart des grandes sociétés, la création d'emplois, véritable mission des entreprises, et surtout la création d'emplois stables, à temps plein et suffisamment rémunérés, a disparu, malgré les profits. (Voir les tableaux afférents, page 316.) Jadis composante d'une saine exploitation, la main-d'œuvre est désormais davantage traitée, dans les grandes sociétés, comme un fardeau inévitable, au même titre que l'impôt, ou comme un coûteux désagrément, au même titre que l'interdiction de déverser des déchets toxiques dans les lacs. Les politiciens ont beau répéter que l'emploi est une priorité, la bourse répond allègrement à chaque annonce d'une mise à pied massive, et plonge, lugubre, chaque fois que les travailleurs sont à la veille d'obtenir une augmentation. Quel que soit l'étrange chemin qui nous a menés là, un message clair émane à présent de nos économies de marché : les bons emplois sont mauvais pour les affaires, mauvais pour l'économie, et il convient de s'en passer coûte que coûte. Cette équation a bel et bien permis de récolter des profits record à court terme, mais il s'agit sans doute d'une erreur de calcul stratégique de nos capitaines d'industrie. En se débarrassant de leur rôle de créateurs d'emplois, les sociétés s'exposent à la réaction violente d'une population qui se sent lésée. (Voir Tableaux 11.1 à 11.4, pages 316-317.)

Selon le rapport de 1997 de la Conférence des Nations unies sur le commerce et le développement (UNCTAD), « La montée des inégalités représente la menace sérieuse d'une violente réaction politique à la mondialisation, qui pourrait provenir du Nord autant que du Sud [...] Les années 1920 et 1930 nous rappellent, d'une sombre et inquiétante manière, à quel point la confiance dans les marchés et l'ouverture économique peut être balayée par les événements politiques[6]. » En 1998, dans le sillage des crises économiques asiatique et russe, un rapport de l'ONU sur le « développement humain » était encore plus sévère : soulignant les disparités croissantes entre riches et pauvres, James Gustave Speth, administrateur du Programme de développement des Nations unies, déclara : « À côté de toute cette richesse, les chiffres sont consternants. Il faut distribuer le progrès d'une façon plus équitable[7]. »

Ce genre de discours est de plus en plus fréquent. À Davos, en Suisse, les signes inquiétants d'une éventuelle réaction violente à la mondialisation ont jeté une ombre sur le rassemblement annuel des leaders économiques et politiques, qui se déroulait habituellement dans l'euphorie. La presse financière est jonchée de prévisions plus alarmantes, telles que celle-ci, tirée de *Business Week* : « Il pourrait devenir politiquement intenable que les coffres débordants des entreprises coexistent avec une stagnation continue du niveau de vie des Américains[8]. » Et ce, en Amérique, où le taux de chômage est le plus bas de l'histoire. La situation devient encore plus préoccupante au Canada, où il s'élève à 8,3 pour cent, et dans les pays de l'Union européenne, aux prises avec un taux moyen de 11,5 pour cent. (Voir Tableau 11.5, Appendice, page 555.)

Dans un discours donné au Business Council on National Issues, Ted Newall, P.D.G. de Nova Corp, de Calgary, a qualifié de « bombe à retardement » le fait qu'au moins 20 pour cent des Canadiens vivent sous le seuil de la pauvreté. Une petite coterie de P.D.G. marginaux se bousculent pour jouer les prophètes responsables : ils écrivent des ouvrages sur la nouvelle « société d'actionnaires », reprochent à leurs collègues, lors de déjeuners-causeries, de manquer de scrupules, et annoncent que les chefs d'entreprises doivent aborder les disparités économiques. Le problème, c'est qu'ils n'arrivent pas à s'entendre pour déterminer lequel s'en chargera le premier.

La peur de voir les pauvres monter aux barricades est ancestrale, surtout lorsque la prospérité économique s'accompagne d'une distribution inéquitable de la richesse. L'élite victorienne d'Angleterre, écrivait Bertrand Russell, craignait tellement que la classe ouvrière ne se révolte contre son « affligeante pauvreté », qu'« à l'époque de Peterloo, dans beaucoup de grandes maisons de campagne, on fourbissait l'artillerie en prévision de violentes émeutes. Avant son décès en 1869, mon grand-père maternel, l'esprit vaticinant à cause de sa dernière maladie, crut, en entendant un grand bruit dans la rue, que la révolution éclatait, ce qui montre qu'inconsciemment, du moins, la pensée de la révolution l'avait accompagné tout au long de ses années de prospérité[9] ».

Tableau 11.1
Total des actifs des 100 plus grandes sociétés transnationales, 1980 et 1995

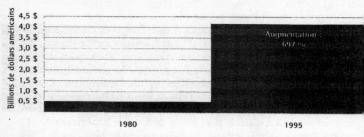

Sources : Transnational Corporations in World Development : Third Survey (UN : 1983) ; Transnational Corporations in World Development : Trends and Prospects (UN : 298) ; World Investment Reports (UN : 1993, 1994, 1997).

Tableau 11.2
Emploi direct dans les 100 plus grandes sociétés transnationales, 1980 et 1995

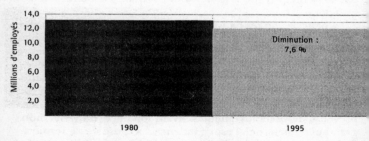

Sources : Transnational Corporations in World Development : Third Survey (UN : 1983) ; Transnational Corporations in World Development : Trends and Prospects (UN : 298) ; World Investment Reports (UN : 1993, 1994, 1997).

316

Tableau 11.3
Croissance de l'emploi à travers les agences d'intérim en Europe et aux États-Unis, 1988 et 1996

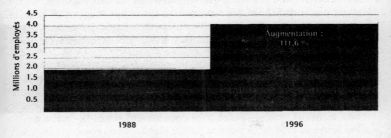

Source : International Confederation of Temporary Work Businesses (CIETT) ; pays compris : Grande-Bretagne, France, Hollande, Allemagne, Espagne, Belgique, Danemark et États-Unis.

Tableau 11.4
Nombre moyen de personnes employées chaque jour par des agences d'intérim aux États-Unis, 1970 et 1998

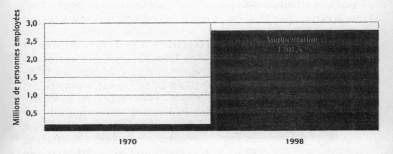

Sources : Bruce Steinberg, « Temporary Help Annual Update for 1997 », *Contemporary Times*, printemps 1998 ; Timothy W. Brogan, « Staffing Services Annual Update » (1999), National Association of Temporary and Staffing Services.

Une de mes amies, dont la famille habite en Inde, dit que sa tante du Pendjab craint tellement une insurrection de ses domestiques, qu'elle garde les couteaux de cuisine sous clé, et les oblige à couper les légumes avec des bâtons aiguisés. Ce n'est pas si différent des Américains qui emménagent de plus en plus dans des lotissements privés et grillagés, parce que les banlieues ne les protègent pas assez efficacement de la menace qu'ils voient venir des villes.

En dépit de cet écart grandissant entre riches et pauvres, que signale régulièrement l'ONU, et de la disparition de la classe moyenne, qui fait beaucoup parler en Occident, les atteintes aux emplois et aux revenus ne constituent probablement pas l'offense la plus sérieuse à laquelle nous soyons confrontés, en tant que citoyens du monde, de la part des grandes sociétés : en principe, elle n'est pas irréversible. Le pire, à long terme, ce sont les crimes commis par les grandes sociétés envers l'environnement, les réserves alimentaires et les peuples et cultures indigènes. Néanmoins, l'érosion de l'engagement envers la stabilité de l'emploi est à l'origine même du militantisme contre les grandes sociétés, et est celle qui a rendu les marchés très vulnérables à un « désordre social » généralisé, pour citer le *Wall Street Journal*[10].

Lorsque les grandes sociétés sont perçues comme des véhicules de distribution de la richesse – diffusant véritablement les emplois et le revenu fiscal –, elles fournissent au moins la base aux pactes faustiens par lesquels les citoyens offrent leur loyauté à des priorités commerciales, contre l'assurance d'un salaire. Par le passé, la création d'emplois servait en quelque sorte d'armure aux grandes sociétés, les protégeant de la colère qu'elles pourraient essuyer en abusant de l'environnement et des droits de l'homme.

Cette armure a surtout servi, au tournant des années 1990, lors des débats sur l'emploi et l'environnement, alors que les mouvements progressistes étaient fortement divisés, par exemple, entre partisans des droits des bûcherons et protecteurs des forêts anciennes. En Colombie-Britannique, les militants étaient ceux qui arrivaient de la ville en autobus, tandis que les bûcherons se rangeaient par loyauté du côté des multinationales qui ancraient leurs collectivités depuis des générations. Pour de nombreux participants, ce genre de clivage est de moins en moins net, car les grandes sociétés commencent à perdre leurs alliés naturels chez les ouvriers privés de leurs droits par des mises à pied inhumaines, de soudaines fermetures de scieries, et de constantes menaces de déménagement à l'étranger.

Aujourd'hui, il est difficile de trouver une ville industrielle qui soit satisfaite, où les citoyens ne se sentent pas, en quelque sorte, trahis par le secteur commercial local. Au lieu de diviser les collectivités en factions, les grandes sociétés constituent de plus en plus le fil conducteur qui, à partir des infractions aux lois du travail, de l'environnement et des droits de l'homme, permet de concevoir une idéologie politique unique. Après un certain temps, il devient clair que la recherche de profits à court terme qui, par exemple, entraîne la coupe à blanc de forêts anciennes, ressemble aux problèmes des bûcherons qui voient les scieries s'installer en Indonésie. John Jordan, écolo anarchiste britannique, l'énonce ainsi : « Les transnationales affectent la démocratie, le travail, les collectivités, la culture et la biosphère. Sans le vouloir, elles nous ont permis d'envisager le problème dans son ensemble, comme un seul système, de relier chaque question à une autre, sans isoler un problème particulier. »

Cette cuisante réaction dépasse de loin les griefs personnels. Même si vous avez eu la chance de décrocher un bon emploi et que vous ne vous êtes jamais fait licencier, vous avez vu des signes – pour vous-même, vos enfants, vos parents ou vos amis. Dans cette culture de l'insécurité de l'emploi, les messages d'incitation à l'autosuffisance atteignent chacun de nous. En Amérique du Nord, c'est un poids lourd roulant vers le Mexique, des travailleurs qui pleurent à la porte d'une usine, des fenêtres barricadées dans une ville où l'usine a fermé, et des gens qui dorment dans des entrées d'immeubles et sur des trottoirs. Telles ont été les images économiques les plus fortes de notre époque, cautérisant la conscience collective, face à une économie qui place, constamment et sans vergogne, les profits au-dessus des personnes.

Ce message a probablement davantage frappé la génération qui est entrée dans l'âge adulte au plus fort de la récession, au début des années 1990. Un chœur de voix lui conseillait de modérer ses attentes, et de réussir sans compter sur qui que ce soit. Si quelqu'un cherchait un emploi chez General Motors, Nike ou General Electric ou, en fait, n'importe où dans le secteur commercial, le message était partout identique : ne comptez sur personne. Pour qu'il ne le rate pas, ce message a été repris par les conseillers d'orientation scolaire dans leurs séminaires sur la façon de devenir « la Société Moi », par les manchettes des journaux télévisés annonçant l'épuisement prochain des fonds de retraite, et par des compagnies comme la compagnie d'assurance Prudential demandant à chacun d'être son propre rocher. Sur les campus universitaires à travers l'Amérique du Nord, au cours de la semaine d'orientation – la période d'initiation à la vie sur le campus –, certains événements sont maintenant sponsorisés par des organismes de placement collectif, qui profitent de l'occasion pour pousser les nouveaux étudiants à épargner pour leur retraite avant même d'avoir choisi une spécialité.

Tout cela a eu de l'effet. Selon la bible du marketing démographique, *The Yankelovich Report*, la conviction qu'il faille être autosuffisant a augmenté d'un tiers à chaque génération – des « gens mûrs » (nés entre 1909 et 1945) aux « boomers » (nés entre 1946 et 1964) aux « X » (définis d'une façon inexacte comme étant nés depuis 1965). « Plus des deux tiers des X se reconnaissent dans cette phrase : "Je dois retirer de ce monde tout ce que je peux, car personne ne me donnera rien." » Beaucoup moins de boomers et de gens mûrs s'y retrouvent – seulement la moitié et le tiers, respectivement », affirme le rapport[11]. Au cours de sa recherche sur l'ado mondial, l'agence de publicité new-yorkaise DMB&B a découvert des attitudes similaires : « Parmi une longue série d'éléments reliés à l'attitude, celui sur lequel s'entendent le plus les adolescents du monde entier, c'est : "À moi de retirer ce que je veux de la vie." » Neuf jeunes Américains sur 10 répondants s'accordaient avec ce sentiment d'autosuffisance totale[12].

Ce changement d'attitude s'est traduit par un sérieux boom dans l'industrie des organismes de placement collectif. Plus que jamais, semble-t-il, les jeunes achètent des régimes d'épargne de retraite. « Pourquoi la génération X tient-elle davantage à épargner ? se demande un reporter de *Business Week*. C'est surtout une question d'autosuffisance. Ils ont l'impression de ne pouvoir réussir que de leur propre initiative, et doutant de l'aide que leur procureront la sécurité sociale ou les régimes de pension traditionnels quand ils prendront leur retraite[13]. » En fait, à lire la presse financière, cet esprit d'autosuffisance n'aura qu'un seul impact, celui d'entraîner une nouvelle vague d'initiatives commerciales : les jeunes qui ne comptent sur personne chercheront à prendre la première place.

Il va sans dire qu'un grand nombre de jeunes gens ont compensé leur méfiance vis-à-vis des politiciens et des grandes sociétés en adoptant des valeurs socio-darwinistes du système qui a engendré leur insécurité : ils seront plus avides, plus durs, plus déterminés. Ils adopteront le slogan de Nike : *Just Do It*. Mais qu'en est-il de ceux qui n'ont pas de maîtrise en gestion, qui ne veulent pas devenir les prochains Bill Gates ou Richard Bransons ? Pourquoi devraient-ils s'investir dans les objectifs économiques des sociétés qui les ont si activement mis de côté ? Pourquoi resteraient-ils loyaux envers un secteur qui les a bombardés, leur vie durant, d'un seul et unique message : Ne comptez pas sur nous ?

Ce n'est pas qu'une affaire de chômage. On se trompe en tenant pour acquis que le bon vieux chèque de paie permettra d'acheter le niveau de loyauté et de protection auquel nombre de sociétés – parfois avec raison – étaient jadis habituées. Le travail occasionnel, à temps partiel et faiblement rémunéré ne permet pas de s'identifier à l'employeur autant que les contrats à vie d'autrefois. Rendez-vous dans n'importe quel centre commercial, 15 minutes après la fermeture des magasins, et vous verrez à quoi rime la nouvelle relation d'emploi : les commis rémunérés au salaire minimum sont alignés, sacs à main et sacs à dos ouverts pour une vérification. C'est pratique courante, vous diront les travailleurs de la vente au détail, que d'être fouillé chaque jour par des cadres à la recherche de marchandises volées. Et selon un sondage annuel mené dans l'industrie par le projet de recherche sur la sécurité à l'Université de la Floride, cette méfiance est fondée : l'étude démontre qu'en 1998, les vols commis par des employés représentaient 42,7 pour cent des vols de marchandises chez les détaillants américains, le taux le plus élevé jamais enregistré. Steve Emery, commis chez Starbucks, aime à citer une phrase d'un client sympathique : « Vu qu'ils vous donnent des miettes, pas étonnant qu'ils se fassent piquer. » Lorsqu'il me l'a rapportée, je me suis souvenue de ce que m'avaient raconté, seulement deux mois plus tôt, un groupe de travailleuses de Nike en Indonésie. Assises en cercle dans l'un des dortoirs, elles m'avaient dit qu'au fond, elles espéraient que leur usine soit détruite par le feu. Évidemment, les sentiments de ces travailleuses d'usine étaient beaucoup plus forts que le ressentiment des McEmployés occidentaux – à la sortie de l'usine Nike, en Indonésie, la vérification des sacs était effectuée par des gardes armés de revolvers.

Mais c'est parmi les millions de travailleurs intérimaires que devrait sourdre cette réaction violente contre les grandes sociétés. La plupart d'entre eux ne demeurant pas suffisamment longtemps au même poste pour que l'on retienne la valeur de leur labeur, le principe capitaliste du mérite, jadis sacro-saint, devient discutable. Et la situation peut être intensément démoralisante. « Je serai bientôt à court d'endroits où travailler dans cette ville, écrit Debbie Goad, intérimaire possédant 20 ans d'expérience en secrétariat. Je suis inscrite dans 15 agences d'emploi temporaire. C'est comme jouer aux machines à sous à Las Vegas. On me dit sans cesse sur le même ton que les vendeurs de bagnoles : "Je sais que tu vas bientôt trouver l'emploi parfait.[14]" »

Elle écrivait ces lignes dans *Temp Slave*, petite publication de Madison, dans le Wisconsin, qui canalise le ressentiment apparemment inépuisable des travailleurs. Des travailleurs classés objets jetables se défoulent contre les grandes sociétés qui les louent comme des pièces d'équipement, et les retournent, une fois utilisés, à l'agence. Auparavant, les intérimaires n'avaient personne à qui se confier à ce sujet – la nature de leur travail les tient isolés les uns des autres et, sur les lieux de travail temporaires, de leurs collègues salariés. Ainsi, il n'est pas étonnant que *Temp Slave*, ainsi que des sites Web comme Temp 24-7, bouillonne d'hostilité réprimée et suggère des façons de saboter le système informatique des employeurs, entre deux articles de fond intitulés « Tout le monde déteste les intérimaires. Le sentiment est réciproque ! » et « L'ennui profond de la vie d'intérimaire dans un bureau ».

Il n'y a pas que la main-d'œuvre temporaire qui joue avec le principe du mérite : les sociétés changent de P.D.G. comme le font les équipes de baseball. Le P.D.G. intérimaire constitue une atteinte majeure à la légende capitaliste du préposé au courrier qui gravit les échelons pour devenir président de la compagnie. Les cadres d'aujourd'hui, qui donnent l'impression de s'échanger entre eux le poste le plus élevé, semblent être nés, tels des rois, dans cette stratosphère close. Les préposés au courrier rêvent donc moins souvent de réussite – surtout lorsque leur service a été sous-traité à Pitney Bowes et comblé par des permatemps.

Voilà la situation chez Microsoft, et c'est l'une des raisons pour lesquelles la rage des intérimaires y couve plus que partout ailleurs. Microsoft admet ouvertement que sa réserve d'intérimaires est destinée à protéger le noyau des travailleurs permanents des ravages de l'économie de marché. Quand un secteur du marché est abandonné, ou que les frais sont réduits par de nouveaux et ingénieux moyens, les intérimaires accusent toujours le coup. Les agences affirment pour leur part que leurs clients n'ont pas d'objection à être traités comme des logiciels obsolètes – après tout, Bill Gates ne leur a jamais rien promis. « Si les gens savent que l'entente est temporaire, ils n'auront pas le sentiment, à la fin de l'affectation, que la confiance a été trahie », explique Peg Cheirett, présidente du Wasser Group, l'une des agences qui alimente Microsoft en intérimaires[15].

Gates a sans aucun doute inventé une méthode de restructuration qui permet d'éviter les hauts cris de trahison que les patrons d'IBM affrontèrent, à la fin des années 1980, en éliminant 37 000 emplois, s'attirant la colère d'employés qui avaient cru à la sécurité de l'emploi à vie. Les intérimaires de Microsoft ne s'attendent à rien de la part de Bill Gates – au moins, ils le savent – ; mais même si cette situation empêche les piquets de grève de bloquer l'entrée du campus Microsoft, il ne protège pas la compagnie du *hacking* interne de son propre système informatique. (Comme en 1998, lorsqu'un groupuscule de *hackers* nommé Cult of the Dead Cow lança un programme de hacking expressément conçu pour Microsoft, appelé Back Orifice. Il fut téléchargé de l'Internet 300 000 fois.) Tous les jours, les permatemps de Microsoft se frottent au rêve capitaliste hyperactif du Silicon Gold, mais mieux que quiconque, ils savent que cette aventure est réservée à des invités. Ainsi, tandis que les employés permanents de Microsoft sont reconnus pour le culte qu'ils vouent à l'entreprise, les permatemps entretiennent une rancœur presque sans égale. Si des journalistes leur demandent ce qu'ils pensent de leur employeur, ils font des commentaires de choix, comme : « Ils nous traitent comme des ordures[16] » ou « Leur système consiste à diviser les gens en deux classes, et à semer la peur, l'infériorité et la répugnance[17] ».

LE DÉSINVESTISSEMENT : UNE RELATION RÉCIPROQUE

Commentant cette mutation, Charles Handy, auteur de *The Hungry Spirit*, écrit ceci : « Le contrat psychologique entre employeurs et employés a nettement changé. Le bon jargon,

Symbole de la sécurité d'emploi, cette montre était jadis offerte à l'**employé** qui prenait sa retraite au terme d'une longue carrière dans la même société.

Tableau 11.6
Profil de la main-d'œuvre aux États-Unis, au Canada et en Grande-Bretagne, 1997

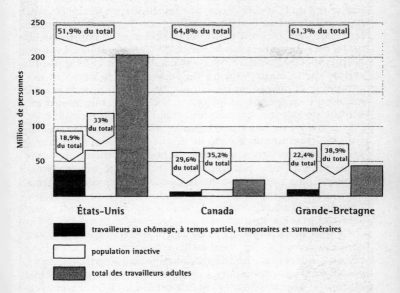

Sources : Bureau of Labor Statistics ; Statistique Canada ; Office for National Statistics (Labor Force Survey) ; International Confederation of Temporary Work Businesses (CIETT). Pour le Canada et les États-Unis, les statistiques tiennent compte du chevauchement des intérimaires et des travailleurs à temps partiel ; pour la Grande-Bretagne, du chevauchement du temps partiel et du travail autonome.

[Prenons pour exemple les statistiques américaines : les travailleurs au chômage, à temps partiel, temporaires et surnuméraires forment près de 40 pour cent de la main-d'œuvre active ou en recherche d'emploi. Cependant, si on tient compte des 67 millions d'Américains en âge de travailler mais qui ne sont pas inclus dans les statistiques du chômage parce qu'ils ne sont pas en recherche active de travail, le pourcentage d'adultes détenant des emplois permanents à temps plein glisse vers la minorité.]

325

c'est de garantir maintenant l'"employabilité", mais non l'"emploi". En clair, cela veut dire : ne comptez pas sur nous, ne comptez que sur vous-même, mais nous essaierons de vous aider si nous le pouvons[18]. »

Pour certains – en particulier les jeunes travailleurs – ce malheur a un bon côté. Parce que les jeunes ont tendance à ne pas considérer leur lieu de travail comme un prolongement de leur âme, certains ont trouvé la liberté dans le fait de savoir qu'ils ne subiront jamais le genre de trahison bouleversante qu'ont vécue leurs parents. Pour presque tous ceux qui sont arrivés sur le marché du travail au cours de la dernière décennie, le chômage est un fait acquis, tout comme le travail autonome et irrégulier. En outre, il est beaucoup moins effrayant de perdre son emploi quand on a l'impression de l'avoir trouvé de façon accidentelle. Cette familiarité avec le chômage entraîne une sorte de désinvestissement chez le travailleur – un désinvestissement de la notion même de complète dépendance par rapport à un travail stable. Nous commençons peut-être à nous demander si nous désirons d'ailleurs garder un même emploi toute notre vie et, surtout, pourquoi notre sentiment d'identité devrait dépendre des aléas des grandes institutions.

Ce lent désinvestissement de la culture d'entreprise a des conséquences qui dépassent largement la psychologie de l'individu : une population de travailleurs compétents qui ne se considèrent pas condamnés à rester à perpétuité dans la même entreprise pourrait engendrer une renaissance de la créativité et une revitalisation de la vie civique, perspectives fort prometteuses. Une chose est certaine : il mène déjà à une nouvelle sorte de politique d'opposition aux grandes sociétés.

On le voit chez les *hackers* politiques qui s'attaquent à Microsoft et, comme le montrera le prochain chapitre, chez les guérilleros « casseurs de pub » qui ciblent des panneaux-réclame urbains. On le voit également dans les farces anarchistes du genre « La journée "On téléphone au bureau pour dire qu'on est malade" » et le manifeste « Volez au boulot, car le boulot vous vole ! ». On le voit aux noms des sites Web tels que *Corporate America Sucks* (L'Amérique commerciale, c'est nul), et derrière des campagnes anticommerciales internationales comme celle lancée contre McDonald's à la suite du procès McLibel, et celle contre Nike, centrée sur les conditions de travail dans les usines asiatiques.

Dans son article intitulé « Les boulots stupides sont parfaits pour se détendre », le rédacteur torontois Hal Niedzviecki exprime le détachement qu'il ressent vis-à-vis du flot d'emplois bidon qui encombrent son CV, et le profond bouleversement que ressentit son père lorsqu'on l'obligea à prendre une retraite prématurée après une carrière professionnelle à l'ascension régulière. Aidant son père à vider son bureau avant de quitter son poste, Hal le regarda faucher des Post-it et autres fournitures de bureau de la compagnie qui l'avait employé durant 12 ans. « Malgré ses décennies de labeur et mes années de quasi-chômage (et les cinq diplômes universitaires que nous avons à deux), le résultat est le même. Lui se sent trahi, moi pas[19]. »

Les membres de la culture jeunesse des années 1960 ont juré d'être la première génération à ne pas retourner leur veste, refusant d'acheter un billet pour le train express de l'« emploi à vie ». Mais dans les rangs des jeunes travailleurs à temps partiel, intérimaires et contractuels, nous voyons quelque chose de potentiellement beaucoup plus fort : la première vague de travailleurs à n'avoir jamais pris ce train – certains par choix, la plupart parce qu'il est resté en gare depuis presque dix ans.

On ne peut surestimer l'étendue de cette mutation. Sur le nombre total d'adultes en âge de travailler, aux États-Unis, au Canada et en Grande-Bretagne, une minorité de personnes occupent des postes permanents et à temps plein et ne sont pas des travailleurs autonomes. Les intérimaires, travailleurs à temps partiel, chômeurs, et ceux qui ont tout à fait décroché de la main-d'œuvre – non pas parce qu'ils ne voulaient pas travailler, mais bien davantage parce qu'ils ont cessé de chercher un emploi – représentent maintenant plus de la moitié de la population en âge de travailler. (Voir Tableau 11.6, page 325.)

Autrement dit, la majorité des gens n'a pas accès à une grande société à laquelle rester loyal à vie. Et pour les jeunes travailleurs, en surnombre constant parmi les chômeurs, les travailleurs à temps partiel et les intérimaires, la relation au monde du travail est encore plus ténue. (Voir Tableau 11.7, Appendice, page 556.)

DE « ZÉRO BOULOT » À « ZÉRO LOGO »...

Cela ne devrait étonner personne : les sociétés de plus en plus ciblées par les bombes aérosol, les *hackers* ou les campagnes internationales contre les grandes sociétés sont celles qui ont les pubs les plus avant-gardistes, les spécialistes en recherche de marchés les plus intuitifs, et les programmes scolaires les plus ambitieux. Lorsque les diktats du branding obligent les sociétés à rompre leurs liens traditionnels avec la création d'emplois permanents, les marques les plus « fortes » sont sans conteste celles qui donnent naissance aux pires emplois, que ce soit dans les zones franches industrielles, à Silicon Valley ou au centre commercial. De plus, les sociétés qui font une publicité ambitieuse sur MTV, Channel One et dans *Details*, vendant baskets, jeans, fast-food et baladeurs, sont celles-là même qui ont inauguré le secteur du McJob et entraîné l'exode de la production vers des enclaves de main-d'œuvre à bon marché comme Cavite. Après avoir gonflé les jeunes de messages du genre « Vas-y ! », compagnies de baskets « Just Do It », de t-shirts « No Fear » et de jeans « No Excuses » ont répondu à des demandes d'emploi par un retentissant « Qui, moi ? ». Les travailleurs de Cavite ne sont peut-être pas dignes d'un swoosh, mais les principaux consommateurs de Nike et de Levi's ont reçu un autre message de la confusion mondiale des marques : sont indignes d'un job.

Pour comble d'insulte, comme nous l'avons vu dans la première partie, « Zéro espace », ce désinvestissement des grandes sociétés de marque se produit, plus que jamais, au moment même où la culture jeunesse est poursuivie par un branding agressif. Le style et l'attitude des jeunes figurent parmi les facteurs de richesse les plus efficaces de notre économie du loisir, mais partout dans le monde, on utilise de véritables jeunes pour inaugurer un nouveau genre de main-d'œuvre jetable. C'est dans ce contexte explosif, comme le montrera la dernière section, que l'économie du branding est en train de devenir l'équivalent politique d'une affiche accrochée à l'arrière-train du corps commercial, qui dirait : « Botte-moi ! »

BECOME A TOUCHER UPPER!

En haut : Un appel à la résistance publicitaire, à l'époque de la crise des années 1930, dans *The Ballyhoo*.
En bas : Deux parodies d'annonces de cigarettes, par Ron English.

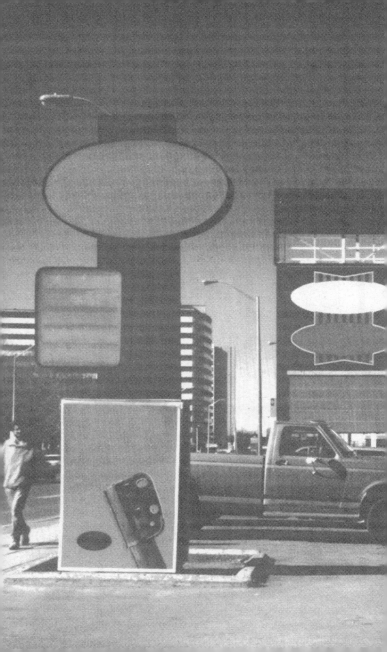

LA RÉSISTANCE CULTURELLE

LES CASSEURS DE PUB

Ces temps-ci, les publicitaires sont vraiment très mécontents, très nerveux, et éprouvent un sentiment d'attente apocalyptique. Souvent, quand je déjeune avec un ami d'une agence, une demi-douzaine de rédacteurs et de directeurs artistiques inquiets nous accompagnent. Invariablement, ils veulent savoir quand la révolution viendra, et où ils se sauveront, le cas échéant.

L'ex-publicitaire James Rorty, *Our Master's Voice*, 1934

Nous sommes dimanche matin, à la limite d'Alphabet City, à New York, et Jorge Rodriguez de Gerada est perché au sommet d'une longue échelle : il arrache le papier d'un panneau-réclame pour des cigarettes. Quelques instants plus tôt, ce panneau, au coin de Houston et d'Attorney, montrait un couple de Newport, enjoué, se chamaillant pour un bretzel. À présent, il présente le visage obsédant d'un enfant que Rodriguez de Gerada a peint en couleur rouille. Pour terminer, il colle quelques bandes arrachées à la vieille annonce de Newport, qui forme un cadre vert fluo autour du visage de l'enfant.

Une fois terminée, l'installation colle aux intentions de cet artiste de 31 ans : on dirait que des années de réclames de cigarettes, de bières et de voitures ont été décapées pour révéler le fond rouillé du panneau-réclame. Gravé dans le métal subsiste l'objet véritable de la transaction publicitaire : « Quand on a enlevé les annonces, dit-il, ce qui reste, c'est leur impact sur les enfants du coin, qui regardent ces images[1]. »

À la différence des contingents grandissants d'artistes guérilleros de New York, Rodriguez de Gerada refuse d'agir clandestinement comme un vandale à la faveur de la nuit, et choisit de faire ses déclarations au grand jour. D'ailleurs, à l'expression « art de guérilla » qui ne lui plaît guère, il préfère « art citoyen ». Il veut que le dialogue qu'il entretient depuis plus de 10 ans avec les panneaux-réclame de la ville soit considéré comme un mode normal de discours dans une société démocratique – et non comme un geste d'avant-garde. Il veut que les jeunes s'arrêtent pour le regarder peindre et coller – comme ils le font en cette journée ensoleillée, alors qu'un homme âgé offre de tenir l'échelle.

Rodriguez de Gerada affirme même avoir convaincu à trois reprises des policiers venus l'arrêter. « Je dis : "Regardez, regardez ce qu'il y a autour, regardez ce qui est en train d'arriver. Laissez-moi vous expliquer pourquoi je fais ça." » Il explique au policier que les quartiers pauvres comptent un nombre disproportionné de panneaux-réclame vendant du tabac et de l'alcool fort. Que ces annonces présentent toujours des mannequins en train de faire de la voile, du ski ou de jouer au golf, ce qui rend les produits semblables à des drogues particulièrement prestigieuses pour des enfants coincés dans les ghettos, et qui rêvent de s'évader. À la différence des annonceurs qui laissent leur marque avant de prendre la fuite, il veut que son travail fasse partie d'une discussion collective sur la politique de l'espace public.

Rodriguez de Gerada est largement reconnu comme étant l'un des fondateurs les plus talentueux et les plus créatifs de la résistance culturelle, pratique qui consiste à parodier les publicités et à détourner les panneaux-réclame afin de modifier radicalement leurs messages. Les rues sont des espaces publics, prétendent les casseurs de pub, et puisque la plupart des résidents ne peuvent se permettre d'entraver les messages des grandes sociétés en achetant leurs propres annonces, ils devraient avoir le droit de répondre à des images qu'ils n'ont jamais demandé de voir. Au cours des dernières années, cet argument a été renforcé par une recrudescence de l'agressivité publicitaire dans le domaine public – les annonces dont nous avons parlé dans « Zéro espace », peintes ou projetées sur les trottoirs ; couvrant des édifices et des autobus entiers ; pénétrant dans des écoles, sur des terrains de basket-ball et sur Internet. En même temps, nous l'avons vu dans « Zéro choix », la prolifération des « places » quasi publiques dans les centres commerciaux et les supermagasins a engendré un nombre croissant d'espaces où seuls les messages publicitaires sont autorisés. Ce qui confère une urgence encore plus grande à leur cause, c'est la croyance, chez de nombreux résistants, que la concentration des médias a réussi à dévaluer le droit à la libre expression, en le dissociant du droit d'être entendu.

Tout d'un coup, ces forces se rassemblent pour créer un climat favorable aux Robins des Bois de la communication. Aux yeux d'un nombre de plus en plus grand d'activistes, les temps sont mûrs : le public peut cesser de demander qu'on lui consente de l'espace dépourvu de sponsoring, et commencer à le récupérer. La résistance culturelle rejette en bloc l'idée que le marketing – parce qu'il achète son intrusion dans nos espaces publics – doive être passivement accepté comme un courant d'information à sens unique.

Les opérations de résistance culturelle les plus sophistiquées ne sont pas des parodies publicitaires autonomes, mais des interceptions – des contre-messages qui s'emparent de la méthode même de communication d'une grande société, pour entrer en conflit marqué avec cette dernière. Le processus oblige l'entreprise à faire les frais de sa propre subversion, soit matériellement, parce que c'est elle qui a loué le panneau-réclame, ou au figuré, parce que chaque fois que des gens touchent à un logo, ils tirent profit des vastes ressources dépensées pour lui donner un sens. Kalle Lasn, rédacteur en chef du magazine *Adbusters*, de Vancouver, utilise l'art martial du jiu-jitsu comme la métaphore la plus juste pour expliquer la mécanique de cette résistance. « D'un seul mouvement simple et habile, on peut renverser un géant en utilisant l'élan de l'ennemi. » C'est une image empruntée à Saul Alinsky : dans *Rules for Radicals*, sa bible de l'activiste, il définit le « jiu-jitsu politique de masse » comme « le fait d'utiliser le pouvoir d'une partie de la structure de pouvoir contre une autre partie […] la force supérieure des Puissants engendre leur propre défaite[2] ». C'est ainsi qu'en effectuant une descente en rappel sur le côté d'un panneau-réclame Levi's de 10 mètres sur 30 (le plus grand de San Francisco) et en collant sur l'image le portrait du tueur en série Charles Manson, un groupe de résistants tente de laisser un message troublant sur les pratiques de Levi's à l'égard de la main-d'œuvre qui fabrique ses jeans. Dans une note laissée sur place, le Front de Libération du panneau-réclame affirmait avoir choisi le visage de Manson parce que les jeans étaient « assemblés par des prisonniers en Chine, et vendus dans des pénitenciers des Amériques ».

L'expression « résistance culturelle » (*culture jamming*) a été lancée en 1984 par le groupe de collage audio Negativland, de

San Francisco. « Le panneau-réclame habilement retravaillé […] incite le spectateur à considérer la stratégie commerciale originale », affirme un membre du groupe sur l'album *Jamcon* '84 a métaphore du jiu-jitsu n'est pas adéquate pour décrire ces résistants : ils insistent sur le fait qu'ils ne détournent pas des messages publicitaires, mais plutôt les améliorent, les révisent, les augmentent ou les démasquent. « C'est le stade extrême de la publicité-vérité », me dit un artiste du panneau-réclame[3]. Autrement dit, une bonne opération de résistance, c'est une radiographie du subconscient d'une campagne, qui dévoile non pas son contraire, mais la vérité profonde qui se cache sous les couches d'euphémismes publicitaires. Ainsi, selon ces principes, par un léger ajustement de l'imagerie, le personnage à présent disparu de Joe Camel devient Joe Chimio, mis sous perfusion. C'est son avenir, non ? À moins que Joe n'apparaisse environ 15 ans plus jeune que son personnage branché habituel (voir image, page 329). Le « Cancer Kid » est mignon et adorable comme un bébé Schtroumpf, il joue avec des blocs de construction au lieu de voitures de sport et de queues de billard. Et pourquoi pas ? Avant l'accord de 206 milliards de dollars que R. J. Reynolds a conclu avec 46 États, le gouvernement américain accusa le fabricant de cigarettes d'utiliser le chameau de bédé pour inciter les enfants à commencer à fumer – pourquoi ne pas aller plus loin, demandent les résistants culturels, et atteindre des fumeurs potentiels encore plus jeunes ? La campagne « *Think Different* » (Pensez autrement) des ordinateurs Apple, montrant des personnages célèbres, vivants ou décédés, fut la cible de nombreuses attaques simples : une photo de Staline apparaît avec le slogan modifié « *Think Really Different* » ; la légende de la photo du dalaï-lama devient « *Think Disillusioned* » et le logo arc-en-ciel d'Apple, transformé, devient un crâne (voir image en page 406). La campagne de « publicité-vérité » que je préfère est une opération simple sur Exxon, apparue juste après le naufrage du Valdez, en 1989 : « *Shit Happens. New Exxon* », annonçaient deux panneaux-réclame imposants à des millions d'automobilistes de San Francisco.

Il est presque impossible d'arriver à retracer les origines de la résistance culturelle, surtout parce que la pratique même est un copier-coller de graffiti, d'art moderne, de bricolage punk et de bons vieux canulars. Sans compter que le fait d'utiliser les panneaux-réclame comme une toile d'activiste n'est pas non plus une nouvelle tactique révolutionnaire. À San Francisco, le Billboard Liberation Front (Front de libération du panneau-réclame), responsable des opérations sur Exxon et Levi's, modifie des publicités depuis 20 ans, tandis qu'en Australie, l'action du Billboard Utilizing Graffitists Against Unhealthy Promotions (Graffiteurs utilisant les panneaux-réclame contre les promotions malsaines) (BUG-UP) a atteint son apogée en 1983, causant des dommages d'un montant record de un million de dollars aux panneaux-réclame de Sydney et des alentours.

Ce sont Guy Debord et les situationnistes, inspirateurs et théoriciens du théâtral soulèvement de mai 1968, qui exprimèrent les premiers le pouvoir d'un simple *détournement*, défini comme une image, un message ou un artefact dégagé de son contexte pour créer un nouveau sens. Mais même si les résistants culturels empruntent largement aux anciens mouvements d'avant-garde – de Dada et du surréalisme au conceptualisme et au situationnisme –, le paysage auquel s'attaquaient ces artistes révolutionnaires était le plus souvent le monde de l'art et sa culture passive du spectacle, ainsi que la philosophie puritaine de la société capitaliste dominante. Pour bien des étudiants français de la fin des années 1960, l'ennemi était la rigidité et le conformisme de l'employé dévoué ; l'entreprise elle-même les attirait beaucoup moins. Ainsi, contrairement au situationniste Asger Jorn, qui lança de la peinture sur des scènes pastorales achetées aux puces, les résistants actuels préfèrent s'attaquer à la publicité et à d'autres canaux du discours commercial. Et si les messages des résistants culturels sont plus ostensiblement politiques que ceux de leurs prédécesseurs, c'est peut-être parce que les messages qui étaient en effet subversifs dans les années 1960 – « Ne travaillez jamais », « Il est interdit d'interdire », « Prenez vos désirs pour des réalités » – ressemblent davantage, à présent, à des slogans de Sprite ou de Nike : *Just Feel It*. Quant aux « situations » ou « happenings » organisés en 1968 par les farceurs politiques, bien qu'ils fussent véritablement choquants et perturbateurs à l'époque, ils ont abouti, en 1998, à une annonce de vodka Absolut – celle qui présente des étudiants des Beaux-Arts, vêtus de mauve, envahissant des bars et des restaurants en entrechoquant des bouteilles.

En 1993, Mark Dery écrivit « *Culture Jamming : Hacking, Slashing and Sniping in the Empire of Signs* » (La résistance culturelle : s'attaquer à l'Empire des Signes à la hache, au couteau et au ciseau), brochure publiée dans la collection pamphlétaire du magazine *Open*. Pour Dery, la résistance incorpore des combinaisons éclectiques de théâtre et d'activisme, telles que les Guerrilla Girls, qui dénonçaient l'exclusion des femmes du monde artistique en organisant des manifestations devant le Whitney Museum, affublées de masques de gorilles ; Joey Skagg, qui a monté d'innombrables canulars médiatiques réussis ; et Artfux avec son exécution de l'effigie de Jesse Helms, Républicain par excellence, sur la colline du Capitole. Pour Dery, est résistance culturelle tout ce qui, essentiellement, combine l'art, les médias, la parodie et le point de vue marginal. Mais à l'intérieur de ces sous-cultures, il a toujours existé une tension entre le joyeux farceur et l'irréductible révolutionnaire. Et de troublantes questions de refaire surface : jeu et plaisir sont-ils, en soi, des actes révolutionnaires, comme le prétendent les situationnistes ? Le fait de perturber les courants d'information de la culture est-il, en soi, subversif, comme le soutient Skagg ? Et le mélange d'art et de politique ne revient-il pas à s'assurer, pour paraphraser Emma Goldman, que quelqu'un a branché à la révolution une bonne sono ?

Même si la résistance culturelle est un courant sous-jacent qui jamais ne tarit complètement, il ne fait aucun doute qu'au cours des cinq dernières années, elle s'est trouvée en pleine renaissance, quoique davantage concentrée sur la politique que sur le canular. Pour un nombre croissant de jeunes activistes, le cassage de pub s'est présenté comme l'outil parfait par lequel affirmer leur désapprobation des multinationales qui leur ont si agressivement fait la chasse en tant que consommateurs, et les ont si précipitamment laissés sur le carreau en tant que travailleurs. Influencés par des théoriciens des médias tels que Noam Chomsky, Edward Herman, Mark Crispin Miller, Robert McChesney et Ben Bagdikian, qui ont tous exploré la question du contrôle des entreprises sur les courants d'information, les casseurs de pub font de la théorie dans la rue, déconstruisant littéralement la culture commerciale au moyen d'un stylo-feutre résistant à l'eau et d'un seau de colle.

L'origine de ces résistants est fort diverse, des marxistes-anarchistes qui se prennent pour des purs et refusent les entrevues avec « la presse bourgeoise », à ceux qui, comme Rodriguez de Gerada, travaillent le jour dans l'industrie publicitaire (son travail payant, ô ironie, consiste à installer des enseignes et des vitrines de supermagasins), et qui ont envie d'utiliser leurs talents pour envoyer des messages qu'ils estiment constructifs. En dehors de ces différences, l'idéologie qui cimente l'ensemble de la résistance culturelle est la conviction que la liberté d'expression est vaine si la cacophonie commerciale s'est élevée à un tel niveau sonore que personne ne vous entend. « Je crois que chacun devrait avoir son propre panneau-réclame, mais ce n'est pas le cas », dit Jack Napier (un pseudonyme), du Front de libération du panneau-réclame[4].

À l'extrémité plus radicale du spectre, un réseau de « collectifs médiatiques » a émergé, décentralisé et anarchique, combinant cassage de pub et édition de zines, radios pirates, vidéos activistes, développement sur Internet et activisme communautaire. Des sections du collectif sont apparues à Tallahasse, à Boston, à Seattle, à Montréal et à Winnipeg – se subdivisant souvent en nouvelles organisations. À Londres, où le cassage de pub s'appelle « *subvertising* » (on pourrait dire « pubversion », mot-valise créé à partir de « publicité » et « subversion », N.D.T.), un nouveau collectif s'est formé sous le nom de UK Subs, en hommage à un groupe punk des années 1970. Et au cours des deux dernières années, aux résistants du monde réel s'est joint un réseau mondial d'« hacktivistes » en ligne, qui mènent leurs raids sur Internet, essentiellement en pénétrant par effraction sur les sites Web de grandes sociétés pour y laisser leurs propres messages.

D'autres groupes, moins marginaux, ont également mis la main à la pâte. Le syndicat américain des camionneurs s'est vraiment entiché de la résistance publicitaire, l'utilisant pour recueillir du soutien aux grévistes, lors de récents conflits ouvriers. La brasserie Miller fut, entre autres, la cible d'une de ces opérations lorsqu'elle congédia des travailleurs d'une usine de St. Louis. Les Teamsters achetèrent un panneau-réclame qui parodiait une campagne Miller alors en cours ; comme le rapporta *Business Week*, « Au lieu de deux bouteilles de bière sur une congère avec le slogan "*Two Cold*" (Deux froides), l'annonce montrait deux travailleurs gelés dans une congère étiquetée « *Too Cold : Miller canned 88 St. Louis workers* » (Trop froid : Miller a viré 88 travailleurs de St. Louis[5]). » Comme le dit l'organisateur Ron Carver : « En faisant ça, on met en péril des campagnes publicitaires qui coûtent des millions de dollars[6]. »

Une opération fort remarquée fut menée à l'automne 1997, lorsque le lobby antitabac de New York acheta des centaines

d'annonces sur les toits des taxis pour vanter les cigarettes
« *Virginia Slime* » (bave, au lieu de *Slims* : minces, N.D.T.) et
« *Cancer Country* » (plutôt que *Marlboro Country*, N.D.T.). Partout
dans Manhattan, alors que les taxis jaunes étaient coincés dans
les bouchons, les annonces détournées côtoyaient les vraies.

LES MUTINÉS DU VAISSEAU ENTREPRISE

La renaissance de la résistance culturelle a beaucoup à voir
avec les technologies nouvellement accessibles qui ont largement facilité la création et la diffusion des parodies publicitaires. L'Internet est peut-être enlisé dans de nouvelles formes
de branding, comme nous l'avons vu, mais il fourmille également de sites présentant des liens vers des résistants culturels
d'Amérique du Nord et d'Europe, des parodies publicitaires
disponibles en ligne et des versions numériques d'annonces
originales, à importer sur le bureau de l'ordinateur individuel
ou à détourner sur place. Pour Rodriguez de Gerada, la vraie
révolution a été l'impact de l'édition électronique assistée par
ordinateur sur les techniques mises à la disposition des pirates
de la pub. Au cours de la dernière décennie, dit-il, la résistance
culturelle est passée, du point de vue médias, « de la basse
technologie à la technologie moyenne, puis à la haute technologie », avec l'arrivée des numériseurs et des logiciels comme
Photoshop, qui permettent désormais aux activistes d'imiter
précisément des couleurs, des polices de caractères et des
contenus. « Je connais un tas de techniques différentes qui
donnent l'impression que l'annonce a été réimprimée avec
son nouveau message, plutôt qu'attaquée à la bombe aérosol ! »
Distinction cruciale. Selon que le graffitiste traditionnel
cherche à laisser des tags discordants sur le visage lisse de la
publicité (ou des « boutons d'acné sur le visage retouché de la
photo-couverture de l'Amérique », pour emprunter une
image à Negativland), les messages de Rodriguez de Gerada
sont conçus pour s'accorder à leurs cibles, empruntant leur
légitimité visuelle à l'annonce même. Un grand nombre de ses
« révisions » ont été intégrées avec tant de succès que les
panneaux-réclame modifiés ressemblaient aux originaux, sauf
que leur message prenait le passant par surprise. Même le
visage d'enfant qu'il installa dans Alphabet City – ce n'était pas
une opération parodique traditionnelle – fut imprimé numé-
riquement sur le genre de vinyle adhésif que les annonceurs

340

utilisent pour couvrir sans hiatus autobus et édifices de logos commerciaux. « La technologie nous permet de retourner l'esthétique de Madison Avenue contre elle-même, dit-il. C'est l'aspect le plus important de cette nouvelle vague de gué-rilleros, car ça fait partie des habitudes de la génération MTV – tout est tape-à-l'œil, éclatant et propre. Si vous prenez la peine de faire du travail propre, il ne sera pas négligé. »

D'autres en revanche prétendent que la résistance n'a pas à être aussi high-tech. L'artiste de performance de Toronto Jubal Brown a répandu le virus visuel du plus grand blitz de sabotage de panneaux-réclame du Canada avec un simple stylo-feutre à pointe large. Il a enseigné à ses amis comment déformer les visages déjà creux des mannequins : le feutre sert à leur noircir les yeux et à dessiner une fermeture éclair sur leurs bouches – et hop ! une tête de mort instantanée. Pour les résistantes, en particulier, le *skulling* convenait remarquable-ment à la théorie de la « publicité-vérité » : si l'émaciation est l'idéal de la beauté, pourquoi ne pas aller jusqu'au bout dans le chic zombie, en donnant aux annonceurs quelques super-modèles d'outre-tombe ? Pour Brown, plus nihiliste que féministe, le *skulling* n'était qu'un détournement destiné à souligner la pauvreté culturelle de la vie sponsorisée. *(« Buy Buy Buy ! Die Die Die ! »* s'exclame la déclaration de Brown exposée dans une galerie d'art de Toronto.) Le 1er avril 1997, des dizaines de gens partirent en mission de *skulling*, s'at-taquant à des centaines de panneaux-réclame dans les rues passantes de Toronto (voir image page 406). Leur travail arti-sanal fut reproduit dans *Adbusters*, qui aida ainsi à répandre le *skulling* en Amérique du Nord.

Car personne ne surfe mieux sur la vague de la résistance culturelle qu'*Adbusters*, le prétendu « organe maison » de la résistance culturelle. Kalle Lasn, le rédacteur en chef, adepte exclusif du jargon écolo-pop du magazine, aime à dire que nous sommes dans une culture « droguée aux toxines » qui empoisonnent notre corps, notre « environnement mental » et notre planète. Il est convaincu que le cassage de pub finira pas déclencher dans la conscience publique un « change-ment de paradigme ». Publié par la Media Foundation, de Vancouver, le magazine fut lancé en 1989 à 5 000 exemplaires. Dix ans plus tard, son tirage était de 35 000 – dont au moins 20 000 vendus aux États-Unis. La fondation produit également des « antipubs » télévisuelles accusant l'industrie des produits de beauté de provoquer des troubles alimentaires, attaquant la surconsommation à la nord-américaine, et pressant tout le monde d'échanger l'auto pour le vélo. La plupart des stations de télévision du Canada et des États-Unis ont refusé de diffuser des messages publicitaires, ce qui donne à la Media Foundation un alibi parfait pour les traîner devant les tribunaux, en utilisant les procès pour attirer l'attention de la presse sur leur vision des médias, plus démocratiques et accessibles au public.

Si la résistance culturelle jouit d'un renouveau, c'est en partie en raison des progrès technologiques, mais aussi, et surtout, en raison des bonnes vieilles règles de l'offre et de la demande. Quelque part, sous la surface de la psyché, le public est ravi de voir les symboles du pouvoir commercial subvertis et parodiés. Bref, il y a un marché. Puisque le mercantilisme a renversé l'autorité traditionnelle de la religion, de la politique et de l'école, les grandes entreprises sont devenues les cibles naturelles d'une rage et d'une rébellion aux couleurs diverses, qui flottaient dans l'air. La nouvelle philosophie canalise ce désir effréné de mordre la grande entreprise. « Les États se sont repliés et les grandes entreprises sont devenues les nouvelles institutions, dit Jaggi Singh, activiste de Montréal[7]. Les gens ne font que réagir à l'iconographie de notre époque. » Trim Bissell, activiste américain des droits des travailleurs, va plus loin, expliquant que l'expansion compulsive des chaînes telles que Starbucks et le branding agressif de compagnies comme Nike ont créé un climat favorable aux attaques contre les entreprises. « Certaines grandes sociétés opèrent leur propre mise en marché d'une façon si agressive, et sont si promptes à imprimer leur image sur chacun et dans chaque rue, qu'elles remplissent un réservoir de ressentiment chez les gens intelligents, dit-il. Ceux-ci leur en veulent d'avoir détruit la culture et de l'avoir remplacée par ces logos et slogans commerciaux de production de masse. Ils y voient une sorte de fascisme culturel[8]. »

Bien entendu, la plupart des supermarques ont conscience du fait que l'imagerie même qui leur a rapporté des milliards en termes de ventes est susceptible de créer, sur le plan culturel, d'autres vagues spontanées. Bien avant le début véritable de la campagne anti-Nike, le P.D.G. Phil Knight prédisait : « Il y a un revers aux émotions que nous engendrons et à l'immense réserve d'émotions dont nous nous nourrissons. En quelque sorte, les émotions impliquent leurs contraires et, au niveau auquel nous fonctionnons, nous pensons à cette réaction contraire plus souvent[9]. » La réaction dépasse également la capricieuse mode qui fait soudainement paraître absurde tel style de baskets in, ou intolérable telle chanson populaire sans cesse matraquée. Dans le meilleur des cas, la résistance culturelle cible le revers de ces émotions de marque, et les refocalise, afin qu'elles ne soient pas remplacées par une fringale de sensations attendues de la mode ou de la culture pop à venir, mais qu'elles se tournent lentement vers le processus même du branding.

Il est difficile de dire à quel point les annonceurs meurent d'angoisse de se faire épingler. Bien que l'Association américaine des annonceurs nationaux n'éprouve pas le moindre scrupule à faire pression sur la police au nom de ses membres pour sévir contre les casseurs de pub, elle préfère généralement ne pas en venir aux tribunaux. Sage résolution, probablement. Bien que les agences publicitaires essaient, dans les médias[10], de dépeindre les casseurs comme des « censeurs membres d'un groupe d'autodéfense », elles savent bien qu'il s'en faudrait de peu pour que le public décide que ce sont plutôt les annonceurs qui censurent l'expression créative des casseurs.

C'est pourquoi, tandis que la plupart des grandes marques se hâtent d'attaquer en justice pour infractions présumées à la marque déposée, et n'hésitent pas à se traîner mutuellement devant les tribunaux pour avoir parodié slogans ou produits (ainsi le fit Nike quand les chaussures Candies adoptèrent comme slogan « *Just Screw It* »), les multinationales en ont sérieusement rabattu sur leur tendance à déclencher des batailles à livrer sur un terrain politique plutôt que juridique. « Personne ne veut se trouver sur la sellette parce qu'il est la cible de protestations ou de boycotts de la part de la collectivité », a déclaré un cadre publicitaire à *Advertising Age*[11]. En outre, les grandes entreprises estiment, avec raison, que les casseurs sont avides à l'extrême, et ont appris à éviter tout ce qui pourrait attirer l'attention sur leurs exploits. L'exemple typique est celui d'Absolut Vodka en 1992, alors que la marque menaça d'attaquer *Adbusters* pour sa parodie « Absolut Nonsense ». La compagnie se soumit immédiatement lorsque le magazine s'adressa à la presse pour mettre le distillateur au défi d'un débat public sur les effets nocifs de l'alcool.

À la grande surprise de Negativland, les avocats de Pepsi se sont même abstenus, en 1997, de répondre à leur album

Dispepsi – un disque anti-pop construit à base de refrains publicitaires de Pepsi, tailladés, brouillés, déformés et défigurés. L'une des chansons imite les annonces en juxtaposant le nom du produit à une liste aléatoire d'images désagréables : « Je me suis fait congédier par mon patron. Pepsi / J'ai crucifié Jésus. Pepsi / [...] L'odeur nauséabonde des usines à chiots. Pepsi », et ainsi de suite[12]. Interrogé par l'*Entertainment Weekly* qui lui demanda quelle était sa réaction à l'album, le géant du soda prétendit le trouver « plutôt agréable à écouter[13] ».

LA POLITIQUE IDENTITAIRE DEVIENT INTERACTIVE

Un lien existe entre la lassitude publicitaire exprimée par les casseurs et les salves féroces à l'encontre du sexisme, du racisme et de l'homophobie dans les médias, si en vogue lorsque j'étais étudiante de premier cycle, au tournant des années 1990. La meilleure façon de retracer ce lien, c'est peut-être à travers l'évolution des relations entre les féministes et le monde publicitaire, et le mouvement mérite d'être gratifié pour avoir posé les bases d'un si grand nombre des critiques actuelles de la publicité. Susan Douglas le fait remarquer dans *Where the Girls Are* : « De tous les mouvements sociaux des années 1960 et 1970, aucun ne fut plus explicitement anti-consommation que le mouvement des femmes. Les féministes ont attaqué les campagnes publicitaires de produits comme Pristeen et Silva Thins et, en rejetant le maquillage, la mode et la nécessité d'avoir des planchers immaculés, répudié le besoin même d'acheter certains produits[14]. De plus, lorsque le magazine *Ms.* fut relancé en 1990, les rédactrices considéraient l'interférence publicitaire avec tellement de sérieux qu'elles prirent la mesure sans précédent de bannir complètement de leurs pages les annonces lucratives. Sa section « *No Comment* » (Sans commentaire) – dans les pages de la fin, un échantillonnage d'annonces sexistes reprises d'autres publications – demeure l'un des forums de cassage de pub les plus en vue.

Bien des casseuses de pub diront que leur intérêt pour les machinations du marketing a commencé par une critique de l'industrie de la beauté, b a ba du féminisme. Elles ont peut-être commencé par griffonner « Nourrissez-moi » sur des annonces de Calvin Klein dans les abribus, comme l'ont fait les collégiennes de la Bitch Brigade, qui se baladaient sur des planches à roulettes. Peut-être ont-elles mis la main sur un exemplaire du zine de Nomy Lamm, *I'm So Fucking Beautiful* (Je suis vachement bien foutue !), à moins qu'elles ne soient tombées sur le jeu interactif « *Feed the Supermodel* » (Nourris le supermannequin !) du site Web officiel RiotGrrrl. Ou peut-être, comme Carly Stasko, de Toronto, ont-elles commencé par l'auto-édition Grrrl. À 21 ans, Stasko est une véritable usine d'images alternatives : sa poche et son sac à dos débordent d'autocollants antipub, d'exemplaires de son dernier zine et de dépliants manuscrits sur les vertus du « jardinage de guérilla ». Quand Stasko n'est pas en train d'étudier la sémiotique à l'Université de Toronto, de planter des graines de tournesol dans des terrains urbains abandonnés ou de produire ses propres médias, elle donne des cours dans des écoles alternatives locales où elle montre à des classes de filles de 14 ans comment elles peuvent, elles aussi, effectuer par copier-coller leurs propres opérations de résistance culturelle.

L'intérêt de Stasko pour le marketing s'éveilla lorsqu'elle réalisa à quel point les définitions contemporaines de la beauté féminine – largement exprimées par les médias et la publicité – lui donnaient l'impression, à elle et à ses semblables, de manquer d'assurance et de ne pas être à la hauteur. Mais à la différence de ma génération de jeunes féministes qui avaient réagi à de telles révélations par un appel à la censure et aux programmes de rééducation, elle prit la vague de l'auto-édition du milieu des années 1990. Encore adolescente, Stasko commença à publier *Uncool*, un zine photocopié, bourré de collages de jeux-questionnaires découpés dans des magazines féminins, d'antipubs de tampons hygiéniques, de manifestes sur la résistance culturelle et, dans un numéro, une annonce pleine page de la Barbie philosophe. « Qu'est-ce qui est venu en premier ? se demande la Barbie de Stasko. La beauté ou le mythe ? » Et « Si je me casse un ongle pendant mon sommeil, dois-je en faire une crise ? »

Elle explique que le processus qui consiste à produire son propre média, à adopter la voix du promoteur et à taillader la surface de la culture publicitaire a commencé à affaiblir les effets qu'avait sur elle la publicité. « J'ai réalisé que je pouvais utiliser les outils des médias pour promouvoir mes idées. Ça m'a rendu les médias moins blessants, parce que j'ai vu à quel point c'était facile[15]. »

Bien qu'il soit son aîné d'au moins 10 ans, Rodriguez de Gerada est arrivé à la résistance culturelle par certains des mêmes détours que Stasko. Membre fondateur de la troupe d'art politique Artfux, il devint casseur de pub à la faveur d'une vague d'action communautaire noire et latino à l'encontre de la publicité pour la cigarette et l'alcool. En 1990, 30 ans après que l'Association nationale pour l'avancement des gens de couleur eut fait pression sur les fabricants de cigarettes pour qu'ils utilisent plus de mannequins noirs dans leurs publicités, un mouvement lancé par les Églises vit le jour, dans plusieurs villes américaines, qui accusait ces mêmes compagnies d'exploiter la pauvreté des Noirs en ciblant les quartiers pauvres pour faire le marketing de leur produit meurtrier. C'était nettement un signe des temps : l'attention était passée des figurants aux produits des annonces. Le Révérend Calvin O. Butts de l'Abyssinian Baptist Church, à Harlem, entraîna ses paroissiens dans des blitz de sabotage de panneaux-réclame durant lesquels ils recouvraient de peinture les annonces de cigarettes et d'alcool des environs de leur église. D'autres prédicateurs menèrent la lutte à Chicago, à Detroit et à Dallas[16].

Le cassage de pub du Révérend Butts consistait à s'approcher des panneaux-réclame incriminés avec des rouleaux à peinture à longs manches, et à blanchir les annonces à la chaux. Efficace, certes, mais Rodriguez de Gerada décida d'être plus créatif, en remplaçant les messages d'incitation à la consommation par des messages politiques plus persuasifs, de son propre cru. Artiste de talent, il transforma soigneusement les visages des mannequins pour qu'ils paraissent rances et malades. Il remplaça l'avertissement standard du ministre de la Santé par ses propres messages : « Les Noirs et les Latinos sont les premiers boucs émissaires de la lutte contre les drogues illégales, et les premières cibles du marketing des drogues légales. »

Comme beaucoup d'autres résistants culturels de la première heure, Rodriguez de Gerada étendit bientôt sa critique au-delà des annonces de tabac et d'alcool, pour s'en prendre au bombardement publicitaire éhonté et au mercantilisme en général : à maints égards, il doit cette évolution politique à l'ambition même du branding. Lorsque des jeunes des quartiers pauvres commencèrent à poignarder leurs semblables pour s'approprier leur équipement Nike, Polo, Hilfiger et Nautica, il devint clair que les compagnies de tabac et d'alcool n'étaient pas les seules à faire du marketing sur le dos des enfants pauvres et assoiffés d'évasion. Nous l'avons vu, ces étiquettes de mode ont si bien réussi à vendre aux jeunes défavorisés leurs représentations exagérées de la belle vie – le country-club, le yacht, la célébrité de superstar – que les vêtements à logos sont devenus, dans certaines parties de la ville planétaire, à la fois talismans et armes. En même temps, les jeunes féministes de la génération de Carly Stasko, dont le sentiment d'injustice avait été éveillé par *Le Mythe de la beauté* de Naomi Wolf et par le documentaire de Jean Kilbourne, *Killing Us Softly*, traversaient également les fringales de l'«alternative», de la génération X, du hip-hop et de la culture rave. En cours de processus, beaucoup prirent une conscience aiguë du fait que le marketing affecte les communautés, non seulement en les stéréotypant, mais en outre – et tout aussi fortement – en survaluant leur prestige avant de leur donner la chasse. C'était là un changement fondamental d'une génération de féministes à l'autre. Ainsi, quand *Ms.* devint un magazine sans publicité, dans les années 1990, on croyait que l'interférence publicitaire corrosive, dont Gloria Steinem et Robin Morgan étaient déterminées à émanciper leur publication, était un problème qui ne touchait que les femmes[17]. Mais à mesure que la politique identitaire se fondait avec la critique balbutiante du pouvoir commercial, la demande évolua ; de la réforme des campagnes publicitaires problématiques, on passa à la remise en question du droit des annonceurs à envahir chaque recoin de notre environnement mental et matériel : comme si la question de la disparition de l'espace prévalait sur le manque de choix évident. La culture publicitaire a démontré sa remarquable capacité à absorber, à accommoder et même à exploiter les critiques des contenus. Il est dès lors devenu tout à fait clair que la seule attaque capable d'ébranler pour de bon cette industrie résistante n'a pas à porter sur les jolies personnes des photos, mais sur les sociétés qui les paient.

Pour Carly Stasko, le marketing est en effet devenu davantage une question d'écologie que de sexe ou d'estime de soi ; quant à son environnement, c'est la rue, le campus universitaire et la culture des médias de masse au sein de laquelle elle vit sa vie de citadine. «C'est mon environnement, dit-elle, et ces annonces sont vraiment dirigées vers moi. Si ces images peuvent m'atteindre, je peux les atteindre à mon tour.»

Pour bien des étudiants arrivés à l'âge adulte à la fin des
années 1990, le déclic qui a détourné leur attention du
contenu des annonces vers leur forme même s'est produit
dans le plus privé des espaces : dans les toilettes de leurs universités, où ils étaient en train de regarder une publicité pour
une voiture. Les annonces dans les toilettes sont apparues
pour la première fois sur les campus nord-américains en 1997,
et n'ont cessé de proliférer depuis. Nous avons vu précédemment que les administrateurs qui ont laissé la publicité se
répandre sur leurs campus se disaient que les jeunes étaient
déjà à ce point bombardés de messages publicitaires que
quelques-uns de plus ne les feraient pas mourir, et que ces
revenus aideraient à financer des programmes de qualité.
Pourtant, il semble qu'il y ait eu une goutte publicitaire de
trop – et pour bien des étudiants, ce fut celle-là.

L'ironie, bien entendu, c'est que l'annonceur avait tapé
dans le créneau idéal. En attendant les implants oculaires, les
annonces dans les toilettes d'universités représentent le
marché jeunesse le plus captif de la planète. Mais du point de
vue des étudiants, il ne pouvait y avoir métaphore plus littérale
de la fermeture de l'espace qu'une pub de Pizza Pizza ou de
Chrysler Neon fixée au-dessus d'un urinoir ou à la porte des
W.-C. Voilà précisément pourquoi ce plan de branding pour le
moins maladroit donna à des centaines d'étudiants nord-
américains l'occasion de faire leurs premiers pas vers l'activisme anticommercial direct.

Rétrospectivement, les administrateurs des institutions
doivent trouver ridicule et désopilante l'idée d'installer des
annonces dans des endroits privés où les étudiants, c'est un
classique, sortent leurs stylos ou leurs crayons à paupières pour
griffonner des déclarations d'amour désespérées, font circuler
des rumeurs infondées, entretiennent le débat sur l'avortement et partagent de profondes révélations philosophiques.
Avec l'arrivée des mini-panneaux d'affichage, les toilettes
devinrent le premier endroit vraiment sûr où l'on pouvait répondre aux annonces. D'un seul coup, la direction de l'examen à travers la glace sans tain du groupe de discussion
s'inversait, et c'était au marché cible de viser à son tour les
gens cachés derrière la glace. La réaction la plus créative vint
de l'Université de Toronto. Une poignée d'étudiants du

premier cycle obtinrent des emplois à temps partiel auprès de la compagnie de panneaux-réclame et ne cessèrent de perdre opportunément les tournevis fabriqués sur mesure qui permettaient d'ouvrir ses 400 cadres de plastique. Bientôt, un groupe appelé la Société d'appréciation d'Escher ouvrit ces cadres « à l'épreuve des étudiants » et remplaça systématiquement les annonces des toilettes par des reproductions de gravures de Maurits Cornelis Escher. Plutôt que de renouer avec les dernières nouvelles sur Chrysler ou Molson, les étudiants furent à même d'apprécier cet artiste hollandais – choisi, avouèrent les Eschériens, parce que ses œuvres de nature géométrique sont faciles à photocopier.

Les annonces des toilettes montraient sans équivoque à une génération d'activistes étudiants qu'ils n'ont nul besoin d'annonces plus cool, plus progressistes ou plus diverses – ils ont d'abord et avant tout besoin d'annonces qui se la bouclent de temps en temps. Le débat sur les campus commençait à passer de l'évaluation des contenus à l'impossibilité d'échapper au regard intrusif de la publicité.

Bien entendu, parmi les résistants culturels, il en est dont l'intérêt pour la publicité est moins lié à la nouvelle déferlante anti-branding qu'aux escouades moralisantes des années de la *political correctness*. Le magazine *Adbusters* ressemble parfois à une version à peine plus in des conseils pour le recyclage des services publics. Si le magazine est capable d'une verve mordante, ses croisades contre le tabac, l'alcool et le fast-food ont parfois des allures répétitives et rebattues. Les détournements qui changent Absolut Vodka en « Absolut Gueule de Bois », ou les cigarettes Ultra Kool en « Ultra Con », suffisent à détourner du magazine ses supporters potentiels, qui le voient danser en équilibre sur la mince frontière qui sépare la moralité puritaine de la désobéissance civile à l'ère de l'information. Mark Dery, auteur du premier manifeste des résistants culturels et ancien collaborateur du magazine, déclare que l'insistance d'*Adbusters* à pourfendre l'alcool, la cigarette et le fast-food a des airs de pure condescendance – comme si on ne pouvait pas faire confiance aux « masses » pour qu'elles « refrènent leurs désirs[18] ».

ÉCOUTER SON VENDEUR INTÉRIEUR

Dans un article du *New Yorker* intitulé « *The Big Sellout* » (Le Grand Revirement), John Seabrook expose le phénomène du

« vendeur intérieur ». De manière convaincante, il avance que les artistes de la génération émergente ne connaîtront pas de dilemmes éthiques, comme le fait de « se vendre », puisqu'ils sont déjà leurs propres vendeurs, et qu'ils comprennent intuitivement la production d'œuvres d'art pré-emballées, et le fait d'être eux-mêmes leurs propres marques. « Les artistes de la prochaine génération produiront leur art, le baromètre de marketing interne déjà en place. L'auteur-vendeur, l'artiste en costume trois-pièces : le summum de l'intégration verticale[19]. »

Seabrook a raison de faire remarquer que la cadence du discours publicitaire est intégrée aux synapses de bien des jeunes artistes, mais il a tort de supposer que ce baromètre de marketing ne leur servira qu'à chercher gloire et fortune dans les industries culturelles. Carly Stasko le remarque : les gens qui ont grandi dans un contexte commercial sont souvent si accordés au tempo du marketing que, dès qu'ils lisent ou entendent un nouveau slogan, ils commencent à le retourner et à jouer avec. Il y a un casseur de pub intérieur, et chaque campagne publicitaire est une énigme qui n'attend que l'opération de résistance adéquate. Le talent que Seabrook identifie, qui permet à des artistes de rédiger la paperasserie publicitaire de leurs propres vernissages, et aux musiciens de produire des biographies pétries de métaphores pour leurs pochettes de disques, est la qualité même qui confère à un résistant culturel une habileté meurtrière. Le résistant culturel est l'artiste activiste en tant qu'antivendeur : il utilise une enfance remplie de publicités pour Trix, et une adolescence passée à repérer le placement publicitaire des produits dans *Seinfeld*, pour bousiller un système qui s'est déjà pris pour une science. Jamie Batsy, « hacktiviste » de la région de Toronto, l'énonce ainsi : « Les annonceurs et autres gens d'influence affrontent maintenant une génération d'activistes qui regardaient la télévision avant même d'apprendre à marcher. Cette génération veut récupérer son cerveau, et les médias de masse constituent son terrain de prédilection[20]. »

Les résistants culturels sont attirés vers le monde du marketing tels les papillons de nuit vers la flamme, et ils ont parachevé leur travail précisément parce qu'ils ressentent encore une affection – certes profondément ambivalente – pour le spectacle médiatique et la mécanique de la persuasion. « D'après moi, les gens qui s'intéressent vraiment à la subversion de la publicité, ou à l'étude de la publicité, ont probablement voulu, à un moment donné, être eux-mêmes publicitaires », analyse Carrie McLaren, rédactrice en chef du zine new-yorkais *Stay Free !*[21] On le constate dans ses propres cassages de pub : conception impeccable et contenu décapant. Dans un numéro, une antipub pleine page montre un enfant battu, sans chaussures, à plat ventre sur le béton. Dans le coin du cadre, une main s'empare de ses baskets Nike. « *Just Do It* », dit le slogan.

Là où l'oreille du casseur de baratin publicitaire joue le rôle le plus précieux, c'est dans la promotion de l'antipub même, ce qui pourrait expliquer pourquoi les partisans les plus ardents de la résistance culturelle ont parfois l'allure d'un croisement bizarre entre vendeurs de voitures d'occasion et professeurs de sémiotique. Dépassés seulement par les plus tapageurs de l'Internet, les casseurs de pub tombent facilement dans la surenchère et le ridicule à force de bravade et d'auto-promotion. Ils adorent se prendre pour le fils, la fille, le petit-enfant ou la progéniture illégitime de Marshall McLuhan. Ils ont une nette tendance à surestimer le pouvoir d'un seau de colle et d'une sacrée bonne blague. Et leur propre pouvoir : ainsi, un manifeste de la résistance culturelle expliquant que « le but de l'artiste retoucheur de panneaux-réclame est de mettre du sable dans l'engrenage des médias, pour que l'usine à images s'arrête net[22] ».

Adbusters a porté cette approche à un tel sommet qu'il a hérissé des résistants concurrents. Ses critiques trouvent particulièrement vexante sa gamme de produits d'anti-consommation : selon eux, le magazine en est moins un bureau central de résistance culturelle qu'un réseau de téléachat d'accessoires d'antipub. On y annonce la « boîte à outils » du résistant culturel : affiches, vidéos, autocollants et cartes postales ; suprême ironie, lui qui vendait des calendriers et des t-shirts à l'occasion de la Journée sans achat, s'est laissé rattraper par le bon sens. « Ce qui en ressort n'est pas une véritable solution à notre culture de consommation, écrit Carrie McLaren. Ce n'est qu'une marque différente. » Dans leur bulletin inaugural, les compagnons de résistance de Vancouver, Guerrilla Media (GM), s'en prennent à *Adbusters* de façon plus sarcastique : « Nous promettons qu'il n'y aura ni calendriers, ni porte-clés, ni tasses à café GM. Mais nous travaillons à ces t-shirts que certains d'entre vous avez commandés – nous sommes justement à la recherche du parfait sweatshop qui les produira[23]. »

Ces attaques ressemblent beaucoup à celles qui sont dirigées contre tout groupe punk qui signe un contrat de disque et tout zine qui s'imprime un jour sur papier glacé : *Adbusters* est devenu trop populaire pour garder quelque aura aux yeux des radicaux qui l'ont jadis dépoussiéré comme une pierre précieuse découverte dans leur librairie d'occasion. Mais, par-delà le purisme habituel, la question de savoir comment « vendre » le mouvement antimarketing crée un épineux dilemme. Certains casseurs de pub partagent le sentiment que la résistance culturelle, à l'instar du mouvement punk, doit rester un peu à l'image du porc-épic, lequel, pour défier sa propre et inévitable réification, doit garder ses piquants protecteurs bien affûtés. Après la grande braderie de l'Alternatif et du Girl Power™, le fait même de donner un nom à une tendance, ou de forger une expression à la mode, est considéré par certains avec la plus profonde suspicion. « *Adbusters* a sauté dessus, et s'apprêtait à s'approprier ce mouvement avant même qu'il n'existe réellement », déplore McLaren, qui se plaint amèrement, dans ses propres écrits, de l'influence de *USA Today* et de MTV sur *Adbusters*. « C'est devenu de la pub d'antipub[24]. »

Une autre crainte sous-tend ce débat, qui est plus déroutante pour ses partisans que la perspective d'une résistance culturelle se laissant « récupérer » par les diktats du marketing. Et si, malgré tout le flair rhétorique que ses adhérents peuvent réunir, la résistance culturelle n'avait pas vraiment d'importance ? Si ce n'était pas du jiu-jitsu, mais un pur exercice sémiotique de combat sans adversaire ? Kalle Lasn insiste sur le pouvoir qu'a son magazine de « secouer la société postmoderne de sa transe médiatique » et prétend que ses antipubs menacent d'ébranler l'essence même des réseaux de télévision. « Au cours des 30 ou 40 dernières années, le paysage télévisuel a été homogénéisé. C'est un espace sécurisant pour des messages publicitaires. Donc, si vous introduisez soudainement une note de dissonance cognitive au moyen d'un spot qui dit "N'achetez pas de voiture", ou qu'au milieu d'un défilé de mode, quelqu'un lance brusquement : "Et l'anorexie ?", on est face à un grand moment de vérité[25]. » Mais la vérité, c'est que notre culture semble pouvoir absorber par nos téléviseurs des quantités illimitées de dissonance cognitive. Chaque fois que nous zappons, nous faisons de la résistance culturelle manuelle – nous nous catapultons de requêtes pour une cause caritative à des infopubs pour matériel de musculation ; de Jerry Springer à Jerry Falwell ; du New Country à Marilyn Manson. En cette époque engourdie par l'information, nous ne pouvons plus être brutalement réveillés par quelque image provocante, quelque juxtaposition hardie, voire par un détournement de génie.

Jaggi Singh est un activiste désillusionné par la théorie du jiu-jitsu. « Quand on fait de la résistance, effectivement, on joue leur jeu, et je crois qu'en définitive, les dés sont pipés à notre désavantage, parce qu'eux peuvent jouer la carte de la saturation […] Nous n'avons pas les ressources nécessaires pour fabriquer tous ces panneaux-réclame, nous n'avons pas les ressources nécessaires pour acheter tout ce temps et, en un sens, le calcul est simple – qui peut se permettre pareille diffusion ? »

SURDOSE DE LOGOS

Pour donner la preuve que la résistance culturelle est davantage une goutte d'eau dans la mer qu'une poignée de sable dans les rouages, les spécialistes en marketing ont décidé de s'y mettre. Quand Kalle Lasn avance que la résistance culturelle sent « un peu la mode », il n'exagère pas[26], tant il est vrai que la résistance culturelle – avec son mélange d'attitude hiphop, d'anti-autoritarisme punk et sa pléthore d'effets visuels – représente sur le plan de la vente un immense potentiel.

Sur Internet, Yahoo ! a déjà un site officiel de résistance culturelle, classé à la rubrique « alternative ». Chez Soho Down & Under, avenue West Broadway, à New York ; dans Camden Market, à Londres, ou dans toute autre grande rue où il se vend des fringues alternos, on peut faire provision de t-shirts, d'autocollants et de badges arborant des logos détournés. Parmi les détournements récurrents – pour utiliser une expression qui semble soudain déplacée –, mentionnons Kraft transformé en *Krap* (Merde), Tide en *Jive* (Salades), Ford en *Fucked* (Foutu) et Goodyear en *Goodbeer* (Bonne bière). On ne peut pas dire qu'il s'agisse là d'un commentaire social particulièrement incisif, d'autant que les logos détournés ressemblent comme des frères à ceux des t-shirts originaux Dubble Bubble et Tide, avec le kitsch commercial. Dans le milieu rave, la manipulation du logo fait fureur – vêtements, tatouages temporaires, peinture corporelle, voire doses d'ecstasy. Les revendeurs d'ecstasy se sont mis à recouvrir leurs comprimés de logos célèbres : il y a *Big Mac E, Purple Nike Swirl E, X-Files E*, et on trouve un mélange d'amphétamines et de tranquillisants appelé *Happy Meal*. Le musicien Jeff Renton explique l'appropriation des logos commerciaux par la culture de la drogue comme une révolte contre l'invasion du marketing. « Pour moi, la question, c'est : "Puisque vous arrivez dans nos vies avec vos campagnes publicitaires de plusieurs millions de dollars, pour installer des logos dans des endroits qui nous mettent mal à l'aise, on va reprendre votre logo et l'utiliser dans des endroits qui vous mettent mal à l'aise" », dit-il[27].

Mais en fin de compte, ce qui était au départ une façon de répliquer aux annonces semble bien davantage prouver que nous sommes intégralement colonisés par elles, surtout que l'industrie de la publicité est en train de démontrer qu'elle est capable de prendre de court les résistants culturels. Entre autres exemples d'annonces préalablement détournées, mentionnons : « Je ne suis pas / un marché cible / je suis un athlète », et la campagne « *Image is Nothing* » (L'image n'est rien) de Sprite, mettant en vedette un jeune black racontant que, toute sa vie, il a été bombardé de mensonges médiatiques l'assurant que les sodas feraient de lui un meilleur athlète ou le rendraient plus beau, jusqu'à ce qu'il réalise que « l'image n'est rien ». Les jeans Diesel sont allés plus loin en incorporant à leurs pubs le contenu politique des dénonciations anticommerciales de l'antipub. L'une des façons les plus répandues chez les artistes et les activistes de souligner les inégalités nées de la mondialisation de l'économie de marché, c'est de juxtaposer des icônes du Premier-Monde à des scènes du Tiers-Monde : Marlboro Country dans les décombres de la guerre à Beyrouth (voir image, page 34) ; une jeune Haïtienne mal nourrie affublée de lunettes de Mickey ; *Dynastie* à la télé dans une hutte africaine ; des étudiants indonésiens manifestant devant les arches d'un McDonald's. Le pouvoir de ces critiques visuelles du mondialisme joyeux, c'est précisément ce que tente de récupérer la campagne publicitaire « *Brand O* » (Marque O) de vêtements Diesel. Cette campagne introduit des annonces à l'intérieur d'annonces : une série de panneaux-réclame vendant une gamme fictive de produits de Marque O dans une ville anonyme de la Corée du Nord. Dans l'une de ces pubs, une blonde élégante et maigre figure sur le flanc d'un autobus débordant de travailleurs à l'allure frêle. L'annonce vend « Le Régime de Marque O – Maigrissez sans vous arrêter ». Une autre montre un Asiatique blotti sous un morceau de carton. Au-dessus de lui s'élève un panneau-réclame Ken et Barbie de Marque O.

Le point de non-retour fut peut-être atteint en 1997, lorsque Mark Hosler, de Negativland, reçut un appel de l'agence publicitaire ultra-in Wieden & Kennedy lui demandant si le groupe qui avait forgé l'expression « résistance culturelle » voudrait bien se charger de la bande-son d'une nouvelle publicité Miller Genuine Draft. La décision de refuser et la demande et l'argent fut plutôt simple à prendre, mais la proposition le fit tout de même bondir. « Ils n'arrivaient absolument pas à saisir que tout notre travail s'oppose de A à Z à tout ce à quoi ils sont associés, et ça m'a vraiment déprimé, parce que j'avais cru que notre esthétique ne pouvait pas être absorbée par le marketing », confie Hosler[28]. Autre réveil brutal quand Hosler vit pour la première fois la campagne « *Obey Your Thirst* » (Obéis à ta soif), de Sprite : « Cette publicité ressemblait à une chanson de notre disque [*Dispepsi*]. C'était surréaliste. Maintenant, ce n'est pas seulement la marge qui se fait absorber, comme ç'a toujours été le cas. Ce qui se fait absorber, c'est l'idée même qu'il n'y a plus d'opposition, que toute résistance est inutile[29]. »

Je n'en suis pas si sûre. Certes, il est des spécialistes en marketing qui ont trouvé une façon de distiller la résistance culturelle en une variété particulièrement marginale de publicité, et il ne fait aucun doute que l'accueil de Madison Avenue aux techniques d'antipub a fortement stimulé les ventes des supermagasins. Depuis que Diesel a lancé aux États-Unis ses campagnes d'une ironie agressive, « *Reasons for Living* » (Raisons de vivre) et « *Brand O* », les ventes sont passées de 2 millions à 23 millions de dollars en quatre ans[30], et on attribue à la campagne « L'image n'est rien » de Sprite une augmentation de 35 pour cent des ventes en seulement trois ans[31]. Cela dit, le succès de ces campagnes précises n'a rien fait pour désarmer la fureur antimarketing qui a au départ alimenté l'antipub. En fait, il a peut-être eu l'effet contraire.

LA CHASSE AU COOL AU RAS DU SOL

La perspective que les jeunes se retournent contre le battage publicitaire et se définissent à l'encontre des grandes marques

355

est une menace continuelle de la part d'agences de chasse au cool comme Sputnik, cette tristement célèbre équipe professionnelle de lecteurs de journaux intimes et de mouchards générationnels. « Les bandes d'intellos », comme Sputnik appelle les jeunes qui réfléchissent, ont conscience du phénomène sans toutefois pouvoir supporter de voir à quel point ils sont utiles aux spécialistes en marketing : « Ils comprennent que les méga-entreprises cherchent aujourd'hui leur approbation afin de livrer sans cesse les marchandises qui se traduiront en mégaventes sur le territoire de la culture dominante. Leur position d'intellos leur fait dire, les uns aux autres et à eux-mêmes, et surtout aux spécialistes en marketing – qui consacrent des sommes incalculables à des publicités du genre "bien fait pour toi, c'est ce qu'il te faut" –, qu'ils ne peuvent plus être achetés ni trompés par le battage médiatique. Être intello signifie qu'on ne se fera pas récupérer, qu'on ne se fera pas dicter ce qu'il faut porter, acheter, manger ni comment parler, par qui que ce soit (ni quoi que ce soit)[32]. »

Mais tout en informant les grandes sociétés des idées radicales qui hantent les rues, les rédacteurs de Sputnik semblent croire que, malgré l'influence elle-même radicale de ces idées sur la façon dont les jeunes font la fête, s'habillent et parlent, elles n'auront absolument aucun effet magique sur le comportement politique des jeunes.

Après avoir sonné l'alarme, les chasseurs rassurent leurs clients : tout ce cirque anticommercial n'est qu'une attitude sans conséquence qu'ils peuvent contourner par une campagne toujours plus in, plus marginale. Autrement dit, la fureur anticommerciale, en tant que tendance de rue, n'est pas plus importante qu'une inoffensive préférence pour la couleur orange. L'optimiste prémisse qui sous-tend les analyses des chasseurs de cool, c'est qu'en dépit de tout le vocabulaire punk rock, il n'y a aucune conviction sincère ou rebelle qu'on ne puisse apprivoiser par quelque campagne publicitaire ou quelque promoteur de rue qui *leur parle vraiment*. L'hypothèse incontestée, c'est qu'il n'y a aucun terme à ce cycle d'ordre stylistique. Qu'il y aura toujours de nouveaux espaces à coloniser – qu'ils soient physiques ou mentaux – et toujours une publicité capable de neutraliser l'ultime sursaut de cynisme du consommateur. Il ne se passe rien de neuf, se disent les chasseurs entre eux : les spécialistes du marketing ont toujours extrait des symboles et des signes des mouvements de résistance de leur époque.

Ce qu'ils ne disent pas, c'est que les vagues précédentes de résistance chez les jeunes étaient surtout concentrées sur des ennemis tels que « l'establishment », le gouvernement, le patriarcat et le complexe militaro-industriel. La résistance culturelle est différente – sa fureur englobe le type même de marketing auquel se livrent les chasseurs de cool et leurs clients lorsqu'ils tentent d'imaginer comment utiliser la rage anti-marketing pour vendre des produits. Les nouvelles pubs des grandes marques doivent incorporer le cynisme des jeunes, non pas vis-à-vis des produits en tant que symboles de statut, ou vis-à-vis de l'homogénéisation massive, mais vis-à-vis des marques multinationales mêmes en tant qu'inlassables vautours culturels.

Les publicitaires ont affronté ce nouveau défi sans dévier. Ils s'affairent à chasser et à revendre la marge, comme toujours, et c'est pourquoi Wieden & Kennedy ne trouvaient rien d'étrange à demander à Negativland de s'associer à Miller. Après tout, c'est Wieden & Kennedy, petite agence publicitaire établie à Portland, en Oregon, qui fit de Nike une basket féministe. C'est W&K qui délivra au monde l'affirmation immortelle, apparemment anodine, que la Subaru Impreza était « comme du punk rock » ; et c'est W&K qui fit entrer la bière Miller dans l'ère de l'ironie. Passés maîtres dans l'art de précipiter l'individu contre diverses incarnations des croquemitaines du marché de masse, Wieden & Kennedy vendait des voitures à des gens qui détestaient les pubs de voitures, des chaussures à des gens qui haïssaient l'image, des sodas aux habitués du Prozac et, par-dessus tout, des pubs à des gens qui n'étaient « pas un marché cible ».

L'agence fut fondée par deux « artistes beatniks » auto-proclamés, Dan Wieden et David Kennedy, qui semblent avoir calmé leur crainte de se faire récupérer en entraînant systématiquement avec eux les idées et icônes de la contre-culture dans le monde de la publicité. L'équipe de travail de l'agence n'est rien de moins qu'un regroupement contre-culturel – Woodstock retrouve les Beatles et Warhol. Après avoir placé Lou Reed dans un message publicitaire de Honda, au milieu des années 1980, W&K utilisèrent l'hymne *Revolution* des Beatles pour une publicité Nike, avant d'exporter *Instant Karma* de John Lennon dans une autre. Il payèrent également le proto-rocker Bo Diddley pour faire les messages publicitaires *Bo Knows* pour Nike, et le cinéaste Spike Lee pour toute une série de pubs pour Air Jordan. W&K amenèrent même Jean-Luc

Godard à réaliser une publicité européenne de Nike. Autres artefacts contre-culturels qui traînent là : le visage de William Burroughs placé dans un mini-téléviseur pour une autre annonce Nike, une campagne, finalement annulée par Subaru avant sa diffusion, qui utilisait *On the Road*, de Jack Kerouac, en voix-off pour une publicité de la SVX.

W&K ayant bâti leur réputation sur la volonté de l'avant-garde de faire un prix pour un mélange harmonieux de l'ironie et du dollar, on peut difficilement les blâmer de croire que les résistants culturels seraient eux aussi enchantés de participer au plaisir postmoderne de la campagne publicitaire consciente d'elle-même. Mais la réaction violente contre les marques, dont la résistance culturelle n'est qu'un aspect, n'est pas une question de lutte entre de vagues notions d'alternative et de culture dominante. Elle porte sur les questions précises qui ont été jusqu'ici le sujet de ce livre : la perte de l'espace public, la censure commerciale et le déficit d'éthique dans les pratiques concernant la main-d'œuvre, pour n'en nommer que trois – questions qui se digèrent moins bien que les petits fours savoureux que sont le Girl Power et le grunge.

Voilà pourquoi Wieden & Kennedy tombèrent sur un os en demandant à Negativland de fréquenter Miller, et pourquoi ce ne fut là que la première d'une série de défaites pour l'agence. Le groupe engagé britannique Chumbawamba refusa un contrat de 1,5 million de dollars qui aurait permis à Nike d'utiliser son tube *Tubthumping* dans un message publicitaire de la Coupe du monde de football. La question n'avait rien à voir avec une abstraite idée d'indépendance (le groupe donna son accord pour que la chanson soit incluse dans la bande son de *Home Alone 3*) ; au centre du rejet résidait la question de l'utilisation de main-d'œuvre de sweatshops par Nike. « On a tous refusé en moins de 30 secondes », dit Alice Nutter, membre du groupe[33]. Le poète engagé Martin Espada reçut lui aussi un appel de l'une des plus petites agences de Nike, l'invitant à prendre part au « *Nike Poetry Slam* » (Chelem de poésie Nike). S'il acceptait, il recevrait 2 500 dollars et son poème serait lu dans une publicité de 30 secondes lors des Jeux d'hiver de Nagano de 1998. Espada refusa tout net, déclinant une foule de raisons dont celle-ci, la dernière : « En définitive, cependant, je rejette votre offre pour protester contre les pratiques brutales de travail de la compagnie. Je ne m'associerai pas à une entreprise qui s'engage dans l'exploitation bien connue d'ouvriers de sweatshops[34]. » Le réveil le plus brutal survint à l'occasion du projet le plus habile de Wieden & Kennedy : en mai 1999, alors que le swoosh était encore entouré de scandales, l'agence approcha Ralph Nader – le plus puissant leader du mouvement de défense des consommateurs, héros populaire depuis ses attaques contre les multinationales – en lui demandant de participer à une pub de Nike. L'idée était simple : Nader allait recevoir 25 000 dollars pour tenir une Nike Air 120 en disant : « Message de Nike, voici une autre tentative éhontée de vendre des chaussures. » Une lettre envoyée du siège social de Nike au bureau de Nader expliquait : que « nous demandons à Ralph, en tant que défenseur le plus éminent des consommateurs du pays, de nous envoyer un direct. C'est typique de Nike dans ses annonces. » Nader, peu réputé pour sa légèreté, se contenta de dire : « Regardez-moi le culot de ces types-là[35] ! »

Typique de Nike, en effet. Les publicités récupèrent par réflexe – elles le font parce que consommer, c'est ce que fait la culture de consommation. En général, Madison Avenue n'est pas trop difficile à propos de ce qu'elle avale, elle ne se méfie pas du poison qui lui est destiné et, comme l'ont montré Wieden & Kennedy, elle dévore bruyamment tout ce qu'elle trouve sur la route dans sa quête de « frange ». Le scénario qu'elle semble peu encline à considérer, c'est que ses publicitaires, les éternels chasseurs d'adolescents, puissent finir par se faire entraîner, par leur marché cible, jusqu'au bas d'une falaise.

CASSEURS DE PUB DES ANNÉES 1930 : « DEVENEZ RETOUCHEUR ! »

Des réactions violentes, l'industrie de la publicité en a déjà désarmé bon nombre – femmes dénonçant le sexisme, gays luttant contre leur néantisation, minorités ethniques excédées par de grossières caricatures. Sans oublier les années 1950 et 1970 durant lesquelles les consommateurs occidentaux succombèrent à la psychose de leur manipulation par les publicitaires au moyen de techniques subliminales. En 1957, Vance Packard publiait ce qui devint immédiatement un best-seller, *The Hidden Persuaders* (La Persuasion clandestine). L'ouvrage choqua les Américains pour ses allégations selon lesquelles des sociologues truffaient les publicités de messages invisibles à l'œil humain. La question émergea à nouveau en 1973, quand Wilson Bryan Key publia *Subliminal Seduction*, enquête sur les messages lascifs cachés dans des cubes de glace. Transporté par sa découverte, Key proférait des affirmations téméraires telles que « la promesse subliminale concernant tout acheteur de gin Gilbey's, c'est tout simplement une bonne vieille orgie sexuelle[36] ».

Tous ces spasmes d'antimarketing avaient pour dénominateur commun de se focaliser sur le contenu et les techniques publicitaires. Il s'agissait de refuser toute manipulation d'ordre subliminal – et de voir pour de vrai des Noirs américains dans les pubs de cigarettes, et des gays et lesbiennes vendant des jeans. Parce qu'elles étaient précises, le monde publicitaire n'eut aucun mal à répondre à ces préoccupations ou à les absorber. C'est ainsi que l'accusation de cacher des messages dans les cubes de glace et autres ombres habilement portées, engendra un sous-genre publicitaire décalé, que les historiens du design Ellen Luton et J. Abbot Miller qualifièrent de « méta-subliminal » – des publicités parodiant les annonces censées envoyer des messages secrets. En 1990, Absolut Vodka lança la campagne « Absolut Subliminal » : un verre de vodka sur glace où apparaissait, nettement sérigraphié sur les glaçons, le mot « Absolut ». Seagram et le gin Tanqueray suivirent avec leur propre utilisation du subliminal au second degré, tout comme l'équipe de *Saturday Night Live*, et son personnage récurrent, Subliminal Man.

Les critiques de la publicité traditionnellement engendrées par les milieux universitaires se sont montrées tout aussi inoffensives, quoique pour des raisons différentes. L'essentiel de ces critiques se concentre, en effet, non pas sur les effets du marketing sur l'espace public, la liberté culturelle et la démocratie, mais plutôt sur le pouvoir de persuasion des publicités sur des gens considérés a priori comme nuls. Presque toute la théorie du marketing s'appuie sur la capacité des annonces à implanter un désir artificiel chez le consommateur – en lui faisant acheter des objets qui lui sont nuisibles, qui polluent la planète ou appauvrissent les âmes. « La publicité, disait un jour George Orwell, c'est le bruit d'un bâton dans une auge à pâtée pour les porcs. » Si telle est l'opinion que l'homme de marketing se fait du public, il n'est guère étonnant que soit réduite à si peu toute hypothèse de rédemption dans la critique des médias en général : cette méprisable plèbe n'aura jamais les instruments critiques nécessaires pour formuler une réponse politique à l'invasion du marketing et à la synergie des médias.

Plus sombre encore est l'avenir aux yeux des universitaires qui utilisent la critique de la publicité pour se livrer à des attaques à peine voilées contre la « culture de consommation ». Comme l'écrit James Twitchell dans *Adcult USA*, la plupart des critiques de la publicité exsudent le mépris vis-à-vis des gens qui « veulent – pouah ! – des objets[37] ». Jamais une telle théorie ne pourra former les fondements intellectuels d'un authentique mouvement de résistance contre la vie de marque, sachant qu'on ne peut asseoir de véritable prise de pouvoir politique sur un postulat selon lequel le public n'est qu'un troupeau gavé de pubs et sidéré par le charme hypnotique de la culture commerciale. Pourquoi essayer de renverser la clôture si tout le monde sait que les vaches se contenteront de rester là, abruties, à ruminer.

Chose curieuse, la dernière attaque en date réussie contre les pratiques publicitaires – et non un simple désaccord quant à leur contenu ou à leurs techniques – survint durant la crise économique. Dans les années 1930, l'idée même de la société de consommation stable et heureuse que dépeignait la publicité provoqua une vague de ressentiment chez les millions d'Américains qui se trouvaient alors exclus du rêve de la prospérité. Un mouvement antipublicitaire émergea, qui s'attaqua aux annonces, non pas à cause de leur imagerie déficiente, mais parce qu'elles représentaient le visage le plus révélateur d'un système économique défaillant. Les gens n'étaient pas scandalisés par les publicités elles-mêmes, mais plutôt par la cruauté de la promesse si évidemment fausse qu'elles faisaient miroiter – dévoilant le mensonge du rêve américain avec son joyeux style de vie consumériste accessible à tous sous le signe de la consommation. À la fin des années 1920 et tout au long des années 1930, les frivoles promesses du monde publicitaire se juxtaposèrent douloureusement aux dommages causés par l'effondrement économique, préparant l'arrivée d'une vague sans précédent d'activisme relatif à la consommation.

Un magazine éphémère fut publié à New York sous le titre *The Ballyhoo* (Le tapage), sorte d'*Adbusters* de la crise. Au lendemain du krach boursier de 1929, *The Ballyhoo* apparut comme une voix cynique nouvelle, qui se moquait sardoniquement de la « psychiatrie créative » des publicités de cigarettes et de rince-bouche, de même que du charlatanisme pur et simple déployé pour vendre toutes sortes de potions et de lotions[38].

The Ballyhoo fut un succès instantané, atteignant un tirage de plus de 1,5 million en 1931. James Rorty, ex-publicitaire de Mad Ave devenu socialiste révolutionnaire, expliqua ainsi l'attrait du nouveau magazine : « Alors que le magazine de consommation de masse ou de classe établit son fonds de commerce sur la confiance du lecteur en la publicité, le fonds de commerce du *Ballyhoo* était le dégoût du lecteur pour la publicité, et la pression sur la vente en général. [...] *The Ballyhoo*, en retour, parasite le corps grotesque et tumescent de la publicité[39] . »

Parmi les opérations de résistance culturelle du *Ballyhoo*, mentionnons les cigarettes « Scramel » (« elles sont si fraîches que c'en est insultant »), ou la gamme des « 69 différentes crèmes Zilch : celles des filles bien graissées. Absolument indispensables (en vente dans tous les dispensaires) ». Les rédacteurs encourageaient les lecteurs courroucés à se défouler en allant démolir eux-mêmes d'encombrants panneaux-réclame. Une annonce bidon pour l'« École supérieure de retouche rapide » porte le dessin d'une femme qui vient de peindre une moustache à un séduisant mannequin vantant des cigarettes. « Devenez retoucheur ! » dit la légende qui ajoute : « Vous mourez d'envie de bousiller des annonces ; vous n'attendez que le moment de peindre une pipe à la bouche de jolies dames, alors faites DÈS MAINTENANT ce test de 10 secondes ! Nos diplômés laissent leurs marques partout dans le monde ! On a toujours besoin de bons retoucheurs » (voir image à la page 329). Le magazine créa également des produits bidon pour embrocher l'hypocrisie de l'administration Hoover, tels que le « *Lady Pipperal Bedsheet De Luxe* » – drap dont la longueur exceptionnelle permet de l'ajuster sans problème à des bancs publics lorsqu'on devient sans-abri. Ou encore la « *smilette* » – deux crochets qui se fixent aux commissures des lèvres pour conférer une expression de béatitude. « D'un simple sourire, écartez la Dépression ! Souriez à la Prospérité ! »

Les résistants culturels radicaux de l'époque n'étaient cependant pas les humoristes du *Ballyhoo*, mais des photographes comme Walker Evans, Dorothea Lange et Margaret Bourke-White. Ces documentaristes politiques s'attaquaient aux hypocrisies de campagnes publicitaires telles que « *There's No Way Like the American Way* » (Rien ne vaut l'*American Way*) de l'Association nationale des Manufacturiers, en soulignant d'abrupts contrastes visuels entre les annonces et leur contexte. Une technique en vogue consistait à photographier dans leur cadre réel des panneaux-réclame bizarrement suspendus au-dessus des files d'attente de la soupe populaire et des immeubles insalubres portant des slogans comme « Le niveau de vie le plus élevé du monde ». Les mannequins au sourire frénétique, entassés dans la berline familiale, étaient nettement aveugles aux masses déguenillées et aux conditions sordides qu'ils surplombaient. Les photographes de l'époque couvrirent tout aussi scrupuleusement la fragilité du système capitaliste en représentant des hommes d'affaires déchus tenant des pancartes « Échangerais travail contre nourriture » dans l'ombre de menaçants panneaux d'affichage de Coca-Cola et de panneaux-réclame en lambeaux.

En 1934, les publicitaires commencèrent à utiliser l'autoparodie pour faire face à un crescendo de critiques, tactique dans laquelle certains virent une preuve du délabrement de l'industrie. « On prétend chez les diffuseurs, tout comme, sans aucun doute, chez les producteurs de films, que cette burlesque promotion des ventes exorcise le boniment, et c'est probablement vrai dans une certaine mesure », écrit Rorty à propos de ce recours à l'autodérision. « Mais la prédominance de cette tendance donne lieu à certains soupçons inquiétants. Lorsque le burlesque monte en chaire à l'Église de la Publicité, on est en droit de soupçonner que l'édifice est maudit ; qu'il sera bientôt démoli ou converti à des usages séculiers[40]. »

L'édifice survécut, non sans mal. Les politiciens du *New Deal*, sous la pression de toute une série de mouvements populistes, imposèrent à l'industrie des réformes durables. Casseurs de pub et photographes spécialisés dans le documentaire social se regroupèrent dans une massive révolte populaire contre la grande entreprise, qui fédérait également le soulèvement des agriculteurs contre la prolifération des chaînes de supermachés, les naissantes coopératives d'achat, un réseau syndical en rapide expansion et des représailles sévères contre les sweatshops de l'industrie du vêtement (qui avait vu les rangs des deux syndicats américains des travailleurs du vêtement augmenter de 40 000 salariés en 1931 à plus de 300 000 en 1933). Surtout, les premiers critiques de la publicité furent intimement liés aux balbutiements inauguraux du mouvement de défense des consommateurs qui avait été catalysé par *One Hundred Million Guinea Pigs : Dangers in Everyday Foods, Drugs and Cosmetics* (Cent millions de cobayes : les dangers des aliments, médicaments et cosmétiques courants) [1933], par

F. J. Schlink et Arthur Kallet, et *Your Money's Worth : A Study in the Waste of the Consumer Dollar* (Pour votre argent : Étude sur le gaspillage du dollar du consommateur) (1927), de Stuart Chase et F. J. Schlink. Ces ouvrages constituaient des catalogues exhaustifs de la façon dont le commun des mortels se faisait duper, empoisonner et voler par les capitaines d'industrie américains. Leurs auteurs fondèrent la Consumer Research (qui devait plus tard se scinder pour former la Consumers Union), à la fois laboratoire de tests indépendants et groupe politique faisant pression sur le gouvernement afin d'obtenir une meilleure classification et un meilleur étiquetage des produits. Pour la CR, les tests objectifs et l'étiquetage-vérité étaient susceptibles de décrédibiliser le marketing, au point de le rendre obsolète. Selon la logique de Chase et Schlink, dès lors que les consommateurs auraient accès à une approche scientifique de qualité comparant les mérites relatifs des produits sur le marché, chacun ne saurait manquer de prendre, quant à ses achats, des décisions mesurées et rationnelles. Bien sûr, les annonceurs entrèrent en furie en même temps que les terrifiait le nombre d'adeptes recrutés par F. J. Schlink sur les campus universitaires et parmi l'intelligentsia de New York. Comme le fit remarquer le publicitaire C. B. Larrabee en 1934 : « Quarante ou cinquante mille personnes n'iraient même pas acheter une boîte de biscuits pour chiens sans l'approbation de F. J. [...] De toute évidence, elles s'imaginent que la plupart des publicitaires sont des escrocs malhonnêtes et fourbes[41]. »

L'utopie rationaliste de Schlink et Chase, système parfaitement organisé de protection du consommateur, ne se réalisa jamais, mais leur lobbying obligea les gouvernements du monde entier à déclarer illégales les affirmations mensongères dans la publicité, à établir des normes de qualité pour les objets de consommation, et à s'engager activement dans la classification et l'étiquetage de ces derniers. Quant au *Consumers Union Reports*, il demeure aujourd'hui encore la bible de l'achat en Amérique, bien qu'il ait depuis longtemps rompu avec d'autres mouvements sociaux.

Il est intéressant de noter que les tentatives les plus extrêmes du monde publicitaire moderne pour récupérer la vindicte anticommerciale se sont directement nourries d'une imagerie initiée par les photographes documentaristes de l'époque de la crise. La campagne *Brand O* de Diesel est presque une réplique exacte de la série de panneaux-réclame « *American*

Way » de Margaret Bourke-White, tant pour le style que pour la composition. Et au Canada, lorsque la Banque de Montréal lança une campagne publicitaire, à la fin des années 1990, au paroxysme d'une violente réaction populaire à la montée vertigineuse des profits des banques, elle utilisa des images qui rappelaient les photographies de Walker Evans représentant des hommes d'affaires des années 1930, brandissant des pancartes « Échangerais travail contre nourriture ». La campagne de la banque reposait sur une série de photographies granuleuses, en noir et blanc, montrant des gens dépenaillés brandissant des pancartes : « Est-ce que j'aurai un jour ma propre maison ? » et « Est-ce que nous allons nous en sortir ? ». Une pancarte disait tout simplement : « Les petits sont laissés à eux-mêmes. » Les spots télévisés faisaient tonner le gospel et le ragtime de l'époque de la dépression sur d'étranges images industrielles avec trains de marchandises abandonnés et villes poussiéreuses.

Autrement dit, lorsque le moment venait de combattre le feu par le feu, les publicitaires avaient recours à une époque où ils avaient été plus que jamais haïs, et où seule pouvait les sauver une guerre mondiale. Il semble que ce genre de choc psychologique – une compagnie de vêtements utilisant les images mêmes qui avaient dévasté l'industrie du vêtement ; une banque exploitant une haine anti-banques – soit leur dernier recours pour attirer notre attention, nous, sales petits cafards résistant à la pub. Et cela pourrait bien être vrai, d'un point de vue du marketing, mais il est aussi un contexte plus large qui transcende l'imagerie : Diesel produit une grande partie de ses vêtements en Indonésie et dans d'autres parties de l'Extrême-Orient, profitant des disparités mêmes illustrées dans ses astucieuses annonces *Brand O*. En fait, une partie de l'audace de cette campagne est fondée sur la suggestion appuyée que la compagnie flirte, façon Nike, avec le désastre sur le plan des relations publiques. Jusqu'à présent, la marque Diesel n'avait pas l'envergure suffisante, sur le marché, pour sentir de plein fouet qu'on tire avec ses propres images sur son corps commercial, mais plus la société grossit – ce qu'elle fait chaque année –, plus elle devient vulnérable.

Telle fut la leçon des réactions à la campagne *Signs of the Time* (Signes des temps) de la Banque de Montréal. L'utilisation par la banque des images fortes de l'effondrement économique en même temps qu'elle annonçait des profits records de 986 millions de dollars (puis de 1,3 milliard en

1998) inspira une vague spontanée d'antipub. Son imagerie très simple – des gens brandissant des messages furieux – fut facile à reproduire pour les critiques de la banque, par le biais de parodies qui stigmatisaient ses frais de services exorbitants, ses responsables des prêts inaccessibles et la fermeture de ses succursales dans les quartiers à faibles revenus (après tout, la banque avait volé en premier la technique des activistes). Tout le monde se mit de la partie : les résistants isolés, l'émission satirique de la télévision canadienne *This Hour Has 22 Minutes*, le magazine *Report on Business* du journal *Globe and Mail*, ainsi que des vidéos collectives indépendantes.

Ces campagnes publicitaires soulèvent sans conteste de fortes émotions. Mais en jouant sur des sentiments déjà dirigés contre elles – ainsi du ressentiment public envers les banques profiteuses ou de l'accroissement des disparités économiques – , le processus de récupération court le risque bien réel d'amplifier la réaction, au lieu de la désarmer. Et surtout, le fait qu'on s'approprie leur imagerie semble radicaliser les résistants culturels et autres activistes anticommerciaux – se développe une attitude « Récupère-moi ça ! » encore plus difficile à désamorcer. Par exemple, quand Chrysler lança une campagne d'annonces Neon pré-détournée (celle qui ajoutait, comme tagué, un « p », changeant le « *Hi* » en « *Hip* »), elle inspira au Front de libération des panneaux-réclame sa plus vaste opération depuis des années. Le Front défigura des dizaines de panneaux-réclame Neon de la région de la Baie de San Francisco, transformant à son tour « *Hip* » en « *Hype* » (Battage publicitaire), et en ajoutant, pour faire bonne mesure, la tête de mort et les fémurs croisés des pirates. « On ne peut pas rester là, les bras croisés, pendant que ces compagnies récupèrent nos moyens de communication, dit Jack Napier. Et puis… c'est tellement ringard, ce qu'elles font. »

Le plus mauvais calcul des marchés et des médias, c'est de considérer la résistance culturelle comme simple satire inoffensive, jeu isolé de tout véritable mouvement politique ou de toute idéologie. Il est certain que, chez plusieurs résistants, la parodie est perçue avec panache, comme une puissante fin en soi. Mais pour bien d'autres, comme nous le verrons dans les prochains chapitres, il s'agit bien d'une nouvelle technique d'emballage pour salves anticommerciales, d'un outil plus efficace que la plupart pour percer le barrage médiatique. Nous le verrons également, des casseurs de pub sont actuellement à l'œuvre en bien des lieux : ces gens qui escaladent des panneaux-réclame sont souvent ceux qui organisent la mobilisation contre l'Accord multilatéral sur l'investissement, des manifestations dans les rues de Genève contre l'Organisation mondiale du commerce, et qui occupent des banques afin de protester contre les profits qu'elles font sur la dette des étudiants. Casser la pub n'est pas une fin en soi. Ce n'est qu'un moyen – parmi d'autres – qui s'utilise, se prête et s'emprunte au sein d'un mouvement politique beaucoup plus vaste, dirigé contre la vie de marque.

RECONQUÉRIR LES RUES

Je conçois la réalité dans laquelle nous vivons en termes d'occupation militaire. Nous sommes occupés de la même façon que les Français et les Norvégiens l'étaient par les nazis durant la Seconde Guerre mondiale, mais cette fois, par une armée de spécialistes en marketing. Nous devons reconquérir notre pays des mains de ceux qui l'occupent au nom de leurs maîtres mondiaux.

Ursula Franklin, professeur honoraire, Université de Toronto, 1998

Ce n'est pas une manifestation. Je répète. Ce n'est pas une manifestation. C'est une sorte d'expression artistique. À vous !

Appel lancé sur les radios de police du Toronto métropolitain,
le 16 mai 1998, date de la première *Global Street Party*

L'une des ironies de notre époque, c'est que, en même temps que la rue est devenue la denrée la plus demandée de la culture publicitaire, la culture de la rue se voit elle-même prise d'assaut. De New York à Vancouver et à Londres, les sévères mesures policières contre les graffiti, l'affichage, la mendicité, l'art dans la rue, les jeunes avec leurs raclettes à pare-brise, le jardinage communautaire et les vendeurs à la sauvette sont rapidement en train de criminaliser tout ce qui fait vraiment la vie de la rue dans une ville.

Cette distorsion entre réification et criminalisation de la culture de la rue s'est manifestée d'une manière particulièrement spectaculaire en Angleterre. Dans la première moitié des années 1990, alors que le monde de la pub s'empressait d'exploiter la musique et l'imagerie de la culture rave pour vendre des voitures, des compagnies aériennes, des sodas et des journaux, les législateurs anglais interdirent les raves ou presque, au moyen de la Loi de la Justice criminelle de 1994. Cette loi accordait à la police des pouvoirs assez étendus pour permettre de saisir du matériel de sonorisation et de traiter sans ménagement les ravers en cas de résistance.

Pour combattre la Loi de la Justice criminelle, les *nightclubbers* (jadis préoccupés par la recherche du prochain lieu où l'on pourrait danser toute la nuit) formèrent des alliances inédites avec des sous-cultures plus politisées, également alarmées par le développement des nouveaux pouvoirs policiers. Les ravers s'allièrent aux squatters menacés d'« expulsion, à des aventuriers du *New Age* dont le style de vie nomade était sévèrement pénalisé, et à des « éco-guerriers » radicaux qui combattaient le pavage de zones boisées de Grande-Bretagne en construisant des maisons dans des arbres et en creusant des tranchées devant les chenilles des bulldozers. Un objectif commun commença à émerger de cet ensemble de contre-cultures en lutte : le droit à un espace non colonisé – pour l'habitat, la nature, les rassemblements, les fêtes. De ces collisions culturelles entre D.J., militants anticommerciaux, artistes engagés ou proches du *New Age* et écolos radicaux, surgit le mouvement politique sans doute le plus vivant et le plus porteur d'expansion depuis mai 68 : *Reclaim the Streets* (RTS) (Reconquérir les rues).

Depuis 1995, RTS a détourné, dans le cadre de rassemblements spontanés, rues passantes, grands carrefours, voire sections entières d'autoroutes. En un instant, une foule de fêtards apparemment surgie à l'improviste transforme une artère de circulation en terrain de jeu surréaliste. Le scénario est le suivant : de même que le lieu des raves, celui de la fête RTS est gardé secret jusqu'au jour J. Des milliers de gens convergent vers le point de rencontre désigné, à partir duquel ils se dirigent massivement vers une destination qui n'est connue que d'une poignée d'organisateurs. Avant l'arrivée des foules, une camionnette équipée d'une puissante sono se gare discrètement dans la rue en instance de reconquête. On utilise alors des moyens théâtraux pour bloquer la circulation – par exemple, on organise une collision entre deux vieilles bagnoles et un semblant d'altercation entre les conducteurs. Une autre technique consiste à installer des trépieds d'échafaudages de sept mètres de haut au milieu de la voie, avec un brave militant suspendu à son sommet – les trépieds empêchent les voitures de passer, mais les piétons peuvent se faufiler entre eux ; et comme renverser le trépied ferait s'écraser son passager, la police n'a d'autre recours que de rester là à regarder les événements se dérouler. Une fois la circulation bien bloquée, la voie est déclarée « rue maintenant ouverte ». Des pancartes s'élèvent : « Respirez », « Sans voiture », et « Récupérez l'espace ». Le drapeau du RTS – un éclair dessiné sur un fond multicolore – est amené, et la sono commence à faire tonner toutes les musiques possibles, des derniers albums électroniques à la chanson de Louis Armstrong, « *What a Wonderful World* ».

La foule nous a suivis et la rue, de simple bouchon de circulation qu'elle était, s'est changée en rave et des centaines de gens exigeaient en hurlant de l'air pur, des transports en commun et des pistes cyclables.

Communiqué par *e-mail* RTS, Tel-Aviv, Israël, 16 mai 1998

Et alors, comme par magie, entre en scène le carnaval ambulant de RTS : cyclistes, échassiers, ravers, percussionnistes. Lors de fêtes précédentes, ont été installés en plein carrefours matériel de gymnastique, bacs à sable géants, balançoires, piscines gonflables, sofas, carpettes et filets de volley-ball. Dans l'air, des centaines de frisbees planent, de la nourriture gratuite circule et la danse commence : sur les voitures, aux arrêts d'autobus, sur les toits et près des panneaux indicateurs. Pour décrire leurs détournements de rue, les organisateurs parlent de réalisation de « rêve collectif » ou de « coïncidence à grande échelle ». À l'instar des casseurs de pub, RTS a transposé dans la jungle urbaine le langage et les tactiques de l'écologie radicale, pour exiger un espace « démarchandisé » tant dans la ville que dans la nature ou sur les mers. À cet égard, le plus important coup de théâtre de RTS eut lieu lorsque 10 000 fêtards s'emparèrent de la M41 de Londres, autoroute à six voies. Deux personnes arborant des costumes de carnaval sophistiqués avaient pris place à 10 mètres au-dessus de la route, perchées sur des échafaudages recouverts d'immenses jupes à cerceaux (voir image en page 368). La police, qui regardait sans intervenir, ignorait complètement que, sous les jupes, se trouvaient des guérilleros jardiniers équipés de marteaux piqueurs et creusant des trous dans la chaussée pour planter de jeunes arbres dans l'asphalte. RTS – composé de mordus du situationnisme – avait fait passer son message : « Sous le macadam, la forêt », en référence au slogan de mai 68 : « Sous les pavés, la plage ».

Ces événements font passer à un autre niveau la philosophie de réappropriation de l'espace public promulguée par la résistance culturelle. Au lieu d'envahir de parodies publici-taires l'espace non occupé par le commerce, RTS tente de l'imprégner d'une vision alternative de la société.

Les germes de l'écologie urbaine de RTS furent plantés en 1993 sur Claremont Road, rue tranquille de Londres qui était destinée à disparaître sous une nouvelle autoroute. « La route de liaison M11, explique John Jordan de RTS, devait s'étendre de Wanstead à Hackney, à East London. Pour la construire, le ministère des Transports devait démolir 350 maisons, déplacer des milliers de gens, couper l'une des dernières forêts an-ciennes de Londres. Une collectivité devait être dévastée par une chaussée à six voies, d'un coût de 240 millions de livres, pour faire gagner six minutes de trajet en voiture[1]. » La ville n'ayant pas tenu compte d'une forte opposition locale à la construc-tion de l'autoroute, un groupe d'artistes militants entreprit de tenter d'arrêter les bulldozers en transformant Claremont Road en forteresse sculpturale vivante. Ils tirèrent des canapés dans les rues, suspendirent des téléviseurs à des branches d'ar-bres, peignirent au milieu de la rue un échiquier géant et installèrent des panneaux-réclame parodiques sur le thème du développement de la banlieue devant les maisons promises à la démolition : « Bienvenue à Claremont Road – Ses maisons idéales ». Les militants grimpèrent sur les marronniers, occupèrent les grues, mirent la musique à fond et envoyèrent des baisers affectueux en direction des policiers et des démolisseurs. Les maisons évacuées furent reliées les unes aux autres au moyen de tunnels souterrains et remplies d'installa-tions artistiques. À l'extérieur, de vieilles voitures furent recou-vertes de slogans et de zébrures puis transformées en bacs à fleurs. Ainsi embellies, les voitures devirent également d'effi-caces barricades, de même que la tour d'échafaudage de 30 mètres élevée à travers le toit de l'une des maisons. La tac-tique, explique Jordan, ne consistait pas à utiliser l'art à des fins politiques, mais à transformer l'art en outil politique pra-tique « à la fois beau et fonctionnel[2] ».

Lorsque Claremont Road fut nivelée, en novembre 1994, elle était devenue la rue la plus créative, la plus festive, la plus vivante de Londres. « Une sorte de microcosme temporaire de la culture écologique vraiment libérée », dixit Jordan[3]. Avec la « cueillette » finale, au moyen d'une nacelle élévatrice, de tous les militants retranchés dans leurs maisons ou perchés dans leurs forteresses d'arbres, l'objectif de l'opération – montrer que les autoroutes privent la ville de sa vie – s'exprima avec une éloquence véritablement exemplaire.

Bien qu'un autre groupe ait utilisé le même nom quelques années auparavant, l'actuelle incarnation de *Reclaim the Streets* se forma en mai 1995, avec pour objectif avoué de transformer ce qui s'était produit sur Claremont Road en un virus porté par le vent, et capable de se répandre n'importe quand, et en n'importe quel endroit de la ville – une « zone d'autonomie temporaire » itinérante, pour employer l'expression du gourou anarchiste américain Hakim Bey. Selon Jordan, l'idée était simple : « Si nous ne pouvions plus reconquérir Claremont Road, nous allions reconquérir les rues de Londres[4]. »

Cinq cents personnes se présentèrent à la fête de RTS de Camden Street, en 1995, pour danser au rythme d'une sono alimentée par une génératrice à pédales, et au son de sifflets et de tambours. La Loi de la Justice criminelle étant alors entrée en vigueur, le rassemblement attira l'attention du milieu rave nouvellement politisé et il se forma une alliance cruciale. Lors de l'événement suivant, une fête dans Upper Street, à Islington, 3000 personnes se présentèrent ; cette fois, elles dansèrent au son d'une musique électronique tonitruante s'échappant de deux camions équipés de sonos de qualité professionnelle.

Ce cocktail rave + rage s'est révélé contagieux, s'étendant à travers la Grande-Bretagne jusqu'à Manchester, York, Oxford et Brighton ; et le plus grand événement organisé par RTS jusqu'à maintenant a attiré 20 000 personnes à Trafalgar Square, en avril 1997. Dès lors, les fêtes *Reclaim the Streets* sont devenues internationales, surgissant dans des villes aussi éloignées que Sydney, Helsinki et Tel-Aviv. Chaque fête est organisée sur le plan local, mais à l'aide de listes de diffusion et de sites Web reliés, les activistes de villes différentes peuvent se tenir au courant d'événements ayant lieu dans le monde entier, échanger des stratégies d'éviction de la police, se passer des informations sur la manière de construire les barricades les plus efficaces, et se transmettre leurs affiches, communiqués et tracts. Et caméscopes et caméras numériques devenant apparemment les accessoires incontournables des fêtes de rues, RTS s'inspire également d'images de fêtes de tous les horizons, circulant à travers les réseaux de militants de la vidéo – tel Undercurrents, d'Oxford –, qui sont téléchargées sur plusieurs sites RTS.

Des anarchistes ont profité de la foule pour libérer leur fureur contre des banques, des bijouteries et des succursales McDonald's. Des vitrines ont été brisées, des bombes de peinture ont été jetées et des graffitis ont fait apparaître des slogans antimondialistes.

Communiqué par *e-mail* RTS, Genève, Suisse, 16 mai 1998

Dans de nombreuses villes, les fêtes de rues ont concordé avec un autre mouvement international explosif : les promenades à vélo *Critical Mass*. L'idée a démarré en 1997, à San Francisco, et commencé à s'étendre, à peu près au même moment que RTS, à des villes de l'Amérique du Nord, de l'Europe et de l'Australie. Les cyclistes de *Critical Mass* sont eux aussi friands des discours sur la coïncidence à grande échelle : dans des dizaines de villes, le dernier vendredi de chaque mois, de sept à dix-sept mille cyclistes se rassemblent à un carrefour désigné avant de pédaler ensemble. Par la force de leur nombre, les cyclistes forment une masse imposante, et les voitures doivent leur céder la voie. « Nous ne bloquons pas la circulation, disent les promeneurs de *Critical Mass*, nous *sommes* la circulation. » Étant donné la complémentarité des actions des fêtards de RTS et des promeneurs de *Critical Mass*, une stratégie a vu le jour : les sites des fêtes de rues sont dégagés de la circulation par des promenades « spontanées » de *Critical Mass*, qui balaient la zone quelques instants seulement avant l'installation des barricades et l'arrivée des fêtards.

C'est peut-être à la lueur de ces liens que la presse traditionnelle décrit presque invariablement les événements de RTS comme des « protestations contre l'automobile ». Mais la plupart des adeptes de RTS s'inscrivent en faux contre cette interprétation simpliste[5]. La voiture est un symbole, disent-ils – la manifestation la plus tangible de la disparition de l'espace communautaire, des rues où il est possible de marcher ou des sites de libre expression. Au lieu de se contenter de s'opposer à l'automobile, comme le dit Jordan, « RTS a toujours essayé d'intégrer la question des transports et de la voiture à une critique plus vaste de la société [...] et rêvé de reconquérir l'espace pour un usage de la communauté en tant que peuple[6] ». Pour souligner le propos, RTS organisa une fête de rue, à Londres, en appui aux grévistes du métro. Une autre fête s'organisa conjointement avec ces enfants chéris des rock stars, des joueurs de football et des anarchistes britanniques – les dockers de Liverpool mis à pied. D'autres actions portèrent sur les antécédents de Shell, de BP et de Mobil quant à l'écologie et aux droits de l'homme.

En raison de ces coalitions, il est extrêmement difficile de ranger RTS sous une étiquette précise. « Une fête de rue est-elle un rassemblement politique ? demande Jordan sans prétendre à une réponse. Un festival ? Une rave ? Une action directe ? Ou juste une super mégafête ? » À maints égards, les fêtes ont en effet défié la catégorisation : elles n'exhibent pas de leaders identifiables et dépourvus de centre focal. Comme le dit Jordan, les fêtes de RTS « tourbillonnent ».

JOUER À LA POLITIQUE

Non seulement cette confusion est délibérée, mais c'est précisément son absence de rigidité qui a permis à RTS de s'emparer de l'imagination de milliers de jeunes du monde entier. Depuis l'époque où Abbie Hoffman et les yuppies instillaient dans leurs happenings le thème de l'absurdité de la conscience de soi, la protestation politique s'est ritualisée, suivant un protocole plutôt dénué d'imagination, où les slogans qu'on scande s'associent à de prévisibles affrontements policiers. Pendant ce temps, la *pop culture* s'est elle aussi figée dans son refus de laisser pénétrer le feu manifeste de la conviction politique dans son espace de jeu ironique. C'est là qu'intervient RTS. Les collusions culturelles délibérées des fêtes de rues combinent le second degré de la *pop culture* à la consciencieuse prévisibilité de la politique. Pour bien des jeunes, c'est la première occasion de réconcilier l'esprit des dessins animés de leur enfance avec une authentique préoccupation politique envers leur communauté et leur environnement. RTS est juste assez ludique et ironique pour enfin rendre la véhémence possible.

À maints égards, *Reclaim the Streets* est l'archétype urbain de la sous-culture de l'autosuffisance qui est en train d'émerger en Angleterre. Exilée dans les marges de l'économie par des décennies de règne conservateur, pas vraiment bien accueillie par les politiques de centre droite du Nouveau Parti travailliste de Tony Blair, une infrastructure largement autosuffisante de coopératives alimentaires, de squats illégaux, de médias et de festivals de musique indépendants a vu le jour à travers le pays. Extension du style de vie autosuffisant, les fêtes de rues spontanées affirment qu'on peut s'amuser sans demander de permission à l'État ni se fier à la largesse d'une entreprise. Le seul fait d'assister à une fête de rue fait de vous à la fois un participant et une partie du spectacle.

Nous nous sommes rendus jusqu'à la cathédrale, pour voir la Vierge, qui ne nous attendait certainement pas, et qui, par conséquent, ne s'est pas jointe à la danse. Malgré cela, nous avons donné un très joli spectacle ensoleillé, jusqu'à plus de onze heures ce soir-là, à reconquérir la rue pendant environ cinq heures.

Communiqué par *e-mail* RTS, Valence, Espagne, 16 mai 1998

La fête de rue se trouve également en porte-à-faux avec la façon dont notre culture a tendance à imaginer la liberté. Hippies qui décrochent pour aller vivre dans des communes rurales, ou yuppies qui s'échappent de la jungle urbaine dans des véhicules tout-terrain, la liberté consiste habituellement à s'affranchir de l'enfermement de la ville. La liberté, c'est la Route 66, c'est « *On the Road* ». C'est le voyage écolo. C'est partout, sauf ici. Or, RTS n'élimine ni la ville ni le présent. Le mouvement exploite le besoin de divertissement et de raves (et sa face obscure – le désir de défonce et d'émeute –) et le canalise en un acte de désobéissance civile qui est aussi un festival. Pendant 24 heures, le besoin d'espace libre n'est pas affaire d'évasion, mais de transformation de l'ici-et-maintenant.

Bien entendu, si on veut être vraiment cynique, on peut dire que RTS, c'est aussi de la poésie écolo plaquée sur du vandalisme. C'est un discours qui sublime l'entrave à la circulation. Ce sont des jeunes arborant costumes et peintures d'enfer, qui gueulent face à des flics très embarrassés – et peut-être bien intentionnés – des propos sur la tyrannie de la « culture de la bagnole ». Et quand les événements organisés par RTS tournent mal – parce qu'il ne se présente qu'une poignée de gens, ou que, piégés par leur propre aversion à la hiérarchie, les organisateurs anarchistes ne peuvent ou ne veulent communiquer avec la foule –, ce que devient la fête, c'est tout simplement un crétin qui exige le droit de s'asseoir au milieu de la rue, pour une raison démente que lui seul connaît. Bien des actions de RTS ont cependant été trop joyeuses et trop riches d'humanité pour qu'on les écarte d'un revers de la main : elles ont désarmé le cynisme de nombreux badauds, y compris celui de la presse musicale britannique, si branchée, qui déclara la fête sur Trafalgar Square « la meilleure rave ou fête musicale illégale de toute l'histoire[7] », jusqu'à ce docker en grève de Liverpool faisant remarquer que « les autres parlent de faire quelque chose, mais eux le font vraiment[8] ».

Comme pour tout mouvement radical réussi, certains s'inquiètent de ce que l'impact de RTS sur les masses en ait fait une simple mode, que la subtile théorie de l'« application de la poésie radicale à la politique radicale » soit en train d'être noyée sous le martèlement sourd et l'esprit grégaire propres aux fêtes. En octobre 1997, Jordan me confiait que RTS se livrait à une remise en question rigoureuse. La fête de Trafalgar Square, qui avait attiré 20 000 personnes, n'était pas, affirmait-il, le genre d'événement paroxystique auquel RTS tendait. Lorsque la police tenta de confisquer la camionnette dans laquelle se trouvait la sono, les manifestants ne se contentèrent pas d'envoyer d'espiègles baisers, comme on l'espérait : ils lancèrent des bouteilles et des pierres, et quatre personnes furent accusées de tentative de meurtre (accusations qui furent plus tard retirées). En dépit des efforts redoublés des organisateurs, RTS vivait une escalade vers le hooliganisme propre au football et, ainsi que le déclara un porte-parole de RTS au *Daily Telegraph*, lorsque les organisateurs tentèrent de reprendre les choses en main, certains émeutiers se retournèrent contre eux. « J'ai vu certains des nôtres essayer vraiment de retenir des voyous qui s'étaient bourré la gueule et qui lançaient stupidement des bouteilles de bière et des pierres. Quelques membres se sont placés sur la ligne de feu et l'un d'entre eux s'est fait tabasser[9] » [...] Ces nuances échappèrent toutefois à la plupart des médias britanniques, qui couvrirent l'événement de Trafalgar Square avec des manchettes telles que « Émeute en délire – Des voyous anarchistes terrorisent Londres[10] ».

« LA RÉSISTANCE SERA AUSSI TRANSNATIONALE QUE LE CAPITAL »

Après Trafalgar Square, dit Jordan, il devint clair que « la fête de rue avait du mal à être considérée comme un simple divertissement, une fête agrémentée d'un peu d'action politique [...] Si les gens croient qu'il suffit d'organiser une fête de rue une fois l'an, de perdre la tête et de danser sur un bout de terrain public reconquis, alors nous sommes loin du compte ». La prochaine tâche, selon lui, sera d'imaginer une prise de contrôle de bien plus d'une rue. « La fête de rue n'est qu'un début, un avant-goût des possibilités futures. Jusqu'ici, il y a eu 30 fêtes de rues dans tout le pays. Imaginez qu'il y en ait 100, imaginez que chacune d'elles ait lieu le même jour, imaginez que chacune dure des jours et même davantage [...] Imaginez la fête de rue qui prend racine [...] *la fête permanente*[11] [...] »

J'avoue qu'en parlant à Jordan, j'étais sceptique quant aux capacités de son mouvement à atteindre pareil niveau de coordination. Au mieux, *Reclaim the Streets* longe une frontière délicate, flirtant ouvertement avec le besoin de l'émeute qu'il tente de transformer en une manifestation plus constructive. Les adeptes londoniens de RTS disent que l'un des objectifs des fêtes est de « visualiser l'effondrement industriel » – les participants tentent dès lors de s'inciter suffisamment, les uns les autres, à danser et à planter des arbres sur les décombres, plutôt que de les arroser d'essence avant d'y lancer leur Zippo. Mais peu après notre entrevue, un avis circula sur quelques listes de diffusion d'activistes, suggérant l'idée d'une journée de fêtes de rues simultanées dans le monde entier. Sept mois plus tard avait lieu la toute première *Global Street Party* (Fête de rue mondiale). Pour s'assurer que les fondements politiques de l'événement n'échapperaient à personne, la date choisie pour la *Global Street Party* fut le 16 mai 1998 – jour où les leaders du G8 devaient se rassembler pour un sommet à Birmingham, en Angleterre, et deux jours avant qu'ils ne se rendent à Genève pour célébrer le cinquantième anniversaire de l'Organisation mondiale du commerce. Étant donné que des agriculteurs indiens, des paysans brésiliens dépouillés de leurs terres, des chômeurs français, des travailleurs italiens et allemands ainsi que des groupes internationaux de défense des droits de l'homme préparaient autour des deux sommets des actions simultanées, RTS prit sa place dans un nouveau mouvement populaire international contre les sociétés transnationales et leur programme de mondialisation économique. Ce n'était vraiment pas une simple question de voitures.

L'attaque policière fut si dure et brutale que même le public tchèque fut ébranlé... Soixante-quatre personnes furent mises en détention, dont vingt-deux de moins de 18 ans et treize femmes. Au cours de l'intervention policière, des passants innocents furent également molestés. Tous les détenus furent molestés, maltraités et humiliés jusqu'aux petites heures du matin.

Communiqué par *e-mail* RTS, Prague, République tchèque, 16 mai 1998

Même s'ils furent le plus souvent accueillis comme de simples embouteillages, 30 événements RTS furent organisés avec succès dans le monde entier, dans 20 pays différents. Le 16 mai, plus de 8000 personnes bloquèrent une autoroute de six voix à Utrecht, en Hollande, dansant durant cinq heures.

À Turku, en Finlande, 2 000 fêtards occupèrent pacifiquement l'un des ponts principaux de la ville. Presque 1 000 Berlinois organisèrent une rave à l'un des carrefours du centre-ville et, à Berkeley, en Californie, 700 personnes jouèrent au Twister sur Telegraph Avenue. La plus réussie de toutes les *Global Street Parties* se tint à Sydney, en Australie, où un rassemblement politique illégal doublé d'un festival de musique se déroula sans incident ; 3 000 à 4 000 personnes « kidnappèrent » une route, installèrent trois scènes de concerts live avec orchestres et une demi-douzaine de D.J. Sans le moindre partenariat avec Levi's, Borders, Pepsi ou Revlon (le genre d'appuis censés rendre « possibles » les festivals coûteux comme Lilith Fair), le RTS de Sydney arriva à présenter « trois kiosques de *chai*, une collecte de fonds avec de la nourriture, deux sculpteurs de grès, des poètes, des jongleurs et lanceurs de feu, des jardiniers de rues… et beaucoup de grabuge et de frivolité[12] ».

La prochaine fois, ce sera plus grand…

Communiqué par e-mail RTS, Berlin, Allemagne, 16 mai 1998

La réaction policière face à la *Global Street Party* varie largement d'une ville à une autre. À Sydney, les policiers se tinrent à l'écart, sidérés, demandant seulement que l'on baissât le son à mesure que la fête s'étirait dans la soirée. À Utrecht, les policiers étaient si sympathiques qu'« à un moment donné », rapporte un organisateur local, « ils se sont mêlés à la foule, se sont assis sur la chaussée, attendant que la sono arrive. Lorsqu'elle est finalement arrivée, ils nous ont aidés à démarrer la génératrice ! ». Des exceptions, évidemment. À Toronto, lors de la fête à laquelle j'ai participé, les officiers de police, après avoir laissé filer l'événement pendant une heure, sont entrés dans la foule de 400 fêtards avec des couteaux et (comble de l'absurde) se sont mis à poignarder les ballons aux couleurs vives et à taillader sauvagement les banderoles. La fête dégénéra sans tarder en une série d'escarmouches incohérentes, au rythme de « Sales flics ! », qui firent les manchettes du journal télévisé. Mais les mesures répressives de Toronto ne furent rien comparativement à ce qui arriva dans d'autres villes. Cinq mille personnes dansèrent dans les rues de Genève, mais dès minuit, la fête « était devenue une émeute généralisée. Une voiture fut incendiée et des milliers de policiers foncèrent sur le principal groupe en lançant des

grenades lacrymogènes. Jusqu'à 5 heures du matin, les manifestants fracassèrent des centaines de fenêtres, surtout des
banques et des bureaux, causant des dommages évalués à plus
de un demi-million de livres ». Comme les manifestants
attendaient l'arrivée des leaders mondiaux et des représentants commerciaux pour l'anniversaire de l'OMC, les émeutes
se poursuivirent pendant plusieurs jours[13].

*Désolés pour le cafouillage, mais comme on a été seulement 10 à se présenter, on a
décidé, après une tournée de la ville avec des pancartes et un tambour, de filer à la
plage pour le reste de l'après-midi.*

Communiqué par *e-mail* RTS, Darwin, Australie, 16 mai 1998

À Prague, 3000 personnes se présentèrent à la *Global Street
Party* sur Wenceslas Square, où quatre sonos étaient installées
et vingt D.J. prêts à jouer. Mais bientôt, une voiture de police
fonça dans la foule ; le véhicule fut encerclé et retourné, et la
rave une fois de plus se transforma en émeute. Après que les
organisateurs eurent officiellement dissous l'événement, 300
personnes, des adolescents pour la plupart, marchèrent dans
les rues de Prague, certaines s'arrêtant pour lancer pierres et
bouteilles dans les vitrines des restaurants McDonald's et
Kentucky Fried Chicken. D'autres bouteilles furent lancées
lors du rassemblement RTS de Berkeley, en Californie, et d'aucuns se livrèrent à d'autres activités stupides, comme lancer, en
pleine Telegraph Avenue, un matelas mousse dans un feu de
camp (ce qui eut pour brillant résultat de susciter, dans une
manifestation écolo, des vapeurs toxiques) et de casser la
vitrine d'une librairie indépendante locale (bien fait pour ces
grandes sociétés prédatrices !). L'événement avait été présenté
comme une célébration de « l'art, l'amour et la rébellion »,
mais la police le qualifia d'« émeute » – « la plus importante
en huit ans[14] ». Il y eut au moins 27 arrestations à Cambridge,
4 à Toronto, 4 à Berkeley, 3 à Berlin, 64 à Prague, des dizaines
à Brisbane et plus de 200 au cours des journées d'émeute à
Genève.

Dans plusieurs villes clés, la *Global Street Party* fut loin d'être
la « fête permanente » que John Joran avait envisagée. Quoi
qu'il en soit, la réaction internationale immédiate, déclenchée
par de simples *e-mail*, montra à la fois le potentiel et le désir
d'une protestation à l'échelle mondiale contre la suppression
de l'espace public. Peut-être le besoin pressant d'arracher cet

espace à l'emprise des marques parle-t-il d'une façon si directe à tant de jeunes de nationalités différentes, que son plus grand handicap vient de la force même des émotions qu'il inspire.

Une émotion qui était à son comble le 16 mai, à Birmingham, siège social de la *Global Street Party*. Les huit hommes politiques les plus puissants du monde étaient occupés à échanger des chandails de hockey, à signer des accords commerciaux et – de quoi perdre son sang-froid – à chanter en chœur, mondialement, « *All You Need Is Love* ». C'est dans ce contexte que 8000 activistes venus de toute la Grande-Bretagne prirent possession d'un carrefour, branchèrent une sono, jouèrent au volley-ball dans la rue et retrouvèrent l'esprit de célébration de RTS. Comme dans d'autres villes, il y eut des affrontements avec la police qui encercla la fête d'un triple rang de ses hommes. Mais cette fois, l'absurdité créative l'emporta et, au lieu de pierres et de bouteilles, l'arme privilégiée redevint cette bonne vieille pièce de munition comique de plus en plus populaire : la tarte à la crème. Enfin, une nouvelle bannière – un immense cerf-volant rouge – portant le nom de toutes les villes où des fêtes de rues se déroulaient simultanément, dans 20 pays du monde entier, fut hissée entre trépieds, pancartes et drapeaux[15]. « La résistance, disait une pancarte, sera aussi transnationale que le capital. »

« La privatisation de l'espace public par l'automobile perpétue l'érosion de la vie de quartier et de la communauté qui définit la ville. Plans d'aménagement routier, parcs industriels, développements de centres commerciaux – tout cela aggrave la désintégration d'une collectivité et contribue à l'écrasement d'une localité. Tout devient équivalent à tout le reste. La collectivité devient denrée – village commercial, assoupi et sous surveillance constante. Le désir de communauté va alors chercher ailleurs son assouvissement, du côté du spectacle qui nous le vend sous une forme dissimulée. Une "rue" ou une "place" de feuilleton télé imitent la zone que le béton et le capitalisme sont en train de détruire. La rue réelle, dans ce scénario, est stérile. C'est un endroit où circuler, et non à fréquenter. Elle n'existe que pour servir autre chose – au moyen d'une vitrine, d'un panneau d'affichage ou d'une station-service. »

RTS Londres

« Ce que j'ai remarqué, c'est que tous ces événements et ces actions avaient un dénominateur commun : RECONQUÉRIR. Que nous reprenions la rue aux voitures, des immeubles pour les redonner aux squatters, des surplus alimentaires pour les sans-abri, des campus pour en faire des lieux de protestation ou des scènes de théâtre, que nous arrachions notre propre voix à des engloutissements dans les abîmes ténébreux des médias, ou notre environnement visuel aux panneaux d'affichage, nous étions toujours en train de reconquérir. De reprendre ce qui aurait toujours dû être à nous. Pas "à nous" en tant que "club" ou que "groupe", mais à nous en tant que peuple. Peuple entier. Un "à nous" synonyme de "pas aux gouvernements" et "pas aux grandes sociétés" […] Nous voulons que le pouvoir soit redonné au peuple en tant que collectif. Nous voulons reconquérir les rues. »

RTS Toronto

LA GROGNE MONTE

LE NOUVEAU MILITANTISME À L'ENCONTRE DES GRANDES SOCIÉTÉS

La terre n'est pas en train de mourir, on est en train de la tuer. Et ses meurtriers ont un nom et une adresse.

Utah Phillips

Comment dire à Steve que son père possède un sweatshop ? ! ?

Tori Spelling, dans le rôle de Donna, dans *Beverly Hills 90210*,
après avoir découvert que sa propre gamme de vêtements griffés était
fabriquée par des immigrantes dans un sweatshop de L. A.,
15 octobre 1997

Dans la seconde moitié des années 1990, alors que l'ubiquité des marques se répand de manière faramineuse, un phénomène parallèle a émergé dans les marges : un réseau de militants de l'écologie, du travail et des droits de l'homme, déterminés à mettre en lumière les dommages recelés sous la surface lisse. Des dizaines de nouvelles organisations et de publications furent fondées dans le seul but de dénoncer les grandes sociétés qui, dans le monde entier, profitent de politiques gouvernementales répressives. Des groupes plus anciens, qui s'étaient auparavant chargés de la mission de surveiller les gouvernements, reconfigurèrent leurs mandats de telle sorte que leur rôle premier devint de dépister les infractions commises par les multinationales. Selon la formule de John Vidal, spécialiste de l'écologie au journal *The Guardian* : « Un tas de militants s'accrochent telles des sangsues aux flancs des grandes sociétés. »

Cette attitude de sangsue prend plusieurs formes, qui vont de la légalité au quasi-terrorisme. Depuis 1994, par exemple, le

Program on Corporations, Law & Democracy, établi au Massachusetts, a mis au point des actions politiques conçues afin de « contester l'autorité des entreprises à gouverner ». Corporation Watch, d'Oxford, se spécialise dans la recherche – et dans l'aide à la recherche – sur le crime commercial. (À ne pas confondre avec le Corporate Watch de San Francisco, né vers la même époque, dont la mission est quasi identique à l'échelle des États-Unis) JUSTICE. DO IT NIKE ! est un groupe de militants pugnaces de l'Oregon dont le but est d'interpeller Nike sur ses pratiques quant à la main-d'œuvre dans son propre village. The Yellow Pages, par contre, est une cabale internationale clandestine de *hackers* qui ont déclaré la guerre aux réseaux informatiques des entreprises ayant réussi, par lobbying, à dissocier le respect des droits de l'homme du commerce avec la Chine. « C'est vrai que des hommes d'affaires ont commencé à dicter la politique étrangère », dit Blondie Wong, directrice des Hong Kong Blondes, un groupe de *hackers* chinois pro-démocratie vivant aujourd'hui en exil. « En choisissant le profit plutôt que la conscience, les entreprises ont fait reculer notre lutte à un point tel qu'elles sont devenues nos oppresseurs à nous aussi[1]. »

Le Belge Noël Godin et sa bande mondiale d'entarteurs ont adopté une approche nettement plus traditionnelle (certains diraient primitive). Bien que les politiciens et les vedettes du cinéma aient reçu, lancées au vol, des tartes en pleine figure, leur cible première a été le secteur des grandes entreprises : Bill Gates, P.D.G. de Microsoft, Robert Shapiro, P.D.G. de Monsanto, Ken Derr, P.D.G. de Chevron, Renato Ruggiero, directeur de l'Organisation mondiale du commerce, ont tous été atteints, de même que l'architecte du libéralisme mondial, Milton Friedman. « À leurs mensonges (*lies*), nous répondons par des tartes (*pies*) », dit l'Agent Blueberry, de la Biotic Baking Brigade (voir image, page 309[2]).

Cette mode dérapa à tel point qu'en mai 1999, Tesco, l'une des plus grandes chaînes de supermarchés d'Angleterre, fit mener une série de tests sur ses tartes afin de voir lesquelles se lançaient le mieux. « Nous voulons demeurer au fait de ce que font nos clients : voilà pourquoi nous avons procédé à ces tests », expliqua la porte-parole de la compagnie, Melodie Schuster. Sa recommandation : « La tarte à la crème anglaise permet la couverture complète du visage[3]. » Et soyez assurés qu'aucune des tartes Tesco ne contient d'ingrédients génétiquement modifiés ! Un mois plus tôt, la chaîne avait en effet banni ces derniers de sa production – en réponse à une vague de réprobations dirigées contre Monsanto et les autres géants de l'industrie agroalimentaire.

Comme nous le verrons dans un prochain chapitre, Tesco a décidé de faire sécession d'avec les aliments génétiquement modifiés après une série de manifestations, à sa porte, contre la « Frankenbouffe » – dans le cadre d'une stratégie de plus en plus populaire chez les groupes militants. Les rassemblements politiques, qui, autrefois, se déroulaient invariablement devant des édifices gouvernementaux et des consulats, peuvent maintenant survenir aux abords immédiats des entreprises géantes : devant Nike Town (voir image, page 383), Foot Locker, le Disney Store et les pompes à essence Shell ; sur le toit du siège social de Monsanto ou de BP ; autour de magasins Gap, dans des centres commerciaux ; et même dans des supermarchés.

Bref, le triomphe de la mondialisation a inspiré une nouvelle vague de militants enquêteurs, experts ès technologies, et dotés d'une mentalité mondiale, à l'instar des sociétés qu'ils pistent. Cette forme puissante de militantisme dépasse largement les syndicats traditionnels. Ses membres sont jeunes ou vieux ; issus d'écoles élémentaires ou de campus universitaires ployant sous le branding, ou de groupes religieux possesseurs d'importants portefeuilles d'investissement et inquiets de ce que de grandes sociétés aient « péché ». Ce sont des parents inquiets de la dévotion d'esclaves de leurs enfants envers des « tribus de logos », c'est aussi l'intelligentsia politique et les spécialistes du marketing social davantage préoccupés de la qualité de la vie communautaire que de l'augmentation des ventes. En fait, dès octobre 1997 se déroulaient dans le monde un si grand nombre de manifestations disparates contre les grandes sociétés – Nike, Shell, Disney, McDonald's et Monsanto – qu'*Earth First !* publia un calendrier impromptu comportant toutes les dates clés, et inaugurant le premier Mois contre la domination des grandes sociétés. Environ un mois plus tard, *The Wall Street Journal* publiait un article intitulé « Vite ! Plus que 27 jours de protestations avant Noël ! »

« L'ANNÉE DU SWEATSHOP »

En Amérique du Nord, une grande part de cette activité remonte à 1995-1996, période qu'Andrew Ross, directeur des

Études américaines à l'Université de New York, a appelée « L'Année du sweatshop ». Pour un temps, cette année-là, les Nord-Américains ne pouvaient allumer leur téléviseur sans entendre des récits honteux sur les honteuses pratiques d'exploitation de la main-d'œuvre que recouvraient les étiquettes grand public les plus populaires du paysage de marques. En août 1995, la façade fraîchement nettoyée de Gap fut une fois de plus exfoliée pour révéler l'existence au Salvador d'une usine illégale, dont le directeur avait répondu à une campagne en faveur de la syndicalisation en congédiant 150 personnes et en jurant que « le sang allait couler » si l'organisation continuait dans ce sens[4]. En mai 1996, des activistes américains du travail découvrirent que la griffe éponyme de vêtements de sport de l'animatrice de talk-shows Kathie Lee Gifford (vendue en exclusivité chez Wal-Mart) était confectionnée au Honduras par des enfants et à New York par des travailleurs de sweatshops illégaux. Vers la même époque, Guess Jeans, qui avait bâti son image sur de voluptueuses photographies du top-modèle Claudia Schiffer, était en guerre ouverte avec le Département américain du Travail, parce que ses entrepreneurs californiens refusaient de verser le salaire minimum. Même Mickey dut révéler l'existence de ses sweatshops après qu'un entrepreneur pour Disney à Haïti eut été surpris à fabriquer des pyjamas Pocahontas dans des conditions si déplorables que les travailleuses devaient nourrir leurs bébés à l'eau sucrée.

D'autres scandales éclatèrent après la diffusion par le réseau NBC d'une enquête sur Mattel et Disney, quelques jours seulement avant Noël 1996. À l'aide de caméras cachées, le reporter révélait qu'en Indonésie et en Chine, des enfants travaillaient dans des conditions de quasi-esclavage « pour qu'en Amérique, des enfants puissent vêtir de robes à froufrous la poupée préférée des Américains[5] ». En juin 1996, le magazine *Life* provoqua d'autres vagues avec des photographies d'enfants pakistanais – l'air terriblement jeunes et payés la misère de 6 cents de l'heure – penchés sur des ballons de football qui portaient l'inévitable swoosh de Nike. Mais la marque Nike n'était pas la seule concernée. Adidas, Reebok, Umbro, Mitre et Brine, tous fabriquaient des ballons au Pakistan, où l'on estimait à 10 000 le nombre d'enfants au travail dans des usines, dont beaucoup étaient vendus comme esclaves sous contrat à leurs employeurs, et marqués comme du bétail[6]. Les images de *Life* étaient si effrayantes qu'elles poussèrent des parents, des étudiants et des éducateurs à agir, et certains en firent des affiches qu'ils brandirent dans des manifestations devant des magasins d'équipement sportif des États-Unis et du Canada.

Toute cette période vit également l'épisode des baskets Nike. La saga Nike débuta avant l'Année du sweatshop et ne fit que prendre de l'ampleur à mesure que d'autres polémiques relatives à l'entreprise étaient connues du public. Le scandale s'accrocha à Nike, et de nouvelles révélations sur les conditions de travail dans les usines accompagnèrent la cavale mondiale de la compagnie. D'abord vinrent les comptes rendus des mesures sévères adoptées par la compagnie contre les syndicats en Corée du Sud ; lorsque les entrepreneurs prirent la fuite pour l'Indonésie, les groupes de surveillance les suivirent, et rendirent compte tant des salaires de misère que de l'intimidation des travailleurs par les militaires. En mars 1996, le *New York Times* rapporta qu'après une grève risquée dans une usine javanaise, 22 travailleurs furent congédiés ; un homme, qui avait été désigné comme étant un des organisateur, fut enfermé dans une pièce de l'usine et interrogé pendant sept jours par des soldats. Lorsque Nike déplaça sa production au Vietnam, les accusations la suivirent aussi : comptes trafiqués et travailleurs frappés à la tête avec des empeignes de chaussures. Quand la production déménagea résolument en Chine, elle fut talonnée par des polémiques sur les salaires et le style de gestion des usines, façon « camp d'entraînement ».

L'Année du sweatshop vit épinglés non seulement les super-marques et leurs porte-parole vedettes mais aussi des chaînes de magasins de vêtements, des grossistes, et des grandes surfaces qui furent tenus responsables des conditions dans lesquelles étaient produits jouets et articles de mode de leurs étagères. Pour l'Amérique, la question devint évidente en août 1995, lorsque le Département américain du Travail procéda à une descente dans un complexe d'appartements d'El Monte, en Californie. Soixante-deux travailleuses thaïes du vêtement étaient détenues en esclavage et enchaînées, dont certaines depuis sept ans. Le propriétaire de l'usine était un protagoniste mineur de l'industrie, mais les vêtements que les femmes cousaient étaient vendus par des géants de la vente au détail, tels que Target, Sears et Nordstrom.

Mais c'est Wal-Mart qui, le plus souvent, a été dans la ligne de mire depuis le grand retour des *sweatshops* au cours des années 1990. En tant que plus grand détaillant du monde, Wal-Mart est le distributeur principal de nombreuses marques controversées : gamme de vêtements de Kathie Lee Gifford, pyjamas Disney fabriqués à Haïti, vêtements produits par des enfants au Bangladesh, jouets et équipement sportif fabriqués dans des sweatshops asiatiques. Pourquoi, demandaient les consommateurs, si Wal-Mart avait le pouvoir de baisser les prix, de modifier des pochettes de CD et d'avoir une influence sur le contenu de magazines, n'avait-elle pas également le pouvoir, auprès de ses fournisseurs, d'exiger et de faire appliquer une éthique des normes de travail ?

Même si ces révélations parurent successivement dans la presse, les incidents fusionnèrent pour donner un aperçu sans pareil de ce qui se tramait sous le capot de l'Amérique de marque. Et peu de gens apprécièrent ce qu'ils virent. Par la combinaison troublante de marques célèbres et de conditions de production discutables, Nike, Disney et Wal-Mart, entre autres, devinrent de puissantes métaphores d'une nouvelle et brutale façon de faire des affaires. En une seule image, le sweatshop raconte l'histoire des disparités obscènes de l'économie mondiale : des cadres de grandes entreprises et des célébrités récoltant des salaires si élevés qu'ils défient l'entendement, des milliards de dollars dépensés en branding et en publicité – tout cela soutenu par un dispositif assis sur des bidonvilles, sur des usines sordides et sur la misère et le pilonnage des espoirs de jeunes femmes comme celles que j'ai rencontrées à Cavite, luttant pour leur survie.

L'ANNÉE DE L'ATTAQUE CONTRE LA MARQUE

Graduellement, l'Année du sweatshop se transforma en Année de l'attaque contre la marque. Après qu'on leur eut présenté les travailleurs qui se trouvaient derrière leurs jouets et leurs vêtements, les consommateurs rencontrèrent les gens qui cultivaient le café de leur Starbucks local ; selon le Projet américano-guatémaltèque d'éducation de la main-d'œuvre, une partie du café que faisait mousser la chaîne était cultivé au moyen d'une main-d'œuvre enfantine, de pesticides dangereux et de salaires inférieurs au minimum vital. Mais c'est dans un tribunal de Londres, en Angleterre, que le monde de marque fut retourné comme un gant. Le très célèbre procès McLibel débuta par la tentative de McDonald's, en 1990, d'éliminer un dépliant qui accusait la compagnie d'une série d'abus – du démantèlement de syndicats à la détérioration des forêts tropicales, en passant par la dissémination de déchets dans les villes. McDonald's nia ces allégations et poursuivit pour libelle deux militants écolos de Londres. Ceux-ci se défendirent en soumettant McDonald's à l'équivalent commercial d'une coloscopie : l'affaire dura sept ans, et ne négligea pas une seule des infractions commises par la compagnie : toutes furent portées en cour ou affichées sur Internet.

Les allégations des défenseurs du McLibel à propos de la sécurité alimentaire concordèrent avec un autre mouvement anticommercial qui prenait alors son envol à travers l'Europe : la campagne contre Monsanto et ses manipulations de la production alimentaire. Au centre de cette dispute on trouvait le refus de Monsanto d'informer les consommateurs en leur permettant d'identifier les aliments génétiquement modifiés parmi ceux qu'ils achetaient au supermarché, refus qui avait déclenché une vague d'action directe telle que l'arrachage de cultures-tests de Monsanto.

Comme si cela ne suffisait pas, des multinationales se trouvèrent également sous le microscope en raison de leur engagement auprès de certains des régimes les plus violents et les plus répressifs du monde : Birmanie, Indonésie, Colombie, Nigeria et Tibet sous occupation chinoise. La question n'était certes pas nouvelle, mais comme les campagnes McDonald's et Monsanto, elle acquit une importance nouvelle durant la seconde moitié des années 1990, et une grande partie de l'attention se concentra sur la foule de marques familières opérant en Birmanie (aujourd'hui officiellement rebaptisée Myanmar). Le coup d'État sanglant qui permit au régime militaire actuel de prendre le pouvoir en Birmanie s'était produit en 1988, mais l'attention internationale sur les conditions brutales qui régnaient dans ce pays asiatique monta en flèche en 1995, lorsque le leader de l'opposition et Prix Nobel Aung San Suu Kyi fut libérée après six ans de résidence surveillée. Dans un appel sur cassette vidéo sorti du pays en contrebande, Suu Kyi condamna les investisseurs étrangers pour leur soutien à la junte qui avait fermé les yeux sur la victoire écrasante de son parti aux élections de 1990. Les sociétés opérant en Birmanie, déclara-t-elle, tirent profit, directement ou non, des camps d'esclavage dirigés par l'État. « Les investisseurs doivent comprendre qu'il ne peut y avoir de croissance ni de développement économiques en Birmanie à moins d'un accord sur l'avenir politique du pays[7]. »

Dans un premier temps, les militants réagirent en faisant pression sur leurs gouvernements en Amérique du Nord, en

Europe et en Scandinavie, afin qu'ils imposent des sanctions commerciales au gouvernement birman. Comme celles-ci ne suffisaient pas à interrompre les échanges commerciaux, ils commencèrent à prendre pour cibles des sociétés établies dans leurs pays respectifs. Au Danemark, les protestations se concentrèrent sur le brasseur national, Carlsberg, qui avait conclu en Birmanie un important contrat de construction d'une brasserie. En Hollande, la cible fut Heineken ; aux États-Unis et au Canada, Liz Claiborne, Unocal, Disney, Pepsi et Ralph Lauren se retrouvèrent dans le collimateur.

Mais l'événement le plus significatif de la montée du militantisme contre les grandes sociétés survint en 1995, lorsque le monde perdit Ken Saro-Wiwa. L'éminent écrivain et leader écologiste nigérian fut emprisonné par le régime oppressif de son pays pour avoir mené la campagne des Ogonis contre les effets dévastateurs, sur l'homme et l'environnement, du forage pétrolier de la Royal Dutch/Shell dans le delta du Niger. Les associations des droits de l'homme se regroupèrent pour que leurs gouvernements interviennent, et certaines sanctions économiques furent imposées, sans guère d'effets. En novembre 1995, Saro-Wiwa et huit autres activistes ogonis furent exécutés par un gouvernement militaire qui s'était enrichi avec l'argent du pétrole de Shell et de la répression contre son propre peuple.

L'Année de l'attaque contre la marque se poursuivit sur deux ans, puis trois, et ne montra aucun signe de refus. En février 1999, un nouveau rapport révéla que les travailleurs assemblant des vêtements Disney dans plusieurs usines chinoises gagnaient la misère de 13,5 cents l'heure et devaient faire des revenus supplémentaires[8]. En mai 1999, l'équipe de l'émission d'ABC *20/20* retourna à l'île Saipan et ramena des prises de vue de jeunes femmes enfermées dans des usines de sweatshops, cousant pour Gap, Tommy Hilfiger et Polo Ralph Lauren. De nouvelles révélations dévoilèrent également de violents affrontements autour des activités de forage de Chevron dans le delta du Niger, et sur les plans de construction de Talisman Energy en territoire contesté dans le Soudan déchiré par la guerre.

L'ampleur et la persistance du scandale public dirigé contre elles ont pris les sociétés à revers, en grande partie parce que les activités pour lesquelles elles étaient condamnées n'étaient pas particulièrement nouvelles. McDonald's n'a jamais été l'ami du travailleur pauvre ; les compagnies pétrolières ont un passé long et ininterrompu de collaboration avec des gouvernements répressifs en vue d'exploiter des ressources de valeur sans grand souci des populations qui vivent dans les parages ; Nike produit ses baskets dans des sweatshops asiatiques depuis le début des années 1970, et plusieurs chaînes de vêtements le font depuis plus longtemps encore. Comme l'écrit Bob Ortega, du *Wall Street Journal*, les syndicats ont rassemblé des preuves que des enfants du Bangladesh fabriquaient des vêtements vendus chez Wal-Mart depuis 1991, « mais même si les syndicats disposaient de photos d'enfants travaillant sur les chaînes d'assemblage […] ces accusations n'étaient guère diffusées, ni dans les journaux ni à la télévision[9] ».

De toute évidence, une grande part de l'attention actuelle portée aux abus des sociétés tient à la ténacité des militants qui s'organisent autour de ces questions. Mais puisqu'un si grand nombre des abus sont connus depuis des décennies, le raz-de-marée actuel de résistance soulève une question : Pourquoi maintenant ? Pourquoi l'année 1995-1996 est-elle devenue l'Année du sweatshop, avant les Années d'offensive contre les marques ? Pourquoi pas 1976, 1984, 1988 ou, et peut-être surtout, pourquoi pas 1993 ? Car c'est au mois de mai de cette année-là que l'usine de jouets Kader, à Bangkok, fut détruite par le feu. L'édifice constituait une souricière par excellence, et lorsque les balles de tissu somptueux prirent feu, les flammes coururent à travers l'usine fermée à clé, tuant 188 travailleuses et en laissant 469 autres dans un état grave. L'incendie de la Kader fut le pire de l'histoire de l'industrie, et fit plus de victimes que celui de la Triangle Shirtwaist Company, qui avait tué 146 jeunes travailleurs à New York en 1911. Les parallèles entre la Triangle et la Kader – compagnies séparées l'une de l'autre par la moitié de la planète, et 82 années de prétendu développement – sont effrayants : c'est comme si le temps, au lieu d'avancer, s'était contenté de changer de lieu.

À la Triangle, de même qu'à la Kader, les travailleuses étaient presque toutes des jeunes femmes – certaines âgées de 14 ans seulement, mais la plupart d'environ 19 ans. Un rapport publié après l'incendie de la Triangle révéla que la plupart des victimes étaient des immigrantes italiennes et russes, presque toutes arrivées en Amérique avant leur famille, à la recherche d'un emploi qui leur permettrait de financer le voyage de leurs parents et de leurs frères et sœurs – situation si malheureusement semblable à celle des paysannes itinérantes qui périrent à la Kader. Comme l'usine de la Kader, les bâtiments de la Triangle semblaient appeler l'accident : fausses sorties d'incendie, montagnes de tissu inflammables et portes verrouillées du matin au soir pour écarter les organisateurs syndicaux. Pareilles aux jeunes femmes de la Kader, un grand nombre des travailleuses de la Triangle s'enveloppèrent de vêtements et sautèrent par les fenêtres de l'usine, pour trouver la mort – ainsi, avaient-elles dû se dire, leur famille pourrait au moins identifier leur corps. Un reporter du *New York Times* décrivit ainsi l'épouvantable scène de la Triangle « Soudain, quelque chose qui ressemblait à une balle de robes noires fut précipité d'une fenêtre du huitième étage […] Puis, un autre gros paquet de tissu tomba de la même fenêtre, mais cette fois, un coup de vent ouvrit les vêtements, et la foule de 500 personnes poussa un cri d'horreur. Le vent dévoila la forme d'une fille se précipitant vers une mort instantanée[10]. »

L'incendie de la Triangle Shirtwaist Company fut l'incident précis à partir duquel se définit le premier mouvement antisweatshops aux États-Unis. Il poussa des centaines de milliers de travailleurs à militer en faveur d'une réponse du gouvernement et mena finalement à un plafonnement des heures supplémentaires de l'ordre de 54 heures par semaine, à l'interdiction du travail après 21 heures et à la révision des réglementations sanitaires et de sécurité. Le plus grand pas accompli à la suite de l'incendie fut peut-être l'introduction de ce qu'on qualifierait aujourd'hui de surveillance indépendante – la fondation de la Commission d'enquête sur les usines de New York, qui fut autorisée à entreprendre des raids-surprises dans les sweatshops suspects.

Qu'ont donc permis d'accomplir les 188 morts de l'incendie de la Kader ? Hélas, bien que plusieurs syndicats et groupes de développement internationaux soient intervenus pour dénoncer l'exploitant de l'usine illégale, la Kader n'est pas devenue un symbole du besoin désespéré de réformes, comme la Triangle Shirtwaist. Dans *One World, Ready or Not*, William Greider raconte qu'il a rencontré, au cours d'une visite en Thaïlande, des victimes et des militants qui avaient livré une rude bataille pour n'être récompensés que par un châtiment. « Certains d'entre eux avaient l'impression qu'un boycott international des produits de la Kader était en cours, organisé par des Américains et des Européens pétris de mauvaise conscience. Je dus les informer que le monde civilisé avait à peine remarqué leur tragédie. Un incendie à Bangkok, c'était comme un typhon au Bangladesh, ou un tremblement de terre en Turquie. » Il n'est dès lors pas étonnant que seulement six mois après la Kader, un autre incendie dévastateur dans un sweatshop – à l'usine de jouets de Zhili, à Shenzhen, en Chine – ait coûté la vie à 87 jeunes travailleurs.

À l'époque, la communauté internationale n'eut pas l'air de bien saisir que les jouets que les femmes de la Kader avaient assemblés étaient destinés aux joyeuses allées de Toys 'R' Us, à être emballés et placés sous des arbres de Noël en Europe, aux États-Unis et au Canada. De nombreux bulletins d'information ne mentionnèrent même pas le nom des marques confectionnées à l'usine. Greider écrit : « L'incendie de la Kader aurait pu être plus significatif pour les Américains s'ils avaient vu les milliers de poupées tachées de suie qui débordaient des décombres, déchets macabres éparpillés parmi les morts : Bugs Bunny, Bart Simpson et les Muppets, Big Bird et autres poupées de *La rue*. Des "Water Pets" de Playskool[11]. »

Mais en 1993, peu d'Occidentaux – et certainement pas les journalistes – étaient prêts à établir un rapport entre l'incendie de Bangkok, enfoui en page 6 ou 10 de leurs journaux, et les jouets de marque qui remplissaient les foyers nord-américains et européens. Tel n'est plus le cas. Ce qui s'est produit en 1995, c'est une sorte de « déclic » collectif dans les médias et le public. La réponse aux horribles récits sur la main-d'œuvre dans les prisons chinoises, les scènes d'adolescentes payées quelques sous dans les *maquiladoras* mexicaines ou brûlant dans des incendies à Bangkok, tout cela a lentement fait changer la façon dont les gens, en Occident, considèrent les travailleurs du Tiers-Monde. La phrase « Ils nous volent nos emplois » est en voie de céder la place à une réaction plus humanitaire : « Nos grandes sociétés leur volent leurs vies. »

Pareille mutation est largement une question de temps. Pendant plus d'une décennie, les doléances exprimées sur le travail des enfants en Inde et au Pakistan n'ont pas franchi les frontières d'un discours sans éclat. Mais en 1995, la plupart des gouvernements avaient tellement repoussé de leurs programmes la question du lien à établir entre politiques commerciales et droits de l'homme, que lorsque Craig Kielburger, 13 ans, perturba délibérément la mission en Inde du premier ministre canadien Jean Chrétien, pour lui parler des enfants

395

en esclavage, la question semblait urgente et exotique. De plus, en Amérique du Nord, l'usurpation totale de la politique étrangère par les protocoles du libre-échange invitait à la perturbation – le monde était prêt à ouvrir ses oreilles.

Il en est de même pour le crime commercial en général. Il n'est peut-être pas nouveau que des objets de consommation soient produits dans des conditions d'oppression, mais ce qui l'est vraiment, c'est l'importance infiniment croissante du rôle joué dans notre culture par les sociétés qui les produisent. L'action contre les grandes entreprises s'amplifie parce que nombre d'entre nous avons une conscience plus aiguë que jamais de l'enchevêtrement planétaire des marques – précisément parce que nous sommes plus « marqués » que jamais.

Le branding, nous l'avons vu, a établi une relation assez directe entre acheteur et vendeur et – en cherchant à transformer les marques en fournisseurs pour médias, en producteurs artistiques, en forums et en philosophes de la société – en a fait quelque chose de beaucoup plus envahissant et de plus profond. Depuis 10 ans, des multinationales telles que Nike, Microsoft et Starbucks cherchent à devenir les premiers communicateurs de ce que notre culture vénère et à quoi elle donne sa bénédiction : arts, sports, communauté, liens, égalité. Mais plus ce projet s'accomplit, plus ces sociétés deviennent vulnérables : dès lors que les marques sont, en fait, intimement mêlées à notre culture et à notre identité, leurs crimes ne peuvent être tenus pour les simples délits d'une entreprise quelconque tentant de faire de l'argent. Au contraire, un grand nombre des gens qui habitent leurs mondes de marque se sentent complices de leurs torts, coupables et solidaires à la fois. Mais ce lien est volatil : on n'a pas ici affaire à la loyauté à l'ancienne entre employé à vie et patron d'entreprise ; ce lien-là a davantage à voir avec la relation entre fan et star : intense émotionnellement mais suffisamment superficielle pour changer en un clin d'œil.

Cette inconstance est la conséquence involontaire du fait que les chefs de produits ont recherché avec le consommateur une intimité sans précédent, tout en assumant auprès de la main-d'œuvre un rôle plus détaché. En accédant au paradis par la formule « des marques plutôt que des produits », ces sociétés ont perdu deux choses qui s'avéreront peut-être plus précieuses à long terme : l'indifférence des consommateurs à leurs activités mondiales, et l'investissement des citoyens dans leur succès économique.

Il nous a fallu un certain temps pour comprendre la leçon, mais si une autre Kader se produisait demain, les journalistes commenceraient par demander « Quels jouets étaient produits ? » « D'où ont-ils été expédiés ? » et « Quelles sociétés ont embauché les fabricants ? » Les militants syndicaux de la Thaïlande seraient en communication instantanée avec des associations de Hong Kong, de Washington, de Berlin, d'Amsterdam, de Sydney, de Londres et de Toronto. Des courriels seraient envoyés par la Campaign for Labor Rights, à Washington, et la Clean Clothes Campaign, à Amsterdam, et réexpédiés via un réseau de sites Web, de carnets d'adresses et de réseaux de fax. Le National Labor Committee, UNITE !, la Labour Behind the Label Coalition et le World Development Movement organiseraient des manifestations devant chez Toys 'R' Us, en criant : « Nos enfants n'ont pas besoin de jouets tachés de sang ! » Des étudiants se déguiseraient en personnages de bandes dessinées de leur enfance pour distribuer des tracts comparant le salaire reçu par Bugs Bunny pour Space Jam au coût d'installation d'une sortie d'incendie à la Kader. Des rencontres seraient organisées avec des associations nationales de fabricants de jouets ; de nouveaux codes de conduite, plus sévères, seraient soumis à leur considération. Le public est non seulement capable mais désireux d'établir les relations globales que William Greider a cherché en vain à établir après l'incendie de la Kader.

Bien que l'action militante contre les grandes sociétés connaisse un renouveau sans précédent depuis les années 1930, il y a eu, bien entendu, entre les années 1930 et la renaissance actuelle, d'importantes campagnes anticommerciales ponctuelles. L'aïeule des actions menées contre des marques est le boycott de Nestlé, lequel connut son apogée à la fin des années 1970. L'entreprise suisse s'était retrouvée sur la sellette pour avoir agressivement vendu un coûteux substitut, « plus sûr », au lait maternel pour les nourrissons du Tiers-Monde. L'affaire Nestlé présente un parallèle remarquable avec le procès McLibel (qu'on verra en détail dans le chapitre 16), essentiellement dans la mesure où le problème n'avait pas vraiment attiré l'attention avant que la société alimentaire n'eût commis l'erreur de poursuivre en justice un groupe de militants suisses pour libelle, en 1976[12]. De même que pour le McLibel, le procès qui s'ensuivit plaça Nestlé sous les feux d'un examen scrupuleux qui aboutit à une campagne internationale de boycottage, lancée en 1977.

Les années 1990 connurent le plus gros accident industriel de l'histoire humaine : une fuite massive de produits toxiques dans une usine de pesticides de la Union Carbide à Bhopal, en Inde, qui tua sur le coup 2 000 personnes, et qui a coûté 5 000 vies supplémentaires depuis. « Bhopal = Hiroshima[13] », disent encore des graffiti sur le mur de l'usine aujourd'hui délabrée et abandonnée. Malgré cette tragédie, largement attribuée à un manque de mesures de sécurité, et notamment à un système d'alarme débranché, les années 1980 furent une période sèche pour la plupart des mouvements politiques qui mettaient en question les bienfaits du capitalisme. Bien qu'il ait été largement admis, à la suite des conflits en Amérique centrale, que les multinationales soutenaient diverses dictatures, les actions de solidarité en Amérique du Nord se concentraient surtout sur les faits et gestes des gouvernements, plutôt que sur ceux des multinationales. Comme le fait remarquer un rapport sur le sujet, « on avait tendance à considérer les attaques [contre des sociétés] comme une séquelle des "folles années 1970"[14]. »

Il y eut toutefois une exception à cette règle : le mouvement anti-apartheid. Frustrés par le refus de la communauté internationale d'imposer des sanctions commerciales de poids à l'Afrique du Sud, des militants anti-apartheid instaurèrent une série de blocus alternatifs conçus, sinon pour empêcher les multinationales de profiter du régime raciste, du moins pour perturber celles qui persistaient à le faire. Dans plusieurs universités, étudiants et enseignants installèrent des villages de tentes en exigeant des institutions qu'elles s'émancipent de la dotation de toute société faisant des affaires avec ce pays d'Afrique. Des groupes religieux perturbèrent des assemblées d'actionnaires en exigeant le retrait immédiat de ces sociétés, cependant que des investisseurs plus modérés incitaient des conseils d'administration à adopter les principes de Sullivan – ensemble de règles touchant les sociétés installées en Afrique du Sud et destinées à réduire au minimum leur complicité avec le régime de l'apartheid. Entre-temps, les syndicats retirèrent leurs pensions et comptes bancaires d'institutions qui accordaient des prêts au gouvernement sud-africain, et des dizaines de gouvernements municipaux adoptèrent des accords d'achat sélectif dans le but d'annuler de gros contrats avec des sociétés engagées en Afrique du Sud. Le blocus le plus créatif fut mis en place par le mouvement syndical international. Plusieurs fois par an, les syndicats déclarèrent une journée d'action, au cours de laquelle les travailleurs des docks refusaient de décharger les cargos en provenance d'Afrique du Sud, tandis que des préposés à la vente de billets de compagnies aériennes refusaient de réserver des vols à destination et en provenance de Johannesburg. Selon les termes de Ken Luckhardt, organisateur de la campagne, les travailleurs devinrent des « activistes au milieu de la production[15] ».

Malgré d'indéniables similitudes, il existe une différence essentielle entre les actions anti-apartheid et le type de campagne dirigée contre les grandes sociétés qui est en train de prendre son élan aujourd'hui. Le boycott de l'Afrique du Sud était une campagne antiraciste qui utilisait le commerce (qu'il s'agisse d'importation de vin ou d'exportation de dollars de General Motors) comme un outil afin d'abattre le système politique sud-africain. Un grand nombre des campagnes anticommerciales actuelles sont également enracinées dans une attaque politique – mais ce à quoi elles s'attaquent est un système économique mondial tout autant qu'un système politique national. Durant les années de l'apartheid, des sociétés telles que la Banque Royale du Canada, la Barclays Bank en Angleterre et General Motors étaient généralement considérées comme des forces moralement neutres qui semblaient de mèche avec un gouvernement d'un racisme aberrant. Aujourd'hui, un nombre de plus en plus grand de militants font des multinationales, et des politiques qui leur laissent libre cours, la cause première des injustices politiques dans le monde. Parfois, les sociétés commettent ces infractions en collusion avec les gouvernements, mais parfois c'est en dépit même de tous les efforts d'un gouvernement.

Au cours des dernières années, cette critique du système a été validée par plusieurs grandes associations de défense des droits de l'homme, telles qu'Amnesty International, le PEN Club et Human Rights Watch, ainsi que par des organisations de défense des droits de l'écologie, comme le Sierra Club. Pour un grand nombre de ces organisations, il s'agit là d'un changement de politique important. Jusqu'au milieu des années 1980, l'investissement commercial étranger dans le Tiers-Monde était considéré comme essentiel pour faire reculer la pauvreté et la misère. Mais dès 1996, ce principe fut ouvertement remis en question : on découvrit que plusieurs gouvernements du Tiers-Monde protégeaient des investissements lucratifs – mines, barrages, gisements de pétrole, usines, usines thermiques et zones franches industrielles – en fermant délibérément les yeux sur des infractions flagrantes aux droits élémentaires, que ces sociétés étrangères commettaient au détriment de la population. Et dans l'enthousiasme de l'euphorie commerciale, les pays occidentaux où étaient établies la plupart de ces sociétés délictueuses choisirent eux aussi de détourner les yeux, peu désireux de compromettre leur propre compétitivité mondiale en raison des problèmes d'un autre pays. En définitive, dans certaines parties de l'Asie, de l'Amérique centrale et du Sud, ainsi que de l'Afrique, la promesse selon laquelle les investissements apportent plus de liberté et plus de démocratie commençait à ressembler à quelque blague de mauvais goût. Pis : à maintes reprises, des sociétés étrangères se retrouvèrent à solliciter la police locale et l'armée, voire à sous-traiter directement avec elles pour des tâches aussi répugnantes que l'expulsion de paysans et de tribus hors de leur territoire ; l'établissement de mesures draconiennes contre des travailleurs en grève ; ou l'arrestation et le meurtre de manifestants pacifiques – tout cela au nom de la sauvegarde de la fluidité des échanges commerciaux. Autrement dit, plutôt que d'y contribuer, les grandes entreprises entravaient le développement humain.

Arvind Ganesan, chercheur auprès de la Human Rights Watch, parle sans détour de ce que son organisation appelle « un changement des termes du débat sur la responsabilité des grandes sociétés à l'égard des droits de l'homme[16] ». Loin de favoriser une amélioration des droits de l'homme, à la suite de l'accroissement du commerce, « les gouvernements font fi des droits de l'homme au profit d'avantages commerciaux apparents[17] ». Ganesan souligne que la rupture du lien entre investissement et amélioration des droits de l'homme est aujourd'hui on ne peut plus claire au Nigeria, où à la transition longtemps attendue vers la démocratie s'est substituée une réactivation de la brutalité militaire contre les communautés du delta du Niger qui manifestent contre les compagnies pétrolières.

Amnesty International, par-delà son intérêt habituel envers les prisonniers persécutés pour leurs croyances religieuses ou politiques, commence également à considérer les multinationales comme des protagonistes cardinaux dans le déni des droits de l'homme dans le monde entier. De récents rapports d'Amnesty révèlent, et ils sont de plus en plus fréquents, que des personnalités telles que le regretté Ken Saro-Wiwa ont été persécutées en raison de ce qu'un gouvernement considère comme une prise de position déstabilisante à l'encontre des grandes sociétés. Dans un rapport de 1997, l'association fait état de documents entérinant le fait que des villageois et des membres de tribus de l'Inde ont été violemment arrêtés, et certains tués, pour avoir pacifiquement résisté au développement de centrales thermiques privées et d'hôtels de luxe sur leurs territoires. Autrement dit, à la suite d'une intervention d'une grande société, un pays démocratique devenait moins démocratique. « Le développement, déclarait Amnesty en guise d'avertissement, se poursuit aux dépens des droits de l'homme [...] Cette tendance souligne la détermination avec laquelle les autorités centrales et les gouvernements d'États indiens sont prêts à mettre en œuvre force étatique et clauses juridiques dans l'intérêt de projets de développement, entravant le droit à la liberté d'association, d'expression et de rassemblement. Les mesures prises par l'Inde en vue de libéraliser son économie et de développer de nouvelles industries et une nouvelle infrastructure ont, dans bien des régions marginalisées, déplacé des communautés et contribué à d'autres infractions aux droits de l'homme[18]. »

La situation de l'Inde, affirme le rapport, n'est pas « la seule ni la pire », mais fait partie d'une tendance à négliger les droits de l'homme en faveur du « développement » au sein de l'économie mondiale.

LE LIEU DU POUVOIR

Au cœur de cette convergence de militantisme et de recherche, on découvre que les grandes sociétés sont davantage que les fournisseurs de ces produits que nous voulons tous acquérir ; elles sont aussi les forces politiques les plus puissantes de notre époque. Nous connaissons tous les statistiques : des sociétés comme Shell et Wal-Mart jouissent de budgets plus élevés que le produit intérieur brut de la plupart des pays ; sur les 100 premières économies mondiales, 51 sont des multinationales et seulement 49 sont des pays. Nous avons tous lu (ou entendu dire) qu'une poignée de puissants P.D.G. est en train de rédiger les nouvelles règles de l'économie mondiale, manigançant ce que l'écrivain canadien John Ralston Saul appelle « un coup d'État au ralenti ». Dans son ouvrage *Silent Coup*, sur le pouvoir des grandes sociétés, Tony Clark fait avancer cette théorie d'un cran en affirmant que, si les citoyens doivent s'attaquer aux grandes sociétés, ce n'est pas faute d'aimer leurs produits, mais parce que les grandes sociétés sont devenues les corps politiques régnants de notre époque, en établissant le programme de la mondialisation. Autrement dit, nous devons les affronter parce qu'elles constituent le lieu du pouvoir.

Ainsi, bien que les médias comparent souvent les campagnes comme celle qui fut menée contre Nike à des « boycotts de consommateurs », cela n'en décrit qu'un aspect. Il est plus juste de les décrire comme des campagnes politiques utilisant des objets de consommation en tant que cibles à portée de le main, leviers de médiatisation et outils d'éducation populaire. Si l'on compare aux boycotts des consommateurs des années 1970, la relation est plus diffuse entre les choix de style de vie (que manger, que fumer, que porter) et des questions plus fondamentales : ou comment l'entreprise mondiale – par sa taille, son pouvoir politique et son manque de transparence – est en train de réorganiser l'économie mondiale. Derrière les protestations devant le Nike Town, derrière la tarte à la crème au visage de Bill Gates et le fracas de bouteilles dans la vitrine du McDonald's de Prague, quelque chose d'éminemment viscéral échappe à la plupart des mesures classiques : une sorte de grogne qui monte. Et le détournement du pouvoir politique par les grandes sociétés est tout aussi responsable de cette grogne que le pillage culturel de l'espace public et mental par les marques. J'aime également à penser que cette réaction a quelque chose à voir avec l'arrogance du branding même : que les germes du mécontentement font partie de son ADN.

« Écoute, Mike, il y a un véritable marché pour la vérité sur Nike… Notre produit de lancement sera une base de données exclusive sur les abus de Nike concernant la main-d'œuvre ! J'imagine une présence sur le Web et un CD-ROM de statistiques, de déclarations de travailleurs effectuées sous serment, de rapports sur les droits de l'homme et d'extraits vidéo de caméras cachées. »

« Un marché très spécialisé, non ? »

« Non ! Ce sera immense[19] *! »*

Voici un échange figurant dans la bande dessinée *Doonesbury*, de Gary Trudeau – et la blague est plutôt cinglante. Les attaques continuelles menées contre des marques comme Nike, Shell et McDonald's ne reflètent pas seulement une indignation authentique vis-à-vis des sweatshops, des déversements pétroliers ou de la censure commerciale, mais l'incroyable élargissement de l'opposition du public. Le désir (et la capacité) de conforter par des faits avérés, par des chiffres et des anecdotes concrètes un malaise diffus à l'encontre des· grandes sociétés est si répandu qu'il va jusqu'à transcender d'antiques rivalités au sein des mouvements sociaux et écologiques. La United Food and Commercial Workers Union, qui commença à prendre pour cible Wal-Mart en raison de ses faibles salaires et de ses méthodes antisyndicales, rassemble et diffuse à présent de l'information sur des magasins Wal-Mart en construction sur des lieux de sépulture sacrés des Amérindiens. Depuis quand un syndicat de travailleurs fait-il des pressions en faveur de revendications territoriales autochtones ? Depuis que le fait de démolir Wal-Mart est devenu une cause en soi. Pourquoi les éco-anarchistes de Londres qui sont derrière le procès McLibel – et qui ne veulent plus travailler pour le clown – ont-ils endossé la cause des adolescents qu'emploie McDonald's ? Parce que, pour eux, c'est un autre angle d'attaque de la bête aux arches dorées.

Les antécédents politiques de ce phénomène sont bien connus. Au cours de la dernière décennie, de nombreux mouvements de citoyens ont tenté de renverser des tendances économiques conservatrices en élisant des gouvernements de gauche, travaillistes ou socio-démocrates, pour découvrir que la politique économique demeurait inchangée ou qu'elle pourvoyait encore plus directement aux caprices des grandes sociétés mondiales. Des siècles de réformes démocratiques qui avaient apporté une plus grande transparence gouvernementale sont soudain apparus inefficaces dans le nouveau climat de pouvoir multinational. À quoi pouvait bien servir un Parlement ou un Congrès ouvert et responsable si, dans les coulisses, des sociétés opaques décidaient à tel point du programme politique ?

La désillusion a été encore plus nette sur le plan international, lorsque des tentatives de réglementation des multinationales par l'intermédiaire des Nations Unies et d'organismes de législation commerciale se sont trouvées bloquées à chaque tournant. Un revers important survint en 1986, quand le gouvernement américain réussit à abolir la discrète Commission des Nations Unies sur les sociétés transnationales. Lancée au milieu des années 1970, la commission avait entrepris d'élaborer un code de conduite universel pour les multinationales. Son objectif était d'empêcher les abus commerciaux, tel le déversement dans le Tiers-Monde, par des sociétés, de drogues illégales en Occident ; d'examiner l'impact sur le plan écologique et humain des zones franches industrielles et de l'extraction des ressources ; et d'inciter le secteur privé à une plus grande transparence et à une plus grande responsabilité.

Le mérite de ces objectifs semble aujourd'hui évident, mais la commission, à maints égards, fut victime de son époque. Dès le départ, l'industrie américaine s'opposa à sa création et, dans l'obsession maniaque de la guerre froide, elle parvint à assurer le retrait de son gouvernement, sous prétexte que la commission était un complot communiste et un organe d'espionnage des Soviets. Pourquoi, demandait-elle, les entreprises nationales du bloc soviétique n'étaient-elles pas soumises au même examen que les sociétés américaines ? À l'époque, les critiques des abus des multinationales étaient tellement liées à la paranoïa anticommuniste que lors de la tragédie de Bhopal, en 1984, la réponse immédiate d'un chargé d'ambassade américain à New Delhi fut non pas d'exprimer l'horreur, mais de dire : « C'est le pactole pour les Communistes. Ils vont en tirer parti pendant des semaines[20]. »

Plus récemment, des tentatives afin d'obliger l'Organisation mondiale du commerce à inclure dans les protocoles de mise en application des lois fondamentales sur la main-d'œuvre comme une condition du commerce mondiale ont été écarté par les pays membres qui insistent sur le fait qu'une telle application relève du Bureau international du Travail des Nations Unies. Le BIT est « l'organisme qui a la compétence nécessaire pour ces normes, et pour s'en occuper, et nous affirmons notre soutien à son travail de promotion », affirme la déclaration ministérielle de l'OMS du 13 décembre 1996 à Singapour. Mais lorsque le BIT prit l'initiative de rédiger un code de conduite commercial significatif, son travail fut entravé, lui aussi.

Au départ, ces échecs à réglementer le capital laissèrent plusieurs mouvements de réforme et d'opposition dans un état de quasi-paralysie : les citoyens semblaient avoir perdu leur droit de parole. Mais lentement, une poignée d'organisations non gouvernementales et des associations d'intellectuels progressistes mirent au point une stratégie politique qui admet que les marques multinationales, en raison de leur statut élevé, peuvent constituer des cibles beaucoup plus stimulantes que les politiciens qu'elles achètent. Et quand les grandes sociétés sentent le brûlé, ont-elles appris, il devient beaucoup plus facile d'attirer l'attention des politiciens élus. En expliquant pourquoi il a choisi de focaliser son action sur la société Nike, Jeff Ballinger, militant du travail établi à Washington, dit sans ambages : « Parce que nous avons plus d'influence sur une marque que sur nos propres gouvernements[21]. » En outre, ajoute John Vidal, « les activistes ciblent toujours les gens au pouvoir [...] dès lors, si le pouvoir se déplace du gouvernement à l'industrie et aux transnationales, leur attention changera de cap[22] ».

Déjà, une exigence commune est en train d'émerger des mouvements disparates s'attaquant aux multinationales : le droit du peuple à l'information. Si les multinationales sont en effet devenues plus grandes et plus puissantes que les gouvernements, pourquoi ne seraient-elles donc pas sujettes aux contrôles de responsabilité et de transparence que nous exigeons de nos institutions publiques ? Les activistes anti-sweatshop ont alors réclamé que Wal-Mart communique la liste de toutes les usines du monde entier le fournissant en produits finis. Des étudiants d'université, comme nous le verrons au chapitre 17, exigent la même information sur les usines qui produisent des vêtements portant l'insigne de leur établissement. Des écologistes ont utilisé les tribunaux pour radiographier la structure interne de McDonald's. Et dans le monde entier, des consommateurs exigent que des sociétés comme Monsanto fournissent un étiquetage clair de la nourriture génétiquement modifiée et soumettent leurs recherches à une surveillance indépendante.

De pareilles demandes auprès de ces sociétés privées, qui ne sont redevables, en termes juridiques, qu'à leurs actionnaires, ont enregistré un nombre étonnant de succès. Pour une simple et bonne raison : de nombreuses multinationales ont un gros point faible. Comme nous le verrons au prochain chapitre, les militants du monde entier font largement usage du facteur même qui a été le sujet de ce livre jusqu'ici : la marque. L'image de marque, source de tant de richesse pour les grandes sociétés, est également leur talon d'Achille.

En haut : Le Front de libération du panneau-réclame détourne une campagne App dans les rues de San Francisco.
En bas : Gap victime d'une épidémie de *skulling* à Toronto.

LE BOOMERANG DU BRANDING

LES TACTIQUES DES CAMPAGNES DE MARQUE

Il faut parfois 100 ans pour bâtir une bonne marque et 30 jours pour la démolir.

David D'Alessandro, président de la John Hancock Mutual Life
Insurance, 6 janvier 1999

Comme nous l'avons vu, l'économie du branding ressemble à un ballon : elle se gonfle avec une rapidité étonnante, mais ne renferme que de l'air. Nous ne devons pas nous étonner que cette formule ait engendré des légions de critiques armés d'épingles, désireux de faire éclater le ballon des grandes sociétés et de le voir tomber en lambeaux. Plus une société fait montre d'ambition dans le branding du paysage culturel tout en négligeant ses travailleurs, plus elle est susceptible d'engendrer un bataillon silencieux de critiques sur le point de frapper. De plus, la formule du branding laisse les sociétés tout à fait ouvertes à la tactique la plus évidente de l'arsenal activiste : torpiller l'image d'une marque au moyen des secrets de sa production. Cette tactique a déjà marché.

Bien que le marketing et la production n'aient pas toujours été séparés par autant d'étendues d'eau et de strates de sous-traitance, jamais les deux n'ont frayé en toute harmonie. Depuis les toutes premières campagnes, qui créèrent des mascottes rustiques pour conférer une allure de fabrication maison à des produits de masse, l'objectif même de l'industrie publicitaire consiste à dissocier les produits des usines qui les fabriquent. Helen Woodward, influente rédactrice publicitaire des années 1920, est associée aux avertissements impératifs qu'elle livra à ses collègues : « Quand vous faites la publicité d'un produit, n'allez jamais voir l'usine dans laquelle il a été fabriqué. Ne regardez pas les gens au travail... car, voyez-vous, lorsque vous savez la vérité sur quoi que ce soit, la vraie, l'intime vérité – il est très difficile de produire les propos frivoles et superficiels qui servent à le vendre[1]. »

À l'époque, des images à la Dickens, comme celles de l'incendie de la Triangle Shirtwaist, étaient encore fraîches dans l'esprit des consommateurs occidentaux. Ils n'avaient pas à se faire rappeler le sombre revers de l'industrialisation lorsqu'ils achetaient savon, chaussettes, voitures ou tout autre produit qui garantissait le bonheur chez soi et l'envie chez l'autre. Et puis, une grande partie des consommateurs ciblés par la publicité étaient eux-mêmes des travailleurs en usine, et la dernière chose que voulait un rédacteur de frivolités, c'était de rappeler l'ennuyeuse monotonie de la chaîne d'assemblage.

Mais à mesure que les pays du Premier-Monde passaient à des « économies de l'information », nous avons acquis une certaine nostalgie pour l'authenticité terre-à-terre de l'ère de l'industrialisation d'Helen Woodward. Ainsi, l'usine, qui fut longtemps le plus grand tabou du marketing, s'est récemment trouvé une place dans la publicité. L'atelier d'usine apparaît, par exemple, dans des pubs de la voiture Saturn, où nous rencontrons des ouvriers de l'automobile valorisés, capables d'« arrêter la chaîne » parce que quelque chose leur semble un peu suspect. Des prises de vue intérieures d'une usine apparaissent brièvement dans une annonce de la Subaru du début des années 1990 – pour faire valoir une idée typique de Wieden & Kennedy : qu'on n'achète pas une voiture pour impressionner ses voisins, mais pour conduire « la meilleure des machines ».

Mais les usines présentées dans les campagnes Saturn et Subaru ne sont pas les sweatshops à propos desquels Helen Woodward mettait en garde ses collègues rédacteurs ; ce sont des usines associées à la nostalgie *New Age* – et à peu près aussi réalistes que les techno-techniciens bondissants d'Intel. Le rôle de ces usines, à l'instar de celui d'Aunt Jemima et de la mascotte de Quaker Oats, est d'associer Subaru et Saturn à une époque plus simple, une époque où les objets étaient fabriqués dans les pays où ils étaient consommés, où les gens connaissaient encore leurs voisins et où personne n'avait entendu parler de zone franche industrielle. Au début des années 1990, alors que les usines d'automobiles fermaient en série et que le marché était inondé d'importations bon marché, ces publicités – même si elles prétendaient nous conduire au-delà des paillettes de la publicité – servaient non pas à éclairer le processus de fabrication, mais à l'opacifier.

Autrement dit, la règle d'Helen Woodward s'applique encore davantage aujourd'hui qu'à son époque, car la double vie de nos objets de marque est plus conflictuelle que jamais. Malgré la rhétorique du mondialisme, la planète reste radicalement divisée entre producteurs et consommateurs, et les énormes profits que récoltent les supermarques sont fondés sur la prémisse que ces mondes demeureront aussi séparés que possible l'un de l'autre. C'est une règle méthodique : parce que les propriétaires d'usines sous contrat, dans les zones de libre-échange, ne vendent pas directement au public une seule basket Reebok ni le moindre sweat-shirt Mickey, ils peuvent absorber une mauvaise presse illimitée. L'établissement d'une relation positive avec le public consommateur est en revanche entièrement dévolu aux multinationales de marques. Le hic, c'est que, pour que ce système fonctionne en souplesse, les travailleurs doivent être tenus à l'écart de l'aspect marketing des produits qu'ils fabriquent, ainsi que les consommateurs, quant à l'aspect production des marques qu'ils achètent.

Cette formule fonctionne depuis un certain temps. En effet, pendant les deux premières décennies de leur existence, les zones franches industrielles constituaient le petit secret honteux de la mondialisation – des « entrepôts de main-d'œuvre » bien clos, où l'activité disgracieuse de la production était enfermée derrière murailles et barbelés. Mais l'obsession de la tendance « des marques, et non des produits », qui s'est emparée du monde des affaires au début des années 1990, revient hanter l'entreprise incorporelle flottante. Rien d'étonnant à cela. Le fait de séparer si nettement les marques de leurs sites de production, et d'expédier les usines dans les enfers industriels des ZFI, a créé une situation potentiellement explosive. Tout se fait comme si la chaîne de production mondiale était fondée sur la conviction que les travailleurs du Sud et les consommateurs du Nord ne trouveront jamais le moyen de communiquer entre eux – que, malgré le battage médiatique autour des technologies de l'information, seules les grandes sociétés sont capables d'une véritable mobilité mondiale. Cette suprême arrogance a rendu des marques comme Nike et Disney éminemment vulnérables aux deux tactiques principales utilisées par des militants contre les grandes sociétés : exposer les richesses du monde de marque dans des lieux de production perdus au loin, et ramener la misère de la production à la porte du consommateur borné.

Je suis assise dans une salle de cours bondée, à Berkeley, en Californie, et quelqu'un est en train de retourner mon col pour voir l'étiquette. Un instant, j'ai l'impression de revenir à l'école primaire où Romi, la militante du logo, traquait les imposteurs. Mais nous sommes en 1997, et la personne qui examine mon col est Lora Jo Foo, présidente de Sweatshop Watch. Elle anime un séminaire intitulé « Abolir les sweatshops chez soi et à l'étranger », dans le cadre d'un congrès sur la mondialisation.

Chaque fois que Foo anime un séminaire sur les sweatshops, elle sort quelques paires de ciseaux et demande à chacun de découper les étiquettes de ses vêtements. Puis, elle déroule une carte du monde faite de tissu blanc. Une fois coupées, nos étiquettes sont cousues sur la carte qui, au fil de nombreuses réunions dans plusieurs pays, est devenue une courtepointe insensée de logos Liz Claiborne, Banana Republic, Victoria's Secret, Gap, Jones New York, Calvin Klein et Ralph Lauren. La plupart des petits rectangles se concentrent en Asie et en Amérique latine. Ensuite, Foo retrace la trajectoire mondiale d'une compagnie : elle commence à l'époque où les produits étaient encore fabriqués en Amérique du Nord (il ne reste que quelques étiquettes dans cette partie de la carte) ; puis passe au Japon et à la Corée du Sud ; puis à l'Indonésie et aux Philippines ; puis à la Chine et au Vietnam. Selon Foo, les logos de vêtements fournissent un magnifique matériel pédagogique ; ils transplantent des questions complexes et éloignées aussi près de chez soi que les vêtements qu'on porte.

Personne n'est davantage surpris du pouvoir d'attraction de l'activisme contre les marques que les instigateurs des campagnes. Nombre des leaders du mouvement anti-sweatshop sont depuis longtemps des partisans des droits des pauvres et des marginaux du Tiers-Monde. Dans les années 1980, ils s'acharnaient dans une obscurité quasi totale au nom des rebelles sandinistes du Nicaragua et du parti d'opposition FMLN du Salvador. Après les guerres, et avec l'accélération de la mondialisation, ils apprirent que la nouvelle arène de la guerre, pour les pauvres de l'Amérique centrale, était devenue le sweatshop enfermé dans la zone de libre-échange gardée par des militaires. Mais ce qui les prit par surprise fut la sympathie manifestée par le public à l'égard de ce problème. « Selon moi, ce qui confère à cette question un tel attrait – qui la rend beaucoup plus réelle, pour le public, que les guerres en Amérique centrale –, c'est que les gens établissent un lien direct avec leur propre vie ; ce n'est plus "là-bas", dit Trim Bissell de la Campaign for Labor Rights, établie à Washington. S'ils mangent dans l'un de ces restaurants de chaîne, ils avalent peut-être des aliments produits, en fait, grâce à l'oppression de quelqu'un. Les jouets qu'ils achètent à leurs enfants ont peut-être été fabriqués par des enfants qui n'ont aucune enfance. On est dans une relation tellement directe, tellement émotionnelle, tellement humaine, que ce sont les gens eux-mêmes qui nous appellent en disant "Comment puis-je vous aider ?". Notre mission n'est pas de souligner tel ou tel problème. Ce que nous disons avant tout, c'est : "Voici une façon productive de canaliser votre indignation[2]." »

L'Américaine Lorraine Dusky a décrit dans *USA Today* la dynamique de ce lien personnel. À la vue de ces reportages sur les émeutes de mai 1998 en Indonésie, elle se demanda si ces logos avaient quelque chose à voir avec une jeune Indonésienne que l'on montrait hurlant au-dessus du corps carbonisé d'une victime d'incendie. « Était la faute de mes Nike ? écrit-elle. Cette jeune orpheline aurait peut-être encore un père si Nike avait insisté pour que les travailleurs soient mieux payés. Car si Nike l'avait fait, d'autres employeurs de sweatshops auraient peut-être suivi. » La déduction peut paraître excessive – incriminer une paire de baskets pour la mort d'un individu prenant part à une manifestation en faveur de la démocratie en Indonésie –, mais elle fournit le lien qui permet, comme l'écrit Dusky, de voir que « la mondialisation va bien au-delà du simple échange d'argent et de biens ; elle nous apprend que nous sommes tous les gardiens de nos sœurs et de nos frères[3] ».

Si les campagnes lancées par les marques trouvent une efficacité immédiate chez nos contemporains dont la vie est inféodée à la marque, un autre facteur contribue à l'attrait qu'elles suscitent, surtout chez les jeunes. L'activisme à l'encontre des grandes sociétés profite considérablement des effets de la mode et de la célébrité – empruntés, ô ironie, aux marques mêmes. Les logos qui ont été gravés dans notre cerveau par les meilleures campagnes, et transfigurés au moyen de sponsoring d'événements culturels appréciés, baignent dans un perpétuel halo – le « halogo », pour emprunter une formule à l'auteur de science-fiction Neal Stephenson[4]. Comme le prédisait

Tocqueville, ce genre de « composés bizarres » a le pouvoir de nous faire « regretter le monde réel » – or, aucune réalité n'est arrivée à paraître plus regrettable que celle de gens souffrant de la pauvreté et de l'oppression dans de lointaines régions du monde. C'est pourquoi, à la fin des années 1970, alors que le « halogo » gagnait en éclat, le militantisme en faveur de la justice sociale décru ; ses méthodes, décourageantes tant elles renâclaient à se laisser transformer en marché, n'avaient plus beaucoup d'attrait pour d'énergiques jeunes gens ni pour les médias obsédés par une esthétique sophistiquée.

Mais aujourd'hui, alors que tant de militants actifs contre les grandes sociétés adoptent l'esthétique et l'humour de la résistance culturelle, et l'attitude irrévérencieuse de la reconquête des rues, la situation commence à changer. Devenus « sangsues », les détracteurs des marques bénéficient du halogo d'une façon inattendue. Le halogo brille d'un tel éclat que les militants peuvent en profiter, même lorsqu'ils s'attaquent à une marque. Ce branding direct, s'il peut être assimilé à une érosion de leur pureté politique, ne manque pas d'attirer à la cause nombre de nouveaux fantassins. Pareilles à tout bon coup de pub, les campagnes anti-sociétés tirent leur énergie du pouvoir et de l'attrait exercé par le marketing sur le grand public, tout en retournant cette énergie contre les marques qui ont tant colonisé notre vie quotidienne.

On peut voir cette stratégie de jiu-jitsu en action dans la méthode qui est devenue l'une des bases de bon nombre de campagnes anti-sociétés et qui consiste à inviter un travailleur originaire d'un pays du Tiers-Monde à visiter un supermagasin du Premier-Monde – sous les feux des caméras. Peu de journaux télévisés peuvent résister à ce grand moment de télévision, lors duquel on voit une travailleuse indonésienne de Nike le souffle coupé quand elle apprend que les baskets qu'elle a produites pour 2 dollars par jour se vendent 120 dollars au Nike Town de San Francisco. Depuis 1994, on a connu au moins cinq tournées différentes de travailleurs indonésiens de Nike en Amérique du Nord et en Europe – Cicih Sukaesih, qui avait perdu son emploi pour avoir tenté d'organiser un syndicat dans une usine Nike, a fait trois voyages, tous pris en charge par des regroupements d'associations ouvrières, religieuses et éducatives. En août 1995, deux couturières de Gap – Claudia Leticia Molina, 17 ans, du Honduras, et Judith Yanira Viera, 18 ans, du Salvador – entreprirent en Amérique du Nord de semblables tournées d'allocutions, s'adressant à des foules devant des dizaines de magasins Gap. L'événement sans doute le plus mémorable, car il permit aux consommateurs de mettre un visage sur la question du travail des enfants, survint lorsque Wendy Diaz, 15 ans, apparut devant le Congrès américain. Elle avait travaillé dans une usine du Honduras où elle cousait depuis l'âge de 13 ans des pantalons Kathie Lee Gifford. Diaz témoigna de la présence d'« environ 100 mineurs comme moi – de 13, 14, 15 ans – certains même âgés de 11 ans [...] Parfois, ils nous gardaient à travailler toute la nuit [...] Les superviseurs nous crient dessus et nous hurlent de travailler plus vite. Parfois, ils nous jettent le vêtement au visage, parfois nous empoignent en nous bousculant [...] Parfois, les chefs tripotent les filles. En faisant semblant de faire une blague, ils nous touchent les jambes. Beaucoup d'entre nous aimerions aller à l'école du soir, mais nous ne pouvons pas, parce qu'ils nous obligent constamment à faire des heures supplémentaires[5] ».

Aucun groupe n'a tiré parti des diverses failles et fissures de l'économie du branding avec une précision aussi chirurgicale que le National Labor Committee, de New York, sous la férule de son directeur, Charles Kernaghan. En cinq ans, de 1994 à 1999, cette équipe composée de trois personnes a réussi, en utilisant des techniques médiatiques à la Greenpeace, à attirer davantage l'attention du public sur la misère des travailleurs de sweatshops que le mouvement ouvrier international en presque un siècle. Ainsi que l'énonce le *Women's Wear Daily*, bible de l'industrie du vêtement : « Charles Kernaghan et sa lutte anti-sweatshops ont fait davantage, pour sonner l'alarme à propos des abus sur la main-d'œuvre dans l'industrie du vêtement[6], que n'importe qui depuis l'incendie de la Triangle Shirtwaist[6]. »

Ce tour de force remarquable, le NLC ne l'a pas accompli en exerçant des pressions auprès du gouvernement, ni même en poussant les travailleurs à s'organiser. Il a préféré entreprendre de souiller certains des logos les plus emblématiques du paysage des marques. La formule de Kernaghan est toute simple. D'abord, choisissez les icônes américaines les plus proches des bandes dessinées, au sens littéral, type Mickey, ou au second degré, type Kathie Lee Gifford. Ensuite, créez entre image et réalité des collisions frontales. « Leur image est pour elles une question de vie ou de mort, dit Kernaghan de ses adversaires, les grandes sociétés. Cela vous donne un certain pouvoir... ces compagnies sont des cibles fixes[7]. »

Pareil en cela aux meilleurs résistants culturels, Kernaghan a un don naturel de la formule. Sachant qu'il pouvait « vendre » les sweatshops étrangers aux médias américains – bien connus pour leur double préjugé défavorable envers la main-d'œuvre et les problèmes propres aux endroits où les gens ne parlent pas anglais. Mais il lui fallait éviter de faire appel à d'obscures lois sur le travail ou à des accords commerciaux abscons, et bien garder sa mire sur les logos qui se trouvaient derrière les infractions. Cette approche a suscité des enquêtes approfondies sur la question des sweatshops dans des émissions telles que *60 Minutes* et *20/20* ainsi que dans le *New York Times* – et même, finalement, à *Hard Copy*, qui dépêcha une de ses équipes pour accompagner Kernaghan dans une tournée des sweatshops du Nicaragua, à l'automne 1997.

L'émission d'information populaire et le fougueux groupe ouvrier ne formaient pas, contre toute attente, un duo si dépareillé que cela. Nous appartenons à une culture obsédée par la célébrité, et ce genre de culture est au meilleur de sa forme lorsqu'une de ses icônes les plus adorées se fait traîner dans la boue. Ce que Kernaghan avait saisi, c'est que l'obsession fanatique du logo concerne bien sûr sa construction, mais aussi sa démolition. Bien que les enjeux soient largement différents, les sweatshops de Nike sont à l'information syndicale ce que fut le procès d'O. J. Simpson à la chronique judiciaire : de la saleté haut de gamme. Et, pour le meilleur ou pour le pire (pour le pire, absolument, disent ses critiques), le NLC est bel et bien le *Hard Copy* du mouvement syndical, dans sa quête perpétuelle du choc à provoquer entre l'éblouissante stratosphère de la célébrité et la vraie vie dans les rues hostiles.

Kernaghan organise les statistiques de l'économie mondiale à l'aube de pyjamas Disney, de chaussures de sport Nike, d'allées de Wal-Mart et des richesses personnelles des individus en cause – et transforme ces chiffres en engins maison qu'il brandit ensuite comme des maillets. Par exemple : il faudrait que l'ensemble des 50 000 travailleurs de la Yue Yuen Nike Factory, en Chine, travaille pendant 19 ans pour gagner ce que Nike dépense annuellement en publicité[8]. Les ventes annuelles de Wal-Mart atteignent 120 fois le budget annuel d'Haïti ; Michael Eisner, P.D.G. de Disney, gagne 9 793 dollars l'heure, tandis qu'un travailleur haïtien gagne 28 cents l'heure ; il faudrait à un travailleur haïtien 16,8 années pour gagner le revenu horaire d'Eisner ; les 181 millions de dollars en stock option d'Eisner en 1996 permettraient d'entretenir ses 19 000 travailleurs haïtiens et leurs familles pendant 14 ans[9].

Un kernaghanisme typique consiste à comparer les somptueuses conditions de vie des chiens, sur le plateau des *101 Dalmatiens*, avec les cabanes dans lesquelles habitent les travailleurs haïtiens qui cousent les pyjamas Disney des personnages du film. Les animaux, explique-t-il, logent dans des « copropriétés pour toutous » équipées de lits moelleux et de lampes chauffantes, sont soignés par des vétérinaires de garde et nourris de bœuf et de poulet. Les travailleurs haïtiens vivent dans des taudis infestés par la malaria et la dysenterie, dorment dans des lits de camp et peuvent rarement se permettre d'acheter de la viande ou d'aller voir le médecin[10]. C'est au moyen de cette confrontation entre la vie de marque et la réalité de la production que Kernaghan effectue sa propre alchimie marketing.

Les événements organisés par le NLC – loin d'être les ternes rassemblements syndicaux que l'on connaît – tirent pleinement parti des pouvoirs du halogo. En octobre 1997, à New York, se tint un rassemblement exemplaire : ayant démarré à Times Square, en face du supermagasin vedette de Disney, la manifestation avança sur Seventh Avenue, passa devant la vitrine Tommy Hilfiger chez Macy's, avant de longer Barnes & Noble et le grand magasin Stern. À l'occasion du lancement de « la Saison des Fêtes de la conscience morale », slogans et discours avaient pour arrière-plan visuel les plus énormes logos de Manhattan : un swoosh rouge géant au sommet des gratte-ciel, le type Maxell dans son fauteuil qui se fait « souffler » par le son numérique, et des affiches en trois dimensions du *Roi lion* sur Broadway. Au moment où Jay Mazur, président de UNITE, affirma : « les sweatshops sont de retour et nous savons pourquoi », sa tête était entourée d'un halo formé par une monumentale Petite Sirène de néon. Lors d'une autre manifestation sponsorisée par le NLC, en mars 1999 cette fois, les participants déposèrent un rat de caoutchouc géant devant le magasin Disney. Et parce que les méthodes de Kernaghan n'exigent pas de ceux qui participent à ces événements qu'ils renient la *pop culture*, elles ont attiré en masse les étudiants, dont plusieurs y assistent comme à des détournements culturels ambulants. Faisant écho à l'esthétique BD de la culture rave, les collégiens et étudiants d'université se déguisent en animaux en peluche : un cochon rose de deux mètres tient une pancarte clamant « Les cochons contre l'avidité » ; le

Cookie Monster affiche un panneau « Pas de justice, pas de biscuit ».

Pour le NLC, les logos sont à la fois des cibles et des accessoires. Dès lors, quand Kernagnan s'adresse à une foule – sur des campus universitaires, lors de rassemblements ouvriers ou de congrès internationaux – ce n'est jamais sans sacs débordant de vêtements Disney, de pantalons Kathie Lee Gifford et autres produits à logo. Lors de ses prestations, il brandit feuilles de paie et étiquettes de prix pour illustrer les énormes différences entre ce que gagnent les travailleurs pour fabriquer lesdits articles et ce que l'acheteur paie pour se les procurer. Il traîne également son sac avec lui lorsqu'il visite les zones franches industrielles d'Haïti et du Salvador, tirant divers objets de son sac à malice pour montrer aux travailleurs les étiquettes de prix figurant sur les objets qu'ils fabriquent. Dans une lettre à Michael Eisner, il décrit une réaction typique : « Avant de partir pour Haïti, je me suis rendu dans un magasin Wal-Mart de Long Island, et j'ai acheté plusieurs vêtements Disney fabriqués à Haïti. Je les ai montrés à la foule de travailleurs, qui ont immédiatement reconnu les vêtements qu'ils avaient fabriqués. [...] J'ai brandi un t-shirt Pocahontas de taille 4. Je leur ai montré l'étiquette Wal-Mart indiquant 10,97 dollars. Mais ce n'est que lorsque j'ai traduit ces 10,97 dollars en monnaie locale – 172,26 gourdes – que, d'un seul coup, à l'unisson, les travailleurs ont hurlé d'indignation, d'incrédulité, de colère, dans un mélange de douleur et de tristesse, les yeux fixés sur le t-shirt Pocahontas. [...] Chaque jour, ils travaillaient sur des centaines de t-shirts Disney. Et pourtant, le prix de vente d'un seul de ces t-shirts, aux États-Unis, équivalait pour eux à presque cinq journées de salaire[11] ! »

L'instant où les travailleurs haïtiens de Disney poussèrent un cri d'incrédulité fut capté sur bande vidéo par l'un des collègues de Kernaghan, et inséré dans le documentaire *Mickey Mouse Goes to Haïti*, produit par le NLC. Depuis lors, le documentaire a été montré dans des centaines d'écoles et de centres communautaires, en Amérique du Nord et en Europe, et de nombreux jeunes militants estiment que cette scène a joué un rôle crucial dans leur décision de participer à la lutte mondiale contre les sweatshops.

L'information sur les disparités entre salaires et prix de détail peut également contribuer à radicaliser les travailleurs des usines qui, comme je m'en suis rendu compte à Cavite, n'ont qu'une faible idée de la valeur des biens qu'ils produisent. À l'usine All Asia, dans la zone franche industrielle de Cavite, par exemple, le patron avait l'habitude de laisser, bien en vue de tous, les étiquettes de prix des jupes Sassoon – 52 dollars. « Comme ces étiquettes de prix étaient fixées près des boutons, nous pouvions voir les prix en traversant la section d'emballage, m'a dit une couturière. Nous calculions le montant en pesos, et les travailleurs disaient : "Alors, la compagnie vend à ce prix-là ? Mais pourquoi est-ce que nous recevons un si petit salaire ?" » L'administration ayant eu vent de ces discussions furtives, on ne vit jamais plus d'étiquettes à l'usine All Asia.

En fait, je me suis aperçue que le seul fait de découvrir le nom des marques produites derrière la barrière verrouillée de la zone de Cavite exige un certain travail d'enquête, travail qui a été entrepris, près de la zone, par le Worker's Assistance Center (Centre d'assistance aux travailleurs). L'un des murs du centre est recouvert d'un panneau d'affichage qui ressemble étonnamment à la courtepointe de logos de Lora Jo Foo. Partout sur ce panneau s'étalent les étiquettes de vêtements : Liz Claiborne, Eddie Bauer, Izod, Guess, Gap, Ellen Tracy, Sassoon, Old Navy. À côté de chacune d'elles figure le nom de l'usine d'où elle provient : V. T. Fashion, All Asia, Du Young. Les organisateurs du WAC estiment que le fait de mettre en relation des marques avec le travail est essentiel au soutien qu'ils fournissent aux travailleurs de la zone afin qu'ils se battent pour leurs droits, surtout dans la mesure où les patrons d'usine ne cessent de se prétendre aux abois. Lorsque les travailleurs apprennent, par exemple, que les jeans Old Navy qu'ils cousent pour quelques sous la pièce sont vendus 50 dollars, en Amérique, sous une marque bien connue, appelée Gap, ils sont mieux à même d'exiger le paiement d'heures supplémentaires, ou même la couverture médicale qu'on leur a promise. De nombreux travailleurs aimeraient disposer eux aussi de cette information : ils ont donc pris le risque énorme de faire sortir ces étiquettes de leurs usines, en contrebande ; après les avoir glissées dans leurs poches au travail, en espérant que les gardes ne les découvriront pas en les fouillant à la barrière, ils les apportent au Centre. Le WAC doit alors découvrir un indice qui permet de les relier à la compagnie qui possède ces noms – ce qui n'est pas toujours facile, étant donné qu'une grande partie de ces marques ne se vendent même pas aux Philippines, sinon dans les centres commerciaux de luxe du quartier touristique de Manille.

Au cours des dernières années, il est cependant devenu un peu plus facile de rassembler cette information, en partie à la suite de la nette augmentation des déplacements de militants du monde entier. Grâce à des subventions provenant d'ONG et de syndicats bien financés, des représentants du minuscule Centre d'assistance aux travailleurs de Rosario se sont rendus à des congrès dans toute l'Asie, ainsi qu'en Allemagne et en Belgique. Deux mois seulement après l'avoir rencontrée à Cavite, j'ai revu l'organisatrice du WAC, Cecille Tuico, à Vancouver, en novembre 1997, au Sommet du peuple sur l'APEC. Plusieurs milliers de militants de 40 pays assistaient à ce congrès, qui coïncidait avec une rencontre des leaders des 18 économies de l'Asie et du Pacifique – de Bill Clinton à Jiang Zemin – à Vancouver, le même week-end.

Le dernier jour du Sommet, Cecille et moi avons séché les séminaires pour passer l'après-midi sur la bruyante Robson Street, à faire la tournée des grands magasins qui vendent plusieurs des marques produites dans la zone de Cavite. Nous avons parcouru les étagères de grenouillères et de chaussons de flanelle Baby Gap, les vestes Banana Republic, les chemisiers Liz Claiborne et les chemises Izod Lacoste, et lorsque nous trouvions une étiquette « *Made in the Philippines* », nous notions les numéros de modèle et les prix. De retour à Cavite, Cecille convertit ces prix en pesos (en tenant compte de la baisse rapide du taux de change dans son pays) et les épingla soigneusement à côté des étiquettes, sur le tableau d'affichage du bureau du WAC. Elle et ses collègues pointaient ces chiffres lorsque des travailleurs arrivaient au centre bouleversés par un licenciement illégal, des arriérés de salaire ou l'accumulation sans trêve de périodes de travail de nuit. Ensemble, ils calculaient combien de semaines une couturière de zone devrait travailler pour se payer l'une de ces grenouillères Baby Gap pour son enfant, et les travailleurs se chuchotaient ce chiffre consternant lorsqu'ils retournaient à leurs dortoirs bondés, ou qu'ils prenaient les pauses déjeuner dans leurs usines étouffantes de chaleur. Pareille information se répand à travers la zone comme une traînée de poudre.

Je me suis rappelé cette expédition de « sweatshopping » (expression selon laquelle le rédacteur Eyal Press, de *The*

Nation, désigne ces bizarres excursions) en recevant de Cecille, quelques mois plus tard, un *e-mail* m'annonçant que le WAC avait enfin réussi à syndiquer deux usines de vêtements de la zone. Les logos sur les étiquettes ? Gap, Arizona Jeans, Izod, J. C. Penney et Liz Claiborne.

AGIR À L'ÉCHELLE MONDIALE

Depuis que la politique de la représentation s'est emparée de l'imagination des féministes, au début des années 1970, il y a eu des femmes pour presser leurs consœurs militantes de voir au-delà de l'idée que les industries de la mode et de la beauté oppriment les Occidentales en tant que consommatrices, afin de considérer la misère des femmes du monde entier qui triment pour leur permettre de conserver leur allure de vedettes. Si dans les années 1920 et 1930, Emma Goldman et le Syndicat international des travailleuses du vêtement pour femmes avaient bien rallié le mouvement des femmes derrière les ouvrières des sweatshops, au cours des récentes décennies, les liens ont semblé se distendre quelque peu. Bien qu'il y ait toujours eu une aile féministe de la deuxième vague pour chercher à former des liens politiques avec les femmes du Tiers-Monde, la lutte en faveur de l'internationalisme ne s'est jamais tout à fait intégrée au mouvement au même titre que l'égalité salariale, la représentation médiatique ou le droit à l'avortement. Le cri de ralliement des années 1970, « le privé est politique », semblait en fait concerner davantage l'attitude des femmes à l'égard d'elles-mêmes que les mécanismes mondiaux qui sous-tendaient la façon dont l'industrie du vêtement faisait travailler d'autres femmes.

En 1983, l'universitaire américaine Cynthia Enloe était l'une de ces voix qui prêchaient dans le désert. Elle ne cessait de dire que les étiquettes « *Made in Hong Kong* » et « *Made in Indonesia* » qui apparaissaient de plus en plus fréquemment à l'intérieur de ses vêtements fournissaient un point de départ concret aux femmes qui voulaient comprendre les méandres de l'économie mondiale. « Nous pouvons augmenter notre capacité à exposer et à comprendre des "abstractions" telles que "capital international" et "division sexuelle internationale du travail". Ces deux concepts, si longtemps chasse gardée des théoriciens de sexe masculin (dont la plupart ne demandent jamais qui tisse et qui coud), ne sont, en fait, pas plus "abstraits" que les jeans dans nos placards et les sous-vêtements dans les tiroirs de nos commodes », écrivit-elle[12].

À l'époque, en raison de l'absence de toute prise de conscience, des frontières culturelles et de l'esprit de clocher du Premier-Monde, peu de gens étaient prêts à l'entendre. Le changement actuel, une fois de plus, est peut-être un mouvement inattendu de l'ubiquité du branding. Dès lors que les grandes sociétés ont tissé leur propre arc-en-ciel mondial de logos et d'étiquettes, l'infrastructure d'une véritable solidarité internationale est à la portée de tous. Même si le réseau des logos a été conçu pour maximiser la consommation et minimiser les coûts de production, les gens ordinaires peuvent maintenant se transformer en « araignées » (c'est ainsi que se surnomment les membres de la Free Burma Coalition) et circuler sur sa toile aussi aisément que les entreprises qui l'ont tissée. C'est là qu'intervient la mappemonde de logos de Lora Jo Foo – et le bulletin d'affichage de Cecille Tuico, et le sac d'emplettes de Charles Kernaghan, et l'épiphanie des baskets de Lorraine Dusky. À l'image d'Internet, lequel, élaboré par le Pentagone, est rapidement devenu le terrain de jeu des activistes et des *hackers.*

Alors que l'homogénéisation culturelle – manger chez Burger King, porter des chaussures Nike et regarder des vidéoclips des Backstreet Boys – est susceptible d'inspirer une claustrophobie mondiale, elle a donc également jeté les bases d'une fructueuse communication mondiale. Grâce à la trame des marques, les employés de McDonald's du monde entier sont à même de se raconter par Internet comment on travaille sous les arches ; des *club kids* de Londres, de Berlin et de Tel-Aviv peuvent déplorer la récupération du milieu rave par les grandes sociétés ; et des journalistes nord-américains peuvent débattre avec de pauvres travailleurs d'usines rurales indonésiennes des cachets de Michael Jordan pour ses apparitions dans les pubs Nike. Cette toile de logos détient le pouvoir sans précédent de relier des étudiants pilonnés par la publicité dans les toilettes de leurs universités aux travailleurs de sweatshops qui fabriquent les produits vantés par ces annonces, ou aux McEmployés frustrés qui les vendent. Même s'ils ne parlent pas tous la même langue, ils ont maintenant suffisamment de points communs pour entreprendre une discussion. Jouant sur le slogan de Benetton, un organisateur de *Reclaim the Streets* décrivait ces nouveaux réseaux mondiaux comme les « United Colors of Resistance ».

Un monde uni par des slogans Benetton, des sweatshops Nike et des emplois McDonald's n'est peut-être pas le village planétaire utopique, mais ses câbles de fibre optique et ses références culturelles partagées sont néanmoins en train de poser les fondations du premier mouvement populaire véritablement international. Cela peut vouloir dire lutter contre Wal-Mart lorsqu'il arrive en ville, mais aussi utiliser le Net pour se relier à la cinquantaine de collectivités nord-américaines qui ont livré la même bataille ; cela peut vouloir dire soumettre des résolutions sur les infractions mondiales aux lois du travail à l'assemblée du conseil municipal, et se joindre à la lutte internationale contre l'Accord multilatéral sur l'investissement. Cela veut dire, également, s'assurer que les cris montant d'une usine de jouets à Bangkok puissent être perçus devant le Toys 'R' Us du centre commercial.

SUR LA PISTE DES LOGOS

À mesure que les communautés anti-marques gagnent en popularité, la piste qui mène du centre commercial au sweatshop devient mieux fréquentée. Je n'ai certainement pas été la seule journaliste étrangère à mettre mon nez dans le linge sale de la zone franche industrielle de Cavite. Au cours des quelques mois qui ont précédé mon arrivée, ce fut le cas, entre autres, d'une équipe de la télévision allemande et de quelques documentaristes italiens en quête de révélations scandaleuses sur leur marque nationale, Benetton. En Indonésie, une telle quantité de journalistes ont voulu visiter les tristement célèbres usines de Nike, qu'au moment de mon arrivée à Djakarta, en août 1997, les responsables de Yakoma, association de défense des droits des travailleurs, avaient l'impression de s'être transformés en guides touristiques professionnels. Chaque semaine, un nouveau journaliste – un « touriste des droits de l'homme », comme les appelle Gary Trudeau dans ses bandes dessinées – débarquait dans la région. Même situation à l'usine que je tentai de visiter aux environs de Medan, où des enfants au travail cousaient de minuscules tenues de fête de Barbie. Les militants locaux que je rencontrai à l'Indonesian Institute for Children's Advocacy me montrèrent tout un album de photos de l'équipe de la NBC qui s'était rendue là. « Il a remporté des prix », m'informa fièrement le directeur de l'émission, Muhammad Joni, à propos du documentaire de *Dateline*. « Ils se sont déguisés en importateurs. Des caméras cachées – c'était très professionnel[13]. » Joni jette un regard peu impressionné sur mon petit magnétophone et la robe soleil en batik que j'ai achetée la semaine précédente sur la plage.

Au bout de quatre ans de recherche, ce que j'ai trouvé de plus choquant, c'est qu'on ait rempli aussi simplement le placard mondial de tant de supposés « petits secrets honteux ». Dans les zones franches industrielles, les infractions aux lois du travail sont monnaie courante – elles déboulent dès que vous entrouvrez la porte. Comme l'écrit Bob Ortega, du *Wall Street Journal*, « en vérité, toute l'industrie du vêtement formait un seul et même scandale continuel et peu couvert par les médias[14] ».

Les grandes sociétés ayant fait preuve de négligence, aucun budget de relations publiques ne s'est par la suite avéré suffisant pour dissocier nettement la marque de l'usine. Plus la disparité est grande entre l'image et la réalité, plus ces sociétés semblent être attaquées. Des marques familiales, Disney, Wal-Mart et Kathie Lee Gifford, ont été confrontées aux conditions dans lesquelles des familles véritables produisaient leurs marchandises. Et lorsque la bande du McLibel publia une masse d'horribles révélations sur la torture subie par les poulets chez McDonald's, et sur les hamburgers infestés de la bactérie *E. coli*, l'information figurait en surimpression d'une image du sourire artificiel de Ronald McDonald. Lors du procès McLibel, le logo adopté par les défendeurs était un gros chat fumeur de cigares (*fat cat*, gros bonnet, N.D.T.) dissimulé derrière un masque de clown, car, pour reprendre une phrase des McLibelers : « Les enfants adorent les secrets, et celui de Ronald est particulièrement dégoûtant[15]. »

Lorsque la marque ciblée est représentée par une personnalité bien connue, comme c'est de plus en plus souvent le cas à l'ère de la supermarque, ces collisions entre image et réalité deviennent potentiellement encore plus explosives. C'est ainsi que, lorsque Kathie Lee Gifford fut dénoncée pour avoir utilisé des sweatshops, elle ne put se permettre de réagir comme le P.D.G. d'une grande société – uniquement intéressé, comme on sait, par les dividendes reversés aux actionnaires. La pétillante animatrice de talk-shows étant l'aspartame humain de la télé, elle pouvait difficilement se mettre à parler comme un cow-boy capitaliste sans états d'âme, lorsque Wendy

Diaz, 15 ans, lui adressa cette supplique publique : « Si je pouvais parler à Kathie Lee, je lui demanderais de nous aider, de mettre fin à tous les mauvais traitements, pour qu'on cesse de crier après nous et de nous frapper, et qu'on nous permette d'aller à l'école du soir et de nous organiser pour protéger nos droits[16]. » Cinq minutes auparavant, Gifford aurait pu avouer au monde libre que la maladie d'un enfant l'avait émue aux larmes, au point qu'elle avait dû calmer ses yeux avec une lotion quelconque. Comme l'écrit Andrew Ross, elle constituait « le parfait repoussoir aux révélations concernant le travail des enfants ». Confrontée aux paroles de Diaz, Gifford avait deux possibilités : liquider tout son personnage de télé-maman multimillionnaire, ou devenir la fée-marraine des *maquiladoras*. Le choix fut simple. « Il ne fallut à Gifford que deux semaines pour atteindre à la sainteté d'une militante du droit du travail », raconte Ross[17].

Par un étrange coup du sort, le sponsoring des grandes sociétés est devenu un important levier pour les militants. Ce qui ne surprend guère. À l'époque où le Comité international olympique (CIO) nageait dans les scandales de pots-de-vin et de dopage de la fin de 1998, les médias se focalisèrent immédiatement sur la façon dont la controverse allait affecter les sponsors des Jeux – des entreprises qui se diraient horrifiées par la perte de crédibilité du CIO. « Cela rejoint les raisons essentielles de notre engagement dans les Jeux. Tout ce qui affecte l'image positive des Jeux nous affecte », déclara un porte-parole de Coca-Cola[18].

Cette théorie joue certainement dans les deux sens : si l'image des sponsors peut être ternie par la corruption des événements qu'ils sponsorisent, ces événements peuvent également être ternis par les activités douteuses de leurs sponsors. Ce lien apparaît de plus en plus fréquemment à mesure que l'industrie du sponsoring se développe. En août 1998, la tournée de Céline Dion dut faire face au piquet de grève de militants des droits de l'homme à Boston, à Philadelphie et à Washington, D. C. Bien qu'elle ne le sût pas, le sponsor de sa tournée – les portables Ericsson – figurait parmi les investisseurs étrangers les plus intransigeants en Birmanie, et refusait de rompre ses liens avec la junte, en dépit d'une campagne internationale de boycott. Mais lorsque le dénigrement de la marque dépassa Ericsson même, pour déborder sur l'image de diva de Céline Dion, il ne fallut qu'une semaine de manifestations pour amener Ericsson à annoncer son retrait immédiat de la Birmanie. En revanche, des sponsors qui ne protégeaient pas les artistes des campagnes anti-sociétés livrées contre eux se sont trouvés attaqués de toutes parts. Lors du Suzuki Rock'n' Roll Marathon, à San Diego, en Californie, en mai 1999, les groupes se mutinèrent contre leur sponsor. Hootie and the Blowfish – pas vraiment connus pour le radicalisme de leurs opinions politiques – décidèrent de se rallier aux promoteurs de la campagne qui prenait pour cible l'événement à cause des liens commerciaux de Suzuki avec la junte birmane. Les membres du groupe insistèrent pour faire retirer une bannière de Suzuki avant leur arrivée en scène, puis jouèrent revêtus de t-shirts et bardés d'autocollants exigeant le retrait de Suzuki de la Birmanie[19].

Outre le sponsoring agressif, une autre tendance du marketing, qui a commencé à se retourner contre les sociétés, est la récupération commerciale de la politique identitaire, exposée au chapitre 5. Loin d'adoucir son image, les annonces « féministes » de Nike et ses slogans antiracistes n'ont servi qu'à provoquer la colère des associations de femmes et des leaders de la lutte pour les droits de l'homme, qui ne cessent de répéter qu'une entreprise qui s'est enrichie aux dépens des jeunes femmes du Tiers-Monde n'a aucune légitimité à utiliser les idéaux du féminisme et de l'égalité raciale pour vendre des chaussures. « Le fond du problème, je crois, c'est que les gens n'apprécient pas de voir des icônes de la justice sociale emballées sous forme de publicités, explique la critique des médias Makani Themba, même s'ils ne savent pas exactement pourquoi. Mais après, lorsqu'on entend ces accusations, on est prêt à se jeter sur Nike pour l'accuser d'hypocrisie[20]. »

C'est peut-être ce qui explique pourquoi la première société à subir l'épreuve de la police des sweatshops était un modèle d'entreprise responsable, Levi Strauss. En 1992, Levi's devint la première compagnie à adopter un code de conduite, lorsqu'on découvrit que certains de ses entrepreneurs de l'étranger traitaient leurs travailleurs comme des esclaves sous contrat. Ce n'était pas l'image que la compagnie avait présentée dans son pays, l'image d'une entreprise engagée dans la prise de décision collective et non hiérarchique et, plus tard, un sponsoring affirmé d'événements associés au Girl Power, tel le festival Lilith Fair. De même, The Body Shop – bien que ce soit sans doute la multinationale la plus progressiste du monde –

a encore tendance à exhiber ses bonnes actions dans ses vitrines avant de faire le ménage devant sa porte. La compagnie d'Anita Roddick a fait l'objet, dans la presse, d'une série d'enquêtes accablantes qui ont mis en question son usage de produits chimiques, sa position quant aux syndicats et même l'information selon laquelle ses produits n'avaient pas été testés sur des animaux.

Ce refrain, Nike, Reebok, The Body Shop, Starbucks, Levi's et Gap nous l'ont bien souvent chanté : « Pourquoi vous attaquer à nous ? C'est nous, les bons ! » La réponse est simple. Ces entreprises sont prises pour cible parce que l'action politique à laquelle elles se sont associées, et qui les a enrichies – le féminisme, l'écologie, la valorisation des quartiers pauvres –, a bien plus de valeur que les efficaces arguments publicitaires que leurs chefs de produits ont trouvés par hasard. Pour ces idées sociales essentielles, complexes, bien des gens ont passé leur vie à lutter. D'où la colère des militants qui font campagne contre ce qu'ils considèrent comme de cyniques distorsions de ces idées. Al Dunlap, le célèbre mercenaire réducteur d'emplois, qui a bâti sa réputation sur d'impitoyables mises à pied, répondrait sans doute à des injonctions à la responsabilité en montrant la brillance de sa tronçonneuse, mais des sociétés telles que Levi's et The Body Shop ne peuvent les ignorer, car elles ont publiquement présenté, dès le départ, la responsabilité sociale comme le fondement même de leur philosophie commerciale. Comme toujours, c'est lorsque les équipes publicitaires se fixent des objectifs trop ambitieux qu'elles tombent – tel Icare.

L'INJUSTICE... DANS LA SYNERGIE

Par un coup du sort, le 25 février 1997, les nombreux faisceaux de la révolte contre les grandes sociétés ont convergé vers le centre sportif Mighty Ducks, d'Anaheim, en Californie. C'était l'assemblée générale annuelle de Disney, et environ 10 000 actionnaires envahirent le centre pour frire Michael Eisner à la broche, car il avait versé plus de 100 millions de dollars comme prime de départ au superagent d'Hollywood Michael Ovitz, lequel n'avait passé que 14 mois assombris de scandales en tant que second chez Disney. Eisner fut également attaqué à propos de son propre salaire de 400 millions de dollars, étalé sur plusieurs années, ainsi que pour avoir truffé le conseil d'administration d'amis et de consultants payés par Disney. L'indignation des actionnaires à l'égard des sommes indécentes accordées à Ovitz et à Eisner ne fut rien en comparaison de la résolution qu'ils prirent dans un autre domaine : ils blâmaient Disney pour avoir versé des salaires de misère à des travailleurs de ses usines étrangères, et exigeaient un contrôle indépendant sur ces pratiques. Devant le centre sportif, des dizaines de partisans du National Labor Committee hurlaient en brandissant des pancartes dénonçant la misère de la main-d'œuvre haïtienne de Disney. Bien entendu, la demande de contrôle fut renvoyée, mais la mise en parallèle de la question de la main-d'œuvre des sweatshops et de l'indemnisation des cadres ne dut pas déplaire à Charles Kernaghan.

Eisner, qui s'attendait apparemment à ce que ce rassemblement ne fût rien de plus qu'une manifestation de dynamisme, fut finalement pris au dépourvu par cette conjonction d'événements. Ne se contentait-il pas de suivre les règles – en enrichissant autant ses actionnaires que lui-même ? Les profits ne suivaient-ils pas une courbe de saine croissance de 16 pour cent par rapport à l'année précédente ? L'industrie du divertissement n'était-elle pas, comme Eisner le rappela lui-même à la foule agitée, « extrêmement concurrentielle » ? Toujours habile à parler aux enfants, Eisner hasarda : « Je ne crois pas que les gens comprennent très bien l'indemnisation des cadres[21]. »

Peut-être ne la comprennent-ils que trop bien. Comme le déclara un actionnaire (fort applaudi) : « Personne ne conteste que M. Eisner a accompli un travail fantastique. Mais il reçoit plus en un an que quelqu'un comme moi ne recevra dans toute une vie. C'est plus que le salaire du président des États-Unis – et voyez ce qu'il dirige[22] ! » Et pourtant, la confusion d'Eisner est compréhensible. Il n'est absolument pas le seul P.D.G. à recevoir des sommes véritablement hallucinantes – en comparaison de certains cadres, il vit sans conteste à la dure, avec son salaire annuel de base de seulement 750 000 dollars (primes et actions en sus, bien entendu). D'ailleurs, Disney n'est certainement pas seule dans son drame du sweatshop. Selon l'Investor Responsibility Research Center, des États-Unis, de 1996 à 1998, 79 résolutions d'actionnaires ont été enregistrées contre les sweatshops auprès des principales multinationales américaines, notamment Dayton Hudson, Nike, Gap, Land's End, J. C. Penney et Toys 'R' Us[23]. Il ne fait pas de doute que l'objet du procès, lors de cette tapageuse assemblée à Anaheim, concernait bien autre chose que les excès d'une société isolée – était en jeu la question cruciale de la disparité économique mondiale : disparité entre cadres et travailleurs, Nord et Sud, consommateurs et producteurs, et même entre actionnaires et patrons. Les valeurs familiales de Mickey fournissaient une maison de verre facile à lapider, mais en vérité, ce jour-là, presque toutes les 500 plus grandes sociétés répertoriées par la revue *Fortune* auraient pu se retrouver sur la sellette.

TROIS PETITS LOGOS

LE SWOOSH, LA COQUILLE ET LES ARCHES

Des dizaines de campagnes anti-marques sont parvenues à ébranler leurs cibles – les grandes sociétés – et certaines leur ont fait modifier leurs politiques de façon conséquente. Mais trois campagnes se détachent du peloton, pour avoir largement débordé hors des cercles des militants et avoir profondément atteint la conscience publique. Les tactiques qu'elles ont développées – entre autres, l'usage des tribunaux pour obliger les grandes sociétés à la transparence, et de l'Internet pour contourner les médias traditionnels – sont en train de révolutionner l'avenir de l'engagement politique. Dès lors, nous ne devrions pas nous étonner que les cibles de ces campagnes déterminantes soient trois des logos les plus familiers et les mieux entretenus du paysage des marques : le swoosh, la coquille et les arches.

LE SWOOSH : NIKE TA MÈRE !

Phil Knight, le P.D.G. de Nike, est depuis longtemps le gourou des écoles commerciales. Des publications universitaires prestigieuses, comme *The Harvard Business Review*, ont encensé ses techniques de marketing innovatrices, sa compréhension du branding et son usage historique de la sous-traitance. D'innombrables candidats à la maîtrise en gestion, et autres étudiants en marketing et en communications, ont étudié la formule Nike, « des marques, pas des produits ». Quand Phil Knight fut donc invité, à titre d'orateur, à la Stanford University Business School – son alma mater –, en mai 1997, la visite était censée faire partie d'une longue série de rendez-vous idylliques avec Nike. Mais Knight fut, à la surprise générale, accueilli par une foule d'étudiants protestataires et, lorsqu'il s'approcha du micro, il fut raillé par la foule qui scandait : « *Hey Phil, off the stage. Pay your workers a living wage.* » (Hé, Phil, descends de là. Donne un salaire vivable à tes travailleurs.)

La lune de miel de Nike venait de prendre fin avec un sacré couac.

Nul récit n'illustre davantage la méfiance croissante envers la culture du branding que le mouvement international anti-Nike, la plus médiatisée et la plus tenace des campagnes anti-marques. Les scandales de sweatshops de Nike ont fait l'objet de plus de 1 500 reportages et autres commentaires. Ses usines asiatiques ont été passées à la loupe par les caméras de presque toutes les grandes organisations de médias, de CBS à ESPN, le réseau de sport de Disney. Pour couronner le tout, la compagnie a fait l'objet d'une série de BD *Doonesbury*, et du documentaire de Michael Moore, *The Big One*. Au département des relations publiques de Nike, plusieurs employés à temps plein s'occupent donc de la controverse sur les sweatshops – recevant les plaintes, rencontrant des associations locales et élaborant la réponse de Nike –, et la compagnie a été jusqu'à créer le nouveau poste de vice-président à la responsabilité commerciale. Sans parler des milliers de lettres de protestation, Nike a affronté des centaines de groupes de manifestants de tous âges, ainsi que les flèches d'une douzaine de sites Web.

Durant les trois dernières années, les forces anti-Nike, en Amérique du Nord et en Europe, ont tenté de rassembler, en une même journée, toutes les forces rebelles du swoosh qui se trouvaient éparpillées. Deux fois l'an, elles organisent une Journée internationale d'action contre Nike, et soumettent directement leurs exigences – salaires équitables et contrôle indépendant – à la clientèle de Nike, dans certains Nike Towns vedettes de centres urbains, ou dans les Foot Lockers moins prestigieux de centres commerciaux de banlieues. Selon la Campaign for Labor Rights, le plus grand événement anti-Nike, jusqu'à présent, s'est déroulé le 18 octobre 1997 : y ont participé 85 villes de 13 pays. Toutes ces manifestations n'ont pas attiré d'énormes foules, mais le mouvement est si décentralisé que, de par le simple nombre d'événements anti-Nike, le service des relations publiques de la compagnie se démène furieusement pour faire valoir son point de vue dans des dizaines de journaux locaux. Vu l'ubiquité de son branding, on est un peu déçu, mais même Nike ne peut être partout à la fois.

Étant donné qu'un grand nombre des magasins qui vendent les produits Nike sont situés dans des centres commerciaux, les manifestations se terminent souvent par la reconduite des participants jusqu'aux parkings sous escorte des agents de sécurité. Jeff Smith, militant de Grand Rapids, dans le

Michigan, rapporte que « lorsque nous avons demandé si le droit de propriété privée avait préséance sur le droit de libre expression, l'agent [de sécurité] a hésité, puis a dit avec emphase : "OUI !" ». (À St. John's, à Terre-Neuve, ville en déclin économique, des militants anti-Nike ont toutefois déclaré qu'après s'être fait chasser du centre commercial, « ils ont été approchés par un agent de sécurité qui voulait signer leur pétition[1] ».) Mais on peut envisager bien des gestes posés sur un trottoir ou dans le parc de stationnement d'un centre commercial. Des militants ont mis en scène les pratiques de travail de Nike à travers ce qu'ils appellent des « défilés de mode de sweatshops », « les enchères du capital transnational : un jeu de survie » (le plus bas devis l'emporte) et « le tapis roulant d'exercice de l'économie mondiale » (faites du surplace en vous essoufflant). En Australie, des manifestants anti-Nike ont paradé vêtus de sacs de toile arborant le slogan « Je porterais n'importe quoi sauf des Nike. » Des étudiants de l'Université du Colorado à Boulder ont matérialisé la différence entre salaire minimum et salaire vivable en organisant une collecte de fonds selon les modalités de laquelle « les participants payaient un prix d'entrée de 1,60 dollar (le salaire quotidien d'un travailleur Nike au Vietnam) et le gagnant recevait 2,10 dollars (le prix de trois repas complets au Vietnam[2]) ». Entre-temps, des activistes d'Austin, au Texas, ont fabriqué une *piñata* de baskets Nike et, à Regina, en Saskatchewan, une manifestation devant un centre commercial présentait un kiosque « Défigurons le swoosh ». Ce numéro est un des classiques de toutes les actions anti-Nike : le logo et le slogan ont été détournés si souvent – sur des t-shirts, des autocollants, des affiches, des bannières et des badges – que la sémiotique les a couverts d'ecchymoses.

SLOGANS DU MOUVEMENT INTERNATIONAL ANTI-NIKE :

Just Don't Do It   Just Don't   Nike, Do It Just   Justice. Do It, Nike   The Swooshtika Just Boycott It   Ban the Swoosh   Nike – Fair Play ?   Nike, Nein, Ich Kaufe Es Nicht ! (Nike – Non, je n'achète pas !)   Nike, Soyez Sport !   Just Duit (Ce n'est que de l'argent)

Fait révélateur, le mouvement anti-Nike connaît son paroxysme dans l'État de l'Oregon, où se trouve le siège social de la compagnie, alors que la région a retiré de substantiels avantages économiques du succès de Nike (le plus grand employeur de Portland et philanthrope local important). Les voisins de Phil Knight ne se sont cependant pas tous précipités pour le défendre lorsqu'il en avait besoin. Depuis que l'affaire du ballon de football a éclaté dans *Life*, bien des citoyens de l'Oregon veulent sa peau. Les manifestations devant le Nike Town de Portland comptent parmi les plus importantes et les plus virulentes des États-Unis, et exhibent parfois une menaçante effigie de Phil Knight, avec des $ à la place des yeux, ou un swoosh de quatre mètres tiré par des bambins (symbole du travail des enfants). Et en contradiction avec les principes de non-violence qui gouvernement le mouvement anti-Nike, une manifestation tenue à Eugene, en Oregon, a en outre entraîné des actes de vandalisme, dont la démolition d'une clôture entourant le chantier d'un nouveau Nike Town, le vol de matériel dans un magasin Nike, et cependant que, selon un témoin, « tout un portant de vêtements [...] a été jeté d'un balcon dans une fontaine située en dessous[3] ».

Les journaux locaux de l'Oregon ont agressivement (et parfois joyeusement) suivi les scandales de sweatshops de Knight, le quotidien *The Oregonian* allant même jusqu'à dépêcher un reporter dans le Sud-Est asiatique pour faire sa propre enquête approfondie sur les usines. Quant à Mark Zusman, rédacteur en chef du journal *The Willamette Week*, il a publiquement réprimandé Knight, en 1996, dans une « note de service » : « Écoute, Phil, il est temps de calmer un peu le jeu de cette orgie médiatique [...] Les gens de l'Oregon ont déjà subi Tony Harding, Bob Packwood et Wes Cooley. Épargne-nous l'humiliation supplémentaire de passer pour le patelin du capitaliste le plus impitoyable du monde libre[4]. »

Même les dons de charité de Nike sont aujourd'hui sujets à controverse. Au milieu d'une décisive campagne de levée de fonds visant à combler un déficit de 15 millions de dollars, le conseil scolaire de Portland a été déchiré par un débat : fallait-il accepter un cadeau de Nike de 500 000 dollars en liquide assorti d'un équipement sportif ? Le conseil finit par accepter, non sans avoir au préalable soigneusement examiné l'offre en public. Comme le disait à l'*Oregonian* Joseph Tam, administrateur du conseil scolaire : « Je me suis dit : Nike a offert cet argent pour que mes enfants puissent bénéficier d'une meilleure éducation, mais aux dépens de qui ? Aux dépens d'enfants qui travaillent pour six cents de l'heure ? [...] En tant qu'immigré asiatique, je dois affronter ce dilemme éthique[5]. »

Les scandales liés au sponsoring de Nike ont largement dépassé l'État d'origine de la compagnie. À Edmonton, en Alberta, des enseignants, des parents et des élèves ont tenté d'empêcher Nike de sponsoriser un programme de hockey de rue pour enfants, « parce qu'une compagnie qui profite du travail des enfants au Pakistan ne devrait pas être considérée comme une figure héroïque par les enfants d'Edmonton[6] ». Une école engagée dans le programme municipal a renvoyé son matériel « swooshé « au siège social de Nike. Et lorsque Nike s'adressa au conseil municipal d'Ottawa, en mars 1998, pour proposer le financement d'un plancher de gymnase « swooshé » dans un centre communautaire local, elle dut affronter des questions sur l'« argent sali par le sang ». Nike retira son offre et fit cadeau de l'aménagement sportif à un centre plus reconnaissant, dirigé par les Boys and Girls Clubs, un réseau de centres communautaires où garçons et filles peuvent s'adonner à des activités parascolaires. La décision d'accepter ou non de l'argent de Nike a également mis le feu aux poudres sur les campus universitaires, comme nous le verrons dans le prochain chapitre.

Au départ, l'indignation provenait essentiellement du stoïcisme initial de Nike face aux révélations par les journaux du scandale des sweatshops. Kathie Lee Gifford et Gap, elles, avaient au moins fait amende honorable ; Phil Knight, lui, avait joué un jeu pratiquement défensif, niant toute responsabilité, attaquant les journalistes, accusant des entrepreneurs véreux et dépêchant des attachés de presse pour faire des déclarations au nom de la compagnie. Tandis que Kathie Lee pleurait à la télé, Michael Jordan haussait les épaules en disant que son travail consistait à lancer le ballon, et non à jouer à la politique. Et alors que Gap acceptait de laisser une usine particulièrement sur la sellette, au Salvador, sous le contrôle de groupes locaux de défense des droits de l'homme, Nike s'en remettait à un code de conduite dont ses travailleurs asiatiques, interviewés, n'avaient jamais entendu parler.

Mais à ce stade, une différence cruciale séparait Nike et Gap. Nike garda tout son sang-froid quant ces scandales atteignirent le centre commercial américain moyen, car si c'est au centre commercial que se vendent la plupart des produits Nike, ce n'est pas là que se fabrique l'image de Nike. À la différence de Gap, Nike a puisé dans les quartiers défavorisés, se fondant, comme nous l'avons vu, dans les styles blacks pauvres et jeunes latinos pour se charger en imagerie et en attitude. Le branding de Nike est entièrement dépendant des héros afro-américains qui apportent leur soutien à ses produits depuis le début des années 1980 : Michael Jordan, Charles Barkley, Scottie Pippen, Michael Johnson, Spike Lee, Tiger Woods, Bo Jackson – pour ne rien dire des rappeurs qui portent du Nike sur scène. Même si le style hip-hop a une influence majeure sur le centre commercial, Phil Knight savait sans doute qu'aussi longtemps que Nike serait la marque préférée des fans de Jordan, à Compton et dans le Bronx, il pouvait s'émouvoir sans être ébranlé. Bien entendu, parents, enseignants et leaders religieux feraient la morale aux ados à propos des sweatshops, mais pour le noyau pur et dur de la clientèle de Nike, les jeunes âgés de 13 à 17 ans, le swoosh était encore recouvert de téflon.

Dès 1997, il était devenu clair, pour les adversaires de Nike, que pour livrer une sérieuse guerre d'images au swoosh, ils devraient remonter à la source de l'aura de la marque – et comme l'écrivit cette année-là Nick Alexander, du magazine multiculturel *Third Force*, ce ne serait pas demain la veille. « Personne n'a imaginé comment faire céder Nike. Car personne n'a engagé d'Afro-Américains dans la lutte... Pour obtenir un soutien important des communautés de gens de couleur, les campagnes commerciales doivent établir des liens entre les opérations étrangères de Nike et les conditions qui prévalent ici, au pays[7]. »

Les liens ne demandaient qu'à être établis. L'ironie la plus cruelle de la formule de Nike, « des marques, pas des produits », c'est que les gens qui en ont fait le plus pour conférer sa vigueur au swoosh sont les plus atteints par les prix gonflés de la compagnie et son absence de base manufacturière au pays. Ce sont en effet les jeunes des quartiers pauvres qui ont le plus directement ressenti l'impact de la décision de Nike de fabriquer ses produits à l'extérieur des États-Unis, eux dont le taux de chômage est élevé et dont la base fiscale s'érode (préparant le terrain à la détérioration des écoles publiques locales).

Au lieu d'emplois pour leurs parents, ce que les jeunes des quartiers pauvres obtiennent de Nike, c'est la visite occasionnelle de ses vendeurs et concepteurs en pèlerinage de « *bro-ing* ». « *Hey, bro*, qu'est-ce que tu penses des nouvelles Jordans – pas mal, non ? » Nous avons déjà évoqué la conséquence de ces raids menés par des chasseurs de cool grassement rémunérés, entretenant l'hystérie autour d'une marque sur les terrains de basket en asphalte craquelé de Harlem, du Bronx et de

Compton : les jeunes incorporent les marques dans les uniformes de guerre des gangs ; certains désirent tellement ces fringues qu'ils sont prêts à vendre de la drogue, à voler, à agresser et même à tuer. Jessie Collins, directrice exécutive de l'Edenwald-Gun Hill Neighborhood Center, dans le nord-est du Bronx, me dit que si l'argent vient parfois de la drogue ou de la caisse du gang, le plus souvent, c'est le salaire minimum de la mère ou les chèques d'assistance sociale qui servent à acheter ces tenues de prestige jetables. À ma question sur les articles de journaux rapportant que des jeunes s'entre-poignardaient pour leurs Air Jordans à 150 dollars, elle a répondu sèchement : « Ça suffit pour battre sa mère... Cent cinquante dollars, c'est beaucoup[8]. »

Les propriétaires de magasins de chaussures comme Steven Roth, d'Essex House of Fashion, éprouvent un certain embarras sachant que les prétendues modes de la rue se jouent pour de vrai dans les avenues postindustrielles de Newark, dans le New Jersey, où leur magasin est situé. « Tout cela me fatigue et m'épuise. Je suis toujours obligé d'affronter cette vérité que je fais de l'argent avec les pauvres. Beaucoup d'entre eux reçoivent l'assistance sociale. Parfois, une mère arrive avec un jeune sale et mal habillé. Mais le jeune veut une paire de chaussures à 120 dollars, et cette mère stupide les lui achète. Je ressens le besoin intérieur de ce jeune – son désir de posséder ces choses et les sentiments qui les accompagnent –, mais ça me fait mal que ça se passe ainsi[9]. »

Il est facile de blâmer les parents qui cèdent, mais ce « profond besoin intérieur » de tenue griffée est devenu si intense qu'il a confondu tout un chacun, des leaders communautaires à la police. Tous s'accordent à dire que les marques comme Nike jouent dans les ghettos un puissant rôle de substituts, et compensent tous les manques, de l'estime de soi à l'histoire culturelle afro-américaine, en passant par le pouvoir politique. Ce qu'ils savent beaucoup moins, c'est comment combler ce besoin de valorisation et d'estime de soi qui n'advient pas nécessairement d'un coup de logo. Il est même risqué d'aborder avec des jeunes le sujet du fétichisme de la marque. Une telle émotion est investie dans les objets de consommation liés à des célébrités, que bien des jeunes prennent toute critique de Nike ou de Tommy comme une attaque personnelle, et comme un acte tout aussi transgressif que le fait d'insulter leur mère devant eux.

Évidemment, Nike a un point de vue différent sur l'attrait que la compagnie exerce sur les jeunes défavorisés. En soutenant les programmes sportifs des Boys and Girls Clubs, en payant pour le repavage de terrains de basket-ball urbains et en transformant une tenue sportive à haute performance en vêtement de mode portable dans la rue, la compagnie prétend envoyer le message que même les jeunes défavorisés ont la possibilité de « *Just Do It* ». Dans ses dossiers de presse et ses publicités, Nike attribue une qualité quasi messianique à son rôle dans les quartiers pauvres : les enfants perturbés accèdent à une plus grande estime de soi, il y a moins de grossesses involontaires et plus d'ambition – tout cela parce que chez Nike, « Nous les voyons comme des athlètes ». Pour Nike, ses Air Jordans à 150 dollars ne sont pas des chaussures, mais une sorte de talisman grâce auquel des enfants pauvres peuvent se sortir du ghetto et améliorer leur existence. Les chaussures magiques de Nike les aideront à voler – comme Michael Jordan.

Un accomplissement remarquable ? Subversif ? Peut-être. Mais on ne peut s'empêcher de songer que l'une des raisons principales pour lesquelles les jeunes Noirs des villes ne peuvent sortir du ghetto qu'en rappant ou en lançant des ballons, c'est que Nike et les autres multinationales renforcent les stéréotypes des jeunes blacks tout en faisant disparaître les emplois. Comme l'affirmaient, dans une lettre à la compagnie, les représentants au Congrès Bernie Sanders et Marcy Kaptur, Nike a joué un rôle essentiel dans l'exode industriel des centres urbains. « Nike a été la première à abandonner les travailleurs du secteur manufacturier des États-Unis et leurs familles… Nike semble croire que les travailleurs des États-Unis méritent d'acheter ses chaussures, mais pas de les fabriquer[10]. »

Si on associe sa stratégie de branding urbaine à ses antécédents d'employeur, Nike cesse tout à fait d'être le sauveur des quartiers pauvres pour se transformer en voleur d'emplois, avant de vous envoyer une paire de baskets trop chères en criant : « Vas-y, cours ! » Eh oui, c'est la seule façon de sortir du ghetto, mon pote. *Just do it.*

C'est du moins ce que croyait Mike Gitelson. Travailleur social à l'Edenwald-Gun Hill Neighborhood Center, dans le Bronx, il était découragé de se rendre compte que le swoosh avait pareil pouvoir de gourou de la motivation personnelle dans les cités, et « écœuré de voir des enfants porter des baskets qu'eux et leurs parents ne pouvaient pas se payer[11] ». Sur les campus universitaires et dans le mouvement ouvrier, les attaques contre Nike étaient alimentées par l'indignation morale, mais Mike Gitelson et ses collègues, eux, se sentaient tout simplement arnaqués. Plutôt que de faire la morale aux enfants quant aux vertus de la frugalité, ils commencèrent à leur raconter comment Nike fabriquait les chaussures qu'ils désiraient si ardemment. Gitelson leur parla des travailleurs indonésiens qui gagnent 2 dollars par jour, leur dit qu'il n'en coûtait à Nike que 5 dollars pour fabriquer des chaussures qu'ils payaient entre 100 et 180 dollars, et leur expliqua que Nike ne fabriquait aucune de ses chaussures aux États-Unis – et qu'en partie pour cette raison, leur parents avaient tant de difficulté à se trouver du travail. « On s'est vraiment mis en colère, dit Gitelson, car ils nous enlèvent tellement d'argent, en s'installant dans d'autres pays et en exploitant les gens encore davantage... Nous voulons que nos enfants voient comment cela les affecte, ici, dans la rue, mais aussi comment ce qui se passe ici, dans la rue, affecte les gens du Sud-Est asiatique. » Son collègue du centre, le travailleur social Leo Johnson, explique le problème dans l'idiome des jeunes. « Eh, mon frère, dit-il au public préadolescent, tu te fais arnaquer si tu craches 100 dollars pour une basket qui en coûte 5 à fabriquer. Si quelqu'un te faisait ça dans la rue, tu vois la scène[12]. »

Si les jeunes du centre étaient fâchés d'apprendre l'existence des sweatshops, ils étaient encore plus furieux que Phil Knight et Michael Jordan les prennent pour des idiots. Ils envoyèrent à Phil Knight 100 lettres pour lui dire combien d'argent ils avaient dépensé pour du matériel Nike au fil des ans – et ce que, d'après eux, Nike leur devait. « Je viens d'acheter une paire de Nike pour 100 dollars, écrivit un jeune. C'est pas bien, ce que vous faites. Un prix plus juste aurait été de 30 dollars. Pourriez-vous, s'il vous plaît, me rembourser 70 dollars ? » Lorsque la compagnie répondit aux jeunes par une lettre type, « c'est à ce moment-là qu'on a bondi et qu'on a commencé à organiser la manifestation », dit Gitelson.

Il fut décidé que la manifestation allait prendre la forme d'un « *shoe-in* » au Nike Town de Fifth Avenue et de Fifty-Seventh Street. La plupart des jeunes du Centre étant des « swooshooliques » invétérés, leurs placards étaient pleins à craquer de vieilles Air Jordans et Air Carnivores qu'ils ne songeraient même plus à porter. Pour rentabiliser ce stock de chaussures obsolètes, ils décidèrent de les rassembler dans des sacs poubelles et de les déverser à la porte du Nike Town.

Quand les cadres de Nike eurent vent qu'une bande de jeunes blacks et latinos du Bronx s'apprêtaient à exprimer publiquement leur mécontentement, les lettres types cessèrent brusquement. Jusque-là, Nike avait répondu à la plupart de ses adversaires en les attaquant comme étant des membres de « groupes marginaux », mais là, c'était différent : si une réaction violente s'enracinait dans les quartiers pauvres, elle pouvait couler la marque dans le centre commercial. Ce qu'exprime Gitelson : « Nos jeunes sont exactement ceux dont dépend Nike pour lancer ses modes, afin que le reste du pays achète ses baskets. Si des adultes blancs de classe moyenne les attaquent, ça peut encore aller. Mais quand des jeunes de couleur commencent à dire du mal de Nike, ça commence à les énerver[13]. »

Les cadres de l'Oregon savaient aussi, sans doute, qu'Edenwald n'était que la partie émergée de l'iceberg. Les deux dernières années, des débats avaient fait rage dans les milieux hip-hop à propos des rappeurs « devenus des putes à étiquettes Nike et Tommy » au lieu de soutenir les compagnies de vêtements blacks, comme FUBU (For Us By Us). Le rapper KRS-One avait l'intention de lancer son Temple du hip-hop, un projet qui promettait d'émanciper la culture jeunesse afro-américaine des labels de disques et de vêtements des Blancs, pour la restituer aux communautés qui les avaient bâties. C'est dans ce contexte que, le 10 septembre 1997 – deux semaines avant la manifestation prévue – Vada Manager, directeur des relations publiques de Nike, arriva de l'Oregon en avion avec un collègue – mesure sans précédent – pour tenter de convaincre le centre que le swoosh était l'ami des cités.

« Il a fait des heures supplémentaires pour nous amener à changer d'avis », dit Gitelson. En vain. Lors de la rencontre, le Centre énonça trois exigences très concrètes :

– Les travailleurs de Nike à l'étranger doivent recevoir un salaire vivable, et une instance de contrôle indépendant doit s'assurer que c'est bien le cas.

– Les baskets Nike doivent être vendues moins cher ici, en Amérique, sans que cela affecte la main-d'œuvre américaine (ni restructurations ni perte d'avantages).

– Nike doit sérieusement réinvestir dans les quartiers pauvres en Amérique, surtout à New York, puisque nous avons fait l'objet d'une grande partie de sa publicité[14].

Gitelson savait que Nike avait peur – mais pas à ce point-là ! Lorsqu'il devint clair que les deux parties se trouvaient dans une impasse, la rencontre se transforma en altercation, et les deux cadres de Nike durent subir un discours de la directrice d'Edenwald, Jessie Collins, comparant les sweatshops asiatiques de la compagnie à son expérience de jeune fille cueillant du coton chez les métayers du Sud. En Alabama, dit-elle à Manager, elle gagnait 2 dollars par jour, comme les Indonésiens. « Et même si beaucoup d'Américains ne peuvent s'identifier à la situation de ces travailleurs, moi, je le peux sans aucun doute[15]. »

Vada Manager revint en vaincu dans l'Oregon et la manifestation se déroula comme prévu, comptant 200 participants de 11 centres communautaires des environs de New York. Les jeunes – la plupart âgés de 11 à 13 ans – sifflèrent, hurlèrent et lancèrent plusieurs sacs-poubelles transparents, remplis de vieilles Nike malodorantes, au pied d'un cordon de gardiens de sécurité spécialement affectés à la protection de la propriété sacrée de Nike. Vada Manager prit à nouveau l'avion pour New York pour limiter les dégâts, mais il n'y pouvait pas grand-chose. Les équipes de télévision locales couvrirent l'événement, de même que l'équipe des nouvelles d'ABC et le *New York Times*.

Pénible coïncidence pour la compagnie, l'article du *Times* parut à côté d'un autre article sur Nike. Soulignant crûment l'urgence de la manifestation, cet article rapportait qu'à Crown Heights, un garçon de 14 ans venait d'être tué par un autre de 15 ans, qui l'avait battu et abandonné sur une voie de métro, alors qu'un train approchait. « D'après la police, l'adolescent est mort à cause de ses baskets et de son bipeur », disait le titre. La marque de ses baskets ? Des Air Jordans. L'article citait la mère du tueur disant que son fils s'était acoquiné avec des gangs pour « avoir des belles choses ». Un ami de la victime expliquait que le fait de porter des vêtements griffés et un téléavertisseur était devenu une façon, pour les jeunes pauvres, de « se sentir importants ».

Les jeunes afro-américains et latinos qui manifestaient devant le Nike Town de Fifth Avenue – entourés de caméras et de passants curieux – se sentaient plutôt importants, eux aussi. En découdre face à face avec Nike s'était révélé plus amusant que de porter des Nike. La caméra de Fox News pointée vers son visage, l'un des jeunes militants – un garçon du Bronx âgé de 13 ans – fixa l'objectif et délivra à Phil Knight un message : « Nike, on a décidé de ton passé. On peut décider de ton avenir. »

Ce qu'il y a peut-être de plus remarquable à propos de la réaction violente à Nike, c'est sa durée. Après quatre bonnes années sous l'œil du public, l'affaire Nike est encore à la une (tout comme, bien sûr, la marque Nike). Bien que la plupart des scandales affectant les grandes sociétés se règlent avec succès par une déclaration de « regrets » et quelques pubs sur papier glacé où l'on voit des enfants heureux jouer sous le logo incriminé, Nike, non. Le rythme des reportages, des études et de la recherche universitaire qui comptabilisent la sueur derrière le swoosh n'a pas ralenti, et les adversaires de Nike dissèquent infatigablement les documents que pond sans trêve le conseil de relations publiques de Nike. Ils sont restés indifférents à la présence de Phil Knight à la commission d'étude sur les sweatshops, mise sur pied par la Maison-Blanche — malgré la précieuse séance de photos officielle, où on le voit debout à côté du président Clinton, à la conférence de presse du Jardin de Roses. Ils ont taillé en pièces le rapport que Nike a commandé à Andrew Young, leader du mouvement des droits civils, reprochant à Young d'avoir complètement éludé la question des salaires de misère dans les usines de Nike, et de s'être servi de l'information fournie par Nike lors de sa visite des usines indonésiennes et vietnamiennes. Quant à une autre étude effectuée par des mercenaires de Nike – un groupe d'étudiants en gestion de Dartmouth qui avaient conclu que les travailleurs du Vietnam menaient la grande vie avec moins de 2 dollars par jour –, tout le monde ou presque l'a ignorée.

Enfin, en mai 1998, Phil Knight sortit de derrière son barrage de relationnistes pour s'adresser directement à ses critiques, à Washington, lors d'une conférence de presse. Il commença par dire qu'il avait été dépeint comme un « escroc commercial, le parfait méchant businessman de notre époque ». Il reconnut que ses chaussures étaient « devenues synonymes de salaires d'esclaves, d'heures supplémentaires obligatoires et de mauvais traitements ». Puis, il claironna un plan d'amélioration des conditions de vie en Asie. Il présenta certaines nouvelles réglementations sévères sur la qualité de l'air dans les usines et l'usage de produits chimiques à base de pétrole. Il promit de fournir des formations dans certaines usines indonésiennes et de n'embaucher aucune personne de moins de 18 ans. Mais le plan ne prévoyait encore rien de substantiel concernant un contrôle indépendant des usines, non plus que l'augmentation du salaire des travailleurs. Knight promit toutefois que les entrepreneurs de Nike ne pourraient plus faire appel au gouvernement indonésien pour qu'il les autorise à payer les travailleurs en deçà du salaire minimum.

Ce n'était pas suffisant. Ce même mois de septembre, Global Exchange, de San Francisco, groupe de défense des droits de l'homme et l'un des critiques les plus virulents de la compagnie, publia un rapport alarmant sur le statut des travailleurs indonésiens de Nike au sein de la crise économique et politique du pays. « Même si les travailleurs qui produisent des chaussures Nike recevaient déjà un faible salaire avant que leur monnaie, la roupie, ne commence à s'effondrer à la fin de 1997, la valeur en dollars de leur salaire est tombée de 2,47 dollars par jour en 1997, à 89 cents par jour en 1998. » Pendant ce temps, faisait remarquer le rapport, avec la montée en flèche du prix des matières premières, les travailleurs « estimaient que le coût de la vie avait augmenté pour eux de 100 à 300 pour cent[16] ». Global Exchange réclama de Nike qu'elle doublât les salaires de sa main-d'œuvre indonésienne, exercice qui allait lui coûter 20 millions de dollars par année – le montant annuel exact que reçoit Michael Jordan pour son soutien à la compagnie.

Évidemment, Nike ne doubla pas les salaires, mais trois semaines plus tard, elle accorda effectivement à 30 pour cent de la main-d'œuvre indonésienne une augmentation de 25 pour cent[17]. Cela ne suffit pas à faire taire les foules devant les supermagasins, et, cinq mois plus tard, Nike intervint à nouveau, cette fois avec ce que Maria Eitel, vice-présidente, responsabilité commerciale, appela « un ambitieux programme de responsabilité commerciale chez Nike[18] ». Au 1er avril 1999, les travailleurs obtiendraient une nouvelle augmentation de 6 pour cent. La compagnie avait également ouvert une usine au Vietnam, près de Ho Chi Minh City, au contrôle indépendant qui trouva que les conditions de santé et de sécurité s'étaient beaucoup améliorées. Dara O'Rourke, de l'Université de Californie à Berkeley, rapporta que les usines « avaient procédé, au cours des 18 derniers mois, à d'importants changements qui semblaient avoir réduit de façon conséquente l'exposition des travailleurs à des solvants toxiques, à des adhésifs et autres produits chimiques ». Ce rapport était remarquable dans la mesure où l'inspection d'O'Rourke était véritablement indépendante : en fait, moins de deux ans plus tôt, il avait provoqué la fureur de la compagnie en dévoilant à la presse une étude menée par Ernst & Young qui montrait que Nike violait sciemment bon nombre des droits des travailleurs de cette même usine.

Les découvertes d'O'Rourke n'étaient pas si rassurantes. Restaient encore de persistants problèmes de qualité de l'air, de surchauffe et d'équipement de sécurité – et il n'avait visité qu'une seule usine[19]. L'augmentation de salaire de 6 pour cent, tant annoncée, laissait quant à elle encore beaucoup à désirer ; elle équivalait à une augmentation de 1 pour cent l'heure et, avec l'inflation et la fluctuation, ne portait les chèques de paie de Nike qu'à environ la moitié de la valeur qu'ils représentaient avant la crise économique. Malgré tout, il s'agissait là de gestes importants venant d'une compagnie qui, deux ans plus tôt, jouait au consommateur mondial impuissant, prétendant que seuls les entrepreneurs avaient l'autorité nécessaire pour fixer les salaires et les règles.

La détermination des militants anti-Nike face à la vaste campagne de relations publiques de la compagnie est la preuve convaincante que le marketing envahissant, associé à l'abandon des travailleurs, paraît totalement injuste et insoutenable à des gens de milieux très différents. En outre, si nombre d'entre eux ne veulent pas laisser tomber l'affaire Nike, c'est pour la simple raison que cette association est devenue normale dans le monde du capitalisme à tout prix. Quelque part dans la psyché publique, il semble au contraire y avoir une envie – une envie *véritable* – de frapper dans les tibias de la compagnie de matériel sportif la plus machiste et la plus extrémiste de toutes. Les critiques de Nike ont montré qu'ils refusent que cette affaire soit étouffée par un rassurant discours d'attachés de presse ; ils veulent qu'elle se déroule ouvertement, et pouvoir garder l'œil dessus.

Pour une large part, c'est parce que les adversaires de Nike savent que les scandales relatifs aux sweatshops de la compagnie ne résultent pas d'une série d'accidents aberrants : leurs reproches, ils le savent, s'appliquent à toutes les compagnies de chaussures de marque qui sous-traitent à un labyrinthe mondial de firmes. Mais plutôt que de tirer avantage de cet argument, Nike – en tant que leader du marché – est devenu le paratonnerre de ce ressentiment général. On en a fait l'affaire clé des extrémistes de l'économie mondiale actuelle : les disparités entre ceux qui profitent du succès de Nike et ceux qu'elle exploite sont si flagrantes que même un enfant pourrait trouver l'erreur et, en effet (comme nous le verrons dans le prochain chapitre), ce sont les enfants et les adolescents qui le font le plus volontiers.

Alors, à quand le boycott total des produits Nike ? Pas de sitôt, apparemment. Un survol rapide de toute ville du monde indique que le swoosh est encore omniprésent. Certains sportifs se le tatouent encore sur le nombril, et une foule de collégiens se parent encore de la tenue convoitée. En même temps, il ne fait aucun doute que les millions de dollars que Nike a épargnés en frais de main-d'œuvre, pendant des années, commencent à lui coûter cher. « Nous ne pensions pas que la situation de Nike était aussi mauvaise », dit Tim Finucane, l'analyste financier de Nikko au *Wall Street Journal* en mars 1998[20]. Wall Street n'avait vraiment pas d'autre choix que de se retourner contre la compagnie qui avait été sa favorite pendant tant d'années. Même si l'effondrement des monnaies a notamment réduit des trois quarts les coûts de la main-d'œuvre de Nike en Indonésie, la compagnie s'en ressentait encore. Les profits de Nike étaient à la baisse, les commandes aussi, le cours de l'action était *fortement* à la baisse et, après une croissance annuelle moyenne de 34 pour cent depuis 1995, les gains trimestriels chutaient brutalement de 70 pour cent. Dès le troisième trimestre, qui se termina en février 1999, les profits de Nike étaient revenus à 70 pour cent – mais selon la compagnie elle-même, cette remontée n'était pas le résultat d'une reprise des ventes, mais plutôt d'une décision de Nike de réduire emplois et contrats. En fait, les revenus et futures commandes de Nike étaient à la baisse en 1999, pour la deuxième année consécutive[21].

Nike rejeta le blâme de ses problèmes financiers sur tout *sauf* sur la campagne de défense des droits de l'homme. La crise de la monnaie asiatique, telle était la raison pour laquelle les Nike ne se vendaient pas bien au Japon et en Corée du Sud ; ou bien c'était parce que les Américains achetaient des « souliers bruns » (des chaussures de marche et de randonnée), par opposition aux grosses baskets blanches. Mais l'excuse du soulier brun sonnait faux. Nike fabrique beaucoup de souliers bruns – elle a une gamme de chaussures de randonnée, et possède Cole Haan (et a récemment épargné des millions de dollars en fermant l'usine Cole Haan à Portland, dans le Maine, pour déplacer la production au Mexique et au Brésil[22]). Mais surtout, Adidas a effectué un retour gigantesque, l'année même où Nike était en chute libre. Au cours du trimestre où Nike a coulé, les ventes d'Adidas étaient en progression de 42 pour cent, revenu net, de 48 pour cent, pour atteindre 255 millions, et le cours de son action avait triplé en deux ans. La compagnie allemande, comme nous l'avons vu, a transformé le cours de son destin en imitant la structure de production de Nike et en clonant ou presque son approche du marketing et du sponsoring (dont nous examinerons les conséquences dans le chapitre 18). En 1997-1998, Adidas a même revu la conception de ses chaussures de basket-ball de façon à ce qu'elles ressemblent tout à fait à des Nike : grosses, blanches et ultra high-tech. Mais à la différence des Nike, elles se sont vendues rapidement. Exit la théorie du soulier brun.

Au cours des années, Nike a essayé des dizaines de tactiques pour faire taire ses critiques, mais la plus ironique, jusqu'ici, fut la tentative désespérée de la compagnie de se cacher derrière son produit. « Nous ne sommes pas des militants politiques. Nous sommes un fabricant de chaussures », déclara Donna Gibbs, porte-parole de Nike, quand le scandale des sweatshops éclata[23]. Un fabricant de chaussures ? Quelle expression, de la part d'une compagnie qui avait pris la décision sérieuse, au milieu des années 1980, de ne pas s'occuper de trucs physiques, comme des chaussures – et certainement pas d'une chose aussi triviale que leur fabrication. Nike a voulu s'associer au sport, nous a dit Knight, elle a voulu s'associer à l'idée du sport, puis à l'idée de la transcendance par le sport ; puis à la valorisation de soi, aux droits des femmes, à l'égalité raciale. Elle a voulu que ses magasins soient des temples, ses annonces une religion, ses clients un peuple, ses travailleurs une tribu. Après nous avoir tous emmenés faire un tour avec sa marque, se retourner et dire « Ne nous montrez pas du doigt, nous ne sommes que des fabricants de chaussures », cela sonne un tantinet léger.

Nike a été la plus gonflée des marques ballons, et plus elle a grossi, plus fort elle a éclaté.

LA COQUILLE : LA LUTTE POUR LES GRANDS ESPACES

En Amérique du Nord, Nike a été à l'avant-garde du mouvement politique balbutiant qui vise le pouvoir des multinationales, mais en Grande-Bretagne, en Allemagne et aux Pays-Bas, ce douteux honneur appartient à la Royal Dutch/Shell.

Tout commença en février 1995, lorsque Shell entreprit de se débarrasser d'une plate-forme de stockage de pétrole rouillée et désuète, appelée Brent Spar, en l'envoyant par le fond dans l'Atlantique, à 240 kilomètres de la côte écossaise. Le groupe écologiste Greenpeace s'opposait à ce plan, prétendant que la plate-forme de 7 250 tonnes métriques devait être remorquée vers la côte, où la boue de pétrole pouvait être contenue et les pièces de la plate-forme, recyclées. Shell objecta que l'élimination au sol était dangereuse, pour ne pas dire impossible. Le 30 avril, alors même que Shell commençait à remorquer la plate-forme vers son cimetière aquatique, un groupe d'activistes de Greenpeace se présenta en hélicoptère avec l'intention d'atterrir sur la Brent Spar. Shell éloigna l'appareil avec des canons à eau, mais l'épisode fut filmé sur vidéo, et les images envoyées par satellite à des stations de télévision du monde entier.

C'était typique de Greenpeace, militant télévisuel de toujours. Mais l'impact de ces images de la Brent Spar sur le public européen prit même Greenpeace par surprise. Avant l'incident de la Brent Spar, l'association vacillait au bord de l'obsolescence – au lendemain de la récession, elle avait fait l'objet de virulentes critiques et semblait bafouiller, et elle avait même perdu de sa crédibilité en raison de divisions internes, de politiques financières et de tactiques discutables. Lorsque le groupe décida de lancer une campagne contre le coulage de la Brent Spar, il ignorait complètement que cette question plutôt ésotérique deviendrait une cause célèbre. Robin Grove-White, président de Greenpeace U.K. , l'avoue volontiers : « Personne, et certainement pas les gens de Greenpeace, n'anticipait d'ondes de choc profondes et continuelles[24]. »

À la différence du désastre écologique provoqué par le déversement pétrolier de l'*Exxon Valdez*, quatre ans plus tôt (cas évident de négligence impliquant un capitaine ivre), Shell ne faisait rien d'illégal. Le plan avait reçu l'entière approbation des conservateurs au pouvoir de John Major, et le coulage était devenu une façon normale de se débarrasser des vieilles plates-formes. Il n'était même pas sûr que le plan alternatif de démantèlement au sol, proposé par Greenpeace, eût été plus sain, du point de vue écologique, que le naufrage en haute mer proposé par Shell. Mais l'image qu'en donna Greenpeace

– celle d'un créateur de pollution, monstrueux, géant et rouillé, qui chassait les gentils militants verts vrombissant autour de lui comme des moustiques acharnés – captiva l'attention du public et lui donna une occasion opportune et unique de s'arrêter pour réfléchir à la proposition. Et pour une grande part du public, si Shell voulait couler son monstre de métal et de boue, c'était parce que la société la plus rentable du monde était trop près de ses sous pour trouver une meilleure façon de se débarrasser de ses rebuts. Ce point de vue fut renforcé par une étude accablante qui révéla que le démantèlement au sol de la Brent Spar coûterait à Shell 70 millions de dollars, alors que le coulage ne lui en coûterait que 16. Venant d'une compagnie pesant 128 milliards, cet apparent esprit d'épargne n'impressionna nullement le simple acheteur d'essence.

Les gestes de Shell étaient légaux, mais ceux de Greenpeace ne semblaient pas tout à fait déplacés. Aux yeux de bien des Européens, Shell avait un tort moral. Des milliers de personnes manifestèrent devant ses stations d'essence et, en Allemagne, le bureau Shell communiqua une baisse des ventes de 20 à 50 pour cent après le début du scandale – « le pire que nous ayons vécu », dit le patron allemand de la multinationale, Peter Duncan[25]. Une bombe incendiaire explosa dans une station Shell de Hambourg (« Ne coulez pas la plate-forme pétrolière Brent Spar », menaçait un message laissé sur place) et, devant une station de Francfort, des coups de feu furent tirés d'une auto. (Personne ne fut blessé.) Le boycott officieux se répandit également à travers la Grande-Bretagne, jusqu'au Danemark, en Autriche et en Hollande.

Quatre mois après le début des manifestations, le 20 juin 1995, il se produisit un événement sans précédent : Shell céda. Elle allait dépenser les millions supplémentaires pour remorquer la plate-forme jusqu'en Norvège et la démanteler au sol. Selon le *Wall Street Journal*, ce fut un « virage humiliant et pénible[26] ». Grove-White exprime l'étendue de la victoire dans l'affaire de la Brent Spar : « Pour la première fois, un groupe écologiste avait catalysé l'opinion internationale de façon à susciter le genre de changement de politique qui ébranlait la base même de l'autorité dirigeante. Ne fût-ce que brièvement, le monde marcha la tête à l'envers – les règles avaient été réécrites[27]. »

Avant le lancement de la campagne de la Brent Spar, il y avait eu des débats, au sein de Greenpeace, pour savoir si le groupe pouvait traiter le démantèlement d'un vieux monstre industriel de ferraille comme une question mobilisatrice et propice aux médias. Giys Thieme, militant de la campagne Greenpeace en Hollande, se rappelle les préoccupations de l'organisation : « Ce n'était pas une campagne sur le pétrole, ni sur l'atmosphère, ni sur le chlore[28]. » Ni une lutte pour sauver le poisson, les baleines, ou même de mignons bébés phoques. La Brent Spar représentait l'idée de préserver un espace intact, tout comme les manifestations contre la coupe à blanc dans le détroit de Clayoquot, en Colombie-Britannique, un an plus tôt, avaient concerné la protection de l'une des rares portions de la forêt vierge ancienne. L'enjeu de l'affaire Clayoquot, c'était la biodiversité, mais aussi la préservation de l'idée d'étendue sauvage ; celui de la Brent Spar était analogue. Même si Greenpeace faisait état d'études scientifiques relatives à l'éventuel impact écologique de la plate-forme pétrolière sur le fond océanique (renfermant certains mensonges), la lutte ne touchait pas tant la protection de l'environnement, au sens traditionnel, que le besoin d'empêcher qu'on fasse du fond de l'Atlantique une décharge à ferraille. Les plans de Shell d'enterrer le monstre dans les profondeurs marines trouvaient un écho dans la psyché de l'opinion mondiale : on tenait la preuve que si on laissait faire les multinationales, il ne resterait plus de grands espaces sur la planète – même les profondeurs de l'océan, la dernière grande étendue sauvage, seraient colonisées.

Shell, le gouvernement britannique et une grande partie de la presse financière soulignèrent que cette réaction était tout à fait irrationnelle. « La science recule devant les péquenauds », titra le *Wall Street Journal*, tandis que *The Economist* déclarait « Une défaite dans la prise de décision rationnelle ». D'un certain point de vue, ils avaient raison. Ce concept de protection de l'inconnu – sans aucune raison empirique à court terme, sinon le réconfort de le savoir là – était inerte, mais également puissant. Comme l'écrivit la chroniqueuse Suzanne Moore du *Guardian*, la Brent Spar avait au moins autant à voir avec le mysticisme qu'avec la science : « Dans les profondeurs rôdent d'étranges espèces et, même si nous ne les verrons jamais, nous sentons dans nos cœurs qu'il faut les laisser tranquilles. Pourquoi devraient-elles partager les grandes profondeurs ténébreuses avec les morceaux d'une plate-forme pétrolière démembrée[29] ? »

La leçon que tira Greenpeace de la victoire de la Brent Spar, écrit Grove-White, avait à voir avec le caractère sacré des

« territoires communs mondiaux » – endroits qui ne figurent sur aucune carte, ne sont propriété d'aucune entreprise privée et, par conséquent, appartiennent à tout le monde. L'association apprit une autre leçon, quelque chose que les militants anti-Nike ont également découvert : le fait de s'attaquer à une riche multinationale omniprésente est à la fin des années 1990 ce que la cause des baleines était à la fin des années 1980. Une conclusion populiste et populaire, et qui suffit à ramener Greenpeace du seuil de la mort. Après l'affaire de la Brent Spar, l'association reçut une avalanche d'inscriptions et de fonds et, ainsi que le rapporta le *Guardian*, on lui légua même des propriétés. « Une femme avait téléphoné pour dire qu'elle avait modifié son testament. "Laisse tous ses biens à Greenpeace", dit la note. Veut que nous achetions "un radeau pneumatique pour couler Shell[30]". ». Dans son autopsie de l'affaire de la Brent Spar, *The Wall Street Journal* faisait remarquer d'un ton grave que, dans le climat actuel, « la guerre économique est peut-être la meilleure façon de mener la guerre écologique[31] ».

La capitulation de Shell donna également aux activistes une autre leçon. Après avoir échoué à défendre la pertinence et le caractère inévitable du plan originel de Shell, le premier ministre John Major finit par avoir l'air d'un chien-chien d'entreprise – et encore, un chien-chien pas très apprécié. Lorsque Shell changea d'attitude, Major ne put que murmurer que les cadres étaient des « mous » pour avoir cédé à la pression de l'opinion. Sa position fut à ce point compromise qu'elle a peut-être joué un rôle dans sa décision, seulement deux jours après le virage de Shell, de démissionner en tant que chef du Parti conservateur et de se plier à un vote sur son leadership. Ainsi, la Brent Spar prouva que les sociétés, et même une compagnie notoirement méfiante et hermétique comme la Royal Dutch/Shell, sont parfois aussi vulnérables à la pression de l'opinion que les gouvernements démocratiquement élus (et même davantage).

La leçon s'avéra particulièrement pertinente lors du défi suivant que dut affronter Shell – l'attention du monde se focalisa sur le rôle de la multinationale dans la dévastation du Nigeria, sous la protection du gouvernement corrompu de feu le général Sani Abacha. Si le général n'était pas vulnérable aux pressions, Shell l'était sûrement.

448

Depuis les années 1950, Shell Nigeria a extrait pour 30 milliards de dollars de pétrole du sol du peuple ogoni, dans le delta du Niger. Le revenu pétrolier constitue 80 pour cent de l'économie nigériane – 10 milliards annuellement, dont plus de la moitié proviennent de Shell. Cependant, non seulement les Ogonis ont été privés des profits tirés de leurs richesses naturelles, mais beaucoup vivent encore sans eau courante ni électricité, et leur sol et leur eau ont été empoisonnés par des pipelines à ciel ouvert, des déversements pétroliers et des incendies.

Mené par l'écrivain et candidat au prix Nobel Ken Saro-Wiwa, le Movement for the Survival of the Ogoni People (MOSOP) fit campagne en faveur de la réforme, et exigea une compensation de Shell. En réaction, et afin que les profits du pétrole continuent d'affluer dans les coffres du gouvernement, le général Sani Abacha dirigea l'armée nigériane contre les Ogonis. Elle en tua et en tortura par milliers. Les Ogonis ont non seulement blâmé Abacha pour les attaques, mais ils ont également accusé Shell de traiter les soldats nigérians comme une milice privée, la payant pour écraser une manifestation paisible en sol ogoni, outre le soutien financier et la légitimité qu'elle apportait au régime Abacha.

En 1993, devant les protestations croissantes au Nigeria, Shell se retira du sol ogoni – décision qui ne fit qu'amplifier la pression sur les militaires afin de se débarrasser de la menace ogonie. Une note de service dévoilée à la presse, provenant du chef de la force de sécurité interne de l'armée nigériane de l'État de Rivers, était plutôt explicite : « Les opérations de Shell sont impossibles à moins que l'on entreprenne d'impitoyables opérations militaires pour que des activités économiques puissent recommencer sans problème. [...] Recommandations : Des opérations de suppression durant des rassemblements du MOSO et autres, pour rendre justifiable une présence militaire constante. Élimination de cibles dans des communautés et de noyaux de leadership, en particulier les porte-parole de divers groupes[32]. »

Le 10 mai 1994 – cinq jours après la note de service – Ken Saro-Wiwa déclara : « C'est fini. Ils [l'armée nigériane] vont tous nous arrêter et nous exécuter. Tout ça pour Shell[33]. » Douze jours plus tard, il fut arrêté et condamné pour meurtre. Avant de recevoir sa sentence, Saro-Wiwa déclara au tribunal : « Mes collègues et moi ne sommes pas les seuls en procès. Shell est ici en procès. [...] En effet, la compagnie a évité ce procès-ci, mais son jour viendra sûrement. » Puis, le 10 novembre 1995 – en dépit des pressions de la communauté internationale, dont les gouvernements canadien et australien et, à un degré moindre, les gouvernements allemand et français – le régime militaire nigérian exécuta Saro-Wiwa en même temps que huit autres leaders ogonis qui avaient manifesté contre Shell. L'incident prit des proportions internationales et, une fois de plus, des gens manifestèrent devant les stations Shell, boycottant massivement la compagnie. À San Francisco, des militants de Greenpeace mirent en scène une reconstitution du meurtre de Saro-Wiwa, la corde fixée à une imposante enseigne de Shell (voir image, page 428).

Comme l'a dit John Jordan, de Reclaim the Streets, à propos des multinationales : « Sans le vouloir, elles nous ont aidés à envisager tout le problème comme un seul système. » Et ce système interrelié se trouvait maintenant en action : Shell, désireuse de couler une monstrueuse plate-forme pétrolière au large de l'Angleterre, fut simultanément mêlée à une débâcle relative aux droits de l'homme au Nigeria, la même année où elle mit des travailleurs à pied (malgré d'immenses profits), tout cela pour remplir les réservoirs d'essence des Londoniens – la question même qui avait permis de lancer Reclaim the Streets. Parce que Ken Saro-Wiwa était poète et dramaturge, son cas fut également revendiqué par le PEN Club, association internationale vouée à la défense de la liberté d'expression. Des écrivains, notamment le dramaturge anglais Harold Pinter et la romancière et prix Nobel Nadine Gordimer, soutinrent la cause du droit de Saro-Wiwa à l'expression de ses opinions contre Shell, et firent de son cas l'affaire de liberté d'expression la plus célèbre depuis que le gouvernement iranien avait déclaré une *fatwa* contre Salman Rushdie, mettant sa tête à prix. Dans un article pour le *New York Times*, Gordimer écrivit qu'« acheter du pétrole du Nigeria dans les conditions qui prévalent, c'est acheter du pétrole au prix du sang. Le sang des autres ; en soutenant la peine de mort contre des Nigérians[34] ».

La convergence de problèmes de justice sociale, de travail et d'environnement lors des deux affaires Shell n'était pas une coïncidence – elle va au cœur même de l'esprit émergent de l'activisme mondial. Ken Saro-Wiwa fut tué pour avoir lutté pour la protection de son environnement, mais un environnement qui englobait bien davantage que le paysage ravagé et dévasté par l'invasion du delta par Shell. Le mauvais traitement du territoire ogoni par Shell est une question à la fois écologique et sociale, car les compagnies exploitant des ressources naturelles abaissent leurs normes de façon notable lorsqu'elles procèdent à des forages et à l'exploitation minière dans le Tiers-Monde. Les adversaires de Shell aiment à tracer des parallèles entre le comportement de la compagnie au Nigeria, sa collaboration passée avec l'ancien gouvernement d'apartheid en Afrique du Sud, sa présence continue dans le Timor oriental occupé par l'Indonésie, et ses violents affrontements avec le peuple nahua, en Amazonie péruvienne – ainsi que son impasse avec le peuple u'wa des Andes colombiennes, qui, en janvier 1997, menaça de se suicider collectivement si Shell réalisait ses plans de forage.

Pour Saro-Wiwa, la problématique des libertés civiles allait de pair avec celle de l'antiracisme ; l'anticapitalisme, l'écologisme ; l'écologie, les droits du travail. Le brillant logo jaune et bulbeux de Shell – le Goliath de Saro-Wiwa – devint un ennemi commun pour tous les citoyens conscients, dans la mesure où les gouvernements du monde entier durent mettre la question à l'ordre du jour de leur agenda international. Le PEN protesta contre Shell, tout comme le service des campagnes de The Body Shop, les actionnaires militants de Shell qui inscrivirent l'épreuve des Ogonis au programme de trois assemblées annuelles consécutives, et des milliers et des milliers d'autres. En juin 1998, Owens Wiwa, le frère de Ken, écrivait ceci à propos de la situation de la compagnie : « Depuis des siècles, les grandes sociétés déclarent d'immenses profits provenant de pratiques malsaines telles le trafic transatlantique d'esclaves, le colonialisme, l'apartheid et les dictatures aux pratiques génocides. Elles s'en sont souvent tirées avec leur butin, laissant les gouvernements s'excuser. Dans le cas présent, au crépuscule du XXe siècle, Shell s'est fait prendre dans le triangle de la destruction des écosystèmes, de l'outrage aux droits de l'homme et de la situation sanitaire du peuple ogoni. Les excuses ne suffiront pas. Nous revendiquons la purification de notre sol, de notre eau et de notre air ; une compensation adéquate, juste et équitable pour (a) les torts causés à l'environnement, (b) les outrages aux droits de l'homme causés directement et indirectement par les activités de Shell et (c) les impacts préjudiciables de leurs actions sur la santé des gens[35]. »

À entendre Shell, ces réparations sont déjà en cours. « Shell continue d'investir dans des projets communautaires et écologiques au Nigeria, m'a déclaré R. B. Blakely, porte-parole de Shell Canada. L'an dernier, Shell a dépensé 20 millions pour établir des hôpitaux, des écoles, des programmes éducatifs et des bourses d'études. » (Le MOSOP évalue plutôt le montant à 9 millions de dollars, et dit que seule une fraction du montant a été dépensée en territoire ogoni.) Selon Blakely, la compagnie a également révisé ses « principes de déclaration d'entreprise. Ces principes, notamment la performance écologique de la compagnie, de même que ses responsabilités envers les communautés dans lesquelles nous opérons, s'appliquent à toutes les filiales du Groupe Shell, dans le monde entier[36] ».

Pour arriver à ces principes, Shell s'est livrée à l'examen en profondeur de sa psyché d'entreprise et s'est déconstruite jusqu'à la bouillie, au fil de groupes de discussion. Elle a fait passer ses employés par une sorte de camp d'entraînement de consultants *New Age*, qui a engendré des comportements d'un ridicule achevé de la part d'une firme aussi prestigieuse et ancienne. Au nom de sa réinvention, des cadres de Shell, selon le magazine *Fortune*, « se sont aidés mutuellement à grimper des murs sous la pluie hollandaise glaçante. Ils ont creusé des excavations pour des projets de HLM et se sont filmés en train de marcher les yeux bandés. Ils se sont chronométrés pour découvrir s'ils avaient une valeur quelconque. Ils ont même subi des tests de personnalité Myers-Briggs pour voir qui convient à la nouvelle Shell et qui ne convient pas[37] ».

Une partie de la révision d'image de Shell a impliqué le fait de rejoindre la communauté noire d'Europe et d'Amérique du Nord, stratégie qui a créé d'amères divisions dans des quartiers pauvres qui cherchent désespérément des fonds mais se méfient des motifs de Shell. C'est ainsi qu'en août 1997, le conseil scolaire d'Oakland, en Californie, a chaudement débattu, du point de vue de l'éthique, du fait d'accepter un don de deux millions de dollars de Shell – 100 000 dollars en bourses et le reste pour la création d'une académie Shell de formation des jeunes. Oakland comptant une forte population d'Afro-Américains qui comprend des Nigérians exilés, le débat fut déchirant. « Les enfants du Nigeria n'ont pas la chance de recevoir une bourse de Shell, déclara Tunde Okorodudu, parent et militant pour la démocratie au Nigeria. Nous avons vraiment besoin d'argent pour les enfants, mais nous ne voulons pas d'argent taché de sang[38]. » Après des mois d'impasse, le conseil (à l'instar de celui de Portland qui s'était demandé s'il fallait ou non accepter la donation de Nike) finit par accepter l'argent.

Mais même si la nouvelle société Shell se fait zen, se lançant des termes de gestion à la mode, tels que « nouveau paradigme éthique », « agents de changement », « troisième dernière ligne du bilan », et « économie d'actionnaires », et même lorsque Shell Nigeria parle de « panser les blessures », l'entreprise Shell des origines demeure[39]. Bien qu'elle n'ait pas encore réussi à retourner en territoire ogoni, Shell continue d'opérer dans d'autres parties du détroit du Niger, et à l'automne de 1998, des tensions éclatèrent encore dans la région à propos de problèmes récurrents : communautés se plaignant de terres polluées, de pêcheries dévastées, de feux et d'éclairs de gaz, et d'énormes profits pompés dans leur territoire riche en pétrole quand le peuple continuait de vivre dans la misère. « Si vous allez dans les stations de pompage, vous voyez qu'elles sont très bien équipées, avec toutes les installations modernes. Et dans le village voisin, il n'y a ni eau potable ni nourriture. C'est toute l'explication », rapportait Paul Orieware, politicien local[40]. Seulement, cette fois, Shell affrontait des ennemis beaucoup moins engagés dans la non-violence que les Ogonis. En octobre, des manifestants nigérians saisirent deux hélicoptères de Shell, neuf de ses stations de relais ainsi qu'une tour de forage, mettant fin, selon l'Associated Press, « au transfert de quelque 250 000 barils de brut par jour[41] ». D'autres stations Shell furent prises d'assaut et occupées en mars 1999. Shell nia tout méfait et attribua la violence à des conflits ethniques.

LES ARCHES : QUESTION DE CHOIX

En même temps qu'éclataient les campagnes anti-Shell, le procès McLibel, déjà inscrit au rôle depuis quelques années, était en train de prendre une dimension internationale. En juin 1995, le procès fêtait son premier anniversaire en cour, quand les deux défendeurs, Helen Steel et Dave Morris, organisèrent une conférence de presse devant le palais de justice de Londres. Ils annoncèrent que McDonald's (qui les avait poursuivis pour libelle) avait proposé un règlement à l'amiable.

La compagnie offrirait une donation en argent à une cause choisie par Steel et Morris, si les deux écologistes en procès cessaient de critiquer McDonald's ; et tout irait bien qui finirait bien.

Steel et Morris se permirent de refuser l'offre. Ils ne voyaient aucune raison de céder. Le procès, intenté dans le but d'enrayer le raz-de-marée de publicité négative – et de bâillonner et de mettre Steel et Morris en faillite – s'était soldé pour McDonald's par un désastre douteux en termes de relations publiques. Il avait fait presque autant que la maladie de la vache folle pour la promotion du végétarisme, et certainement davantage que toute campage de syndicalisation pour soulever la question des conditions de travail dans le secteur des McJobs, tout en déclenchant, sur la censure commerciale, un débat plus approfondi que toute autre affaire récente relative à la liberté d'expression.

Le dépliant en cause fut publié pour la première fois en 1986 par Greenpeace Londres, branche dissidente de Greenpeace International (que les irréductibles Londoniens estimaient trop centralisé et trop tiède à leur goût). Il constituait l'un des premiers exemples d'intégration de l'ensemble des problèmes sociaux : l'épuisement des forêts tropicales (pour l'élevage du bétail), la pauvreté dans le Tiers-Monde (en relation avec l'expulsion des paysans de leurs fermes et leur remplacement par des cultures destinées à l'exportation dans le cadre des besoins en bétail de McDonald's), la cruauté envers les animaux (le traitement du bétail), la production de déchets (l'invasion de l'emballage jetable), la santé (les aliments gras et frits), les mauvaises conditions de travail (la politique des salaires faibles et le démantèlement des syndicats dans le secteur des McJobs) et la publicité fondée sur l'exploitation (des enfants cœur de cible chez McDonald's).

Mais en vérité, le McLibel ne concerna jamais le contenu intrinsèque du dépliant. À bien des égards, la charge menée contre McDonald's fut moins lourde que celles qui affectèrent Nike et Shell, ces deux dernières étant étayées par des preuves irréfutables de leurs exactions humanitaires à grande échelle. Pour ce qui est de McDonald's, les preuves étaient moins solides et, sous certains rapports, les questions étaient plus anciennes. À la fin des années 1980, le débat concernant les fast-food producteurs de déchets avait atteint son apogée, et la campagne de Greenpeace Londres contre la compagnie défendait ouvertement le point de vue du végétarisme, qui considère que la viande est issue du meurtre : le postulat se défend, mais il n'est susceptible de recueillir que des appuis politiques limités. Ce qui fit décoller la campagne McLibel et lui donna l'amplitude de celles qui visaient Nike et Shell, ce n'était pas ce que la chaîne de fast-food avait fait aux vaches, aux forêts ni même à ses propres employés. Le mouvement McLibel prit son envol à cause de l'attitude qu'adopta McDonald's à l'égard d'Helen Steel et de Dave Morris.

Franny Armstrong, réalisatrice d'un documentaire sur le procès, souligne que la loi britannique sur le libelle fut modifiée en 1993 « afin que les organismes gouvernementaux, tels que les assemblées locales, ne puissent plus poursuivre pour libelle. La mesure avait pour objet de protéger le droit des individus à critiquer les corps publics. Les multinationales acquérant de plus en plus vite davantage de pouvoir que les gouvernements – et sans contrepartie de responsabilité –, les mêmes règles ne devraient-elles pas s'appliquer ? Avec des budgets publicitaires qui se chiffrent en milliards de dollars, elles peuvent se passer de la loi pour faire entendre leur point de vue[42] ». Autrement dit, pour nombre de ses partisans, l'affaire Steel et Morris concernait moins les mérites du fast-food que le besoin de protéger la liberté d'expression dans un climat de contrôle accru de la part des grandes sociétés. Si l'affaire de la Brent Spar renvoyait à la question de la privatisation de l'espace et l'affaire Nike à celle de l'aggravation du chômage, le McLibel concernait la limitation du droit d'expression – c'était une affaire de censure commerciale.

Lorsque McDonald's assigna en justice cinq activistes de Greenpeace, en 1990, pour répondre du contenu du dépliant désormais célèbre, trois d'entre eux firent ce que feraient la plupart des gens s'ils étaient confrontés à la perspective de s'opposer à une société pesant 11 milliards de dollars : ils présentèrent leurs excuses. La compagnie avait longtemps utilisé cette stratégie avec succès. Selon *The Guardian* : « Au cours des 15 dernières années, McDonald's a menacé de poursuites juridiques plus de 90 organisations du Royaume-Uni, y compris la BBC, Channel 4, *The Guardian*, *The Sun*, le Congrès des syndicats écossais, le New Leaf Tea Shop, des journaux étudiants et une troupe de théâtre pour enfants. Même le prince Philip reçut une lettre très claire. Tous reculèrent et beaucoup s'excusèrent formellement devant le tribunal[43]. »

Mais Helen Steel et Dave Morris firent un tout autre choix. Ils se servirent du procès pour lancer une expérience de sept ans consistant à promener les arches dorées à travers l'économie mondiale. Pendant 313 journées en cour – le plus long procès de l'histoire de l'Angleterre –, un postier au chômage (Morris) et une jardinière engagée dans le travail communautaire (Steel) partirent en guerre contre les cadres supérieurs du plus grand empire alimentaire du monde.

Tout au long du procès, Steel et Morris argumentèrent méticuleusement sur les affirmations du tract, une à une, à l'aide d'experts nutritionnistes et environnementaux et en prenant appui sur des études scientifiques. Avec 180 témoins appelés à la barre, la société subit humiliation sur humiliation, à mesure que le tribunal entendait des récits d'empoisonnements alimentaires, d'heures supplémentaires non rémunérées, de recyclages bidon et d'espions commerciaux envoyés pour infiltrer les rangs de Greenpeace Londres. Lors d'un incident particulièrement révélateur, des cadres de McDonald's furent mis au défi de démontrer la validité de l'affirmation selon laquelle la société servait des « aliments nourrissants » : David Green, premier vice-président, marketing, fit valoir l'opinion que le Coca-Cola était nourrissant parce qu'il « fournit de l'eau, et je crois que cela fait partie d'un régime équilibré[44] ». Au cours d'une autre discussion embarrassante, Ed Oakley, cadre chez McDonald's, expliqua à Steel que les ordures de McDonald's empilées dans des sites d'enfouissement constituaient « un avantage, sinon on se retrouverait avec pas mal de grandes carrières de gravier inutilisées dans tout le pays[45] ».

Le 19 juin 1997, le juge finit par rendre son verdict. La salle du tribunal était bondée de cadres d'entreprises, d'anarchistes végétaliens à cheveux roses et de journalistes. Quand le juge Rodger Bell lut sa décision de 45 pages – un résumé du véritable verdict, qui faisait plus de un millier de pages, nous eûmes l'impression d'attendre ce moment depuis une éternité. Même si le juge trouvait la plupart des affirmations du tract trop hyperboliques pour être recevables (il ne fut en particulier guère convaincu par les liens directs que le tract établissait entre McDonald's et « la faim dans le Tiers-Monde »), il jugea que d'autres étaient fondées sur des faits indiscutables. Parmi les éléments de décision en faveur de Steel et de Morris, on pouvait relever le fait que McDonald's « exploite des enfants » en « les utilisant, puisqu'ils sont plus influençables par la publicité » ; que la manière dont la compagnie traite certains animaux est « cruelle » ; que la société est anti-syndicale et verse des « salaires faibles » ; que sa gestion peut être « autocratique » et « largement injuste » ; et qu'un régime régulier de nourriture McDonald's contribue à augmenter les risques de maladies cardiaques. Steel et Morris reçurent l'ordre de verser à McDonald's des dommages de l'ordre de 95 490 dollars. Mais en mars 1999, un juge de la Cour d'appel estima que le juge Bell avait été trop dur et prit le parti de Steel et de Morris « concernant la nutrition et les risques pour la santé, et les allégations sur le salaire et les conditions de travail des employés de McDonald's ». Même s'il trouvait que leurs affirmations quant à l'empoisonnement alimentaire, au cancer et à la pauvreté dans le monde reposaient sur des preuves insuffisantes, le tribunal restreignit néanmoins le montant des dommages à 61 300 dollars[46]. McDonald's n'a jamais tenté de réclamer son règlement et a décidé de surseoir à toute demande d'injonction afin de mettre un terme à la diffusion du tract.

Ce premier verdict ayant été rendu, McDonald's ne manqua pas de crier aussitôt victoire, mais peu de gens étaient convaincus. « Depuis Pyrrhus, aucun vainqueur n'a paru aussi dépenaillé, déclarait l'éditorial du *Guardian* le lendemain. « Dans la compétition à l'échec sur le plan des relations publiques, cette affaire remporte le prix de la réponse la moins pertinente et la plus disproportionnée aux critiques de l'opinion[47]. » En fait, le tract original avait fini par acquérir au fil du temps le statut d'une pièce de collection, et trois millions d'exemplaires avaient été distribués sur le seul territoire du Royaume-Uni. John Vidal avait publié un ouvrage de référence intitulé *McLibel : Burger Culture on Trial* (La Culture du burger en procès) ; *60 Minutes* avait produit un long documentaire sur le procès ; Channel 4, en Angleterre, en avait diffusé une docufiction ; et le documentaire de Franny Armstrong, *McLibel : Two Worlds Collide* (Deux mondes en collision), avait tourné sur le circuit du cinéma indépendant (presque tous les diffuseurs, inquiets – ô ironie – d'une poursuite pour libelle, l'ayant refusé).

Pour Helen Steel, Dave Morris et leurs partisans, le procès McLibel ne fut jamais une simple question de victoire juridique : il s'agissait plutôt d'utiliser les tribunaux pour convaincre le public. Et, à juger par les foules qui s'amassaient devant les restaurants McDonald's, deux jours après le verdict, ils pouvaient déclarer victoire. À la sortie du McDonald's de leur quartier, à North London, un samedi après-midi, Steel et Morris pouvaient à peine fournir à la demande de « *What's Wrong With McDonald's ?* » (Qu'est-ce qui cloche chez McDonald's ?), le tract qui avait tout déclenché. Des passants en demandaient, des automobilistes ralentissaient pour prendre leur exemplaire, et des mères avec des enfants s'arrêtaient pour discuter avec Helen Steel de la difficulté, pour un parent qui travaille, de voir son enfant réclamer une nourriture malsaine et ne pas savoir comment résoudre le problème.

À l'autre bout du Royaume-Uni, une scène semblable se jouait devant plus de 500 restaurants McDonald's, tous garnis d'un piquet de grève, le 21 juin 1997, en même temps que devant 30 autres en Amérique du Nord. De même que dans le cas des manifestations anti-Nike, chaque événement fut différent. Devant une franchise britannique, les militants organisèrent une performance de rue mettant en vedette un Ronald McDonald hache brandie, une vache et beaucoup de ketchup. Devant une autre, on offrait gratuitement de la nourriture végétarienne. Tous les supporters distribuaient le fameux dépliant : 400 000 exemplaires partirent en ce seul week-end. « Ils s'envolaient littéralement de nos mains », raconte Dan Mills de la McLibel Support Campaign, amusé par le retournement ironique de la situation : avant que McDonald's ne décide de l'attaquer en justice, la campagne de Greenpeace Londres s'essoufflait et quelques centaines d'exemplaires seulement du tract brûlot avaient été distribués. Désormais traduit en 26 langues, le texte est devenu l'un les plus demandés du cyberespace.

LEÇON DES TROIS LOGOS : SERVEZ-VOUS DES TRIBUNAUX

On peut parier sans risque que bien d'autres géants des marques ont prêté la plus grande attention aux événements survenus dans ce tribunal britannique. En 1996, la société Guess renonça à une attaque en justice pour libelle qu'elle avait lancée contre l'association de femmes Common Threads, de Los Angeles, en réponse à une lecture de poésie sur la misère des ouvrières du vêtement qui cousent les jeans Guess[48]. De même, bien que Nike accuse régulièrement ses adversaires d'inventions, la compagnie n'a pas essayé de blanchir sa réputation devant les tribunaux. Rien d'étonnant à cela : le tribunal est le seul endroit où les sociétés privées sont obligées d'ouvrir les volets de leurs fenêtres et de laisser le public regarder.

Comme l'écrivent Helen Steel et Dave Morris : « Si les sociétés choisissent d'utiliser des lois répressives pour faire taire les critiques, les affaires judiciaires n'ont pas à se cantonner à la procédure juridique et à ses verdicts. On peut les transformer en forum public, et mettre l'accent sur la protestation et sur la nécessité d'une diffusion plus large de la vérité. C'est ce qui est arrivé dans le cas du McLibel... Pour la première fois de l'histoire, peut-être, une institution puissante (il s'agissait d'une chaîne de fast-food, mais en fait, il aurait pu s'agir de n'importe quel département d'État ou organisation financière) a été soumise à un examen public détaillé, critique et de longue durée. Ce ne peut être qu'une bonne chose[49] ! »

Le message est bien passé chez les compagnons activistes de Steel et de Morris du monde entier ; tous ceux qui ont suivi le McLibel ont constaté à quel point un procès long et dramatique pouvait être efficace pour établir un corpus de preuves et susciter des réactions vis-à-vis d'un adversaire incarné dans une grande société. Certains militants, sans attendre d'être poursuivis eux-mêmes, préfèrent prendre l'initiative de traîner en justice les grandes sociétés. C'est ainsi que, en janvier 1999, lorsque des militants américains du travail décidèrent d'attirer l'attention sur des infractions continuelles commises dans des sweatshops sur le territoire américain de Saipan, ils lancèrent une action atypique, auprès d'un tribunal californien, contre 17 compagnies américaines, dont Gap et Tommy Hilfiger. Au nom de milliers de travailleurs du vêtement de Saipan, ils accusaient détaillants et manufacturiers de marques de participer à une « conspiration du racket » consistant à attirer vers Saipan des jeunes femmes du Sud-Est asiatique au moyen de promesses d'emplois bien rémunérés aux États-Unis. Ce dont elles bénéficient *in fine*, c'est d'une arnaque sur les salaires et de travailler dans le « pire sweatshop d'Amérique », selon les termes d'Al Meyerhoff, principal avocat responsable du dossier. Une affaire conjointe allègue en outre qu'en étiquetant des marchandises de Saipan « *Made in the U.S.A.* » ou « *Made in the Northern Marianas, U.S.A.* », les compagnies font de la publicité mensongère, laissant croire aux clients que les manufacturiers ont bénéficié des lois américaines du travail, alors que cela n'a pas été le cas[50].

Entre-temps, le Centre des droits constitutionnels a adopté une tactique similaire à l'encontre de Royal Dutch/Shell, en lançant une poursuite fédérale contre la compagnie auprès d'un tribunal de New York, à l'occasion du premier anniversaire de la mort de Ken Saro-Wiwa. Selon David A. Love, du Centre, « la poursuite – lancée au nom de Ken Saro-Wiwa et des autres militants ogonis qui ont été exécutés par le régime militaire du Nigeria en novembre 1995 – allègue que ces exécutions ont été menées avec "la connaissance, le consentement et/ou le soutien" de Shell Oil ». Elle allègue en outre que les pendaisons étaient prévues dans le cadre d'un complot visant à « supprimer d'une façon violente et impitoyable toute opposition aux agissements de Royal Dutch/Shell quant à son exploitation du pétrole et des ressources en gaz naturel dans l'Ogoni et le delta du Niger ». Shell nia ces accusations et contesta la légitimité de la poursuite. Au moment où ces lignes ont été écrites, ni l'affaire Saipan ni l'affaire Shell n'avaient été réglées[51].

LEÇON DES TROIS LOGOS : ALLUMEZ UN MCSPOT SUR LE NET

Si les tribunaux sont en train de devenir un outil populaire permettant d'ouvrir des entreprises bornées, c'est l'Internet qui est rapidement devenu l'outil incontournable pour ce qui est de la diffusion mondiale de l'information sur les multinationales. Les trois campagnes évoquées dans ce chapitre se sont distinguées par un usage novateur des technologies de l'information, méthode qui ne cesse d'irriter leurs cibles, les grandes sociétés.

Chaque jour, de l'information sur Nike circule librement par *e-mail* entre le National Labor Committee américain et la Campaign for Labor Rights ; la Clean Clothes Campaign établie en Hollande ; l'Australian Fairwear Campaign ; l'Asian Monitoring and Resource Centre, à Hong Kong ; la Labour Behind the Label Coalition et Christian Aid, en Grande-Bretagne ; Agir ici et Artisans du monde, en France ; Werkstatt Ökonomie, en Allemagne ; Les Magasins du monde, en Belgique ; et le Maquila Solidarity Network, au Canada – pour ne citer que quelques-uns des protagonistes. Dans un communiqué de presse de septembre 1997, Nike attaquait ses adversaires au titre de « groupes marginaux, qui utilisent une fois de plus l'Internet et les fax-modems pour promouvoir à leur avantage de tendancières contre-vérités ». Mais dès mars 1998, Nike était prête à traiter ses adversaires en ligne avec un peu plus de respect. Alors qu'il exposait une nouvelle série de réformes des conditions de travail, le porte-parole de la compagnie, Vada Manager, déclara : « Nous procédons à des changements parce que c'est la bonne décision à prendre. Mais de toute évidence, l'accélération de cette politique est sans conteste tributaire de l'existence du World Wide Web[52]. »

De même, Shell a été humiliée par l'envergure de la campagne de la Brent Spar et le mouvement de soutien aux Ogonis. Les sociétés d'exploitation de ressources naturelles avaient pris l'habitude de traiter avec les activistes qui ne pouvaient échapper aux limites de leur nationalité : un pipeline ou une mine pouvait certes déclencher une révolte de paysans aux Philippines ou au Congo, mais celle-ci demeurerait confidentielle, couverte uniquement par les médias locaux et connue seulement de quelques personnes dans la région. Aujourd'hui, chaque fois que Shell éternue, un rapport est publié sur la liste de diffusion hyperactive « shell-nigeria-action », rebondissant de boîte en boîte de courrier électronique chez tous les organisateurs éloignés impliqués dans la campagne, des leaders nigérians en exil aux militants étudiants du monde entier. Et lorsque des militants ont occupé une partie du siège social anglais de Shell, en janvier 1999, ils ont pris soin d'apporter une webcam qui leur permettait de diffuser leur sit-in sur le Web, même quand les représentants de Shell eurent débranché l'électricité et le téléphone.

Shell a répondu à la montée du militantisme sur le Net par une stratégie agressive : en 1996, elle a embauché Simon May, un « gestionnaire d'Internet » de 29 ans. « Il s'est produit un changement dans l'équilibre du pouvoir : les activistes ne dépendent plus entièrement des médias existants. Shell a appris la leçon à ses dépens ; avec la Brent Spar, une masse d'informations était diffusées en dehors des canaux habituels[53] », selon May. Mais si l'équilibre du pouvoir a changé, le travail de May consiste à le corriger en faveur de Shell : il supervise le contrôle de toutes les mentions en ligne de la compagnie, répond par *e-mail* à des questions sur des problèmes sociaux, et a aidé à créer, sur le site Web de la compagnie, le forum virtuel de Shell sur les « préoccupations sociales ».

Les grandes sociétés sont des cibles importantes. [...] Des milliers de compagnies sont ou ont été les cibles du militantisme en ligne. Avec WeberWorks/Monitor, alimenté par eWatch, non seulement les clients de WeberWorks/Monitor seront-ils alertés lorsqu'ils deviendront une cible, mais ils recevront également des conseils critiques sur la façon de traiter efficacement la situation.

James M. Alexander, président de eWatch,
société de surveillance de l'Internet, mai 1998

Le réseau Internet a joué son rôle durant le procès McLibel, catapultant dans une arène aussi planétaire que celle où opère son adversaire multinational le mouvement populaire anti-McDonald's de Londres. « Nous avions tellement d'information sur McDonald's que nous avons songé à créer une bibliothèque », explique Dave Morris : c'est avec cette idée qu'un groupe de militants de l'Internet a inauguré le site Web McSpotlight. Ce site présente non seulement le fameux tract, mais également la transcription in extenso des 20 000 pages du procès ; il propose aussi une boîte aux lettres où les travailleurs de McDonald's peuvent échanger des histoires à glacer le sang sur le McBoulot et ses arches dorées. Le site, l'une des destinations les plus populaires du Web, a été visité environ soixante-cinq millions de fois[54].

Délibérément discret, Ben, l'un des programmeurs de McSpotlight, m'a confié que « c'est un médium qui n'exige des militants ni qu'ils sautent dans des cerceaux pour faire des cascades publicitaires, ni qu'ils soient bien avec un rédacteur en chef pour que leur message passe[55] ». En outre, le Net est moins vulnérable, face à des attaques pour libelle, que la plupart des médias traditionnels. Ben explique que, si le serveur de McSpotlight est situé en Hollande, il dispose de « sites miroirs » en Finlande, aux États-Unis, en Nouvelle-Zélande et en Australie. Ce qui veut dire que si tel serveur dans un pays donné est fermé par les avocats de McDonald's, le site lui-même demeure accessible dans le monde entier grâce aux autres miroirs. Entre-temps, tous ceux qui visitent le site sont invités à donner leur avis sur l'hypothèse de poursuites éventuelles contre McSpotlight. « McSpotlight sera-t-il bientôt traîné en justice ? Cliquez sur oui ou sur non. »

Comme d'habitude, le monde des affaires a eu tôt fait de tirer les leçons de ces campagnes. S'exprimant à Bruxelles, en juin 1998, lors d'un congrès sur le pouvoir croissant des groupes anti-entreprises, Peter Verhille, de la société de relations publiques Entente internationale, fit remarquer que « l'une des forces majeures des groupes de pression – en fait, le facteur principal dans leurs confrontations à de puissantes sociétés – relève de leur capacité à exploiter les instruments de la révolution des télécommunications. Leur usage habile d'outils planétaires tels que l'Internet réduit l'avantage que constituaient jadis les budgets des entreprises[56] ». En effet, l'avantage du Net, pour les activistes, c'est qu'il permet de coordonner des actions internationales au moyen de ressources et d'une bureaucratie minimales. Lors des journées internationales d'action Nike, par exemple, les militants locaux se contentèrent de télécharger des bulletins d'information du site Web de la Campaign for Labor Rights pour les distribuer aux passants durant leurs manifestations, avant d'envoyer par *e-mail* des rapports détaillés provenant de la Suède, de l'Australie, des États-Unis et du Canada à toutes les associations participantes.

Un modèle identique de bureau central fut utilisé pour coordonner les fêtes de rues mondiales de *Reclaim the Streets* et les piquets de grève devant les restaurants McDonald's après le verdict McLibel. Les webmestres de McSpotlight affichèrent la liste des 793 franchises McDonald's en Angleterre et, au cours des semaines précédant le verdict, des militants locaux s'engagèrent à « adopter un restaurant (et à lui enseigner le respect) » le jour de la manifestation. Plus de la moitié furent adoptés. J'avais, du Canada, suivi tout cela de près, mais quand j'eus finalement la chance de voir le siège social londonien de la campagne de soutien au McLibel – le moyeu à partir duquel des centaines d'actions politiques avaient été lancées dans le monde entier, reliant des milliers de protestataires et accédant au statut d'archives vivantes de l'anti-McDonald's dans tous ses états –, ce fut un choc. J'avais fantasmé un bureau bourré de gens pianotant sur du matériel sophistiqué. J'aurais dû me méfier : le siège social de McLibel n'est qu'une pièce minuscule à l'arrière d'un appartement londonien, avec graffiti dans la cage d'escalier. Les murs du bureau sont couverts de publicités subversives et d'agit-prop anarchiste. Helen Steel, Dave Morris, Dan Mills et quelques dizaines de bénévoles s'étaient mesurés à McDonald's, depuis sept ans, avec un PC délabré, un antique modem, un téléphone et un télécopieur. Dan Mills s'excusa de ne pas pouvoir m'offrir de chaise.

Pour Tony Juniper, de l'association écologiste britannique Friends of the Earth, Internet est « l'outil le plus puissant de la boîte à outils de la résistance[57] ». C'est peut-être bien le cas, mais le Net est plus qu'un outil d'organisation – il est devenu un modèle d'organisation, un terrain de prise de décision décentralisée mais coopérative. Il facilite le partage de l'information à un degré tel que de nombreux groupes peuvent travailler de concert les uns avec les autres sans avoir besoin d'atteindre un consensus monolithique (lequel est, de toute façon, souvent inaccessible de par la nature même des organisations militantes). Et en raison même de cette décentralisation, ces mouvements demeurent éternellement étonnés de constater le long parcours accompli par de petites victoires sans que les journaux se soient souciés d'en rendre compte, et la manière dont des bribes de recherches ont été recyclées et absorbées. Ces mouvements ne font que commencer à prendre conscience de leur propre envergure et, comme le montreront les étudiants et les communautés locales dont il sera question dans le prochain chapitre, de leur propre pouvoir.

17

LA POLITIQUE ÉTRANGÈRE SUR LE PLAN LOCAL

ÉTUDIANTS ET COMMUNAUTÉS ENTRENT DANS LA BATAILLE

Nous devrons bientôt effectuer nos propres forages pétroliers en mer.

Polly Armstrong, conseillère municipale de Berkeley, en Californie, à propos de la décision de son Conseil d'interdire à la municipalité l'achat d'essence de toutes les grandes compagnies pétrolières

« OK. J'ai besoin de gens à chaque entrée. Vite ! » cria Sean Hayes avec cette voix sèche de baryton de l'entraîneur de basket-ball, qu'il est d'ailleurs. « Vite ! » hurla à nouveau Hayes, faisant claquer ses mains épaisses assez fort pour que le son rebondisse sur les murs de l'immense gymnase de la St. Mary's High School à Pickering, en Ontario (ville plus connue pour sa situation à proximité d'une centrale nucléaire passablement douteuse).

Hayes m'avait invitée à participer au premier « Défilé de mode de sweatshops » de l'école, un événement sur lequel il s'était mobilisé après avoir découvert que les baskets Nike « *Made in Indonesia* » de son équipe de basket-ball avaient probablement été fabriquées dans des sweatshops. Hayes est un sportif radical doté d'une conscience morale et, avec une poignée d'étudiants prosélytes, il avait organisé l'événement du jour pour amener les 2 000 autres élèves de St. Mary's à considérer leurs vêtements autrement qu'en termes de « cool » et de « nul ».

Le plan était simple : pendant que les mannequins parés de tenues à logos se pavaneraient sur la piste, une élève allait lire un récit préparé à l'avance sur la vie des travailleurs du Tiers-Monde qui avaient fabriqué le matériel. Les élèves voyaient ensuite des extraits de *Mickey Goes to Haiti* et un sketch parodique sur les adolescents qui se sentent souvent « dépréciés, indésirables, inacceptables et impopulaires s'ils n'ont pas les bons vêtements ». J'intervenais à la fin : je devais prononcer une brève allocution sur ma recherche dans les zones franches industrielles, avant d'animer une période de questions et réponses. Tout cela n'avait pas l'air bien compliqué.

Alors que nous attendions que la cloche sonne et que les élèves affluent, Hayes se tourna vers moi et déclara avec un sourire forcé : « J'espère que les jeunes saisiront vraiment le message et qu'ils ne prendront pas ça pour un défilé de mode ordinaire. » J'avais lu le texte préparé par les élèves et je ne pouvais m'empêcher de penser qu'il y avait de la parano dans son inquiétude. C'est vrai que les défilés de mode sont devenus tellement courants, dans les collèges, qu'ils rivalisent maintenant avec le lavage de voitures quand on collecte les fonds du bal des lauréats de fin d'année. Hayes croyait-il vraiment que ses élèves étaient à ce point dépourvus de cœur qu'après avoir entendu des témoignages sur des salaires de misère et des exactions physiques, ils s'attendraient à ce que les vêtements en question soient en vente à la fin de la rencontre ? À ce moment précis, quelques adolescents passèrent la tête par la porte pour jeter un coup d'œil à nos fiévreux préparatifs. « Hé ! dit l'un d'eux. On dirait un défilé de mode – allez, quoi, on plaisante.... » L'entraîneur Hayes parut nerveux.

À mesure que 2 000 élèves s'entassaient dans les gradins, la salle s'emplit de l'insouciance animée qui accompagne toute récréation scolaire : représentations théâtrales d'élèves, conférences éducatives sur le sida, grèves d'enseignants ou exercices d'incendie. Un rapide regard sur la salle ne révélait aucun logo sur les vêtements de ces jeunes, mais il s'agissait de tout sauf d'un choix. St. Mary's est une école catholique, où les élèves portent l'uniforme – de ternes tenues dont ils tirent le maximum. Il n'est pas facile de faire passer des pantalons de flanelle grise et des sweaters en acrylique marine pour des fringues de gangsta, mais ils faisaient de leur mieux, portant le pantalon descendu à mi-cuisse, et le boxer en bouquet par-dessus la ceinture. Les filles n'étaient pas en reste, assortissant leurs mornes tuniques de chaussures à semelles compensées et de rouge à lèvres noir.

Les inquiétudes de l'entraîneur Hayes étaient fondées. Lorsque le hip-hop commença à résonner et que les premiers acteurs se mirent à rebondir d'un côté de la piste à l'autre en chaussures et survêtements Nike, les acclamations et les applaudissements éclatèrent dans la salle. Dès que, en voix-off, la jeune commentatrice entama d'un ton sérieux « Bienvenue dans le monde de Nike… », sa phrase fut noyée sous les ululements et les sifflets. Il ne lui fallut pas longtemps pour admettre que ce n'était pas elle qu'on acclamait, mais la simple mention du mot Nike – la marque vedette universellement préférée.

Tout en attendant mon tour, j'étais résolue à fuir à jamais le monde des adolescents modernes, mais après quelques menaces retentissantes proférées par Hayes, la foule finit par se calmer. Au moins, mon discours ne fut pas hué, et la discussion qui suivit compte parmi les plus vivantes dont j'aie été témoin. La première question (comme dans tous les événements d'initiation à la question des sweatshops) fut : « Quelles marques ne sont pas fabriquées dans des sweatshops ? » – Adidas ? demandèrent-ils. Reebok ? Gap ? Je répondis aux élèves de St. Mary's que, vu la façon dont toutes les grandes marques sont fabriquées, il est presque impossible de trouver dans un centre commercial une garde-robe exempte de l'exploitation. Le meilleur moyen de changer quelque chose, leur dis-je, c'est de rester informé en naviguant sur le Net, et de dire ce qu'on pense aux compagnies, en écrivant des lettres et en posant des tas de questions aux magasins. Les jeunes de St. Mary's étaient profondément sceptiques. « Écoute, j'ai pas le temps de faire de la politique chaque fois que je vais au centre commercial, lança une fille, la main droite fermement plaquée sur la hanche. Dis-moi seulement quel genre de chaussures il faut acheter, O.K. ? »

Une autre fille, qui paraissait avoir 16 ans, marcha jusqu'au micro d'un air dégagé. « Je voudrais seulement dire que c'est du capitalisme, mais que les gens ont le droit de faire de l'argent et que, si t'aimes pas ça, c'est peut-être parce que t'es jalouse. »

Des jeunes, levant la main, demandèrent la parole. « Non, mais t'es complètement débile, toi, ou quoi ? C'est pas parce que quelqu'un fait quelque chose que c'est juste – il faut assumer ses convictions, au lieu de rester devant le miroir à essayer d'avoir le bon look ! »

Nourris aux talk-shows depuis toujours, ces gamins se mettent à en pondre aussi naturellement que des professionnels. De même qu'ils avaient acclamé Nike, quelques instants auparavant, les élèves s'acclamaient maintenant les uns les

467

autres – dans un brouhaha de reproches. Quelques instants avant la cloche qui annonçait la deuxième période, l'entraîneur Hayes sollicita une dernière question. Un garçon en pantalon affaissé traversa le gymnase d'un pas nonchalant en tenant à deux doigts son banal tricot marine à l'écart de son grand corps maigre, comme s'il empestait. Puis, s'étant traîné jusqu'au micro, il dit, avec la voix monotone typique de l'adolescent : « Euuuh, monsieur l'entraîneur, si les conditions de travail sont si mauvaises en Indonésie, pourquoi devons-nous porter ces uniformes ? On en achète par milliers et c'est écrit, ici : "*Made in Indonesia*". J'aimerais seulement qu'on me dise : comment savoir s'ils n'ont pas été fabriqués dans des sweatshops ? »

L'auditorium explosa. L'escroquerie était de taille. Un autre garçon se jeta sur le micro pour proposer que les élèves essaient de découvrir qui fabriquait leurs uniformes, un projet pour lequel il ne manqua pas de volontaires. Lorsque je quittai St. Mary's, ce jour-là, l'école n'existait plus que pour le mener à bien.

Personne ne saurait nier que l'intérêt tout neuf des élèves de St. Mary's pour les conditions de travail en Indonésie leur fournissait une belle excuse pour refuser de porter leurs uniformes stupides – leur engagement n'était pas tout à fait désintéressé. Mais sans même le vouloir, ils avaient découvert l'un des leviers les plus brillants pour obliger des multinationales a priori dépourvues d'éthique à se transformer.

Lorsque collèges, universités, lieux de culte, syndicats, conseils municipaux et autres instances de gouvernement appliquent des normes éthiques à leurs décisions d'achat, la campagne contre les grandes sociétés s'en trouve élevée d'un cran par rapport à la guerre largement symbolique menée au moyen de cassage de pub et de manifestations devant les supermagasins. Ces institutions communautaires ne sont pas seulement des agrégats de consommateurs isolés, mais des consommateurs en soi – et, du reste, puissants. Quand des milliers d'écoles telles que St. Mary's commandent chacune des milliers d'uniformes, on arrive à la tonne. Elles achètent également du matériel sportif pour leurs équipes, de la nourriture pour leurs cafétérias et des boissons pour leurs distributeurs automatiques. Des gouvernements municipaux achètent des uniformes pour leurs forces de police, de l'essence pour leurs bennes à ordures, des ordinateurs pour leurs bureaux, et placent leurs fonds de retraite en bourse. Les universités, pour leur part, choisissent des compagnies de communication pour leurs portails sur Internet, et des banques pour déposer leur argent ou placer des dotations pesant parfois des milliards de dollars. Et, bien sûr, elles sont de plus en plus engagées dans des partenariats de sponsoring direct avec de grandes sociétés. Surtout, les achats institutionnels en gros et le sponsoring figurent parmi les contrats les plus convoités sur le marché, et les sociétés se battent continuellement entre elles pour essayer de les décrocher.

Ce qu'ont en commun tous ces accords commerciaux, c'est qu'ils se situent à l'intersection même de la vie civique (ostensiblement gouvernée par des principes de « bien public ») et du moteur du profit des grandes sociétés. Lorsque ces grandes sociétés sponsorisent un événement sur un campus universitaire, ou signent une entente avec un gouvernement municipal, elles flirtent avec la ligne de démarcation fondamentale entre espace public et espace privé – ligne qui n'existe pas entre le consommateur individuel et une grande société. Nous ne nous attendons pas à rencontrer l'éthique au centre commercial, mais, en quelque sorte, nous nous y attendons encore dans nos espaces publics – nos écoles, nos parcs nationaux et nos terrains de jeu municipaux.

Mince consolation peut-être pour d'aucuns, mais il se trouve qu'un effet secondaire positif naît du fait que, de plus en plus, les grandes sociétés privées exposent leurs revendications dans ces espaces publics. Ces cinq dernières années ont vu la prise de conscience collective de bien des institutions publiques, civiques et religieuses : le fait d'inviter chez soi une multinationale – qu'elle joue un rôle de fournisseur ou de sponsor – constitue une importante occasion politique. Avec leur immense pouvoir d'achat, les institutions publiques et sans but lucratif peuvent exercer une véritable pression, dans l'intérêt public, sur de grandes sociétés privées, insouciantes. La chose est claire plus qu'ailleurs dans les écoles et les universités.

LES ÉTUDIANTS DONNENT UNE LEÇON AUX MARQUES

Comme nous l'avons vu, les sociétés qui vendaient des boissons gazeuses, des baskets et du fast-food ont lavée dans les collèges et les universités une déferlante d'allégeance exclusive au logo. Comme les Jeux olympiques, nombre d'universités ont des fournisseurs « officiels » : compagnies aériennes, banques, transporteurs d'appels interurbains et fabricants d'ordinateurs. Ces accords exclusifs font miroiter chez les sponsors la promesse d'engendrer, durant les années universitaires, de chaleureuses et confortables loyautés à l'endroit du logo – ainsi que l'occasion de se donner une légitimité quasi académique. (Être le fournisseur officiel d'une grande université prestigieuse, cela revient à réunir un jury d'enseignants pour apporter la preuve scientifique que « Coca-Cola, c'est le top du top ! » ou que « Nos frites sont plus croustillantes ! » Pour certaines sociétés élues, cela peut avoir valeur de diplôme honorifique.)

Cependant, ces mêmes sociétés ont dans certains cas découvert que ces partenariats ont parfois un inconvénient inattendu : le sentiment de propriété qui accompagne le sponsoring ne ressemble pas toujours au genre d'allégeance passive escomptée du consommateur. Dans l'actuel climat de préoccupation quant à la responsabilité des entreprises, les étudiants découvrent qu'une merveilleuse façon d'attirer l'attention de multinationales distantes consiste à déclencher une polémique sur les activités parascolaires de la marque officielle de leur université – qu'il s'agisse de Coca-Cola, Pepsi, Nike, McDonald's, Starbucks ou Northern Telecom. Au lieu de se contenter de déplorer une « commercialisation » rampante, de jeunes militants ont commencé à utiliser leur statut de sponsorisés convoités pour répondre à des forces dont ils récusent a priori l'invasion sur leur campus. Dans ce contexte explosif, une entente de sponsoring particulièrement agressive peut servir de catalyseur politique, et déclencher un très vaste débat allant de conditions de travail injustes au commerce autorisé avec les dictatures. Parlez-en à Pepsi.

Pepsi (nous l'avons vu au chapitre 4) a été à l'avant-garde de la chasse aux étudiants en tant que marché captif. Ses accords exclusifs pour des distributeurs automatiques ont frayé la voie à des accords de même type, et les comptoirs de fast-food de PepsiCo furent les premiers à établir leur présence dans des collèges et sur des campus universitaires d'Amérique du Nord. Pepsi a conclu l'un de ses tout premiers contrats pour des distributeurs sur un campus avec l'Université Carleton, à Ottawa, en 1993. À l'époque, il était encore quelque peu malséant de faire du marketing sur un campus, et beaucoup d'étudiants ne supportant pas d'être forcés au plébiscite tacite d'un produit, ils se firent un plaisir de livrer un accueil rien moins que chaleureux à leur boisson officielle. À l'université, des membres du Public Interest Research Group (PIRG) (Groupe de recherche et d'intérêt public) – un réseau d'organisations universitaires de justice sociale répandu à travers toute l'Amérique du Nord – découvrirent que PepsiCo produisait et vendait ses boissons gazeuses en Birmanie, brutale dictature portant aujourd'hui le nom de Myanmar. Comme les étudiants de Carleton ne savaient trop que faire de cette information, ils firent passer une note à propos de l'implication de Pepsi en Birmanie sur quelques forums électroniques portant sur les questions étudiantes. Peu à peu, d'autres universités dont Pepsi était la boisson officielle commencèrent à demander plus d'informations. Bientôt, le groupe d'Ottawa développa et distribua des centaines de « trousses d'action sur campus » garnies de dépliants, de pétitions et d'autocollants « Boycotte ! » et « Pepsi, tu sais où tu peux te le mettre ! ». « Comment aider à libérer la Birmanie ? » demandait un dépliant. « Faites pression sur les institutions pour qu'elles mettent fin à des contrats avec Pepsi, jusqu'à ce qu'elle quitte la Birmanie. »

C'est ce que firent de nombreux étudiants. En conséquence de quoi, en avril 1996, Harvard rejeta un contrat pour distributeurs de un million de dollars avec Pepsi, invoquant les investissements de la compagnie en Birmanie. Stanford coûta à Pepsi environ 800 000 dollars lorsqu'une pétition signée par 2 000 étudiants bloqua la construction d'un restaurant Taco Bell, filiale de Pepsi. Les enjeux montèrent encore davantage en Angleterre, où les contrats pour boissons gazeuses sur campus sont coordonnés d'une manière centrale par une branche du syndicat national des étudiants. « Pepsi venait tout juste de ravir ce contrat à Coca-Cola, se rappelle Guy Hugues, un militant du groupe londonien Third World First. Pepsi était vendu à 800 syndicats étudiants du Royaume-Uni, et nous avons utilisé ce consortium comme levier pour faire pression sur la compagnie. Lorsque [le syndicat étudiant] rencontra la compagnie, Pepsi savait que le boycott était devenu international[1]. »

Aung San Suu Kyi, dirigeante du parti d'opposition de la Birmanie qui fut élu en 1990 puis empêché d'arriver au pouvoir par les militaires, a encouragé ce mouvement naissant. En 1997, dans un discours lu par son mari (décédé depuis), à l'Université américaine de Washington, D.C., elle fit appel aux étudiants en les invitant à exercer des pressions sur les multinationales qui investissaient en Birmanie. « S'il vous plaît, utilisez votre liberté pour promouvoir la nôtre, dit-elle. Adoptez une position de principe contre les compagnies qui font des affaires avec le régime militaire de Birmanie[2]. »

Après que les boycotts des campus eurent atteint les pages du *New York Times*, Pepsi vendit les actions qu'elle possédait dans une usine d'embouteillage incriminée en Birmanie, dont le propriétaire, Thien Tun, avait publiquement réclamé que le mouvement démocratique de Suu Kyi soit « ostracisé et écrasé ». Des militants étudiants considérèrent toutefois la décision de la compagnie comme un simple « jeu de scène », car les produits Pepsi étaient encore vendus et produits en Birmanie. Face aux pressions continuelles, Pepsi finit par annoncer son « désengagement total » de la Birmanie, le 24 janvier 1997. Apprenant la nouvelle, Zar Ni, le coordinateur du mouvement étudiant américain, fit parvenir un *e-mail* à sa liste de diffusion de la Coalition américaine : « Nous avons fini par ligoter l'animal Pepsi ! Nous l'avons fait !! Nous l'avons tous fait !!! [...] Nous SAVONS maintenant que nous disposons du pouvoir fondamental nécessaire pour ébranler l'une des entreprises les plus puissantes du monde. »

S'il y a une morale à cette histoire, c'est que la tentative de Pepsi de s'emparer du marché des campus a placé la compagnie au centre d'un débat auquel elle n'avait aucun désir de participer. Elle voulait que les étudiants soient ses enfants modèles – sa véritable *Next Generation* –, mais ces étudiants inversèrent les rôles et firent de Pepsi la société modèle de leur mouvement de libération de la Birmanie. Sein Win, un leader en exil de la Ligue nationale pour la démocratie, élue en Birmanie, fit observer que « PepsiCo prend grand soin de son image. Elle voulait que l'image de cette boisson devienne "le goût d'une jeune génération", mais si la jeune génération en question participe à des boycotts, cela nuit à ses efforts[3]. » Plus brutal est le diagnostic de Simon Billenness, spécialiste en investissements responsables, qui a mené la campagne de Birmanie : « Pepsi, dit-il, a été assiégée par son propre marché cible[4]. » Et Reid Cooper, coordinateur de la campagne à l'Université Carleton, de faire remarquer que, si Pepsi n'avait pas eu cette soif de branding des campus, la misère de la Birmanie ne serait peut-être jamais devenue une question débattue sur les campus. « Pepsi a essayé d'entrer dans les institutions d'enseignement, me dit-il en entrevue, et à partir de là, ça a été une combustion spontanée. »

472

Évidemment, la victoire de Pepsi donna de la vigueur à la campagne de libération de la Birmanie sur les campus. Les étudiants adoptèrent le slogan : « La Birmanie : l'Afrique du Sud des années 1990 » et ils affirment être « la plus grande campagne de défense des droits de l'homme dans le cyberespace[5] ». Aujourd'hui, plus de 100 universités et 20 collèges d'enseignement supérieur du monde entier ont parlé de la Free Burma Coalition. La liberté de ce pays est devenue une cause célèbre chez les étudiants : en août 1998, 18 activistes étrangers – pour la plupart des étudiants – furent arrêtés à Rangoon pour avoir distribué des tracts exprimant leur soutien au mouvement démocratique de la Birmanie. Le tribunal condamna ces militants à cinq ans de travaux forcés, mais à la dernière minute, les déporta au lieu de les emprisonner.

D'autres campagnes étudiantes se sont focalisées sur d'autres sociétés et d'autres dictateurs. Une fois Pepsi sortie de Birmanie, l'attention se tourna, sur les campus, vers les investissements de Coca-Cola au Nigeria. À l'université Kent State et dans d'autres institutions d'enseignement où Coca-Cola remportait la guerre des boissons gazeuses sur le campus, les étudiants affirmèrent que sa présence remarquée au Nigeria conférait des allures de légitimité au régime militaire illégitime (encore au pouvoir à l'époque). Derechef, la question des droits de l'homme au Nigeria n'aurait peut-être jamais vraiment dépassé l'antenne Amnesty International de l'université, mais parce que Coca-Cola et l'institution avaient conclu un accord de sponsoring, la campagne prit son envol et les étudiants commencèrent à clamer que leur université avait les mains tachées de sang.

Il y eut également un certain nombre de luttes relatives à la nourriture, la plupart reliées à la présence croissante de McDonald's sur les campus universitaires. En 1997, le syndicat national des étudiants britanniques conclut un accord avec McDonald's afin de distribuer des « cartes privilège » à tous les étudiants du premier cycle du Royaume-Uni. Lorsque les étudiants montraient la carte, ils obtenaient un hamburger au fromage gratuit en commandant un Big Mac, des frites et une boisson. Mais les écologistes du campus s'y opposèrent, obligeant l'association étudiante à mettre un terme à l'accord en mars 1998. Pour expliquer sa volte-face, l'association mentionna les « pratiques antisyndicales de la compagnie, son exploitation des employés, sa contribution à la destruction de l'environnement, sa cruauté envers les animaux, et la promotion de produits alimentaires préjudiciables à la santé » – références précises au jugement du procès McLibel[6].

À mesure que s'étend la réaction virulente à l'égard de la marque, les étudiants commencent à mettre en question non seulement les accords de partenariat avec McDonald's et Pepsi, mais ceux moins spectaculaires que leurs universités entretiennent avec le secteur privé. Banquiers siégeant au conseil des gouverneurs, chaires dotées par des sociétés ou apposition de noms de bienfaiteurs sur des édifices des campus, toutes ces pratiques subissent l'examen d'un corps étudiant économiquement politisé. Les étudiants britanniques ont intensifié leurs pressions sur leurs universités pour qu'elles cessent d'accepter des dons en argent de l'industrie pétrolière et, en Colombie-Britannique, en novembre 1998, le Sénat de l'Université de Victoria a refusé des bourses de Shell. Ce programme de résistance aux grandes sociétés se structure cas par cas, à mesure que des étudiants de toute l'Amérique du Nord se rassemblent dans des congrès annuels tels qu'en 1997, « Le groupe de discussion sur la démocratie : la démocratie sur le campus et le contrôle des grandes sociétés » à l'Université de Chicago, qui leur propose des séminaires intitulés « La recherche : pour le peuple ou le profit ? », « Enquêter sur votre campus » et « Qu'est-ce qu'une grande société et pourquoi y a-t-il un problème ? ». En juin 1999, des militants étudiants se sont réunis à nouveau, cette fois à Toledo, en Ohio, au sein de la nouvelle Alliance étudiante pour la réforme des grandes sociétés. Il suffisait de lancer une campagne nationale afin d'obliger les universités à n'investir qu'auprès des entreprises respectueuses des droits de l'homme et de l'environnement.

Il n'est peut-être pas étonnant que les plus controversées des ententes de partenariat entre campus et entreprises aient été conclues avec la plus controversée des compagnies : Nike. Comme tout le monde sait que l'industrie de la chaussure utilise des sweatshops, les ententes que Nike a signées avec des centaines d'universités comptent actuellement parmi les décisions les plus contestées sur les campus, et les badges « À bas le swoosh » rivalisent avec les symboles féminins en tant qu'accessoires favoris des étudiants du premier cycle. Et l'ultime gifle, pour Nike : les universités auxquelles la compagnie a versé des millions de dollars pour sponsoriser des équipes sportives (Caroline du Nord, Duke, Stanford, Penn State et Arizona State, pour n'en nommer que quelques-unes) sont devenues les points les plus chauds de la campagne internationale anti-Nike. « Ces contrats, qui sont au centre du marketing de Nike, sont maintenant devenus un cauchemar pour la compagnie, en termes de relations publiques. Le marketing agressif de Nike sur les campus a été forcé à adopter une position défensive[7] », selon la Campaign for Labor Rights.

Des étudiants ont tenté d'amener le président de l'Université de l'Arizona à revoir l'entente avec Nike, en livrant une pile de vieilles chaussures Nike à son bureau (événement suivis par les caméras de deux stations de télévision locales). Selon un organisateur étudiant, James Tracy, « à chaque paire de chaussures se trouvait attachée une note mentionnant une exaction particulière de la part de Nike, à l'intention du président[8] ». À Stanford, des protestations similaires accueillirent la décision du département des sports de signer avec Nike un contrat de 5 millions de dollars étalé sur quatre ans. Taper sur Nike est devenu un sport si populaire, sur le campus, qu'à l'Université d'État de la Floride – célèbre repaire de sportifs – un groupe d'étudiants a construit un char de carnaval anti-Nike pour la parade de bienvenue de 1997.

La plupart de ces universités sont prisonnières des partenariats signés avec Nike pour plusieurs années, mais à l'Université de la Californie à Irvine, les étudiants attaquèrent la compagnie en justice à l'échéance de son contrat avec l'équipe de basket-ball féminine. Affrontant la pression grandissante du corps étudiant, le Département des sports de l'université décida de changer pour Converse. Sur un autre campus, l'entraîneur de football Kim Keady fut incapable de persuader son employeur, l'Université St. John's, de cesser d'obliger son équipe à utiliser de l'équipement Nike. En signe de protestation, à l'été 1998, il démissionna de son poste d'entraîneur adjoint[9].

Marion Traub-Werner, étudiante de l'Université de la Caroline du Nord, explique ainsi l'attrait de ce nouveau mouvement : « De toute évidence, il y a la question des pratiques de travail. Mais nous sommes également préoccupés par l'intrusion de Nike dans notre culture de campus. Le swoosh est partout – sur tous les uniformes, sur les calendriers des matches, sur toutes les affiches, et domine la section vestimentaire du magasin du campus[10]. » Plus qu'aucune autre compagnie, Nike a marqué cette génération, et si des étudiants ont maintenant la chance de pouvoir désigner Nike comme un exploiteur, l'occasion est trop belle pour qu'ils la laissent passer.

Tandis que nombre de campus s'attaquent à l'intention des marques, d'autres se rendent compte que leurs universités sont elles-mêmes des marques. Les universités de la Nouvelle-Angleterre et les collèges aux équipes sportives vedettes disposent de vastes gammes vestimentaires, dont plusieurs rivalisent, en parts de marché, avec celles de nombreux créateurs. Elles partagent également un grand nombre de problèmes relatifs aux pratiques de travail. En 1998, le syndicat de travailleurs du vêtement UNITE publia un rapport sur l'usine BJ&B, dans une zone franche industrielle de la République dominicaine. BJ&B est l'un des plus grands manufacturiers du monde de casquettes de baseball, et brode les logos et écussons universitaires d'au moins neuf grandes universités américaines, dont Cornell, Duke, Georgetown, Harvard et celle du Michigan. Les conditions de travail chez BJ&B étaient typiques des zones de libre-échange : nombreuses heures supplémentaires obligatoires, payes insuffisantes pour nourrir une famille, tests de grossesse à l'embauche, harcèlement sexuel, gestion abusive, eau non potable et immenses marges de profits (tandis que les casquettes se vendaient, en moyenne, 19,95 dollars, les travailleurs ne recevaient que 8 cents[11]). Et bien sûr, la plupart des travailleurs étaient des jeunes femmes, un fait qui fut souligné lorsque le syndicat sponsorisa un voyage aux États-Unis pour deux ex-employées de l'usine : Kenia Rodrigues, 19 ans, et Roselio Reyes, 20 ans. Ces deux travailleuses visitèrent un grand nombre des universités dont elles avaient l'habitude de coudre les logos sur des casquettes, et s'adressèrent à des assemblées d'étudiants de leur âge. « Nous demandons votre appui au nom des 2 050 travailleurs de cette usine et des habitants de cette ville », dit Reyes à un auditoire d'étudiants de l'Université de l'Illinois[12].

Ces révélations sur les conditions de travail en usine n'en étaient pas vraiment. Les licences d'exploitation des universités représentent un commerce important, et tous les protagonistes – Fruit of the Loom, Champion, Russell – sont passés à des usines contractuelles, de même que le reste de l'industrie du vêtement, et font largement usage des zones de libre-échange du monde entier. Aux États-Unis, l'accord de licences de noms d'universités représente un chiffre d'affaires annuel de 2,5 milliards de dollars et la plupart d'entre elles proviennent de la Collegiate Licensing Company. À elle seule, l'Université Duke vend chaque année pour environ 25 millions de dollars de vêtements associés à sa prestigieuse équipe de basket-ball. Pour répondre à la demande, elle dispose de 700 détenteurs de licences qui sous-traitent à des centaines d'usines aux États-Unis et dans 10 autres pays[13].

En raison du rôle marquant de Duke en tant que marchand de vêtements de campus, un groupe de militants décida de faire de l'institution un modèle responsable – non seulement pour d'autres écoles, mais pour l'ensemble de l'industrie du vêtement, ébranlée par des scandales. En mars 1998, l'Université Duke mit en pratique une politique décisive exigeant que tous les fabricants de t-shirts, casquettes de base-ball et sweat-shirts portant le nom « Duke » acceptent un ensemble de normes claires relatives au droit du travail. Le code exigeait des entrepreneurs qu'ils versent le salaire minimum conformément à la loi, maintiennent des conditions de sécurité au travail et permettent aux travailleurs de former des syndicats, où que soient situées les usines. Ce qui rend cette politique plus conséquente que la plupart des autres codes du secteur vestimentaire, c'est qu'elle exige que les usines se soumettent à l'inspection de contrôleurs indépendants – clause qui éjecta Nike et Shell en furie de la table des négociations, en dépit des preuves accablantes que leurs normes déclarées n'étaient pas respectées sur le terrain. Deux mois plus tard, l'Université Brown promulgua son propre code non moins sévère.

Tico Almeida, étudiant de premier cycle à l'Université Duke, explique que beaucoup d'étudiants réagissent fortement lorsqu'ils apprennent des choses sur les travailleurs qui produisent les vêtements de leur équipe sportive dans des zones de libre-échange. « Vous avez deux groupes de gens, grosso modo du même âge, qui retirent des expériences tellement différentes des mêmes institutions », dit-il. Et une fois de plus, ajoute David Tannenbaum, étudiant de premier cycle à Princeton, le logo (cette fois un logo universitaire) joue le rôle de lien mondial. « Même si les travailleurs fabriquent nos vêtements à des milliers de kilomètres d'ici, nous sommes proches d'eux – nous portons ces vêtements tous les jours[14]. »

L'été qui suivit l'adoption des codes de Duke et de Brown fut des plus actifs. En juillet, à New York, les organisateurs de campus anti-sweatshops de tout le pays se rassemblèrent pour former une coalition, la United Students Against Sweatshops. En août, une délégation de huit étudiants, dont Tico Almeida, se rendit en mission de recherche dans des zones de libre-échange du Nicaragua, du Salvador et du Honduras. Almeida me dit qu'il espérait trouver des sweat-shirts de Duke parce qu'il avait vu l'étiquette « *Made in Honduras* » sur des vêtements vendus sur son campus. Mais il découvrit bientôt ce que découvrent la plupart des gens en visite dans des zones de libre-échange : qu'une combinaison verrouillée de secret, de militarisme et de responsabilité déléguée forme une barricade protectrice autour d'une grande part de l'industrie mondiale du vêtement. « C'était comme donner des coups au hasard dans l'obscurité », commente-t-il.

À la rentrée de septembre 1998, la question du travail dans les sweatshops provoqua ce que le *New York Times* qualifia de « plus grande montée de militantisme sur les campus depuis presque deux décennies[15] ». À Duke, Georgetown, Wisconsin, North Carolina, Arizona, Michigan, Princeton, Stanford, Harvard, Brown, Cornell et Berkeley, il y eut des conférences, des groupes de discussion, des manifestations et des sit-in – parfois étalés sur trois ou quatre jours. À l'Université Yale, des étudiants organisèrent une manifestation sous forme d'atelier de confection. Toutes les manifestations menèrent à des accords avec des administrateurs des institutions visant à exiger des normes de travail plus élevées des compagnies qui fabriquaient leurs équipements.

Ce mouvement en croissance rapide s'est choisi un cri de ralliement plutôt inattendu : « La transparence des grandes sociétés. » Son exigence principale est que les sociétés qui produisent les vêtements associés à des universités communiquent les noms et adresses de toutes leurs usines dans le monde entier et s'ouvrent au contrôle. Qui fabrique vos vêtements scolaires ? demandent les étudiants. Ce ne devrait pas être un mystère. L'industrie du vêtement relevant d'un labyrinthe mondial de sous-traitance, il revient aux compagnies de prouver que leurs marchandises ne sont *pas* fabriquées dans des sweatshops – et non à des enquêteurs militants de démontrer qu'elles le sont. Les étudiants insistèrent également pour que leurs universités exigent que les entrepreneurs versent à leurs travailleurs un « salaire vivable », par opposition au salaire minimum prévu par la loi. En mai 1999, quatre administrations au moins avaient donné leur accord de principe pour exercer des pressions sur leurs fournisseurs quant à la question du salaire vivable. Comme nous le verrons au prochain chapitre, tout le monde ne s'entend pas sur la façon de transformer ces bonnes intentions en changements véritables dans les usines d'exportation. Tous ceux qui sont engagés dans le mouvement anti-sweatshops s'accordent toutefois pour admettre que le seul fait de mettre à l'ordre du jour, lors d'une négociation avec des manufacturiers, des questions telles que la transparence et le salaire vivable, représente une victoire majeure, qui a, pendant plusieurs années, échappé aux militants.

Une initiative moindre, mais tout aussi marquante, fut celle de l'archevêque Theodore McCarrick qui annonça, en octobre 1997, que son archidiocèse de Newark, dans le New Jersey, deviendrait une zone « sans sweatshops ». L'initiative reposait sur l'introduction d'un programme anti-sweatshops dans chacune des 185 écoles catholiques de la région, l'identification des fabricants de tous leurs uniformes scolaires et leur contrôle, afin que les vêtements soient produits dans des conditions de travail équitables – à la manière de ce qu'avaient décidé de faire les étudiants de St. Mary's à Pickering, en Ontario.

Dans l'ensemble, les étudiants relevèrent le défi constitué par le dossier des sweatshops avec un enthousiasme qui prit d'assaut le mouvement ouvrier vieillissant. United Students Against Sweatshops, après seulement un an d'existence, revendiquait des sections sur 100 campus américains et un réseau parallèle au Canada. Free the Children, l'organisation du jeune Craig Kielburger, de Toronto, qui milite contre le travail des enfants (c'est le garçon de 13 ans qui avait mis au défi le premier ministre canadien d'examiner les pratiques de travail des enfants en Inde) a entre-temps gagné du terrain dans les écoles secondaires et primaires du monde entier. Même si Charles Kernaghan, avec son *outing* de Kathie Lee Gifford et de Mickey, avait inhibé cette vague d'organisation ouvrière, il savait, dès la fin de l'année universitaire 1998-1999, qu'il ne la dirigeait plus. Dans une lettre à la United Students Against Sweatshops, il écrivait : « C'est désormais votre mouvement étudiant qui montre le chemin et porte le gros du fardeau dans la lutte pour mettre fin aux abus des sweatshops et au travail des enfants. Votre efficacité est en train d'obliger les compagnies à réagir[16]. »

Les temps ont changé. Comme l'écrivait William Cahn dans son histoire de la grève du sweatshop Lawrence Mill, en 1912 : « L'Université Harvard, située à proximité, a accordé un crédit à ses étudiants pour leurs examens trimestriels s'ils acceptaient de servir dans la milice contre les grévistes. "Des gens de Harvard, insolents et bien nourris, rapportait le *New York Call*, font les cent pas en paradant, leurs fusils chargés... leurs baïonnettes luisant au soleil[17]". » Aujourd'hui, les étudiants sont carrément de l'autre côté des conflits ouvriers relatifs aux sweatshops : au cœur de cibles tous azimuts, des jeans Guess aux ballons de football Nike ou aux casquettes de baseball à l'écusson de Duke, les jeunes se sentent personnellement concernés par le dossier des sweatshops.

L'ACTION COMMUNAUTAIRE : LE LEVIER DE L'ACHAT SÉLECTIF

Les gouvernements fédéraux d'Amérique du Nord et d'Europe ayant majoritairement refusé d'imposer des sanctions importantes à des violateurs des droits de l'homme aussi connus que la Birmanie, le Nigeria, l'Indonésie et la Chine, préférant plutôt « s'engager d'une manière constructive » dans le commerce avec ces pays, des instances de gouvernement plus locales sont intervenues là où les gouvernements nationaux avaient cédé leur place. Aux É.-U, des conseils municipaux, des conseils d'établissements scolaires, voire certains gouvernements d'État, ont cessé d'encourager des missions commerciales désormais assimilables à de la politique étrangère, pour concevoir leur propre politique étrangère sur le plan local.

Les législateurs locaux savent qu'ils ne peuvent empêcher les multinationales de canaliser des fonds vers les dictatures du Nigeria et de la Birmanie, ni bloquer les importations de compagnies qui utilisent le travail des enfants et des prisonniers au Pakistan et en Chine, mais ils peuvent faire autre chose. Ils peuvent, collectivement, refuser d'acheter des biens et des services à ces compagnies lorsqu'ils choisissent leurs partenaires commerciaux, des services de téléphonie portable aux ballons de football. Les « ententes d'achat sélectif », ainsi qu'on appelle ces politiques de commerce responsable, ont un double objectif. Elles doivent d'abord persuader les compagnies qu'il n'est plus rentable de continuer à faire des affaires à l'étranger dans des conditions irresponsables – si cela leur coûte des contrats sur leur propre territoire, par exemple. Les gouvernements locaux peuvent par ailleurs faire pression sur les gouvernements fédéraux afin qu'ils prennent des positions plus fermes dans leurs programmes de politique étrangère.

Inspirée d'initiatives du même ordre dans les années anti-apartheid, la « mode » actuelle de la politique étrangère locale (selon l'expression perfide d'un commentateur républicain) a commencé, comme tant d'autres mouvements de justice sociale américains, à Berkeley, en Californie[18]. En février 1995, le conseil municipal de Berkeley adopta une résolution interdisant l'achat de biens ou de services de compagnies ayant investi en Birmanie. Ces compagnies avaient naturellement toujours le droit de vendre leurs marchandises à Berkeley – mais pas aux instances municipales, tels les services de police ou de santé. La décision provoqua une réaction en chaîne dans tout le pays – au dernier décompte, vingt-deux villes, un comté et deux États ont des accords d'achat sélectif reliés à des compagnies en Birmanie, et quelques villes ont disqualifié les achats à des compagnies ayant des investissements au Nigeria.

Bien que la formulation de chaque loi diffère légèrement, l'essentiel se résume dans celle-ci, adoptée à l'unanimité par la ville de Cambridge, Massachusetts, le 8 juin 1998 : « ATTENDU QUE la ville de Cambridge déclare le droit de mesurer le caractère moral de ses partenaires commerciaux en déterminant avec qui elle voudra avoir des relations commerciales ; IL EST RÉSOLU qu'à titre de politique publique, la ville de Cambridge déclare qu'elle n'achètera ni biens, ni services, ni matières premières à toute compagnie ou société faisant des affaires avec la Birmanie. »

La décision la plus importante fut prise en juin 1996, quand la législature de l'État du Massachusetts adopta la Loi du Massachusetts sur la Birmanie, qui rendait beaucoup plus difficile, pour les compagnies faisant des affaires avec la dictature, d'obtenir un contrat de l'État. Comme le fit remarquer l'influent *Journal of Commerce*, « les cibles sont lointaines, mais, soudain, des gouvernements locaux montrent qu'ils peuvent avoir une influence dans le monde entier[19] ».

Une autre restriction populaire cible moins les sociétés en général dans tel ou tel pays, que des sociétés engagées dans des pratiques particulièrement inacceptables – ainsi, celle d'employer des travailleurs de sweatshops ou des enfants. Tel fut l'un de ces cas impliquant la Monroe High School, de Los

481

Angeles. Après avoir lu l'article du magazine *Life* sur l'industrie du ballon de football, une étudiante de Monroe, Sharon Paulson, rappela qu'elle et ses camarades de classe avaient « couru, durant une séance d'entraînement, en vérifiant tous les ballons, et tous disaient *"Made in Pakistan"*. Ça a tout rendu plus réel. Avant, c'était quelque chose qu'on lisait dans un article, mais là, c'était : "On a gagné un championnat en utilisant ces ballons !" Ça nous a donné une cause pour laquelle se battre ». Cette cause – qu'ils ont défendue victorieusement, – c'était d'obtenir que le Conseil de l'Éducation de Los Angeles bloque une commande de ballons fabriqués au Pakistan, et que le conseil municipal de Los Angeles enquête « sur la production de ballons de football fabriqués dans des pays utilisant le travail des enfants[20] ». Selon le Centre de recherche sur la responsabilité des investisseurs, « en 1997, quelque 20 villes américaines [...] ont adopté des ordonnances "anti-sweat-shops" qui exigent que les marchandises achetées par les gouvernements municipaux – telles que les uniformes des policiers, des pompiers et du personnel des travaux publics – ne soient pas fabriquées dans des sweatshops ».

Bien que les ententes d'achat sélectif aient surtout constitué un phénomène américain, elles commencent à se produire ailleurs. En juin 1998, la ville de St. John's, à Terre-Neuve, adopta une résolution anti-sweatshops, et un groupe de jeunes de Fort McMurray, en Alberta, réussit à convaincre le conseil municipal d'interdire l'usage, sur une propriété publique, de ballons de football et de pièces pyrotechniques fabriqués par des enfants. Mais certaines des résolutions visant à libérer la Birmanie vont encore plus loin : le 17 mars 1998, le conseil de Marrickville, dans la Nouvelle-Galles-du-Sud, en Australie, « est devenu, par vote unanime, la première autorité locale, à l'extérieur des États-Unis, à adopter une loi sur l'achat sélectif en rapport avec la Birmanie[21] ».

Au cours des quatre dernières années, le conseil municipal de Berkeley a adopté une si grande quantité de résolutions de boycott – contre des sociétés faisant des affaires en Birmanie, au Nigeria, au Tibet ; des sociétés associées à l'industrie de l'armement ou à l'énergie nucléaire – que la conseillère Polly Armstrong lança pour plaisanter : « Nous devrons bientôt effectuer nos propres forages pétroliers en mer[22]. » Il est vrai qu'entre les résolutions sur le Nigeria et la Birmanie, et ayant suivi le naufrage de l'*Exxon Valdez*, le conseil s'interdit de recourir à toutes les grandes sociétés pétrolières et dès lors est obligé d'alimenter ses ambulances et ses véhicules de nettoyage urbain avec du gaz provenant de l'obscure Golden Gate Petroleum Company. Berkeley, qui avait interdit les distributeurs municipaux Pepsi à cause de l'investissement de la compagnie en Birmanie, a renoué avec elle après qu'elle eut rompu ses liens avec Rangoon, avant de décider de boycotter Coca-Cola en raison de son implication au Nigeria.

La chose peut paraître étrange, mais les boycotts affectent les multinationales. On peut sourire de voir une ville universitaire radicale comme Berkeley boycotter tout sauf la production artisanale de papier de chanvre et de café, mais quand des États riches, comme le Massachusetts et le Vermont, se mettent de la partie, le secteur commercial fait bien grise mine. En mai 1999, trois autres États – le Texas, Washington et New York – avaient des lois sur la Birmanie en attente d'adoption. Et cela commençait à coûter cher. Avant de se retirer de la Birmanie à la suite de la controverse autour de Céline Dion, la firme de télécommunication Ericsson perdit notamment un important marché pour l'amélioration des services d'appels d'urgence de San Francisco, précisément à cause de ses liens commerciaux avec la Birmanie, et on rapporte qu'Hewlett-Packard aurait également perdu plusieurs gros contrats municipaux.

Bien entendu, plusieurs compagnies ont cédé devant les exigences des militants des droits de l'homme. Depuis que le Massachusetts a adopté sa loi sur la Birmanie, en juin 1996, la dictature a connu un exode des grandes multinationales : Eastman Kodak, Hewlett-Packard, Philips Electronics, Apple Computer et Texaco. Mais le seul fait que ces sociétés aient décidé de céder ne veut pas dire qu'elles ont l'intention d'accepter sans combattre ces nouveaux obstacles locaux aux transactions commerciales internationales. Comme l'explique Robert S. Greenberger dans le *Wall Street Journal*, « les contrats d'acquisition, en Californie seulement, par exemple, valent maintenant davantage, pour certaines compagnies américaines, que tous les contrats qu'elles pourraient décrocher dans bien des pays, *mais elles ne veulent pas devoir choisir*[23] » (c'est moi qui souligne).

Précisément parce qu'elles obligent à faire un choix drastique, bien des gens sont convaincus que les initiatives de politique étrangère locale constituent l'outil politique le plus efficace qui soit pour regagner une part du contrôle sur les sociétés. « L'achat sélectif fondé sur le modèle de la Birmanie », dit Danny Kennedy, coordonnateur du groupe de lobbying minier Project Underground, constitue notre plus grand espoir[24]. »

Ce genre d'affirmation a provoqué l'indignation du milieu des affaires, qui, après avoir été pris à revers par la marée soudaine des lois d'achat sélectif, est déterminé à ne pas commettre deux fois la même erreur. Une coalition de sociétés, dont des investisseurs clés en Birmanie, tel Unocal, ou des investisseurs au Nigeria, comme Mobil, s'est formée sous la bannière du Conseil national de commerce étranger pour lancer un assaut en règle contre les ententes locales d'achat sélectif. En avril 1997, le Conseil a constitué USA*Engage, qui prétend représenter plus de 670 sociétés et associations commerciales. Son but explicite est de lutter collectivement contre ces lois, pour permettre aux sociétés d'éviter de mettre en jeu leurs propres pratiques. Frank Kittredge, à la fois président du NFTC et vice-président de USA*Engage, explique que « bien des compagnies ne veulent pas se trouver sur la sellette en tant qu'alliées de pays tels que l'Iran ou la Birmanie. Mieux vaut former une coalition[25] ».

Le groupe affirme que la politique étrangère est une question fédérale, et que les municipalités et les gouvernements d'État n'ont pas à entrer dans la bataille. À cette fin, USA*Engage a établi une « liste de surveillance de sanctions adoptées par des États et des municipalités » afin de surveiller toutes les villes et États ayant adopté des accords d'achat sélectif, ou les collectivités qui envisagent de les adopter, et qui sont donc encore vulnérables à la pression extérieure. Le lobbying agressif des membres de USA*Engage a déjà réussi à mettre en pièces un projet de loi sur le Nigeria qui était sur le point d'être adopté par l'État du Maryland (en mars 1998) ; et la société Unocal (qui n'est pas arrivée à dissocier son nom de ce débat) a réussi à convaincre la législature de l'État de Californie de ne pas adopter de loi sur la Birmanie, comme l'avait fait le Massachusetts.

Les attaques sont également venues de loin. Agissant au nom de multinationales établies en Europe, l'Union Européenne a officiellement défié la Loi du Massachusetts sur la Birmanie au sein de l'Organisation mondiale du commerce. Elle prétend que la loi violerait une réglementation de l'OMC interdisant que les achats gouvernementaux soient effectués sur une base « politique[26] ». Il a même été question que les municipalités et les États américains soient poursuivis par le gouvernement fédéral pour avoir violé la clause de l'OMC.

Bien que les législateurs fédéraux nient catégoriquement avoir eu cette intention, le 5 août 1998, le Congrès défit par une marge étroite une résolution qui aurait interdit au gouvernement d'utiliser des fonds publics pour porter l'affaire devant les tribunaux.

Pendant que se déroulait cette lutte commerciale, les multinationales n'ont pas attendu de voir si les accords d'achat sélectif allaient survivre. En avril 1998, le National Foreign Trade Council intenta une action auprès du tribunal du district fédéral de Boston pour déclarer inconstitutionnelle la Loi du Massachusetts sur la Birmanie. Le NFTC prétendait que « la Loi du Massachusetts sur la Birmanie constitue une ingérence directe dans le pouvoir souverain du gouvernement national concernant la politique étrangère, établit une discrimination envers les sociétés engagées dans le commerce à l'étranger, et contredit les politiques et objectifs du statut fédéral imposant des sanctions à l'Union du Myanmar[27] ». Bien que le NFTC eût obtenu une mesure de protection de l'identité des sociétés qui finançaient l'affaire, il affirma devant la cour que 30 de ses membres avaient été affectés par la Loi. Et en novembre 1998, le NFTC l'emporta : le tribunal jugeait inconstitutionnelle la Loi du Massachusetts sur la Birmanie, parce qu'elle « défie d'une façon inadmissible le pouvoir du gouvernement fédéral de réglementer les affaires étrangères[28] ».

L'État a déjà perdu en appel, mais les deux parties ont déclaré leur intention de porter le procès devant la Cour suprême. Le NFTC reconnaît ouvertement que le défi juridique consiste à établir un précédent susceptible de mettre un terme efficace à tous les accords municipaux d'achat sélectif, ainsi qu'aux interdictions des campus et des conseils d'établissements scolaires. « Nous considérons cette action comme un cas exemplaire majeur, qui déterminera la question significative, complexe et permanente du caractère constitutionnel des sanctions à l'échelle des États et des localités », a déclaré Frank Kittredge[29].

Pour leur part, les partisans de l'achat sélectif prétendent qu'ils ne tentent pas d'appliquer leur propre politique étrangère. Ils dénoncent comme impropre le terme « sanctions », dont leurs adversaires qualifient invariablement ces lois, car les accords d'achat sélectif ne constituent pas des réglementations imposées aux entreprises, mais plutôt une simple forme de pression à grande échelle de la part des consommateurs. Simon Billenness, le militant de la cause birmane qui a aidé à rédiger ces lois, les qualifie avec humour de « boy-cotts aux stéroïdes[30] ». De même qu'ils ont droit au choix individuel sur le marché, les consommateurs ont également un droit collectif, que ce soit dans les écoles, les conseils municipaux ou les gouvernements d'État. Il souligne également que les accords ont remporté par le passé d'importantes victoires sur le plan des droits de l'homme. À l'époque du mouvement anti-apartheid, cinq États américains, neuf villes et 59 universités ont adopté des résolutions interdisant strictement tout achat auprès de compagnies établies en Afrique du Sud, ou obligeant ces dernières à adopter les principes de Sullivan. « Si USA*Engage avait mené à bien son action durant les années d'apartheid, Nelson Mandela serait peut-être encore en prison », estime Simon Billenness[31].

Mais surtout, grâce à l'opposition aux ententes d'achat sélectif, des campagnes menées au nom de citoyens de pays lointains se sont changées en luttes pour les droits et libertés sur le plan local. Pour sa part, Billenness décrit la tentative de criminalisation de l'achat sélectif comme « une violation de la souveraineté de l'État et de la démocratie locale[32] ». Cela peut également se révéler un mauvais calcul tactique. En visant ces actions locales, le NFTC a activement renforcé les convictions mêmes qui avaient entraîné leur naissance, à savoir : que les sociétés sont devenues plus puissantes que les gouvernements ; que les gouvernements fédéraux ont cessé de servir les intérêts du peuple ; et qu'à la lumière de ces prémisses, les citoyens n'ont d'autre choix que d'affronter eux-mêmes le pouvoir des sociétés.

Le projet d'Accord multilatéral sur l'investissement ne saurait aider à résoudre ce problème. Pour l'instant, l'AMI est bloqué, mais ses partisans n'ont aucunement abandonné le projet. Selon une ébauche dévoilée à la presse en 1997, les accords d'achat sélectif pourraient devenir instantanément illégaux. L'Accord interdit explicitement la « discrimination » à l'égard des corporations, en fonction de leurs relations commerciales avec d'autres pays, et établit clairement que cette clause annulerait toutes les lois existantes, à tous les échelons du gouvernement – y compris les municipalités. Mais les multinationales bénéficieraient encore du statut juridique nécessaire pour intenter des poursuites directes contre les gouvernements pour toute discrimination supposée à cet égard. Bien des gens croient maintenant que l'AMI fera partie du prochain tour des négociations de l'Organisation mondiale du commerce.

De même que les associations de citoyens du monde entier se sont mobilisées contre l'AMI en 1998, plusieurs de ces groupes se sont déclarés prêts à résister à l'assaut de l'achat sélectif. Les militants de la libération de la Birmanie désirent dénoncer les corporations qui se cachent derrière les actions entreprises par le NFTC et les prendre pour cible lors de campagnes de boycott. Ils soulignent également que les gouvernements locaux peuvent aisément mener leurs « boycotts aux stéroïdes » avec ou sans résolutions formelles. La Ville de Vancouver constitue un cas d'espèce. En 1989, vers la fin du boycott de l'apartheid, Vancouver adopta une résolution d'achat sélectif interdisant l'usage de l'essence Shell dans ses véhicules municipaux, en raison des relations controversées de la compagnie avec l'Afrique du Sud. De semblables résolutions furent adoptées – la plupart relatives aux banques qui prêtaient à l'Afrique du Sud – par les conseils de Toronto, Ottawa et Victoria. Mais Shell Canada décida d'attaquer en justice la Ville de Vancouver pour discrimination. L'affaire traîna pendant presque cinq ans et, en février 1994, la Cour suprême du Canada statua, à cinq voix contre quatre, en faveur de Shell. Le Juge John Sopinka écrivit que le conseil avait en effet fait preuve de discrimination à l'encontre de Shell, et que les conseillers n'avaient d'autorité que sur des décisions d'acquisition concernant les intérêts des résidents de Vancouver – et non ceux de la population d'Afrique du Sud. Le boycott de Shell, conclut-il, « a pour but de peser sur des décisions qui dépassent les frontières de la Ville sans avantage identifiable pour ses habitants[33] ».

Shell obtint ce qu'elle voulait : le contrat pour l'essence de la Ville de Vancouver. Mais les problèmes de la compagnie étaient loin d'être terminés. Lorsque Shell devint à nouveau l'objet de l'opprobre international après la pendaison de Ken Saro-Wiwa, des militants locaux du Sierra Club recommencèrent à faire pression auprès du conseil de Vancouver afin qu'il rompe ses liens avec Shell. À la lumière du jugement de la Cour suprême, le conseil ne pouvait adopter de nouvelle résolution d'achat sélectif mais, par une pure coïncidence, le 8 juin 1997, il accorda un contrat de 6 millions pour l'alimentation de son parc d'ambulances et de véhicules de police et de pompiers, pour tout le district régional du Grand Vancouver, à Chevron, concurrent de Shell. Il est possible que la décision de la Ville n'ait été fondée que sur les mérites du devis de chaque compagnie, mais il ne fait aucun doute que la question des droits de l'homme avait constitué un facteur supplémentaire. Le Grand Vancouver comprend la municipalité la plus petite de Vancouver Nord ; moins de quatre mois avant que le contrat ne fût accordé à Chevron, les conseillers de Vancouver Nord avaient unanimement condamné le comportement de Shell en territoire ogoni et ordonné à leur personnel de ne pas acheter d'essence Shell. « Nous devons prendre position sur les grandes sociétés, sur le fait que Shell a violé les droits du peuple ogoni », dit à l'époque un conseiller[34]. Mais puisque la résolution de Vancouver Nord n'étant qu'une expression des convictions du conseil – il n'était pas question de contrats municipaux –, Shell ne put faire appel. Lorsque le contrat fut accordé à Chevron, les écologistes locaux, qui organisaient depuis plus d'un an des vigiles hebdomadaires devant des stations-services de Vancouver, célébrèrent cette victoire.

Mais était-ce une victoire ? Moins d'un an plus tard, Bola Oyinbo, un militant de 33 ans qui avait mené l'occupation d'une barge pétrolière de Chevron dans l'État d'Ondo, au Nigeria, envoyait le rapport suivant : « Juste au moment où nous nous préparions à partir, nous avons vu trois hélicoptères. Ils sont descendus comme des aigles fondant sur des poules. Nous ne nous attendions pas à ce qui a suivi. À mesure que les hélicoptères atterrissaient à tour de rôle en déchargeant des soldats, nous avons entendu des coups de feu. En fait, ils nous tiraient dessus, comme un commando, avant même d'atterrir. Ils tiraient partout. Arulika et Jolly sont tombés. Ils sont morts sur le coup. Larry, qui était près de lui, a couru à son aide, voulant le redresser, mais il a été blessé lui aussi. D'autres soldats sont arrivés et ils ont encore tiré. Certains de mes collègues ont sauté par-dessus bord dans l'Atlantique, d'autres ont couru sur la plate-forme. Il y a eu une confusion. Ils ont lancé des grenades lacrymogènes. Dans tous les hélicoptères [...] se trouvaient des Blancs. Nous étions sans défense et inoffensifs[35]. »

La manifestation qui avait commencé de manière paisible, le 25 mai 1998, se terminait trois jours plus tard dans un bain de sang et par la mort de deux activistes. Les circonstances étaient étrangement similaires à celles qui avaient déclenché la campagne de Ken Saro-Wiwa contre Shell, cinq ans plus tôt. « Allez voir la communauté Awoye pour voir ce qu'ils ont fait, écrit Oyinbo. Partout, il y a la mort : dans les palétuviers, les forêts tropicales, les poissons, l'eau douce, la faune, etc. Tout cela a été tué par Chevron... nos gens se plaignent de voir des "ruis-seaux morts". » Selon Oyinbo, la communauté tenta à plusieurs reprises de négocier avec Chevron, dont les cadres ne se présentèrent jamais aux rendez-vous. L'occupation de la barge amarrée constituait un dernier recours, disent-ils, et la seule exigence était une rencontre officielle avec Chevron.

Oyinbo et ses camarades accusent la compagnie d'avoir embauché les soldats qui ont mené l'attaque sur la barge, tuant deux hommes et en blessant jusqu'à 30 autres. Chevron rejette toute responsabilité quant aux gestes posés par les policiers sur sa plate-forme – ils ne faisaient qu'appliquer la loi contre les « pirates ». Mike Libbey, porte-parole de Chevron, nie que la compagnie ait payé les policiers pour intervenir, mais admet qu'elle a alerté les autorités et leur a fourni le transport jusqu'à la plate-forme. « Nous trouvons malheureux que des gens soient morts, peut-être inutilement, mais cela ne change rien au fait que, pour que Chevron puisse faire des affaires dans 90 pays du monde, nous devons collaborer avec des gouvernements de toutes sortes », déclara-t-il aux journa-listes[36]. La compagnie a de nouveau provoqué la colère de la communauté en refusant de verser des dommages aux familles des victimes – à l'exception des frais d'inhumation. « S'ils veulent d'autres indemnités, ils doivent nous écrire et la com-pagnie décidera peut-être de les aider, par compassion », a déclaré Deji Haastrup, responsable des relations avec la communauté chez Chevron[37]. Comme il fallait peut-être s'y atten-dre, le P.D.G. de Chevron, Ken Derr, est l'un des membres les plus actifs de USA*Engage et de sa croisade contre les sanc-tions et l'achat sélectif.

À la différence de Shell, Chevron n'est pas encore devenue la cible d'un boycott international, mais l'opinion a conscience des morts survenues le 28 mai. Peut-être parce que Bola Oyinbo n'avait pas les relations internationales de Ken Saro-Wiwa, les morts de ses deux collègues ne furent, au départ, annoncées que dans la presse nigériane. Triste ironie, Chevron a sans aucun doute bénéficié du fait que les militants aient pris la décision stratégique de concentrer leur critique sur la com-pagnie Shell, plutôt que sur l'ensemble de l'industrie pétrolière nigériane. La réelle hypothèse souligne l'une des limites importantes, et parfois inquiétantes, de la politique des marques.

En haut : Craig Kielburger, l'adolescent qui a réussi à attirer l'attention du monde sur le travail des enfants, reçoit un prix de Reebok, compagnie qui a été mêlée à plusieurs scandales de sweatshops.

En bas : « Certifié bio », « Recyclé », « Ami des dauphins ». Le « Hors-sweatshop » deviendra-t-il un autre logo pour consommateurs avertis ?

LA MARQUE COMME MÉTAPHORE

LES LIMITES DE LA POLITIQUE DES MARQUES

Dans cette industrie, la seule raison qu'on a de changer, c'est quand quelqu'un vous plante un long bâton dans l'arrière-train.

Bud Konheim, président de Nicole Miller Inc.,
société de fabrication de vêtements,
4 septembre 1997

QUAND LES MAUVAISES MARQUES S'EN TIRENT BIEN

Dans *One World, Ready or Not*, William Greider écrit que « faire une fixation sur les valeurs morales des compagnies – ou sur leur immoralité – invite le lecteur à tirer des conclusions vertueuses faciles et imméritées. [...] Pour vendre ses chaussures, Nike a concocté une idéologie particulièrement tordue – de scintillantes images de supervedettes du sport camouflant la brutalité humaine –, mais pourquoi mettre à part Nike ou Michael Jordan alors que le gouvernement américain est affecté par le même problème[1] ? » Greider a raison. Le comportement des multinationales prises individuellement n'est qu'un sous-produit d'un vaste système économique mondial, qui a régulièrement émancipé de toute contrainte le commerce, l'investissement et la sous-traitance. Si les sociétés concluent des accords avec d'inhumaines dictatures, vendent leurs usines et versent des salaires trop faibles pour être vivables, c'est parce que rien, dans nos règles de commerce international, ne les en empêche. Pour la plupart d'entre nous, tenter d'éliminer les inégalités inhérentes à la mondialisation de l'économie de marché semble une tâche monumentale. Mais se focaliser sur Nike ou sur Shell, et prendre le risque de changer le comportement d'une multinationale, peut permettre un accès cardinal à ce domaine complexe de la politique.

Les multinationales vedettes qui ont été le point de mire dans ce livre représentent la face spectaculaire du capitalisme mondial, mais lorsqu'elles sont soumises à un examen public, c'est le système entier qui, lui aussi, est traîné sous le microscope. Cette stratégie est souvent consciente chez les militants. La Campaign for Labor Rights, par exemple, admet ouvertement que « lorsque nous débattons de Nike, nous débattons de la nouvelle économie mondiale[2] ». Cliquez sur l'icône « Beyond McDonald's », sur le site Web McSpotlight, et vous apprendrez qu'en raison de son immense célébrité et de son indiscutable arrogance, [McDonald's] est tout simplement devenu le symbole de toutes les grandes sociétés qui cherchent le profit à tout prix ». Et Stephen Coats, expliquant pourquoi il avait choisi de faire de Starbucks le centre d'une campagne d'amélioration des conditions de travail dans l'industrie guatémaltèque du café, s'est contenté de dire : « Il faut bien commencer quelque part. Par une compagnie[3]. » Même les luttes des petites villes contre Wal-Mart se situent, du moins partiellement, à ce niveau symbolique. John Jarvis, un lobbyiste prônant la conservation des sites historiques et l'un des ennemis les plus explicites de Wal-Mart, explique que « le bon côté de Wal-Mart, c'est qu'il est assez gros, assez méchant et assez agressif pour poser nettement le problème de la croissance incontrôlée[4] ».

Mais lorsqu'un logo attire toute l'attention, même si on l'utilise dans un but tactique pour illustrer des questions plus vastes, d'autres sont indiscutablement épargnés. Nous l'avons vu, Chevron a reçu des contrats que Shell a perdus, et Adidas a bénéficié d'un retour massif sur le marché en imitant toutes les stratégies de Nike en faisant l'économie de la polémique. La société la plus hypocrite est Reebok, qui s'est empressée de capitaliser sur les affaires Nike en se positionnant comme la chaussure « responsable ». « Ce que recherchent les consommateurs, c'est ce que la compagnie représente », affirme Jo Harlow, vice-président marketing de Reebok, évoquant la disgrâce de Nike[5]. Et pour s'assurer que les consommateurs trouvent ce qu'ils recherchent chez Reebok, la compagnie a entrepris de distribuer le Prix Reebok des droits de l'homme, très en vue, à des militants scrutant le travail des enfants et les dictatures répressives. Sainte attitude de la part d'une compagnie qui produit un grand nombre de ses chaussures dans les mêmes usines que Nike, et qui a commis plus que sa part d'infractions aux droits de l'homme – mais avec moins de publicité.

Gerard Greenfield, dont l'investigation sur le terrain, dans des usines asiatiques de vêtements, de chaussures et de jouets, a constitué la pierre angulaire de dizaines de campagnes internationales, s'avoue fatigué qu'il y ait deux poids, deux mesures. Il souligne qu'en mars 1997, la communauté internationale s'est indignée qu'un groupe de femmes d'une usine de Nike appelée Pou Chen, au Vietnam, aient été battues par un contremaître et obligées de faire le tour des installations au pas de course. Mais, écrit-il, « moins d'un mois plus tard, la même punition sévère fut imposée à des travailleurs d'une autre usine de chaussures de Taiwan, Giant V. [...] Des informations sur cette affaire furent envoyées aux groupes qui militent sur les pratiques de travail à Pou Chen. Toutefois, en dépit de la gémellité de ces deux cas, les associations militantes des droits de l'homme et des travailleurs, en Europe, en Amérique du Nord et en Australie, ne les ont pas reprises, tout simplement parce que l'usine ne produit pas de chaussures Nike [...] On dirait que faute d'entretenir un lien avec Nike, ce genre d'incident n'est pas pertinent[6] ». Ainsi émerge des usines du Tiers-Monde une hiérarchie d'oppression perverse : lorsqu'il est question de faire appel à la solidarité internationale, les injustices sans logos sont priées de s'abstenir.

Dans son livre *In Sam We Trust*, Bob Ortega fait état d'un argument semblable à propos du mouvement anti-Wal-Mart : « Une ironie formidable – même si elle n'est guère appréciée des cadres de Wal-Mart – réside dans le fait que des centaines de villes et de banlieues nord-américaines luttent férocement pour tenir à l'écart le redoutable Wal-Mart, alors qu'un grand nombre de ces collectivités laissent entrer des tas d'autres supermagasins de vente au détail dont le seul but est d'imiter Wal-Mart à tout prix [...] Dans la mesure où les critiques de Wal-Mart lui reprochent de chasser des commerces du centre-ville, d'homogénéiser les collectivités, de tenter de miner tous les rivaux, de vendre des marchandises fabriquées dans des sweatshops ici comme à l'étranger, l'arbre le plus gros leur cache la forêt[7]. »

Mais cette approche, qui consiste à cibler le plus gros arbre, a une valeur certaine. Le frère de Ken Saro-Wiwa, Owens, souligne que, même si toutes les compagnies pétrolières ont des choses à se reprocher, le fait qu'une société en particulier soit visée – Shell Oil dans le cas du Nigeria – peut présenter des avantages concrets. « Il est important de ne pas faire en sorte que les gens se sentent impuissants. Après tout, ils ont besoin de mettre quelque chose dans leurs voitures. Si nous leur disons que toutes les compagnies sont coupables, ils auront l'impression de ne pouvoir rien faire. Ce que nous essayons de faire, en réalité, maintenant que nous avons telle ou telle preuve contre telle ou telle compagnie précise, c'est de permettre aux gens d'avoir le sentiment qu'ils détiennent au moins la force morale capable de faire changer une compagnie[8]. » Et d'ajouter que, puisque Shell contrôle plus de la moitié du pétrole du Nigeria, son sort servira de leçon à toutes les autres compagnies pétrolières, Chevron y compris.

QUAND DES SANS-MARQUE S'EN TIRENT MAL

Wiwa est convaincu que, étant donnée la pression continuelle, Shell finira par répondre aux revendications de la campagne de réparations économiques et écologiques en territoire ogoni. Les millions que Shell a déversés en relations publiques et en restructuration montrent déjà que même la compagnie la plus rentable du monde doit prendre au sérieux son image publique. Mais tout cela est largement lié à la visibilité et à la vulnérabilité de la marque Shell. Shell qui extrait une ressource brute du sol et de l'eau du Nigeria, mais à qui son logo permet de « marquer » cette ressource et de la vendre dans ses propres stations d'essence dans le monde entier. Et c'est à ce stade que les consommateurs choisissent entre Shell et Texaco, ou Shell et Chevron – choix arbitraire et fondé sur l'image, tout comme celui qui départage Coke et Pepsi, McDonald's et Burger King. Le pétrole, ressource brute, n'existe vraiment pour la plupart des gens que dès lors qu'il est devenu une marque.

On peut dire la même chose de la plupart des multinationales des industries des ressources naturelles. Les multinationales de l'exploitation minière, du gaz naturel, des semences et du bois font toutes le commerce de ressources pratiquement exemptes de marque, qu'elles vendent à des gouvernements et à des entreprises-clients, qui les transforment alors en biens de consommation. Puisque les producteurs de ressources ne vendent pas directement au public, ils n'ont guère à se soucier de leur image – un facteur qui souligne la limite peut-être ultime des militants, lesquels peuvent se trouver impuissants devant des sociétés qui se dégagent du jeu du branding.

Partout dans le monde, des enfants travaillent en effet dans des champs contaminés par des pesticides, des mines dangereuses et des usines de caoutchouc et d'acier où de petits doigts et de petites mains se font trancher ou broyer par de la machinerie lourde. Un grand nombre de ces enfants produisent des biens destinés à l'exportation : poisson en conserve, thé, riz, caoutchouc pour pneus. Mais leur misère n'a jamais saisi l'imaginaire du monde autant que celle des enfants qui fabriquent des ballons de football décorés du swoosh ou des vêtements de poupées Barbie, car leur exploitation est sans marque, et par conséquent moins identifiable, moins visible, dans notre monde obsédé par l'image.

Le mouvement Free Burma a ressenti cette limite d'une façon paroxystique. La campagne a étonnamment réussi à faire sortir du pays, par la honte, presque toutes les compagnies à marque, de Pepsi à Texaco. Lorsque Heineken se retira, en juin 1996, son P.D.G., Karel Vuursteen, ne mâcha pas ses mots au moment d'expliquer sa décision : « L'opinion publique et les questions relatives à ce marché ont changé à un point qui pourrait avoir un effet néfaste sur notre marque et notre réputation commerciale » – une autre victime de l'effet boomerang du branding[9]. Relativement parlant, les compagnies de bière, de soda et de vêtements n'ont jamais été des protagonistes majeurs en Birmanie. Le plus grand développement étranger – qui représente pour moitié la totalité de l'investissement étranger – consiste en un gazoduc de 1,2 milliard financé par Unocal, établi aux États-Unis, et Total, de propriété française. Mais « Unocal », faisait remarquer Human Rights Watch dans son Rapport mondial de 1997, « est restée indifférente à nos protestations ». Roger Beach, le P.D.G., a déclaré à la presse, d'un ton plein de défi : « Laissez-moi vous le dire sans équivoque : nous ne partirons que si la loi nous y oblige[10]. » Et pourquoi Beach devrait-il en effet se soucier des propos d'une bande d'étudiants et de quelques groupes religieux ? En 1997, Unocal se défit de ses derniers points de vente et raffineries aux États-Unis. C'est ainsi que nous n'achetons pas nos bouteilles d'Unocal chez Wal-Mart, nous ne collons pas le logo Unocal sur des casquettes de baseball et des t-shirts. Les militants ont tenté de lutter contre la compagnie par l'intermédiaire des tribunaux, jusqu'ici sans succès. Dès lors, l'image de marque est une arme ; une société sans marque peut se tirer d'affaire sans coup férir.

LES BOYCOTTS SECONDAIRES

Il y a toutefois des façons de contourner cet obstacle, comme l'ont découvert les Lubicons, de la nation autochtone des Cris, lorsque le géant japonais de la papeterie Daishowa Marubeni-International dévoila les plans d'une importante opération de coupe et de sciage sur un territoire que les Cris réclamaient comme étant le leur. Cette région du nord de l'Alberta a été l'objet d'une féroce dispute territoriale au cours de laquelle le gouvernement canadien a réussi à éviter de négocier un accord pendant 65 ans. Entre-temps, la coupe du bois et l'exploitation minière ont causé des torts massifs à l'écosystème et au mode de vie des Lubicons. Aussi, quand Daishowa refusa de renoncer à son opération de coupe pesant 500 millions de dollars jusqu'à ce que la dispute territoriale fut réglée, ce fut pour les Lubicons la goutte qui fit déborder le vase. Puisque ni le gouvernement ni la compagnie ne voulaient se montrer réceptifs, ils devraient partir en guerre directement contre Daishowa. Mais comment ? Daishowa n'est pas un nom répandu – l'entreprise abat des arbres et les change en objets de papier qu'elle vend en vrac à d'autres grandes sociétés. Comment peut-on cibler une compagnie qui n'a absolument aucune interaction avec le grand public ?

Les Amis des Lubicons, groupe de soutien de militants, débattaient de cette question autour d'une pizza, un soir de 1989, lorsqu'un membre du groupe examina l'emballage de Pizza Pizza sur la table et y vit, imprimée en petits caractères, la marque Daishowa. Et voilà. La stratégie de la campagne, décidèrent bientôt les Lubicons, serait de convoquer un « boycott secondaire » : ils demanderaient aux clients de Daishowa – entre autres Pizza Pizza, le détaillant vestimentaire canadien Roots ainsi que Woolworth – de rompre leurs liens avec Daishowa sous peine d'affronter eux-mêmes des boycotts. Même si Daishowa n'a en soi aucune image de marque, un grand nombre de ses clients en ont une, et les bonnes relations avec la clientèle revêtent souvent une importance centrale à leurs yeux. Bientôt, nombre d'entre eux commencèrent à acheter leurs emballages ailleurs. La stratégie réussit à ce point qu'en 1995, Daishowa traîna les Amis des Lubicons en justice, prétendant que le boycott était illégal et avait coûté à la compagnie 14 millions de dollars en pertes de revenus[11]. Mais le 14 avril 1998, un juge d'un tribunal de l'Ontario statua en faveur des Amis des Lubicons. Après le jugement, les Lubicons jurèrent de renouveler le boycott de plus belle, jusqu'à ce que Daishowa accepte de rester à l'écart du territoire revendiqué. Deux semaines plus tard, Daishowa renonça officiellement à la coupe et à l'achat de bois dans toute la zone contestée, jusqu'à ce que la dispute territoriale soit résolue[12].

Dès le début de son affrontement avec les Cris Lubicons, la société Daishowa insista pour dire qu'elle était injustement prise pour cible, maintenue dans le feu croisé d'une dispute entre la bande et le gouvernement. À maints égards, c'était vrai. Le fait de prendre pour cible la multinationale et ses clients constituait un geste de désespoir. Comme le dit Kevin Thomas, porte-parole des Amis des Lubicons : « Le gouvernement ne serait jamais intervenu tant que les Lubicons étaient les seuls à souffrir – les seuls qui étaient incapables de continuer comme si de rien n'était[13]. » En faisant en sorte que Daishowa ne puisse mener à bien son projet, les Lubicons se rapprochèrent d'une solution politique durable. Greider a raison : les entreprises ne constituent qu'une pièce du puzzle. Mais comme le montre l'affaire Daishowa, cette pièce du puzzle peut devenir le levier qui permet d'accéder à des changements politiques plus vastes et plus durables.

Le précédent Daishowa lance un avertissement retentissant à toutes les autres entreprises sans visage, fondées sur les ressources naturelles, qui mènent leurs opérations dans une relative obscurité. Les enquêteurs militants commencent à retracer le trajet des ressources naturelles dans toute l'économie, jusqu'au point où elles se changent en objets de consommation ; à ce stade, la pression du public peut intervenir sur le centre commercial, le supermagasin ou la chaîne d'épiceries. Le nickel se transforme en batteries, les cultures génétiquement modifiées en aliments emballés, les vieilles forêts en meubles, l'or en bijoux… Toute ressource naturelle finit par se changer en marque.

Cette stratégie a déjà connu un succès énorme lors de la campagne européenne contre les aliments génétiquement modifiés. Depuis des années, les militants s'étaient insurgés contre le géant de l'agroalimentaire Monsanto (la plus impénétrable des multinationales) et son refus d'étiqueter les aliments modifiés – dans le cas du soja, elle mélangeait même le soja non modifié avec le soja modifié. Mais lorsque les militants élargirent leurs cibles au-delà des compagnies telles que Monsanto et Novartis, responsables de modifications génétiques, pour y inclure les supermarchés qui vendaient leurs produits, la question finit par capter l'attention du monde. Lorsque les consommateurs s'insurgèrent à propos de la « Frankenbouffe » à leurs portes et que les militants de Greenpeace offrirent à des clients des « visites guidées d'information sur les aliments génétiques » dans leurs allées, les supermarchés ne purent se permettre de partager l'attitude recluse de Monsanto. Plusieurs grandes chaînes de supermarchés britanniques, dont Sainsbury, Tesco et Safeway, finirent par retirer les aliments bio-modifiés de leurs marques maisons. Marks & Spencer alla plus loin en éliminant de ses magasins, en mars 1999, tous les aliments renfermant des ingrédients génétiquement modifiés[14]. Les chaînes de toute l'Europe de l'Ouest suivirent, tout comme les géants alimentaires Unilever U.K., Nestlé U.K. et Cadbury.

Les écologistes adoptèrent une approche semblable auprès des compagnies forestières abattant les arbres de forêts anciennes en Colombie-Britannique. Au lieu d'affronter les bûcherons dans les profondeurs des bois – c'était la stratégie des manifestations de 1993 dans le détroit de Clayoquot –, Greenpeace et le Rainforest Action Network visent désormais des marques à profil élevé qui achètent des produits dérivés de bois de forêts anciennes. En réponse à cette pression, en décembre 1998, vingt des 500 plus grandes compagnies selon la revue *Fortune* – dont 3M, Kinko, Hallmark, IBM et Nike – déclarèrent, dans une annonce pleine page du *New York Times*, leur décision de ne plus utiliser de produits de forêts anciennes. Mais Home Depot – « le plus grand détaillant du monde de produits de la forêt ancienne », selon la campagne – refusa de signer, déclenchant une vague de protestations dans des dizaines de succursales Home Depot de l'Amérique du Nord, de même qu'à l'assemblée générale annuelle de la compagnie, à Atlanta, en mai 1999. La stratégie réussit : en août 1999, Home Depot annonça qu'elle éliminerait de son inventaire, avant 2002, les produits de bois provenant de forêts primitives.

Malgré le succès de ces stratégies, il semble étrange que nous ayons besoin de formuler à ce point les injustices sociales et écologiques pour qu'elles parviennent jusqu'aux consommateurs. D'une certaine façon, ces campagnes nous aident à nous préoccuper de certaines questions, non pas en raison de leur pertinence intrinsèque, mais parce que nous avons les accessoires qui vont avec : des chaussures Nike, du Pepsi, et un chandail Gap. Si nous avons vraiment besoin de la présence scintillante de logos vedettes pour développer un sentiment de partage humanitaire et de responsabilité collective envers la planète, le militantisme de marque est peut-être l'ultime accomplissement du branding. D'après Gerard Greenfield, la solidarité politique internationale est en train de devenir tellement dépendante des logos que ces symboles d'entreprises menacent maintenant de rejeter dans l'ombre les véritables injustices. Parlez du gouvernement, parlez des valeurs, parlez des droits, ça va, parfait, mais parlez de la *consommation,* et vous aurez toute notre attention. « Si nous ne pouvons parler des droits collectifs et des luttes des ouvriers que dans le contexte du choix des consommateurs, écrit Greenfield, il semble que nous affrontions un plus grand défi que celui que nous envisagions : développer une conscience critique, populaire et sociale[15]. »

Il ne fait aucun doute que l'action contre les grandes sociétés danse en équilibre précaire entre droits du consommateur satisfait et engagement politique. Les militants peuvent exploiter le profil que les marques confèrent aux questions des droits de l'homme et de l'environnement, mais ils doivent prendre garde que leurs campagnes ne dégénèrent en simples guides de la consommation responsable, simples tuyaux pratiques pour sauver le monde au moyen de boycotts et de choix de style de vie individuels. Vos baskets sont-elles « fabriquées hors sweatshop » ? Vos tapis « responsables » ? Vos ballons de football « contre la main-d'œuvre enfantine » ? Votre lotion hydratante est-elle « contre les tests sur des animaux » ? Votre café est-il « équitable » ? Certaines de ces initiatives ont une valeur authentique, mais les défis du marché du travail mondial sont trop vastes pour être définis – ou limités – par nos intérêts de consommateurs.

Il fallut peu de temps, par exemple, au groupe de travail de la Maison-Blanche sur les sweatshops, établi en réponse au scandale Kathie Lee Gifford, pour devenir un exercice de consommation comme les autres. Toutes les exigences substantielles de réforme de la loi du travail furent immédiatement détournées vers un nouvel ordre du jour : à quelles conditions les compagnies américaines devraient-elles répondre avant de pouvoir coudre une étiquette « fabriqué hors sweatshop » sur leurs vêtements ? La priorité immédiate consistait à trouver une façon rapide et facile de protéger le droit des Occidentaux d'acheter sans culpabilité des objets de marque. Fait révélateur, l'initiative d'étiquetage « Hors sweatshop » de Bill Clinton prend modèle sur la mention « Ami des dauphins » qui figure sur les boîtes de thon, et assure les acheteurs qu'aucun dauphin adoré ne fut tué dans la mise en conserve du poisson. Ce dont cette proposition ne tient pas compte, c'est que les droits des travailleurs du vêtement, à la différence de ceux des dauphins, ne peuvent être assurés par un symbole sur une étiquette, l'équivalent d'une date de péremption ; et qu'essayer de le faire ne représente rien de moins que la privatisation en bloc de leurs (et de nos) droits politiques. Tout ce cirque me rappelle une caricature du *New Yorker* qui montre une famille à la Norman Rockwell en train de déballer des cadeaux sous un arbre de Noël. Alors que les parents découvrent une paire de baskets neuves, la mère demande : « Et celles-ci, qu'est-ce qu'elles ont, comme droits humains ? »

Cette approche pose un autre problème. Nous vivons, selon l'expression de Susan Sontag, à l'« ère du shopping », et tout mouvement qui s'ancre dans la culpabilité des gens parce qu'ils vont au centre commercial doit se préparer à une réaction violente. De plus, les activistes qui mènent ce mouvement ne sont pas d'austères technophobes opposés par principe à la consommation. Nombre d'entre eux sont des créatifs dans la vingtaine qui conçoivent des détournements de pub sur leurs Macs portables et estiment qu'il doit bien rester de l'espace qui ne soit ni destiné à leur vendre quelque chose ni encombré des débris de notre culture de consommation. Ce sont des jeunes hommes et des jeunes femmes de Hong Kong et de Djakarta, qui portent des Nike et mangent chez McDonald's, et me disent qu'ils sont trop occupés à conscientiser les travailleurs d'usine pour se soucier de la politique occidentale du style de vie. Et tandis que les Occidentaux se prennent la tête à propos du genre de chaussures et de chemises qu'il est responsable d'acheter, les gens qui suent dans les usines recouvrent les murs de leurs dortoirs de publicités McDonald's, peignent des insignes de la Ligue américaine de basket-ball sur leurs portes, et adorent tout ce qui concerne « Mîîckey ». Les organisateurs syndicaux de la zone de Cavite s'habillent souvent, pour aller travailler, de faux t-shirts Disney ou Tommy – des imitations à bas prix provenant du marché local. Comment résolvent-ils cette contradiction entre leurs vêtements et leur colère à l'endroit de ces multinationales ? Ils me disent n'y avoir jamais songé ainsi ; la politique, à Cavite, concerne la lutte pour des améliorations concrètes de la vie des travailleurs – et non le nom qui se trouve sur le t-shirt que l'on porte.

À bien des égards, les codes de conduite des grandes sociétés sont les dérivés les plus controversés des actions à l'encontre des marques. Dès que des multinationales telles que Nike, Shell, Mattel et Gap ont cessé de nier l'existence d'exactions commises sur leurs sites de production et d'extraction de ressources, elles se sont mises à rédiger chartes de principes, codes d'éthique, notes de service exaltant leur ouverture d'esprit, et autres signes de bonne volonté qui ne les liaient absolument pas sur le plan juridique. Ce bla-bla ne s'appuyait pas sur les exigeants principes de la responsabilité en affaires : non-discrimination, respect de l'environnement et de la loi. Si un client fouineur voulait savoir comment avaient été fabriqués tel ou tel produit, le service des relations publiques se contentait de lui envoyer un exemplaire du code dont on eût dit qu'il s'agissait de la liste des ingrédients figurant sur l'emballage d'un surgelé.

Quand on prend connaissance de ces codes, il est difficile de ne pas se laisser emporter par l'idéalisme exalté qu'ils véhiculent. Ces documents renvoient à leur lecteur l'image d'une innocence parfaite, libérée de l'histoire, comme pour dire : Pourquoi cette surprise ? Nous avons toujours été comme ça... et on peut bien excuser le lecteur de se demander, ne serait-ce qu'un instant, s'il ne s'agit pas tout simplement, comme l'affirment les compagnies, d'un grave malentendu, d'une « crise de communication » avec un entrepreneur véreux, de quelque chose qui se serait perdu en cours de traduction.

Les codes de conduite sont d'une redoutable subtilité. À la différence des lois, ils ne sont pas applicables. Et à la différence des contrats syndicaux, ils n'ont pas été rédigés en collaboration avec des administrateurs d'usine pour répondre aux exigences et aux besoins des employés. Tous, sans exception, ont été rédigés par des services de communication, du côté de

New York et de San Francisco, au lendemain immédiat d'une embarrassante enquête médiatique : le code Wal-Mart arriva après que l'on eut appris que ses usines du Bangladesh faisaient appel au travail des enfants ; le code Disney suivit les révélations à propos d'Haïti ; Levi's élabora sa politique après le scandale du travail des prisonniers. Leur premier but n'était pas de réformer, mais de « museler les associations de surveillance des usines à l'étranger », ainsi que suggéra à ses clients Alan Rolnick, avocat de l'Association américaine des fabricants de vêtements[16].

Les compagnies qui se sont empressées d'adopter ces codes ont cependant commis une grave erreur de calcul en sous-estimant, comme d'habitude, la quantité d'informations qui circule entre ouvriers et villageois d'Afrique, d'Amérique centrale et d'Asie, entre militants nord-américains et européens – c'est pourquoi, au lieu de « museler » qui que ce soit, pareils documents n'ont servi qu'à soulever d'autres questions. Pourquoi Shell n'a-t-elle pas fait traduire son manifeste, *Profits and Principles*, en aucune langue sinon le néerlandais ? Pourquoi, jusqu'à il y a deux ans, les codes de Nike et de Gap n'étaient-ils disponibles qu'en anglais ? Pourquoi n'étaient-ils pas distribués aux ouvriers dans les usines ? Pourquoi constatait-on une si grande différence entre les intentions affichées dans les codes et les rapports de première main provenant des zones et des champs pétrolifères ? Qui doit contrôler l'observance de ces codes à tous les niveaux des entreprises et de leur sous-traitance ? Qui les mettra en application ? Et quelles sanctions pour les contrevenants ?

Ces hybrides de textes publicitaires et du *Manifeste du parti communiste* ont provoqué une réaction. Les associations de surveillance à l'étranger ont continué de donner l'alerte – ce qui n'a rien d'étonnant. Les campagnes contre les grandes sociétés sont alimentées, du moins en partie, par le sentiment profond que les gens sont saturés de marketing – c'est pourquoi tout supplément de marketing est bien la dernière chose susceptible de les détendre. Un groupe de militants anti-Shell exploita cet argument d'une façon spectaculaire, en mars 1999, après que Shell eut lancé une campagne de marketing de 32 millions, qui ne manquait pas de récupérer la rhétorique des militants de la Brent Spar et de la cause des Ogonis. « Exploiter ou explorer ? » demande l'annonce glacée de Shell.

« Toute entreprise veut laisser sa marque. Cependant, dans les régions sensibles du monde, comme nos forêts tropicales et nos océans, les cicatrices de l'industrialisation ne sont que trop apparentes. Notre climat partagé et nos ressources naturelles limitées nous concernent plus que jamais, et rien ne sert d'adopter l'attitude "comme c'est au beau milieu de nulle part, qui le saura ?" Nous sommes capables, chez Shell, de prendre conscience des bienfaits du respect de l'environnement. Si nous faisons de l'exploration pour découvrir des réserves de pétrole et de gaz dans des régions sensibles du monde, nous consultons largement les diverses associations d'intérêts locaux et mondiaux. À travers ce travail de concertation, notre but est de faire en sorte que soit préservée la biodiversité de chaque lieu. Nous essayons aussi d'encourager ces associations à surveiller nos progrès, afin de pouvoir réviser et améliorer nos méthodes de travail[17]. »

Loin de réduire le flot des critiques, l'extravagant budget dépensé par Shell en communication – alors que les doléances des Ogonis restaient en suspens et que les exigences de contrôle indépendant étaient continuellement ajournées – eut pour effet de déclencher une forme particulière de réaction violente : la réaction contre le « baratin vert ». Essential Action, au cœur du boycott de Shell, lança donc une campagne de cartes postales disant aux cadres de la compagnie : « Dépensez pour nettoyer vos dégâts, pas votre image ! » Et, en avril 1999, des militants londoniens lancèrent de la peinture verte et rouge sur les portes du siège social international de la compagnie. La peinture verte, dirent les auteurs anonymes, était destinée à donner à Shell « un avant-goût de son propre baratin vert[18] ».

Lancer de la peinture est une méthode. Une autre, de plus en plus populaire, consiste à renvoyer au visage des grandes sociétés les promesses contenues dans leurs codes de conduite. Nouvelle illustration de la théorie du jiu-jitsu politique de Saul Alinsky : « Aucune organisation [...] ne peut être fidèle à la lettre à ses propres écrits. Vous pouvez les démolir à mort avec leurs règles et leurs lois[19]. » Bama Athreya, de l'International Labor Rights Fund, établi aux États-Unis, explique comment pareille stratégie peut fonctionner en relation avec le noble code de conduite de Nike : « Avouons-le, les hypocrites sont beaucoup plus intéressants que les simples malfaiteurs, et il est beaucoup plus facile de sensibiliser la presse et l'opinion à l'échec de Nike à appliquer son propre code de conduite, qu'à son échec à se plier à la loi indonésienne du travail[20]. »

Lorsqu'il devint clair que la futilité de ces codes de conduite n'était en rien susceptible de faire taire le mécontentement (et l'avait peut-être même exacerbé), plusieurs multinationales passèrent à une variété plus avancée de code d'entreprise. Ces codes qui ne les liaient pas sur le plan juridique, qui continuaient à s'appliquer sur la base de la bonne volonté, et sans grand contrôle, vont néanmoins au-delà de la simple déclaration de bonnes intentions. Et dès 1998, il en fleurit, ici et là, tant de variantes que même les militants anti-sweatshops les plus engagés avouèrent avoir perdu le fil. Certains furent rédigés en collaboration avec des associations de défense des droits de l'homme ou des experts occidentaux en investissement responsable. D'autres, tel le code de partenariat dans l'industrie du vêtement de Bill Clinton, furent rédigés selon l'emplacement du siège social des multinationales. Gap possède un code qui ne s'applique qu'à une seule usine au Salvador, sous contrôle des représentaux locaux des droits de l'homme ; un code adopté par Levi's, Mattel et Reebok se réfère spécifiquement à leurs activités respectives en Chine. Un code sur le travail des enfants, rédigé par l'Unicef, le Bureau international du travail et une association de fabricants pakistanais, a été signé par tous les grands fabricants de ballons de football ; il permet le contrôle indépendant, de même que l'éducation et la réinsertion des enfants travailleurs. Après la déferlante de militantisme étudiant anti-sweatshops de 1998 et 1999, des dizaines d'universités adoptèrent leurs propres codes, avant de décider de signer massivement le code de Clinton. Entre-temps, la Collegiate Licensing Company avait proposé son code anti-sweatshops, applicable aux 160 institutions américaines qu'elle représente – certaines écoles avaient donc affaire à trois niveaux de code. À la différence des codes rigoureux adoptés par des universités telles que Duke, le code de la CLC ne comprend aucune clause de révélation et n'exige pas que les entrepreneurs versent un salaire vivable, mais seulement un salaire minimum.

Surplombant cet empilement de codes, il y en eut un rédigé par le Council on Economic Priorities, association de protection des consommateurs de New York, en collaboration avec plusieurs grandes sociétés. Le protocole du CEP autorisait l'inspection des usines quant à leur respect d'un ensemble de normes relatives à des points essentiels, tels la santé, la sécurité, les heures supplémentaires, le travail des enfants, et ainsi de suite. Les multinationales des marques, comme Avon et

Toys 'R' Us, au lieu de tenter d'appliquer leurs propres codes dans le monde entier, se contentaient d'envoyer leurs commandes aux usines conformes au code. Ces usines étaient contrôlées par une société de vérification privée, qui certifiait les usines conformes en leur accordant la mention « SA8000 » (SA pour « Social Accountability », responsabilité sociale). Pour bien des multinationales, ce protocole était outrageusement exigeant ; l'American Apparel Manufacturers Association, par exemple, mit en place son propre code, moins rigoureux, qui certifiait également conformes des usines « hors sweatshop ».

Dès le milieu de 1999, toute la question des sweatshops s'était évidemment perdue dans un labyrinthe de codes conflictuels. Les syndicats et les associations religieuses qui avaient souscrit au partenariat de Clinton se retirèrent pour dénoncer l'insuffisance de son application et de ses mesures de surveillance, et accusèrent les associations de défense des droits de l'homme demeurées en partenariat de s'être « vendues ». Les militants étudiants anti-sweatshops lancèrent une offensive contre le maintien de leurs universités dans le partenariat Clinton, au motif qu'aucun code rédigé ou donnant lieu à des contrôles par les sociétés elles-mêmes – même à distance – ne pouvait être fiable. Le contrôle devait être effectué par des syndicats ou par des groupes de défense des droits de l'homme.

Pour ajouter à la confusion, on assista à l'étrange regroupement de plusieurs associations de défense des droits de l'homme et d'associations de travailleurs. En 1999, certaines des multinationales les plus décriées de la planète – Dow Chemical, Nestlé, Rio Tinto, Unocal – s'empressèrent de monter des partenariats avec des groupes de défense des droits de l'homme ainsi qu'avec le Programme de développement des Nations Unies. Ensemble, ils lancèrent de nouvelles organisations portant des noms tels que le Business Humanitarian Forum, Partners in Development, et Global Sustainable Development Facility, qui promettaient d'« améliorer les communications et la coopération entre sociétés mondiales et organisations humanitaires[21] ». En fait, les multinationales et les associations de défense des droits de l'homme ont les mêmes buts, prétendaient-ils ; les droits de l'homme favorisent le commerce – ils constituent « un élément supplémentaire du bilan ».

Il est tentant de considérer ce radical changement de cap de la part de tant de multinationales comme une victoire massive pour les militants qui ont combattu les Nike et les Shell pendant toutes ces années. Peut-être les grandes sociétés ont-elles vraiment vu la lumière, et avons-nous trouvé un terrain d'entente. [...] Debora L. Spar, professeur d'études commerciales à Harvard, est de ceux qui saluent l'aube de cette ère nouvelle. Elle affirme que la montée du militantisme de marque a si bien réussi à humilier les grandes sociétés que les multinationales n'ont plus d'intérêt financier à laisser commettre des abus. Elle qualifie cette théorie de « phénomène du projecteur de scène ». Les réglementations extérieures ne sont pas nécessaires car « les firmes se débarrassent des fournisseurs abusifs ou les poussent à changer d'attitude, parce que c'est maintenant dans leur intérêt financier, écrit-elle. Le projecteur ne transforme pas la morale des gestionnaires américains. Il modifie leurs résultats financiers[22] ».

Il ne fait aucun doute que des compagnies telles que Nike ont appris que les abus à l'égard des droits de l'homme peuvent leur coûter cher. Mais le projecteur sous lequel se retrouvent ces compagnies est à la fois mobile et aléatoire : il est capable d'éclairer quelques recoins de la chaîne de production mondiale, mais l'obscurité enveloppe encore le reste. Les droits de l'homme, loin d'être garantis par ce balayage, sont respectés de façon sélective : les réformes ne semblent être appliquées que là où le rayon du projecteur a été vu pour la dernière fois. Et rien ne prouve que ce processus réformateur ait pour destin d'aboutir à quelque norme universelle de comportement responsable des grandes sociétés, qui serait appliquée dans le monde entier ; et on ne voit surgir à l'horizon aucun dispositif d'application à vocation universelle.

Ce qui résulte plutôt de la prolifération de codes de conduite spontanés et d'initiatives de commerce responsable, c'est un magma aléatoire de gestion de crise. Au milieu de 1999, par exemple, alors que Nike faisait figure de sauveur, en Indonésie, pour avoir augmenté ses salaires, elle rompait également ses liens avec les travailleurs mieux rémunérés des Philippines et filait vers la Chine, où les droits des travailleurs sont moins protégés, le contrôle quasi impossible et les salaires les plus bas. Levi's s'est retirée de Birmanie parce que sa conscience morale ne lui permettait tout simplement pas de rester, mais ce ne fut que pour retourner en Chine, quelques années plus tôt, pour la même raison. La compagnie rédigea ensuite un code de conduite révolutionnaire pour la Chine, tout en congédiant des milliers de travailleurs européens et nord-américains. Entre-temps, Gap faisait figure de modèle d'ouverture et de réforme au Salvador, alors même que des manifestants, devant ses magasins de New York et de San Francisco, dénonçaient les conditions de travail aberrantes dans ses usines de Saipan et de Russie. En outre, les informations divergeaient sérieusement : les codes les plus rigoureux étaient-ils vraiment appliqués, et la vaste majorité des travailleurs du monde entier en avait-elle même entendu parler ? Naturellement, aucun système de contrôle n'est encore en place pour donner une image fidèle de ce qui se passe dans les usines. Il ne fait aucun doute que des initiatives créatives et efficaces sont nées de ces imbroglios communicationnels ; reste que cette approche fragmentée ne constitue nullement une façon de jeter les bases d'une politique d'écologie ou de travail durable pour l'économie mondiale.

Si la façon dont les multinationales comme Nike et Shell ont traité leurs scandales respectifs semble incroyablement chaotique, s'agissant d'exploitants aussi rationnels, ce chaos pourrait bien être délibéré. Si les codes ne parviennent pas à éradiquer les abus, ils sont en revanche très efficaces quand il s'agit de dissimuler les divergences entre multinationales et citoyens sur la meilleure façon de légiférer contre les abus concernant la main-d'œuvre et l'environnement. Même si elles s'accordent sur la nécessité de s'attaquer à un problème (le travail des enfants, par exemple), lorsqu'elles discutent responsabilité et partenariats, les deux parties demeurent engagées dans une lutte de pouvoir classique.

Depuis que certaines des plus grandes multinationales ont cessé de nier l'existence de violations à l'encontre des droits de l'homme dans leurs opérations de production mondiale, le débat n'a jamais porté sur la nécessité de mettre en place des mécanismes de contrôle, mais sur le choix de l'organisme qui sera chargé de le faire. Le peuple et ses représentants démocratiquement élus ? Les sociétés mondiales elles-mêmes ? Les codes privés indiquent clairement la direction dans laquelle les grandes sociétés veulent se diriger. La véritable question est la suivante : Quelle réponse les citoyens obtiendront-ils ?

Le message sous-jacent aux codes de conduite est pétri d'une nette hostilité envers l'idée que les citoyens peuvent – à travers les syndicats, les lois et les traités internationaux – prendre le contrôle de leurs propres conditions de travail et des conséquences écologiques de l'industrialisation. Dans les années 1920 et 1930, lorsque les crises relatives aux sweatshops, au travail des enfants et à la santé des travailleurs constituaient le fer de lance du programme politique en Occident, ces problèmes avaient été attaqués de front au moyen d'une syndicalisation massive, et la négociation directe entre travailleurs, employeurs et gouvernements avait engendré des lois nouvelles et rigoureuses. Pareil phénomène pourrait à nouveau survenir, mais cette fois à une échelle mondiale, grâce à l'application de traités existants du Bureau international du travail, si ceux-ci était observés avec la même rigueur que celle dont fait aujourd'hui preuve l'Organisation mondiale du commerce dans son application des règles du commerce mondial.

Déjà, la Déclaration des droits de l'homme des Nations Unies reconnaît le droit à la liberté d'association. Si le respect de ce droit devenait une condition essentielle au commerce et à l'investissement, le statut des zones de libre-échange s'en trouverait métamorphosé du jour au lendemain. Les travailleurs de ces zones auraient-ils obtenu le droit de négocier sans craindre des mesures gouvernementales répressives ou la fermeture immédiate d'une usine, ce besoin de codes privés et de surveillance indépendante viendrait à disparaître ou presque. Dans des pays comme les Philippines et l'Indonésie, les gouvernements appliqueraient ces normes associées à leurs propres lois, sous peine de répercussions économiques. Mais ce genre de réglementation rigide, c'est exactement ce que le secteur des grandes sociétés combat avec tant de pugnacité depuis l'introduction du libre-échange – en limant les dents aux déclarations et aux traités de l'ONU, et en s'opposant fermement à toute proposition destinée à nouer des liens entre commerce et codes du travail et de l'environnement. En fait, c'est précisément ce genre de réglementation que les multinationales tentent maintenant de contourner dans cette frénésie de rédaction de codes.

Quand Nike et des dizaines d'universités furent entrés dans le partenariat de la Maison-Blanche, Charles Kernaghan vit clairement que le mouvement anti-sweatshops qu'il avait aidé à lancer était devenu tout autre chose. Finie l'époque où la tâche la plus pressante était de convaincre des compagnies qu'elles avaient un problème. « Nike espère récupérer notre mouvement, écrit-il. Ce à quoi nous assistons n'est rien d'autre qu'une lutte pour prendre le contrôle du programme d'éradication des abus dans les sweatshops. Le message implicite de Nike, c'est : "Laissez-nous faire. Nous avons des codes de conduite. Nous avons un groupe de travail. Nous nous en occuperons nous-mêmes. Rentrez chez vous et oubliez les sweatshops[23]." »

Il y a quelque chose d'orwellien dans l'idée de transformer, ainsi que le font les codes privés, l'application des droits fondamentaux de l'homme en une industrie multinationale, soumise comme toute autre industrie au contrôle de qualité. Les normes mondiales du travail et de l'environnement doivent être réglementées par des lois et des gouvernements – et non par un consortium de transnationales et leurs comptables, en fonction des conseils de leurs bureaux de communication. En définitive, les codes de conduite des grandes sociétés – qu'ils soient rédigés par des compagnies isolées ou regroupées, qu'ils impliquent la mise en œuvre de mécanismes de contrôles indépendants ou qu'ils s'en tiennent à un vain blablabla – n'ont rien à voir avec des lois contrôlées démocratiquement. Même le plus sévère des codes de travail ne peut obliger les multinationales à se soumettre à une autorité collective extérieure. Il leur fait, au contraire, acquérir un pouvoir sans précédent d'un autre genre : celui d'élaborer leurs propres systèmes juridiques privés, d'enquêter et de maintenir l'ordre elles-mêmes, les transformant en quasi-États-nations.

C'est une lutte de pouvoir, et il ne faut pas s'y tromper. Dans un éditorial du *Journal of Commerce*, les codes de conduite sont explicitement présentés aux employeurs comme un substitut rassurant à une réglementation imposée de l'extérieur. « Le code volontaire aide à désamorcer une question épineuse lors de toute négociation commerciale internationale, à savoir l'intégration des normes du travail dans les accords commerciaux. Au cas où [...] le problème des sweatshops trouverait sa solution hors du contexte commercial, les normes du travail perdront leur qualité d'outils entre les mains des protectionnistes[24]. »

De tels avertissements suggèrent qu'en dépit de l'inefficacité des gouvernements et de la rhétorique triomphaliste des grandes sociétés, des mécanismes subsistent au moyen desquels réglementer les multinationales. Comme nous l'avons vu, il existe des accords commerciaux et des lois concernant l'achat sélectif local, ainsi que des campagnes d'investissement responsable – mais des clauses pourraient également concerner les prêts et l'assurance garantis par les gouvernements dans le cadre de l'investissement à l'étranger, et le gouvernement pourrait s'engager dans des missions commerciales. Sans doute est-il peu réaliste de suggérer que les multinationales accepteraient de telles restrictions de leur mobilité mondiale. Et puis, les quatre dernières années ont vu les multinationales les plus puissantes et les plus rentables du monde contraintes à redresser continuellement la barre du côté de leur communication. Si la volonté publique existe, la barre peut être soulevée davantage, arrachant ces questions au contrôle des grandes sociétés et les introduisant de force dans le domaine public.

En haut : Des agriculteurs français protestent contre la réduction des subventions en jetant dans la Seine des sacs de gluten de maïs et de moulée pour la volaille, Paris, novembre 1992.
En bas : Les leaders du G8 posent pour la photo de famille officielle, Cologne, juin 1999.

CONCLUSION

CONSOMMATEURS ET CITOYENS

Au bar de mon hôtel de Rosario, les bières étaient d'une voluptueuse fraîcheur, et la bande du Centre d'assistance aux travailleurs commençait à être pompette. Nous discutions, une fois de plus de la valeur des codes de conduite. Zernan Toledo (partisan de la révolution armée – pour lui, ce n'est qu'une question de temps) donna alors un coup de poing sur la table. « Comme ces documents sont rédigés par les transnationales, ils ne serviront que les transnationales. Tu n'as pas lu Marx ? »

« C'est différent, maintenant, ai-je objecté. Avec la mondialisation, il est indispensable d'avoir des normes communes, et ce ne sont certainement pas les gouvernements qui les fixent. »

« La mondialisation, ça n'a rien de nouveau. Nous l'avons toujours eue, la mondialisation », intervint Arnel Salvador, un autre organisateur du WAC. Ses yeux étaient fixés non pas sur moi, mais sur quelque chose de l'autre côté du bar. Je séjournais dans le seul hôtel situé à proximité de la zone franche industrielle de Cavite, et il était, comme d'habitude, bourré de propriétaires d'usines, d'entrepreneurs et d'acheteurs en visite, venus passer là une soirée karaoké tout en concluant des accords de fabrication de vêtements et d'appareils électriques bon marché. Je suivis le regard d'Arnel jusqu'à ce jeune homme affalé dans son fauteuil, les pieds sur la table, et les genoux écartés tel un maître du monde. Moderne et branché, il aurait pu figurer dans l'une des nombreuses pubs de téléphones portables infestant la télé asiatique. « Aucun Philippin ne s'assiérait ainsi », a dit Arnel lentement, sa voix d'ordinaire chaleureuse devenue glaciale. « Aucun Philippin ne s'assiérait ainsi. »

Les investisseurs étrangers amateurs de karaoké de l'hôtel Mountain and Sea, à Rosario, font partie de la longue et amère histoire de la colonisation aux Philippines : les Espagnols y arrivèrent en conquérants, les Américains y établirent des bases militaires et firent de la prostitution adolescente l'une des plus grandes industries du pays. Maintenant que le colonialisme est mort et enterré, l'armée américaine s'est retirée et les nouveaux impérialistes sont les entrepreneurs taiwanais et coréens des zones franches industrielles, qui harcèlent sexuellement des Philippines de 18 ans aux chaînes d'assemblage. En fait, plusieurs zones de libre-échange des Philippines (mais pas Cavite) sont construites sur des terrains qui, à peine quelques années auparavant, abritaient des bases militaires américaines et, dans tout le pays, les travailleurs sont transportés dans des jeeps de l'armée américaine converties en minibus. Pour Arnel Salvador et Zernan Toledo, les joies tant vantées de la mondialisation économique reviendraient plus ou moins au même : le patron a tout simplement troqué son uniforme militaire pour un complet italien et un portable Ericsson.

Le lendemain de notre soirée au bar, j'étais assise avec Nida Barcenas dans la cour arrière du Centre d'assistance aux travailleurs, et je lui ai demandé ce qui la motivait, d'un soir à l'autre, à se traîner d'un pas lourd jusqu'aux dortoirs, à 23 heures, pour rencontrer ses travailleurs du vêtement enfin revenus du travail. Ma question l'a prise par surprise. « Parce que je veux aider les travailleurs. Je veux vraiment les aider », a-t-elle répondu. Puis, le calme solide qui l'aide à tenir tête aux patrons de la zone et aux petits fonctionnaires locaux s'est évanoui, et de grosses larmes ont roulé sur ses joues lisses. Elle a réussi à dire : « C'est comme l'a dit Arnel – ça fait tellement longtemps. » Ce qui est tellement long, ce n'est pas la lutte menée pour les droits de ses camarades d'usine, bien qu'elle veuille dire cela aussi. Ce qui a été si long, c'est la lutte menée contre les propriétaires suzerains, contre les dictateurs militaires et, maintenant, contre les propriétaires d'usines étrangères. J'ai éteint le magnétophone et nous sommes restées assises en silence jusqu'à ce que sa collègue, Cecille Tuico, nous apporte tranquillement des tasses de crème glacée à la vanille, sucrées et sirupeuses, qui se sont transformées en soupe au soleil.

Parce que la mission principale du Centre d'assistance aux travailleurs est de permettre aux travailleurs de faire valoir leurs droits, les organisateurs du WAC n'apprécient guère que des Occidentaux déboulent dans la zone en brandissant des codes de conduite, et en traînant derrière eux des équipes de contrôle armées de caméras. « La solution la plus efficace à ces problèmes, dit Nida Barcenas, se trouve chez les travailleurs mêmes, à l'usine. » Et les codes de conduite, dit-elle, sont peu susceptibles de servir, car les travailleurs ne jouent aucun rôle dans leur rédaction. Quant au contrôle indépendant, Zernan Toledo croit que, peu importe qui l'accomplit, il est miné du fait qu'il provient de l'extérieur. Il ne fera que renforcer l'idée que ce ne sont jamais les travailleurs qui s'occupent de leur destin. Pour certains, ce rejet complet relève de l'entêtement et de l'ingratitude, rejet injuste de tout le travail bien intentionné qui s'accomplit à Washington, à Londres ou à Toronto. Mais le droit de s'asseoir à une table de négociation – même si on n'obtient pas de résultat idéal –, tel est justement le droit fondamental pour lequel le mouvement syndical international se bat depuis ses origines : celui à l'autodétermination. Pour illustrer la distinction, Zernan Toledo invoque le vieil aphorisme : « Si vous donnez un poisson à un homme, il mangera pendant une journée. Mais si vous lui enseignez à pêcher, il mangera toute sa vie. » C'est ainsi que, chaque soir, au Centre d'assistance aux travailleurs, Zernan, Arnel, Cecille et Nida enseignent la pêche aux travailleurs. Un petit tableau noir est installé dans la cour arrière du côté du poulailler, et les organisateurs y animent à tour de rôle des séminaires. Cinquante travailleurs se présentent, un seul parfois. Même si cette façon de faire sera sans doute plus longue que l'utilisation des codes préétablis, avec contrôles, les membres du WAC disent qu'ils sont prêts à prendre le temps. Comme le dit Nida, cela fait déjà « tellement longtemps » qu'il se pourrait bien qu'ils aient raison.

Pareil message ne concerne pas seulement Cavite, mais tous ceux qui se préoccupent des excès des grandes sociétés dans le monde. Lorsque nous demandons à ces dernières d'élaborer, à notre place, les protocoles du travail collectif et des droits de l'homme, nous avons déjà perdu de vue le principe fondamental de la citoyenneté : à savoir que les gens doivent se gouverner eux-mêmes. Nike, Shell, Wal-Mart, Microsoft et McDonald's sont devenues les métaphores d'un système économique mondial qui s'est fourvoyé, en grande partie parce qu'à la différence des magouillages d'arrière-cuisine qui affectent l'ALENA, le GATT, l'APEC, l'OMC, l'AMI, la CEE, le FMI, le G8 et l'OCDE, les méthodes et objectifs de ces compagnies sont simples. Travailleurs et observateurs étrangers comprennent très bien à quoi ils ont affaire : aux meilleurs et aux plus puissants instruments d'éducation populaire, susceptibles d'éclairer pour nous le labyrinthe d'acronymes et d'accords secrets et centralisés qui constitue le marché mondial.

En tentant d'incarcérer notre culture collective dans les cocons hygiéniques et contrôlés des marques, ces entreprises se sont attiré la vague d'opposition décrite dans le présent ouvrage. En absorbant goulûment critiques sociales et mouvements politiques pour conférer du « sens » à leurs marques, elles ont abouti à radicaliser cette opposition encore davantage. En abandonnant leur rôle traditionnel d'employeurs directs et sûrs pour courir après leur rêve de branding, elles ont perdu la crédibilité qui les mettait jadis à l'abri de la colère des citoyens. Et en assenant à toute une génération de travailleurs la litanie de l'autosuffisance, elles ont involontairement permis à leurs critiques d'exprimer cette colère sans crainte.

Les marques nous ayant entraînés dans ce labyrinthe, nous ne devons pas nous attendre à ce qu'elles nous en sortent. Nike et Shell nous ont ouvert les yeux sur le monde beaucoup plus complexe et moins prestigieux du droit international. Nous aurons du mal, mais nous trouverons nous-mêmes la sortie, en citoyens. Nous nous sentirons peut-être un peu semblable à Thésée serrant son fil entre ses doigts à l'entrée du labyrinthe du Minotaure, mais tant pis. Les solutions politiques – émanations du peuple et applicables par ses représentants élus – méritent que nous fassions une nouvelle tentative avant de baisser les bras en nous satisfaisant des codes d'entreprises, du contrôle indépendant et de la privatisation de nos droits de citoyens.

La tâche est redoutable, mais elle présente un avantage certain. Le sentiment claustral de désespoir qui a souvent été de pair avec la colonisation de l'espace public et la perte de la sécurité de l'emploi commence à se dissiper lorsqu'on songe aux possibilités qu'offrait une société dotée d'un véritable esprit mondial, englobant non seulement la mondialisation de l'économie et du capital, mais également les citoyens, les droits et les responsabilités. Nous avons, pour beaucoup d'entre nous, mis un certain temps à trouver notre équilibre dans cette nouvelle arène internationale, mais nous en sommes plus près que jamais, en raison, essentiellement, d'une accélération du mouvement produite par l'épopée des marques.

La première étape a eu pour résultat la naissance d'un réseau étonnamment bien développé de projets d'éducation populaire. En 1995, l'International Forum on Globalization organisa son premier Global Teach-In à New York, qui réunissait des scientifiques, militants et chercheurs de renom afin d'examiner les impacts d'un libre marché mondial sur la démocratie, les droits de l'homme, le travail et l'environnement naturel. Il y eut des séminaires sur l'ALENA, l'APEC, le FMI, la Banque mondiale, l'ajustement structurel du Nord à tous les corps ou accords commerciaux mondiaux, et sur d'autres questions que l'on avait jamais comprises mais que l'on avait peur de poser. La conférence de New York attira plusieurs centaines de personnes, mais la deuxième, à Berkeley, en Californie, en rassembla 2000 (sans publicité préalable ni couverture des médias – seulement quelques affiches et listes de *e-mail*). Quelques mois plus tard, à Toronto, une conférence devant encore plus de participants, et de tels rassemblements se sont tenus sur des campus universitaires du monde entier.

Aujourd'hui, les leaders mondiaux ne peuvent déjeuner ensemble sans que quelqu'un organise un contre-sommet qui rassemble des foules, des travailleurs de sweatshops essayant de syndiquer les zones, aux enseignants combattant l'emprise des grandes sociétés sur l'éducation. Lors de ces événements – à Genève, à Cologne et à Birmingham –, des modèles alternatifs de mondialisation se déversent dans les rues le jour, cependant que les fêtes de *Reclaim the Streets* se poursuivent toute la soirée.

Il est parfois difficile de dire si ces tendances constituent le début d'une ère véritablement nouvelle ou les derniers soubresauts d'un ordre très ancien. S'agit-il, comme me l'a demandé le professeur d'ingénierie et activiste de la paix Ursula Franklin, de simples « pare-vents » qui créent un abri temporaire pendant la tempête qui secoue les grandes sociétés, ou des pierres angulaires de quelque édifice indépendant, qu'on n'a pas encore imaginé ? Quand j'ai commencé à écrire ce livre, je ne savais vraiment pas si je couvrais des scènes de résistance atomisées et marginales, ou la naissance d'un vaste mouvement potentiel. Mais avec le temps, j'ai clairement constaté que c'était bien un mouvement qui prenait forme sous mes yeux.

Il y a trois ans, à Berkeley, j'assistais à un groupe de discussion sur la mondialisation, et je me sentais frustrée du fait que les orateurs avaient tous plus de 50 ans et qu'il restait à établir des liens avec des résistants culturels et militants anti-entreprises de la génération des collégiens. Un an plus tard, ces générations d'activistes et de théoriciens intervenaient déjà dans plusieurs domaines, conférant urgence et profondeur d'analyse à leurs gestes réciproques. En même temps, des campagnes centrées sur une seule entreprise en un seul endroit – Shell au Nigeria, par exemple, ou Nike en Indonésie – avaient fusionné et entamaient un processus intellectuel de pollinisation croisée, souvent par le biais d'un simple clic de lien hypertexte, grâce au Net.

Ce mouvement émergent a déjà une victoire à son crédit : l'élimination de l'Accord multilatéral sur l'investissement du programme de l'Organisation de coopération et de développement économiques, en avril 1998. Comme l'a fait remarquer, à l'époque, le *Financial Times* un tantinet ébahi : « L'arme décisive des opposants est l'Internet. Fonctionnant à l'échelle mondiale grâce à des sites Web, ils ont condamné l'accord proposé comme étant une conspiration secrète ayant pour but d'assurer aux multinationales une domination sur la planète, et mobilisé une monumentale résistance populaire internationale. » L'article citait également un représentant de l'Organisation mondiale du commerce qui disait : « Les ONG ont goûté au sang. Elles reviendront[1]. » En effet.

Le 18 juin 1998, ces liens virtuels furent concrétisés lorsqu'une coalition d'associations comprenant *Reclaim the Streets* et *People's Global Action* organisèrent la seconde Global Street Party, qui coïncidait cette fois avec la rencontre du G8 à Cologne, en Allemagne. L'événement, présenté comme un « carnaval mondial contre le capital », visait carrément le pouvoir des grandes sociétés. Partout dans le monde, des fêtes de protestation se tinrent dans les quartiers de la finance, devant des édifices boursiers, des supermagasins, des banques et les sièges sociaux de multinationales. Forte de son action simultanée dans 70 villes différentes, cette journée constituait l'acte de naissance fictif d'un nouveau protagoniste politique mondial : elle manifestait l'avenir et la créativité du mouvement – et montrait comme jamais la force de la colère qui bouillonne contre les entreprises.

Même s'ils étaient organisés à l'échelle locale, tous les événements avaient un thème commun. Au Bangladesh, des travailleurs du vêtement organisèrent une manifestation contre les conditions de travail dans les sweatshops ; à San Francisco, on manifesta devant des magasins Gap contre ces mêmes conditions. À Montevideo, en Uruguay, des militants métamorphosèrent la place principale du quartier financier en exposition de « commerce équitable », avec des kiosques dénonçant tous les abus des grandes sociétés, du travail des enfants au commerce des armes ; à Madrid, l'entrée de la Bourse fut bloquée. Et à Cologne, lors du sommet du G8, des associations européennes organisèrent un contre-sommet exigeant l'effacement de la dette des pays du Tiers-Monde. Se joignirent à l'événement 500 paysans indiens qui avaient traversé l'Europe occidentale dans une « caravane interconti-nentale ». En cours de route, ils avaient fait halte devant les sièges sociaux d'entreprises agroalimentaires telles Cargill et Monsanto, dont les semences brevetées et génétiquement modifiées ont enterré sous les dettes nombre de paysans indiens.

Le jour même de la manifestation pacifique des paysans indiens à Cologne, le quartier financier de Londres se trans-forma en zone de guerre – depuis les émeutes de 1990 contre un projet de réforme fiscale, la ville n'avait rien vu de sem-blable. Ce rassemblement de 10 000 personnes débuta comme une classique fête politique surréaliste de RTS. Les rues, après avoir été dégagées par les vélos de Critical Mass, furent envahies par des militants vêtus de fripes au dos desquelles on avait peint des slogans. Ils dansèrent dans l'entrée de tours de bureaux, formèrent une chaîne humaine autour de l'édifice du Trésor et organisèrent des sit-in pacifiques dans plusieurs banques. Entre-temps, banquiers et courtiers en investisse-ment arrivaient au travail en vêtements décontractés, la police leur ayant conseillé de « se mêler » aux militants pour ne pas écoper de tartes à la crème. Mais au fil de la journée, la foule se divisa en groupes plus petits et la violence monta graduel-lement. Un groupe pénétra avec fracas dans le Future Exchange (la bourse des opérations à terme), faisant éclater tout le verre du lobby, perturbant les transactions boursières automatisées et provoquant l'évacuation de l'édifice. Dans d'autres secteurs de Londres, un restaurant McDonald's, une banque et un concessionnaire Mercedes Benz furent mis à sac, une fourgonnette de la police renversa un manifestant, et plusieurs policiers furent blessés. La violence éclata également dans les rues d'Eugene, en Oregon : des fenêtres de banques et de restaurants de fast-food furent brisées, des voitures prises d'assaut ; des manifestants lapidèrent des policiers, et des policiers lancèrent sur les manifestants des jets de poivre. Dans les deux villes, le message politique sur l'aggravation des disparités économiques et sur les exactions de la mondialisation de l'économie de marché fut noyé sous le bruit du verre brisé.

À Genève, le message était clair comme de l'eau : plutôt que de lancer des pierres aux fenêtres, les manifestants arrivèrent munis d'éponges, de savon et de raclettes pour laver les façades des grandes banques du centre-ville. Les organisateurs expliquèrent à la presse qu'ils voulaient seulement aider ces belles institutions à nettoyer les taches laissées par la dette paralysante du Tiers-Monde et l'or nazi. À Port Harcourt, au Nigeria, l'ambiance du « Carnaval des opprimés » était au militantisme mais aussi à la célébration. Une foule de 10 000 personnes accueillaient le retour au bercail du frère de Ken Saro-Wiwa après des années d'exil. Après avoir écouté un discours d'Owens Wiwa, la foule s'avança jusqu'aux portes du siège social local de Shell Oil et en bloqua l'entrée pendant plusieurs heures. L'étape suivante eut lieu dans une rue portant le nom de feu le dictateur nigérian, le général Sani Abacha : des membres de la foule ôtèrent la plaque et rebaptisèrent temporairement la route d'après le nom d'un des hommes dont il avait volé la vie : Ken Saro-Wiwa. Selon les organisateurs : « On a dansé et chanté dans les rues, et on a amené au point mort Port Harcourt, capitale pétrolière du Nigeria. »

Tout cela se passa en un seul et même jour.

Quand cette résistance commença à prendre forme, au milieu des années 1990, elle ressemblait à une coalition protectionniste rassemblée par la nécessité de combattre tout ce qui était mondial. Mais la formation de liens à travers les frontières nationales a donné naissance à un programme différent, qui embrasse la mondialisation tout en cherchant à l'arracher à l'emprise des multinationales. Actionnaires responsables, adversaires du logo à l'école et militants de la surveillance Internet des grandes sociétés commencent à réclamer une solution de rechange citoyenne au règne international des marques. Même si, dans certaines régions du monde, on se contente encore d'en parler en chuchotant, de crainte de représailles, elle requiert la formation d'une résistance – à la fois high-tech et populaire, focalisée et fragmentée – dont le niveau de mondialisation et de coordination équivaut à celui qui caractérise les multinationales qu'il s'agit d'ébranler.

NOTES

INTRODUCTION : UNE TRAME DE MARQUES

1. Industrie Canada, « Importations canadiennes – 25 premiers produits. Origine : Indonésie. »
2. Site Web de Levi Strauss, 1996.

CHAPITRE UN : UN MONDE MARQUÉ

1. « Government Spending Is No Substitute for the Exercise of Capitalist Imagination », *Fortune*, septembre 1938, p. 63-64.
2. Ellen Lupton et J. Abbott Miller, *Design Writing Research : Writing on Graphic Design*, New York, Kiosk, 1996, p. 177.
3. Roland Marchand, « The Corporation Nobody Knew : Bruce Barton, Alfred Sloan, and the Founding of the General Motors "Family" », *Business History Review*, 22 décembre 1991, p. 825.
4. Randall Rothberg, *Where the Suckers Moon*, New York, Vintage, 1995, p. 137.
5. Les statistiques sont issues des prévisions de dépenses publicitaires de McCann-Erikson, parues dans *Advertising Age* et le *Rapport des Nations unies sur le Développement* de 1998. La plupart des observateurs de l'industrie estiment que les dépenses américaines provenant des marques mondiales représentent 40 pour cent de l'ensemble des dépenses publicitaires dans le reste du monde. Les dépenses publicitaires canadiennes, recensées d'une façon moins rigoureuse, suivent le même taux de croissance, mais avec des chiffres inférieurs. Par exemple, de 1978 à 1994, elles sont passées de 2,7 à 9,2 milliards de dollars (source : « A Report Card on Advertising Revenues in Canada », 1995).
6. Yumiko Ono, « Marketers Seek the "Naked" Truth in Consumer Psyches », *Wall Street Journal*, 30 mai 1997, p. B1.
7. *Daily Mail* (Londres), 17 novembre 1997.
8. *Wall Street Journal*, 14 avril 1998.
9. *Boston Globe*, 21 juillet 1993.
10. *Marketing Management*, printemps 1994.
11. *Economist*, 10 avril 1993.
12. Statistiques américaines des 100 premiers annonceurs à l'échelle nationale : « 100 Leading National Advertisers », *Advertising Age*, 29 septembre

1993. Au Canada, le total des dépenses publicitaires a également baissé, en 1991, de 2,95 %, et à nouveau de 0,3 % en 1993. (Source : « A Report Card on Advertising Revenues in Canada », 1995.)

13. Jack Myers, *Adbashing : Surviving the Attacks on Advertising*, Parsippany, N.J., American Media Council, 1993, p. 277.

14. *Guardian*, 12 juin 1993.

15. Shelly Reese, « Nibbling at Brand Loyalty », *Cincinnati Enquirer*, 11 juillet 1993, p. G1.

16. Scott Bedbury, s'adressant à l'Association of National Advertisers en tant que vice-président du marketing chez Starbucks, cité dans le *New York Times*, 20 octobre 1997.

17. Howard Shultz, *Pour Your Heart into It*, New York, Hyperion, 1997, p. 5.

18. Tom Peters, « What Great Brands Do », *Fast Company*, août/septembre 1997, p. 96.

19. Geraldine E. Willigan, « High-Performance Marketing : An Interview with Nike's Phil Knight », *Harvard Business Review*, juillet 1992, p. 92.

20. Tom Peters, *The Circle of Innovation*, New York, Alfred A. Knopf, 1997, p. 16.

21. Jennifer Steinhauer, « That's Not a Skim Latte, It's a Way of Life », *New York Times*, 21 mars 1999.

22. Association of National Advertisers.

23. *Wall Street Journal*, 1er avril 1998, dans « Trends in Corporate Advertising, a joint project of the Association of National Advertisers and Corporate Branding Partnership, in association with the *Wall Street Journal*. »

24. Donald Katz, *Just Do It : The Nike Spirit in the Corporate World*, Holbrook, Adams Media Corporation, 1994, p. 25.

25. « In the Super Bowl of Sport Stuff, the Winning Score is $2 Billion », *New York Times*, 11 février 1996, section 8, p. 9.

26. John Heilemann, « All Europeans Are Not Alike », *New Yorker*, 28 avril & 5 mai 1997, p. 175.

27. « Variations : A Cover Story », *New York Times Magazine*, 13 décembre 1998, p. 124.

28. *Report on Business Magazine*, World in 1997.

29. *Business Week*, 22 décembre 1997.

30. Sam I. Hill, Jack McGrath and Sandeep Dayal, « How to Brand Sand », *Strategy & Business*, deuxième trimestre 1998.

31. Peters, *The Circle of Innovation*, p. 337.

CHAPITRE DEUX : LA MARQUE SE RÉPAND

1. *Business Week*, 24 mai 1999, et *Wall Street Journal*, 12 février 1999.

2. Matthew P. McAllister, *The Commercialization of American Culture*, Thousand Oaks, Sage, 1996, p. 177.

3. *Ibid.*, p. 221.

4. *Wall Street Journal*, 12 février 1999.

5. Lesa Ukman, « Assertions », *IEG Sponsorship Report*, 22 décembre 1997, p. 2.

6. *Advertising Age*, 28 septembre 1998.

7. « Old-fashioned Town Sours on Candymaker's New Pitch », *Wall Street Journal*, 6 octobre 1997, p. A1.

8. Gloria Steinem, « Sex, Lies & Advertising », *Ms.*, juillet/août 1990.

9. « Chrysler Drops Its Demand for Early Look at Magazines », *Wall Street Journal*, 15 octobre 1997.

10. *Independent*, 5 janvier 1996, p. 1, et *Evening Standard*, 5 janvier 1996, p. 12 ; et Andrew Blake, « Listen to Britain », in *Buy This Book*, sous la direction de Mica Nava, Andrew Blake, Iain MacRury et Barry Richards, Londres, Routledge, 1997, p. 224.

11. *Saturday Night*, juillet/août 1997, p. 43-51.

12. « MTV Man Warns about Branding », *Globe and Mail*, 19 juin 1998, p. B21.

13. « Sing a Song of Selling », *Business Week*, 24 mai 1999.

14. Michael J. Wolf, *The Entertainment Economy*, New York, Times Books, 1999, p. 66.

15. Interview diffusée à l'émission de City TV *New Music*, spécial « Smokes and Booze », le 22 février 1997.

16. Interview diffusée à l'émission de City TV *New Music*, le 9 septembre 1995.

17. Kyle Stone, « Promotion Commotion », *Report on Business Magazine*, décembre 1997, p. 102.

18. Ann Powers, « Everything and the Girl », *Spin*, novembre 1997, p. 74.

19. Wolf, *The Entertainment Economy*, p. 29.

20. « And the Brand Played On », *Elm Street*, avril 1999.

21. « Star Power, Star Brands », *Forbes*, 22 mars 1999.

22. Willigan, « High-Performance Marketing », p. 94.

23. Katz, *Just Do It*, p. 8.

24. *New York Times*, 20 décembre 1997, p. A1.

25. Katz, *Just Do It*, p. 284.

26. *Ibid.*, p. 34, 231.

27. *Ibid.*, p. 30-31.

28. *Ibid.*, p. 36, 119.

29. *Ibid.*, p. 233.

30. *Ibid.*, p. 24.

31. *Ibid.*, p. 24.

32. « Michael Jordan's Full Corporate Press », *Business Week*, 7 avril 1997, p. 44.

33. Katz, *Just Do It*, p. 35.

34. « Space Jam Turning Point for Warner Bros., Jordan », *Advertising Age*, 28 octobre 1996, p. 16.

35. « Merchandise Upstages Box Office », *Wall Street Journal*, 24 septembre 1996.

36. « Armchair Adventures », *Globe and Mail*, 11 janvier 1999, p. C12.

37. Katz, *Just Do It*, p. 82.

38. Roy F. Fox, « Manipulated Kids : Teens Tell How Ads Influence Them », *Educational Leadership*, septembre 1995, p. 77.

CHAPITRE TROIS : TOUT EST ALTERNATIF

1. Matériel publicitaire de Mean Fiddler obtenu par l'auteur.

2. « Woodstock at 25 » (éditorial), *San Francisco Chronicle*, 14 août 1994, p. 1.

3. « Hits replace jingles on TV Commercials », *Globe and Mail*, 29 novembre 1997.

4. Robert Goldman and Stephen Papson, *Sign Wars : The Cluttered Landscape of Advertising*, New York, Guilford Press, 1996, p. 43.

5. *Greater Baton Rouge Business Report*, 28 juin 1994, p. 30. Decoteau est co-propriétaire du magasin Serape, à Baton Rouge.

6. Eric Ransell, « IBM's Grassroots Revival », *Fast Company*, octobre/novembre 1997, p. 184.

7. *Campaign*, 30 mai 1997.

8. *USA Today*, 4 septembre 1996.

9. « Levi's Blues », *New York Times Magazine*, 21 mars 1998.

10. « Job Titles of the Future », *Fast Company*, octobre/novembre 1997, p. 54.

11. Marc Gunther, « This Gang Controls Your Kids' Brains », *Fortune*, 27 octobre 1997.

12. *Ibid.*

13. Robert Sullivan, « Style Stalker », *Vogue*, novembre 1997, p. 182, 187-188.

14. Janine Lopiano-Misdom et Joanne De Luca, *Street Trends : How Today's Alternative Youth Cultures are Creating Tomorrow's Mainstream Markets*, New York, HarperCollins Business, 1997, p. 11.

15. Norman Mailer, « The Faith of Graffiti », *Esquire*, mai 1974, p. 77.

16. « Off the Street [...] », *Vogue*, avril 1994, p. 337.

17. Lopiano-Misdom et De Luca, *Street Trends*, p. 37.

18. Erica Lowe, « Good Rap ? Bad Rap ? Run-DMC Pushes Rhyme, Not Crime », *San Diego Union-Tribune*, 18 juin 1987, p. E-13.

19. Christopher Vaughn, « Simmons' Rush for Profits », *Black Enterprise*, décembre 1992, p. 67.

20. Lisa Williams, « Smaller Athletic Firms Pleased at Super Show ; Shoe Industry Trade Show », *Footwear News*, 16 février 1987, p. 2.

21. *Advertising Age*, 28 octobre 1996.

22. Josh Feit, « The Nike Psyche », *Willamette Week*, 28 mai 1997.

23. Tommy Hilfiger, rapport annuel 1997.

24. Paul Smith, « Tommy Hilfiger in the Age of Mass Customization », in *No Sweat : Fashion, Free Trade, and the Rights of Garment Workers*, sous la direction d'Andrew Ross, New York, Verso, 1997, p. 253.

25. Nina Munk, « Girl Power », *Fortune*, 8 décembre 1997, p. 137.

26. « Old Navy Anchors Micro-Radio Billboard », *Chicago Sun-Times*, 28 juillet 1998.

27. Éditorial, *Hermenaut #10 : Popular Culture*, 1995.

28. Nick Compton, « Who Are the Plastic Palace People ? », *Face*, juin 1996, p. 114-115.

29. Lopiano-Misdom et De Luca, *Street Trends*, p. 8-9.

30. *Ibid.*, p. 110.

31. James Hibberd, « Bar Hopping with the Bud Girls », *Salon*, 1er février 1999.

32. *Business Week*, 12 avril 1996.

33. *Hype !*, Doug Pray, 1996.

34. Susan Sontag, « Notes on Camp », in *Against Interpretation*, New York, Anchor Books, 1986, p. 275.

35. *Ibid.*, p. 283.

36. *Ibid.*, p. 288.

37. *Globe and Mail*, 22 novembre 1997.

38. *Women's Wear Daily*, 7 novembre 1997.

CHAPITRE QUATRE : LE BRANDING DE L'ÉDUCATION

1. Myers, *Adbashing*, p. 151.

2. *Wall Street Journal*, 24 novembre 1998.

3. « A La Carte Service in the School Lunch Program », document préparé pour Subway par Giuffrida Associates, Washington, D.C.

4. *Wall Street Journal*, 15 septembre 1997.

5. The Center for Commercial-Free Public Education, Oakland, Californie, communiqué du 9 octobre 1997.

6. *Extra ! The magazine of Fairness and Accuracy in Reporting*, mai/juin 1997, vol. 10, n° 3.

7. *Wall Street Journal*, 24 novembre 1997, p. B1.

8. « Captive Kids : Commercial Pressures on Kids at School », document de Consumers Union, 1995.

9. Josh Feit, « Nike in the Classroom : Nike's effort to teach kids about treading lightly on Mother Nature meet with skepticism from educators and consumer watchdogs », *Willamette Week*, 15 avril 1998.

10. « ZapMe ! Sparks Battle Over Ads », *Associated Press*, 6 décembre 1998.

11. « Schools Profit from Offering Pupils for Market Research », *New York Times*, 5 avril 1999.

12. *Advertising Age*, 14 août 1995.

13. Kim Bolan, *Vancouver Sun*, 20 juin 1998, p. B5.

14. *Ibid.*

15. Associated Press, 25 mars 1998.

16. Stuart Ewen, *Captains of Consciousness*, New York, McGraw-Hill, 1976, p. 90.

17. *Wisconsin State Journal*, 21 mai 1996.

18. *Kentucky Gazette*, 17 juin 1997.

19. Associated Press, 13 avril 1996.

20. Les deux citations sont extraites d'entrevues personnelles de l'auteur avec des participants à l'incident survenu à l'Université Kent State.

21. Mark Edmundson, *Harper's*, septembre 1997.

22. *Science*, vol. 273, 26 juillet 1996, et *Science*, vol. 276, 25 avril 1997.

23. « A Cautionary Tale », *Science*, vol. 273.

24. Michael Valpy, « Science Friction », *Elm Street*, décembre 1998.

25. *Science*, vol. 276, 25 avril 1997.

26. W. Cohen, R. Florida, W. R. Goe, « University-Industry Research Centers in the United States », Pittsburgh, Carnegie Mellon University Press, 1994.

27. *Business Week*, 22 décembre 1997.

28. Julianne Basinger, « Increase in Number of Chairs Endowed by Corporations Prompt New Concerns », *Chronicle of Higher Education*, 24 avril 1998, p. A51.

29. « ZapMe ! Invites Ralph Nader Back to School », *PR Newswire*, 10 décembre 1998.

30. Janice Newson, « Technical Fixes and Other Priorities of the Corporate-Linked University : The Humanists' Challenge », document présenté au Humanities Research Group de l'Université de Windsor, octobre 1995.

CHAPITRE CINQ : PAPA COOL

1. Jeanie Russell Kasindorf, « Lesbian Chic », *New York*, 10 mai 1993, p. 35.

2. Dinesh D'Souza, « Illiberal Education », *Atlantic Monthly*, mars 1991, p. 51.

3. John Taylor, « Are You Politically Correct ? », *New York*, 21 janvier 1991.

4. J. Walker Smith et Ann Clurman, *Rocking the Ages*, New York, HarperCollins, 1997, p. 88.

5. *Vogue*, novembre 1997.

6. « Starbucks Is Ground Zero in Today's Coffee Culture », *Advertising Age*, 9 décembre 1996.

7. Jared Mitchell, « Out and About », *Report on Business Magazine*, décembre 1996, p. 90.

8. « Everything and the Girl », *Powers*, p. 74.

9. Gary Remafedi, Simone French, Mary Story, Michael D. Resnick et Robert Blum, « The Relationship between Suicide Risk and Sexual Orientation : Results of a Population-Based Study », *American Journal of Public Health*, janvier 1998, vol. 88, n° 1, p. 57-60.

10. Goldman et Papson, *Sign Wars*, p. v.

11. Richard Goldstein, « The Culture War Is Over ! We Won ! (For Now) », *Village Voice*, 19 novembre 1996.

12. Theodore Levitt, « The Globalization of Markets », *Harvard Business Review*, mai/juin 1983.

13. Remarque de Sumner Redstone lors du congrès annuel de Drexel Burnham Lambert, en janvier 1990. Il a émis un commentaire similaire dans une entrevue accordée à *Forbes* en octobre 1994 : « MTV est associée aux forces de la liberté et de la démocratie du monde entier. Lorsque le mur de Berlin s'est effondré, certains gardes est-allemands tenaient des parapluies MTV. MTV est à l'avant-garde. Elle est irrévérencieuse. Elle est anti-establishment. »

14. Scripps Howard News Service, 19 juillet 1997.

15. *Times* (Londres), 2 septembre 1993, p. A5, version remaniée d'un discours prononcé par Rupert Murdoch le 1er septembre 1993.

16. Extrait d'un discours prononcé par Kofi Annan, secrétaire général des Nations unies, le 17 octobre 1997.

17. Rapport des Nations unies sur le Développement, 1997, tableau 2.1.

18. *Ibid.*, figures 2, 2b.

19. « Western Companies Compete to Win Business of Chinese Babies », *Wall Street Journal*, 15 mai 1998. La citation est de Robert Lipson, président de U.S.-China Industrial Exchange Inc., qui ouvre des hôpitaux pédiatriques en coentreprise en Chine.

20. Bernard Wysocki, « In Developing Nations Many Youths Splurge, Mainly on U.S. Goods », *Wall Street Journal*, 26 juin 1997.

21. Chip Walker, « Can TV Save the Planet ? », *American Demographics*, mai 1996, p. 42.

22. Cyndee Miller, « Teens Seen as the First Truly Global Consumers », *Marketing News*, 27 mars 1995.

23. Renzo Rosso, *FoRty*, à compte d'auteur.

24. *Wall Street Journal*, 26 juin 1997.

25. Dirk Smillie, « Tuning in First Global TV Generation », *Christian Science Monitor*, 4 juin 1997.

26. Walker, « Can TV Save the Planet ? », p. 42.

27. Tim Brennan, « 'PC' and the Decline of the American Empire », *Social Policy*, été 1991, p. 16.

28. *Ibid.*

29. *New York Times*, 8 décembre 1997, p. D12.

30. Sarah Eisenstein, *Give Us Bread But Give Us Roses*, New York, Routledge, 1983, p. 32.

31. Dorothy Inglis, *Bread and Roses*, New York, Killick Press, 1996, p. 1.

CHAPITRE SIX : LA BOMBE DU BRANDING

1. James Howard Kunstler, *The Geography of Nowhere*, New York, Touchstone, 1993.

2. Bob Ortega, *In Sam We Trust*, New York, Times Books, 1998, p. 75.

3. Sam Walton avec la collaboration de John Huey, *Sam Walton, Made in America : My Story*, New York, Doubleday, 1992, p. 110.

4. *Globe and Mail*, 9 février 1998, p. B1.

5. Ortega, *In Sam We Trust*, p. 293. Selon Ortega, en Nouvelle-Angleterre, « six des 30 premiers magasins Wal-Mart prévus dans la région avaient déclenché de chaudes luttes ».

6. « Judge Rules That Toys 'R' Us Illegally Limited Supplier Sales », *Wall Street Journal*, 30 septembre 1997 (en ligne).

7. Rapport annuel de Starbucks, 1995.

8. *Ibid.*

9. John Barber, « Something Bitter Brewing Over Annex Cafe », *Globe and Mail*, 9 novembre 1996.

10. Nina Munk, « Gap Gets It », *Fortune*, 3 août 1998.

11. Scott Bedbury a affirmé que « lorsqu'on nous compage à McDonald's, cela nous met à l'épreuve. Nous en sommes tous blessés ». *Advertising Age*, 9 décembre 1996, p. 49.

12. Nicole Nolan, « Starbucked ! », *In This Times*, 11 novembre 1996.

13. *Globe and Mail*, 7 février 1998, p. A1.

CHAPITRE SEPT : FUSIONS ET SYNERGIE

1. Alexis de Tocqueville, *De la démocratie en Amérique*, vol. II, p. 113, Paris, Gallimard, Folio Histoire, 1961. Édition originale : 1835-1840.

2. *New York Times*, 7 janvier 1998, p. D4 ; l'article cite le Licensing Letter d'EPM Communications.

3. Wolf, *The Entertainment Economy*, p. 224.

4. *Ibid.*, p. xvii.

5. « Nelvana Acquires Leading Children's Publisher Kids Can Press », *Canadian NewsWire*, 19 août 1998.

6. *Forbes*, 17 octobre 1994.

7. « Diesel's Guide to Working, Living Large », *Ad Age International*, mai 1997.

8. « Why Foot Locker Is in a Sweat », *Business Week*, 27 octobre 1997, p. 52.

9. Frances Anderton, « Hawking the Hustler Sensibility », *New York Times*, 21 mars 1999.

10. « Mass Marketers Invade the Land of Chic », *Wall Street Journal*, 4 octobre 1996, p. B1.

11. Kelly Barron, « Theme Players », *Fortune*, 22 mars 1999, p. 53.

12. Wolf, *The Entertainment Economy*, p. 70.

13. *Ibid.*, p. 68.

14. Geoff Pevere, *Team Spirit : A Field Guide to Roots Culture*, Toronto, Doubleday, 1998, p. 50.

15. *Ibid.*, p. 47.

16. *Ibid.*, p. 137.

17. From « Atopias : The Challenge of Imagineering », conférence prononcée au Design Exchange de Toronto.

18. Wolf, *The Entertainment Economy*, p. 11.

19. En mars 1998, l'American Booksellers Association ainsi que 26 libraires indépendants ont lancé une poursuite contre Borders et Barnes & Noble, alléguant que les deux plus importants protagonistes du commerce du livre aux États-Unis utilisaient leur taille pour arracher à des éditeurs des accords « secrets et illégaux », ce qui rend difficile la concurrence entre les libraires indépendants. Au moment où ces lignes sont écrites, on attend encore qu'un tribunal californien statue sur cette affaire. (L'ABA est la source des chiffres de vente annuels des librairies.)

20. *Globe and Mail*, 21 novembre 1997.

21. *Vancouver Sun*, 10 décembre 1996, p. C7.

22. *Forbes*, 17 octobre 1994.

23. Myers, *Adbashing*, p. 253.

24. Thomas Ferraro, UPI, 10 novembre 1983.

25. *Ibid.*

26. Peter Szekely, Reuters, 12 juillet 1985.

27. *New York Times*, 14 novembre 1993, p. 21.

28. Andrew L. Shapiro, « Memo to Chairman Bill », *Nation*, 10 novembre 1997.

CHAPITRE HUIT : LA CENSURE COMMERCIALE

1. *Wall Street Journal*, 22 octobre 1997, p. A1.

2. *New York Times*, 12 novembre 1996.

3. *Billboard*, 2 octobre 1993.

4. *Globe and Mail*, 7 janvier 1998, p. C2.

5. « Guardian Angels », *New Yorker*, 25 novembre 1996, p. 47.

6. *Wall Street Journal*, 22 octobre 1997, p. A1.

7. *Sacramento Bee*, 10 décembre 1997, p. E1.

8. Gail Shister, Knight Ridder Newspapers, 20 octobre 1998.

9. « Fresh Air », National Public Radio, 29 septembre 1998.

10. Lawrie Mifflin, « ABC News Reporter Discovers the Limits of Investigating Disney », *New York Times*, 19 octobre 1998.

11. Jennet Conant, « Don't Mess with Steve Brill », *Vanity Fair*, août 1997, p. 62-74.

12. « "Controls Eased" Over Journalists and Artists ; Deng Provides New Freedoms for Media », *South China Morning Post*, 30 septembre 1992, p. 1.

13. *Wall Street Journal*, 5 mars 1998. Les affirmations ont été avancées le 20 janvier 1998 lors d'une rencontre du Freedom Forum, fondation pour les médias.

14. *Japan Economic Newswire*, 22 octobre 1993.

15. Seth Faison, « Dalai Lama Movie Imperils Disney's Future in China », *New York Times*, 26 novembre 1996.

16. « Gere's "Corner" on Saving Tibet », *San Francisco Chronicle*, 26 octobre 1997.

17. *Wall Street Journal*, 3 novembre 1997.

18. Constance L. Hays, « Math Book Salted with Brand Names Raises New Alarm », *New York Times*, 21 mars 1999.

19. Grant McCracken, *Culture and Consumption : New Approaches to the Symbolic Character of Consumer Goods and Activities*, Bloomington, Indiana University Press, 1988.

20. Susan Fournier, « The Consumer and the Brand : An Understanding within the Framework of Personal Relationships », Harvard Business School, Division of Research, document de travail, septembre 1996, p. 64.

21. *Los Angeles Times*, 17 septembre 1997, p. E2.

22. *Sydney Morning Herald*, 21 mars 1998.

23. David Gans, « The Man Who Stole Michael Jackson's Face », *Wired*, février 1995.

24. Eileen Fitzpatrick, « Lawsuit Doesn't Sink Aqua "Barbie Girl" Driving Album Sales », *Billboard*, 27 septembre 1997.

25. Joan H. Murphy, « Mattel – Where Security Isn't Child's Play », *Security Management*, janvier 1990, p. 39.

26. Chuck Taylor, « Danish Breakout Group Aqua Toys with U.S. Pop Success with Its "Barbie Girl" », *Billboard*, 30 août 1997.

27. *Vancouver Sun*, 10 décembre 1996, p. C7.

28. Barnes & Noble Booksellers, document touchant les origines de la situation. Fourni par la compagnie.

29. Michael Moore, « Banned by Borders », *Nation*, 20 novembre 1996.

30. Amy Harmon, « As America Online Grows, Charges That Big Brother Is Watching », *New York Times*, 31 janvier 1999, p. A1.

31. *Ibid.*

32. *Ibid.*

33. Noam Chomsky, « Market Democracy in a Neoliberal Order », Davie Lecture, University of Cape Town, mai 1997, repris dans *Z Magazine*, septembre 1997, p. 40-46.

34. Extraits de « Corporatism and Plutocracy », discours prononcé à l'Université Harvard, sans date.

35. James Christie, « Bailey Satellites Do Damage Control », *Globe and Mail*, 17 juillet 1996.

36. Michael Walker, « Scally ? Not Me, says Fowler », *Guardian*, 19 avril 1997.

37. Nick Harris, « Footballer Falls Foul of the Rules », *Independent*, 22 mars 1997.

38. Associated Press, 23 avril 1997, la citation est de Jill Krutick, analyste de l'industrie du divertissement chez Smith Barney.

39. John Lippman, « Godzilla Opening Weekend Receipts Disappoint Despite Big Ad Campaign », *Wall Street Journal*, 26 mai 1998.

40. Peters, *The Circle of Innovation*, p. 349.

41. « MTV Man Warns about Branding », *Globe and Mail*, 19 juin 1998.

42. « Nike's Problems Don't Seem to Be Short Term to Investors », *New York Times*, 26 février 1998.

43. *Globe and Mail*, 8 mai 1999.

CHAPITRE NEUF : L'USINE AU RANCART

1. Site Web de Landor.

2. « People Buy Products Not Brands », par Peter Schweitzer (collection J. Walter Thompson White Papers, sans date).

3. « Big Brand Firms Know the Name Is Everything », *Irish Times*, 27 février 1998.

4. Ortega, *In Sam We Trust*, p 342.

5. « Trade and Development Report, 1997 », Conférence des Nations unies sur le commerce et le développement économique.

6. Katz, *Just Do It*, p. 204.

7. Cathy Majtenyi, « Were Disney Dogs Treated Better Than Workers ? » *Catholic Register*, 23-30 décembre 1996, p. 9.

8. « Extreme Spreadsheet Dude », *Baffler*, n° 9, p. 79, et *Wall Street Journal*, 16 avril 1998 (en ligne).

9. John Gilardi, « Adidas Share Offer Set to Win Gold Medal », Reuters, 26 octobre 1995.

10. *Globe and Mail*, 26 septembre 1997.

11. Charles Kernaghan, « Behind the Label : *"Made in China"* », rapport préparé pour le National Labor Committee, mars 1998.

12. *Los Angeles Times*, 16 septembre 1997, p. D5. En outre, les investisseurs de Sara Lee avaient reçu un excellent retour sur leur investissement, mais le cours de l'action « avait grimpé de 25 pour cent au cours des 12 mois précédents, en retard sur l'augmentation de 35 pour cent de la référence, l'indice Standard & Poor's 500 ».

13. Peters, *The Circle of Innovation*, p. 16.

14. David Leonhardt, « Sara Lee : Playing with the Recipe », *Business Week*, 27 avril 1998, p. 114.

15. *Ibid.*

16. Jennifer Waters, « After Euphoria, Can Sara Lee Be Like Nike ? », *Crain's Chicago Business*, 22 septembre 1997, p. 3.

17. Nina Munk, « How Levi's Trashed a Great American Brand », *Fortune*, 12 avril 1999, p. 83.

18. « Levi Strauss & Co. to Close 11 of Its North American Plants », *Business Wire*, 22 février 1999, p. B1.

19. *Wall Street Journal*, 4 novembre 1997, p. B1.

20. Joanna Ramey, « Levi's Will Resume Production in China After 5 Year Absence », *Women's Wear Daily*, 9 avril 1998, p. 1.

21. « Anti-Sweatshop Activists Score in Campaign Targeting Athletic Retailers », *Boston Globe*, 18 avril 1999.

22. Richard S. Thoman, *Free Ports and Foreign Trade Zones*, Cambridge, Cornell Maritime Press, 1956.

23. Ces chiffres proviennent du Bureau international du travail, mai 1998, mais « Behind the Label : *"Made in China"* » de Charles Kernaghan, mars 1998, donne des chiffres beaucoup plus élevés concernant la Chine. Kernaghan estime à 30 millions le nombre de personnes à l'intérieur des zones, et à 400 – au lieu de 124 – le nombre de zones franches industrielles en Chine.

24. Bureau international du travail, Special Action Program on Export Processing Zones. Source : Auret Van Heerden.

25. Cette estimation a été fournie par Michael Finger, de l'Organisation mondiale du commerce, dans une correspondance personnelle. Les chiffres officiels ne sont pas disponibles.

26. Les chiffres de 1985 et 1995 ont été fournis par l'OMC. Les chiffres de 1997 ont été fournis par Maquila Solidarity Network/Labor Behind the Label Coalition, Toronto.

27. *World Accounting Report*, juillet 1992.

28. Saskia Sassen, *Losing Control ? Sovereignty in an Age of Globalization*, New York, Columbia University Press, 1996, p. 8-9.

29. « Castro Dampens WTO Party », *Globe and Mail*, 20 mai 1998.

30. Martin Cottingham, « Cut to the Bone », *New Statesman & Society*, 12 mars 1993, p. 12.

31. Entrevue personnelle, 2 septembre 1997.

32. The Workers' Assistance Center, Rosario.

33. « Globalization Changes the Face of Textile, Clothing and Footwear Industries », communiqué du Bureau international du travail, 28 octobre 1996.

34. « Working Conditions in Sports Shoe Factories in China Making Shoes for Nike and Reebok », Asia Monitor Resource Centre et Hong Kong Christian Industrial Committee, septembre 1997.

35. Entrevue personnelle, 1er septembre 1997.

36. « Behind the Wire : Anti-Union Repression in the Export Processing Zones », rapport de l'International Confederation of Free Trade Unions.

37. Steven Greenhouse, New York Times, 29 février 1999.

38. Suzanne Goldenberg, « Colombo Stitch-Up », Guardian, 7 novembre 1997.

39. Cottingham, « Cut to the Bone », p. 12.

40. Goldenberg, « Colombo Stitch-Up ».

41. « The Globe-Trotting Sports Shoe » par Peter Madden et Bethan Books, publié par Christian Aid.

42. Kernaghan, « Behind the Label : "Made in China" ».

43. D'après un groupe de discussion lors du congrès sur la relocalisation internationale, tenu à Bruxelles, les 19 et 20 septembre 1996.

44. « Globalization Changes the Face of Textile [...] », ILO.

45. « Submission Concerning Pregnancy-Based Discrimination in Mexico's Maquiladora Sector to the United States National Administrative Office », proposé par Human Rights Watch Women's Rights Project, Human Rights Watch/Americas, International Labor Rights Fund, et Asociacion National de Abogados Democraticos, 15 mai 1997.

46. « No Guarantees : Sex Discrimination in Mexico's Maquiladora Sector », Human Rights Watch Women's Rights Project, août 1996.

47. Laura Eggertson, « Abuse Part of Jobs at Mexican Firms », Globe and Mail, 14 octobre 1997.

48. Cottingham, « Cut to the Bone ».

49. « General Motors Corporation's Response to June 28, 1996 Letter from Human Rights Watch. » La déclaration était jointe à une lettre datée du 14 août 1996, signée Gregory E. Lau, directeur exécutif, Worldwide Executive Compensation and Corporate Governance.

50. Wall Street Journal, 21 novembre 1997 (en ligne).

51. Kate Bronfenbrenner, « We'll Close ! Plant Closings, Plant-Closing Threats, Unions Organizing and NAFTA », Multinational Monitor, vol. 18, n° 3, mars 1997.

52. David Fischer, « Global Hopscotch », U.S. News and World Report, 5 juin 1995.

53. Henny Sander, « Sprinting to the Forefront », Far Eastern Economic Review, 1er août 1996, p. 50.

54. Entrevue personnelle, 3 septembre 1997.

55. Ortega, In Sam We Trust, p. 250.

56. « South Korea Will Leave Indonesia if Strikes Continue », Straits Times (Singapore), 30 avril 1997, p. 18. L'article rapporte que Scott Thomas, le cadre indonésien de Reebok, avait rencontré des fonctionnaires sud-coréens pour les informer que si les grèves de travailleurs se poursuivaient en

Indonésie, la compagnie pourrait se relocaliser à nouveau, et que Reebok « pourrait facilement passer ses commandes dans d'autres pays si la situation persistait ».

57. *Jakarta Post*, 30 avril 1997.

58. « Nike in China » (résumé), Harvard Business School, 9-390-092, 12 août 1993.

59. « Nike Joins President Clinton's Fair Labor Coalition », PR NewsWire, 2 août 1996.

60. Christopher Reed, « Sweatshop Jobs Don't Put Food On Table », *Globe and Mail*, 9 mai 1997.

61. Allen R. Myerson, « In Principle, a Case for More "Sweatshops" », *New York Times*, 22 juin 1997, p. 4-5.

62. *Ibid.*

63. « Labour-Women Say Nike Supports Women in Ads, But Not in Factories », Inter Press Service, 29 octobre 1997.

64. « Raising Wages a Penny an Hour », communiué du National Labor Committee, 29 mars 1999. Les salaires sont passés de 27 à 15 cents l'heure, même après que Nike eut annoncé une augmentation de 6 pour cent.

65. « High Unemployment, Higher Prices and Lower Wages », communiqué de presse Ibon, 15 mars 1999.

66. « Two Shoe Firms Close RP Shops », *Philippine Daily Enquirer*, 22 février 1999. Il s'agit de deux usines : P. K. Export qui a licencié 300 travailleurs en 1998 et en a embauché 767 autres à l'annonce de la fermeture, et Lotus Footwear qui a embauché 438 travailleurs après avoir émis un avis de fermeture d'usine.

67. Aaron Bernstein, « Outsourced – And Out of Luck », *Business Week*, 17 juillet 1995, p. 60-61.

CHAPITRE 10 : MENACES SUR L'INTÉRIM

1. « A Conversation with Charles Handy », *Organizational Dynamics*, été 1996, p. 15-26.

2. Au Canada, par exemple, « entre 1976 et 1997, la proportion de salariés canadiens dans les industries manufacturières est passée de 36 à 27 pour cent, selon Statistique Canada. Pendant ce temps, la proportion de la population des salariés dans les industries de services s'est élevée de 65 à 73 pour cent ». *Report on Business Magazine*, avril 1998, p. 74.

3. Donna Smith et Carole Lusby, « Analysis of Educational Needs Assessment of Retail Employees », *Ryerson Polytechnic University*, 14 février 1997.

4. Entrevue personnelle, 7 octobre 1997.

5. Entrevue personnelle, 7 octobre 1997.

6. Entrevue personnelle, 24 novembre 1997.

7. Aux États-Unis, le salaire horaire moyen pour un travailleur de la vente au détail était de 8,26 dollars.

8. Ortega, *In Sam We Trust*, p. 361. Au Canada, les employés de Wal-Mart gagnent 8 dollars canadiens l'heure et ont un revenu annuel moyen d'environ 12 000 dollars.

9. *San Francisco Chronicle*, 3 octobre 1997, p. A19.

10. Dan Gallin est secrétaire général de l'International Union of Food, Agricultural, Hotel, Restaurant, Catering, Tobacco and Allied Workers Association (IUF), établie à Genève. Il a présenté son point de vue dans une entrevue sur le site Web McSpotlight. La zone d'interférence entre le droit des marques et la critique de la réalité du paysage commercial trouve son illustration parfaite dans la menace de la société McDonald's de poursuivre le dictionnaire Oxford (entre autres) à propos du mot « McJobs ». Non seulement McDonald's, qui emploie plus de un million de personnes dans le monde entier, a joué un rôle considérable dans la mise en place de normes peu exigeantes, désormais associées au mot « McJobs », mais la compagnie a également décidé de restreindre la capacité de l'opinion à entretenir un débat public sur l'impact du phénomène des McJob.

11. Verdict prononcé le 19 juin 1997.

12. *Good Morning America*, 16 avril 1998, Kevin Newman, interviewer, et les invités Bryan Drapp et Dominic Tocco.

13. Entrevue personnelle, 7 octobre 1997.

14. Lettre adressée au personnel de Borders par Richard L. Flanagan, président de Borders Stores, 30 mai 1997.

15. Entrevue personnelle, 24 novembre 1997.

16. « Why Store 21 Tried to Unionize », site Web Borders Books & Union Stuff.

17. Source : Dan Gallin, secrétaire général de l'International Union of Food, Agricultural, Hotel, Restaurant, Catering, Tobacco and Allied Workers Association (IUF), site Web McSpotlight.

18. *Globe and Mail*, 13 juin 1998.

19. Conseil des relations de travail de l'Ontario, dossier n° 0387-96-R. Décision de Janice Johnston, vice-présidente, et de H. Peacock, membre du Conseil, 10 février 1997.

20. Le nombre de travailleurs à temps partiel aux États-Unis en 1997 était de 23,2 millions. *Handbook of U.S. Labor Statistics*, Bureau of Labor Statistics, 1998. Selon Pold, chercheur en main-d'œuvre chez Statistique Canada, de 1975 à 1997, l'emploi à temps partiel au Canada a augmenté de 4,2 pour cent et l'emploi à temps plein, de seulement 1,5 pour cent (« Employment & Job Growth », Labour & Household Surveys Analysis Division, 1998).

21. Andrew Jackson, « Creating More and Better Jobs Through Reduction of Working Time », document de politique générale du Canadian Labour Congress, février 1998.

22. Entrevue personnelle, 24 novembre 1997.

23. Ortega, *In Sam We Trust*, p. 351.

24. *USA Today*, 5 août 1997, p. B1.

25. *Ibid.*

26. Ortega, *In Sam We Trust*, p. XIII.

27. Jim Frederick, « Internment Camp : The Intern Economy and the Culture Trust », *Baffler*, n° 9, p. 51-58.

28. *Ibid.*

29. Bureau américain du Travail.

30. « Staffing Services Annual Update », National Association of Temporary and Staffing Services, 1999.

31. En fait, Manpower, qui emploie plus de 800 000 travailleurs, est un plus gros employeur que Wal-Mart, qui en emploie 720 000 ; mais dans la mesure où les travailleurs de Manpower ne sont pas au travail chaque jour, telle journée précise, Wal-Mart emploie plus de personnel que Manpower.

32. *USA Today*, 5 août 1997, p. B1.

33. Helen Cooper et Thomas Kamm, « Europe Firms Lift Unemployment by Laying Off Unneeded Workers », *Wall Street Journal*, 3 juin 1998.

34. *Ibid.*

35. *Ibid.*

36. Cooper et Kamm, « Europe Firms Lift Unemployment ».

37. United States Bureau of Labor Statistics.

38. Bruce Steinberg, « Temporary Help Annual Update for 1997 », *Contemporary Times*, printemps 1998.

39. Bernstein, « Outsourced – And Out of Luck ».

40. *Ibid.*

41. Peters, *The Circle of Innovation*, p. 240.

42. Steinberg, « Temporary Help Annual Update for 1997. »

43. Chris Benner, « Shock Absorbers in the Flexible Economy : The Rise of Contingent Employment in Silicon Valley », mai 1996. Publié par Working Partnerships USA.

44. Leslie Helm, « Microsoft Testing Limits on Temp Worker Use », *Los Angeles Times*, 7 décembre 1997, p. D1.

45. *Ibid.*

46. La société Microsoft refuse de révéler le nombre d'intérimaires qu'elle emploie, mais le chiffre de 5 750 provient du National Writers Union, qui l'a obtenu en recensant le nombre d'adresses de courrier électronique, chez Microsoft, qui commencent par le préfixe « a- » : le « a », qui représente « agency », désigne tous les comptes d'intérimaires.

47. Helm, « Microsoft Testing Limits ».

48. *TechWire*, 26 juillet 1997.

49. *Business Insurance*, 9 décembre 1996, p. 3.

50. Kevin Ervin, « Microsoft Clarifies Relationship with Temporary Workers », *Knight Ridder Tribune Business News*, 24 juin 1998.

51. Alex Fryer, « Temporary Fix at Microsoft ? », *Seattle Times*, 16 décembre 1997, p. A1.

52. Remarques de Bob Herbold, Seattle, Washington, 24 juillet 1997, provenant d'une transcription.

53. Helm, « Microsoft Testing Limits ».

54. Jonathan D. Miller, « Microsoft cutting back ? In one sense it has, official says », *Eastside Journal* (Bellevue, WA), 17 juillet 1997.

55. Remarques de Bob Herbold, vice-président exécutif et responsable de l'exploitation, assemblée annuelle des actionnaires de Microsoft Corporation, 14 novembre 1997, Seattle, Washington.

56. Peters, *The Circle of Innovation*, p. 184-185.

57. Daniel H. Pink, « Free Agent Nation », *Fast Company*, décembre 1997/janvier 1998.

58. « Opportunity Rocks ! », *Details*, juin 1997, p. 103.

59. Ron Lieber, « Don't Believe the Hype », *Details*, juin 1997, p. 113.

60. « How We Work Now », *Newsweek*, 1er février 1999.

61. « Nonstandard Work, Substandard Jobs : Flexible Work Arrangements in the U.S. », Economic Policy Institute, Washington, D.C.

62. Benner, « Shock Absorbers in the Flexible Economy. »

63. Employment and Unemployment in 1997 : The Continuing Job Crisis, Canadian Labour Congress.

64. Clive Thompson, « The Temp », *This Magazine*, février 1998, p. 32.

65. *San Francisco Examiner*, 27 avril 1998, D27.

66. *Wall Street Journal*, 22 mai 1998 (en ligne).

67. Pink, « Free Agent Nation ».

68. *Wall Street Journal*, 23 février 1998, p. A22.

69. « Runaway CEO Pay », sur le site Web Executive PayWatch, de l'AFL-CIO.

70. « Executive Excess '98 : Fifth Annual Executive Compensation Survey » (Boston : United for a Fair Economy), 23 avril 1998.

71. *Globe and Mail*, « Report on Business », 21 avril 1998.

72. Jennifer Reingold, « Executive Pay », *Business Week*, 20 avril 1998, p. 64-70.

73. De « Corporate Success, Social Failure, Corporate Credibility », discours prononcé au Canadian Club de Toronto, 23 février 1998.

CHAPITRE ONZE : L'ÉROSION DE LA LOYAUTÉ

1. Keffo, éditorial, *Temp Slave*, n° 11.

2. « A Wake-up Call for Business », *Business Week*, 1er septembre 1997, p. 26-27.

3. World Development Movement, « Corporate Giants : Their grip on the world's economy ». Les 5 pour cent de l'emploi mondial renvoient à la fois à l'emploi direct et indirect (73 millions, ou les deux tiers, d'emplois directs). Ce chiffre provient du document n° 5 de l'Institut de recherche des Nations Unies pour le développement social, rédigé par Eric Kolodner. Le chiffre sur le pourcentage d'actifs productifs du monde provient du World Investment Report UNCTAD, 1994.

4. « Global 500 », *Fortune*, 29 juillet 1991 et 3 août 1998. Les compagnies sont classées selon leurs revenus.

5. Challenger, Gray & Christmas et le U.S. Bureau of Labor Statistics, 1999.

6. « UNCTAD Sounds Warning on Globalization », communiqué de l'UNCTAD, 11 septembre 1997.

7. « Poverty Amid Consumer Affluence », Rapport des Nations Unies sur le développement humain, 1998, communiqué de presse, 9 septembre 1998.

8. Aaron Bernstein, « The Wage Squeeze », *Business Week*, 17 juillet 1995, p. 54-62.

9. Bertrand Russell, *Ideas and Beliefs of the Victorians : An historic revaluation of the Victorian Age*, Londres, Sylvan Press, 1949, p. 20.

10. Lorsque Alan Greenspan a émis le commentaire que le taux de croissance ne pourrait se maintenir sans une éventuelle augmentation proportionnelle

des salaires, le *Wall Street Journal* a répondu : « Actuellement, la part du produit national brut que conservent les entreprises se situe à environ 10 pour cent, un record pour les trois dernières décennies, tandis que la portion qui va aux travailleurs a diminué de quelque 58 pour cent au cours des dernières années. Il serait souhaitable de modifier cet équilibre : il augmente le pouvoir d'achat des consommateurs tout en réduisant la possibilité de troubles sociaux. »

11. J. Walker Smith and Ann Clurman, *Rocking the Ages : The Yankelovich Report on Generational Marketing*, New York, HarperCollins, 1997, p. 102.

12. *American Demographics*, mai 1996.

13. *Business Week*, 3 novembre 1997.

14. Debbie Goad, « Hello, My Name Is Temp 378 », *Temp Slave*, n° 10, p. 6.

15. Steven Greenhouse, New York Times Service, publié dans l'*International Herald Tribune*, 31 mars 1998, p. 1.

16. Helm, « Microsoft Testing Limits. »

17. Greenhouse, New York Times Service. La travailleuse citée est Rebecca Hugues, qui a édité des CD-ROM chez Microsoft en tant que « permatemp » pendant trois ans.

18. Charles Handy, *The Hungry Spirit*, Londres, Hutchinson, 1997, p. 70-71.

19. Hal Niedzviecki, « Stupid Jobs Are Good to Relax With », *This Magazine*, janvier/février 1998, p. 16-19.

CHAPITRE DOUZE : LA RÉSISTANCE CULTURELLE

1. Entrevue personnelle.

2. Saul D. Alinsky, *Rules for Radicals : A Pragmatic Primer for Realistic Radicals*, Random House, New York, 1971, p. 152.

3. Entrevue personnelle. Un grand nombre de casseurs de pub que j'ai interviewés a choisi l'anonymat.

4. Entrevue personnelle.

5. Mary Kuntz, « Is Nothing Sacred », *Business Week*, 18 mai 1998, p. 130-37.

6. *Ibid.*

7. Entrevue personnelle.

8. Entrevue personnelle.

9. Katz, *Just Do It*, p. 39.

10. *New York Times*, 4 avril 1990, p. B1. DeWitt F. Helm Jr., président de l'Association of National Advertisers, a qualifié de « censure provenant d'un groupe d'autodéfense » le chaulage de publicités de cigarettes et d'alcool par des groupes religieux.

11. Alison Fahey, « Outdoor Feels the Drought », *Advertising Age*, 6 août 1990, p. 3.

12. « The Greatest Taste Around », *Dispepsi*, Negativland, 1997.

13. « Soda Pop », *Entertainment Weekly*, 26 septembre 1997.

14. Susan J. Douglas, *Where the Girls Are*, New York, Times Books, 1994, p. 227.

15. Entrevue personnelle.

16. Stephanie Strom, « Billboard Owners Switching, Not Fighting », *New York Times*, 4 avril 1990, p. B1.

17. Steinem, « Sex, Lies & Advertising ».

18. Entrevue personnelle.

19. John Seabrook, « The Big Sellout », *New Yorker*, 20 et 27 octobre 1997, p. 182-195.

20. Bob Paquin, « E-Guerrillas in the Mist », *Ottawa Citizen*, 26 octobre 1998.

21. Entrevue personnelle.

22. Manifeste produit par Earth First ! à Brighton, en Angleterre.

23. *Guerrilla Shots* 1, n° 1.

24. Carrie McLaren, « Advertising the Uncommercial », *Escandola*, publié par Matador Records, novembre 1995.

25. Jim Boothroyd, « ABC Opens the Door », *Adbusters*, hiver 1998, p. 53-54.

26. Entrevue personnelle.

27. Mitchel Raphael, « Corporate Perversion », *Toronto Star*, 7 février 1998, p. M1.

28. Doug Saunders, « One Person's Audio Debris Is Another's Musical Treasure », *Globe and Mail*, 25 septembre 1997, p. C5.

29. Barnaby Marshall, « Negativland : Mark Hosler on the Ad Assault », *Shift* en ligne, p. 22.

30. *Time*, 17 novembre 1997.

31. *Advertising Age*, 18 novembre 1996.

32. Lopiano-Misdom et De Luca, *Street Trends*, p. 27-28.

33. « Anarchy in the U.K. », *Times* (Londres), 16 mai 1998.

34. Martin Espada, *Zapata's Disciple*, Boston, South End Press, 1998.

35. « Nader Nixes Nike $25K Run », *Washington Post*, 13 mai 1999.

36. Wilson Bryan Key, *Subliminal Seduction*, New York, Penguin, 1973, p. 7.

37. James Twitchell, *Adcult USA : The Triumph of Advertising in American Culture*, New York, Columbia University Press, 1996, p. 12.

38. Le terme « psychiatrie créative » vient d'un discours prononcé par Walter B. Pitkin, professeur de journalisme à Columbia, au congrès de 1933 de l'Association of National Advertisers.

39. Rorty, *Our Master's Voice*, p. 382-383.

40. Ibid.

41. C. B. Larrabee, « Mr. Schlink », *Printer's Ink*, 11 janvier 1934, p. 10.

CHAPITRE 13 : RECONQUÉRIR LES RUES

1. John Jordan, « The Art of Necessity : The Subversive Imagination of Anti-Road Protest and Reclaim the Streets », in *DiY Culture : Party & Protest in Nineties Britain*, sous la direction de George McKay, Londres, Verso, 1998.

2. *Ibid.*

3. *Ibid.*

4. *Ibid.*

5. Agit-prop RTS.

6. Entrevue personnelle.

7. *Mixmag*, n° 73, juin 1997, p. 101.

8. Un docker de Liverpool cité in *Do or Die*, n° 6, p. 9.

9. *Daily Telegraph*, 14 avril 1997.

10. *Express*, 13 avril 1997.

11. Entrevue personnelle.

12. Rapport officiel, RTS Sydney.

13. Les citations proviennent du reportage de SchNEWS sur l'événement.

14. *San Francisco Weekly*, 27 mai 1998.

15. Cette liste de villes inclut toutes celles qui ont tenté de programmer une fête de rue. Elles n'ont pas toutes réussi et il y eut quelques annulations de dernière minute.

CHAPITRE 14 : LA GROGNE MONTE

1. Extrait d'une entrevue menée par Oxblood Ruffin, du groupe de *hackers* Cult of the Dead Cow. L'authenticité de l'entrevue a été confirmée auprès de la source.

2. « Derr Pied ! », communiqué de presse de la Biotic Baking Brigade, 10 mars 1999.

3. « Entarteurs Take Note : Custard Wins Test of Best Pies for Throwing », *Wall Street Journal*, 26 mai 1999.

4. Kitty Krupat, « From War Zone to Free Trade Zone », in *No Sweat*, p. 56.

5. « Toy Story », *Dateline*, NBC, 17 décembre 1996.

6. Sydney H. Schamberg, « Six Cents an Hour », *Life*, juin 1996.

7. « Suu Kyi Calls for Halt to Investment in Burma », *Australian Herald*, 4 septembre 1995.

8. « Disney Labor Abuses in China », rapport produit par le Hong Kong Christian Industrial Committee.

9. Ortega, *In Sam We Trust*, p. 236.

10. Philip S. Foner, *Women and the American Labor Movement*, New York, The Free Press, 1979, p. 358.

11. William Greider, *One World, Ready or Not*, New York, Simon & Schuster, 1997, p. 338.

12. La poursuite pour libelle était lancée contre « un groupe suisse qui a traduit *The Baby Killer*, publication de War on Want [...] » Source : « Baby Milk : Destruction of a World Resource », Londres, Catholic Institute for International Relations, 1993, p. 3.

13. Fred Pearce, « Legacy of a Nightmare », *Guardian*, 8 août 1998. Ces chiffres confirment des estimations prudentes. Satinath Sarangi, chercheur établi à Bhopal, évalue le nombre de morts à 16 000.

14. Myriam Vander Stichele et Peter Pennartz, *Making It Our Business : European NGO Campaigns on Transnational Corporations*, Londres, Catholic Institute for International Relations, 1996.

15. Entrevue personnelle.

16. « Corporations and Human Rights », Rapport annuel 1997 de Human Rights Watch.

17. Julie Light, « Repression, Inc. : The Assault on Human Rights », *Corporate Watch*, 4 février 1999.

18. « The "Enron Project" in Maharashtra : Protests Suppressed in the Name of Development », *Amnesty International*, 17 juillet 1997, p. 2.

19. Doonesbury, *Toronto Star*, 25 et 27 juin 1997.

20. Pico Iyer, « India's Night of Death », *Time*, 17 décembre 1984.

21. Entrevue personnelle.

22. Entrevue personnelle.

CHAPITRE 15 : LE BOOMERANG DU BRANDING

1. Stuart Ewen, *Captains of Consciousness*, New York, McGraw-Hill, 1976, p. 80.

2. Entrevue personnelle.

3. Lorraine Dusky, « What Jogging Has to Do with Jogjakarta », *USA Today*, 21 mai 1998.

4. Neal Stephenson, *Snow Crash*, New York, Bantam Books, 1992, p. 7.

5. « Testimony of Wendy Diaz before the Committee on International Relations », Congressional Testimony, Federal Document Clearing House, 11 juin 1996.

6. Joyce Barrett and Joanna Ramey, « Sweatshop-buster Charles Kernaghan : Fashion Hits Its Nader ; Ralph Nader », *Women's Wear Daily*, 6 juin 1996, p. 1.

7. Steven Greenhouse, « Anti-Sweatshop Crusader Makes Celebrities, Big Business Tremble », *New York Times*, 4 juillet 1996.

8. Kernaghan, « Behind the Label : "*Made in China*" ».

9. Sources diverses. Confirmé par le NLC.

10. Cathy Majtenyi, « Were Disney Dogs Treated Better Than Workers ? », *Catholic Register*, 23-30 décembre 1996, p. 9.

11. « An Appeal to Walt Disney » in *No Sweat*, sous la direction d'Andrew Ross, p. 101.

12. Cynthia Enloe, « We Are What We Wear », in *Of Common Cloth*, sous la direction de Wendy Chapkis et Cynthia Enloe, Amsterdam, Transnational Institute, 1983, p. 119.

13. Entrevue personnelle.

14. Ortega, *In Sam We Trust*, p. 228.

15. « What's Wrong with McDonald's Factsheet », publié à l'origine par Greenpeace Londres en 1986.

16. « Honduran Child Labor Described », *Boston Globe*, 30 mai 1996.

17. Andrew Ross, « Introduction », in *No Sweat*, p. 27.

18. « Tarnished Rings ? », *Wall Street Journal*, 6 janvier 1999.

19. « Hootie & the Blowfish Criticizes Suzuki for Ties to Burmese Military Junta », communiqué de presse de Hootie & the Blowfish, 24 mai 1999.

20. Josh Feit, « Stepping on Nike's Toes », *Now*, 27 novembre-3 décembre 1997, reproduit du *Willamette Week*.

21. « Pond Crowd Pummels Eisner's Mighty Bucks », *Variety*, 2 mars 1997.

22. *Hollywood Reporter*, 26 février 1997 et *Variety*, 3 mars 1997.

23. *The Sweatshop Quandary : Corporate Responsibility on the Global Frontier*, sous la responsabilité de Pamela Valery (Washington, D.C., Investor Responsibility Research Center, 1998), p. 19.

CHAPITRE 16 : TROIS PETITS LOGOS

1. Note de service, 4 mai 1998, du Maquila Solidarity Network, « Nike Day of Action Canada Report & Task Force Update ».

2. « Nike protest update », *Labour Alerts*, 18 octobre 1997.

3. « Nike Mobilization : Local Reports », *Labor Alerts*, Campaign for Labor Rights, 26 octobre 1998.

4. Mark L. Zusman, « Editor's Notebook », *Willamette Week*, 12 juin 1996.

5. *Oregonian*, 16 juin 1996.

6. Site Web de la Campaign for Labor Rights, rapports régionaux.

7. Nick Alexander, « Sweatshop Activism : Missing Pieces », *Z Magazine*, septembre 1997, p. 14-17.

8. Entrevue personnelle, 6 octobre 1997.

9. Katz, *Just Do It*, p. 271.

10. Lettre datée du 24 octobre 1997.

11. Entrevue personnelle.

12. David Gonzalez, « Youthful Foes Go Toe to Toe with Nike », *New York Times*, 27 septembre 1997, p. B1.

13. Entrevue personnelle.

14. Compte rendu de la rencontre du 10 septembre entre des cadres de Nike et l'Edenwald-Gun Hill Neighborhood Center.

15. Entrevue personnelle.

16. « Wages and Living Expense for Nike Workers in Indonesia », rapport publié par Global Exchange, 23 septembre 1998.

17. « Nike Raises Wages for Indonesian Workers », *Oregonian*, 16 octobre 1998.

18. « Nike to Improve Minimum Monthly Wage Package for Indonesian Workers », communiqué de presse de Nike, 19 mars 1999.

19. Steven Greenhouse, « Nike Critic Praises Gains in Air Quality at Vietnam Factory », *New York Times*, 12 mars 1999.

20. Shanthi Kalathil, « Being Tied to Nike Affects Share Price of Yue Yuen », *Wall Street Journal*, 25 mars 1998.

21. « Third quarter brings 70 percent increase in net income for sneaker giant », Associated Press, 19 mars 1999.

22. « Cole Haan Joins Ranks of Shoe Companies Leaving Maine », Associated Press, 23 avril 1999.

23. Zusman, « Editor's Notebook ».

24. Robin Grove-White, « Brent Spar Rewrote the Rules », *New Statesman*, 20 juin 1997, p. 17-19.

25. « Battle of Giants, Big and Small », *Guardian*, 22 juin 1995, p. 4.

26. « Giant Outsmarted : How Greenpeace Sank Shell's Plan to Dump Big Oil Rig in Atlantic », *Wall Street Journal*, 7 juillet 1995.

27. Grove-White, « Brent Spar Rewrote the Rules ».

28. « Battle of Giants », *Guardian*.

29. Suzanne Moore, « Sea Changes in Political Talk », *Guardian*, 22 juin 1995.

30. Megan Tresidder, « Slick Answers in Oily Waters », *Guardian*, 24 juin 1995, p. 27.

31. « Giant Outsmarted », *Wall Street Journal*.

32. Note de service rédigée par le major Paul Okuntimo, datée du 5 mai 1994, reproduite dans *Harper's*, juin 1996.

33. Andrew Rowell et Stephen Kretzmann, « The Ogoni Struggle », un rapport de Project Underground, Berkeley, 1996.

34. Nadine Gordimer, « In Nigeria, the Price for Oil Is Blood », *New York Times*, 25 mai 1997.

35. Lettre envoyée à la liste de diffusion Shell-Nigeria-action datée du 2 juin 1998.

36. Extrait d'une lettre personnelle de R. B. Blakely à l'auteur, 6 juin 1997.

37. Janet Guyon, « Why Is the Most Profitable Company Turning Itself Inside Out ? », *Fortune*, 4 août 1997, p. 120.

38. Jonathan Schorr, « Board Holds Off on Shell Decision », *Oakland Tribune*, 8 août 1997.

39. Victor Dania, porte-parole de Shell, a déclaré : « We're working on healing the wounds », cité *in* « Shell Cleaning Up Act for Ogoniland Return », *Times* (Londres), 11 juillet 1997.

40. Matthew Tostevin, « Attacks Cut Nigerian Oil Output by One Fifth », Reuters, 7 octobre 1998.

41. « Nigerian Protesters Seize Shell Helicopters », BBC, 8 octobre 1999, et « Nigerians Seize Shell Oil Stations », Associated Press, 7 octobre 1998.

42. Franny Armstrong, « Why Won't British TV Show a Film about McLibel ? », *Guardian*, 19 juin 1998.

43. *Ibid.*

44. « McLibel in London », *Fortune*, 20 mars 1995.

45. « Anti-McDonald's Activists Take Message Online », Associated Press, 27 mars 1996.

46. « Activists Win Partial Victory in Appeal Over McDonald's Libel Case », Associated Press, 31 mars 1999.

47. « Few Nuggets and Very Small Fries », *Guardian*, 20 juin 1997, p. 22.

48. « Guess Who's Still in Trouble ? » Campaign for Labor Rights, bulletin # 9, octobre 1997, p. 4.

49. John Vidal, *McLibel*, Londres, Macmillan, 1997, p. 314-315 ; citation tirée de la postface de Steel and Morris.

50. « Asian Workers Sue Retailers in U.S., Apparel Firms », *Wall Street Journal*, 14 janvier 1999.

51. David A. Love, « A New Leaf for Nigeria ? », *Washington Post*, 22 août 1998, p. A17. Citation de Jenny Green : « Shell Faces Saro-Wiwa Legal Action », *Independent*, 21 mai 1999.

52. « Sites for Sore Consumers », *Washington Post*, 29 mars 1998.

53. Eveline Lubbers, « Counterstrategies Against Online Activism », *Telepolis*, 22 septembre 1998.

54. Ce chiffre, fourni par McSpotlight, tient compte de toutes les visites, et inclut par conséquent les visites répétées.

55. Entrevue personnelle.
56. Lubbers, « Counterstrategies Against Online Activism ».
57. John Vidal, « Modem Warfare », *Guardian*, 13 janvier 1999.

CHAPITRE 17 : LA POLITIQUE ÉTRANGÈRE LOCALE

1. Entrevue personnelle.
2. G. Kramer, « Suu Kyi Urges U.S. Boycott », Associated Press, 27 janvier 1997.
3. Farhan Haq, « Burma-Finance : Oil company digs in heels despite Rangoon's record », Inter Press Service, 4 février 1997.
4. « Pepsi, Burma, Take 2 : Pepsi Responds to Aims of Target Audience », Dow Jones News Service, 27 janvier 1997.
5. Site Web Free Burma Coalition.
6. « NUS Withdraws from McDonald's 'Privilege Card' Scheme », communiqué de presse, McLibel Support Campaign, 14 avril 1998.
7. « Nike Campaign Strategy, Part 1 », *Labor Alerts*, 14 janvier 1998.
8. « Reports on Nike Demos », *Labor Alerts*, 21 avril 1998.
9. Verena Dobnik, « Anti-Sweatshop Protesters Mars up Fifth Avenue », Associated Press, 6 mars 1999.
10. Feit, « Stepping on Nike's Toes ».
11. « Was Your School's Cap Made in This Sweatshop ? A UNITE Report on Campus Caps Made by BJ&B in the Dominican Republic », publié le 13 avril 1998.
12. « Dominican Republic Workers Urge University of Illinois to Demand Humane Factory Conditions », *Daily Illini*, 24 avril 1998.
13. Steven Greenhouse, « Duke to Adopt a Code to Prevent Apparel from Being Made in Sweatshops », *New York Times*, 8 mars 1998.
14. Steven Greenhouse, « Activism Surges at Campuses Nationwide, and Labor Is at Issue », *New York Times*, 29 mars 1999.
15. *Ibid.*
16. « An Open Letter to the Students », par Charles Kernaghan, sans date.
17. William Cahn, *Lawrence 1912 : The Bread & Roses Strike*, New York, The Pilgrim Press, 1977, p. 174.
18. Clayton Yeutter, représentant au commerce de l'administration Reagan, a dit : « Le recours à des sanctions unilatérales est presque devenu une mode. » Cité par Harry Dunphy, « States Dictate Own Foreign Policy », Associated Press, 13 avril 1998.
19. « Struggle over States », *Journal of Commerce*, 4 août 1998.
20. Lucille Renwick, « Teens' Efforts Give Soccer Balls the Boot », *Los Angeles Times*, 23 décembre 1996.
21. Simon Billenness, « Investing for a Better World », 15 avril 1998, publié par la Franklin Research & Development Corporation.
22. Elaine Herscher, « Berkeley Running Out of Gas », *San Francisco Chronicle*, p. A1.
23. Robert Greenberger, « State and Local Sanctions Trouble U.S. Trade Partners », *Wall Street Journal*, 1er avril 1998.

24. Craig Forcese, *Putting Conscience into Commerce : Strategies for Making Human Rights Business as Usual* (Montréal, International Centre for Human Rights and Democratic Development, 1997), p. 75.

25. Ken Silverstein, « So You Want to Trade with a Dictator », *Mother Jones*, mai 1998.

26. « E.U. Raps U.S. on Trade Barriers », *European Report*, n° 11, 28 décembre 1998.

27. « Test Case Filed Contesting Validity of State and Local Sanctions Laws », 30 avril 1998. Communiqué de presse ICFTU.

28. « Judge Says Law Is Unconstitutional », Associated Press, 5 novembre 1998.

29. « Test Case Filed Contesting Validity of State and Local Sanctions Laws », 30 avril 1998. Communiqué de presse ICFTU.

30. Charles Oliver, « What Do You Do When a City Enacts Its Own Foreign Policy ? », *Investor's Business Daily*, 19 août 1997.

31. Silverstein, « So You Want to Trade with a Dictator ».

32. Déclaration de Simon Billenness dans le « Massachusetts Burma Law Case Update » du 10 juillet 1998.

33. Shell Canada Products v. Vancouver (City) [1994] 1 S.C.R. 231, 110 D.L.R. (4th) 1, 163 N.R. 81.

34. Commentaires de la conseillère Barbara Perrault. « NV City takes a swing at Shell », *North Shore News*, 21 mars 1997, p. 3.

35. « ERA's Environmental Testimonies # 5 », publié par Environmental Rights Action/Friends of the Earth Nigeria, 10 juillet 1998.

36. Danielle Knight, « Oil Giant Had Role in Killing », International Press Service, 2 octobre 1998, et entrevue personnelle avec Mike Libbey, 4 juin 1999.

37. « Chevron, oil communities fail to agree on compensation », Punch (Lagos), 16 juillet 1998, p. 9.

CHAPITRE 18 : LA MARQUE COMME MÉTAPHORE

1. Greider, *One World, Ready or Not*, p. 497.

2. « Nike and Free Trade Failures : An Analysis by Campaign for Labor Rights », *Labor Alerts*, 14 juillet 1998.

3. « Starbucks Criticized on Coffee-Workers Promise », *Seattle Post-Intelligencer*, 6 mars 1997.

4. Ortega, *In Sam We Trust*, p. 317.

5. William J. Holstein, « Casting Nike as the Bad Guy », *U.S. News and World Report*, 22 septembre 1997, p. 49.

6. Gerard Greenfield, « The Impact of TNC Subcontracting on Workers in Asia : Strategy Report – Part 2 ». Inédit.

7. Ortega, *In Sam We Trust*, p. xv.

8. Entrevue personnelle.

9. « Heineken Bows to Pressure and Withdraws from Burma », Reuters, 10 juillet 1996.

10. « U.S. Oil Company Vows to Remain in Thai-Burmese Pipeline Project »,
Deutsche Press-Agentur, 17 juin 1997.

11. Gordon Laird, « Speak No Evil », *This Magazine*, mars/avril 1998, p. 18-
25.

12. Lettre de Tokiro Kawamura, président de Daishowa-Marubeni International, à Bernard Ominayak, chef de la nation indienne des Lubicons,
20 mai 1998.

13. Entrevue personnelle.

14. « M&S Bows to Shoppers' Fears and Orders Ban on Frankenfoods », *Daily
Mail*, 16 mars 1999.

15. Greenfield, rapport de stratégie inédit.

16. Alan L. Rolnick, « Muzzling the Offshore Watchdogs », *Bobbin*, février
1997, p. 71.

17. Shell advertisement, *Business Week*, 5 avril 1999.

18. « Profit, Profit, Profit : An Act of Commitment », déclaration émise par
la U.K. Oil Overthrow Association, 21 avril 1999.

19. Alinsky, *Rules for Radicals*, p. 152.

20. « A China Business Code », *Labor Alerts*, 5 juin 1999.

21. « Business-Humanitarian Forum Holds First Meeting », communiqué de
presse du Business Humanitarian Forum, 27 janvier 1999.

22. Debora L. Spar, « The Spotlight on the Bottom Line », *Foreign Affairs*, 13
mars 1998.

23. « Nike, Reebok Compete to Set Labor Rights Pace », *Labor Alerts*, 25
mars 1999.

24. *Journal of Commerce*, 17 avril 1997.

CONCLUSION : CONSOMMATEURS OU CITOYENS

1. Guy de Jonquières, « Network guerrillas », *Financial Times*, 30 avril 1998.

APPENDICE

Tableau 1.3 Dépenses publicitaires d'Absolut Vodka, 1989-1997

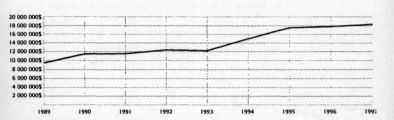

Source : « Media Spending Guide » annuel dans *Food & Beverage Marketing* (août 1991, août 1993, août 1995, juillet 1996, août 1998)

Tableau 1.4. Dépenses des supermarques, 1981-1997

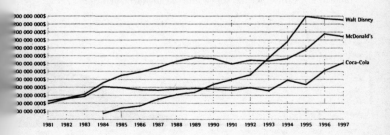

Source : « 100 Leading National Advertisers », *Advertising Age*, 1982-1998

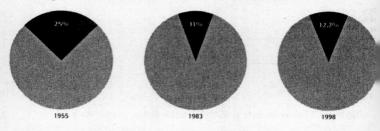

Tableau 2.1a. L'impôt sur le revenu des grandes sociétés en tant que pourcentage de l'ensemble du revenu fédéral du Canada, 1955, 1983 et 1998

Source : Ministère des Finances, Observateur économique canadien et Statistique Canada

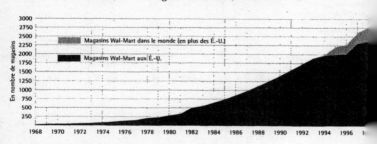

Tableau 6.1. Croissance des magasins Wal-Mart, 1968-1998

Source : Wal-Mart a fourni les chiffres de croissance

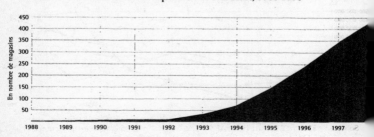

Tableau 6.2. Croissance des supercentres Wal-Mart, 1988-1998

Source : Wal-Mart a fourni les chiffres de croissance

Tableau 6.3. Évolution du pourcentage des ventes par magasin Starbucks, 1993-1998

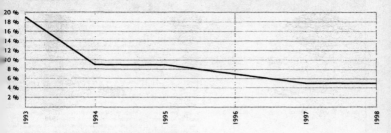

Source : Rapports annuels de Starbucks, 1997 et 1998

Tableau 6.4. Total des revenus nets de Starbucks, 1993-1998

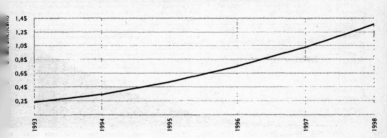

Source : Rapports annuels de Starbucks, 1997 et 1998.

Tableau 9.1 Profits d'Adidas, 1993-1997

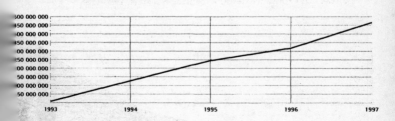

Sources : AFX News, 11 avril 1995 ; AFX News, 7 mars 1996 ; Service financier Reuters, 11 mars 1997 ; AFX News, 5 mars 1998. En septembre 1999, un mark allemand valait 0,53 dollar américain

551

Tableau 9.3 Portrait de sweatshops

Compagnie/ étiquette	Usines en Chine	Salaire horaire	Heures par semaine	Conditions
Wal-Mart/Kathee Lee sacs à main	Liang Shi Handbag Factory	0.13$ à 0.23$	de 60 à 70; périodes de 10 heures; 6 ou 7 jours/sem.	Aucune sortie d'incendie; dortoirs sales et bondés, 10 personnes par dortoir; pour 70 heures par semaine, les travailleurs d'entrepôt gagnent 3,44$; aucune allocation; aucun contrat de travail; les travailleurs n'ont jamais entendu parler d'un Code de conduite.
Wal-Mart/Kathie Lee sacs à main	Ya Li Handbag, Ltd.	0.18$ à 0.28$	60; périodes d'heures supplémentaires allant jusqu'à 16 heures	Heures supplémentaires obligatoires – fortes amendes en cas de refus; prime pour heures supplémentaires de 2,5 cents de l'heure; certains travailleurs ne sont pas payés pendant 3 ou 4 mois; 12 personnes par dortoir; aucune allocation, aucun tract de travail; n'ont jamais entendu parler d'un Code de Conduite
Wal-Mart/Kathie Lee	Li Wen Factory	0.20$ à 0.35$	84; périodes de travail de 12 heures; 7 jours/sem.; périodes obligatoires de 24 heures en cas d'urgence	Heures supplémentaires obligatoires, sévères amendes en cas de refus d'obtempérer; aucune allocation, aucun tarif de surtemps; aucune sortie d'incendie dans les dortoirs; aucun contrat de travail; les travailleurs n'ont jamais entendu parler d'un Code de Conduite
Wal-Mart	Tianjin Yuhua Garment Factory	0.23$	60	Wal-Mart se retire de cette usine et d'autres grandes usines du secteur public dans le nord, pour relocaliser son travail dans des sweatshops privés, dépourvus de toute réglementation, à salaire plus bas, dans le sud de la Chine
Ann Taylor et Preview	Kang Yi Fashion Manufacturers	0.13$	96; 7 jours/sem.; de 7 h du matin à minuit	Les travailleurs n'ont jamais entendu parler d'un Code de Conduite; de 6 à 10 personnes par dortoir
Ralph Lauren, Ellen Tracy/Linda Allard	Iris Fashions	0.20$	de 72 à 80; périodes de 12 à 15 h; 6 jours/sem.	Aucun syndicat; les travailleurs reçoivent une prime pour heures supplémentaires de 6 cents de l'heure; payés 2 cents pour chaque col de chemise cousu.
Esprit (Esprit Group)	You Li Fashion Factory	0.13$	93; 7 h 30 à minuit; 7 jours/sem.	Aucun salaire pour les heures supplémentaires; aucune allocation; parfois, les employés doivent travailler sur des périodes de 24 heures; de 6 à 8 personnes par dortoir; dortoir sombre et sale; les travailleurs ont peur; surveillance constante; n'ont jamais entendu parler d'un Code de conduite de la compagnie
Liz Claiborne et Bugle Boy	Shanghai Shirt 2d Factory	0.25$	66; de 8 h à 20 h; 6 jours/sem.	
Liz Claiborne	Shanghai Jiang District Silk Fashions Ltd.	0.28$	60-70; périodes de 11.5 h; 6 jours/sem.	Les employés reçoivent une amende s'ils n'acceptent pas d'heures supplémentaires; aucun syndicat
J.C. Penney	Zhong Mei Garment Factory	0.18$	78; périodes de 11heures; 7 jours/sem.	Aucun syndicat; aucune allocation; les travailleurs n'ont jamais entendu parler d'un Code de conduite de J.C. Penney
Kmart	Shanghai No. 4 Shirt Factory	0.28$	70	
Cherokee Jeans	Meiming Garment Factory	0.24$	60-70	Aucune allocation; les travailleurs n'ont jamais entendu parler de contrôle; 8 personnes par dortoir
Sears	Tianjin Beifang Garment Factory	0.28$	60	Sears se retire pour relocaliser son travail dans le sud, dans des sweatshops à faibles salaires et dépourvus de réglementation.
Structure/ The Limited	Aoda Garment Factory	0.32$	70	Aucun syndicat; 6 travailleurs par dortoir
Nike Chaussures de sport	Wellco Factory	0.16$	de 77 à 84; périodes de 11 à 12 heures; 7 jours/sem.	Les travailleurs reçoivent une amende s'ils refusent les heures supplémentaires; les heures supplémentaires ne sont pas payées; la plupart n'avaient aucun contrat de travail; humiliation, cris, certains sévices corporels; amende arbitraire infligée aux femmes enceintes et plus âgées (25 ans et plus); amendes si on parle au travail; environ 10 enfants dans la section couture; la plupart des travailleurs n'ont jamais entendu parler du Code de conduite de Nike
Nike et Adidas	Yue Yuen Factory	0.19$	De 60 à 84	Heures supplémentaires obligatoires, aucune prime y afférant; nuisances sonores excessives, présence de vapeurs dans l'usine; aucun travailleur n'avait entendu parler d'un Code de conduite Nike ou Adidas
Adidas vêtements	Tung Tat Garment Factory	0.22$	De 75 à 87.5; périodes de 12,5 heures; 6 ou 7 jours/sem.	Les employés reçoivent une amende s'ils sont en retard, au repos ou trouvés en train de parler; gymnastique obligatoire le matin; 8 travailleurs par dortoir

Source : « Company Profiles/Working Conditions : Factories in China Producing Goods for Export to the U. S. », « Made in China : Behind the Label », Charles Kernaghan, National Labor Committee, mars 1998. Les salaires sont en dollars américains.

Tableau 9.2 Pourcentage des changements d'emploi dans les industries du textile, des vêtements, du cuir et de la chaussure, 1980-1993

Pays	Pourcentage de changement	Pays	Pourcentage
Finlande	-71.7	Île Maurice	344.6
Suède	-65.4	Indonésie	177.4
Norvège	-64.9	Maroc	166.5
Autriche	-51.5	Jordanie	160.8
Pologne	-51.0	Jamaïque	101.7
Syrie	-50.0	Malaysia	101.2
France	-45.4	Mexique	85.5
Hongrie	-43.1	Chine	57.3
Pays-Bas	-41.7	République islamique d'Iran	34.0
Royaume-Uni	-41.5	Turquie	33.7
Nouvelle-Zélande	-40.9	Philippines	31.8
Allemagne	-40.2	Honduras	30.5
Espagne	-35.3	Chili	27.2
Australie	-34.7	Kenya	16.1
Argentine	-32.9	Israël	13.4
États-Unis	-30.1	Venezuela	7.9

Source : Bureau international du Travail

Tableau 10.1 Revenus horaires moyens, vente au détail par rapport à la moyenne générale aux États-Unis, au Canada et au Royaume-Uni

Source des chiffres américains : Bureau of Labor Statistics. Source des chiffres canadiens : Estimations annuelles de l'emploi, des gains et de la durée du travail, Statistique Canada. Source des chiffres du R.-U. : New Earnings Survey, Office for National Statistics.

Tableau 10.3 Vieillissement de la main-d'œuvre du fast-food au Canada, 1987-1997

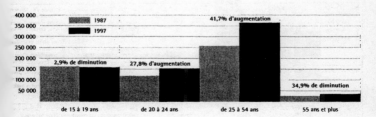

Source : Statistique Canada

Tableau 10.4. Pourcentage d'employés travaillant à temps plein par rapport à ceux qui travaillent à temps partiel dans certaines chaînes du secteur des services

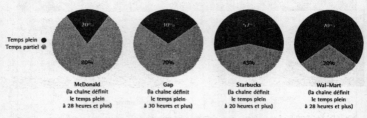

Source : les compagnies ont répondu à nos demandes d'informations

Tableau 10.5 Proportion d'emplois à temps partiel par rapport au nombre d'emplois total au Canada et au Royaume-Uni (en pourcentage)

Source des chiffres canadiens : Statistique Canada, Base de données sur la main-d'œuvre. Source des chiffres pour le R.-U. : Office for National Statistics

Tableau 10.6.
Emploi à temps partie aux États-Unis, au Canada et au R.-U. selon le sexe, 1984-1987 et 1997

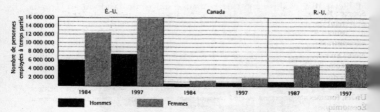

Source des chiffres américains : Bureau of Labor Statistics. Source des chiffres canadiens, Statistique Canada, Base de données sur la main-d'œuvre. Source des chiffres pour le R.-U. : Office of National Statistics ; les chiffres de 1987 sont une estimation. Aucun chiffre n'était disponible concernant l'emploi à temps partiel par tranche d'âge

Tableau 10.7.

Récipiendaires d'allocations aux États-Unis en fonction du statut de leur travail

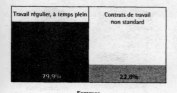

Femmes

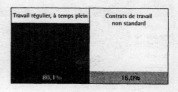

Hommes

Source : Economic Policy Institute et Women's Research and Education Institute

Tableau 11.5

Taux de chômage dans certains pays, 1970 et 1998

Pays	1970	1998	Pays	1970	1998
...stralie	1,6%	8,0%	Pays-Bas (d)	1,1%	5,0%
...nada	5,9%	8,3%	Philippines (c)	5,2%	7,9%
...lande	1,9%	11,4%	Corée du Sud (d)	4,5%	6,8%
...nce (1)	2,4%	12,0%	Espagne	1,1%	18,8%
...magne (b)	0,7%	12,3%	Suède	1,5%	6,5%
...ie (1)	5,4%	12,0%	Royaume-Uni	2,6%	4,7%
...on (d)	1,1%	4,1%	États-Unis	4,9%	4,5%

Source : *Yearbook of Labour Statistics* de 1980 à 1999, Bureau International du Travail (sources provenant des pays mêmes ; sondages sur un échantillon de la main-d'œuvre ; statistiques de l'assurance sociale ; statistique du bureau de l'emploi ; estimations officielles ; et registres administratifs).

Note : En raison de changements de mode de calcul, les données ne sont pas toutes strictement comparables.

(a) Les données de 1998 pour la France, l'Italie et les Pays-Bas sont une projection du World Economic and Social Survey 1998 : Trends and Policies in the World Economy ; Nations Unies, fondées sur des données de l'Organisation de Coopération et de Développement Économique.

(b) Le chiffre de 1970 pour l'Allemagne représente la République fédérale allemande

(c) Les chiffres des Philippines comparent 1971 et 1997

(d) En février 1999, le taux de chômage au Japon s'était élevé à 4,7%. Dès mars 1999, celui de la Corée du sud s'était élevé à 8,1%

Tableau 11.7
Taux de chômage chez les jeune comme pourcentage du chômage total dans certains pays, 1997

Pays	1997	Pays	1997
Australie	38,6%	Japon	24,9%
Canada	28,7%	Pays-Bas	29,1%
République tchèque	30,5%	Philippines	45,4%
Finlande	21,5%	Corée du Sud	34,4%
France	20,3%	Espagne	30,8%
Allemagne	12,2%	Suède	20,2%
Indonésie*	72,5%	Royaume-Uni	29,9%
Italie	20,2%	États-Unis	35,9%

Le chiffre pour l'Italie provient de l'Istituto Nazionale di Statistica. Toutes les tranches d'âge sont de 15 à 24 ans, sauf pour l'Espagne, la Suède, le R.-U et les É.U., où elles sont de 16 à 24 ans, l'Allemagne de 14 à 24 ans et la France, de 18 à 24 ans.

*Le chiffre pour l'Indonésie est celui de 1996.

BIBLIOGRAPHIE

Aaker, David A., *Building Strong Brands*. New York, The Free Press, 1996.

Barlow, Maude et Heather-Jane Robertson, *Class Warfare : The Assault on Canada's Schools*. Toronto, Key Porter Books, 1994.

Barnet, Richard J. et John Cavanagh, *Global Dreams : Imperial Corporations and the New World Order*. New York, Simon & Schuster, 1994.

Bey, Hakim, *T.A.Z. : Temporary Autonomous Zone, Ontological Anarchy, Poetic Terrorism*. Brooklyn, Autonomedia, 1985.

Cahn, William, *Lawrence, 1912 : The Bread & Roses Strike*. New York, The Pilgrim Press, 1977.

Chapkis, Wendy et Cynthia Enloe, éd., *Of Common Cloth : Women in the Global Textile Industry*. Amsterdam, Transnational Institute, 1983.

Clarke, Tony, *Silent Coup : Confronting the Big Business Takeover of Canada*. Ottawa, The Canadian Centre for Policy Alternatives and James Lorimer & Company, 1997.

Danaher, Kevin, éd., *Corporations Are Gonna Get Your Mama : Globalization and the Downsizing of the American Dream*. Monroe, Common Courage Press, 1996.

Debord, Guy, *La Société du spectacle*. Paris, Gallimard, 1992. Première édition : Buchet-Chastel, 1967.

Dobbin, Murray, *The Myth of the Good Corporate Citizen : Democracy Under the Rule of Big Business*. Toronto, Stoddart, 1999.

Ewen, Stuart, *Captains of Consciousness : Advertising and the Social Roots of the Consumer Culture*. New York, McGraw-Hill, 1976.

Frank, Thomas, *The Conquest of Cool*. Chicago, The University of Chicago Press, 1997.

Goldman, Robert and Stephen Papson, *Sign Wars : The Cluttered Landscape of Advertising*. New York, The Guilford Press, 1996.

Greider, William, *One World, Ready or Not : The Manic Logic of Global Capitalism*. New York, Simon & Schuster, 1997.

Hargrove, Buzz, *Labour of Love : The Fight to Create a More Humane Canada*. Toronto, Macfarlane, Walter & Ross, 1998.

Herman, Edward S. et Robert W. McChesney, *The Global Media : The New Missionaries of Global Capitalism*. Londres, Cassell, 1997.

Herman, Edward S., *Triumph of the Market : Essays on Economics, Politics, and the Media*. Boston, South End Press, 1995.

Karliner, Joshua, *The Corporate Planet : Ecology and Politics in the Age of Globalization*. San Francisco, Sierra Club Books, 1997.

Katz, Donald, *Just Do It : The Nike Spirit in the Corporate World*. Holbrook, Adams Media Corporation, 1994.

Korten, David C., *When Corporations Rule the World*. West Hartford, Kumarian Press and Berrett-Koehler Publishers, 1995.

Kunstler, James Howard, *The Geography of Nowhere : The Rise and Decline of America's Man-Made Landscape*. New York, Simon & Schuster, 1993.

Kuttner, Robert, *Everything for Sale : The Virtues and Limits of Markets*. New York, Alfred A. Knopf, 1997.

Mander, Jerry et Edward Goldsmith, éd., *The Case Against the Global Economy*. San Francisco, Sierra Club Books, 1996.

McKay, George, éd., *DiY Culture : Party & Protest in Nineties Britain*. Londres, Verso, 1998.

Miller, Mark Crispin, *Boxed In : The Culture of TV*. Evanston, Northwestern University Press, 1988.

Moody, Kim, *Workers in a Lean World*. Londres, Verso, 1997.

Moore, Michael, *Downsize This ! Random Threats from an Unarmed American*. New York, Crown Publishers, 1996.

Nava, Mica, Andrew Blake, Iain MacRury et Barry Richards, éd., *Buy This Book : Studies in Advertising and Consumption*. Londres, Routledge, 1997.

Ortega, Bob, *In Sam We Trust : The Untold Story of Sam Walton and How Wal-Mart Is Devouring America*. New York, Random House, 1998.

Peters, Tom, *The Circle of Innovation*. New York, Alfred A. Knopf, 1997.

Rail, Genevieve, éd., *Sport and Postmodern Times*. Albany, State University of New York Press, 1998.

Ritzer, George, *The McDonaldization of Society : An Investigation into the Changing Character of Contemporary Social Life*. Thousand Oaks, Pine Forge Press, 1996.

Rodrik, Dani, *Has Globalization Gone Too Far ?* Washington, Institute for International Economics, 1997.

Rorty, James, *Our Master's Voice*. New York, The John Day Company, 1934.

Ross, Andrew, éd., *No Sweat : Fashion, Free Trade, and the Rights of Garment Workers*. Londres, Verso, 1997.

Rothenberg, Randall, *Where the Suckers Moon : The Life and Death of an Advertising Campaign*. New York, Alfred A. Knopf, 1994.

Sassen, Saskia, *Losing Control ? Sovereignty in an Age of Globalization*. New York, Columbia University Press, 1996.

Saul, John Ralston, *The Unconscious Civilization*. Concord, Anansi, 1995.

Savan, Leslie, *The Sponsored Life : Ads, TV, and American Culture*. Philadelphia, Temple University Press, 1994.

Schiller, Herbert I., *Culture Inc. : The Corporate Takeover of Public Expression*. New York, Oxford University Press, 1989.

Shorris, Earl, *A Nation of Salesmen : The Tyranny of the Market and the Subversion of Culture*. New York, Avon Books, 1994.

Smoodin, Eric, éd., *Disney Discourse : Producing the Magic Kingdom*. New York, Routledge, 1994.

Sontag, Susan, *Against Interpretation*. New York, Anchor Books, 1986.

Twitchell, James B., *Adcult USA : The Triumph of Advertising in American Culture*. New York, Columbia University Press, 1996.

Vanderbilt, Tom, *The Sneaker Book : Anatomy of an Industry and an Icon*. New York, The New Press, 1998.

Vidal, John, *McLibel : Burger Culture on Trial*. Londres, Macmillan, 1997.

Wernick, Andrew, *Promotional Culture : Advertising, Ideology and Symbolic Expression*. Londres, Sage Publications, 1991.

Wilson, William Julius, *When Work Disappears : The World of the New Urban Poor*. New York, Alfred A. Knopf, 1996.

Wolf, Michael J., *The Entertainment Economy : How Mega-Media Forces Are Transforming Our Lives*. New York, Random House, 1999.

CRÉDITS PHOTOGRAPHIQUES

INDEX

561

TABLE

7296

Achevé d'imprimer en France (La Flèche)
par Brodard et Taupin
le 2 août 2007. 43158
Dépôt légal août 2007. EAN 9782290003527

Éditions J'ai lu
87, quai Panhard-et-Levassor, 75013 Paris

Diffusion France et étranger : Flammarion